ARCHITETTURA STRUTTURALE
Sezione della collana diretta da Enzo Siviero

Manuali di RASSEGNA

In copertina
Modello strutturale della porta d'ingresso del Festival Internazionale del Film di Locarno.
Progetto architettonico: Peter Albrecht
Progetto strutturale: Andrea Benedetti

Architettura strutturale

1 La concezione strutturale nel progetto di architettura
2 La concezione strutturale nel progetto di riabilitazione
3 La concezione strutturale e i materiali innovativi (FRP)

a cura di
Enzo Siviero, Andrea Benedetti

LA CONCEZIONE STRUTTURALE NEL PROGETTO DI ARCHITETTURA

EDITRICE
COMPOSITORI

Impaginazione
Francesca Frenda

Via Stalingrado 97/2 - 40128 Bologna
Tel. 051 3540111 - Fax 051 327877
e-mail:1865@compositori.it
http://www.compositori.it

ISBN 88-7794-339-4

INDICE

I testi delle schede, laddove non altrimenti specificato, sono degli autori dei singoli capitoli.

Premessa

Quando, attorno agli anni Sessanta, Eduardo Torroja diede alle stampe *Razon y ser de los tipos estructurales*, Franco Levi, allora docente all'IUAV di Venezia, ne propose una brillante traduzione: *La concezione strutturale*. Vera e propria pietra miliare, questo testo appartiene ormai a buon diritto alla storia delle costruzioni, tanto che per la ristampa più recente, la prefazione è stata affidata a Edoardo Benvenuto (chi non conosce la sua *Scienza delle Costruzioni nel suo sviluppo storico*?).

Ma in Italia altri maestri dell'architettura strutturale hanno lasciato testimonianze di altissimo livello su questi temi.

Il notissimo Pier Luigi Nervi idolo degli architetti.

Il meno noto, ma assai profondo nei suoi pensieri, Sergio Musmeci (come non ricordare le parole che Bruno Zevi gli ha dedicato dopo la sua prematura scomparsa?).

L'italo americano Mario Salvadori divulgatore "colto" (i suoi libri hanno fatto il giro del mondo) trattato da molti ingegneri con sufficienza, se non con fastidio, la cui scomparsa è passata pressoché inosservata (non migliore sorte è toccata, almeno in Italia, a Fritz Leonhardt uno dei più grandi ingegneri del Novecento).

Il quasi veneziano Giulio Pizzetti "ingegnere tra gli architetti" che, da Torino a Venezia e poi ancora a Torino, ha vissuto la facoltà di architettura lasciando un segno indelebile con *Principi Statici e Forme Strutturali* nella cui presentazione Elio Giangreco non esita a dichiarare che leggendo quel testo molto ha appreso.

Questo il substrato culturale che mi ha spinto a coltivare il dialogo con gli architetti sul tema delle strutture in architettura. In ciò favorito da frequentazioni non episodiche con alcuni colleghi: da Giorgio Macchi, mio primo maestro, a Elio Giangreco e Piero Pozzati (che all'inizio degli anni Novanta hanno presentato con un vero e proprio saggio sulle due culture la collana editoriale *Architettura e Strutture* da me diretta), a Vittorio Nascé anch'egli attivissimo testimone del travaglio degli ingegneri nel mondo dell'architettura.

E ancora Emanuele Filiberto Radogna, una vita per la Tecnica delle Costruzioni, Antonio Migliacci con il suo *L'Architettura dell'equilibrio e della deformazione* e Francesco Martinez y Cabrera con il quale il dialogo si è improvvisamente spezzato nel momento di maggiore intensità culturale e concettuale lasciando un vuoto difficilmente colmabile.

Ma tanti altri ne potrei citare, che attorno a questo tema, a vario titolo, hanno speso parte della loro stessa vita. Non me ne vorranno gli amici, tutti li sento vicini attorno all'arte del costruire.

Per organizzare questa serie di volumi mi sono prefisso di coinvolgere molta parte della nostra Italia (pur con netta prevalenza delle facoltà di architettura) costruendo un disegno didattico che, traendo spunto dalle esperienze del passato, vivesse appieno il presente, proiettandosi verso il futuro.

Nella centralità del progetto di architettura (lo slogan ricorrente nelle varie sedi) il progetto strutturale che gli architetti debbono comprendere è la vera "razon y ser".

Si è dunque deciso di percorrere il sentiero di una didattica in simbiosi con la professione più colta, mescolando studi e ricerche, sperimentazione e modellazione, all'insegna di un pensiero culturale che, per dirla alla Schlaich, si può sintetizzare nel "conceptual design" variamente declinato, dalla concezione generale del progetto, alla definizione più puntuale del dettaglio costruttivo, percorrendo le fasi della modellazione, così come quelle delle modalità realizzative.

Ogni autore ha dato il meglio di sé, proponendo una propria interpretazione di un'opera o di un insieme di opere o ancora nella visione a tutto campo della problematica strutturale articolata inizialmente nella suddivisione in tre volumi *Progetto di architettura, Progetto di riabilitazione* e *I materiali innovativi (FRP)*. Altri ne seguiranno. Il riferimento è ai vari materiali impiegati: dai più tradizionali legno, ferro, cemento armato (richiamando la vecchia dizione della Tecnica delle Costruzioni) alla muratura, all'accoppiamento acciaio calcestruzzo, alla sempre valida prefabbricazione, ai nuovi materiali che tanta suggestione emotiva sanno suscitare nei progettisti e nei committenti (è il caso del vetro strutturale, vera e propria sfida per gli ingegneri strutturisti), così come gli FRP la cui attualità è così forte da dedicarvi l'intero terzo volume.

Con questo strumento gli allievi architetti (ma forse ancor più gli allievi ingegneri edili) potranno impegnarsi con maggior profitto nei laboratori integrati di progettazione, trovando alcune esemplificazioni complete di approccio metodologico alla progettazione strutturale e quindi alle scelte anche architettoniche che ne completano la "costruzione".

Si tratta dunque di una serie di volumi che bene interpreta il recentissimo ordinamento didattico, con utilizzabilità sia nella fase terminale della laurea triennale, sia, ancor più, all'interno della laurea specialistica biennale.

Non certo un punto d'arrivo (troppo ampio e articolato è il mondo delle strutture in architettura), ma un momento di sana riflessione sul progettare e costruire correttamente (Nervi *docet*). Un omaggio a Torroja la cui "razon y ser" tradotta in inglese "philosophy of structures" viene meglio interpretata con la traduzione di Levi "concezione strutturale". Così si ritorna al già citato *Conceptual design of Structures* di Jörg Schlaich con il quale teoria e progetto, studio teorico e ricerca applicata, sperimentazione concettuale e dialettica strutturale in una parola "architettura strutturale" trovano la migliore interpretazione anche nella aule universitarie.

Nel merito del primo volume, dopo una riflessione filosofica generale di Paolo Jossa, troviamo il tema delle costruzioni in zona sismica affrontato in modo ampio ed esauriente da Guido Sarà.

È poi la volta di Andrea Benedetti che affronta la "geometria strutturale" nel sistema reticolare.

Mauro Mezzina e i suoi collaboratori trattano la problematica sempre vivissima delle costruzioni in muratura.

E ancora il legno classico: Lucio Bonafede e Maurizio Piazza, cui si accompagna il legno lamellare: Marcello Arici e Marco Alaimo. Trattando un materiale meno sviluppato nei tradizionali corsi di Tecnica delle Costruzioni si è ritenuto di ampliare l'ambito anche ad aspetti più generali.

Raffaele Landolfo sviluppa il tema delle costruzioni in acciaio offrendone una sintesi assai efficace.

Io stesso con Bruno Brisighella e Tobia Zordan propongo un esempio di costruzione in c.a. nel passaggio interattivo tra progetto architettonico e progetto strutturale.

A Paolo Spinelli il compito di trattare le strutture composte con un esempio di calcolo di grande interesse applicativo.

Marco Menegotto tratta le strutture prefabbricate che ancora oggi occupano una fascia di mercato molto consistente.

Infine, da due diversi punti di vista, Odine Manfroni e Lucio Blandini offrono una lettura della tematica relativa al vetro strutturale affondando nel passato ottocentesco con una apertura verso il futuro delle nuove architetture.

Un progetto editoriale così ambizioso ha richiesto ai numerosi autori un impegno indubbiamente assai gravoso, ad essi sono profondamente grato. Ma il vero motore di questa iniziativa è stato Andrea Benedetti instancabile e competente lavoratore la cui pazienza è stata messa più volte a dura prova. Senza la sua tenacia questo progetto sarebbe miseramente fallito. A Paolo Foraboschi va pure il mio ringraziamento per l'impegno profuso sin dall'inizio a raccogliere i manoscritti e stimolare gli autori nel coordinamento redazionale.

Un particolare riconoscimento va dato a Ferdinando Laudiero che ha curato l'intero terzo volume, individuando puntualmente i vari aspetti che connotano gli FRP e "costruendo" un vero e proprio trattato, su un tema così impegnativo per le sue implicazioni teorico-sperimentali e applicative.

Un grazie infine a Francesca Di Palma della Editrice Compositori che sopportando, e supportandoci, nei vari momenti di lavoro, mai si è persa d'animo, favorendo così il felice concludersi di questa avventura che, debbo dire, essendo un percorso molto articolato è un punto di arrivo intermedio. Altre tappe sono infatti già programmate. Con l'aiuto di tutti concluderemo il *grand tour* dell'architettura strutturale. Un mondo ancora parzialmente inesplorato che è nostro preciso dovere, come docenti di Tecnica delle Costruzioni, percorrere e far percorrere a chiunque, architetto o ingegnere, intenda progettare nel solco della più viva tradizione ma con un grande slancio verso il futuro.

Enzo Siviero

Progetto e documento

L'obiettivo di questo libro

Questo libro sperimenta un difficile avvicinamento fra la metodologia di lavoro che è propria delle discipline strutturali, e quella prevalente nei corsi di progettazione architettonica: forse la più sentita questione didattica ad Architettura.

Provo a riassumerne i termini.

L'insegnamento delle discipline strutturali, ad Architettura come a Ingegneria, è oggi prevalentemente organizzato, con strumenti, teorie e modelli, nell'ottica di studiare sistematicamente certi aspetti ripetitivi del comportamento di oggetti reali, naturali o costruiti dall'uomo.

Questa ricerca della ripetizione, in verità meno diffusa nello studio delle antiche costruzioni, rompe necessariamente la varietà degli oggetti e ne riduce la complessità, in quanto tende a leggerli, almeno in una prima fase di studio, come assemblaggio di parti più facilmente classificabili. Il risultato è quindi la creazione di un astratto territorio disciplinare: "i modelli trattabili scientificamente", comunque ridotto ed almeno in parte trasversale agli oggetti stessi.

Il metodo di insegnamento di cui detto ha pregi e difetti. È suo pregio fondamentale, l'identificazione che esso attua fra didattica ed avviamento alla attività di ricerca; nel senso che la crescita della conoscenza passa per gli allievi, come per i giovani ricercatori, attraverso l'acquisizione di strumenti sufficientemente generali di analisi; così producendo personale capacità analitica. Sono suoi difetti: la collocazione dell'operatività in buona parte a valle di sintesi che richiedono agli allievi precoci capacità; e principalmente un certo "dogmatismo", che tende ad escludere, o almeno a rinviare, l'insegnamento che viene dall'errore, e che principalmente sembra escludere che possa esistere, perché non direttamente esplicitabile, una logica del problema e della situazione [Popper 1996]. E tuttavia questa logica esiste, e infatti è manifestata da un insieme di aspettative e di riferimenti che proprio la ripetizione ha costruito. Con il che il cerchio si chiude nuovamente in positivo.

Nelle discipline della progettazione architettonica l'attenzione prevalente è invece immediatamente rivolta proprio alla situazione, come fatto e come problema, e alla sintesi del progetto. E ciò è facilitato non tanto dal rifiuto di un approccio analitico per parti; ma piuttosto dalla convinzione di una ridotta validità dell'accordo scientifico sui processi ripetitivi. Con il pregio di un accesso più diretto e più individuale, talvolta quasi immediatamente propositivo, proprio alla complessità dell'oggetto; e con il difetto, per le ragioni già dette, di condurre ad una certa riduzione di riferimenti sufficientemente stabili e condivisi.

Dunque sistemazione anzitutto degli strumenti "ripetitivi" della scienza da una parte, con conseguente lentezza nell'acquisizione di risultati conclusivi e certamente nella attuazione di "scelte"; e problema della "singolarità" dall'altra, non sempre peraltro sostenuto da una sufficiente fiducia nelle possibilità di "scientificizzazione" intersoggettiva.

Ecco dunque quattro parole chiave: analisi e ripetizione, scelta e singolarità, intorno alle quali questo libro cerca di muoversi senza una posizione di privilegio. E infatti la libera associazione di più autori su temi differenti, fra conoscenza e progetto, ha finito col rivelarsi come vera e propria sperimentazione di possibilità di accordo. È cioè toccato agli autori, docenti ed esperti di discipline strutturali, di sperimentare libere organizzazioni del discorso, anche fra loro alternative, come conseguenza di privilegi dettati dalla personale competenza e connessi alla particolarità del problema trattato. E qui, come preciserò, consiglio al lettore di cercare appunto di cogliere i motivi delle scelte, in ragione dei livelli di complessità: talvolta delle tecnologie, altre volte delle modellazioni per il calcolo, altre ancora della sintesi globale per il progetto.

Tuttavia, nel momento in cui consiglio queste attenzioni, non posso esimermi dall'esporre sinteticamente il mio punto di vista. E allora devo dire che la lunga frequentazione dell'aula, ad Architettura, mi ha ormai condotto a rinunciare, almeno in parte, alla anticipata esposizione (spesso, a mio parere, condita dal narcisismo dell'esperto) di quadri di sintesi. Con il privilegio non tanto di problemi troppo complessi per l'allievo in formazione, ma bensì di fatti, o meglio di esperimenti, che si prestino ad un progressivo affinamento del senso comune; e che quindi consentano da un lato un primo radicamento, dall'altro il riconoscimento, e quindi l'aspettativa, di specifiche conoscenze. Una strada che quindi richiede continui e non sempre ordinati ritorni di sistemazione; ma che rende l'allievo più attore e che comunque lo guida in modo più diretto a lavorare sul prodotto finito, prima per riconoscere le scelte e le alternative di altri più esperti, poi per proporre[1].

Il libro e i testi classici di scienza e di tecnica delle costruzioni

È noto che la tendenza prevalente nei testi di scienza e di tecnica delle costruzioni è alla sistemazione logica della scienza normale, in genere con poca attenzione agli eventi, siano essi espressivi di un semplice progresso, siano essi momenti rivoluzionari [KUHN 1969]. Molti documenti nel libro conservano questa sistematicità nel trattamento di problemi particolari. E tuttavia l'orientamento generale è più vicino alla conciliazione dei due punti di vista di cui ho detto, sia per richiami storici, sia per l'attenzione, immediata o conclusiva, della maggior parte degli scritti all'evento progetto.

Il libro e i testi di storia della scienza e della tecnica del costruire

Si potrà osservare che l'attenzione all'evento è caratteristica di molti testi classici di storia della scienza o della tecnica del costruire. E che questi testi hanno certamente il pregio di puntualizzare difficoltà e conquiste. Ora è certo che lo studio delle conquiste, per loro natura spesso lente e condite di errori e di ingiustificati ritorni, invita, come ho ricordato, ad apprendere dall'errore, o per dirla con la presentazione del ben noto libro di Benvenuto [BENVENUTO 1981], consente di utilizzare il racconto storico-critico come «guida all'insegnamento… prodotta da insigni maestri» [BALDACCI 1981]. Ma il racconto, specie se cronologicamente organizzato, spesso costringe a lunghe costruzioni. E ciò, se arricchisce con la presa di coscienza della fatica intrinseca all'eredità consegnataci dai nostri antenati, rischia però di condurre ad eccessive dispersioni. E in tutti i modi, la storia dei singoli eventi non è organizzabile logicamente, mentre ha in grande certe continuità troppo lontane dalle conoscenze specifiche comunque richieste. Con la conseguenza che il contributo di questi testi ad una corretta organizzazione didattica della crescita della conoscenza scientifica, è spesso limitato, o comunque, è complementare.

Questo libro sceglie invece di collocarsi più direttamente nel momento attuale e nell'attuale panorama di conoscenze, chiamando a rappresentarle non uno storico della scienza, ma un gruppo di docenti e di esperti, abituati a scontrarsi concretamente con difficoltà e alternative possibili. L'attenzione è quindi non tanto alle teorie generali, ma bensì alle diversificazioni delle conoscenze richieste dalle varietà tipologiche e dalle proprietà dei materiali.

La ricostruzione dell'evento progetto: il monumento esperimento e il documento sul progetto del nuovo

Più in particolare in questo libro la guida all'insegnamento è affidata spesso all'autore di un progetto, talvolta allo studioso del settore in cui l'opera è collocabile e che l'ha analizzata.

Il libro quindi solleva, più o meno tacitamente, il problema del livello di efficacia, a fini di conoscenza, di un impegno rivolto a produrre "una ricostruzione documentabile dell'evento progetto". Un metodo di lavoro che, nel trattamento del singolare, ho difeso a tutto campo [JOSSA 1997], come ricerca di una strumentazione che in assenza dell'osservazione diretta della costruzione, consenta di evidenziare, con il riconoscimento di possibili alternative di percorso, non solo le ragioni delle scelte (nel progetto moderno), ma anche le incertezze di conoscenza (nell'antica costruzione).

In verità l'estrazione di conoscenza scientifica dalla singolarità di un'opera costituisce una questione non semplice, in quanto oggi non sussistono più le condizioni create in passato dal monumento-esperimento e finanche dal monumento-legge, col lento crescere di molte antiche costruzioni. Allora la possibilità di seguire concretamente la realizzazione dell'opera era l'esperienza conoscitiva per eccellenza, pur con tutti i limiti di consapevolezza scientifica che erano propri di quei tempi. Oggi un progetto nasce rapidamente in un territorio scientifico ormai organizzato, e in larga parte nel chiuso degli studi professionali. Il problema della "trasmissibilità della concezione e dello sviluppo dell'opera" perde allora il carattere fortemente esplicito che il monumento forniva ai contemporanei, per radicarsi come problema a più fasi, prima introdotto, con la stesura del documento, nel rapporto fra esperto e opera, poi concluso con il rapporto lettore-documento.

---

[1] Un esempio. La teoria statica del cemento armato non può fondarsi solo sulla conservazione della sezione piana e sul modello di materiale calcestruzzo non reagente a trazione. Essa viceversa trova la sua radice naturale nell'esperimento, cioè nella più complessa realtà dei fatti. Si pensi alla trave appoggiata con sola armatura longitudinale, soggetta a carico progressivamente crescente. Qui l'allievo, anche se ancora a digiuno di conoscenze specifiche, intuisce il succedersi e la collocazione degli eventi lesioni, coglie i momenti di incremento brusco di sforzo nell'acciaio, interpreta l'aderenza e il suo ruolo, legge l'evolversi dell'equilibrio, con i suoi limiti di ammissibilità e con i riferimenti all'arco e alla trave; e quindi riconosce l'esigenza di più sistematiche conoscenze e distinzioni.

All'esperto è quindi richiesto un doppio sguardo: verso l'opera e verso il lettore; in un giusto equilibrio fra fiducia in una comune razionalità e impegno in un più estensivo agire comunicativo con il lettore-utilizzatore. E gli sono richieste sottili distinzioni, a seconda che debba lavorare con materiali e tecnologie più tradizionali o più innovativi e/o con tipologie di più immediata o di più difficile lettura. E infine su un progetto non suo, o su un suo proprio lavoro.

La varietà dei documenti e una digressione sullo studio di antiche fabbriche per il progetto

È ora opportuna una maggiore specificità. Mi riferirò quindi, quando opportuno, a qualche scritto in questo libro.

Comincio con un riferimento al lavoro di Siviero, Briseghella e Zordan *La progettazione strutturale in calcestruzzo armato.*

Qui gli autori si sono trovati di fronte a un classico problema di scelta di priorità che potessero rivelarsi utili per porre solide basi in un ampio territorio di conoscenze. E devo riconoscere agli stessi una grande capacità di autocontrollo, con pieno trasferimento dell'attenzione alle posizioni di lettori in formazione.

E infatti la loro ben nota esperienza di progetto, se non autocontrollata, avrebbe potuto indurli a cercare di trasferire al lettore le più recenti conquiste sulle potenzialità del materiale composto calcestruzzo-acciaio, con riferimento ad esempio alla risposta dinamica ad azioni sismiche (in termini di fattori di duttilità e di riduzione delle azioni). E tuttavia ciò li avrebbe condotti, per il poco spazio a disposizione, a inevitabili forzature di semplificazione. Essi quindi, ben conoscendo per altro verso i rischi di rapido degrado che oggi interessano molte strutture in c.a. anche di recente realizzazione, hanno giustamente preferito privilegiare le conoscenze di base delle proprietà dei due materiali, premessa indispensabile a una corretta progettazione strutturale, rivolgendo poi una specifica attenzione alla durabilità del prodotto finito.

Continuo con lo scritto di Mezzina, Dentamaro e Moccia, *Costruire in muratura portante*. Qui gli autori si sono resi ben conto di avere per le mani una questione, l'edificio in muratura, di grande delicatezza, connessa al rischio che il lettore non esperto potesse automaticamente trasferire il trattamento del nuovo, oggi in parte normato, sull'antico. Essi allora hanno subito precisato, già nel titolo, il loro obiettivo e si sono giustamente limitati ad assumere a riferimento storico, soltanto quanto oggi immediatamente riconoscibile come scientificamente corretto. E tuttavia l'interrelazione delle letture proposte a varia scala, dalla scatola muraria, alla parete, alla tessitura delle pietre, allarga automaticamente il punto di vista, guidando il lettore a significative estensioni utili per l'analisi delle antiche strutture.

In verità il discorso sull'antico è più ampio, e qui colgo l'occasione per un mio piccolo contributo specifico su una questione che si collega strettamente a quanto ho finora detto. È ben noto che gli antichi monumenti sono stati in genere concepiti senza alcun chiaro possesso di conoscenze scientifiche. E in verità per molto tempo la scienza nel settore ha finanche rifiutato ogni affaccio sull'attuazione. Pertanto nel lavoro sugli antichi monumenti, per interventi di valorizzazione e recupero statico, l'impegno del progettista deve porre l'"autenticità" al centro dell'attenzione, cominciando con una ricerca dei "livelli di consapevolezza non sistematizzata" che l'opera manifesta. Qui d'altronde, con la singolarità dell'opera in ruolo dominante, siamo in presenza di incertezze, non ancora tutte risolte e spesso regolate da personali interpretazioni. La via maestra dovrebbe allora, a mio parere, consistere, per un esperto che voglia affrontare questo discorso, nel porsi in qualche modo in parallelo col lettore, in un'ottica d'intesa, evitando forzature consentitegli dalla sua competenza. E in verità, se la conoscenza è solo in parte sistematizzata, occorre operare, per il progresso, consentendo al lettore di configurarsi come attivo partecipante nell'interpretazione.

In tal senso è forse utile riprendere quanto già detto con un più preciso riferimento alla disciplina Tecnica delle Costruzioni, come configurata nell'attuale ordinamento degli studi a Ingegneria e Architettura. Spetta infatti normalmente a questa disciplina, alla quale il taglio di questo libro più si avvicina, cercare di combattere nell'allievo la posizione, spesso troppo passiva, che la sistematicità dei corsi precedenti ha spesso prodotto, per avviarlo sul sentiero dettato dalla presa di coscienza dei limiti pratici delle teorie, verso le necessarie esigenze di scelta. Un punto di vista che del resto ha assunto una posizione dominante in tutta la filosofia della scienza nel secolo scorso.

A tal fine è anzitutto necessario, nello studio delle antiche fabbriche, estendere per quanto possibile il "processo di rilevamento", in senso ampio, dell'opera stessa, non soltanto assegnando con esso ai fatti e ai dati il ruolo dominante, ma anche corredandolo con trattamenti di dati e con più metodi alternativi di analisi, senza imporre significativi privilegi. Si dovrebbe cioè provare a costruire una progressione di operazioni pre-progettuali orientate a produrre una traduzione scientifico-razionale dell'opera, con una solida base di accordo. Una costruzione per la quale le successive scelte conclusive di progetto avrebbero la possibilità di essere lette come elaborazioni di trattamento emergenti quasi naturalmente dagli stessi dati del rilevamento.

Ad esempio la scelta di assumere tale processo quasi a riferimento metodologico per il progetto, condurrebbe a richiedere [Jossa 1997]: «un'organizzazione a rete (dei dati e delle loro elaborazioni) per una pluralità di percorsi,... con vari livelli di lettura... e (parallelamente) l'organizzazione dei dati e dei risultati in successioni, da quelli più certi a quelli meno certi... (considerato che) le successioni si prestano notoriamente all'estrazione da esse di regolarità». E così l'attenzione ai livelli di "affidabilità" [Jossa 2000] (parola chiave nelle discipline strutturali) delle operazioni che il rilevamento propone, diviene strumento di regolazione morbida delle scelte di progetto.

Torno ora agli scritti di questo libro, generalmente rivolti al progetto moderno. Qui le questioni sono forse più semplici, poiché certamente sussiste la possibilità di far emergere con chiarezza i vari aspetti del progetto. Si può in particolare mostrare quanto in un progetto sia frutto di una puntuale organizzazione scientifica delle conoscenze di base; quanto in esso abbia richiesto una competenza riassuntiva più ampia; e quanto infine sia dipeso da scelte più o meno ricche di inventiva. È il portare in conto i livelli di automatismo dei processi, in relazione a un più ampio concetto di razionalità, come riconosciuto nei frequenti dibattiti sulla modernità [Habermas 1997]. E in tal senso dovrebbe essere cura dell'esperto evitare mascheramenti, come quelli consistenti nel redigere il documento secondo continuità logiche riconoscibili soltanto *ex post*.

E così Guido Sarà, nel suo scritto sulla vulnerabilità sismica delle costruzioni, coglie la complessità del problema. E in verità in questo caso il carattere non lineare della risposta strutturale rinvia a percorsi ciclici di analisi, che interpretano la struttura quasi come organismo, e che quindi escludono una lettura del comportamento complessivo per semplice assemblaggio di parti. Egli quindi cerca un punto riassuntivo più ampio; e ciò lo guida a una giusta attenzione all'organizzazione difensiva della struttura, con effetti filtro del flusso energetico. Credo di non far torto all'autore se interpreto il suo scritto come apertura allo splendido tema (di rilevanza più generale) dell'organizzazione ottimale delle risorse, per la sicurezza. Qui l'organizzazione in serie di elementi non fragili, e comunque non significativi in termini di danno, esprime un avamposto di difesa in una logica di progressiva correzione e/o riduzione dell'azione; mentre la vera e propria struttura recupera, con l'organizzazione in parallelo, la muta collaborazione fra le sue parti.

Situazioni in qualche modo alternative sono quelle esaminate da Andrea Benedetti, con il suo interessante studio sulle strutture spaziali. Qui a mio parere si coglie una doppia attenzione; da un lato al carattere euclideo-deduttivo della regola geometrica, dall'altro alla illimitatezza delle possibilità compositive, pur all'interno di regole semplici. L'autore comunque evidenzia l'organizzazione scientifica del progetto, con l'evidenziazione delle possibilità di costruzione delle varietà, in una moderna saldatura di algebra e geometria. E tuttavia i progetti illustrati evidenziano il ruolo, sempre significativo, del contributo inventivo individuale.

I lavori discussi mi sono serviti per mostrare, come del resto ho già detto, come i documenti si diversifichino, già per impostazione metodologica, in ragione del tema trattato. Degli altri lavori non parlo specificamente, non essendo questo il mio compito. Aggiungo soltanto che in generale gli altri documenti prodotti mi sembrano tutti intelligentemente organizzati, con completezza, in modo da evidenziare le specificità, di tipologia e di materiale, e le loro ricadute sui progetti. Il tutto ancora in coerenza con quanto ho precedentemente detto.

In ogni modo resta comunque il fatto che la singolarità di molti eventi-progetti che in genere concludono i documenti, risiede anche nelle circostanze, appunto singolari, che li hanno consentiti e che li hanno guidati. Talvolta quindi non si trattava soltanto di organizzare un discorso razionale intorno ad essi, ma è risultato anche opportuno lasciare scorrere più liberamente il racconto.

Continuità e discontinuità nel territorio sperimentale creato dai documenti

Il libro dunque si concentra intorno al significato che può assumere un programma didattico organizzato per lettura di *documenti* su temi differenziati. Questo programma, è utile ribadirlo, avrà successo, se si sarà riusciti ad assumere il punto di vista del lettore, anzitutto in termini di livelli di conoscenza nel settore, e quindi a immaginare come esso si ponga nei riguardi dell'opera documentata.

Tuttavia un pieno successo in tal senso è difficile da conseguire, in quanto il libro non si colloca in un particolare momento formativo, nel senso che un tale obiettivo avrebbe richiesto una diversa impostazione generale, con restrizione tematica e pochi autori; condizioni indispensabili per conseguire livelli di mutua cooperazione molto avanzati. Per cui deve essere portato in conto anche un diverso punto di vista, consistente nel riconoscere, nell'insieme dei documenti, l'unico patrimonio che è stato possibile rendere disponibile al lettore sul tema: *La concezione strutturale nel progetto di architettura*, e su cui quindi egli deve lavorare. In tal caso il riferimento immediato è a Foucault, e alla sua introduzione a un suo celebre libro [Foucault 1971].

Tocca al lettore sviluppare un processo al documento in sé, quale unico segno che il libro gli rende disponibile. Oggi, scrive Foucault: «la storia… nei confronti del documento: come compito principale si impone di… lavorarlo dall'interno e di elaborarlo: lo organizza, lo seziona, lo distribuisce, lo ordina… definisce delle unità, descrive delle relazioni… Prima la storia trasformava i *monumenti* in *documenti* (il monumento-esperimento di cui ho detto), oggi invece la storia è quella che trasforma i *documenti* in *monumenti* (termine qui forse troppo importante, ma che ne evidenzia fortemente il ruolo)».

Dunque si potrebbe anche sperare, ma forse in tal senso il libro costituisce soltanto un primo passo, che l'insieme dei documenti raccolti consenta distinzioni, per dirla ancora con Foucault, fra documenti di continuità su temi e problemi già consolidati, e documenti più di rottura, per gli aspetti innovativi che propongono, anche da un punto di vista metodologico. E ancora, fra documenti che richiedono un lavoro analitico e intensivo, e documenti più rivolti alla ricchezza delle possibilità progettuali. Con la speranza quindi che il libro nel suo insieme consenta due livelli di lettura: l'oggetto-progetto con le sue relazioni interne, e l'insieme di una certa classe di progetti con le loro relazioni di coerenza. Ricordando comunque, e qui ribalto il punto di vista, che ogni progetto è un micromondo complesso, per cui è in ogni caso opportuno che non si forzino eccessivamente, nel giudicarlo, le ricerche di continuità e le deduzioni.

I progetti, la scala di descrizione e la misura della sicurezza

Un discorso a parte, più specifico, devo rivolgere al problema della "scala di descrizione".

Per molte strutture moderne i risultati ormai sufficientemente consolidati sul comportamento in campo lineare e non lineare dei principali elementi strutturali, una codifica ormai abbastanza avanzata di molti particolari costruttivi, e la possibilità di pervenire a una precisa caratterizzazione delle proprietà dei materiali strutturali, consentono spesso di descrivere in grande l'impianto e il modello strutturale di un progetto. Ma tanto non è quando si lavora su tipologie e materiali ancora bisognosi di sperimentazioni e di codifiche. Così è probabilmente per il vetro, in parte per il legno lamellare, e per le strutture prefabbricate, di cui a tre documenti nel libro; le ultime forse primo passo verso la microprogettualità. E così è per le antiche strutture murarie, dove come detto "il modello è assente per definizione", mentre è stato ormai accertato che un ruolo significativo spetta anche alla tessitura minuta e all'apparecchio degli elementi lapidei. In un'appendice al mio libro [Jossa 1997] ho posto quest'ultimo problema come problema di riconoscimento del concetto antico dei *minima naturalia*, cioè appunto di «quelle dimensioni minime che possano prestarsi… a consentire un processo di estensione per lo studio in grande che non manifesti significative perdite di informazione». E qui appunto il rispetto della tessitura minuta sembra invitare a *minima* molto piccoli. D'altra parte il problema della scala di descrizione presenta anche un altro aspetto che sembra drasticamente negare quanto ora ho detto. Infatti è evidente che nello studio di tali strutture si debba comunque rinunciare a basare l'analisi su modelli ad alto numero di parametri, che cerchino di descrivere nel dettaglio una specifica situazione, con l'obiettivo di fornire risultati anche localmente affidabili. Se infatti così si operasse, si finirebbe col perdere ogni chiaro riferimento di scientifica semplicità. E del resto è opinione diffusa che si debba essere molto cauti nel cercare di gestire la complicazione meccanico-geometrica con metodi di analisi numerica che, per essere praticamente utilizzabili, presuppongono comunque gradi avanzati di continuità e di omogeneità da punto a punto. Si pensi a molti trattamenti per elementi finiti, basati su condizioni di congruenza spesso ben poco affidabili per le murature.

Il problema della scala di descrizione diviene allora, per le drastiche alternative che accoglie, una vera e propria scommessa per gli studiosi di queste strutture. Allo stato mi sembra che occorra comunque operare con modelli anche lontani dalla realtà, ma che garantiscano, con pochi parametri certamente affidabili (ad esempio, peso proprio ed attrito, quest'ultimo notoriamente legato, nell'efficacia, alla forma in media e all'apparecchio dei conci) soluzioni comunque in sicurezza.

Infine un ultimo riferimento alla "misura della sicurezza".

Per le opere moderne i criteri quantitativi di misura della sicurezza illustrati nei documenti hanno un senso preciso in quanto, o riproducono quelli adottati dal progettista, o ne costituiscono alternative, comunque suscettibili di precisi confronti. Oggi sappiamo che danni e degradi sollevano anzitutto il problema della misura del loro significato, in relazione ai processi che li hanno prodotti. E sappiamo che la loro misura deve saper portare in conto anche aspetti qualitativi, a causa della sua complessa dipendenza dalla conoscenza storica delle azioni cui l'opera è stata sottoposta.

Per le antiche strutture invece l'indagine qualitativa può anche assumere un ruolo dominante. Se infatti è in questione la misura della sicurezza di antiche opere conservatesi più o meno integre per lungo tempo, sarà comunque utile ricordare che detta misura era a suo tempo regolata qualitativamente, nel senso che la costruzione nasceva avendo a riferimento la conoscenza tramandata dal decorso nel tempo di opere affini. Le correzioni erano quindi guidate da degradi e crolli di opere precedenti, nel quadro come detto di un lungo esperimento. L'analisi quantitativa moderna deve allora trovare i modi per confermare i suoi risultati alla luce proprio di tale esperimento, pur con tutte le difficoltà connesse alla poca conoscenza delle azioni che hanno agito nel tempo sulla costruzione. E in tale direzione, vi è ancora molto da fare.

Concludo con la speranza che già da queste poche pagine emerga come questo libro, per i molti problemi che solleva, sia comunque una splendida avventura-esperimento. E quindi forse hanno proprio significato le componenti di libera organizzazione di certi scritti. Lascio dunque ai miei illustri colleghi il piacere di vivere e di far rivivere questa avventura al lettore, con la certezza di un loro pieno successo.

La sicurezza delle costruzioni e il terremoto

Come noto, la funzione fondamentale dell'organismo strutturale di una costruzione è quella "portante". Tale funzione deve potersi esercitare anche quando le forze "peso" sono accompagnate da altre azioni trasmesse dall'ambiente circostante quali l'azione del vento o le azioni sismiche.

Nel suo rapporto con le azioni suddette l'organismo strutturale può essere interpretato come il sistema di difesa della costruzione nei confronti dell'"aggressione dell'ambiente"[1]. Sotto tale punto di vista anche le forze "peso" possono essere interpretate come forze aggressive trasmesse dall'ambiente a seguito dell'attrazione gravitazionale propria del nostro pianeta (sulla luna, ad esempio, l'aggressione gravitazionale risulterebbe, come noto, assai inferiore).

La funzione di salvaguardia del sistema strutturale deve svolgersi garantendo la dovuta sicurezza; in tal modo le funzioni prestazionali richieste dalla destinazione d'uso della costruzione si possono svolgere in condizioni di sufficiente affidabilità e, pertanto, di sostanziale tranquillità dei fruitori. Il crollo di costruzioni, in assenza di eventi eccezionali, è evento assai raro e sostanzialmente inaccettato dalla società.

Per il loro carattere di eccezionalità, imprevedibilità e gravità i sismi assumono un ruolo del tutto particolare fra gli agenti aggressivi delle costruzioni.

Anche se in termini di vittime annuali i sommovimenti sismici non figurano fra le calamità più gravi che affliggono il nostro pianeta (gli stessi incidenti stradali, come indicano le statistiche di mortalità, costituiscono una calamità ben più grave!), il terremoto distruttivo è vissuto, non solo dalle popolazioni colpite ma anche dalle intere comunità di appartenenza, in termini di grande drammaticità ed emotività. L'elevato, e certe volte elevatissimo, numero di vittime causato dal sisma in pochi secondi in aree territoriali circoscritte, l'intrappolamento di persone – vive o morte – sotto le macerie degli edifici, la perdita della "casa" spesso vissuta, per il particolare significato che essa assume nella vita della maggior parte della gente, come perdita di una parte integrante di se stessi, sono certamente tra i principali elementi che determinano tali stati d'animo (fig. 1).

In rapporto al sisma la gente avverte la propria vulnerabilità e, quel che è più frustrante, la vulnerabilità della propria abitazione: si viene a perdere quel senso di sicurezza fin allora colle-

1

[1] Può essere interessante notare come, dal punto di vista qui esposto, la costruzione assume il ruolo di "aggredito" e l'ambiente quello di "aggressore". In una visione di tipo ecologico-ambientale i ruoli, come ben noto, tendono a invertirsi. (Analoga alternativa di punti di vista si può osservare per quanto concerne i rapporti fra colonizzatori e colonizzati: si pensi al ruolo aggressori-aggrediti dei coloni e degli indiani durante la colonizzazione dell'America.)

1. Dopo-terremoto a Città del Messico, 1985: salvataggio di un neonato tirato fuori dalle macerie del reparto maternità dell'Ospedale Centrale.
Munich Re, Munich.

2. Punizione-esorcizzazione esercitata dalla divinità nei confronti dei "pesci gatto", causa dei terremoti secondo la tradizione mitologica giapponese.

2

gato all'abitazione, luogo di sicuro riparo. Si vengono invece a determinare sensazioni di paura e angoscia, derivanti dalle incertezze di situazioni che si avvertono non controllate dalla società e dai suoi strumenti, incapaci di prevedere il sopraggiungere degli eventi sismici nonché di costruire edifici a sicurezza sismica garantita. Tali angosce sono in qualche modo ricollegabili a quelle vissute dai nostri antenati che avvertivano negli eventi sismici e nelle catastrofi da essi determinate l'intervento di ingovernabili fattori di natura soprannaturale (intervento di divinità) o ipernaturale (intervento di esseri fantastici più o meno mostruosi) [Bolt 1982] (fig. 2).

La vulnerabilità sismica delle costruzioni

La vulnerabilità delle costruzioni nei confronti del terremoto ha delle precise motivazioni tecnico-scientifiche.

Per le vecchie costruzioni edificate senza l'ausilio di tecniche antisismiche le ragioni della riscontrata vulnerabilità sismica sono del tutto evidenti e riconducibili, per l'appunto, all'impiego di tecniche costruttive inadeguate.

Meno evidenti sono le cause della vulnerabilità sismica palesata, sia pure in misura minore, da molte delle costruzioni più recenti, anche quando costruite con criteri progettuali e tecniche costruttive di carattere antisismico.

In tal caso le cause sono da attribuire in primo luogo agli ingenti costi, anche in termini di limitazioni e più in genere di condizionamenti architettonici, che conseguirebbero a un'effettiva e completa messa in sicurezza delle costruzioni, specie nei riguardi degli eventi sismici più violenti, che d'altra parte risultano essere anche i più rari. Ciò porta, tradizionalmente, ad accettare, nei confronti dell'aggressione sismica, una strategia progettuale che preveda, in occasione dei terremoti violenti, la possibilità di danneggiamenti strutturali anche consistenti, conseguenti a un impegno severo e spinto del sistema strutturale sismoresistente, ma che escluda la possibilità del crollo. Per i terremoti di media intensità vengono invece considerati accettabili danneggiamenti che si limitino alle sole parti non strutturali della costruzione. Soltanto per i terremoti deboli l'obiettivo progettuale viene identificato nell'assenza di qualsiasi tipo di danneggiamento, e pertanto nel conseguimento della "completa sicurezza" così come si è abituati a concepirla.

Una seconda causa di vulnerabilità va individuata nelle grandi incertezze che sono inevitabilmente connesse alla possibilità di prevedere in maniera attendibile, e pertanto efficace ai fini della prevenzione, le modalità di svolgimento del complesso fenomeno costituito dall'evento sismico e dalla conseguente risposta delle costruzioni.

Tali incertezze riguardano sia le modalità con cui si espliciterà nel territorio la futura attività sismica attraverso gli specifici eventi (capacità di previsione di attendibili sismogrammi), sia le specifiche caratteristiche del suolo sottostante le singole costruzioni e pertanto le modalità di alterazione del movimento sismico in corrispondenza delle loro fondazioni, sia infine le modalità di risposta dinamica delle costruzioni, specie quando i relativi sistemi strutturali sono sollecitati al di là del campo elastico-lineare.

Per quanto concerne la risposta dinamica, notevoli incertezze sussistono, in particolare, nella valutazione delle capacità dissipative delle costruzioni, nonché nella determinazione delle modalità d'interazione fra le varie componenti strutturali e non strutturali (pareti di chiusura, ecc.) delle costruzioni stesse.

Una conseguenza e conferma di quanto precedentemente detto circa le cause prime della vulnerabilità sismica delle mo-

3. Il flusso energetico nelle costruzioni in occasione dei terremoti.
Nel grafico è illustrato, attraverso un modello analogico a carattere idraulico, il flusso energetico nelle sue varie fasi di propagazione e i fattori che lo condizionano.
Sono in particolare evidenziati: I. l'energia in arrivo attraverso il suolo, dipendente dalle caratteristiche dell'evento sismico e da quelle geomorfologiche specifiche del terreno d'impianto della costruzione; II. l'azione di "filtro" connessa alle caratteristiche meccanico-morfologiche della costruzione, condizionante la quantità d'energia assorbita dalla costruzione stessa; III. l'azione di "filtro", connessa alla capacità dissipativa della costruzione e in particolare a quella del suo sistema strutturale, determinante l'energia conservata dalla costruzione dopo le dissipazioni dovute ai fenomeni isteretici e/o viscosi sviluppantisi durante le oscillazioni; IV. la distribuzione dell'energia fra i vari componenti strutturali di controventamento; V. l'esito prestazionale dei diversi elementi strutturali come determinato dal bilancio fra l'energia assorbita e la loro capacità, in termini di resistenza e duttilità, ad assorbirla senza raggiungimento del collasso (bilancio domanda-offerta energetica).

derne costruzioni antisismiche – attingimento di situazioni di impegno spinto, se non estremo, in sistemi a elevata complessità e con comportamento, pertanto, di difficile prevedibilità – è riscontrabile nell'"esito" sostanzialmente diverso (crollo in alcuni casi e danneggiamento minimo o nullo in altri) di edifici situati in prossimità fra loro e con caratteristiche, almeno apparentemente, del tutto simili.

Da quanto fin qui detto appare evidente la difficoltà di conseguire affidabili previsioni di comportamento mediante modellazioni, per quanto sofisticate. Ne derivano serie limitazioni alle possibilità del calcolo strutturale come strumento di previsione della prestazione delle costruzioni, specie quando le stesse procedure di calcolo non siano affiancate da indicazioni suppletive suggerite dall'esperienza, come avviene nei codici normativi più attenti.

Va ancora osservato che il calcolo è sostanzialmente uno strumento di verifica dell'organismo strutturale. Non è invece, almeno nella sua accezione e impiego tradizionale, uno strumento di progetto che consenta, al progettista privo di un'adeguata esperienza e sensibilità nei riguardi del comportamento sismico delle costruzioni, di individuare la più efficace distribuzione e il più opportuno dimensionamento degli elementi del sistema strutturale. Ciò specialmente quando si tenga conto dell'interdipendenza fra tale sistema e le caratteristiche proprie dell'organismo architettonico, anch'esse da controllare ed eventualmente modificare in fase progettuale ai fini dell'abbattimento della vulnerabilità sismica.

Risulta pertanto evidente l'opportunità che il progettista di costruzioni antisismiche possa affiancare alla conoscenza delle prescrizioni normative, e in particolare delle norme relative ai procedimenti per il calcolo strutturale[2], un'adeguata sensibilità ed esperienza nei riguardi del comportamento sismico delle costruzioni così come soprattutto evidenziato, nella propria realtà fisica, in occasione dei terremoti.

Questo saggio è finalizzato all'obiettivo ora enunciato: contribuire a formare, nei progettisti di costruzioni in zone sismiche, una sensibilità ai diversi e complessi aspetti del problema del comportamento sismico delle costruzioni, e ciò avvalendosi principalmente delle esperienze tratte dall'osservazione della risposta delle costruzioni ai recenti terremoti. Questi hanno costituito veri e propri esperimenti al vero, su di un ampio spettro di costruzioni reali con differenti livelli di protezione e assoggettate a sollecitazioni di diversa intensità; esperimenti fondamentali per la comprensione di un fenomeno complesso come quello della risposta delle costruzioni ai sismi.

Dall'analisi del danneggiamento sismico è possibile risalire, attraverso opportuna indagine, ai meccanismi di crisi, alle cause fisico-meccaniche che li hanno attivati e ancora alle specifiche caratteristiche architettonico-strutturali a esse connesse, e pertanto riconoscibili quali fonti di vulnerabilità. È infine possibile individuare il momento – normativo, progettuale, esecutivo – di realizzazione dell'opera in senso lato al quale principalmente imputare l'origine, o la responsabilità, della riscontrata vulnerabilità. Rifacendosi a valutazioni statistiche è in tal modo possibile "imparare dai terremoti" e operare conseguentemente, a tutti i livelli e in tutte le fasi della realizzazione delle costruzioni, nella direzione della rimozione delle carenze, fonti di vulnerabilità, evidenziate dalle precedenti esperienze su costruzioni analoghe. Ciò consente di ottenere una generalizzata riduzione dei livelli di vulnerabilità e pertanto, in senso più largo, del rischio sismico[3] del patrimonio edilizio [Sarà, Nudo 1992; 1993; 1994; 1997].

Una chiave di lettura in termini energetici del comportamento sismico delle costruzioni

Sulla base delle conoscenze della dinamica sismica dei sistemi strutturali, corroborate dall'esperienza cui si è precedentemente accennato, è possibile impostare una chiave di lettura del comportamento sismico delle costruzioni che riesca a evidenziare, sia pure sommariamente, il processo della risposta sismica delle costruzioni nella sua globalità e complessità.

Tale chiave di lettura consente, da un lato, di delineare le possibili, e alternative, vie progettuali per le nuove costruzioni, dall'altro, di individuare le potenziali fonti di vulnerabilità del costruito in modo da poter ricavare indicazioni circa le più opportune linee d'intervento per la rimozione o riduzione delle fonti stesse (interventi di "adeguamento" o di "miglioramento").

[2] Si confrontino le normative [D.M.LL.PP. 16/01/1996; UNI ENV 1999-1-1 1997] e i testi contenenti i fondamenti per il calcolo strutturale in zona sismica [Mele 1976; Castellani 1981; Gavarini 1978; Como, Lanni 1979; Sarà 1985].

[3] Il rischio sismico, si ricorda, fa riferimento, oltre che alla vulnerabilità sismica della costruzione, anche alla pericolosità sismica del territorio d'insediamento e al valore, in senso lato, della costruzione stessa e del suo contenuto.

4. Faglia e attivazione di onde sismiche a partire dall'ipocentro.

5. Propagazione delle onde sismiche nel terreno: le onde di profondità (onde longitudinali P e trasversali S) e le onde superficiali (onde di Love e di Rayleigh).

La chiave di lettura che qui si propone è fondata sul concetto del flusso energetico che viene a interessare la costruzione in occasione del terremoto [Akiyama 1985], flusso energetico che può essere evidenziato in maniera particolarmente espressiva mediante il ricorso a un modello analogico di tipo idraulico [Sarà 1994] (fig. 3).

L'energia sismica liberata a seguito dello slittamento fra le "zolle" in profondità (ipocentro del sisma), in corrispondenza della frattura di faglia (fig. 4), si trasmette sotto forma di onde meccaniche di movimento del terreno (fig. 5) pervenendo modificata, e in genere attenuata a seguito di fenomeni di diffusione e dissipazione, nel terreno sottostante le diverse costruzioni [Guerra 1985]. Le caratteristiche dinamiche, e più in genere di scuotibilità, di tale terreno determinano l'energia sismica che tende a trasferirsi alla singola costruzione attraverso la fondazione (fase I).

L'aliquota di energia effettivamente assorbita dalla costruzione è determinata dall'azione di "filtri" connessi alle caratteristiche architettonico-strutturali complessive della costruzione stessa, da valutare comunque in rapporto alle caratteristiche dell'input sismico.

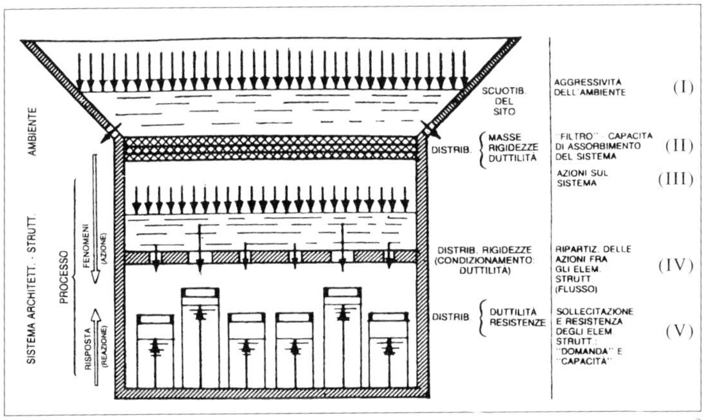

3

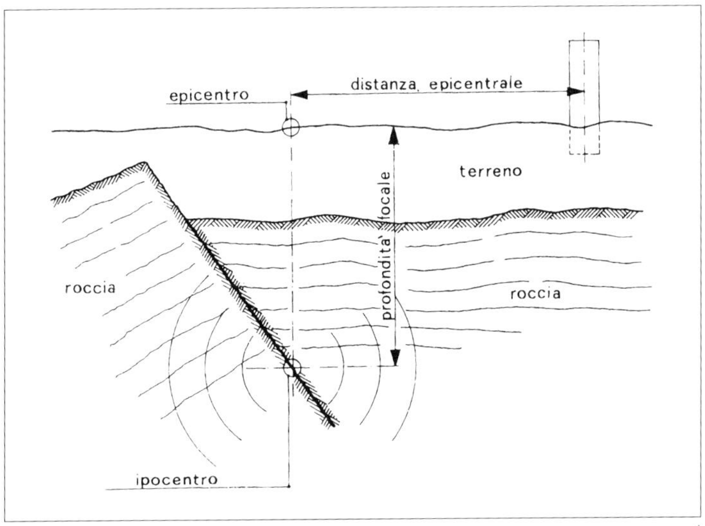

4

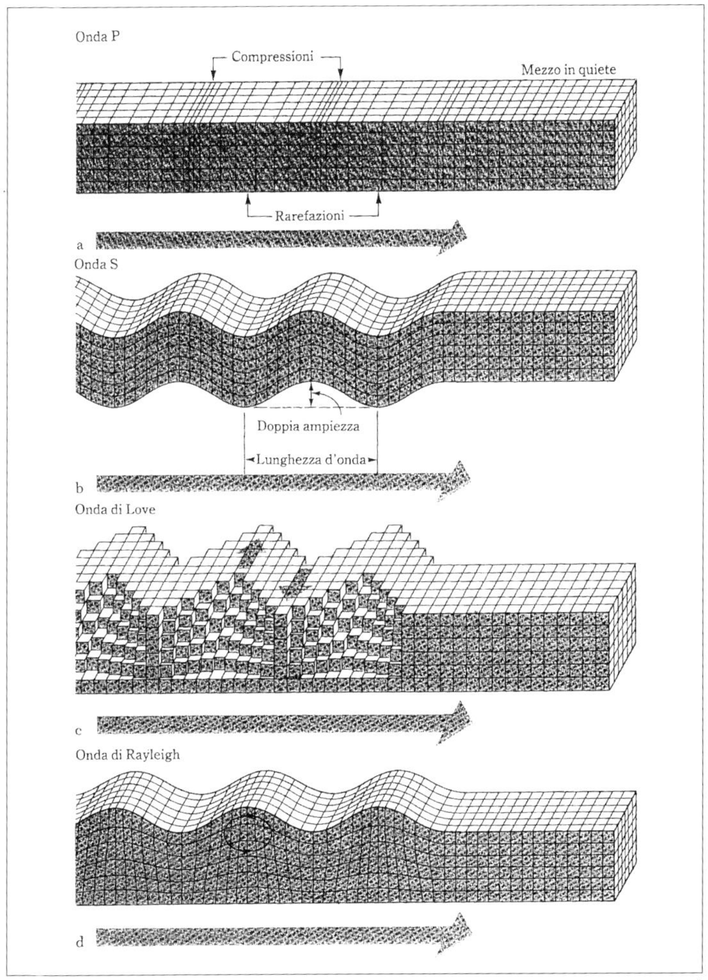

5

6. Attivazione dei modi di vibrare: sismogrammi, fenomeni di risonanza e di quasi-risonanza, spettri di risposta.
La figura (a), rappresentazione schematica di un sismogramma, evidenzia come i diversi sismogrammi, e anche le diverse fasi degli stessi, siano caratterizzati da specifici valori medi delle frequenze, e conseguentemente dei correlati periodi $\overline{T}$. L'attivazione dei moti d'oscillazione dei sistemi strutturali risulta tanto più accentuata quanto più il periodo proprio dominante T del sistema ($T = 2\pi\sqrt{m/k}$, con m e k rispettivamente massa e rigidezza, nel caso dell'oscillatore semplice di figura (b)) è prossimo a quello $\overline{T}$ della forzante (fenomeno di quasi-risonanza).
Con riferimento a una serie di potenziali sismogrammi è possibile tracciare gli spettri di risposta, in termini di accelerazioni, di oscillatori caratterizzati da diversi valori del periodo T (figura (c)). Opportuno inviluppo di tali spettri consente il tracciamento dello spettro di risposta di progetto della normativa (figura (d) ove con la linea tratteggiata è indicato il correttivo introdotto da UNI ENV 1998-1-1 1997).

Una prima azione di filtro (fase II) è principalmente legata alle caratteristiche fisico-meccaniche di "massa" e "rigidezza" e alla loro distribuzione nella costruzione. Essa fa sì che siano attivati, in maniera più o meno intensa (fenomeni di risonanza e di quasi-risonanza), specifici modi naturali di vibrare della costruzione (fig. 6). Si possono in particolare attivare modi di vibrazione flessionali, semplici o di ordine superiore (fig. 7), e in aggiunta modi di vibrazione torsionali con incremento dell'energia cinematico-meccanica della costruzione (fig. 8).

Una seconda azione di filtro (fase III) è legata allo sviluppo di dissipazioni d'energia di tipo viscoso, connesse principalmente all'attivazione di fenomeni d'attrito durante le oscillazioni della costruzione, o anche di tipo isteretico, queste ultime connesse all'attingimento da parte dei materiali del campo di comportamento plastico con utilizzazione delle loro risorse duttili e contemporanea insorgenza di deformazioni permanenti negli elementi strutturali (fig. 9).

L'energia sismica assorbita dalla costruzione, e in particolare dalla struttura, viene poi a distribuirsi (fase IV) fra i vari componenti strutturali sismo-resistenti (elementi di controventamento

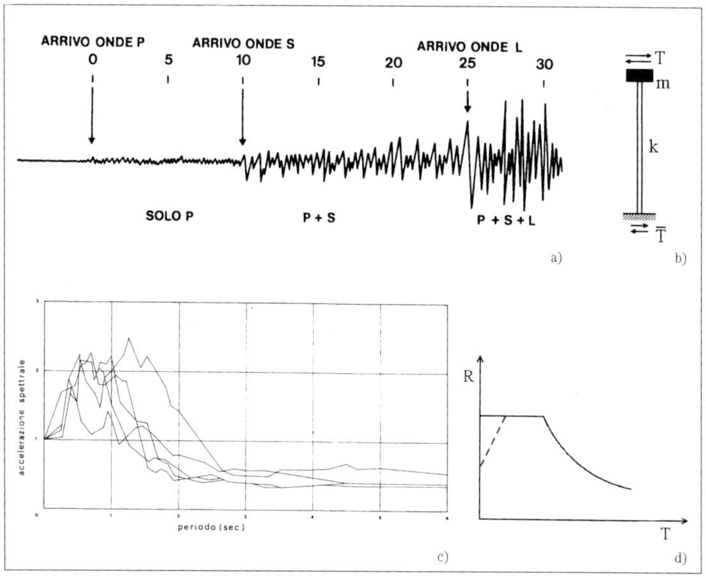

6

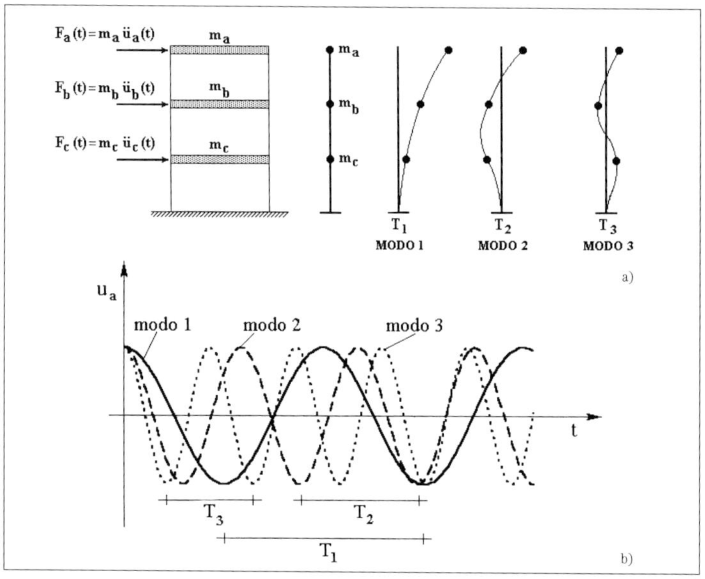

7

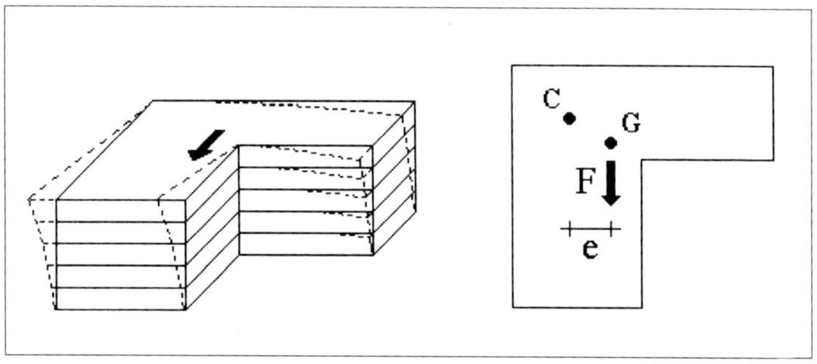

8

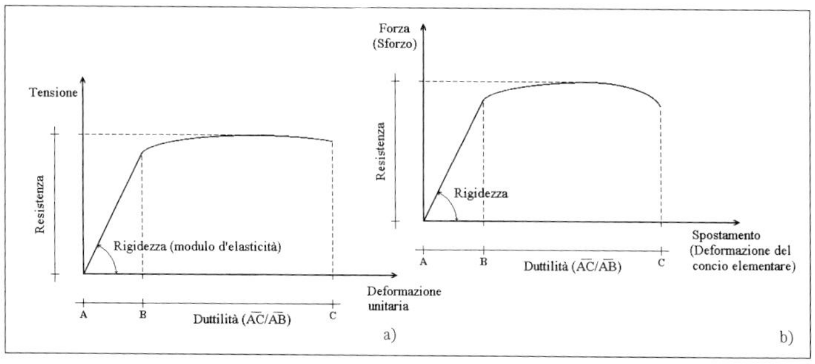

9

7. Modi di vibrare naturali flessionali caratterizzati da diversi valori del periodo T (con $\ddot{u}_a$, $\ddot{u}_b$, $\ddot{u}_c$ si sono indicate le accelerazioni relative alle masse m_a, m_b, m_c): (a) configurazioni; (b) corrispondenti leggi del moto (si è ipotizzata identica ampiezza per tutti i modi).

8. Oscillazioni torsionali connesse all'eccentricità "e" fra centro delle masse G e centro delle rigidezze C.

9. I diagrammi di risposta meccanica riportati in figura evidenziano la duttilità dei materiali (a) e quella degli elementi strutturali e della struttura nel suo complesso (b). (N.B. Le indicazioni in parentesi nel grafico (b) si riferiscono alla duttilità degli elementi strutturali.)

10. Sistemi ed elementi strutturali duttili in c.a. In figura sono illustrati: (a) meccanismi di collasso di telai, a minore o maggiore duttilità in ragione del minore (schema 1) o maggiore (schema 2) sviluppo delle plasticizzazioni (numero delle cerniere plastiche nelle sezioni critiche ai nodi); (b) provvedimenti per l'incremento della duttilità degli elementi pilastro: infittimento delle staffe in prossimità dei nodi, staffe multiple e legature trasversali.

sismico: telai, pareti, ecc.) e poi, all'interno dei singoli componenti, fra i vari elementi costitutivi (pilastri, travi, ecc.). La distribuzione ora descritta avviene, sostanzialmente, in funzione della distribuzione delle rigidezze.

L'esito del processo di assorbimento dell'energia sismica da parte del sistema strutturale sismo-resistente può essere valutato in termini di livelli di danneggiamento attinti e dipende dalla capacità di assorbimento di energia deformativa da parte dei vari elementi strutturali ("offerta") raffrontata all'energia pervenuta agli stessi durante il processo ("domanda"), cioè dal bilancio domanda-offerta (fase V). La capacità degli elementi strutturali va valutata con riferimento sia alla capacità di assorbire le sollecitazioni (capacità resistenti vere e proprie, relative principalmente al campo elastico) sia alla capacità di utilizzare il campo plastico senza attingimento della rottura (capacità duttili).

Strategie progettuali antisismiche

Le modalità di risposta delle costruzioni all'azione sismica precedentemente illustrate chiariscono le motivazioni alla base delle tre principali strategie di protezione antisismica nei confronti dei terremoti violenti, e cioè quelle che si possono sinteticamente definire come strategie di progettazione "a resistenza", "a dissipazione", "a isolamento". A tali strategie si può far riferimento sia nella progettazione di nuove costruzioni, sia nella progettazione degli interventi per le costruzioni esistenti ai fini di un innalzamento delle loro capacità antisismiche.

La strategia di progettazione "a resistenza" mira all'esaltazione delle capacità resistenti dei componenti ed elementi strutturali in modo tale da mantenere il loro comportamento all'interno del campo elastico (si osservi la fase V del processo di flusso precedentemente illustrato). È richiesto, in genere, un "costoso" superdimensionamento degli elementi strutturali. Tale strategia è pertanto solitamente prevista in casi particolari nei quali è richiesto un altissimo livello di protezione antisismica, conseguibile, in genere, attraverso un forte contenimento dei fenomeni deformativi (ad esempio, nel caso delle centrali nucleari).

La strategia di progettazione "a dissipazione" mira, invece, all'esaltazione della funzione dei "filtri" dissipativi (fase III) che limitano la quantità d'energia sismica assorbita dalla costruzione. È possibile, come già visto, operare tramite "filtri" di tipo isteretico; ciò può essere effettuato avvalendosi, come è il caso della tradizionale progettazione delle opere in c.a., delle capacità duttili degli elementi strutturali principali [GIUFFRÈ 1976; VULCANO 1991[a]] (fig. 10)[4], ovvero, con più moderne tecniche di progettazione, attraverso l'introduzione di elementi strutturali aggiuntivi a elevata capacità duttile, in genere in acciaio [WAKABAYASHI 1989; VULCANO 1991[b]; WHITTAKER *et al.* 1989] (fig. 11a) .

In alternativa è possibile operare tramite "filtri" di tipo viscoso, e ciò con l'introduzione, all'interno delle maglie dell'intelaiatura strutturale, di dispositivi in grado di dissipare energia a seguito di

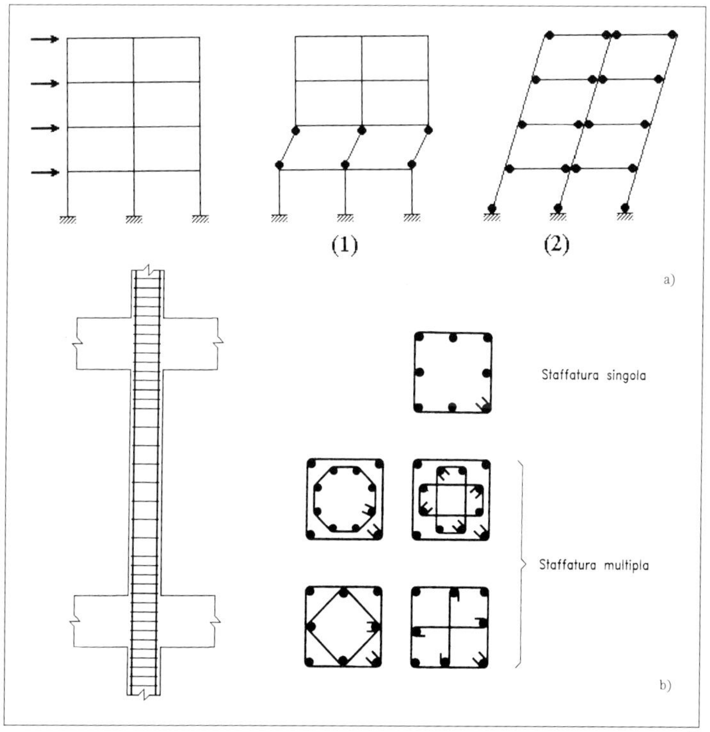

10

[4] La possibilità di ricorrere alla strategia di progettazione a dissipazione di tipo plastico-isteretico, con coinvolgimento degli elementi strutturali principali, dipende dalla duttilità dei materiali e degli elementi strutturali. È pertanto sostanzialmente improponibile per le costruzioni in muratura, anche di tipo nuovo, mentre è proponibile per le costruzioni in cemento armato purché si ricorra a opportuni accorgimenti connessi principalmente alla distribuzione delle armature (barre longitudinali e staffe), ovvero all'impiego di criteri gerarchici di resistenza fra travi e pilastri.

11. Tecniche innovative: sistemi strutturali dissipativi di tipo isteretico (a) e viscoso (b). La deformazione della maglia del telaio, indotta dall'azione sismica orizzontale che trasforma la sua configurazione da rettangolare a romboidale, mette in azione i dispositivi dissipativi: attraverso deformazioni plastiche nelle lame metalliche del dispositivo (a); attraverso attivazione di fenomeni d'attrito nel movimento di scorrimento relativo cilindro-stantuffo del dispositivo (b).

12. Costruzioni a "isolamento di rigidezza" (*base isolation*).

13. Costruzioni a "isolamento di massa". La figura si riferisce a una costruzione con isolamento di massa di tipo attivo: la massa addizionale sulla sommità dell'edificio viene connessa o sconnessa all'impalcato di copertura su comando di un sistema computerizzato di controllo sulla base dei segnali provenienti dai sensori che registrano i movimenti del suolo e della costruzione.

fenomeni di natura viscosa conseguenti al moto [Wakabayashi 1989; Aiken *et al.* 1993] (fig. 11 b).

La strategia di progettazione "a isolamento", in genere applicata in combinazione con la strategia di progettazione a dissipazione, rivolge invece la sua attenzione al "filtro" connesso alle possibilità di attivazione dei diversi modi di vibrare (fase II). Partendo dagli accorgimenti progettuali diretti all'eliminazione delle dissimmetrie e, in genere, delle irregolarità strutturali (a impedire l'attivazione di modi di vibrare torsionali o di ordine superiore), si passa alla progettazione mirata a ottenere il massimo scostamento possibile dalla condizione di risonanza – ovvero di quasi-risonanza – rispetto al moto del terreno, e ciò imponendo valori opportunamente ridotti della rigidezza del sistema di controventamenti (cfr. sistemi intelaiati con piano pilotis) con conseguente aumento del periodo naturale d'oscillazione che viene così a discostarsi dai bassi periodi prevalenti usualmente nell'oscillazione sismica del suolo. È infine possibile far ricorso alle moderne tecniche di isolamento sismico, e cioè l'"isolamento di rigidezza" (*base isolation*, tecnica che fa ricorso a strutture di basamento molto flessibili) o l'"isolamento di massa" (mediante ricorso a masse aggiuntive, collocate in genere alla sommità della costruzione). Anche queste tecniche mirano al conseguimento di elevati periodi propri di oscillazione della costruzione, allontanando così la stessa dalla condizione di risonanza col moto del suolo [Wakabayashi 1989] (figg. 12, 13). È interessante, per inciso, osservare che i primi sismografi di tipo meccanico erano basati sugli stessi principi: isolamento del pennino scrivente dello

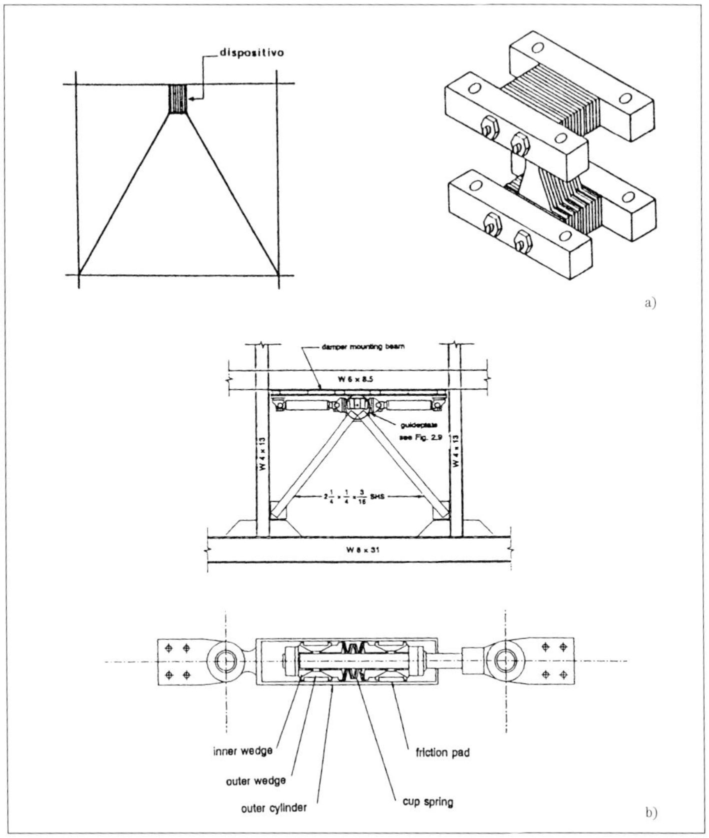

11

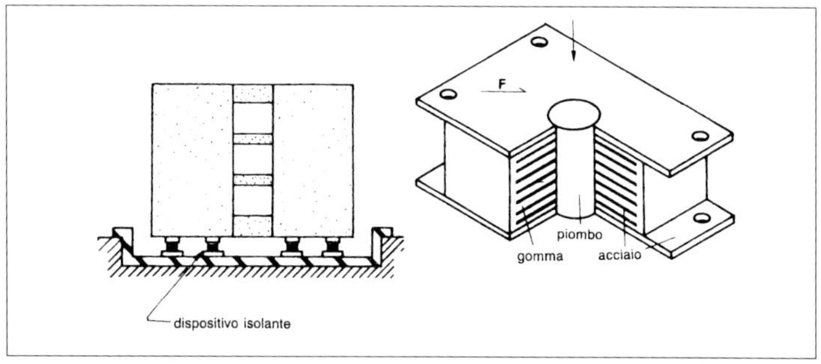

12

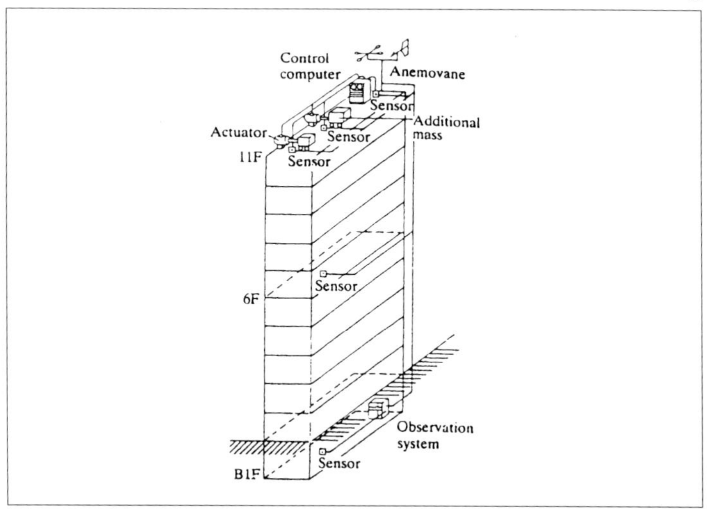

13

14. Il sismografo meccanico: una combinazione d'isolamento di rigidezza e d'isolamento di massa.

15. Abbattimento dell'azione sismica mediante intervento sul terreno d'impianto della costruzione: si ipotizza la creazione di diaframmi verticali, ad azione isolante, di delimitazione dell'area d'impianto.

strumento tramite conferimento di un'elevata massa e una bassa rigidezza al congegno di sostegno del pennino stesso (fig. 14).

Ulteriori strategie di prevenzione antisismica, allo stato attuale in genere eccessivamente impegnative, possono essere dirette a un intervento sulle caratteristiche più o meno profonde del suolo, e non solo di quello immediatamente sottostante le fondazioni (fase I del processo di flusso già illustrato) (fig. 15).

Recentemente, nel campo delle strategie progettuali antisismiche, particolare attenzione è stata rivolta a strategie di progettazione "prestazionali", collegabili alle moderne strategie progettuali facenti riferimento agli "stati limite". Tali strategie sono state suggerite dall'opportunità di limitare comunque, per i terremoti di non eccezionale intensità, i danni e i conseguenti costi di ripristino

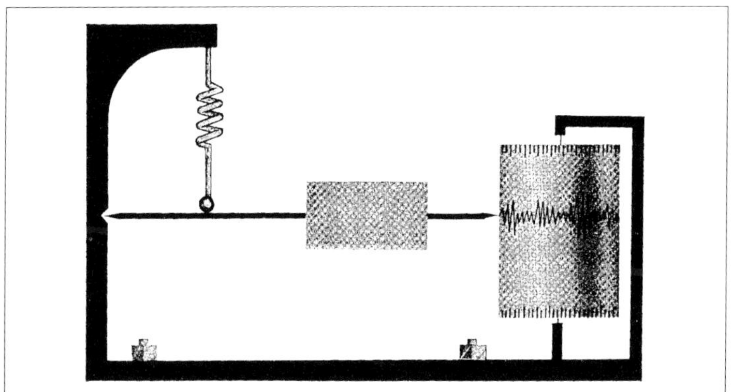

14

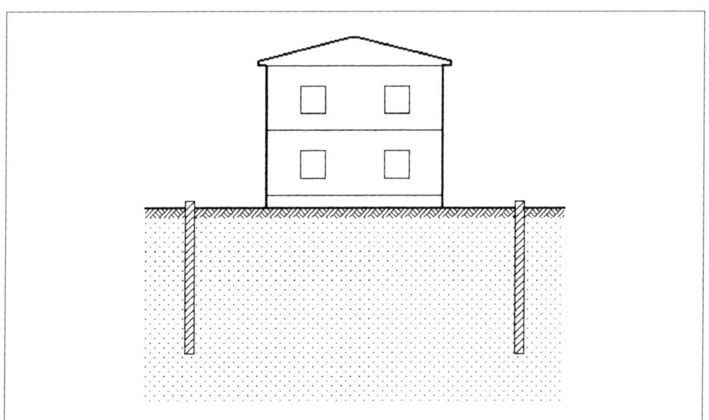

15

anche per le parti non propriamente strutturali della costruzione (pareti di chiusura, impianti, ecc.). Ciò si consegue sostanzialmente attraverso un controllo delle deformazioni, limitando ad esempio lo scorrimento relativo fra gli impalcati in corrispondenza degli interpiani delle strutture intelaiate, oltre che delle sollecitazioni vere e proprie. È in tal caso necessario riferirsi a un bilancio domanda-offerta, relativamente alle capacità prestazionali dei componenti strutturali e non strutturali, a carattere più generale rispetto a quello di usuale riferimento (fase V).

Quanto precedentemente detto sulle possibili strategie progettuali può essere rivisto, in chiave più analitica e maggiormente collegata ai procedimenti di calcolo, osservando la struttura delle formule assunte dalla vigente normativa [D.M.LL.PP. 16/01/1996] per la verifica strutturale. Ciò consente di individuare in maniera più specifica quali sono i fattori sui quali si può intervenire in fase progettuale.

Si può fare riferimento, a tale scopo, alla semplice espressione dell'azione sismica globale dell'"analisi statica" per le strutture intelaiate, espressione che si può scrivere nella forma:

$$F = C\,R\,\varepsilon\,\beta\,W\,I$$

e alla generica formula di verifica espressa in termini di confronto fra la "sollecitazione" S, in senso lato, che viene a impegnare il generico elemento strutturale (a seguito dell'azione concomitante delle forze sismiche F e delle forze peso P) e la corrispondente capacità prestazionale S_0:

$$S(F,P) \le S_0$$

Si osserva che i fattori C ed ε (rispettivamente coefficiente sismico, legato alla sismicità del territorio, e coefficiente di fondazione, legato alla specificità del suolo di fondazione) sono collegati alla fase I del processo di flusso energetico precedentemente illustrato. I fattori R e W (rispettivamente coefficiente di risposta della struttura e peso della costruzione) sono invece collegati fondamentalmente alla fase II relativa alla quantità d'energia assorbita dalla costruzione, mentre il fattore β (coefficiente di struttura, collegato alle capacità dissipative della struttura e pertanto alla sua duttilità) condiziona la fase III relativa alla dissipazione d'energia. Il fattore I (coefficiente di protezione sismica) ha invece il significato di un coefficiente di sicurez-

16. L'effetto "catino" a Città del Messico.
La presenza di consistenti strati di terreni sedimentari originati dal prosciugamento del preesistente lago ha determinato, nella conca d'insediamento della città, l'attivazione di un "evento sismico" locale, indotto dall'arrivo delle onde sismiche del terremoto originario verificatosi in prossimità della costa sul Pacifico.
Munich Re, Munich.

17. Terremoto del Messico del 1985: differenze fra gli accelerogrammi registrati in prossimità della zona epicentrale del sisma (costa pacifica del Messico) (a) e quelli registrati, a più di 300 km, a Città del Messico, in corrispondenza di terreno roccioso (b) e sedimentario (c).
Munich Re, Munich.

18. Cedimento, per azione di taglio, della totalità dei ritti di un piano in occasione del terremoto di Città del Messico del 1985.
Quanto la morfologia del sistema architettonico-strutturale possa condizionare la risposta delle costruzioni è stato messo particolarmente in luce dal comportamento degli edifici medio-alti (di una decina di piani) a struttura intelaiata in cemento armato, situati su terreno soffice, in occasione del terremoto di Città del Messico del 1985. Tale classe di edifici è risultata particolarmente

za, da stabilire in dipendenza del rischio sismico della costruzione, a tutela del bilancio domanda-offerta (fase V). Infine i valori S e S_0 delle formule di verifica (rispettivamente "sollecitazioni" e relative capacità prestazionali) sono strettamente connessi alla fase IV, distribuzione dell'impegno fra i vari elementi strutturali, e alla fase V, assorbimento dell'energia da parte di tali elementi e conseguenti livelli di danneggiamento degli stessi.

16

La risposta delle costruzioni in occasione dei recenti eventi sismici: fonti di vulnerabilità connesse alle caratteristiche architettonico-strutturali

In questo paragrafo viene commentata, a titolo illustrativo ed esemplificativo di quanto precedentemente esposto in merito alle capacità antisismiche delle costruzioni come condizionate dalla presenza di specifiche fonti di vulnerabilità, la risposta esibita dalle costruzioni in occasione di alcuni dei più importanti e significativi eventi sismici verificatisi di recente sia in Italia sia all'estero. Come si è accennato nella parte iniziale del saggio, la comprensione del problema dell'effettivo comportamento sismico delle costruzioni, nella sua complessità così come legata alla realtà costruttiva, può infatti essere grandemente facilitata da un'attenta analisi della risposta delle costruzioni all'azione dei terremoti.

Nella scelta degli eventi sismici si è ritenuto opportuno riferirsi a eventi che abbiano messo in luce specifici, e differenti, aspetti della vulnerabilità sismica delle costruzioni; specificità connesse soprattutto alla differenza di caratteristiche dell'edilizia delle diverse zone colpite dagli eventi sismici considerati, oltre che alla peculiarità con cui tali eventi si sono manifestati.

Con riferimento alle costruzioni in cemento armato realizzate in presenza di un quadro di prescrizioni normative antisismiche (sia pure non sempre in linea con le più recenti acquisizioni in fatto di tecniche di prevenzione antisismica), l'osservazione dei quadri di danneggiamento in occasione dei recenti eventi sismici (terremoti d'Irpinia del 1980 [ARISTODEMO *et al.* 1985; PARDUCCI 1981], di Città del Messico del 1985 [EEFIT 1986; MITCHELL 1987; MÜNICH REINSURANCE 1986], di Northridge (Los Angeles, California) del 1994 [ASS. GLIS 1994; EERI 1995-96], di Kobe (Giappone) del 1995 [ASS. GLIS 1996]) ha evidenziato quali principali fattori responsabili del più o meno elevato livello di danneggiamento delle costruzioni, e quindi responsabili del loro più o meno elevato grado di vulnerabilità, quelli legati agli aspetti qui appresso elencati [SARÀ, NUDO 1994; 1997]:
- caratteristiche locali del suolo[5] (si confronti la fase I di propagazione dell'energia) (figg. 16 e 17);
- caratteristiche morfologiche della costruzione[6] (figg. 18 e 19) e, in particolare, caratteristiche di "non regolarità" – in elevazione e in pianta – della costruzione stessa e del suo organismo strutturale (condizionanti la fase II del processo già richiamato);
- caratteristiche di duttilità del sistema strutturale[7] (condizionanti la fase III del processo, ma anche la fase V relativamente alla capacità ricettiva dei singoli elementi strutturali) (fig. 20);
- caratteristiche del sistema degli elementi di chiusura del perimetro esterno della costruzione (condizionanti le fasi II, III e IV, in quanto in-

[5] Questo aspetto ha assunto particolare rilevanza in occasione del terremoto di Città del Messico del 1985 (terreno di posa degli insediamenti ottenuto mediante prosciugamento del preesistente bacino lacustre). Anche in occasione del terremoto di Kobe del 1995 l'elevata deformabilità del terreno di posa delle costruzioni, situato nei luoghi del preesistente bacino portuale, ha determinato un'esaltazione dell'azione sismica.
[6] Anche questo aspetto è risultato particolarmente rilevante in occasione del terremoto di Città del Messico.
[7] Tale aspetto ha assunto particolare importanza in Irpinia, in occasione del terremoto del 1980. Anche a Northridge e Kobe, in occasione dei terremoti del 1994 e 1995, il crollo dei piloni dei viadotti è stato determinato, principalmente, da carenze di duttilità (modesta cerchiatura dei piloni stessi mediante il sistema di staffe).

colpita dall'evento sismico, con elevati danneggiamenti nei pilastri di piani intermedi (in genere attorno al settimo piano) (a). Ciò a causa di fenomeni di quasi-risonanza fra le oscillazioni sismiche del suolo e le oscillazioni proprie, o naturali, degli edifici, con contemporanea attivazione di modi di vibrare di ordine superiore (particolarmente onerosi per i montanti dei piani prossimi al settimo). Tale tipo di risposta e i conseguenti danneggiamenti, a volte causati da fenomeni di martellamento con edifici adiacenti (b), è stata determinata dalle specifiche caratteristiche architettonico-strutturali di tale tipo di edifici (in genere edifici pubblici o per uffici). Si trattava, infatti, di edifici a struttura intelaiata snella e flessibile a causa degli elevati valori delle luci delle campate e dell'assenza di tamponature murarie di chiusura sulla superficie esterna, sostituite da pareti vetrate. Risultavano inoltre elevate le masse d'impalcato a causa della presenza di un reticolo a doppio ordito di nervature di solaio di consistente altezza (e ciò sempre per la necessità di coprire campi di notevole luce).
Munich Re, Munich.

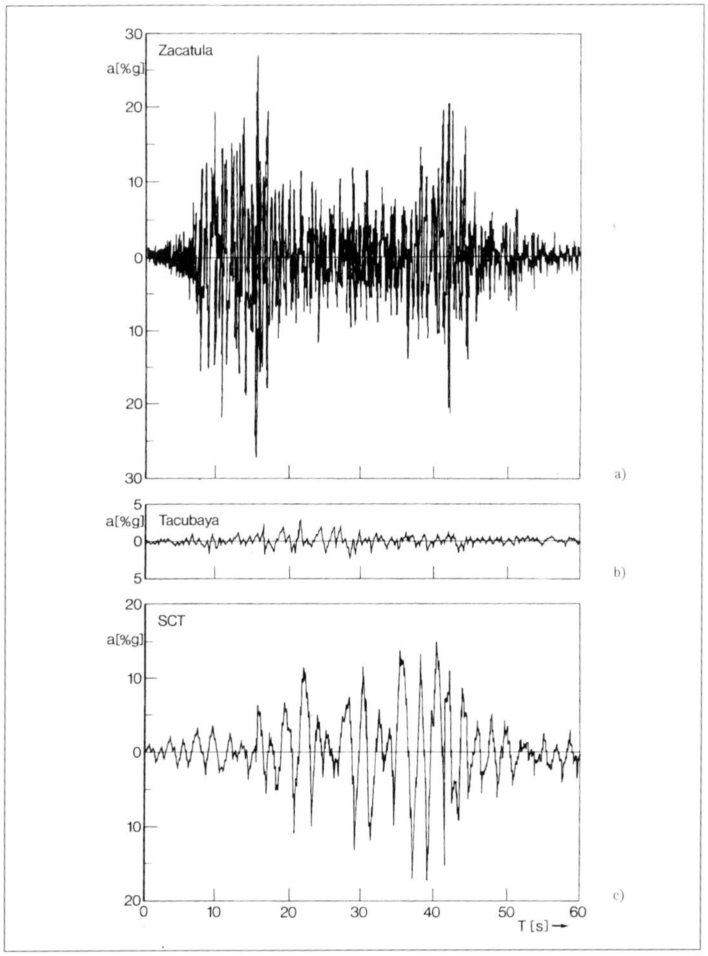

17

18a

18b

fluenti sia sulla rigidezza della costruzione[8], sia sulle sue capacità dissipative[9], sia sulla distribuzione delle sollecitazioni in caso di non regolare distribuzione delle tamponature in pianta o in elevazione) (fig. 21).

Le più recenti normative, e in particolare quella europea [UNI ENV 1998-1-1 1997], hanno posto particolare attenzione agli aspetti sopra elencati: le più significative modifiche rispetto alle precedenti normative sono infatti dirette a una più approfondita e corretta valutazione in fase progettuale proprio degli aspetti citati.

Per quanto concerne le costruzioni in acciaio, va rilevato che queste, laddove presenti, hanno risposto positivamente all'azione sismica non rivelando particolari, significative caratteristiche di vulnerabilità:

[8] Si confronti quanto osservato, in didascalia di figura 18, circa gli elementi perimetrali di chiusura degli edifici medio-alti di Città del Messico.
[9] Si ricorda che il danneggiamento e la rottura delle pareti di tamponatura determinano dissipazioni d'energia nella prima fase dei terremoti violenti.

19. Danneggiamenti collegabili a effetti torsionali destati a causa di irregolarità di forma in pianta, in edifici a Città del Messico, 1985 ((a), Munich Re, Munich) e in Irpinia, Sant'Angelo dei Lombardi, 1980 (b).

20. Dissesti nei ritti di strutture intelaiate in c.a. a seguito di carenze nelle capacità duttilo-resistenti (terremoto d'Irpinia, 1980: (a) Lioni; (b) Sant'Angelo dei Lombardi). L'importanza delle caratteristiche di duttilità, affiancate a quelle di resistenza, degli elementi strutturali componenti i sistemi sismo-resistenti di controventamento a struttura intelaiata in c.a. è stata particolarmente evidenziata dal comportamento delle costruzioni di tale tipo, a 5-6 piani, in occasione del terremoto d'Irpinia del 1980. A carenze di duttilità è riconducibile, infatti, l'elevato livello dei danneggiamenti negli edifici costruiti con tale tipologia, e ciò anche nel caso di progettazioni nominalmente antisismiche. Le carenze di duttilità riscontrate sono risultate principalmente riconducibili a povera qualità del conglomerato cementizio – con riferimento sia alla sua composizione che alle modalità di getto – spesso accompagnata da deficienza di staffatura nei pilastri (a) e altresì, a volte, da situazioni di congestione delle barre longitudinali (b).

19a

20a

19b

20b

21. Terremoto d'Irpinia, Lioni, 1980: (a) la distribuzione non uniforme delle tamponature lungo l'altezza ha determinato la creazione di un "piano flessibile" non sufficientemente duttile; (b) l'asimmetria nella distribuzione delle tamponature in pianta ha generato un evidente effetto torsionale.

22. Danneggiamento di edifici in muratura in occasione del terremoto d'Umbria e Marche del 1997: (a) Annifo (Perugia): sfasciamento dell'orditura del tetto; (b) Serrone (Perugia): cedimento della parete di supporto del tetto, e conseguentemente del tetto stesso.

21a

22a

21b

22b

cedimenti, non particolarmente importanti ai fini della stabilità generale, si sono verificati (terremoto di Northridge) in cordoni di saldatura in corrispondenza dei collegamenti nodali di strutture intelaiate (vedi fasi IV e V del flusso energetico). Più gravi si sono rivelati (terremoto di Città del Messico) fenomeni di perdita di stabilità connessi al cedimento delle fondazioni (vedi fase V).

Anche la risposta delle costruzioni in muratura realizzate secondo moderni criteri e tecniche di protezione antisismica (presenza di cordolature di piano, efficaci nella fase IV del flusso; elementi murari squadrati legati con malta di cemento, efficaci nella fase V; ecc.) è risultata in genere positiva; ciò, anche, per il relativamente modesto impegno richiesto a edifici di limitata altezza (cfr. fase II)[10].

[10] Ci si riferisce, in particolare, alla risposta delle costruzioni di tale tipologia in occasione del terremoto d'Irpinia.

23. Terremoto d'Umbria e Marche del 1997: (a) ribaltamento (Cesi, Macerata) e (b) imbozzamento (Volperino, Perugia) di pareti murarie, ortogonalmente al proprio piano.

23a

23b

Per quanto riguarda le ancor poco numerose costruzioni realizzate – specialmente all'estero – con le nuove, più moderne, tecniche costruttive antisismiche di dissipazione e isolamento la risposta è stata, in genere, estremamente positiva con considerevole contenimento dei livelli di danneggiamento.

Un discorso a parte va fatto, infine, per le vecchie costruzioni in muratura realizzate in assenza di specifiche misure di protezione antisismica.

Con riferimento alla realtà costruttiva italiana, la risposta delle vecchie costruzioni in muratura in occasione dei recenti terremoti d'Irpinia (1980) e d'Umbria-Marche (1997) ha evidenziato [Aristodemo *et al.* 1985; Barbetti *et al.* 1998; 1999; Sarà *et al.* 1999[a]; 1999[b]; 2000] l'elevata vulnerabilità di tali tipologie costruttive, vulnerabilità dovuta principalmente, oltre che alle limitate capacità di resistenza e duttilità del materiale murario (vedi fasi III e V del flusso energetico), alle carenze nella connessione fra i vari elementi costruttivi (vedi fasi IV e V del processo di flusso) (figg. 22, 23 e 24).

Tali carenze hanno riguardato le connessioni a tutti i diversi livelli dell'organizzazione strutturale e in particolare le connessioni fra i diversi elementi costitutivi del tetto (fig. 22a), quelle fra la struttura del tetto (e a volte dei solai) e le pareti portanti (fig. 22b), quelle fra le diverse pareti (in particolare in corrispondenza dell'incrocio fra le pareti longitudinali e trasversali, fig. 23a), quelle fra i diversi tratti murari in cui le pareti risultano scomposte per la presenza delle aperture e quelle infine fra gli stessi elementi di muratura quando connessi da malte povere (fig. 24).

È qui opportuno rilevare come le prescrizioni per le moderne costruzioni antisismiche in muratura siano particolarmente attente proprio nei riguardi degli aspetti costruttivi ora elencati.

Direttrici per lo sviluppo della prevenzione antisismica delle costruzioni

In proiezione futura è possibile prevedere una progressiva riduzione della vulnerabilità sismica del patrimonio edilizio considerato nel suo complesso.

Alla luce di quanto osservato nei paragrafi precedenti, le direttrici per una tale riduzione possono essere intraviste nelle seguenti linee di sviluppo:

- approfondimento delle conoscenze sismologiche e geologiche per una migliore definizione della sismicità dei diversi territori e

24. Terremoto d'Umbria e Marche del 1997. Cedimento a taglio di pareti murarie: (a) con lesioni diagonali in corrispondenza delle aperture (Cesi, Macerata); (b) con "scollamento" dagli elementi murari in tufo in corrispondenza dei letti di malta (Costa di Nocera Umbra, Perugia). In quest'ultimo caso il danneggiamento risulta esaltato dall'effetto dell'azione sismica sussultoria.

24a

24b

delle caratteristiche di scuotibilità del terreno dei diversi siti d'insediamento delle costruzioni (macrozonazione e microzonazione);
- affinamento degli strumenti normativo-progettuali per una migliore progettazione delle costruzioni, alla luce dell'esperienza via via acquisita in occasione degli eventi sismici; ciò dovrebbe avvenire con riferimento sia alla salvaguardia della struttura, sia a quella delle parti non strutturali, sia, infine, a quella della funzionalità degli impianti di servizio, anche a livello di reti urbane;
- rafforzamento dei controlli sulle diverse operazioni connesse alla realizzazione delle costruzioni in modo da rendere l'esito finale delle costruzioni stesse conforme alle attese progettuali;
- sviluppo e diffusione delle moderne tecniche di protezione sismica, sia attraverso la disponibilità di adeguati strumenti normativi, sia attraverso l'abbattimento dei costi;
- adeguamento antisismico, o quanto meno miglioramento delle caratteristiche prestazionali della maggior parte del patrimonio edilizio esistente, anche mediante ricorso alle più moderne tecniche e tecnologie costruttive.

Ricondotte via via le incertezze prestazionali delle costruzioni, valutate in termini di rischio sismico, a livelli paragonabili a quelli di altri prodotti di corrente utilizzazione nella nostra vita quotidiana, sarà sempre più proponibile coprire le inevitabili residue incertezze attraverso normali, tranquillizzanti strumenti assicurativi come avviene in altri settori produttivi e come già sperimentato, per il settore edilizio, in altri Paesi. L'introduzione e diffusione di tali strumenti potrebbe inoltre favorire un più elevato controllo di qualità sul prodotto "costruzione".

Capitolo 2

MODULARITÀ, STRUTTURALE RIPETITIVITÀ E COSTRUZIONE GEOMETRICA DI UNA FORMA STRUTTURALE

La natura, nel corso di milioni di anni, ha plasmato forme di vita assai disparate rendendole in grado di resistere alle sollecitazioni dell'ambiente, sfruttando la minima quantità di risorse necessarie allo scopo. Nel crogiolo dell'evoluzione soluzioni statiche sempre più efficienti e complesse hanno consentito agli esseri viventi di raggiungere rapporti peso-potenza e possibilità di movimento che anche oggi, ben poche strutture, facendo uso dei più efficienti materiali sintetici disponibili, possono raggiungere.

Se ci guardiamo intorno, la presenza di forze di trazione e compressione ha prodotto una sempre più grande diversificazione dei componenti necessari a resistere l'una e l'altra; da un lato, elementi assai simili alle corde di canapa, composte di un grandissimo numero di minutissimi fili, assicurano una elevata sicurezza contro lo strappo. Dall'altro, l'aggregazione di celle simili a scatole, realizzando un guscio leggero ma rigido, ha consentito di sopportare elevate pressioni sfruttando al meglio il materiale.

È una nozione di base dell'Ingegneria strutturale che la massima efficienza si raggiunge quando gli elementi strutturali sono soggetti a stato tensionale costante; nel caso dei sistemi costruiti dall'uomo, si usa identificare con il termine sistema reticolare, un complesso costituito da elementi caratterizzati da una dimensione prevalente rispetto alle altre due, e soggetti a preponderante stato di sforzo normale. Sono anche possibili elementi con due direzioni prevalenti rispetto alla terza, ancora soggetti a solo sforzo normale, nel qual caso si parla di membrane.

L'uomo conosce i sistemi reticolari fin dagli albori della storia: il cavalletto composto di due pali, una carrucola, e una fune, è stato lo strumento di sollevamento che ha consentito molte delle grandi opere del passato (fig. 1). Però l'uso del legno e delle funi è stato assai poca cosa rispetto a quello cui si è assistito quando, in piena rivoluzione industriale, l'uomo ha imparato a sfruttare l'acciaio per costruire imponenti coperture e ponti. Purtroppo l'avanzamento dei limiti della scienza non sempre è avvenuto senza traumi, e molti sono i crolli che hanno travagliato la storia delle costruzioni umane.

Con l'avvento della tecnologia moderna, facendo sempre più affidamento sulle risorse d'analisi fornite dagli elaboratori elettronici, le strutture sono diventate sempre più complesse, leggere e resistenti. Se indichiamo con rapporto di potenza l'altezza che dovrebbe avere una colonna di materiale per causarne la rottura alla base per effetto del solo peso proprio, si evidenzia un'evoluzione costante che ha por-

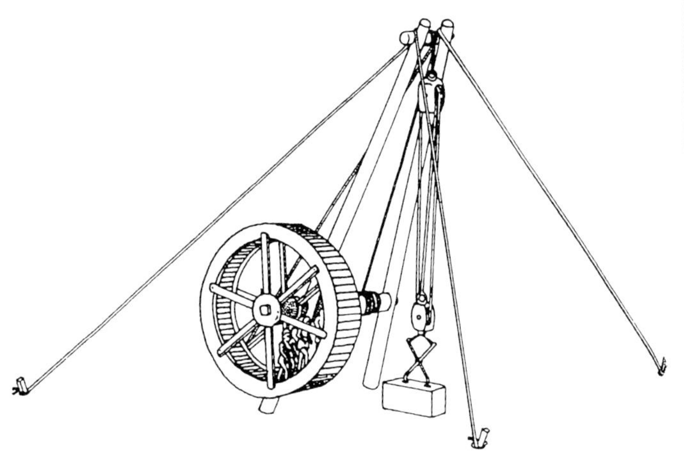

1

Il calcolo del cosiddetto rapporto di potenza è assai semplice: si divide la tensione di rottura per il peso specifico del materiale, ottenendo quella misura che indica l'altezza di una torre o la lunghezza di un filo che potrebbe rompersi per effetto del solo peso proprio. Ad esempio:

- pietra calcarea, σ_u = 100 kg/cm^2, γ = 0.002 kg/cm^3; si ottiene ρ = 100/0.002 = 50000 cm = 500 m.
- fibra di carbonio, σ_u = 34000 kg/cm^2, γ = 0.0017 kg/cm^3; si ottiene ρ = 34000/0.0017 = 20×10^6 cm = 200 km.

L'efficienza statica è invece misurata dal rapporto tra il carico che una struttura può portare, e il suo peso. Ad esempio:

- solaio in c.a., q_a = 10 kN/m^2, g = 5 kN/m^2, η = 10/5 = 2.

Nota I

1. La prima struttura reticolare è un sistema di sollevamento con carrucola.
Gli elementi compressi sono realizzati con pali di legno, quelli tesi con corde di canapa e juta, mentre i nodi sono ottenuti con spine di legno e legature di corda.

2. Rapporto d'efficienza delle tipologie strutturali moderne.
Le forme dotate di un solo tipo di resistenza (flessionale per le travi, assiale per le reti di funi) raggiungono luci inferiori ai sistemi misti (travi strallate o sospese) per problemi di deformabilità e stabilità dell'equilibrio.

tato dai rapporti inferiori a 100 m tipici dei materiali lapidei, a oltre 100 km come avviene per le fibre aramidiche e di carbonio.

Nel contempo, l'efficienza statica misurata dal rapporto tra peso di una costruzione e carico che può portare, è passata da circa 1.0 delle costruzioni in pietra, a oltre 10 delle strutture reticolari in lega leggera o dei moderni ponti strallati (fig. 2). La richiesta di costruzioni sempre più efficienti è alimentata dal desiderio di avere a disposizione spazi funzionali sempre più ampi: torri più alte, stadi e palazzetti più grandi, stabilimenti industriali e magazzini più capaci.

Un'interessante considerazione nasce dal fatto che la richiesta di costruzioni più grandi e più complesse non porta necessariamente un impulso verso componenti strutturali più grandi; al contrario di quanto era supposto dai Maestri Costruttori medievali, nel caso dell'efficienza statica non vale una legge di scala lineare (si veda al proposito Di Pasquale 1999). Vale invece una regola d'efficienza costruttiva che tende a rendere minimo il numero di parti diverse impiegate per la costruzione, e massima la loro modularità e ripetitività.

Il concetto soggiacente è assai semplice: più sono uniformi e ripetitive le parti necessarie alla costruzione, più ne diminuisce il costo e la possibilità d'errore. È inoltre connaturata all'uomo, una pulsione estetica che fa apprezzare ritmi architettonici ben definiti e costruiti su di un modulo che scandisce le dimensioni. Si vengono così delineando i criteri base che guidano la progettazione e specializzazione di un sistema reticolare modulare:
- il sistema deve contenere pochi componenti, molto ripetitivi, e adattabili al più ampio spettro di situazioni;
- il sistema deve consentire un'organizzazione dello spazio attraverso moduli che lo suddividono in parti regolari;
- il sistema deve garantire un'elevata efficienza statica, atta a coprire grandi superfici con bassi pesi.

In generale i sistemi così costruiti permettono un'elevata modificabilità della struttura per successive aggiunte o rimozioni di parti strutturali; inoltre, se il materiale impiegato è resistente nel tempo e riciclabile come si ha nel caso delle leghe d'alluminio, la struttura è fortemente bioecologica in quanto riconvertibile, riutilizzabile e non inquinante.

Quando una struttura riesce a equilibrare i carichi con soli elementi tesi o compressi di geometria omogenea, si dice che essa

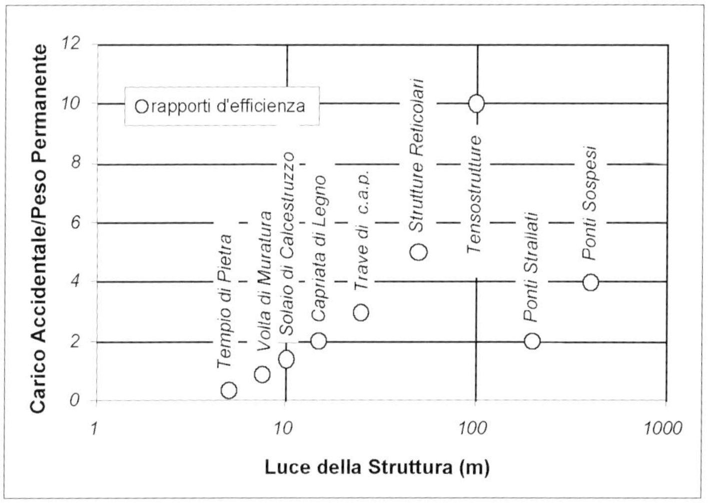

2

possiede effetto reticolare; se poi le sollecitazioni generate dai carichi si ripartiscono in modo uniforme tra tutti gli elementi, compresi quelli lontani dai carichi, si dice che possiede effetto spaziale. Una struttura caratterizzata da elevati effetti spaziali e reticolari è assai efficiente e quindi economicamente vantaggiosa.

Geometria delle forme reticolari

Un'adeguata descrizione della geometria di un sistema complesso richiede la definizione di elementi che la possano individuare univocamente a meno di movimenti di corpo rigido e di variazione omogenea della scala. Introducendo un sistema gerarchico di rappresentazione, si possono elencare i seguenti oggetti:
- i nodi sono punti materiali ove si opera la connessione geometrica della struttura;
- le aste sono componenti assimilabili a una linea che connette due nodi; sono pertanto definiti geometricamente dal nodo di partenza e da quello d'arrivo.

Una geometria reticolare risulta pertanto definita in maniera esatta dalla posizione dei nodi che la compongono e dalle connessioni che s'introducono tra i nodi, cioè dalle aste.

In maniera più sintetica, se la struttura è generata per ripetizione di un modulo base, la descrizione può essere condotta in termini

3. Modulo bidirezionale allineato ai lati. Le celle componenti sono piramidi a base quadrata di altezza pari a $1/\sqrt{2}$ del lato.

4. Modulo bidirezionale ruotato rispetto ai lati.

5. Modulo con piani di riferimento incrociati. Le aste dei due piani paralleli hanno lunghezze nel rapporto $\sqrt{2}$. Le diagonali sono anch'esse in tale rapporto con le aste più lunghe.

del modulo stesso, e delle coordinate secondo cui avviene la ripetizione. Si parla in questo caso di superficie media della struttura.

Dal punto di vista tipologico è possibile, assumendo come elemento discriminante la forma della superficie media della struttura, operare la seguente suddivisione in classi:
- grigliati piani, quando i moduli si ripetono in un piano;
- grigliati a falde corrugate, quando esistono più superfici piane connesse lungo spigoli non complanari;
- grigliati a semplice e doppia curvatura, quando la superficie media è tridimensionale e varia con continuità.

Il modulo base, in quanto elemento ripetitivo, deve essere dotato di proprietà di simmetria che ne consentano la riproposizione sequenziale con perfetta sovrapposizione dei margini. La struttura reticolare assomiglia pertanto a una tassellatura del piano, con la quale ha in comune il concetto di modularità.

Quando si passa allo spazio tridimensionale, il modulo ripetitivo capace di riempire lo spazio senza vuoti deriva dal concetto di cellula spaziale, che è stato esplorato a partire dall'antichità da matematici come Pitagora e Platone. In tempi recenti lo studio delle cellule spaziali è stato appannaggio della chimica, ed è per questo che gli esempi più interessanti per le applicazioni strutturali sono certamente forniti dalle geometrie dei reticoli cristallini dei corpi solidi.

Se siamo in cerca di cellule spaziali che possano riempire lo spazio tra due piani paralleli (che quindi definiranno anche uno dei piani di coordinazione delle cellule), come possibile soluzione si hanno a disposizione tetraedri, cubi e semiottaedri (piramidi a base quadrata); tali moduli aggregativi sono anche quelli più comuni nello sviluppo di strutture reticolari e consentono una notevole gamma di soluzioni.

Le cellule spaziali intese come cristalli solidi tridimensionali sono sostituite nel caso delle strutture spaziali, dall'insieme dei segmenti che definiscono gli spigoli. Tale sostituzione fa nascere nei piani di coordinazione una griglia regolare capace di tappezzare il piano; sono quindi possibili tassellature di triangoli, rombi, rettangoli ed esagoni. In quanto segue s'illustrano le proprietà geometriche di alcuni schemi aggregativi tipici.
- *Schema bidirezionale rettangolare*. Consiste in una schiera di elementi base semiottaedrici, cioè di piramidi a base quadrata o rettangolare i cui vertici sono riuniti da un reticolo ortogonale di aste (fig. 3). I grigliati disposti nei piani di coordinazione superiore e inferiore sono composti dalle basi della cella piramidale adottata; i due orditi risulta-

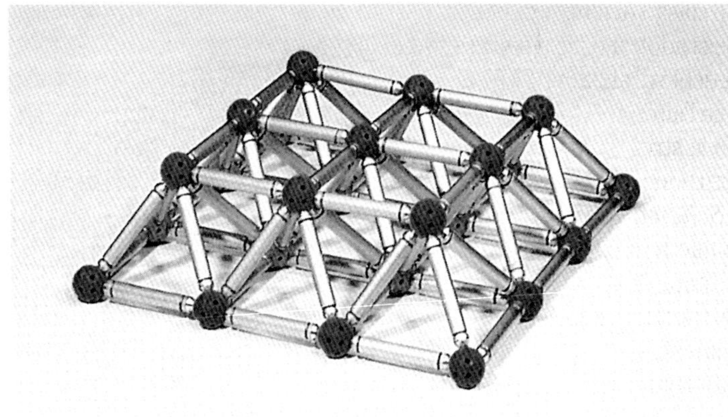
3

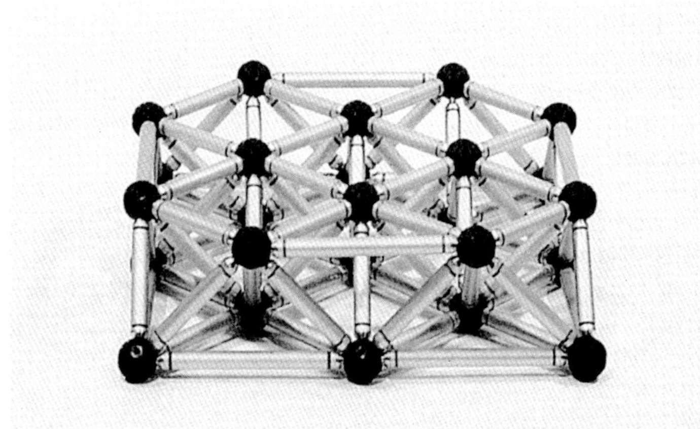
4

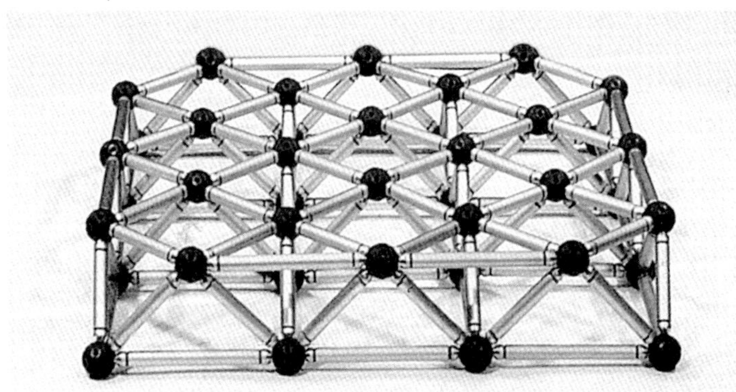
5

6. Modulo tetraedrico regolare. 7. Modulo cubico regolare.

no sfasati di mezzo modulo secondo ciascuno dei due assi del reticolo. Se si adottano piramidi a base quadrata di lato L, esiste un particolare reticolo di altezza $0.707L$ per il quale tutte le aste sono uguali. In generale l'altezza del modulo viene fissata nel campo compreso tra $L/2$ e L. Se la struttura è composta di m×n moduli, sono necessari per la costruzione $8 \times n \times m$ aste e $(n + 1) \times (m + 1) + n \times m$ nodi.

- *Schema bidirezionale obliquo.* Lo schema obliquo è del tutto simile a quello rettangolare, tranne il fatto che la struttura risulta ruotata di 45' rispetto alla precedente (fig. 4). In realtà la struttura ruotata ha prerogative statiche abbastanza differenti da quella allineata agli assi, ed ha un bordo esterno di chiusura leggermente differente. Anche in questo caso la struttura può essere composta di aste tutte uguali rispettando il rapporto 0.707 tra altezza e lato del modulo, ma sono sempre presenti aste di chiusura di lunghezza $1.414L$. Anche in questo caso il conto delle aste è approssimativamente pari a 8 volte il numero dei moduli.

- *Schema bidirezionale incrociato.* In questo caso si compone uno strato allineato agli assi, con uno ruotato secondo la bisettrice degli assi. Con tale composizione, le aste componenti uno degli strati esterni devono essere lunghe come la diagonale delle figure componenti l'altro strato (fig. 5). Se le maglie dei reticoli sono di forma quadrata, la struttura conterrà aste di lunghezza L e $1.414L$; anche le diagonali saranno di lunghezza L se l'altezza della struttura viene fissata pari a $0.707L$. Se le aste di lunghezza maggiore compongono il reticolo ruotato, saranno presenti, in aggiunta come chiusura perimetrale, aste di lunghezza $2L$. In questo caso il conto degli elementi si presenta più complesso ma corrisponde a circa 6 volte il numero dei moduli di lato minore.

- *Schema tetraedrico.* Si realizza attraverso l'accostamento di moduli base tetraedrici, in generale a base equilatera, in modo tale che i nodi di ciascun reticolo vanno a cadere nei baricentri delle maglie dell'altro (fig. 6). La struttura più regolare, di altezza pari a $0.8165L$, è composta di soli triangoli equilateri e contiene quindi solo aste di un'unica lunghezza. È possibile uno schema alternativo ribassato in cui l'altezza è pari a metà del lato e le diagonali misurano $0.707L$. Questo tipo di aggregazione è estremamente rigido e staticamente efficiente, ma contiene a parità di superficie coperta assai più aste di quelle degli altri moduli. Infatti in un reticolo con il lato diviso in n parti si hanno $3 \times n \times (n + 1) + 1.5 \times n \times (n - 1)$ aste, che corrispondono, per gli n^2 triangoli che ci sono nel reticolo, a circa 4.5 aste per maglia. Ma la superficie coperta dalla struttura è appena il 40% di quella della maglia ortogonale per cui, le aste necessarie per unità di superficie, sono circa del 50% maggiori per lo schema tetraedrico.

- *Schema esagonale semplice.* Uno dei reticoli (superiore o inferiore) è composto da maglie esagonali (regolari) che fungono da basi delle piramidi le cui sommità vengono collegate da un reticolo triangolare (equilatero). In questo caso si hanno sei diagonali per ogni cella esagonale.

- *Schema cubico.* Lo schema cubico risulta composto da due piani di coordinazione a maglie regolari con i nodi allineati in verticale

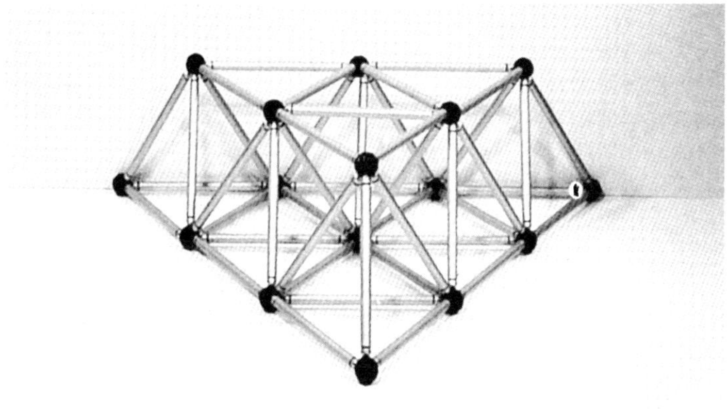

6

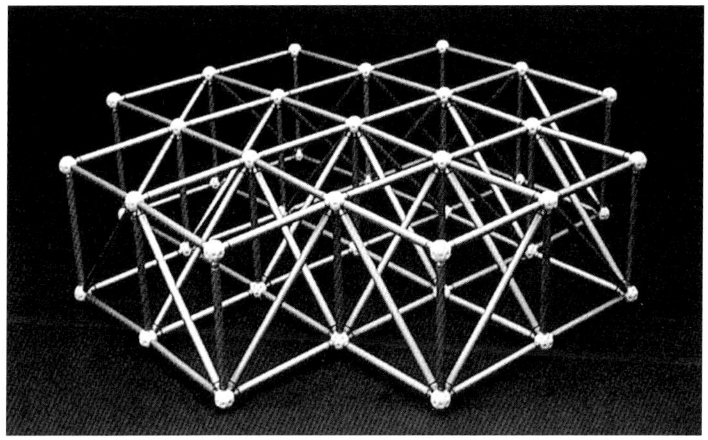

7

8a-8b. Ricerca della griglia ottimale ed estrazione dei piani con modulo semiottaedrico.
La griglia modulare include i nodi sia del piano superiore, sia del piano inferiore e corrisponde alla rete che meglio si adatta a sovrapporsi sui lati dell'area da coprire.
L'eliminazione alternativa a scacchiera dei nodi della griglia consente la definizione delle reti dei piani modulari.

(fig. 7). In tal modo, si ottiene una composizione regolare di celle cubiche che devono essere completate da tutte le diagonali di ciascun parallelogramma presente nella struttura. Si hanno pertanto sei diagonali per ciascuna cella spaziale che, qualora la struttura sia composta di soli quadrati di lato L, misurano $1.414L$.

La struttura di $n \times m$ moduli comprende $2 \times (n + 1) \times (m + 1)$ nodi, $5 \times n \times m + 3 \times (m + n + 1) - 2$ aste di lunghezza L, e $4 \times m \times n + m + n$ diagonali di lunghezza $1.414L$. Anche in questo caso il conto delle aste risulta superiore a parità di superficie, rispetto a una struttura basata sul modulo semiottaedrico. D'altra parte la cellula cubica si presta assai bene a impostare strutture di tipo lineare quali travi, torri e portali, per le quali il modulo semiottaedrico non è efficiente.

Costruzione di una geometria reticolare

Tipicamente in ambito strutturale si è soliti pensare la struttura reticolare in termini delle due griglie che ne confinano l'estensione (detti generalmente piani, strati o layers rispettivamente superiore e inferiore), e del sistema di aste (dette diagonali), che connettono tra di loro i due strati. Purtroppo tale rappresentazione ha il limite di rendere di difficile interpretazione l'ordito tridimensionale delle diagonali.

Sono possibili rappresentazioni alternative tra cui la più generale risulta essere la formex algebra [Nooshin 1981]; in questo caso, come vedremo in seguito più in dettaglio, si usano algoritmi algebrici di generazione rappresentando la forma strutturale per mezzo di matrici che descrivono la connettività delle aste.

D'altra parte, dal punto di vista della costruzione di una geometria reticolare, il punto cardine risulta essere il soddisfacimento o l'ottimizzazione dei vincoli geometrici imposti al progetto: perimetro dell'area da coprire, posizione dei possibili supporti di fissaggio, limiti imposti alla maglia sia in conseguenza della tipologia del sistema costruttivo, sia con riferimento agli elementi secondari di copertura.

Un metodo assai efficace di costruzione di una geometria che soddisfa ai vincoli fa uso della rappresentazione a matrice di punti della struttura. Supponiamo di schiacciare in una vista verticale la struttura, di modo che tutti i nodi dei piani di coordinazione si posizionino alla stessa quota. Se ora muoviamo que-

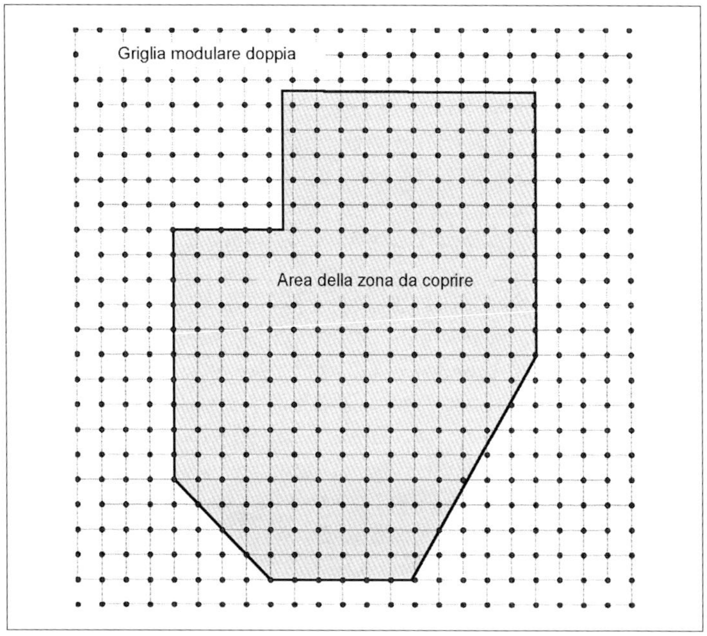

8a

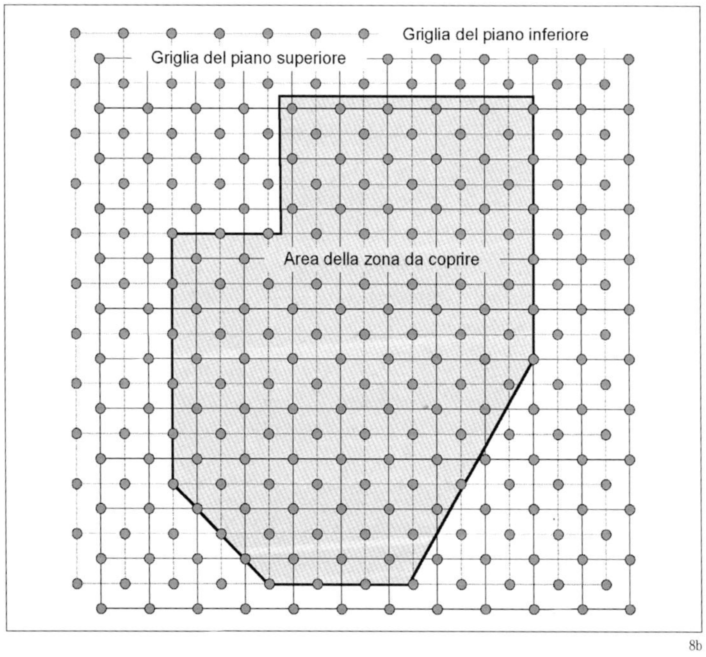

8b

sto reticolo che contiene tutti i possibili nodi della struttura fino a che l'errore rispetto ai vincoli geometrici diventa minimo, otteniamo la configurazione, assegnato il tipo di modulo e la sua dimensione caratteristica. Possiamo poi ripetere l'analisi variando i passi della maglia, ed eventualmente il tipo del modulo. In questo modo possiamo identificare le cellule base che meglio tassellano la geometria fissata, rispettando i vincoli.

Il procedimento, pur essendo codificabile in un programma di calcolo, ben si presta a un'esecuzione manuale, utilizzando come griglia un foglio trasparente su cui sono segnati i nodi appartenenti a entrambi i piani di coordinazione. In questo caso, invece di utilizzare un algoritmo d'ottimizzazione numerica, sarà lo stesso progettista a valutare in modo visivo il livello di soddisfacimento dei vincoli.

Nella figura 8a è illustrato un esempio di ricerca del modulo ottimale per un'area poligonale. Una volta stabilita la griglia, è possibile estrarre dalla griglia i soli nodi appartenenti a un prefissato tipo di cellula. Ad esempio in figura 8b la ricerca del modulo è particolarizzata estraendo a scacchiera i nodi appartenenti a una organizzazione spaziale in cellule semiottaedriche.

I vari tipi di cellula spaziale descritti nei punti precedenti possono essere rappresentati in forma matriciale utilizzando gli indici di coordinazione dei piani strutturali. In particolare, indicando con {1,1}, {1,2}, ..., {1,11}, {2,1}, ..., {11,11}, i nodi presenti nella griglia di riferimento di figura 9, gli schemi semiottaedrico allineato, semiottaedrico ruotato, incrociato e cubico, possono essere rappresentati dalle seguenti matrici:

Nelle figure 9-12 sono illustrate le griglie dei layer superiore e inferiore per i quattro casi discussi; qualora si voglia avere i due layer delle stesse dimensioni, è possibile estendere la griglia con moduli di bordo fino a ottenere un identico perimetro nei due piani di coordinazione. Altre matrici di connettività possono essere indicate per cellule tetraedriche, esagonali, o di forma più complessa.

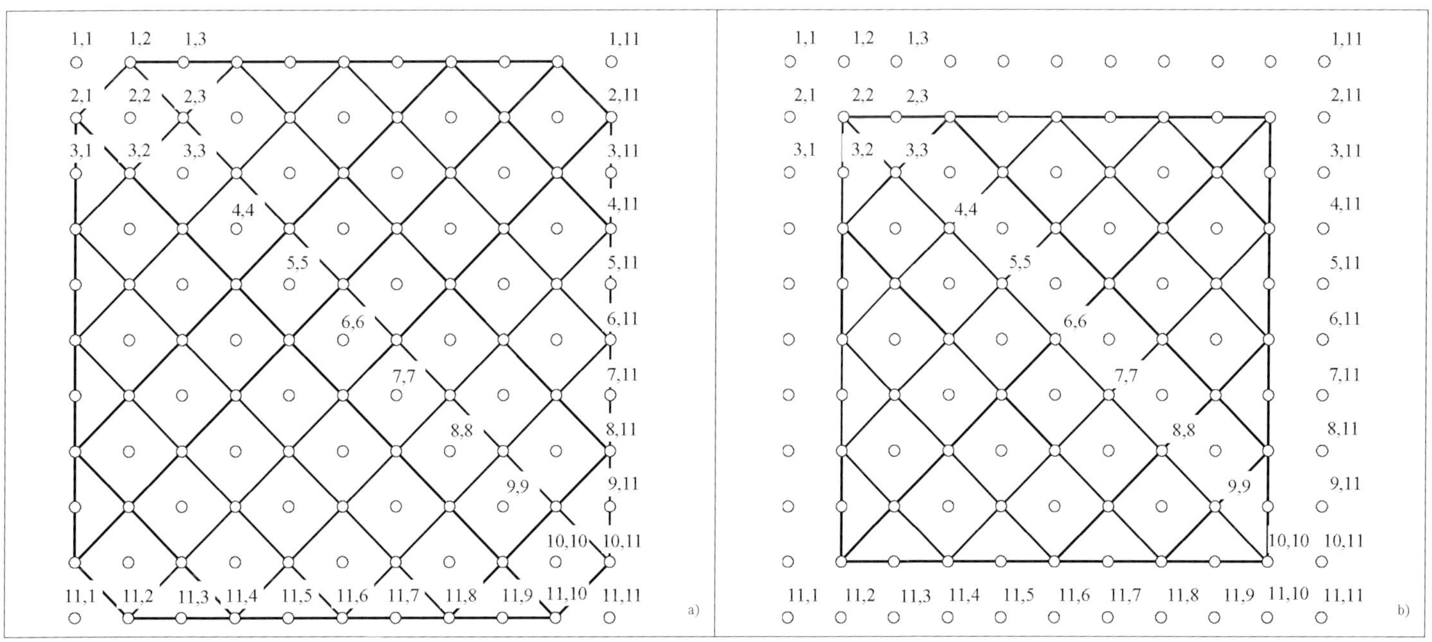

9

9. Layer superiore ed inferiore per una struttura a modulo semiottaedrico ruotato.

10. Layer superiore e inferiore per una struttura a modulo incrociato compatto.

11. Layer superiore e inferiore per una struttura a modulo semiottaedrico.

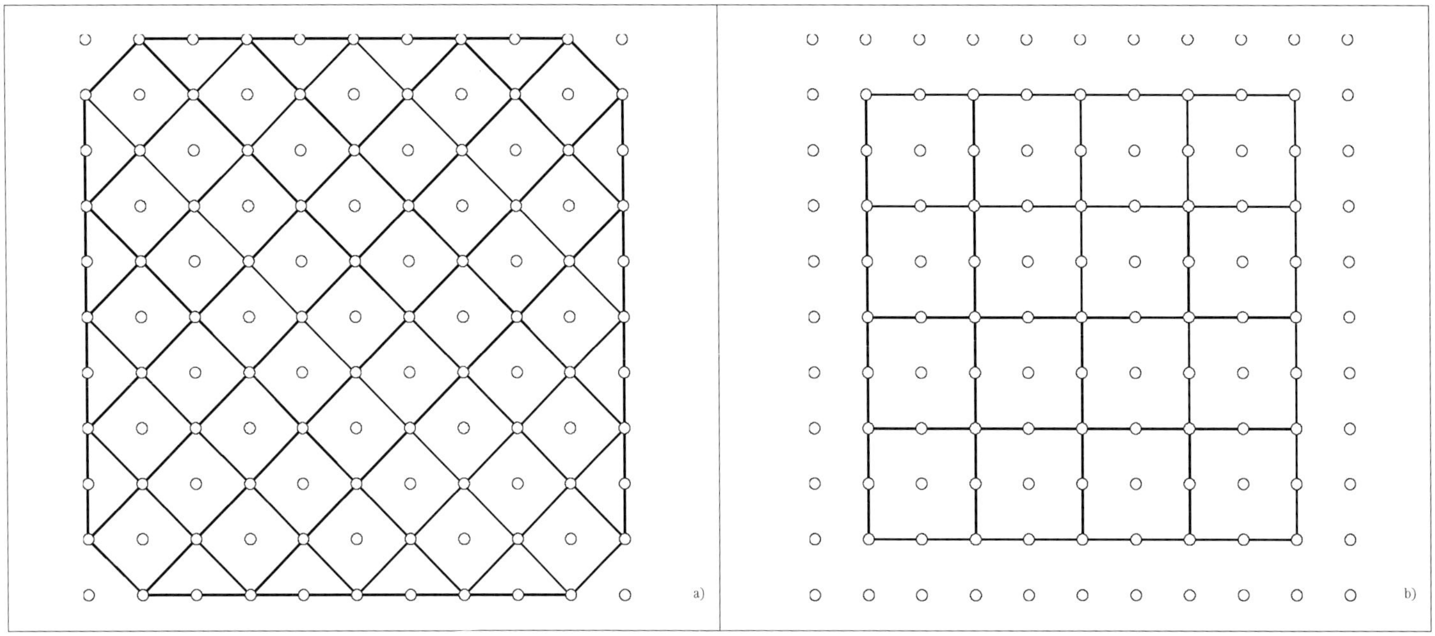

10

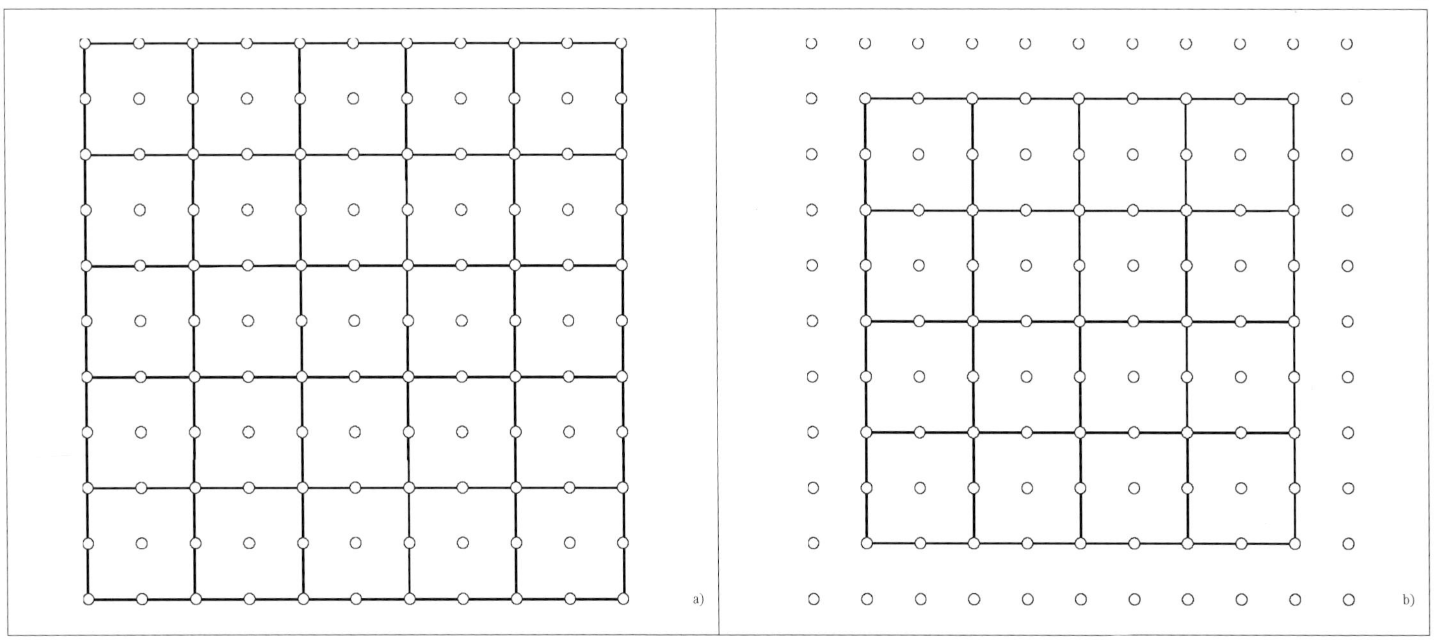

11

	1,2		1,4		…
2,1		2,3		2,5	…
	3,2		3,4		…
4,1		4,3		4,5	…
	5,2		5,4		…
…	…	…	…	…	…

					…
	2,2		2,4		…
		3,3		3,5	…
	4,2		4,4		…
		5,3		5,5	…
…	…	…	…	…	…

I. Matrice topologica per una struttura a cellula semiottaedrica ruotata (fig. 9).

	1,2		1,4		…
2,1		2,3		2,5	…
	3,2		3,4		…
4,1		4,3		4,5	…
	5,2		5,4		…
…	…	…	…	…	…

					…
	2.2		2,4		…
					…
	4,2		4,4		…
					…
…	…	…	…	…	…

II. Matrice topologica per una struttura a cellula incrociata compatta (fig. 10).

1,1		1,3		1,5	…
					…
3,1		3,3		3,5	…
					…
5,1		5,3		5,5	…
…	…	…	…	…	…

					…
	2,2		2,4		…
					…
	4,2		4,4		…
					…
…	…	…	…	…	…

III. Matrice topologica per una struttura a cellula semiottaedrica (fig. 11).

1,1		1,3		1,5		…
						…
3,1		3,3		3,5		…
						…
5,1		5,3		5,5		…
						…
…	…	…	…	…	…	…

						…
	2,2				2,6	…
						…
			4,4			…
						…
	6,2				6,6	…
…	…	…	…	…		…

IV. Matrice topologica per una struttura a cellula incrociata estesa (fig. 12).

12. Layer superiore e inferiore per una struttura a modulo incrociato esteso.

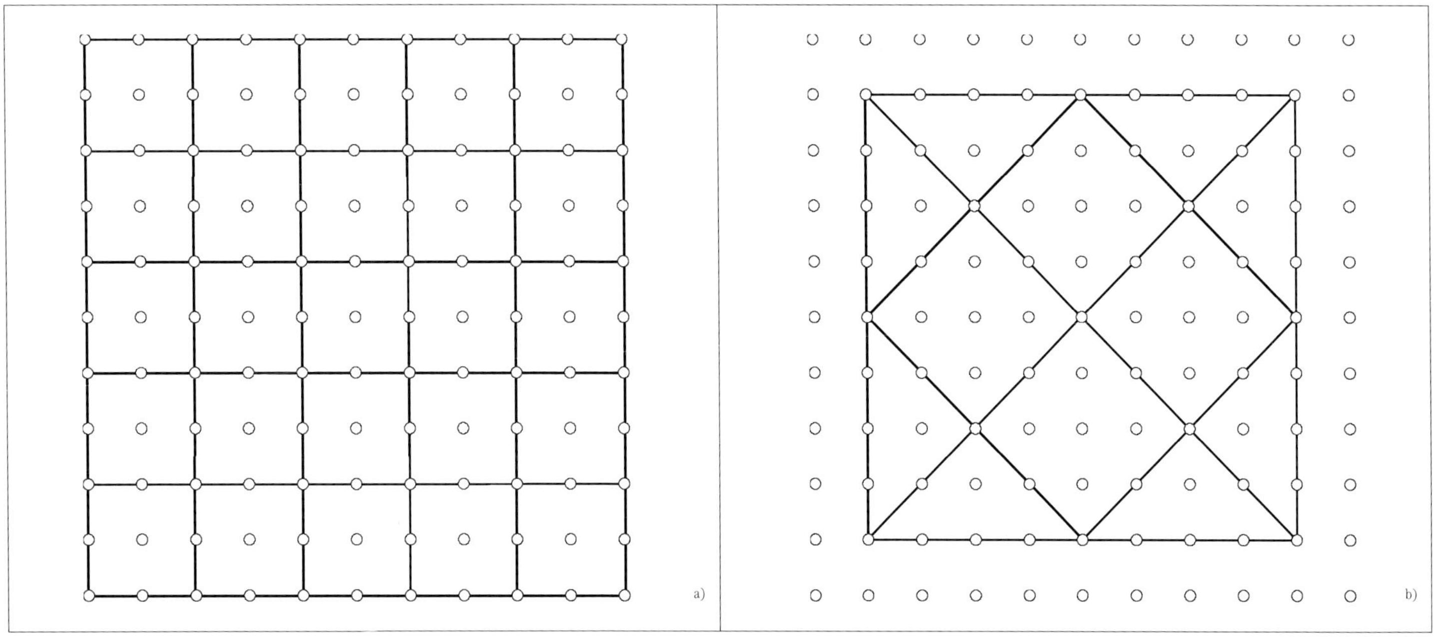

12

Formex Algebra

La formex algebra è un potente strumento algoritmico per la costruzione di schemi reticolari complessi [Nooshin 1981]. L'idea alla base del metodo è abbastanza semplice: un nodo viene identificato dal set delle sue coordinate spaziali normalizzate in modo da creare una mappa dei nodi strutturali. Successivamente, ogni asta viene definita dal set dei due nodi terminali; infine una struttura è definita dal set di tutte le aste che la compongono. Se ora definiamo correttamente, funzioni di replicazione e cancellazione, operatori di filtro corrispondenti a mappe tra sistemi di riferimento diversi, opzioni di graficazione e analisi, il prototipo di modello strutturale può essere modificato in modo del tutto generale per arrivare infine alla struttura di progetto.

A solo scopo di esempio, si fa riferimento all'ambiente di programmazione *Mathematica 4.1* della Wolfram Research [2001] per codificare le principali funzioni della Formex Algebra e per illustrare il processo di creazione di un modello strutturale. S'introducono le seguenti definizioni:

$F = \{[I_1, I_2, I_3], [J_1, J_2, J_3]\}$ detto formex, corrisponde a un'asta definita dai due punti che hanno per coordinate rispettivamente la prima e la seconda tripletta; la codifica elettronica è del tutto simile a quella formale:

```
formex1:= {{1,1,1}, {2,2,2}}
```

Si possono quindi definire le operazioni semplici eseguibili sui dati formex:

$\mathrm{tran}(h,u)|F: = F_2(h) = F_1(h) + u$ corrisponde al movimento per traslazione secondo la direzione h;

$\mathrm{refl}(h,u)|F: = F_2(h) = 2\times u - F_1(h)$ corrisponde al movimento per riflessione attorno alla direzione h;

$\mathrm{proj}(h,u)|F: = F_2(h) = s$ corrisponde al movimento per proiezione lungo l'asse di direzione h.

La codifica formale è riportata nel seguente listato:

```
(* annullamento delle variabili *)
ClearAll[tran, move, rota, refl, proj, dupl, vert, nex, lux, conex, colux]
ClearAll[nodes, cipher, decipher, disaste, disnodi, mappa]
ClearAll[zz, h, u, step, beg, end, can, sig, ret]

(* funzioni elementari su di un elemento *)
move[zz_, h_, u_]:= Transpose[
ReplacePart[Transpose[zz], zz[[All, h]] + u, h]]

rota[zz_, h_, u_]:= Transpose[
ReplacePart[Transpose[zz], 2*u - zz[[All, h]], h]]

stik[zz_, h_, u_]:= Transpose[
ReplacePart[Transpose[zz], Table[u, {Length[zz]}], h]]

(* funzioni di modifica di un formex *)
tran[zz_, h_, u_]:= Map[move[#, h, u] &, zz]

refl[zz_, h_, u_]:= Map[rota[#, h, u] &, zz]

proj[zz_, h_, u_]:= Map[stik[#, h, u] &, zz]
```

Naturalmente la modifica d'ascissa secondo la direzione h avviene contemporaneamente per tutti e due i nodi che definiscono un'asta.

Si possono definire operazioni di ripetizione del tipo [DO i,i_1,i_2] che possono essere applicate a una funzione di formazione della struttura. Ad esempio l'operazione [DO j,0,5] | tra(1,j) | {[1, 1, 1], [3, 1, 1]} riproduce l'asta diretta secondo la direzione 1 e di lunghezza 2 in cinque copie fino ad arrivare alla coordinata 13.

È inoltre interessante introdurre la funzione di vertice vert (h_1,u_1,h_2,u_2) |F: = $F_2(h_1) = u_2 - u_1 + F_1(h_2)$, $F_2(h_2) = u_2 + u_1 - F_1(h_1)$ che corrisponde alla generazione intorno a un vertice di aste di tipo diagonale. La codifica formale delle funzioni di generazione è riportata nel quadro seguente:

```
(* funzioni di generazione di elementi *)
dupl[zz_, h_, step_, beg_, end_]:=
Module[{new, res, j},
res = {};
Do[new = tran[zz, h, j*step];
res = Join[res, new],
{j, beg, end}];
Return[res]
]

vert[zz_, h1_, h2_, u1_, u2_, beg_, end_]:=
Module[{res, old, new, j, v1, v2},
                    res = {};
          old = zz;
          Do[
                    res = AppendTo[res, old];
                    new = Transpose[old];
                    v1 = u2 + u1 - new[[h2]];
                    v2 = u2 - u1 + new[[h1]];
                    new = ReplacePart[new, v1, h1];
                    new = ReplacePart[new, v2, h2];
                    old = Transpose[new],
          {j, beg, end}];
          Return[res]
    ]
```

Mediante la formex algebra, è facile definire la topologia di una struttura regolare; se pensiamo a una struttura a modulo semiottaedico di 7 per 5 moduli di lato 2, si possono usare le seguenti funzioni:

a) layer superiore:

L_1 = [DO j,0,6] | tran(1, j) | [DO k,0,5] | tran(2,k) | {[1, 1, 1],[3, 1, 1]}
L_2 = [DO j,0,7] | tran(1, j) | [DO k,0,4] | tran(2,k) | {[1, 1, 1],[1, 3, 1]}
TOP = L_1#L_2

L'operazione # è la concatenazione di due liste di aste (in questo caso quella degli elementi diretti secondo la direzione 1, e quella relativa alla direzione 2).

b) layer inferiore:

L_3 = [DO j,0,5] | tran(1, j) | [DO k,0,4] | tran(2,k) | {[2,2,0],[4,2,0]}
L_4 = [DO j,0,6] | tran(1, j) | [DO k,0,3] | tran(2,k) | {[2,2,0],[2,4,0]}
BOT = L_3#L_4

c) layer diagonali:

DD = [DO j,0,6] | tran(1, j) | [DO k,0,4] | tran(2,k) | [DO,i,0,3] | vert $(1,2,2,2)^i$ | {[1,1,1],[2,2,0]}

L'operazione di potenza applicata alla funzione *vert* deve intendersi come applicazione ripetuta della trasformazione al risultato del ciclo precedente.

La composizione completa della struttura è infine codificata come:

Lista Aste = TOP # BOT # DD

La codifica in termini algoritmici fa uso delle funzioni dupl e vert introdotte in precedenza:

```
L1 = dupl[dupl[{{{1, 1, 1}, {3, 1, 1}}}, 1, 2, 0, 6], 2, 2, 0, 5];
L2 = dupl[dupl[{{{1, 1, 1}, {1, 3, 1}}}, 2, 2, 0, 4], 1, 2, 0, 7];
L3 = dupl[dupl[{{{2, 2, 0}, {4, 2, 0}}}, 1, 2, 0, 5], 2, 2, 0, 4];
L4 = dupl[dupl[{{{2, 2, 0}, {2, 4, 0}}}, 2, 2, 0, 3], 1, 2, 0, 6];
DD = dupl[dupl[vert[{{1, 1, 1}, {2, 2, 0}}, 1, 2, 2, 2, 0, 3], 1, 2, 0, 6], 2, 2, 0,
     4];

stru = Union[L1, L2, L3, L4, DD];
```

Nella trattazione di Nooshin [1981] sono introdotte numerose altre funzioni che consentono una codifica assai compatta di strutture anche molto complesse. In particolare si descrivono le funzioni *nex*, *lux*, *conex* e *colux* che consentono di estrarre una parte della struttura definendo i nodi ai quali si collegano le aste richieste.

nex fornisce tutte le aste del formex *data* che hanno entrambi i nodi compresi nella lista *mark*

lux fornisce tutte le aste del formex *data* che non hanno nessun nodo compreso nella lista *mark*

conex fornisce tutte le aste del formex *data* che non hanno entrambi i nodi compresi nella lista *mark*

colux fornisce tutte le aste del formex *data* che hanno almeno un nodo compreso nella lista *mark*.

```
nex[data_, mark_]:=
Module[{},
res = {};
        Do[
        If[Intersection[data[[j]], mark] == Sort[data[[j]]],
res = AppendTo[res, data[[j]]]],
        {j, 1, Length[data]}];
Return[res]
]

lux[data_, mark_]:=
Module[{},
res = {};
        Do[
        If[Intersection[data[[j]], mark] == {},
res = AppendTo[res, data[[j]]]],
        {j, 1, Length[data]}];
Return[res]
]

conex[data_, mark_]:=
Module[{},
res = {};
        Do[
        If[Intersection[data[[j]], mark] != Sort[data[[j]]],
res = AppendTo[res, data[[j]]]],
        {j, 1, Length[data]}];
Return[res]
]

colux[data_, mark_]:=
Module[{},
res = {};
        Do[
        If[Intersection[data[[j]], mark] != {},
res = AppendTo[res, data[[j]]]],
        {j, 1, Length[data]}];
Return[res]
]
```

Dal punto di vista dell'utilizzo dell'algebra formex, tutte le strutture dotate di identica topologia sono equivalenti. La particolarizzazione della topologia alla struttura richiesta avviene attraverso il concetto di mappa. La mappa altro non è che la trasformazione che codifica ciascun particolare set di coordinate nodali in coordinate spaziali della struttura da computare. La mappa può essere anche non lineare e codificare ciascuno dei tre assi in coordinate cartesiane, oblique, cilindriche, sferiche, o quant'altro necessario.

```
mappa[vx_, vy_, vz_, fx_, fy_, fz_, ret_]:=
Apply[Function[{vx, vy, vz}, {fx, fy, fz}], ret, {2}]
```

Una volta che la struttura è stata ottenuta, per poter passare materialmente al calcolo con un programma sono necessarie le coordinate dei nodi numerati in sequenza e la connettività delle aste ai nodi. Tale compito viene svolto da due funzioni che sono in grado di codificare la struttura nelle matrici di coordinate nodali e connettività delle aste, oppure decodificare queste ultime ottenendo a ritroso il formex della struttura data.

```
nodes[mesh_]:= Union[Flatten[mesh, 1]]

cipher[mesh_]:=
Map[Flatten[{Position[nodes[mesh], #[[1]]],
Position[nodes[mesh], #[[2]]]}] &, mesh]

decipher[joins_, bars_]:=
Table[{joins[[bars[[j, 1]]]], joins[[bars[[j, 2]]]]},
{j, Length[bars]}]
```

È infine utile ottenere graficamente un'immagine della struttura e dei nodi che sono presenti in essa; facendo uso dell'ambiente di visualizzazione di Matematica questo è particolarmente facile:

```
(* disaste e disnodi disegnano le aste ed i nodi del formex ret *)
(* Xvw, Yvw, Zvw sono le coordinate del punto di vista *)
(* lth e psz sono rispettivamente lo spessore della linea e del punto *)

disaste[ret_, Xvw_, Yvw_, Zvw_, lth_]:=
Show[Graphics3D[{Thickness[lth],
Table[Line[ret[[j]]], {j, 1, Length[ret]}]}],
ViewPoint -> {Xvw, Yvw, Zvw}, Boxed -> False]

disnodi[ret_, Xvw_, Yvw_, Zvw_, psz_]:=
Show[Graphics3D[{PointSize[psz], Map[Point[#] &, nodes[ret]]}],
ViewPoint -> {Xvw, Yvw, Zvw}, Boxed -> False]
```

Si riportano in quanto segue esempi atti a chiarire le funzioni coinvolte nel processo di generazione. Si parte visualizzando la struttura stru codificata in precedenza (fig 13):

```
Show[disaste[stru, 5, 3.5, 8, 0.004], disnodi[stru, 5, 3.5, 8, 0.015]]
```

Si procede poi a evidenziare l'effetto su detta struttura delle funzioni di recisione nex, lux, conex, colux precedentemente introdotte (fig. 14):

```
gg = {{4, 4, 0}, {4, 6, 0}, {4, 8, 0}, {6, 4, 0}, {6, 6, 0}, {6, 8, 0},
{4, 6, 0}, {5, 5, 1}, {5, 7, 1}}

luxstru = lux[stru, gg];
coluxstru = colux[stru, gg];
nexstru = nex[stru, gg];
conexstru = conex[stru, gg];
```

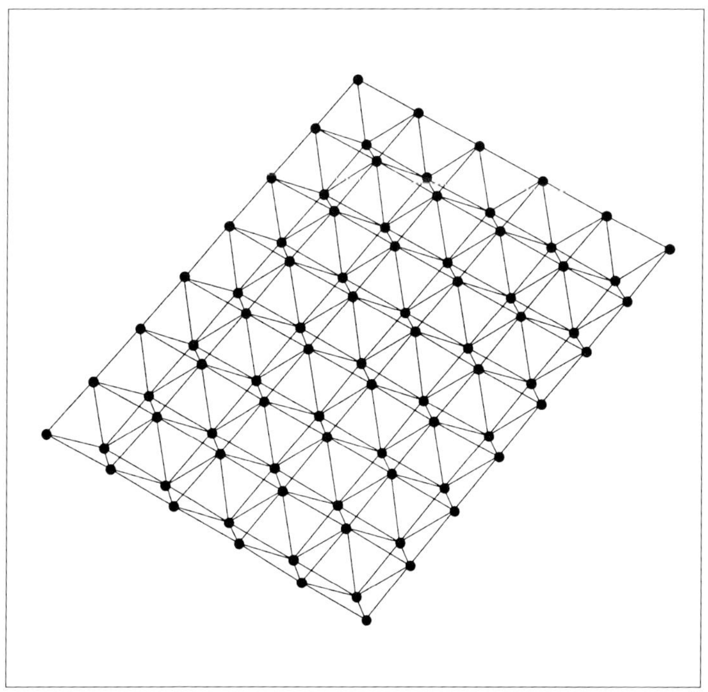

13

13. Struttura di 7 · 5 campi generata per duplicazione. La maglia è semiottaedrica regolare con aste di dimensione 2 nello spazio topologico di riferimento {x, y, z}.

14a. Parti di struttura ottenibili rispettivamente con le funzioni di recisione **conex** e **nex**.

14b. Parti di struttura ottenibili rispettivamente con le funzioni di recisione **lux** e **colux**.

15. Struttura alleggerita ottenuta con la funzione **lux** e trasformata mediante la mappa non lineare.
In questo caso è stata alterata la sola coordinata z ottenendo una forma ondulata con curvatura in ambedue i piani xz e yz.


```
Show[disaste[coluxstru, 3, 5, 9, 0.004], basep,
                PlotRange -> {{1, 15}, {1, 11}, {0, 1}}]
Show[disaste[luxstru, 3, 5, 9, 0.004], basep,
                PlotRange -> {{1, 15}, {1, 11}, {0, 1}}]
Show[disaste[nexstru, 3, 5, 9, 0.004], basep,
                PlotRange -> {{1, 15}, {1, 11}, {0, 1}}]
Show[disaste[conexstru, 3, 5, 9, 0.004], basep,
                PlotRange -> {{1, 15}, {1, 11}, {0, 1}}]
```

Se si produce tramite esse una struttura topologicamente uguale a quella richiesta, è poi possibile particolarizzare la soluzione a una dimensione e forma prefissata mediante la funzione di mappa.

```
mark = {{4, 4, 0}, {4, 8, 0}, {8, 4, 0}, {8, 8, 0}, {12, 4, 0}, {12, 8, 0}}

luxstru = lux[stru, mark];

f1:= x
f2:= y
f3:= z + Sin[x/2] + Sin[y/3]

mapstru:= mappa[x, y, z, f1, f2, f3, luxstru]

Show[disaste[mapstru, 2, 3, 5, 0.004], disnodi[mapstru, 2, 3, 5, 0.015]]
```

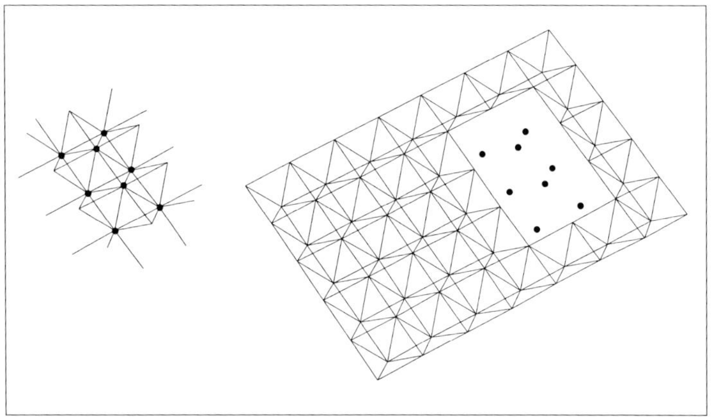
14a

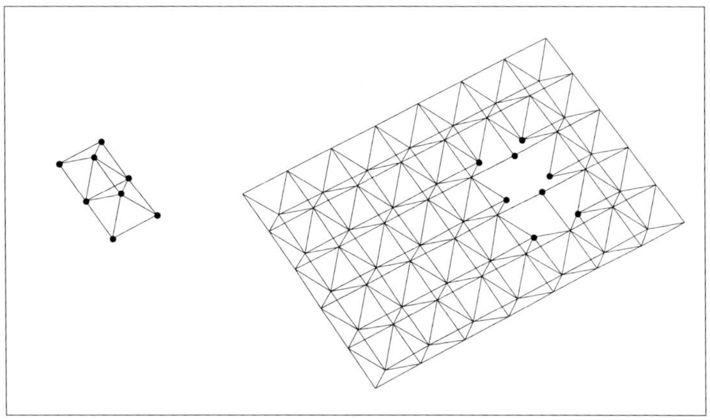
14b

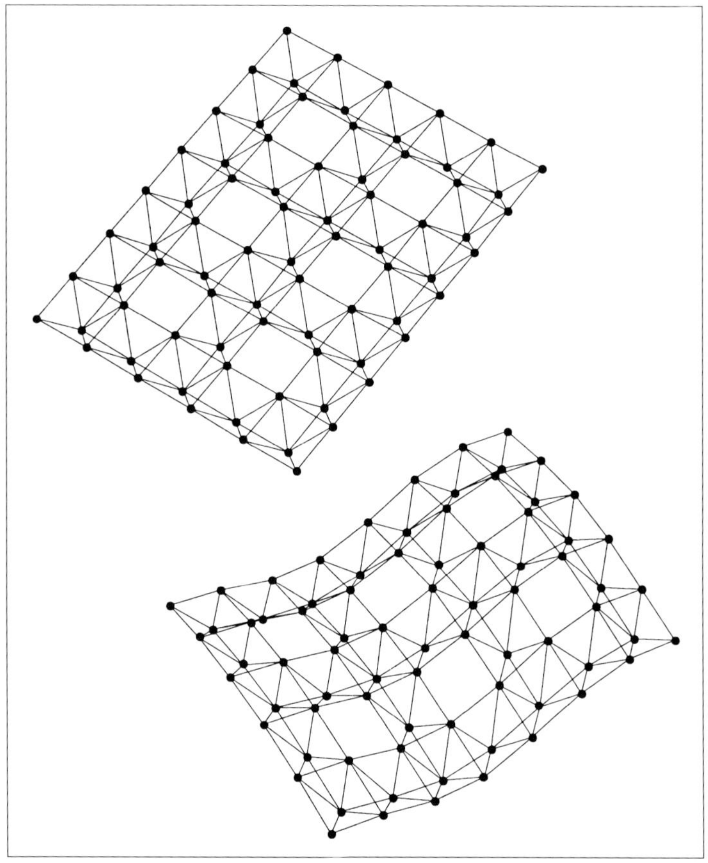
15

16. Copertura piana a modulo semiottaedrico presso la Fiera di Milano.
La struttura a ponte realizza un passaggio coperto tra due padiglioni.

17. Copertura corrugata a modulo semiottaedrico dell'Hotel San Marco a Parma.
La struttra ondulata costituisce la copertura di una piazza interna lasciando aperture di ventilazione.

18. Struttura corrugata a modulo semiottaedrico del Festival di Locarno.
La struttura a porta copre il palco e lo schermo di proiezione utilizzato dal Festival. Viene montata e smontata annualmente nel mese di agosto.

Si procede infine alla codifica dei dati necessari all'elaborazione elettronica.

```
joints = nodes[mapstru]
elements = cipher[mapstru]
```

Organizzazione formale della struttura

La gran parte delle strutture reticolari spaziali è delimitata da layer piani, situati parallelamente al piano di calpestio, disposti a una differenza di quota costante e realizzati con un'aggregazione di cellule tutte uguali. Anche se ciò sembra molto limitativo, la forza propositiva ed espressiva della struttura ha ancora grandi possibilità di estrinsecarsi. In questo caso si parla di struttura con superficie media piana, o più brevemente, di struttura piana. Le forme della zona coperta più ricorrenti sono quadrate e rettangolari, con lato inferiore a 50 m, in generale con massima efficienza per un lato compreso tra 20 e 25 m. L'altezza misura sempre approssimativamente da 1/20 a 1/10 della luce, ed è sempre coordinata con il modulo, in modo tale da risultare comunque inferiore a questo. Le strutture piane sono utilizzate prevalentemente come coperture, o come supporti per grandi pannelli pubblicitari. In generale la struttura secondaria è realizzata con elementi leggeri opachi o translucidi dotati o meno di strato coibente; in alcuni casi si possono avere finiture composte di elementi preformati quali pannelli incurvati, cupolini e altro. Stante il notevole spessore della struttura, è sempre possibile prevedere all'interno di essa passaggi di canalizzazioni per la distribuzione del freddo e del caldo.

Un livello di complessità maggiore si produce quando due o più coperture piane vengono suturate lungo linee di margine per formare sistemi strutturali a lastra corrugata; si tratta di strutture di copertura costituite essenzialmente da un insieme di falde piane, le quali possono risultare semplici, multiple o anche a shed, piegate lungo le linee d'intersezione, in corrispondenza dei colmi o degli impluvi. Questi sistemi, che in generale sono adottati qualora la luce sia notevole, presentano un comportamento statico che si avvicina a quello delle volte scatolari. In particolare essi sono dotati di un'elevata rigidezza, tipica di tutte le strutture che evidenziano un funzionamento statico di tipo membranale, e quindi lo spessore viene spesso ridotto fino a 1/40 della luce.

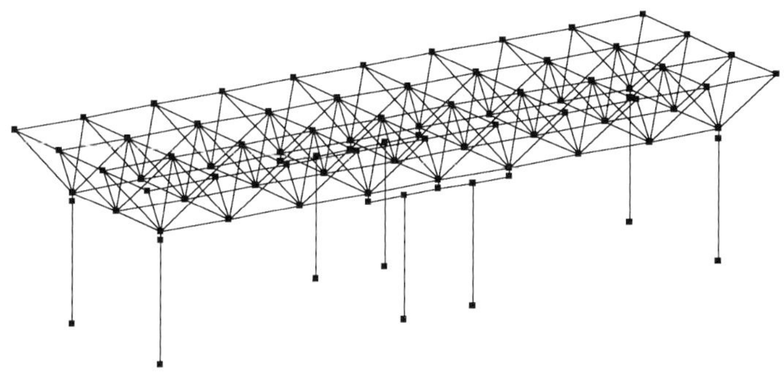

Dimensioni 22×22 m², modulo 2.75 m, altezza 1.375 m, aste n. 724, carico di progetto 130 kg/m²

16

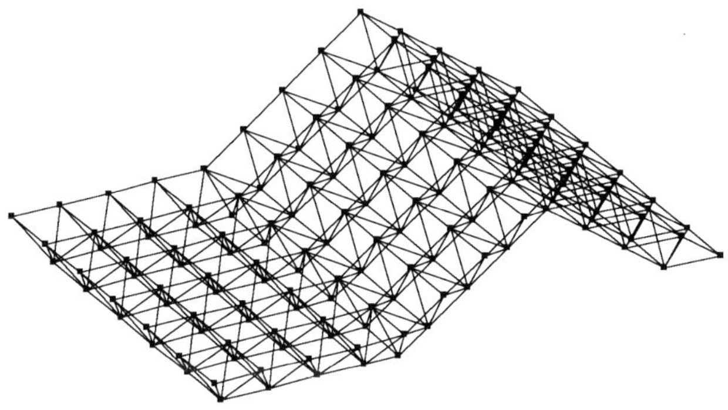

Dimensioni 19.2×12 m², modulo 2.0 m, altezza 1.2 m, aste n. 576, carico di progetto 130 kg/m²

17

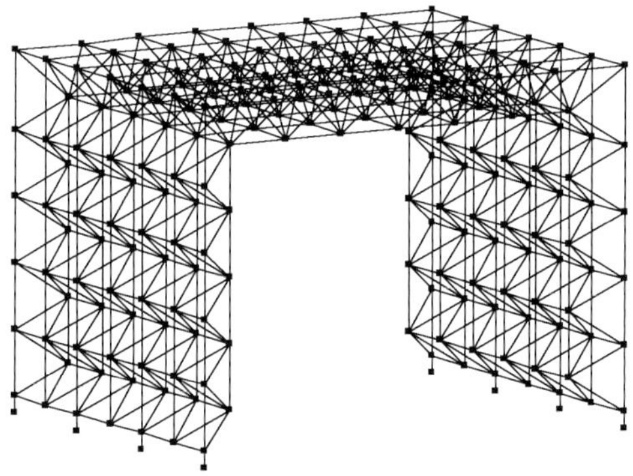

Dimensioni 12×12×12 m³, modulo 2.0 m, altezza 1.4 m, aste n. 770, carico di progetto solo vento

18

19. Copertura piana modulo incrociato delle scuole Pays Lotto in Israele.
La struttura ha funzione di *brise-soleil* per una terrazza inclusa nella scuola.

20. Copertura piana modulo incrociato della ditta Lecce Pen a Torino.
La copertura è utilizzata come zona di carico-scarico protetta per i mezzi di trasporto dei prodotti commerciali finiti.

21. Copertura piana modulo ruotato realizzata a Gorgonzola (Milano).
La copertura realizza la pensilina d'ingresso di un centro sportivo.

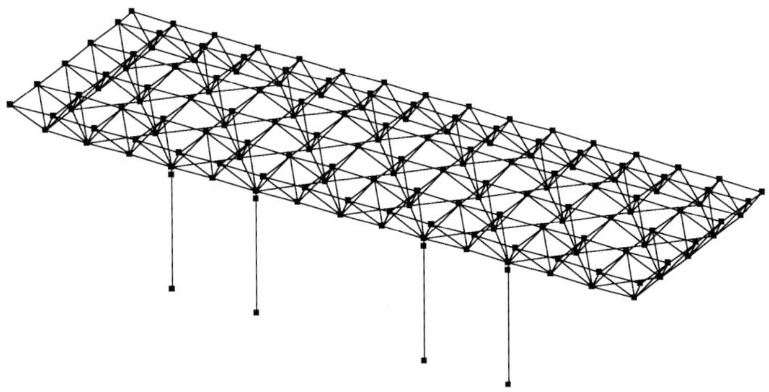

Dimensioni 18.9×27.3 m², modulo 2.1 m, altezza 1.4 m, aste n. 1080, carico di progetto 90 kg/m²

19

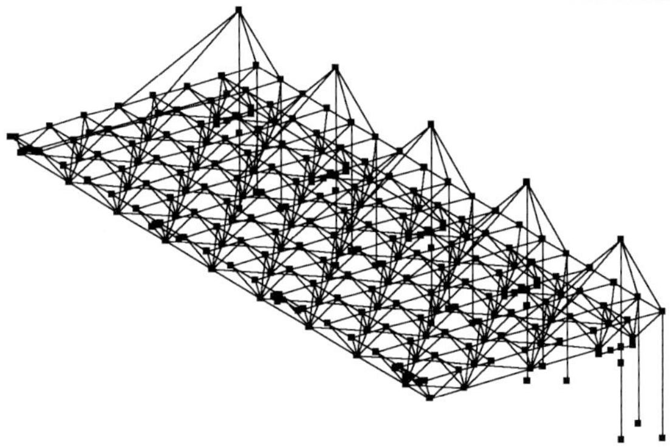

Dimensioni 22×22 m², modulo 2.75 m, altezza 1.375 m, aste n. 724, carico di progetto 130 kg/m²

20

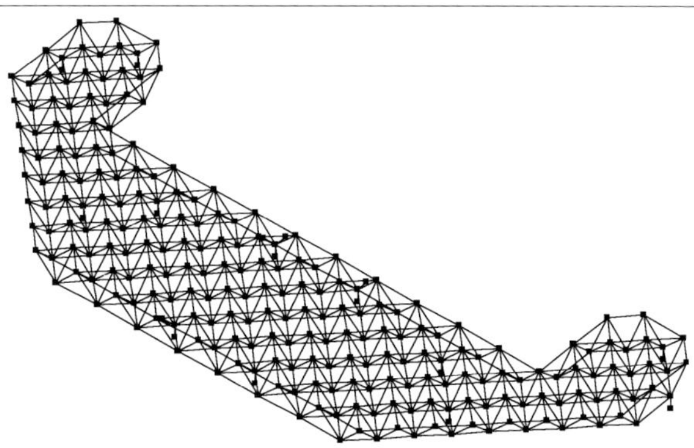

Dimensioni 18.9×27.3 m², modulo 2.1 m, altezza 1.4 m, aste n. 1080, carico di progetto 90 kg/m²

21

Infine, l'impiego dei gusci reticolari a semplice o doppia curvatura consente di ottenere strutture particolarmente rigide che offrono soluzioni efficienti per la copertura di vaste aree. La loro conformazione geometrica può essere assai varia; se le volte a botte a superficie cilindrica e le cupole di rivoluzione risultano le forme più diffuse, sono comunque applicabili con successo superfici di diversa forma quali i paraboloidi iperbolici o ellittici, ferma restando generalmente la limitazione che si tratti di superfici a curvatura gaussiana ovunque non nulla.

Le moderne volte reticolari spaziali sono essenzialmente costituite da un fitto grigliato multi direzionale, disposto anziché in piano, lungo la superficie del guscio. Si possono così avere volte a semplice e a doppio strato; in quest'ultimo caso vi è la presenza di membrature diagonali per il collegamento fra il reticolo superiore e quello inferiore.

Le volte a semplice strato risultano caratterizzate da un'unica superficie resistente, nella quale i nodi sono distribuiti secondo una maglia regolare; gli elementi che connettono i nodi sono in generale distribuiti in modo da riprodurre schemi a maglia triangolare, o più raramente anche quadrangolare o esagonale, seppure queste ultime siano affette da grandi problemi di stabilità.

Al crescere della luce l'unica struttura reticolare capace di soddisfare i requisiti statici senza far ricorso a irrigidimenti, sostegni o stralli è quella appoggiata su di una superficie a doppia curvatura. Per tali elementi lo spessore può arrivare a essere anche meno di 1/100 della luce.

Sono inoltre possibili molte altre forme strutturali che sono destinate a un uso diverso da quello di coprire un'area; in particolare sono assai sviluppate forme strutturali a torre, a trave, a pannello verticale, eminentemente con uso di promozione pubblicitaria o a supporto d'antenne. L'altezza di tali strutture può arrivare anche a valori considerevoli, dell'ordine di grandezza di 40 m o più.

4. Sistemi modulari per reticolari spaziali

Principali soluzioni in commercio

Sono disponibili sul mercato numerose soluzioni costruttive modulari assai diversificate, ma se si esaminano le costruzioni rea-

22. Copertura piana modulo ruotato della ditta STEP a Piacenza.
La struttura collega due capannoni industriali adiacenti consentendo un passaggio coperto.

23. Struttura curva per l'Habuya Power Plant Gymnsium in Arabia.
La copertura (non realizzata) copre ugualmente un campo da tennis o da basket.

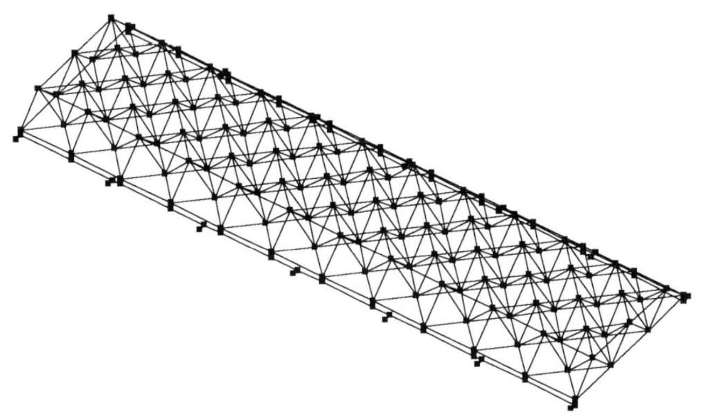

Dimensioni 22×22 m², modulo 2.75 m, altezza 1.375 m, aste n. 724, carico di progetto 160 kg/m²

22

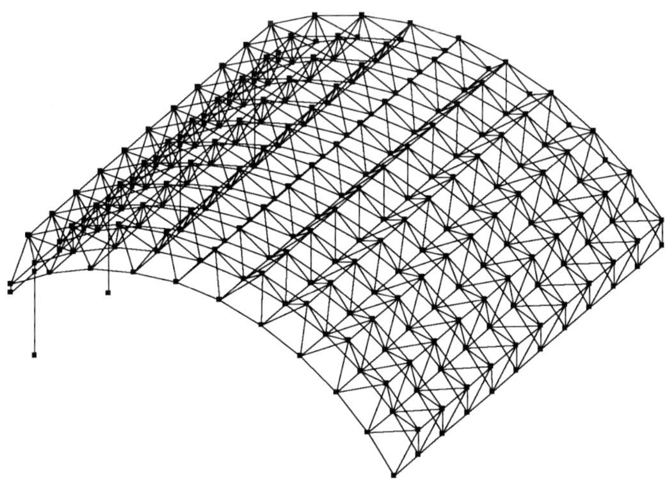

Dimensioni 2×27×33 m², modulo 3.0 m, altezza 2.1 m, aste n. 2×968, carico di progetto 100 kg/m²

23

lizzate, i sistemi impiegati sono in numero di gran lunga maggiore. Ciò è dovuto al fatto che, partendo dai primi tipi di giunzione concepite allo scopo, si sono via via introdotte un gran numero di varianti, senza che questo riuscisse a soddisfare tutte le particolari esigenze di un mercato caratterizzato prevalentemente da pezzi unici, quali sono le costruzioni civili o industriali.

Volendo ridurre la parte descrittiva alla sua essenza, i sistemi si possono ricondurre a due grandi famiglie:
a) sistemi dotati di un solo componente (asta o elemento spaziale complesso)
b) sistemi dotati di due componenti (essenzialmente asta e nodo).

L'inizio della storia delle costruzioni modulari può essere senza dubbio fatto risalire al 1942, con la messa a punto da parte dell'ing. Max Mengeringhausen del sistema "mero". Tale sistema comprendeva un nodo sferico dotato di fori e aste tubolari dotate di una vite di estremità, in modo da poter effettuare le corrette giunzioni. Inizialmente il sistema fu prodotto solo in acciaio ma, successivamente, furono realizzate anche strutture in lega d'alluminio. Nel corso degli anni al sistema sono state apportate varianti e migliorie sia dalla "mero" stessa sia da altre ditte che ne hanno seguito la strada, ma le caratteristiche concettuali del prodotto sono ancora oggi sempre le stesse. Nella figura 24 sono evidenziati i componenti in lega d'alluminio prodotti dalla ditta CPM Sistemi di Firenze.

La difficoltà produttiva e il costo del sistema a due elementi risiede sostanzialmente nel nodo, il quale richiede notevoli risorse solo per poter connettere tra loro i veri elementi portanti che sono le aste. Si sono pertanto evoluti diversi sistemi a un solo componente (o comunque senza nodo), che cercano di ottenere la coordinazione in modo differente.

Tra questi il sistema più diffuso risulta essere l'*unibat*, che comprende un elemento piramidale ripetitivo saldato connesso nei vertici per mezzo di bulloni passanti. Gli elementi piramidali, di facile trasporto perché impilabili, vengono accostati con il vertice in basso e fissati tra loro; si procede poi a completare il piano di coordinazione inferiore con elementi semplici giuntati e fissati sul posto quali cavi, profili a U, o tubi quadri (fig. 25).

Con tale sistema si hanno grandi possibilità di diversificare l'elemento base, ma non d'avere strutture con più moduli diversi; il sistema ha una capacità portante elevata, ma comporta notevoli lavorazioni d'officina che hanno costi di meccanizzazione assai elevati.

24. Sistema strutturale a due componenti di produzione CPM Sistemi.

25. Sistema strutturale a elementi piramidali di produzione *space deck*.

24

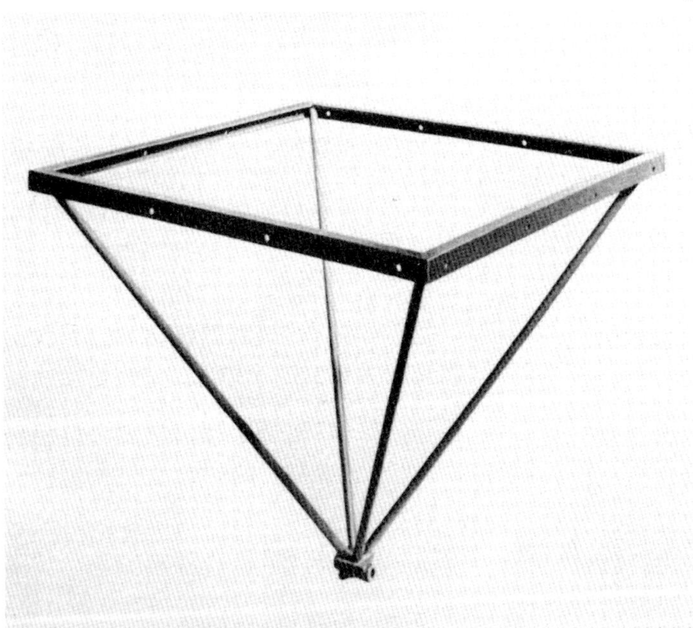

25

I sistemi modulari di questo tipo (*unibat* e *space deck*), hanno avuto notevole diffusione in Inghilterra e in America soprattutto per la realizzazione di grandi coperture piane a uso commerciale e industriale.

Un esempio limite della tendenza a escludere il nodo è rappresentato dal sistema "nodo non nodo"; in tal caso le aste conformate con l'estremità a profilo cruciforrne, sono in grado di accostarsi tra loro per essere bullonate, senza che vi sia un elemento di raccordo. Tali modalità di connessione sono però assai delicate per quel che riguarda il serraggio dei bulloni, la resistenza a rifollamento dei fori, nonché i problemi di stabilità che aste cruciformi possono avere rispetto a quelle tubolari. Dal punto di vista economico, è sì vero che il nodo è stato eliminato, ma servono per la connessione almeno il doppio dei bulloni necessari, ad esempio, a un nodo "mero". La soluzione prevista dal sistema "nodo non nodo" appare pertanto limitata ad applicazioni assai particolari.

Una strategia rivolta a superare la complessità del nodo sferico rimanendo nell'ambito dei sistemi nodo-asta, può essere quella di ottenere la giunzione delle aste per mezzo di piastre variamente disposte nello spazio. Ad esempio il sistema "Gyrotron" usa un nodo a forma di triedro, con aste tubolari schiacciate alle estremità. Una proposta migliorativa di Mazzolani e Piluso [1995], prevede un nodo a triedro realizzato connettendo un profilo alettato estruso a una piastra forata (fig. 26); una notevole peculiarità di tale sistema, proposto nel corso della gara per la copertura dello Stadio Olimpico di Roma, è d'essere stato esplicitamente pensato per la realizzazione in lega d'alluminio, e con questo scopo ottimizzato.

I sistemi con nodo scatolare hanno tuttora un notevole sviluppo; il sistema "Gyrotron"detiene dal 1969 il record per la più grande copertura mai realizzata interamente in lega d'alluminio, con il Palazzo del Centro Interamericano di San Paolo in Brasile.

Attualmente, i sistemi a sfera chiusa si stanno evolvendo anche in sistemi a sfera aperta; ciò avviene in particolare per poter introdurre aste e nodi che consentano di appoggiare direttamente la barriera di copertura sulla faccia superiore della struttura, evitando la predisposizione d'arcarecci o elementi di ripartizione. Sostanzialmente ciò avviene con l'introduzione di profili scatolari, portando la vite dall'interno dell'asta all'interno del nodo; ciò richiede peraltro una sfera nodale più ampia e dotata di un'apposita apertura (si veda ad esempio in figura 27 i sistemi Vestrut e Sfero). Tali ele-

26. Sistema strutturale a nodo triedrico composto (F.M. Mazzolani e V. Piluso).

27. Sistemi strutturali a sfera aperta e fissaggio interno (Vestrut e Sfero).

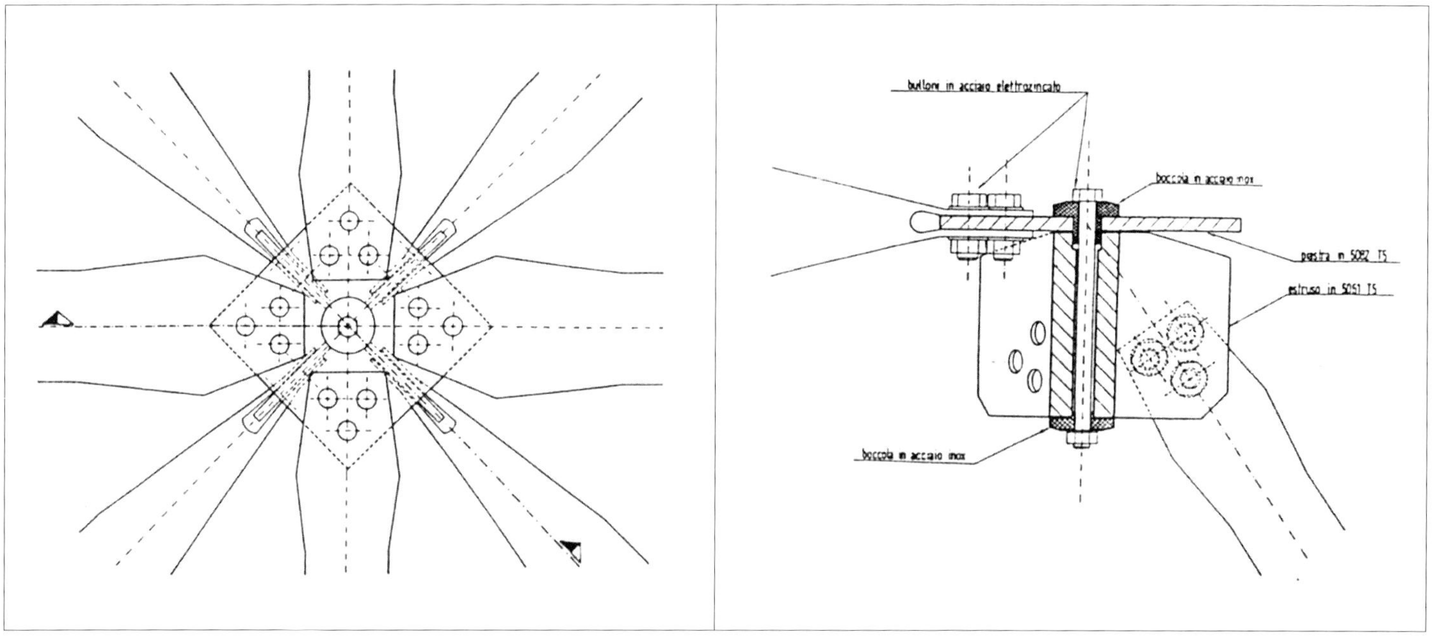

26

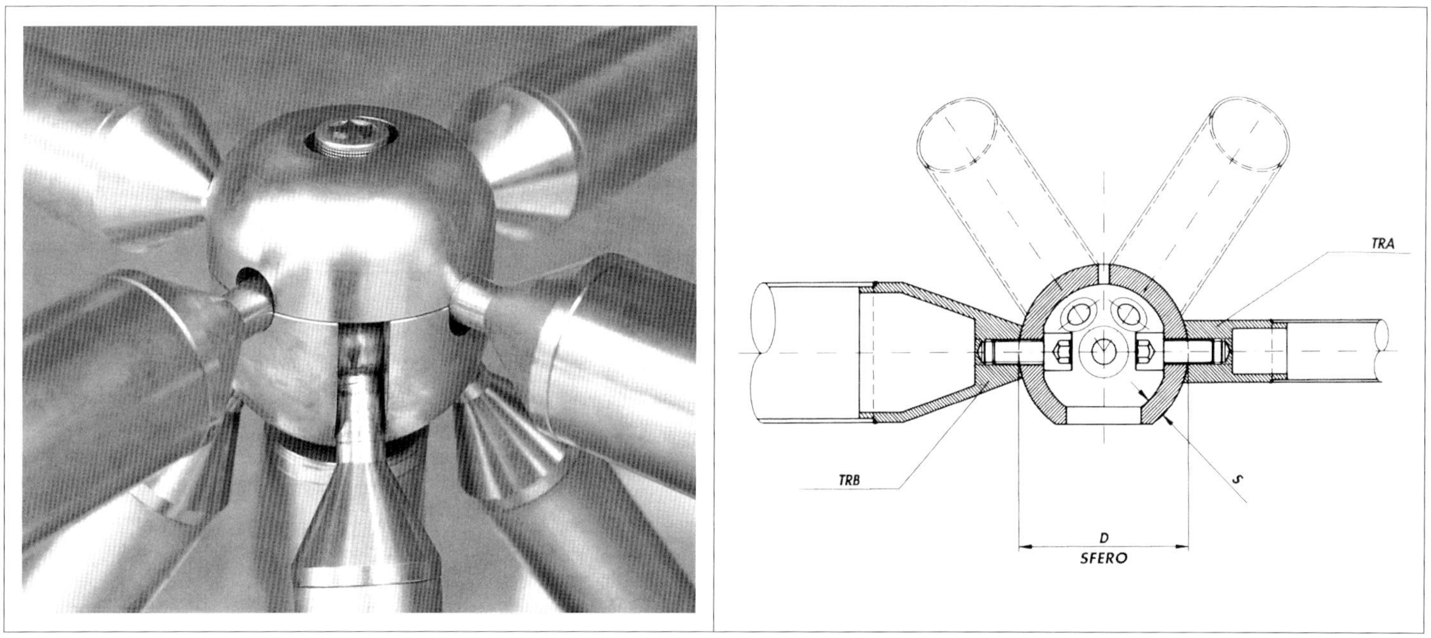

27

menti modulari non presentano peraltro differenze concettuali di comportamento rispetto a quelli a nodo sferico chiuso.

L'esame di questa casistica deve rafforzare il concetto che la capacità di coordinazione spaziale non è l'unico metro di valutazione di un sistema modulare; il successo o meno di una tecnologia costruttiva non è decretato soltanto dalla bontà del concetto statico che vi è alla base, ma per quota considerevole anche dalla sua tecnologia produttiva e facilità di realizzazione, di modo che un sistema costoso ma di ampie possibilità come quello "mero" continua a essere assai diffuso e di largo impiego, come verrà illustrato nelle schede di discussione di progetti realizzati.

Un'utile classificazione introdotta da Mazzolani e Piluso per caratterizzare l'efficienza di un sistema, prevede una valutazione a scala di merito (mediocre, sufficiente, buono, ottimo), di un certo numero di indici di qualità:
- capacità resistente del sistema;
- minimizzazione del peso di materiale impiegato;
- tecnologie impiegate per la fabbricazione;
- tolleranza di fabbricazione;
- conseguenze del processo di fabbricazione;
- grado di prefabbricazione;
- entità della standardizzazione;
- facilità di trasporto;
- facilità di montaggio;
- tecnica di assemblaggio della struttura;
- facilità e varietà delle parti non strutturali;
- campi di impiego.

Nel caso della pubblicazione citata sono stati esaminati sotto questo punto di vista trenta sistemi diversi a confronto, fornendo la relativa bibliografia e le valutazioni d'efficienza degli stessi. Ulteriori confronti sono riportati in Aprile, Benedetti [1998].

Leghe leggere per impieghi strutturali

L'alluminio fu isolato per la prima volta da H.C. Oersted nel 1824, ma solo trent'anni dopo si ebbe la prima produzione industriale a opera di H. Sainte-Claire Deville. In Europa, P.L.P. Heroult nel 1886 brevettò il processo elettrolitico. La prima applicazione in campo strutturale dell'alluminio risale al 1887, anno nel quale fu impiegato nel settore aeronautico sul dirigibile Schwarz.

Il crescente impiego delle leghe di alluminio nella realizzazione di elementi strutturali di uso civile, aeronautico e navale è strettamente correlato ai requisiti di leggerezza ed elevata resistenza di tale materiale. Le principali caratteristiche dell'alluminio e delle sue leghe sono le seguenti:
- basso peso specifico;
- buona resistenza meccanica;
- buona resistenza alla corrosione;
- duttilità e ampia gamma di combinazioni resistenza-duttilità;
- elevata tenacità alle basse temperature;
- elevata conducibilità elettrica e termica;
- elevata riflettività e basso potere radiante;
- versatilità per tutte le applicazioni di lavorazione sia a caldo sia a freddo;
- lavorabilità all'utensile.

Queste caratteristiche sono presenti nelle varie leghe leggere in misura diversa, di modo che, in funzione delle esigenze specifiche, è relativamente semplice individuare la lega che meglio si presta per ogni tipo d'applicazione particolare.

Per quanto attiene ai costi, se da un lato, a fronte del basso peso specifico dell'alluminio un chilogrammo di metallo risparmiato nell'elemento strutturale può comportare una riduzione significativa del peso proprio dell'intera struttura, in una corretta analisi costi/benefici occorre tuttavia tenere conto della forte dipendenza del costo del metallo da quello dell'energia (col processo elettrolitico per la produzione di 1 kg di alluminio necessitano circa 20 kWh di energia).

D'altra parte la proprietà più nota dell'alluminio è proprio il basso peso specifico, eguale a circa 1/3 di quello dell'acciaio ($\gamma = 26 \div 28$ kN/m^3). Ciò fa sì che alcune leghe abbiano un rendimento meccanico in termini di resistenza a trazione rispetto al peso, maggiore anche di quello degli acciai ad alta resistenza. Nel campo delle strutture civili questa proprietà comporta i seguenti vantaggi:
- riduzione delle azioni trasmesse in fondazione;
- risparmio energetico nell'uso di mezzi meccanici di costruzione;
- condizioni di montaggio più semplici;
- possibilità di trasportare strutture prefabbricate assemblate fuori opera.

Ulteriore prerogativa dell'alluminio è la buona resistenza alla corrosione, legata alla peculiarità del materiale a contatto con l'atmosfera, di coprirsi rapidamente di un sottile strato di ossido compatto e impermeabile, che lo protegge da ulteriori attacchi. Ciò produce sia una migliore prestazione in ambienti aggressivi, sia una riduzione delle spese di manutenzione. Il potere protettivo dei rivestimento d'ossido può essere notevolmente aumentato con il processo di anodizzazione, che consente di ottenere strati di ossido indelebilmente aderenti e molto più spessi. La resistenza alla corrosione rende l'alluminio uno dei materiali più adeguati per la realizzazione di strutture in ambiente corrosivo (serbatoi, condotte, depuratori) e umido (coperture per piscine e attraversamento di corsi d'acqua).

Altra proprietà dell'alluminio è l'eccellente malleabilità e duttilità che lo rendono facilmente lavorabile a caldo, a freddo e con esportazione del truciolo. Esso può essere laminato, stampato, trafilato, forgiato ed estruso in qualsivoglia forma.

La caratteristica tecnologica meno vantaggiosa collegata alla sua affinità per l'ossigeno, è la bassa saldabilità. L'alluminio può essere saldato a gas, ad arco elettrico e per resistenza ma l'unione di lamiere di alluminio è tuttora eseguita preferenzialmente tramite chiodatura o rivettatura.

La necessità di usare leghe d'alluminio invece dell'alluminio puro deriva dalle modeste proprietà meccaniche che, anche allo stato ricotto o di massimo incrudimento per lavorazioni a freddo, esso presenta; a grandi linee, valori di resistenza intorno a 120 MPa, con snervamento ben al di sotto di 100 MPa sono una soglia difficilmente superabile per l'alluminio puro, anche in presenza di benefici trattamenti termici.

La vasta gamma delle leghe d'alluminio copre invece un campo di valori della resistenza meccanica che, in termini di limite elastico convenzionale, arriva a 500 N/mm^2 (leghe della serie 7000), pur mantenendo una duttilità sufficiente per le applicazioni strutturali.

Caratteristiche accessorie per l'impiego strutturale delle leghe leggere sono la buona resilienza e tenacità che esse presentano e la modesta capacità di resistere ad aumenti di temperatura, in conseguenza del basso punto di fusione.

Allo scopo di orientare nella scelta della lega idonea per le applicazioni, si riportano di seguito le serie di leghe disponibili in base alla designazione AAA, con una breve descrizione; per un maggiore approfondimento sul tema si rimanda a Mazzolani [1986] e Conserva *et al.* [1990].

Serie 1000	Alluminio puro o debolmente legato: titolo approssimativo 99%, eccellente resistenza alla corrosione, ottima deformabilità, scarse caratteristiche meccaniche.
Serie 2000	Leghe alluminio rame magnesio: buone resistenze meccaniche anche alle alte temperature (> 100 °C), scadimento della resistenza alla corrosione, scarsa saldabilità. Nessun utilizzo nelle strutture civili.
Serie 3000	Leghe alluminio manganese: non trattabili termicamente, scarsa resistenza meccanica, alta resistenza alla corrosione, buona saldabilità e buona formabilità.
Serie 4000	Leghe alluminio silicio: buone per la fabbricazione di getti costituiscono, fra tutte le leghe leggere, le migliori leghe da fonderia.
Serie 5000	Leghe alluminio magnesio: discrete caratteristiche meccaniche incrementabili per incrudimento che riduce però eccessivamente la duttilità. Eccellente resistenza alla corrosione.
Serie 6000	Leghe alluminio silicio magnesio: caratteristiche meccaniche migliorabili per invecchiamento, ottima resistenza alla corrosione, buona lavorabilità.
Serie 7000	Leghe alluminio zinco magnesio: ottime caratteristiche meccaniche, minima resistenza a caldo, scarsa resistenza alla corrosione (alti tenori di zinco), scarsa saldabilità, tendenza alla cricca spontanea per instabilità della lega. Con l'aggiunta d'altri elementi con funzione correttiva si migliorano notevolmente le prestazioni, costituendo il materiale più adeguato alle applicazioni strutturali anche in virtù della così detta autotemprabilità, che consente di recuperare nel tempo la resistenza meccanica nelle zone termicamente alterate a causa dell'effettuazione di saldature.

Nell'ambito delle costruzioni strutturali in alluminio, viene fatto largo impiego delle leghe della serie 6000 e della serie 7000. In particolare, quando si ha a che fare con elementi per i quali il peso non è un fattore essenziale (come nel caso delle strutture reticolari), si preferisce utilizzare la serie 6000, più lavorabile e meno fragile. Non è questo il caso dell'industria automobilistica e aeronautica, ove le elevatissime resistenze della serie 7000 costituiscono un elemento determinante per l'efficienza del prodotto.

Il sistema modulare "GEO"

Il sistema reticolare spaziale che si ottiene per connessione d'elementi di fissaggio con aste a estremità a vite singola, si rivela essere il più adeguato tra i vari sistemi esistenti per molte ragioni. In primo luogo un tale sistema consente una produzione altamente standardizzata, facilmente uniformabile ai formati prescritti dalle ISO 9000; in secondo luogo, lo schema reticolare spaziale che ne deriva risulta effettivamente molto vicino allo schema teorico, con una riduzione significativa degli effetti parassiti. Infine, non si può negare l'indubbio pregio architettonico ed estetico delle soluzioni di questo tipo.

Il sistema "GEO" prodotto dalla CPM Sistemi di Firenze e commercializzato dalla ditta Alustyl di Parma, presenta molte analogie con il sistema "mero", anche se notevoli sono le differenze dovute alla specializzazione per la produzione in lega d'alluminio. I nodi in questo caso possono essere prodotti sia per tornitura, sia per lavorazione plastica, a seconda del tipo di sfera che si desidera ottenere, piena o cava. Per quello che riguarda il fissaggio delle estremità coniche al corpo tubolare cilindrico, la saldatura è stata sostituita con una connessione meccanica realizzata mediante rullatura in modo da eliminare l'indebolimento della lega indotto dal processo di saldatura. D'altra parte, in particolare quando viene impiegata una lega d'alluminio, la lavorazione meccanica risulta più semplice e di più costante qualità della saldatura.

L'analisi del sistema "GEO" in relazione ai criteri citati, indica che i suoi punti di forza sono principalmente conseguenti all'impiego di una lega leggera strutturale ad alte prestazioni. Sulla base dell'efficienza dei collegamenti vengono qualificate le capacità resistenti del sistema; in merito, occorre considerare che il processo di rullatura, benché migliorativo rispetto alla saldatura, induce comunque una riduzione della portata dell'asta; da questo punto di vista pertanto, il sistema in oggetto può essere considerato buono ma non ottimale. In funzione della centrifugazione della massa rispetto all'asse baricentrico, la sezione tubolare appare la più efficiente nello sfruttare il materiale; pertanto l'indice di minimizzazione del peso del materiale impiegato risulta ottimale per aste tubolari.

Le tecnologie impiegate per la fabbricazione sono di tipo usuale, basate essenzialmente su lavorazioni a freddo che inducono sul materiale deformazioni plastiche con un conseguente e benefico incrudimento meccanico locale; le conseguenze metallurgiche della fabbricazione sono dunque vantaggiose e le tolleranze di fabbricazione non sono eccessive. La qualità di tali tecnologie può pertanto essere considerata ottimale.

Trattandosi inoltre di un sistema semplice a due componenti soltanto (asta e nodo), la fabbricazione è caratterizzata da un sufficiente grado di prefabbricazione e da un ottimo livello di standardizzazione. Essendo poi la struttura completamente disassemblabile, il sistema è ottimale anche per quel che riguarda la facilità di trasporto.

Il montaggio dei singoli elementi risulta molto agevole grazie alla giunzione ottenuta per serraggio di un singolo bullone per asta. L'assemblaggio della struttura nel suo complesso può essere effettuato sia per parti, mediante sollevamento delle parti di struttura precedentemente assemblate a piè d'opera, sia con tecniche tipo *lift-slab*, che prevedono il sollevamento della struttura completamente assemblata, sia con tecniche di montaggio a sbalzo; essendo quindi consentite varie possibilità da selezionare caso per caso in relazione alle necessità di cantiere, il sistema si rivela senza dubbio molto vantaggioso per quello che riguarda il montaggio e l'assemblaggio.

Per quanto concerne invece il collegamento delle parti non strutturali, benché venga predisposto un sistema di attese per il collegamento delle sovrastrutture di copertura, non è previsto l'attacco diretto ai nodi ma è richiesto l'ausilio di elementi di orditura minore (arcarecci); pertanto per tale aspetto il giudizio può essere solo buono ma non ottimale.

Si tratta infine di un sistema di tipo universale, utilizzabile pertanto per ogni geometria di traliccio spaziale, piano o curvo, a semplice o a doppio strato. L'estrema flessibilità che ne caratterizza l'impiego lo rendono adatto per molteplici campi d'impiego e dunque ottimale anche per quest'ultimo aspetto.

La realizzazione dei componenti del sistema "GEO" trae vantaggio dalla presenza in commercio di leghe d'alluminio con proprietà meccaniche avanzate; in particolare vengono impiegate leghe composte alluminio magnesio silicio della serie 6000. Ad esempio, per realizzazioni di medio impegno, i tubi impiegati per le aste sono di classe 6060 o 6061, con una tensione limite elastica convenzionale di circa 200 MPa; per quel che riguarda invece i nodi, si fa uso della serie 6082 che garantisce una migliore tenuta dei filetto (circa 260 MPa).

Confrontando tali prestazioni con quelle di un acciaio di corrente impiego (ad es. FE 360 o 430), si evince che leghe del tipo indicato possono risultare estremamente competitive in termini di stati tensionali nei riguardi dell'acciaio; più precisamente, essendo il peso e il modulo elastico dell'alluminio circa pari a un terzo di quello dell'acciaio, i valori del rendimento meccanico e del fattore di deformabilità delle leghe d'alluminio sono circa tre volte quelli dell'acciaio.

Nell'ottenimento di tali risultati riveste grande importanza il tipo di trattamento termico che viene operato sulla lega; normalmente tali risultati prestazionali sono collegati a cicli di invecchiamento artificiale che vengono designati come stato T5 e T6 del materiale. Sono possibili vari tipi di trattamento termico che possono essere di aiuto per esigenze particolari. Occorre però esercitare la massima cautela nell'impiego di saldature poiché, in generale, in conseguenza del riscaldamento generato dall'arco o dal

La composizione di più aste intorno a un nodo richiede il controllo delle interferenze che eventualmente si potrebbero manifestare tra le aste, se gli angoli d'apertura fossero troppo esigui. In particolare, gli angoli limite sono dell'ordine di 30° per le sfere di diametro maggiore, avvicinandosi poi con i nodi più piccoli fino a 45°. Giova ricordare che il modulo semiottaedrico regolare ha angoli di 60° tra tutte le sue aste, mentre l'angolo minimo che si manifesta per un reticolo regolare è quello di formazione della maglia cubica, che arriva appena a 45°.

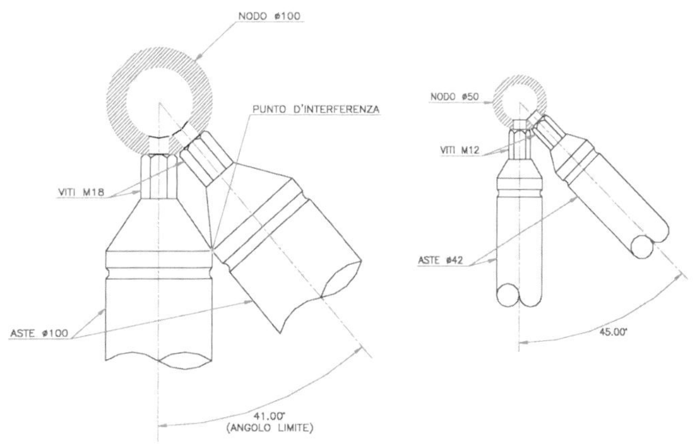

Nota II

Sfera	Diametro	Spessore	Foratura		Angolo
			Tipica	*Massima*	*Minimo*
S 46	50	12	12	14	45°
S 67	72	14	14	20	40°
S 94	100	20	20	24	35°
S 112	120	24	24	30	30°
mm	mm	mm	mm	mm	deg

V. Dati delle sfere impiegate nel sistema "GEO".

Asta	Vite		Area	L_{max}	$N_{trazione}$	$N_{compressione}$			
	Tipica	*Massima*				*L=1000*	*L=1414*	*L=2000*	*L=2828*
D42-T3	M12	M12	367	2000	40.1	38.7	22.1	11.7	6.1
D60-T2	M12	M20	364	2500	39.8	56.6	41.1	23.8	12.7
D60-T3	M14	M20	537	2500	58.6	82.7	59.2	34.1	18.1
D60-T4	M14	M20	704	2500	76.8	107.2	75.8	43.4	23.0
D60-T5	M20	M20	864	3000	94.2	130.2	91.0	51.8	27.3
D80-T3	M20	M24	726	3000	79.2	125.8	108.4	74.9	42.5
D80-T5	M20	M24	1178	3500	128.5	202.9	172.9	117.4	65.9
D90-T5	M20	M27	1335	3500	145.6	236.8	211.6	157.6	93.1
D100-T5	M20	M30	1492	4000	162.8	270.1	248.1	199.7	125.2
D110-T5	M24	M30	1649	4500	179.9	303.1	283.2	240.1	161.7
D120-T5	M24	M30	1806	5000	197.0	335.9	317.3	279.3	201.3
mm	mm	mm	mm^2	mm	kN	kN	kN	kN	kN

VI. Dati delle aste impiegate nel sistema "GEO".

28. Diagrammi di scelta delle sfere nodali in relazione alla interferenza delle aste e delle viti.

cannello, il miglioramento conseguente all'invecchiamento artificiale può essere irrimediabilmente perso.

Il sistema "GEO" risulta caratterizzato da una gamma di componenti preferenziali che comprendono all'incirca dieci sezioni tubolari e quattro nodi di dimensione crescente. Nella tabella V sono richiamati i nodi, mentre nella tabella VI sono elencate le aste.

La definizione dei componenti necessari a realizzare una data struttura richiede l'analisi di fattibilità dello schema geometrico in relazione all'interferenza delle aste convergenti in un nodo. Tale problema, di tipo essenzialmente geometrico, richiede l'analisi delle dimensioni relative dei tubi componenti le aste, delle viti e dei nodi, con riferimento agli angoli interni di ciascuna coppia di aste.

Il problema può essere agevolmente codificato in termini analitici, e da esso risultano due diagrammi di dimensionamento che consentono di controllare l'angolo minimo di fattibilità per prefissati diametri dei tubi, delle viti e delle sfere nodali. Nella figura 28 sono indicate le curve caratteristiche degli elementi sopra elencati in tabella, per i possibili accoppiamenti di vite e nodo.

Criteri di dimensionamento di massima

Le composizioni delle strutture reticolari tipiche quali gli impalcati piani con modulo compreso tra 1500 e 3000 mm, sono mediamente assai simili, anche se qualche differenza può risultare in conseguenza della distribuzione dei vincoli esterni.

Salvo casi particolari, la distanza dei piani di coordinazione della struttura è mantenuta superiore alla metà del lato del modulo base, e le aste sono graduate in funzione dello stato di sollecitazione a cui sono sottoposte. Nella tabella VII sono elencate le caratteristiche salienti di numerose strutture progettate o realizzate con il sistema "GEO"; per tali strutture, nella figura 20 è evidenziata la frequenza media delle sezioni impiegate e la distribuzione cumulativa risultante.

Si può introdurre un'utile relazione tra l'area media delle aste che compongono una struttura, la sua luce e il carico esterno applicato; in particolare, come evidenziato dalla figura 30 esiste una relazione lineare del tipo:

$$A_{mean} = 160 + 14 \cdot L \cdot q_k$$

che consente di calcolare l'area media dai dati principali della struttura.

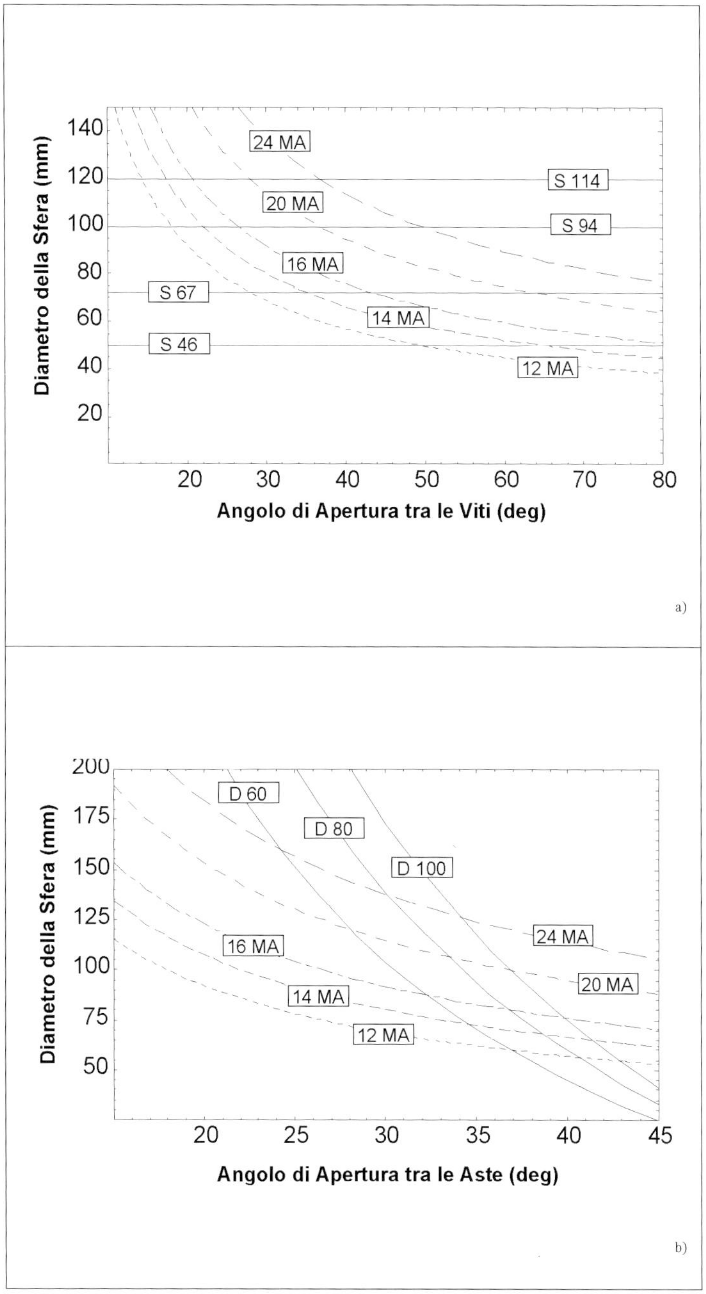

28

Descrizione struttura	Cella	Carico	Luce	Griglia	Altezza	A_{mean}	Esecuzione
Copertura di palestra in Arabia	ottaedrica	9.0	27.00	3.00	2.00	650	Proposta
Copertura COGIS	ottaedrica	13.0	22.71	2.10	1.40	583	Proposta
Copertura per le Scuole di Colorno	ottaedrica	13.0	25.40	2.40	2.00	707	Proposta
Showroom Porsche a Portogruaro	ottaedrica	13.0	22.34	1.97	1.60	517	1998
Officina Porsche a Portogruaro	ottaedrica	13.0	22.34	1.97	1.60	532	1998
Copertura della Dogana di Treviso	ottaedrica	9.0	16.10	2.40	1.20	384	1994
Copertura Edilcora	ottaedrica	13.0	27.54	2.65	1.87	679	Proposta
Copertura per le Fiere di Sassari	ottaedrica	13.0	26.77	2.06	1.50	655	Proposta
Palestra ISC a Milano	ottaedrica	13.0	25.91	2.72	2.00	761	Proposta
Copertura Enofood a Scandiano	ottaedrica	13.0	14.00	2.63	1.40	384	1996
Copertura della Tel Aviv Library	ottaedrica	9.0	19.46	1.72	1.00	409	Proposta
Ingresso del Festival di Locarno	ottaedrica	9.0	14.97	2.00	1.00	377	1997
Copertura Loropiana a Quarona	ottaedrica	16.0	19.80	2.20	2.20	652	1997
Pensilina della Ferrovia Veneta	ottaedrica	13.0	11.69	1.67	1.18	371	Proposta
Pensilina dell'Aereoporto di Pisa	ottaedrica	13.0	11.20	1.73	0.75	393	Proposta
Pensilina dell'Aereoporto d Tel Aviv	ottaedrica	9.0	17.32	2.00	1.00	401	Proposta
Ingresso del Ryiadh Dryport	ottaedrica	9.0	28.80	1.80	1.80	565	Proposta
Trave di Copertura ad Avezzano	ottaedrica	24.0	16.20	2.00	1.40	733	2001
Copertura presso la Fiera di Milano	ottaedrica	13.0	24.00	3.30	2.40	628	1995
Copertura Samu	ottaedrica	13.0	17.32	2.00	1.41	451	Proposta
Copertura Serin	ottaedrica	13.0	21.21	1.50	1.50	468	Proposta
Copertura Somef	ottaedrica	13.0	16.80	1.40	1.40	424	Proposta
Insegna Metro a Modena	cubica	12.0	11.00	1.70	3.40	418	1997
Insegna IperCoop ad Afragola	cubica	16.0	24.00	2.00	2.00	700	1999
Copertura del Kenia Resort	incrociata	9.0	31.11	2.75	1.38	557	Proposta
Copertura Glerean	incrociata	13.0	14.21	3.36	1.68	540	Proposta
Copertura Lecce Pen a Torino	incrociata	13.0	22.36	2.05	1.45	614	1998
Parcheggio coperto ad Anzola	incrociata	13.0	15.00	2.10	1.50	567	1996
Copertura Mariotto	incrociata	13.0	25.40	2.54	1.76	648	Proposta
Pays Lotto Schools in Israele	incrociata	9.0	16.77	2.04	1.06	510	1997
Copertura a Gorgonzola (MI)	ruotata	9.0	25.13	2.40	1.70	542	1994
Copertura Step a Piacenza	ruotata	16.0	14.10	2.37	1.67	550	1996
Copertura Cinestar a Piacenza	ottaedrica	8.5	13.00	1.40	0.70	373	2002
Soppalco Politec a Parma	ottaedrica	7.0	30.00	1.40	0.70	433	2002
		m	kN/m^2	m	m	mm^2	anno

VII. Dati principali di strutture progettate o eseguite con il sistema "GEO".

29. Percentuali di composizione media delle strutture di tabella VII.

30. Rapporto tra l'area media dell'asta, luce e carico della struttura per i casi di tabella VII.

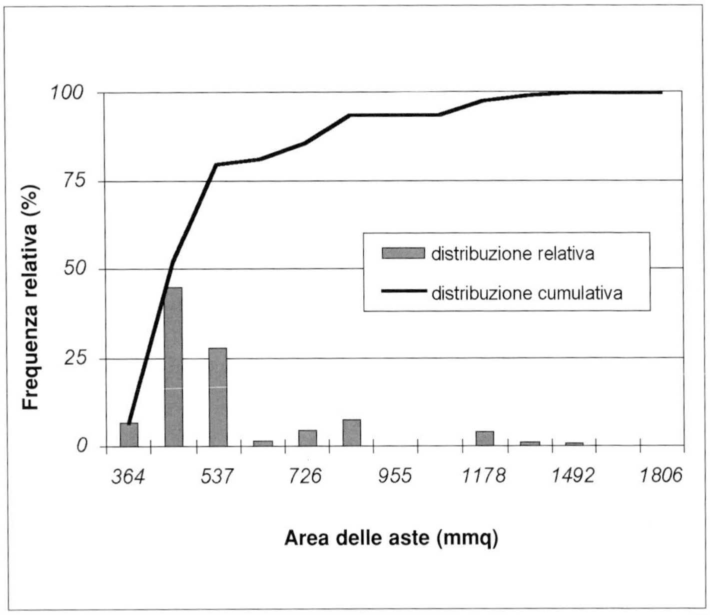

29

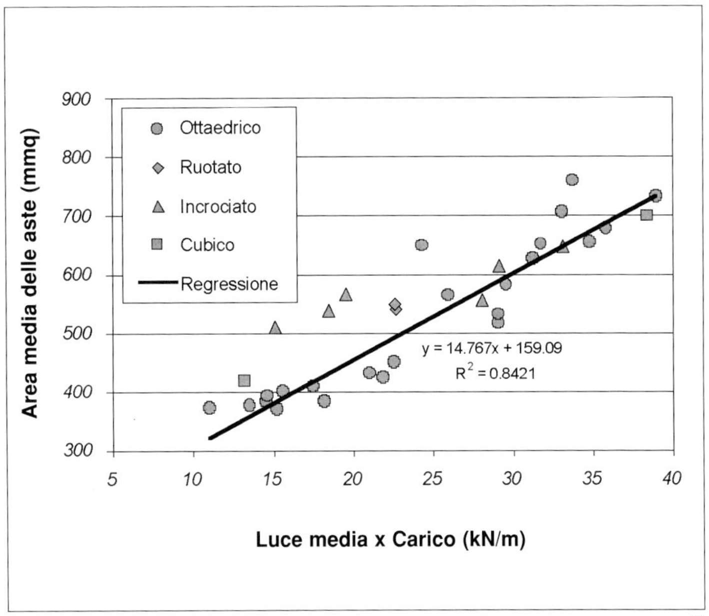

30

Si nota che la distribuzione cumulativa delle aree di una struttura è tipicamente di tipo esponenziale, potendo essere descritta dalla forma:

$$P(A) = 1 - e^{-\lambda(A - A_{\min})}$$

per cui le frequenze relative delle singole aste, possono essere ottenute derivando la funzione di distribuzione cumulativa.

Il valore del parametro λ può essere determinato a partire dall'area media delle aste definita in base alla geometria generale:

$$\lambda(\bar{A}) = \frac{\ln(2)}{\bar{A} - A_{\min}}$$

e infine, se n_{tot} è il numero di aste complessivo della struttura, la numerosità di un certo tipo di aste di area A_j risulta pari a:

$$n(A_j) = n_{tot}\left[P(A_j) - \sum_{k=1}^{j-1} n(A_k)\right]$$

Una volta nota la numerosità relativa di tentativo dei vari tipi di aste, è possibile stimare il costo in forma approssimata e confrontare le varie soluzioni preliminari che soddisfano la geometria data. Nella figura 31 sono illustrate a confronto la distribuzione specifica e cumulativa delle aree delle aste per la struttura realizzata a Torino presso la Ditta Lecce Pen.

Statica delle reticolari spaziali

L'analisi di strutture reticolari spaziali, in conseguenza dell'elevato numero di elementi componenti, ha trovato forte impulso nella disponibilità di elaboratori elettronici e di programmi di calcolo. È importante sottolineare che, nonostante la modularità e la ripetitività dei reticoli spaziali, variazioni di geometria e di vincolo possono alterare anche sostanzialmente lo stato tensionale della struttura.

Antecedentemente all'avvento dei calcolatori le analisi dei reticoli spaziali erano condotte con metodi di equivalenza al continuo [Matildi *et al.* 1971], che però non sono in grado di cogliere effetti locali conseguenti a disomogeneità topologiche. L'uso di programmi a elementi finiti [Zienkiewicz, Taylor 1991; Bathe, Wilson

31. Confronto delle aste di progetto con quelle stimate per la struttura Lecce Pen a Torino.

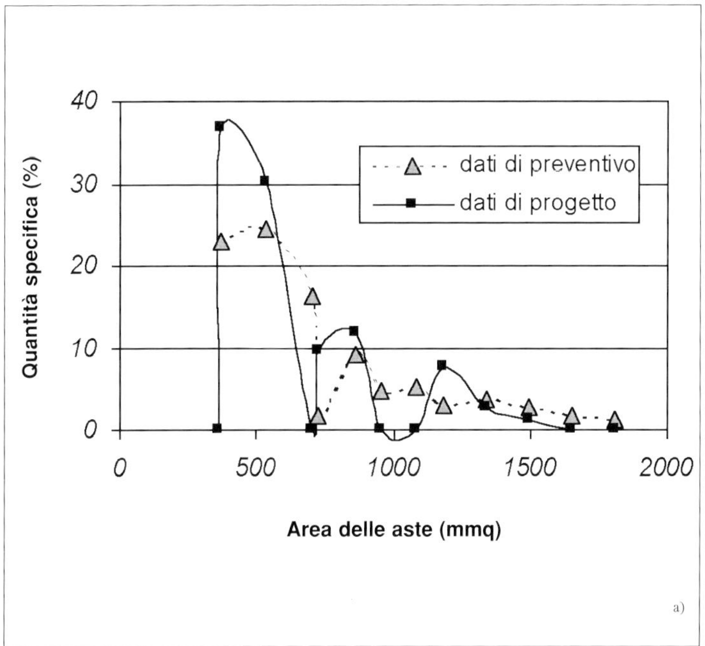

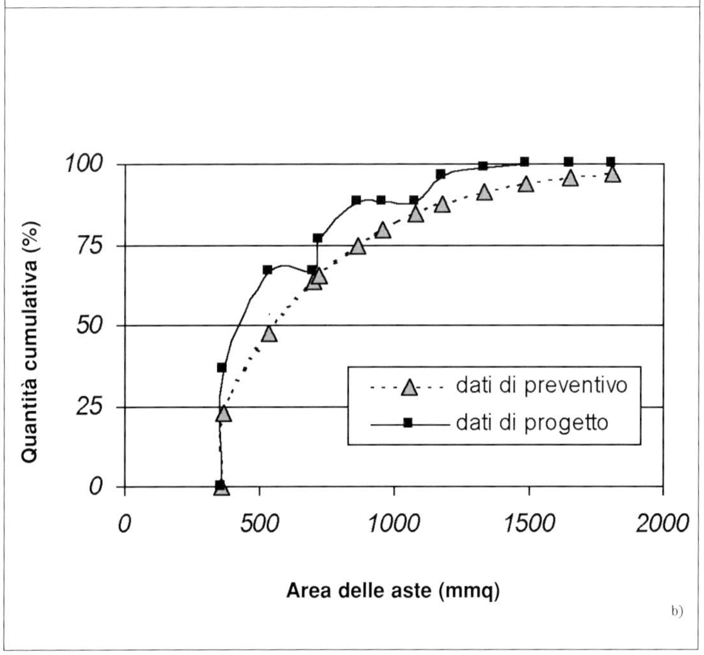

31

1996], ha permesso di modellare in forma discreta strutture anche di grandi dimensioni. È stato inoltre possibile analizzare l'influenza delle imperfezioni strutturali [Spinelli, Agostini 1982; Faravelli, Zanon 1980], e anche individuare criteri per definire l'imperfezione più critica nei confronti della stabilità [Ikeda, Murota 1990; Davister, Britvec 1984].

A partire dagli anni Ottanta un gran numero di ricerche ha preso in esame il comportamento non lineare di strutture reticolari, nel tentativo di determinare il carico di collasso in casi di pratica importanza; partendo da strategie computazionali per problemi geometricamente non lineari [Noor, Peters 1983], si sono poi definite le relazioni costitutive di aste per cicli di compressione e trazione [Papadrakakis 1983; Chan, Kitipornchai 1988], fino ad arrivare all'analisi a collasso di strutture non lineari per geometria e materiale [si veda la discussione di Blandford 1997]. È infine da citare che una strada alternativa di caratterizzazione dell'affidabilità strutturale può essere individuata nella definizione della perdita di stabilità dell'asta in termini probabilistici [Benedetti 1991; 1993].

Un esempio dell'influenza che ha il vincolamento esterno è mostrato in uno studio condotto da Makowski, relativamente a reticolari spaziali piane a doppio strato [Makowski 1981]. Nell'analisi svolta si mostra come lo stato tensionale del reticolo dipenda in modo non lineare dal numero di appoggi presenti, soprattutto in vicinanza della situazione di isostaticità esterna della struttura.

Un altro aspetto importante dei reticoli a doppio strato è l'iperstaticità interna dello schema statico, che si riflette anche nella modellazione strutturale a supporto della progettazione; per una struttura reticolare ottimizzata, l'iperstaticità richiede alternativamente la fase di calcolo delle forze assiali e quella della verifica di sicurezza finché i cicli di calcolo non modificano ulteriormente le sezioni delle aste. Infatti, ogni volta che le verifiche di sicurezza modificano la configurazione della reticolare, la variazione di rigidezza indotta dalle aste sostituite comporta una diversa distribuzione del carico tra gli elementi. Volendo fornire un'indicazione sommaria, nel caso di reticolari con circa mille aste, per ottenere lo stato finale della struttura è necessario iterare la fase di soluzione mediamente da cinque a dieci volte. Ovviamente questo non è necessario se ad esempio per ragioni architettoniche, si vuole la struttura tutta composta di elementi uguali; in questo caso è richiesta al più una sola iterazione.

Infine, è di fondamentale importanza sottolineare che se da un lato un comportamento reticolare puro genera una distribuzione di tensione più omogenea, dall'altro non consente in alcun modo l'applicazione di momenti esterni, o di forze applicate al di fuori dei nodi.

Valutazione del carico limite dell'elemento

La valutazione della capacità portante degli elementi strutturali va condotta differentemente se l'asta è soggetta a sforzo di compressione o di trazione. Infatti, nel primo caso è necessario valutare l'instabilità dell'asta mentre nel secondo caso va considerata la resistenza del sistema asta-bullone-filettatura.

Aste compresse

La verifica di resistenza per le aste compresse può essere condotta secondo quanto prescritto dalle norme UNI 8634; tali norme risultano in completo accordo con il codice europeo ECCS-T2 in quanto hanno avuto origine in modo simile [MAZZOLANI 1986].

La verifica di stabilità dell'elemento a sezione tubolare richiede che:

$$F_R(f_{02}) > F_S(\gamma_g G, \gamma_q Q, \gamma \Delta T) \qquad (1)$$

ove: F_R resistenza di calcolo dell'asta
f_{02} limite elastico convenzionale
F_S massima azione interna di calcolo
γ fattore di amplificazione
Q, ΔT carico esterno e variazione termica applicati alla struttura.

In generale, γ = 1.5 nelle verifiche allo stato limite ultimo.

La resistenza massima dell'asta viene valutata in funzione dell'area della sezione della barra, della tensione di snervamento convenzionale del materiale, e della tensione critica adimensionale:

$$F_{R,\max} = A \cdot f_{02} \cdot \bar{N} \qquad (2)$$

Tale fattore va calcolato mettendo in conto l'instabilità dell'asta. Assumendo la simbologia utilizzata dalle ECCS europee e dalle UNI 8634 italiane:

$$\bar{N} = \frac{c_b - \sqrt{c_b^2 - 4c_a c_b}}{2c_a} \qquad (3)$$

$$c_a = \bar{\lambda}^2, \quad c_b = 1 + \alpha \cdot (\beta - \bar{\lambda}) \cdot \sqrt{\bar{\lambda}^2 - \kappa^2} + \bar{\lambda}^2, \quad c_c = 1 \qquad (4)$$

e

$$\bar{\lambda} = \frac{\lambda}{\lambda_{02}}, \quad \lambda = \frac{L}{i_{\min}}, \quad \lambda_{02} = \pi \cdot \sqrt{\frac{E_{Al}}{f_{02}}} \qquad (5)$$

Nel caso in esame, per leghe 6061, si possono assumere i seguenti valori:

$$\alpha = 0.02, \quad \beta = 9.6, \quad \kappa = 0.226 \qquad (6)$$

$$f_{02} = 200 \text{ N/mm}^2, \quad E_{Al} = 72000 \text{ N/mm}^2 \qquad (7)$$

Nella precedente tabella VI è elencata la capacità portante di aste tubolari cilindriche con diametro compreso tra 42 e 120 mm per spessori e lunghezze commerciali; nella serie dimensionale impiegata, gli spessori variano tra 3 e 5 mm, mentre le lunghezze possono arrivare fino a 5 m.

Il carico limite a compressione di un'asta è regolato dalle formule di stabilità elasto-plastica sopra indicate. Si applica il metodo per un'asta di diametro 80 mm, spessore 5 mm, e lunghezza 2500 mm. Si ha:

1) dati dell'asta: A = 1178 mm², $J = 0.832 \times 10^6$ mm⁴, $i = (J/A)^{1/2} = 26.58$ mm.
2) snellezza reale, di transizione e ridotta: $\lambda = L/i = 94.42$, $\lambda_{02} = 59.6$, $\lambda/\lambda_{02} = 1.577$.
3) coefficienti: $c_a = 2.488$, $c_b = 3.738$, $c_c = 1$.
4) $\bar{N} = 0.3482$,
5) $F_R = 1178 \times 0.3482 \times 200 = 82030$ N = 8203 kg.

Nota III

Il confronto tra il comportamento di una certa asta in alluminio e l'asta in acciaio delle stesse dimensioni risulta molto interessante; se si considerano entrambi le estremità vincolate con cerniere sferiche, è possibile calcolare il carico limite in funzione della snellezza λ o della lunghezza L. Poiché il rapporto dei moduli elastici dei due materiali E_{Al}/E_s, vale 0.34, all'aumentare della snellezza, il rapporto tra i carichi critici nei due casi tende a tale valore; essendo poi il rapporto dei pesi specifici ancora uguale a 0.34, si evince che aste d'acciaio e d'alluminio di uguale peso possiedono circa lo stesso carico di collasso in compressione.

Un problema importante delle strutture di copertura in ambiente aperto, è l'effetto delle variazioni termiche nei confronti delle aste perimetrali fissate direttamente ai vincoli. In molti casi, non risulta possibile garantire l'escursione termica completa dei nodi vincolati e questo causa tensioni non trascurabili nelle aste. A prima vista, in considerazione del fatto che il coefficiente di dilatazione lineare dell'alluminio è circa doppio di quello dell'acciaio, sembrerebbe che il pericolo delle variazioni termiche fosse di gran lunga più rilevante per le strutture in alluminio. In realtà, a conti fatti, in conseguenza del rapporto pari a tre che intercorre tra i moduli elastici, l'effetto delle variazioni termiche penalizza in modo quasi uguale il campo d'impiego delle aste in acciaio e di quelle in alluminio.

In particolare la sollecitazione generata in un'asta dalla deformazione impedita dipende dal modulo elastico del materiale, oltre che dal coefficiente di dilatazione; pertanto la tensione generata da una variazione termica in due aste di uguale sezione ma di differente materiale è del 33% minore in quella d'alluminio. D'altro canto, il basso modulo elastico abbassa il carico critico euleriano dell'asta d'alluminio, per cui la temperatura di perdita di stabilità di un'asta in alluminio è inferiore a quella di un'asta d'acciaio. La variazione termica che causa la crisi dell'asta può essere agevolmente calcolata con l'espressione:

$$\Delta T = \frac{f_{02}\bar{N}}{E_{Al}\alpha_T} \qquad (8)$$

dove nel caso di asta tesa $\bar{N}$ deve essere posto pari al fattore di utilizzazione della connessione terminale, che abitualmente nel sistema "GEO" viene posto pari a 0.6.

Aste tese

La verifica di sicurezza per le aste tese, benché concettualmente più semplice della precedente, richiede un'attenzione particolare nella definizione della sezione critica effettiva; come per le strutture reticolari spaziali in acciaio, ove le aste sono collegate ai nodi per mezzo di bulloni, è necessario effettuare la verifica per tutte le parti strutturali connesse considerando tutti i possibili meccanismi di collasso. In particolare, una connessione comprende la filettatura del nodo, la vite e il collegamento della terminazione; ciascuna di tali parti può dunque essere sede di collasso. Inoltre, poiché l'unione tra il corpo cilindrico dell'asta e i fissaggi conici è realizzato per contatto, la stima del carico ultimo per trazione dell'asta non è di facile definizione analitica.

In linea di principio il sistema nodo-bullone-asta funziona come un collegamento in serie, ove la parte più debole condiziona fortemente la probabilità di rottura; perciò, il bilanciamento delle proprietà di resistenza dei tre elementi è essenziale ai fini di una progettazione efficace.

Dal punto di vista operativo, la verifica di sicurezza per aste soggette a trazione si può condurre facendo riferimento ai ben documentati valori sperimentali del carico di collasso:

$$\frac{F_R}{F_S} \geq 2.0 \qquad (9)$$

ove:

$$F_R = \min\{F_{R1}, F_{R2}, F_{R3}\} \qquad (10)$$

con: F_{R1} carico di rottura del collegamento corpo asta-terminazione
F_{R2} carico di rottura del bullone
F_{R3} carico di rottura della filettatura del nodo sferico
F_S massimo carico assiale di progetto.

La determinazione del carico di rottura per l'asta rappresenta la parte di calcolo più delicata. Un primo metodo per ottenere valori di riferimento si basa sulla sperimentazione diretta, come effettivamente viene suggerito dalla normativa tecnica; con questo approccio, il carico di rottura può essere individuato come valore caratteristico definito sulla base di un campionamento sufficiente-

32. Schema di resistenza in serie del giunto in trazione.

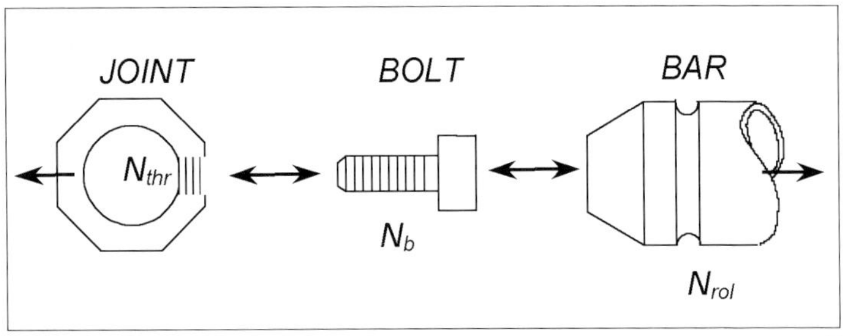

mente ampio, significativo dal punto di vista statistico. Una volta nota la portata dell'asta la verifica di sicurezza risulta banale, ma occorre eseguire per intero un programma di sperimentazione ogni volta che si utilizza una lega diversa o si introduce un nuovo tipo di connessione. Tuttavia, si deve notare che per i comuni diametri e spessori il carico limite è sempre prossimo a 0.6 $A_{bar}f_{02}$.

Per quanto riguarda il carico di rottura del bullone, il problema non sussiste, essendo il bullone un elemento di acciaio, con una normativa specifica. Infatti, i valori della tensione di rottura sono indicati nel regolamento nazionale delle costruzioni metalliche e il conseguente valore di portata a trazione si ottiene come prodotto tra l'area del bullone al netto della filettatura e la tensione caratteristica di snervamento che è funzione della classe della vite impiegata per il collegamento. Infine, il calcolo della portata della filettatura del nodo si effettua valutando attentamente la profondità efficace di filettatura che è condizionata dalla lunghezza effettiva della vite impiegata.

Così, per una data connessione, una verifica abbastanza agevole può essere effettuata secondo l'equazione (10), espressa nella forma:

$$F_R = \min\left\{0.6A_{bar}f_{02}, A_b f_b, \pi D_b t_{\min}\frac{f_{02}}{\sqrt{3}}\right\} \quad (11)$$

Ove:

- A_{bar} area nominale del tubo
- A_b area netta del bullone
- D_b diametro del bullone
- f_{kb} tensione di snervamento caratteristica del bullone
- $t_{\min}$ Min{t, D_b}
- t profondità di filettatura del nodo

Dal punto di vista della progettazione, il dimensionamento dei singoli componenti del sistema nodo-bullone-asta è di fondamentale importanza ai fini della sicurezza globale del complesso strutturale. Infatti, poiché il componente più debole dell'insieme definisce in sostanza un moltiplicatore critico dei carichi, è possibile pianificare già in fase di progetto il meccanismo di rottura, con lo scopo di guidare una eventuale crisi strutturale nella direzione più opportuna.

In relazione alla tecnica di selezione delle combinazioni si possono individuare tre diversi criteri di progetto che possono variare in base ai requisiti della specifica opera. In particolare si ha:
- criterio di rottura nelle aste: le aste vengono dimensionate singolarmente in base allo sforzo di calcolo risultante in ciascuna di esse; i bulloni e i nodi sono invece progettati sul valore massimo di sforzo richiesto sull'intera struttura. Evidentemente in tal modo si ottiene un sovradimensionamento dei collegamenti ovunque tranne che in corrispondenza del massimo sforzo. La crisi sopraggiunge nell'asta più sollecitata;
- criterio di rottura nel nodo: le aste vengono dimensionate sulla base dello sforzo massimo di calcolo globale, mentre nodi e bulloni vengono dimensionati in base allo sforzo effettivamente calcolato sul giunto. In questo caso, la crisi sopraggiunge nel nodo più sollecitato;
- criterio ottimizzato: la rottura bilanciata si verifica quando si fornisce pressappoco la stessa portata ad asta, nodo e bullone. In questo modo, ogni giunto viene dimensionato esattamente sull'azione di calcolo ed è possibile prevedere una crisi contemporanea degli elementi costituenti il giunto; adottando tale criterio, si stabiliscono di fatto accoppiamenti preferenziali tra asta, bullone e nodo.

Per fare un esempio, si osservino i valori riportati nelle tabelle successive: si consideri dunque l'asta di diametro 60 mm e spessore 3 mm, di portata 64 kN; il nodo più adeguato per tale asta risulta essere quello di diametro 70 mm e spessore 12 mm, connesso con vite M 14, per realizzare una portata effettiva di 61 kN. Si seleziona inoltre un vite di classe 8.8 per garantire un carico di collasso prossimo a 64 kN anche per tale componente. In questo modo è stato realizzato un collegamento ottimale, poiché le tre sezioni critiche del giunto presentano quasi esattamente lo stesso coefficiente di sicurezza nei confronti del collasso strutturale.

33. Vista delle strutture dell'officina. Si notino i pilastri centrali a portale dotati ciascuno di due appoggi.

34. Vista delle strutture dello show room e del muro di separazione. Si notino i pilastri a croce con quattro supporti ciascuno.

35. Appoggi a croce e supporti a muro della struttura dello show room. Gli appoggi sono dotati di una base in teflon che consente l'aggiustaggio del supporto per sopperire alle tolleranze di montaggio.

A Showroom e officina a Portogruaro

33

35a

34

35b

La struttura in questione copre uno spazio approssimativamente quadrato di circa 35-35 m^2 suddiviso in due unità ben distinte e di uso diversificato. Come si può notare dalla figura 33, lo spazio è modulato in altezza fissando una differente quota d'imposta delle due coperture reticolari situate nelle due zone separate dal muro centrale di spina.
La struttura risulta organizzata su di un modulo semiottaedrico a maglia quadrata di circa 2 m di lato, con altezza pari al modulo stesso. Oltre alla maglia base, sono presenti moduli complementari perimetrali che sono necessari per il fissaggio della fascia in lattoneria che circonda l'edificio; quest'ultima svolge funzioni di segnalazione pubblicitaria e controllo delle acque meteoriche. Nelle figure 33 e 34 sono illustrate le due parti di copertura con i vincoli metallici esterni ed il muro di separazione.
La struttura risulta progettata per il peso proprio, il peso della copertura, il carico della neve, e l'effetto del vento. Per quanto riguarda quest'ultimo si sono considerati gli effetti di depressione sulla copertura, e di pressione sulla fascia perimetrale esterna. Il reticolo strutturale contiene complessivamente 1288 aste per quel che riguarda lo show room, e 1212 aste per quanto attiene all'officina; nella successiva tabella VIII sono indicate le percentuali di aste componenti i piani coordinati e le diagonali della struttura in oggetto.

Asta	Asta dei piani esterni		Aste delle diagonali	
	Shoowroom	Officina	Shoowroom	Officina
D42 T3	29.74	32.34	29.35	26.07
D60 T3	9.01	8.17	11.18	11.88
D60 T4	0.00	0.00	0.00	0.00
D60 T5	7.45	7.01	3.42	2.81
D80 T3	3.26	2.64	0.78	0.50
D80 T5	5.67	7.18	0.16	0.66
D90 T5	0.00	0.41	0.00	0.33
	%	%	%	%

VIII. Distribuzione delle aste nelle strutture esaminate.

I nodi che sono stati utilizzati per comporre la struttura sono del tipo cavo, hanno diametro pari a 100 mm, e presentano uno schema di foratura, regolare per quanto attiene agli angoli, ma variato per quel che riguarda i diametri dei fori filettati.
Le due strutture in questione risultano vincolate per mezzo di appoggi presenti sui due lati più lunghi disposti parallelamente al muro centrale. In particolare sono presenti all'interno del muro centrale due pilastri in calcestruzzo, che forniscono il vincolo a quattro appoggi puntiformi per ciascun lato del muro stesso. Ai lati opposti, sono presenti invece pilastri metallici conformati secondo le necessità architettoniche e statiche; nel caso dell'officina, la scelta è caduta su pilastri singoli che rendessero lo spazio di manovra il massimo possibile. Per contro nello showroom, in accordo alla necessità di caratterizzare lo spazio e di consentire l'apertura di più porte d'accesso, sono stati previsti due pilastri ad albero con quattro appoggi ciascuno. Nella figura 35 sono riportate le foto degli appoggi.

36. Vista d'insieme della copertura e degli appoggi.
Il piano di copertura è completato con voltine in metil metacrilato e protegge un giardino d'inverno ricavato internamente alla fabbrica.

37. Griglia strutturale della copertura.
Copertura: ingombro 19.8×15.6 m^2 – modulo 2.2×2.2 m^2, altezza 2.2 m – 504 aste.

38. Vista del pilastro allungato e dei supporto a quattro viti.
Il pilastro è composto da tre pezzi che ne consentono l'assemblaggio in modo da ottenere le tolleranze di montaggio tra le pareti e la copertura reticolare.

B Copertura reticolare a Quarona di Borgosesia

La struttura illustrata copre uno spazio approssimativamente rettangolare di circa 20×15 m^2 destinato a giardino d'inverno, presso lo stabilimento ing. Loro Piana e C. a Quarona di Borgosesia. Come si può notare dalla foto 36, la struttura reticolare appare formalmente disgiunta dal corpo di fabbrica dello stabilimento, e tale fatto viene segnalato in termini architettonici introducendo supporti a forma di colonna che intendono amplificare tale discontinuità. In relazione all'uso della copertura come perimetrazione di uno spazio verde di attraversamento del cortile dello stabilimento, il piano di raccolta delle acque meteoriche della stessa è realizzato con cupolini translucidi in metilmetacrilato, in grado di consentire l'illuminazione costante della vegetazione.
La struttura risulta organizzata su di un modulo semiottaedrico a maglia quadrata di circa 2.5 m di lato, con altezza pari a 2.2 m. In relazione alla richiesta di impedire il passaggio di pioggia in caso di vento, la struttura è stata disposta con il piano coordinato più grande nella parte superiore, ottenendo un ricoprimento dei muri perimetrali di circa 1 metro. Nella figura 37 è indicata la griglia reticolare della copertura, con gli elementi che simulano la presenza degli appoggi.
La struttura risulta progettata per il peso proprio, il peso della copertura, il carico della neve, e l'effetto del vento. Per quanto riguarda quest'ultimo, si sono considerati gli effetti di depressione e di pressione conseguenti al vento che spira sopravento o sottovento alla zona chiusa dei cortile. Il reticolo strutturale contiene complessivamente 504 aste fortemente diversificate; nella successiva tabella IX sono indicate le percentuali di aste componenti i piani coordinati e le diagonali della struttura in oggetto. I nodi che sono stati utilizzati per comporre la struttura sono del tipo cavo, hanno diametro pari a 100 mm, e presentano uno schema di foratura, regolare per quanto attiene agli angoli, ma variato per quel che riguarda i diametri dei fori filettati.
Come già richiamato, la struttura risulta vincolata per mezzo di sei pezzi meccanici fortemente caratterizzati costituiti da un tubo cilindrico supportato da staffe perimetrali vincolate alle pareti dell'opificio. In relazione alla necessità di effettuare prima il montaggio delle staffe citate, e successivamente delle parti in elevazione degli appoggi, i tubolari metallici sono stati spezzati mediante un giunto flangiato. L'attacco della struttura reticolare in sommità degli appoggi avviene per mezzo di un particolare supporto con viti, che riproduce lo schema di fissaggio delle diagonali.
La struttura è stata collaudata con un carico distribuito di 160 kg/m^2 mostrando una risposta coincidente con le previsioni del modello numerico.

36

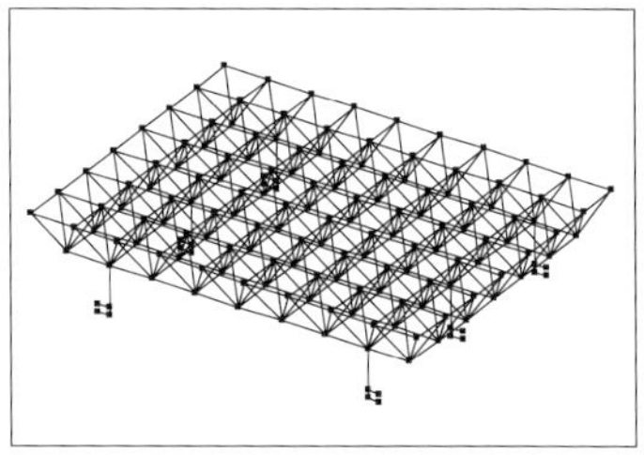
37

Asta	Layers	Diagonali
D42 T3	5.16	5.56
D60 T3	31.75	26.98
D60 T5	4.76	1.59
D80 T3	3.17	11.11
D80 T5	4.37	0.00
D90 T5	0.79	3.17
D100 T5	0.00	1.59
	%	%

IX. Distribuzione delle aste nelle strutture esaminate.

38a

38b

39. Schema in pianta della copertura reticolare a modulo tetraedrico irregolare.

40. Vista trasversale della copertura e del reticolo strutturale. Si noti l'aggregazione dei moduli piani triangolari a formare una superficie spazialmente mossa.

41. Vista longitudinale della copertura reticolare.

42. Viste dei dettagli delle torri e del punto di giunzione delle due ali reticolari.

C Meeting point a Mitzpe Ramon, Israele

La copertura in oggetto, costituisce un punto d'aggregazione in un quartiere abitativo di Mitzpe Ramon, cittadina israeliana posta all'interno del deserto del Negev. Nel caso in esame, l'intersezione di due strade principali in prossimità del mercato viene sfruttata per definire un'area coperta ombreggiata. La presenza di vento e la schermatura del sole fanno della copertura qui illustrata un punto di grande frescura nel caldo desertico del Paese.
La struttura si compone di sedici triangoli irregolari suddivisi in moduli tetraedrici e giuntati secondo i lati inclinati. La composizione che ne risulta è fortemente irregolare ma si caratterizza per la sua somiglianza alle dune del deserto. All'interno della struttura sono presenti circa 1644 aste di diametro compreso tra 42 e 120 mm, e lunghezza compresa tra circa 600 e 2500 mm. Sono inoltre presenti nella struttura 13 cavi spiroidali a 38 fili che sostengono gli spigoli esterni dei triangoli reticolari.
La struttura che ne risulta copre un rettangolo irregolare di circa 15×35 m^2 con uno spessore medio di soli 800 mm. Il carico principale che sollecita la copertura è il forte vento del deserto, che tocca punte anche di 140 km/h.
I supporti della copertura consistono in tre torri reticolari di lato 1000 mm realizzate in tubo ø219 d'acciaio saldato. I dettagli d'attacco della struttura reticolare sono studiati per essere regolabili in altezza in modo da consentire un più agevole posizionamento della copertura. Il montaggio è stato condotto assemblando a terra le due ali della struttura reticolare, procedendo poi alla loro connessione a terra, e infine utilizzando tre gru, l'intera copertura è stata sollevata fino in quota. A questo punto sono stati messi in forza i cavi, e infine sono state sostituite alcune aste che, nel corso del sollevamento erano collassate a causa del differente sostentamento esercitato dalle tre gru. Il completamento della copertura è stato condotto con arcarecci a forma di Z e lamiere cassettate d'alluminio che hanno consentito di completare in modo planare sia l'intradosso sia l'estradosso della barriera tecnologica.

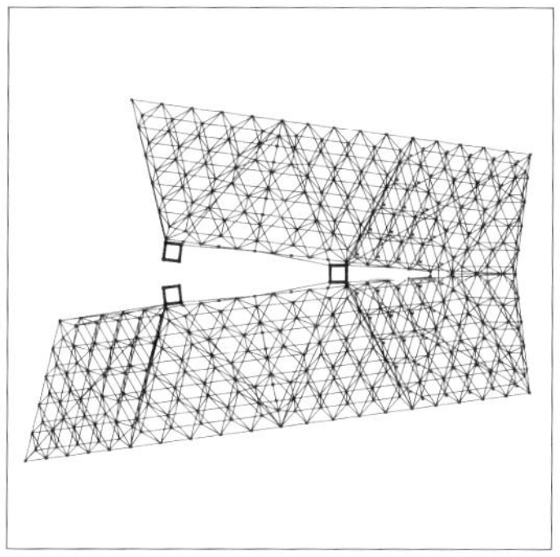
39

Asta	Frequenza
D42 T3	33.09
D60 T2	25.67
D60 T3	18.49
D60 T4	6.27
D60 T5	9.73
D80 T3	2.25
D80 T5	1.64
D90 T5	0.97
D100 T5	1.89
	%

X. Distribuzione delle aste nella struttura esaminata.

40

41

42a

42b

43. Dettaglio dell'orditura della torre reticolare e modello numerico.

44. Schema della fondazione e particolare degli appoggi alla base.

D Torre porta insegne ad Afragola, Napoli

La torre reticolare porta insegne è situata nel nuovo complesso IperCoop di Afragola, in zona periferica di Napoli. Il sistema utilizzato è ormai diventato uno standard per la realizzazione di grandi cartelloni e insegne nei centri commerciali, in quanto la visibilità di una grande torre reticolare promuove in maniera sostanziale la scelta del luogo abituale di consumo da parte degli acquirenti.

La struttura è un prisma con base triangolare equilatera di 6 m di lato e 24 m di altezza, si compone di 498 aste di lunghezza 2 e 2.82 m. Le prime realizzano i montanti e i piani orizzontali della struttura, mentre le altre ne costituiscono il sistema delle diagonali.

La struttura presenta un modesto peso ed un fortissimo momento ribaltante in conseguenza del vento di progetto, che è stato assunto in accordo alla Normativa Italiana. Si è perciò realizzato il basamento di figura 44, al quale la struttura risulta vincolata per mezzo degli attacchi illustrati schematicamente. La costruzione della torre non ha richiesto mano d'opera specializzata ed è stato possibile attaccare le insegne prima di sollevare modulo a modulo la struttura. In tal modo gli operai hanno potuto lavorare costantemente a terra, senza necessità di montare in quota gli elementi.

43a

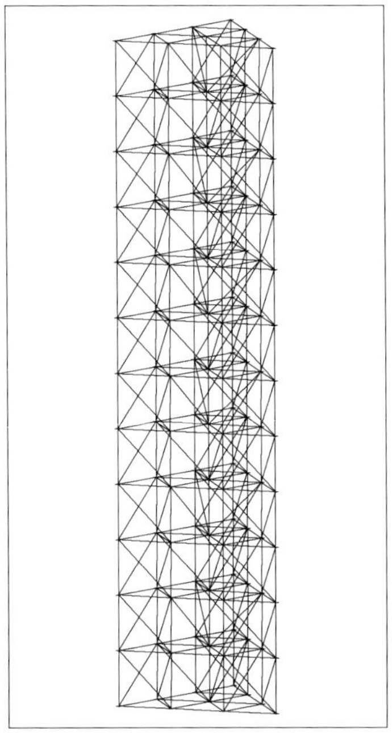

43b

Asta	Montanti	Diagonali
D42 T3	19.88	5.42
D60 T3	28.31	6.02
D60 T5	10.24	3.61
D80 T3	3.61	4.22
D80 T5	3.61	6.02
D90 T5	1.81	3.01
D100 T5	1.81	0.60
D110 T5	0.60	0.00
D120 T5	1.20	0.00
	%	%

XI. Distribuzione delle aste nella struttura esaminata.

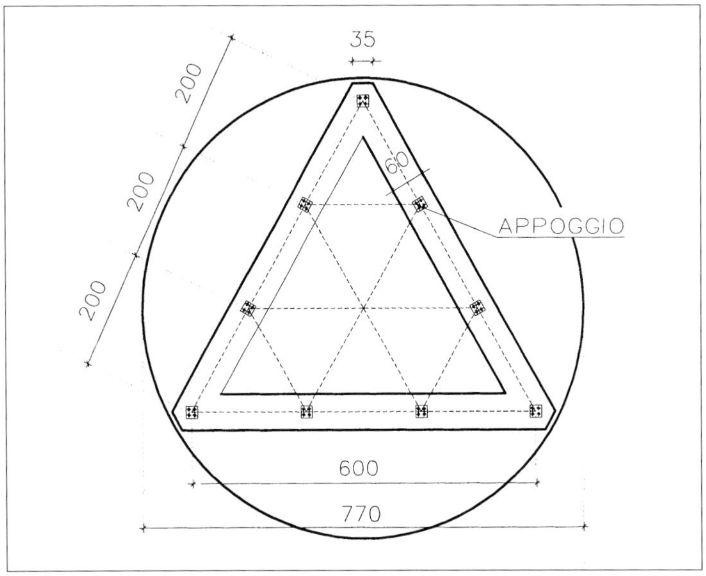

44a

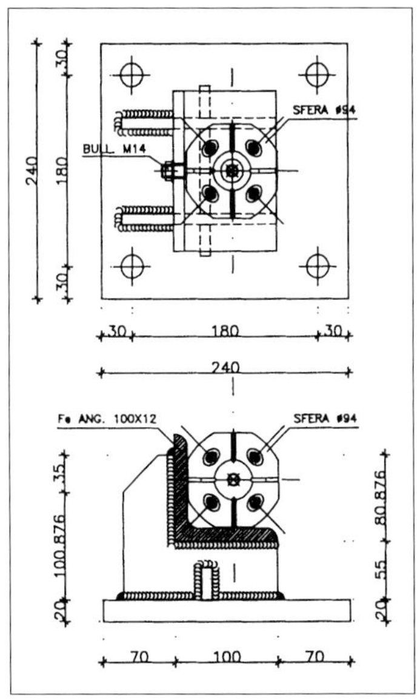

44b

Capitolo 3

COSTRUIRE IN MURATURA PORTANTE

Il progetto di una casa per anziani a Trani

Premessa

Nel campo delle costruzioni, spiegare e giustificare un ritorno, all'uso di materiali e tecniche costruttive pre-moderne non è difficile né disagevole, a patto che ci si liberi dall'ormai radicata convinzione dell'esistenza, da una parte, di materiali "efficacissimi" e di materiali di scarsa "efficacia" o "complicati", dall'altra.

In ogni caso, il tema è di grande attualità, e presenta contenuti particolarmente significativi, innescati dalle valutazioni critiche prodotte da più parti sulla progettazione degli ultimi decenni.

La semplice constatazione che negli ultimi tempi tutti (o quasi) gli edifici sono stati realizzati in calcestruzzo armato o in acciaio fa affiorare diverse perplessità. La propensione dei progettisti a scegliere, per quindi "gestire", quasi esclusivamente un tipo di materiale induce ad esempio a domandarsi fino a che punto determinate scelte progettuali e tecnologiche siano meditate e consapevoli, o quanto, piuttosto, siano il frutto di una accettazione passiva e pigra di un *template* oramai consolidato. Del resto, ammettere che tutti gli edifici, anche quelli con caratteri e destinazione particolari, come le chiese e come magari le baite, debbano essere sempre e ineluttabilmente realizzati in cemento armato o in acciaio comporta uno sforzo giustificativo sicuramente immane.

A prescindere da qualsiasi considerazione di natura concettuale, resta comunque una evidenza inconfutabile: la costruzione in acciaio o in cemento armato è utilizzata in maniera assolutamente indiscriminata.

Occorre certamente evitare la tentazione di legare tutte queste perplessità al fascino esercitato dal ritorno ai materiali dell'antichità come la pietra e il legno, e una volta superati questi aspetti emotivi, si scopre che tale riflessione costituisce invece, più concretamente, un punto di avvio per l'analisi di tematiche relative ai gravi problemi di durabilità sofferti dai materiali oggi più "suffragati". La scarsa resistenza di questi ultimi all'aggressione ambientale, forse già da sola, riesce a giustificare la ricerca di alternative in grado di garantire le più ampie garanzie a livello di durabilità.

Si spiega così il ricorso a materiali, forme e tecniche costruttive utilizzate in epoche ormai lontane, accompagnato dalla naturale osservazione su quanta dissennatezza è stata posta nel volerli spesso trascurare, fino ad abbandonarli.

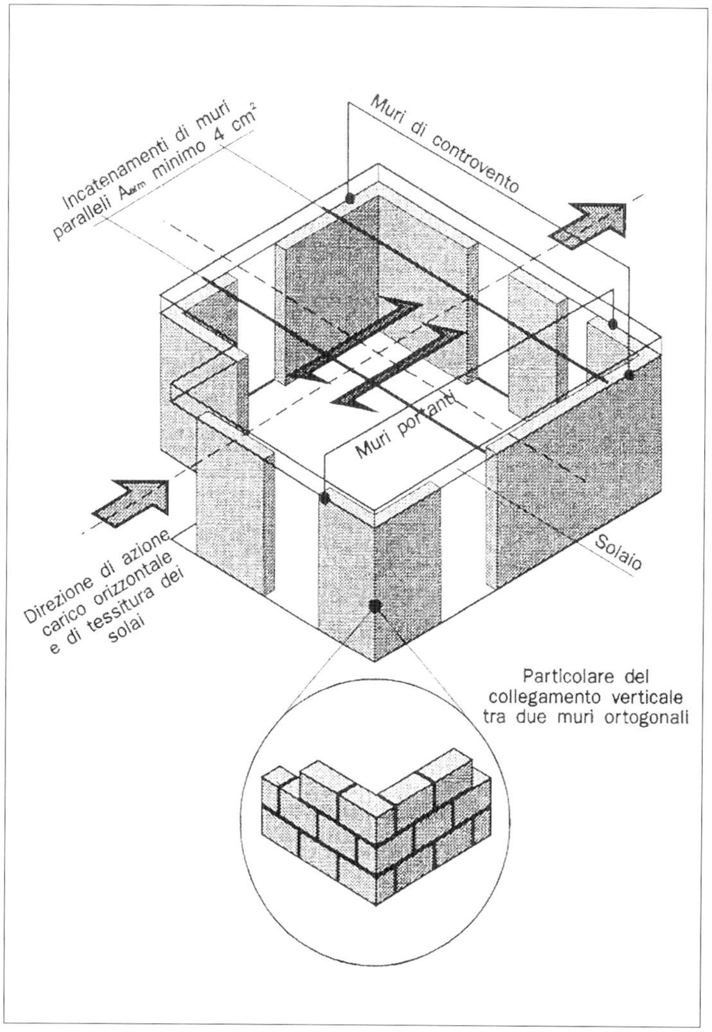

1

Oggi, in un momento in cui le esigenze di rivitalizzazione e recupero dei centri storici, con tutti i molteplici e delicati problemi che scaturiscono, sono diventate quanto mai urgenti, le tematiche progettuali rivolte al rapporto con l'architettura esistente ritrovano nella costruzione in muratura una delle indicazione più sicure e valide per un approccio "corretto" quanto ideale.

1. Concezione statica degli edifici a muratura portante.

2. Muratura ordinaria in elementi naturali ed artificiali.

3. Le regole dell'arte nella muratura storica.

L'edificio in muratura ordinaria

L'edificio in muratura ordinaria è un organismo a uno o più piani, avente struttura portante in elementi naturali (pietra) o artificiali (laterizio normale o alleggerito in pasta, calcestruzzo normale o alleggerito) collegati fra di loro e con le fondazioni, e disposti in modo tale da resistere ad azioni verticali e orizzontali.

Gli elementi sono organizzati in "sistemi" atti a garantire la risposta alle azioni applicate, individuabili in:
- muri sollecitati prevalentemente da azioni verticali (muri portanti);
- muri sollecitati prevalentemente da azioni orizzontali (muri di controvento);
- solai piani.

Ai fini di un adeguato comportamento statico dell'edificio, tutti i muri devono avere, per quanto possibile, sia la funzione portante sia di controventamento.

Viene solitamente attribuito l'aggettivo *ordinaria* a un tipo di muratura omogenea, che non presenti armature metalliche di rinforzo verticali e orizzontali. Una muratura è invece intesa *armata* quando si dota di rinforzi metallici che si considerano parte attiva ai fini della resistenza.

Va subito evidenziato come una struttura muraria, in quanto *sistema continuo*, oltre a sostenere i carichi, interviene direttamente nella definizione spaziale dell'edificio, contribuendo ad assicurarne il valore estetico. La muratura, nell'assolvere a tre funzioni diverse: la portanza statica, la distribuzione planimetrica degli spazi e l'aspetto formale, fornisce al progettista la risposta più completa. In virtù delle sue caratteristiche intrinseche, essa garantisce infatti il soddisfacimento contemporaneo dei più generali requisiti di qualità richiesti a un sistema costruttivo (durabilità, efficacia statica, contenimento dei consumi energetici).

Secondo tali considerazioni la stretta connessione esistente tra i vari aspetti della definizione dell'opera (architettonico, strutturale, impiantistico) induce a ritenere imprescindibile, specie per le costruzioni in muratura, la definizione contestuale di tutte le varie fasi progettuali. È impensabile risolvere i problemi strutturali in maniera assolutamente avulsa dal contesto in cui si opera.

La parete muraria

L'opera muraria è il risultato dell'applicazione di un insieme di regole che descrivono il modo di costruire la parete utilizzando

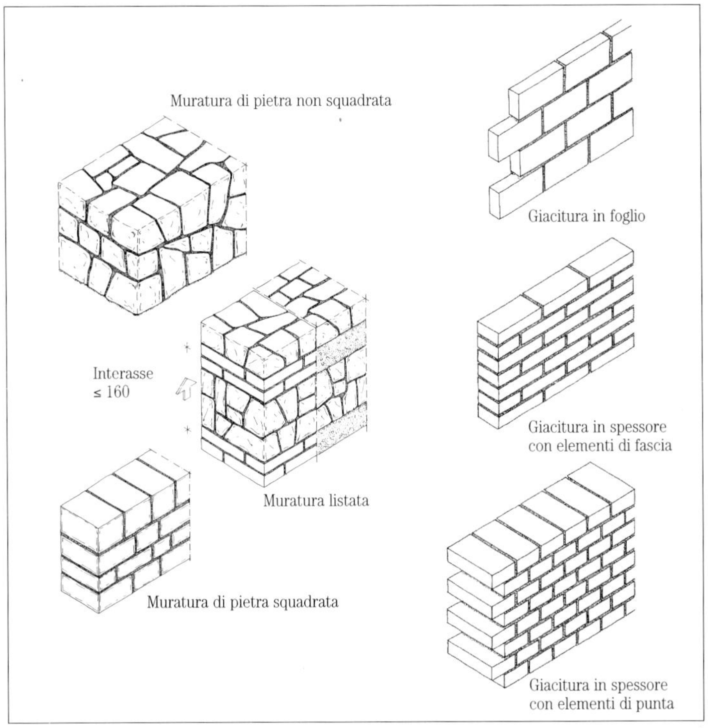

2

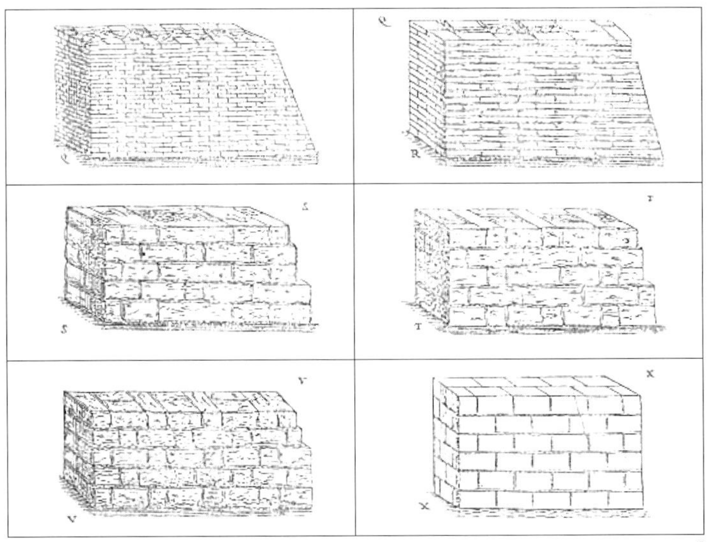

3

materiale naturale o artificiale; tali regole contengono indicazioni sull'assortimento dei materiali, sulle loro dimensioni e sui criteri di assemblaggio, e rappresentano la cultura costruttiva muraria.

L'intenzione di esaminare la "regola dell'arte" con riferimento alle moderne costruzioni, ormai validate da sofisticate teorie meccaniche, non può defilarsi dall'opportunità di ricercarne i fondamenti con la "lettura" della costruzione muraria storica, che ha formulato le sue regole per mezzo di un'attività sperimentale condotta in scala e tempi reali, e progressivamente affinatasi nel tempo. Guardare alla cultura costruttiva storica come alla somma di conoscenze ben note al maestro muratore, codificate e tramandate per via diretta e quindi sistematicamente applicate, è utile a individuare le costanti della struttura muraria e a collocarle in un quadro di riferimento generale.

Le regole dell'arte cui si rifà la cultura costruttiva muraria contengono le norme fondamentali per la corretta costruzione del muro. Tali norme trovano la più rilevante sistemazione nei trattati ottocenteschi, dal *Traité de l'art de bâtir* di Rondelet [1802] sino al *Manuale dell'Architetto* di D. Donghi [1925], opere nelle quali la tradizione costruttiva, derivata dalla cultura popolare, trova una formulazione scritta.

Per costruire un muro di buona qualità bisogna soddisfare i seguenti requisiti:

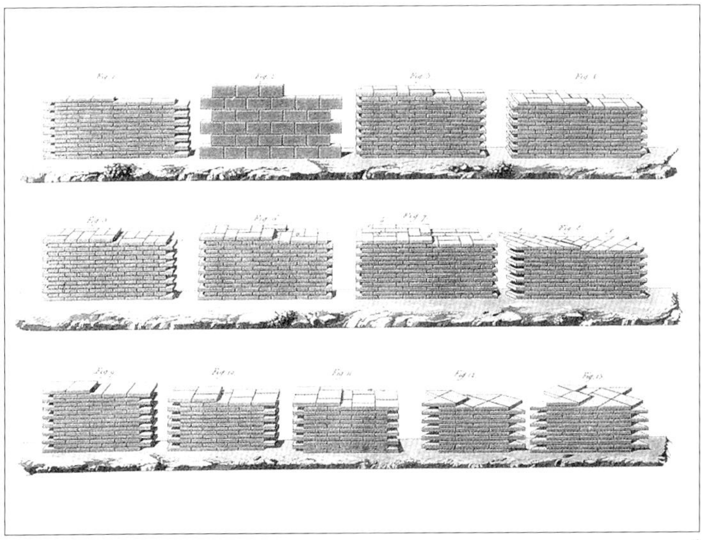

4

4. Ingranamenti trasversali.

- Realizzare l'ingranamento delle pietre attraverso lo spessore del muro usando con frequenza i *diatoni*, pietre disposte con la loro maggiore lunghezza trasversalmente al muro. La dimensione degli elementi usati per la realizzazione del muro non è indifferente, dato che la preponderanza di pietre grandi permette una accurata ammorsatura nel piano della parete, ma soprattutto nel suo spessore. È necessario infatti che la tessitura del muro sia tale che non esista alcuna divisione verticale e che il muro si presenti monolitico sia trasversalmente sia longitudinalmente.
- Circondare con la malta ogni elemento, ma senza eccesso, riempiendo con elementi più piccoli gli spazi di risulta tra i blocchi grandi. Infatti in un muro correttamente organizzato la malta ha esclusivamente la funzione di regolarizzare il contatto tra i diversi blocchi, permettendo una trasmissione uniforme delle tensioni all'interno della massa muraria. Pertanto la resistenza della parete è realizzata da una sapiente disposizione degli elementi, alla cui massima compattezza è affidata l'attivazione dei meccanismi di risposta.
- Realizzare, a intervalli di 60÷100 cm, ripianamenti del letto di posa, in modo da predisporre assise regolari, utilizzando elementi di piccola dimensione, sui quali impostare le pietre dei filari superiori. Tale prescrizione indica la necessità di garantire superfici di posa perfettamente orizzontali per ottenere una corretta trasmissione dei carichi (gravitazionali).

L'aderenza alla regola dell'arte consente al muro la corretta attivazione di meccanismi resistivi soprattutto nei confronti dei carichi verticali; diverso è il funzionamento di una parete nei confronti di carichi diretti orizzontalmente, quali quelli derivanti dall'azione del vento e, soprattutto, dall'azione sismica. In questi casi la parete è chiamata ad attivarsi, oltre che verticalmente, anche orizzontalmente, sia in senso longitudinale sia trasversale.

La risposta dell'edificio in questi casi diventa funzione, oltre che della buona qualità della tessitura muraria della singola parete, anche, e soprattutto, dell'organizzazione spaziale dell'intero complesso.

Il funzionamento che si attiva in questi casi fu evidenziato già da Rondelet, che nel suo trattato, con pochi ed efficaci disegni, individuò le modalità di collasso riscontrate più di frequente in occasione di eventi sismici. Egli, osservando i muri rimasti in piedi nell'antica Villa

5a, 5b, 5c, 5d, 5e. Meccanismi di collasso da Rondelet.

Adriana a Roma, dedusse che l'altezza che una parete isolata può avere è estremamente ridotta, e solo la presenza di muri trasversali agenti da contrafforti può consentire maggiori elevazioni. La resistenza, nel primo caso (fig. 5a), è infatti esclusivamente affidata all'azione stabilizzante fornita dai carichi verticali, i quali non sono mai così elevati da scongiurare l'azione ribaltante delle forze orizzontali.

Qualora pareti di controvento trasversali intervengano invece a irrigidire l'elemento, la possibilità di collaborazione che si instaura modifica da un lato lo schema di vincolo, mentre consente una più efficace ripartizione delle forze orizzontali. I meccanismi di collasso rispetto alle azioni orizzontali si trasformano (figg. 5c, 5d). La stabilità del singolo pannello diventa ora funzione, oltre che del suo spessore, anche della distanza degli elementi trasversali (fig. 5e).

Solo se l'organizzazione locale è gravemente fuori norma, gli effetti dell'evento sismico comportano una disgregazione completa della parete. Viceversa, nei casi in cui la tessitura è stata eseguita in maniera corretta, il collasso procede scomponendo l'edificio in grandi porzioni, e attivando cinematismi su cerniere cilindriche, conseguenti alla localizzazione delle prime lesioni: in tal modo i grandi blocchi in cui si divide la parete sembrano comportarsi come tanti "corpi rigidi", che mantengono la propria coesione anche a crollo avvenuto.

È interessante sottolineare che un meccanismo di tal tipo consente quasi sempre una sua realistica previsione, permettendo al contempo di attivare i mezzi perché venga evitato. Infatti, l'esperienza dei passati terremoti e le osservazioni dei danni da essi prodotti consentono di affermare che i muri costruiti a regola d'arte si danneggiano ribaltando, ma non disgregandosi, tanto da lasciar chiaramente intendere che se fossero stati trattenuti il collasso sarebbe stato evitato.

Questo caratteristico modo di danneggiarsi viene meno nelle murature di minor qualità costruttiva, nelle quali le fessurazioni sono distribuite su ampie porzioni di muro e la parete collassa disgregandosi in maceria minuta, piuttosto che crollare a grandi blocchi.

L'attivazione dei meccanismi resistivi per carichi orizzontali è quindi funzione non solo dell'organizzazione interna della singola parete, che deve esibire un comportamento il più possibile regolare e monolitico, ma anche, e soprattutto, dell'organizzazione complessiva dell'intero edificio, attraverso la distribuzione spa-

5a

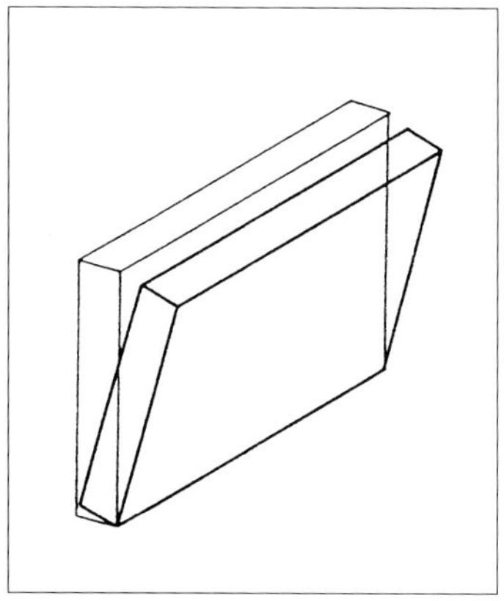
5b

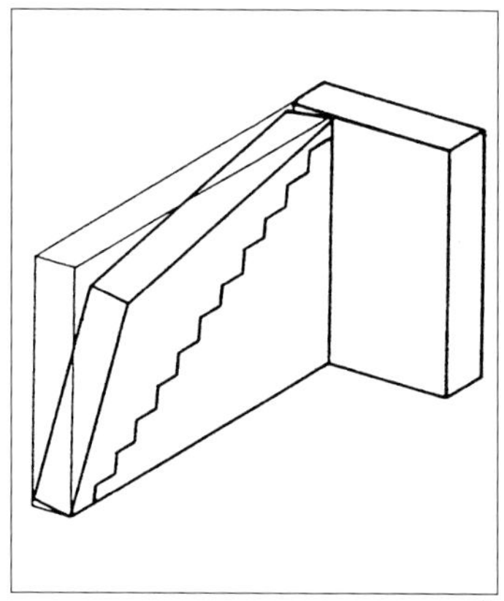
5c

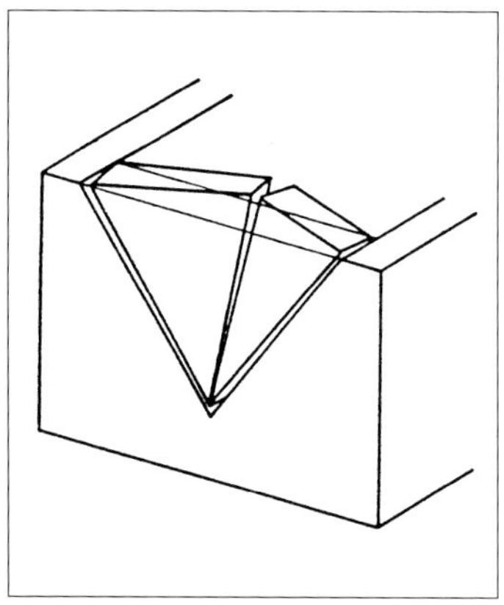
5d

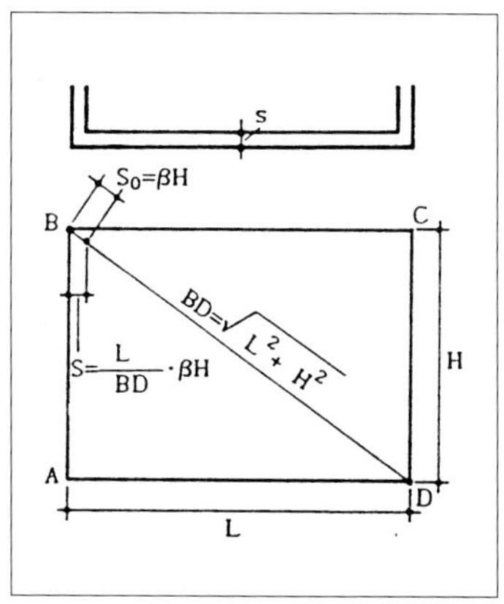

5e

6. Efficacia spaziale del funzionamento della scatola muraria.

ziale dei suoi elementi resistenti e attraverso l'efficacia delle loro mutue connessioni. È solo infatti l'efficacia del funzionamento spaziale della "scatola" muraria che permette di trattenere i grandi blocchi in cui l'edificio si dividerebbe, evitando così il collasso complessivo.

Caratteristiche meccaniche della parete muraria

In quanto materiale risultante dalla composizione di due costituenti (elementi naturali o artificiali + malta), una parete muraria esibisce delle caratteristiche meccaniche estremamente variabili sia in funzione della qualità dei suoi costituenti sia delle modalità di esecuzione. È per questi motivi che le caratteristiche di resistenza e, più in generale, il comportamento meccanico del solido murario possono essere determinati con sicurezza solo attraverso una opportuna sperimentazione.

La normativa italiana in argomento [D.M. 16/01/1996; D.M. 20/11/1987], che sarà esaminata più in dettaglio nei paragrafi successivi, prescrive a tal proposito le modalità di prova indispensabili a definire la risposta di una generica muratura, sia ai carichi verticali sia alle azioni orizzontali.

Inoltre, per solidi murari realizzati secondo le regole definite nelle stesse norme, è possibile utilizzare valori medi di resistenza, tabellati nella stessa normativa, in funzione delle caratteristiche dei materiali aggregati.

2.3. Caratteristiche meccaniche della muratura

Le due proprietà fondamentali in base alle quali si classifica una muratura sono la sua resistenza caratteristica a compressione f_k e la sua resistenza caratteristica a taglio f_{vk}.

2.3.1. Resistenza caratteristica a compressione

La resistenza caratteristica a compressione f_k di una muratura si determina per via sperimentale su campioni di muro secondo quanto indicato nell'allegato 2.

Per murature in elementi artificiali pieni e semipieni tale resistenza può anche essere valutata in funzione delle proprietà dei suoi componenti, nel caso in cui siano verificate le condizioni indicate al punto 2.3.1.1....

I tipi di malta, le classi e le resistenze medie a compressione, sono definite dalla stessa norma secondo le tabelle seguenti:

6

Tipo di malta	Resistenza
M_1	12.0 N/mm^2
M_2	8.0 N/mm^2
M_3	5.0 N/mm^2
M_4	2.5 N/mm^2

I. Resistenza media a compressione delle malte [D.M. 20/11/1987].

Resistenza caratteristica a compressione $\mathbf{f}_{bk}$ dell'elemento		Valore della $\mathbf{f}_k$ per murature in elementi naturali di pietra squadrata							
		M_1		M_2		M_3		M_4	
N/mm²	Kgf/cm²	N/mm²	Kgf/cm²	N/mm²	Kgf/cm²	N/mm²	Kgf/cm²	N/mm²	Kgf/cm²
1.5	15	1.0	10	1.0	10	1.0	10	1.0	10
3.0	30	2.2	22	2.2	22	2.2	22	2.0	20
5.0	50	3.5	35	3.4	34	3.3	33	3.0	30
7.5	75	5.0	50	4.5	45	4.1	41	3.5	35
10.0	100	6.2	62	5.3	53	4.7	47	4.1	41
15.0	150	8.2	82	6.7	67	6.0	60	5.1	51
20.0	200	9.7	97	8.0	80	7.0	70	6.1	61
30.0	300	12.0	120	10.0	100	8.6	86	7.2	72
≥ 40.0	400	14.3	143	12.0	120	10.4	104	-	-

II. Composizione e resistenza media a compressione delle malte [D.M. 20/11/1987].

Nelle tabelle II e III sono forniti i valori della resistenza caratteristica a compressione f_k e della resistenza caratteristica a taglio in assenza di carichi verticali f_{vko}. La stessa normativa prescrive le modalità con cui determinare la resistenza caratteristica a taglio anche in presenza di azioni verticali.

A fronte di tale varietà e di alcune peculiarità di comportamento delle singole tipologie murarie, è possibile individuare due proprietà di base che condizionano fortemente il comportamento della singola parete, specialmente sotto azioni orizzontali (sisma, vento, ecc.): la scarsa resistenza a trazione e la scarsa duttilità.

L'organizzazione spaziale

Il buon comportamento di un edificio in muratura è quindi legato a due fondamentali requisiti, connessi sia alla sua progettazione sia alla sua realizzazione, cioè alla buona qualità della tessitura muraria e alla funzionale organizzazione spaziale del complesso.

In particolare quest'ultimo è il concetto guida posto alla base di una corretta concezione strutturale di un edificio in muratura, in cui gli elementi devono soddisfare il requisito della cosiddetta *scatolarità*: il complesso resistente, costituito da due sistemi verticali di pareti disposti generalmente secondo due dire-

Valore della f_{vko} per murature in elementi artificiali in laterizio pieni e semipieni				
Resistenza caratteristica a compressione f_{bk} dell'elemento		Tipo di malta	f_{vko}	
N/mm²	Kgf/cm²		N/mm²	Kgf/cm²
$f_{bk} \leq 15$	$f_{bk} \leq 150$	M_1 - M_2 - M_3 - M_4	0.20	2.0
$f_{bk} > 15$	$f_{bk} > 150$	M_1 - M_2 - M_3 - M_4	0.30	3.0

Valore della f_{vko} per murature in elementi artificiali in calcestruzzo pieni e semipieni e in pietra squadrata				
Resistenza caratteristica a compressione f_{bk} dell'elemento		Tipo di malta	f_{vko}	
N/mm²	Kgf/cm²		N/mm²	Kgf/cm²
$f_{bk} \leq 3$	$f_{bk} \leq 30$	M_1 - M_2 - M_3 - M_4	0.10	1.0
$f_{bk} > 3$	$f_{bk} > 30$	M_1 - M_2 - M_3	0.20	2.0
		M_4	0.10	1.0

III. Resistenza caratteristica a compressione e taglio delle murature in elementi artificiali e naturali [D.M. 20/11/1987].

zioni mutuamente ortogonali e da un sistema di elementi orizzontali (per lo più solai piani), devono essere efficacemente connessi, in modo da dar luogo a un comportamento statico di natura scatolare, atto a resistere a sollecitazioni provenienti da qualsiasi direzione. Tale concezione strutturale fornisce al fabbricato un'ottima resistenza d'insieme, comprovata dal buon comportamento che hanno gli edifici in muratura, anche in zona sismica, se accuratamente costruiti.

Peraltro, la consapevolezza che una buona organizzazione spaziale fosse fondamentale per il buon comportamento di un edificio in muratura era già contenuta negli scritti di Leon Battista Alberti, che, nel suo *De Re Aedificatoria* (Libro III, Cap. VII) [1485], asserisce: «Oltra di questo le Cantonate per tutto lo edificio, percioché elle debbono essere oltra modo gagliardissime, si debbono fare di muraglia saldissima: conciosia certamente, che se io ne giudico bene, ciascuna Cantonata è la metà del tutto dello edificio. Però che il mancamento di una Cantonata non può succedere senza il danno di amenduoi gli lati. Et se tu consideri questo, tu troverai senza dubbio che quasi nessuno edificio è cominciato a rouinare per altro, che per il difetto delle Cantonate. Consideratamente adunque usarono gli Antichi di fare le Cantonate più grosse che le mura; e di aggiungere a esse alie più ferme ne portichi dove sono le colonne. La saldezza della Cantonata adunque, no si desidera perché ella regga la copertura (percioché questo è più tosto officio delle Colonne, che della Cantonate) ma principalmente perché le mura si mantenghino insieme a fare gli offici loro; e non si pieghino da alcuna delle bande dal filo di piombo…».

Il brano di Alberti contiene quindi alcune fondamentali considerazioni legate al ruolo delle *Cantonate*, e quindi al comportamento scatolare dell'edificio. Infatti, asserisce Alberti: «il mancamento di una Cantonata non può succedere senza il danno di amenduoi gli lati». E, inoltre, «se tu consideri questo, tu troverai senza dubbio che quasi nessuno edificio è cominciato a rouinare per altro, che per il difetto delle Cantonate». Quindi, la connessione d'angolo è l'elemento chiave nel funzionamento dell'edificio in muratura, in quanto, garantendo il collegamento spaziale degli elementi resistenti, impedisce l'attivazione di meccanismi di collasso di semplice ribaltamento fuori del piano di una parete, elevando in tal modo la capacità di resistenza dell'intero complesso: «la saldezza della Cantonata… si desidera… perché le mura si mantenghino insieme a fare gli offici loro e non si pieghino da alcuna delle bande dal filo del piombo».

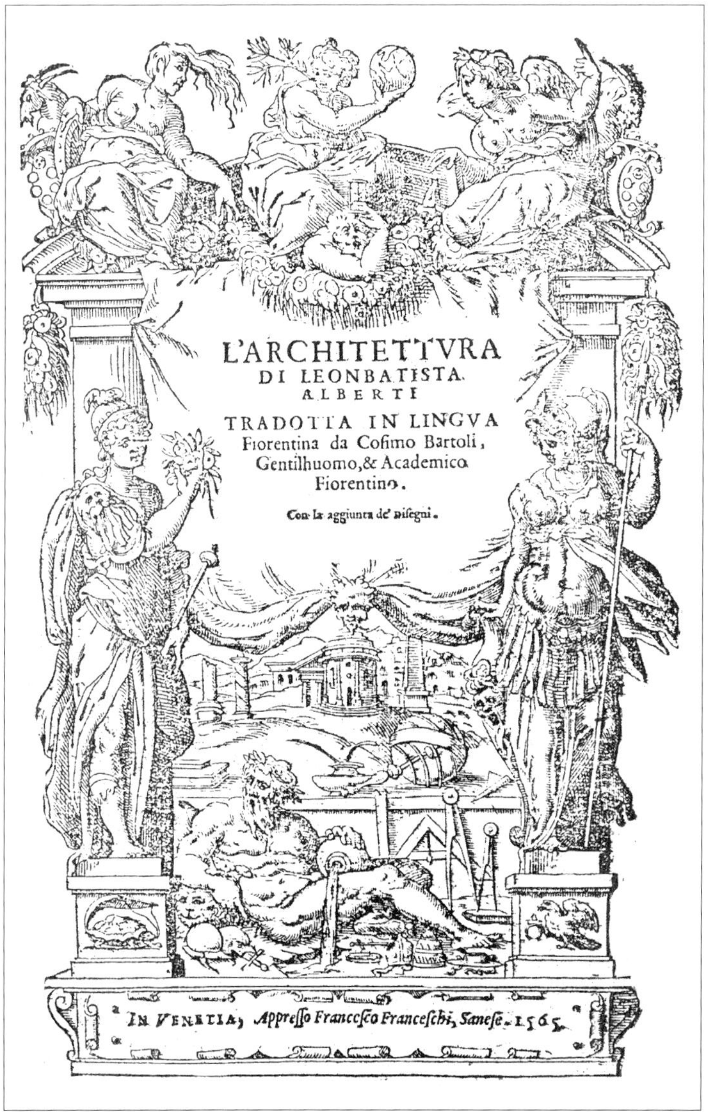

7

7. *L'Architettura* di Leon Battista Alberti.

Altra peculiarità richiesta a una corretta progettazione è la simmetria planimetrica dell'organismo: essa, se correlata all'esi-

8. Regolarità spaziale.

9. Regolarità altimetrica: (a) configurazioni sfavorevoli; (b)-(c) configurazioni consigliate.

10. *Specimen* di Eusebio Sguario.

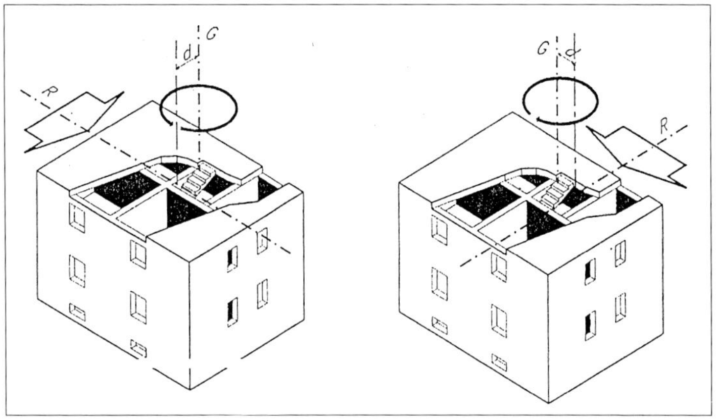

8

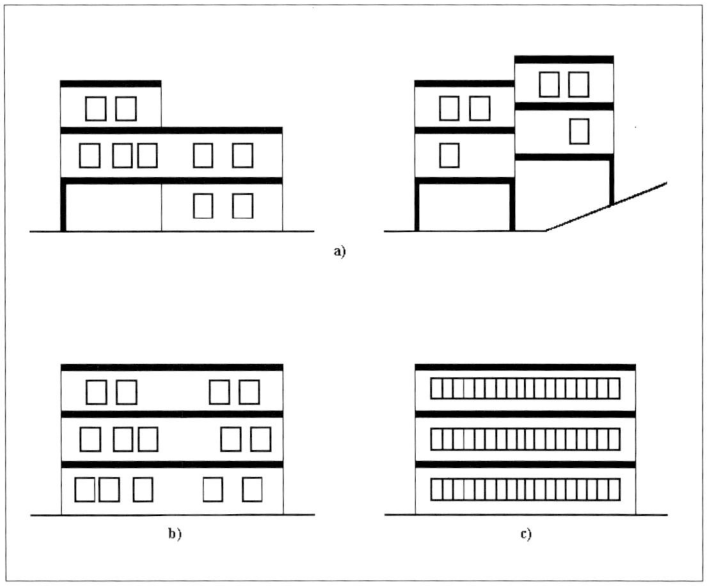

9

SPECIMEN
PHYSICO-GEOMETRICUM
DE TERRÆMOTU
AD
ARCHITECTURÆ
UTILITATEM CONCINNATUM.

VENETIIS,
MDCCLVI.
Apud Jo: Baptiſtam Recurti.
SUPERIORUM PERMISSU.

10

stenza di azioni orizzontali (sisma, vento, ecc.) conduce alla eliminazione di ogni moto torsionale del fabbricato, ottimizzando la risposta dello stesso.

Un'analoga osservazione può essere prodotta per la distribuzione altimetrica degli elementi resistenti. Questi devono garantire l'uniformità della capacità reattiva dell'edificio ai vari piani: l'interruzione di una parete a un livello inferiore è tale da indurre sollecitazioni aggiuntive sui rimanenti elementi resistenti.

Il requisito di regolarità spaziale dell'organismo era ben noto sin dall'antichità. Ad esempio, traccia di esso esiste in un opuscoletto scritto da Eusebio Sguario all'indomani del terremoto di Lisbona, *Specimen physico geometricum de terraemotu*

11. Proposta di Pirro Ligorio.

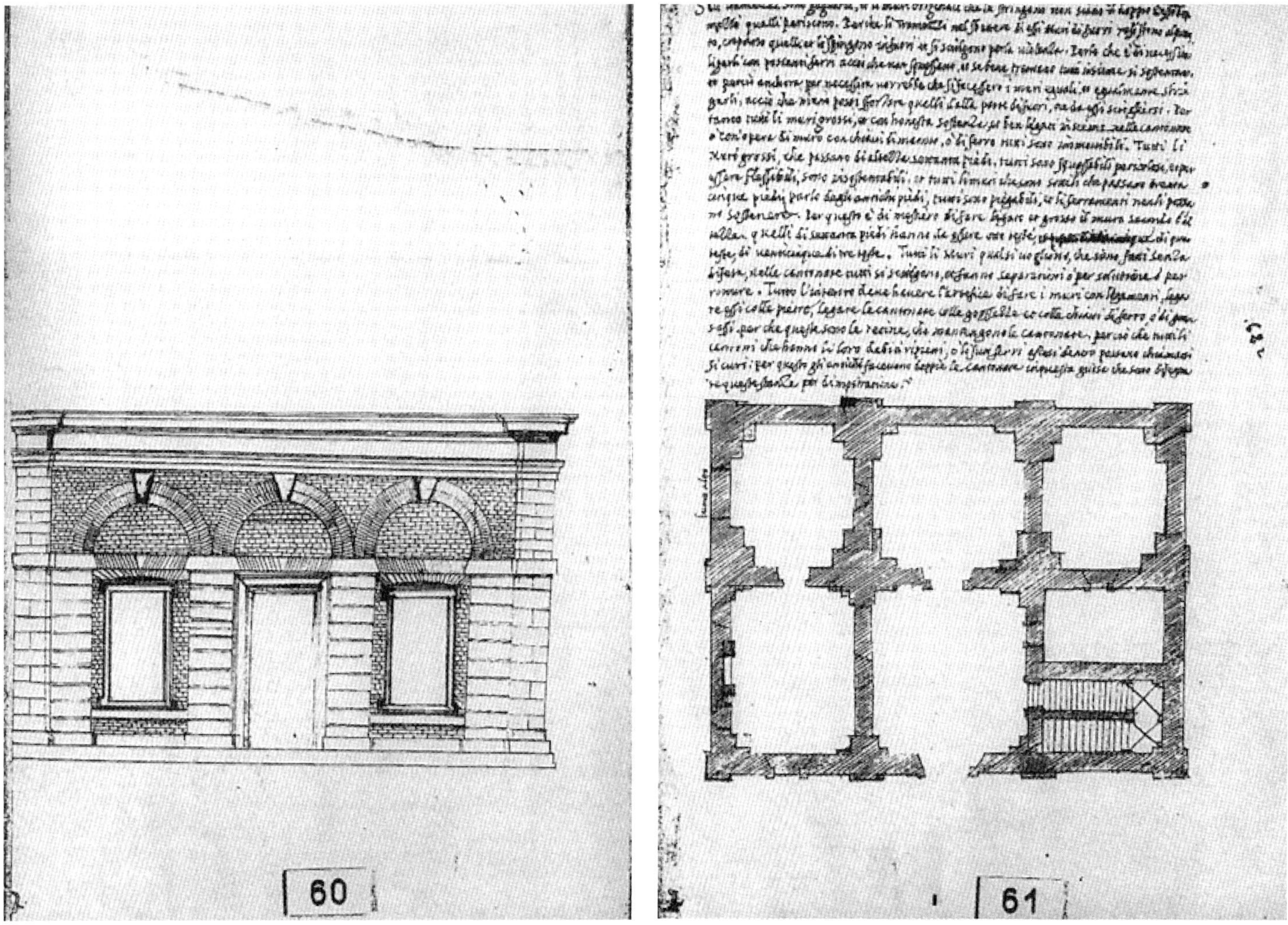

11

ad architecturae utilitatem concinnatum (Venezia 1756). In questo scritto l'Autore osserva che le due pareti di un edificio sulle quali insistono e appoggiano le travi dei solai, se cominciano a oscillare ortogonalmente al loro piano medio per effetto del sisma, si comportano come due pendoli rovesci che si muovono all'unisono solo se le stesse pareti sono perfettamente uguali per dimensioni e per disposizione, quantità e forma delle aperture; in breve, simmetriche rispetto a un piano mediano verticale. In caso contrario, ciascuna delle pareti oscilla con propria ampiezza e, conseguentemente, il loro diverso moto porta allo sfilamento delle travi dagli appoggi: di qua la rovina del fabbricato.

Analoghe osservazioni si possono ritrovare in G. Gentili *Relazione sul terremoto di Livorno del 1742*: «Vi sarebbe forse luogo di esaminare qual sia la figura delle fabbriche che più delle altre resista a queste diverse specie di impeti concussivi, perché reggano le impalcature, e le volte, senza schiantarsi quando succeda un simil disordine…».

Esempi di risposta ottimale di edifici in muratura a sviluppo regolare possono essere ritrovati nelle architetture di tutte le epoche e in tutte le culture: dalla pagoda del tempio di Sung Yueh (Hunan, Cina), costruita nel 523 d.C., uno dei pochi edifici in mattoni sopravvissuti, grazie a una configurazione particolarmente regolare, in un'area di intensa attività sismica, alla proposta progettuale di Pirro Ligorio per una casa antisismica, contenuta nel manoscritto *Delli rimedi contra terremoti per la sicurezza degli edifici* (XVI sec.). O ancora dalla casa antisismica di Francesco Ruffolo, di forma asteroidale, per impedirne il ribaltamento in caso di terremoto, proposta come studio in seguito al terremoto di Messina del 1908, sino alle morfologie ideali proposte nel 1780 da padre Cristoforo Sarti nel suo *Saggio di congietture suli terremoti*.

Per sottolineare l'importanza dei requisiti di scatolarità e regolarità spaziale, anche alla luce dei più recenti studi in tema di ingegneria antisismica, è opportuno ricordare alcuni concetti legati alla risposta di un edificio murario in relazione alla natura delle sollecitazioni indotte da un terremoto. Queste sono conseguenza di un fenomeno dinamico molto complesso, correlato sia al moto del terreno durante il sisma, sia alle caratteristiche di risposta dell'organismo colpito da tale evento. L'entità delle sollecitazioni, infatti, a parità di intensità, e cioè a parità di accelerazione misurata al suolo, varia in funzione delle caratteristiche proprie dell'edificio (rigidezza, smorzamento, livelli di soglia nella risposta degli elementi, ecc.), caratteristiche che spesso cambiano anche durante l'evento sismico stesso in seguito ai fenomeni fessurativi che si manifestano sugli elementi. Tali caratteristiche, infatti, hanno la capacità, più o meno accentuata, di amplificare l'input in funzione sia del periodo proprio dell'edificio, sia delle sue capacità di smorzamento. In generale, e semplificando, si può affermare che un periodo proprio e uno smorzamento bassi portano a forti amplificazioni nelle accelerazioni trasmesse dal terreno.

Gli edifici in muratura, solitamente tozzi e a elevata rigidezza traslazionale, esibiscono valori del periodo proprio così bassi da esaltare fortemente l'input sismico.

Tale effetto si legge molto chiaramente se si osserva l'andamento dello spettro di risposta sismico (fig. 14) riferito a un determinato sito. Infatti il periodo proprio di una struttura muraria integra solitamente non eccede, anche nel caso di edifici multipiano relativamente snelli, il valore 0.4 s e pertanto si pone in corrispondenza dei massimi livelli di amplificazione generati dal moto del terreno; cosicché le accelerazioni, e in definitiva le forze di inerzia che sollecitano la struttura, raggiungono livelli ragguardevoli. Questo fenomeno è però attenuato in quanto, con il progredire dell'evento sismico, la struttura inevitabilmente subisce dei fenomeni lesivi che, aumentando la deformabilità del complesso, portano il suddetto periodo proprio verso valori via via più elevati. Contemporaneamente, la nascita del quadro fessurativo contribuisce a elevare i già alti livelli di smorzamento propri del complesso murario, riducendo ulteriormente le sollecitazioni. In buona sostanza, è come se l'edificio in muratura, malgrado la presunta limitata duttilità posseduta dai singoli componenti, durante l'evento sismico si adattasse alle sollecitazioni trasmesse, accompagnando il moto del terreno e limitando i suoi effetti catastrofici.

È d'altra parte chiaro che tale fenomeno di adattamento è bruscamente interrotto dai fenomeni di rottura fragile improvvisa, contro i quali occorre garantirsi per riuscire ad accompagnare il sisma sino al suo termine.

È quindi l'enfatizzazione di tale capacità di adattamento, la quale poggia essenzialmente sui due concetti di scatolarità e di regolarità spaziale, che contribuisce a far sì che un edificio murario correttamente progettato e costruito, resista in maniera altamente affidabile alle sollecitazioni sismiche.

L'attuale quadro normativo

Il quadro normativo che attualmente si presenta al progettista è abbastanza articolato. Esso è costituito da documenti che a volte si intrecciano in maniera confusa e spesso contraddittoria.

Tralasciando la normativa europea sull'argomento (Eurocodice 6, per gli edifici in muratura, Eurocodice 8 per le zone sismiche), i

12. Pagoda di Sung Yueh.

13. Casa antisismica di Francesco Ruffolo.

12

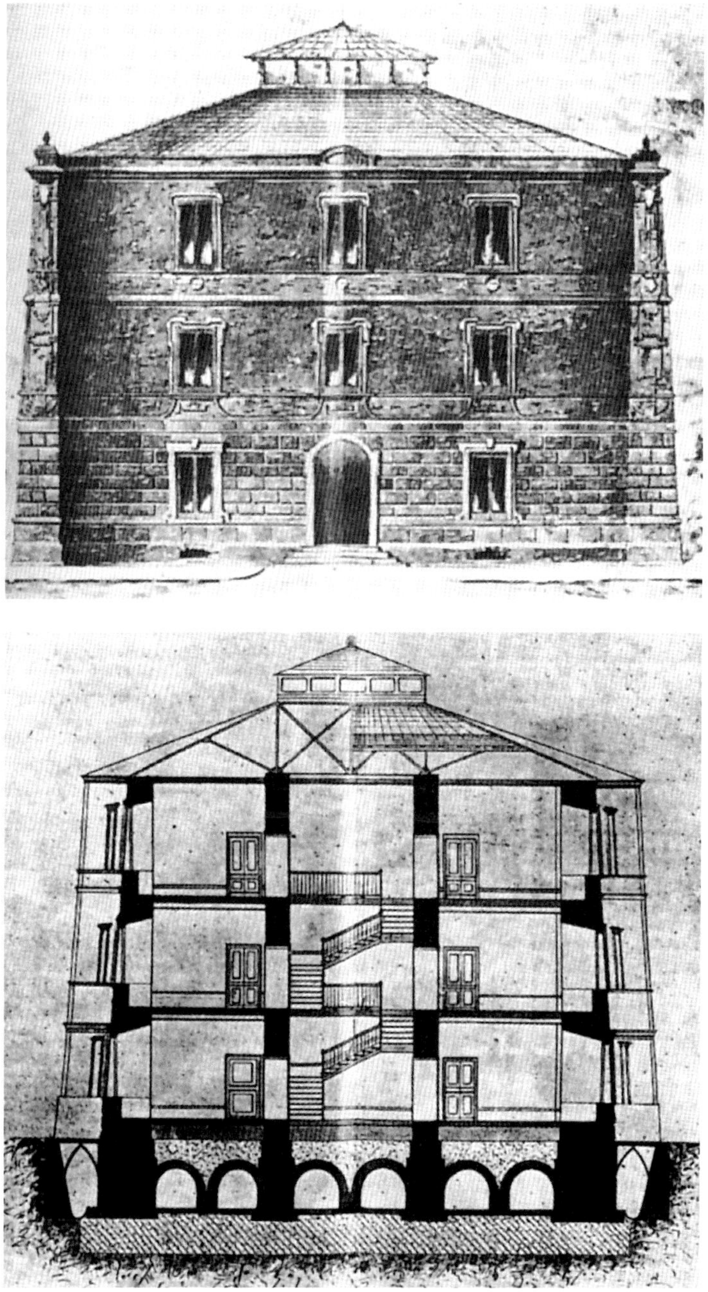

13

14. Spettri di risposta.

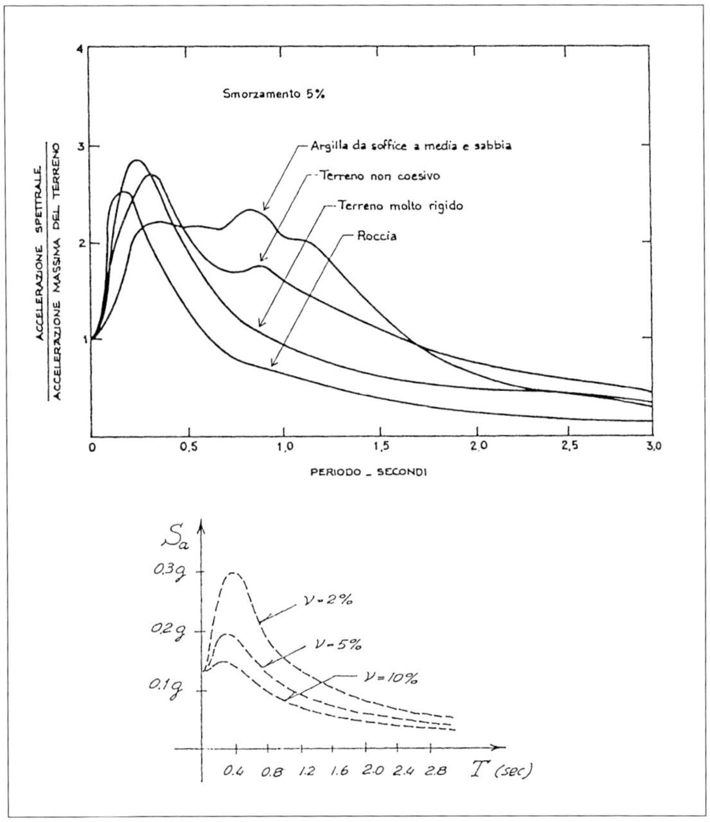

14

documenti attualmente in vigore sull'argomento, emanati dal Ministero dei Lavori Pubblici, comprendono Leggi quadro e Decreti attuativi.

Leggi quadro:

- L. 05/11/1971 n. 1086: *Norme per la disciplina delle opere in conglomerato cementizio armato, normale e precompresso e a struttura metallica*;
- L. 02/02/1974 n. 64: *Provvedimenti per le costruzioni con particolari prescrizioni per le zone sismiche.*

Decreti attuativi:

per gli edifici in muratura siti in zone non sismiche:

- Decreto Ministeriale 20/11/87: *Norme tecniche per la progettazione, esecuzione e collaudo degli edifici in muratura e per il loro consolidamento*;
- Ministero LL.PP., Circolare del Servizio Tecnico Centrale: *Istruzioni per l'applicazione delle Norme tecniche per la progettazione, esecuzione e collaudo degli edifici in muratura e per il loro consolidamento*;

per le zone sismiche:

- Decreto Ministeriale 16.01.96: *Norme tecniche per le costruzioni in zone sismiche*;
- Ministero LL.PP., Circolare del Servizio Tecnico Centrale: *Istruzioni per l'applicazione delle Norme Tecniche per le costruzioni in zone sismiche.*

I documenti ministeriali distinguono, quindi, la progettazione di edifici in muratura siti in zone non sismiche da quella relativa a edifici in zona sismica. Tale divisione, però, non è proprio netta, in quanto il Decreto del 1996 richiama spesso la normativa dell'87, tentando una completa armonizzazione: «Gli edifici in muratura debbono essere realizzati nel rispetto del Decreto Ministeriale 20 novembre 1987, Norme tecniche per la progettazione, esecuzione e collaudo degli edifici in muratura e per il loro consolidamento, ed eventuali sue successive modifiche e integrazioni, ove non in contrasto con le presenti norme...» (punto C.5.1).

Purtroppo l'armonizzazione tra i due documenti non è perfetta, in quanto le prescrizioni contenute in uno spesso mal si conciliano con quelle contenute nell'altro. Tale situazione porta ovviamente a confusioni ed errate interpretazioni del dettato legislativo, con particolare disagio nei punti cruciali, allorché si valuta il livello di sicurezza raggiunto da una fabbrica.

Comunque, al di là di ogni considerazione critica sull'argomento, è da sottolineare lo sforzo attualmente in atto, a livello ministeriale, per costruire anche per gli edifici in muratura (come è già avvenuto per altre tipologie strutturali) un corpus normativo in linea con quanto il dibattito scientifico sull'argomento sta producendo a livello nazionale, ma, soprattutto, a livello europeo. È infatti da rimarcare, ad esempio, che il Decreto 16/01/96 introduce per la prima volta l'edificio in muratura in zona sismica in maniera dettagliata sia a livello progettuale, sia di verifica numerica puntuale. Tanto a sottolineare l'importanza che il tema in esame sta assumendo nel dibattito scientifico odierno.

In quanto segue si proporrà un'analisi del dettato normativo con particolare riferimento alle costruzioni murarie site in zone sismiche, sia perché spesso le operazioni di verifica per edifici in siti non sismici possono essere condotte in maniera analoga, sia perché l'esempio progettuale che sarà proposto nella seconda parte del capitolo si colloca in un comune della Puglia, di media sismicità.

La normativa sismica: il D.M. 16/01/96

Un'analisi di dettaglio di quanto previsto dalla Norma attualmente vigente in tema di edifici in muratura in zona sismica è estremamente complessa per i motivi cui si è accennato in precedenza.

Nondimeno, un esame ragionato della norma, almeno nei suoi punti essenziali, può contribuire a comprendere la filosofia di base e a fornire una traccia al progettista nella definizione delle principali operazioni di verifica da compiere.

Diversi sono i punti che nel Decreto si riferiscono agli edifici in muratura ordinaria. Infatti, oltre alle *Disposizioni generali* (lettera A) e ai *Criteri generali di progettazione* (lettera B), nelle parti che specificamente riguardano l'argomento, la muratura ordinaria è trattata per esteso alla lettera C *Edifici*. Più in particolare, mentre i punti C.1, C.2, C.3 e C.4 forniscono norme dimensionali sulle altezze (in funzione del sistema costruttivo impiegato e della larghezza stradale) e sulle distanze tra edifici contigui, il punto C.5 è direttamente correlato agli edifici in muratura portante: esso, ai paragrafi C.5.1 e C.5.2, fornisce le norme specifiche per l'argomento in parola.

Insieme al Decreto attuativo, il Ministero ha emanato una Circolare esplicativa, nella quale sono contenute tutte le disposizioni di dettaglio utili a chiarire e a rendere operativa in maniera inequivoca la legge.

Ai fini costruttivi i sistemi in muratura portante oggi ammessi sono:
- muratura ordinaria;
- muratura armata;
- sistemi edilizi a pannelli portanti in muratura;
- strutture miste.

In relazione al sistema costruttivo adoperato, le scelte relative alla configurazione dell'edificio (altezza, configurazione in pianta, distanza mutua) variano: esse sono indicate ai punti C.1, C.2, C.3 e C.4.

Varia inoltre la modalità di dimensionamento e di verifica imposta dalla norma. Un criterio generale seguito dalla normativa è che più è regolare l'edificio, più è semplice il procedimento di verifica strutturale richiesto. Ciò è perfettamente in linea con i criteri progettuali evidenziati in precedenza, che assegnano alla semplicità strutturale un ruolo cruciale nella valutazione dell'efficacia statica di un edificio.

A questo proposito è da evidenziare come la norma inscrisca le prescrizioni in due paragrafi distinti (punti C.5.1 e C.5.2), separando chiaramente le *Regole generali* dalle indicazioni specifiche per gli *Edifici in muratura ordinaria*. Tale separazione, oltre che per ovvi motivi di chiarezza, è dettata anche dalla necessità di dividere le prescrizioni il cui soddisfacimento è inderogabile (regole contenute al punto C.5.1), da quelle il cui mancato rispetto comporta la necessità di una verifica numerica più puntuale. Questa seconda possibilità, fortemente innovativa rispetto al dettato della norma precedente, allinea gli edifici a struttura muraria agli altri sistemi costruttivi (cemento armato, acciaio, ecc.), per i quali la compatibilità normativa è comprovata attraverso procedimenti numerici di verifica.

Regole generali (punto C.5.1)

Rammentando che le regole contenute nel punto in esame riguardano tutti gli edifici in muratura portante, è opportuno sottolineare che, preliminarmente e conformemente a quanto stabilito dall'art. 3, 1° comma della Legge 02/02/74 n. 64, è fatto obbligo di osservare le norme generali concernenti la sicurezza delle costruzioni, contenute nei vari Decreti riguardanti tale materia.

Tra gli altri, come già evidenziato in precedenza, è fatto richiamo preciso alla normativa riportata nel D.M. 20/11/1987, specifico per gli edifici in muratura.

Passando a un esame più specifico delle prescrizioni contenute in questo punto, esse riguardano:
- *Controlli sui materiali e certificazione*. Vanno effettuati sia all'origine, sia in cantiere. In particolare è obbligo del direttore dei lavori controllare che ciascuna fornitura sia accompagnata dal certificato d'origine.
- *Caratteristiche geometriche degli elementi*. Gli elementi possono essere naturali o artificiali. In particolare questi ultimi devono appartenere esclusivamente alla tipologia degli elementi *pieni* o *semipieni*: in tal modo la norma, imponendo una percentuale massima nella foratura pari al 45%, impedisce l'utilizzo degli elementi *forati*.

- *Resistenza minima per mattoni o blocchi*. Tale requisito è prescritto sia nella direzione dei carichi verticali, sia in direzione ortogonale e nel piano della muratura.
- *Orizzontamenti*. È vietato l'utilizzo di strutture spingenti; ne è ammessa l'utilizzazione solo a patto di eliminare la spinta attraverso l'impiego di tiranti o cerchiature. Inoltre le strutture orizzontali devono essere così rigide nel loro piano da consentire la ripartizione delle azioni orizzontali tra i muri maestri.
- *Cordoli di piano*. L'efficacia del collegamento tra tutti gli elementi resistenti, verticali e orizzontali, deve essere garantita dall'esistenza di appositi cordoli di piano realizzati in c.a., di larghezza pari a quella della muratura sottostante, eventualmente al netto di 6 cm dal filo esterno. I cordoli devono essere a spessore solaio (min 15 cm), opportunamente armati (min 4 ϕ 16; staffe ϕ 6/25"). Sono prescritti anche opportuni collegamenti tra travi metalliche o travetti prefabbricati e cordoli di piano.
- *Configurazioni d'angolo*. È fatto obbligo realizzare "risvolti" in muratura di lunghezza pari ad almeno 1 m, in corrispondenza degli incroci d'angolo dei muri maestri perimetrali (i *Cantonali* di Alberti).
- *Muri in calcestruzzo armato*. Possono essere realizzati in corrispondenza del piano interrato o seminterrato.

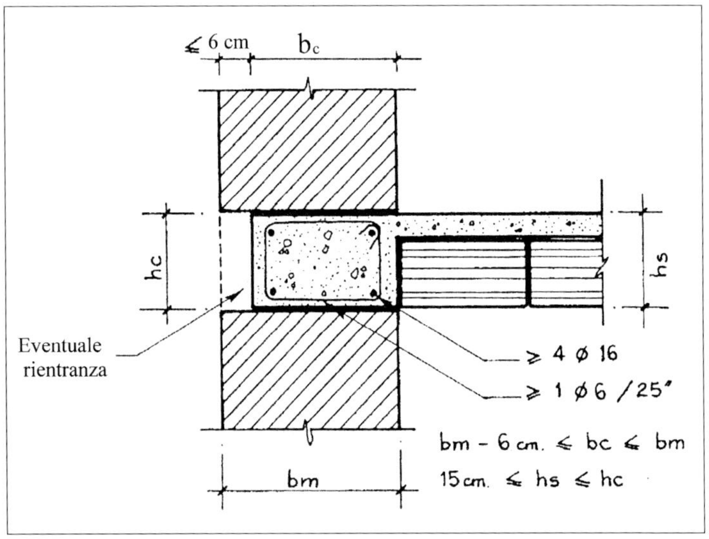

15

Regole specifiche per gli edifici in muratura ordinaria (punto C.5.2)

Preliminarmente è da osservare che le Istruzioni contenute nella Circolare Ministeriale sottolineano l'introduzione nell'attuale Decreto di alcune modifiche, concettualmente importanti, che consentono un'ampia libertà progettuale nella realizzazione degli edifici in muratura ordinaria. Infatti, fermo restando il rispetto dei principi e delle regole generali contenute nel precedente punto C.5.1, possono adottarsi per la verifica sismica dell'edificio gli stessi criteri di calcolo previsti al punto C.9.5 per l'adeguamento degli edifici esistenti. In tal caso non è necessario tener conto delle prescrizioni morfologiche e costruttive indicate nel punto C.5.2, che invece devono essere applicate quando si esegua il procedimento di verifica semplificato.
- *Configurazione di pianta*. Deve essere il più possibile compatta e simmetrica rispetto ai due assi ortogonali; se rettangolare, deve avere un rapporto tra i due lati almeno pari a 1/3.
- *Interasse tra i muri maestri*. Non superiore a 7 m.
- *Architravi*. Al di sopra di porte e finestre ed efficacemente ammorsati.
- *Fondazioni*. È possibile realizzare le fondazioni con muratura ordinaria, purché sul piano di spiccato venga disposto un cordolo in c.a. di dimensioni e armatura conformi a quanto prescritto al punto C.5.1. Se si realizzano le fondazioni con muratura, queste devono presentare un aumento di spessore almeno pari a 20 cm.
- *Limitazioni di altezza di vano*. La massima distanza tra lo spiccato delle fondazioni e l'intradosso del primo solaio è 5 m. Inoltre la massima snellezza ammessa per i setti è 12 (la snellezza è definita al punto 2.2.1.3 del D.M. 20/11/87).
- *Caratteristiche della malta*. (Cfr. paragrafo sulle caratteristiche meccaniche della parete muraria) Occorre utilizzare malta cementizia; se si utilizzano le malte M1 o M2, definite nel D.M. 20/11/87, la loro composizione volumetrica deve essere conforme alle seguenti quantità: malta M1 – 1 parte di cemento e 3 di sabbia; malta M2 – 1 parte di cemento, 0.5 parti di calce idraulica e 4 di sabbia.
- *Muratura listata*. Per gli edifici con non più di due piani fuori terra è ammesso l'uso di muratura listata con l'impiego di malta cementizia. La listatura deve essere realizzata mediante fasce di conglomerato semplice o armato, oppure mediante ricorsi orizzontali costituiti da almeno tre corsi in laterizio pieno, posti a interasse non superiore a 1.6 m ed estesi a tutta la lunghezza e a tutto lo spessore del muro. Gli spessori dei muri devono essere non inferiori a quelli indicati nella seguente tabella:

16. Limitazione altezza di vano.

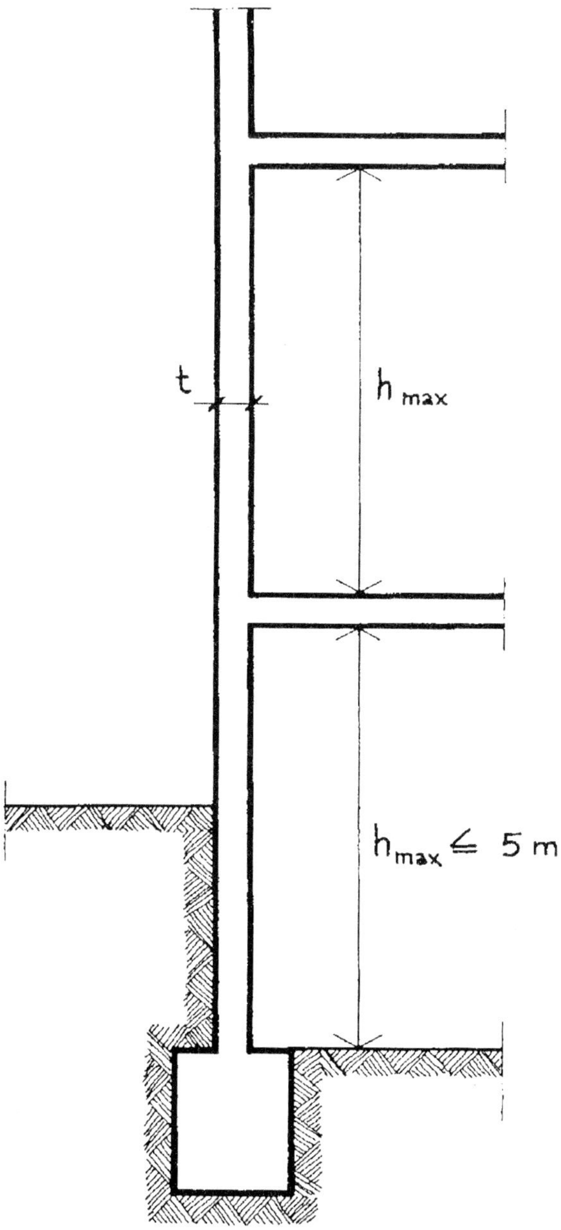

16

Spessore dei muri in pietrame listato			
	S=6	S=9	S=12
Piano secondo	40	40	50
Piano primo	40	40	65
Piano cantinato	55	55	80

IV.

- *Spessore minimo delle murature.* 24 cm, al netto dell'intonaco.
- *Aperture nei muri e individuazione degli elementi resistenti.* Devono essere verticalmente allineate; in alternativa, ai fini della valutazione dell'area resistente, si prendono in considerazione per la verifica del generico piano esclusivamente le porzioni di muro che presentano continuità verticale dal piano oggetto di verifica fino alle fondazioni; non sono da prendere in considerazione, ai fini del calcolo della percentuale di muratura resistente, i muri aventi rapporto altezza/lunghezza superiore a 3.
- *Verifica dell'area della sezione di muratura resistente.* Nel caso in cui l'edificio sia conforme a tutte le prescrizioni indicate ai punti C.5.1 e C.5.2, la verifica sismica può essere omessa. In tal caso è però necessario effettuare alcune verifiche sostitutive. La prima riguarda la quantità di elementi resistenti presenti nell'organismo strutturale secondo le due direzioni orizzontali in grado di resistere all'azione sismica. In particolare la normativa prescrive che nel caso di murature realizzate mediante blocchi artificiali semipieni, ovvero in pietra naturale squadrata con elementi di resistenza caratteristica a compressione non inferiore a 3 N/mm^2, l'area della sezione di muratura resistente alle azioni orizzontali, espressa come percentuale della superficie totale dell'edificio, e valutata al netto delle aperture, non deve essere inferiore, per ciascun piano di verifica, ai valori di cui alle tabelle V e VI, in funzione della sismicità della zona. Dette percentuali devono essere rispettate in entrambe le direzioni principali. Nel caso di murature realizzate mediante blocchi artificiali pieni, l'area suddetta non deve essere inferiore per ciascun piano di verifica, alle percentuali che si ottengono dalle tabelle V e VI, dividendo ciascuna percentuale per 1.25.

Area resistente ai vari piani (%) – zone con S = 12				
	Piano I	Piano II	Piano III	Piano IV
Edifici a 1 piano	6	-	-	-
Edifici a 2 piani	6	6	-	-
Edifici a 3 piani	7	6	6	-
Edifici a 4 piani	7	7	6	6

V.

Area resistente ai vari piani (%) – zone con S = 9 oppure con S = 6					
	Piano I	Piano II	Piano III	Piano IV	Piano V
Edifici a 1 piano	5	-	-	-	-
Edifici a 2 piani	5	5	-	-	-
Edifici a 3 piani	6	5	5	-	-
Edifici a 4 piani	6	6	5	5	-
Edifici a 5 piani	7	7	6	6	5

VI.

Nel caso di murature realizzate in pietra naturale squadrata, costituita da elementi di resistenza caratteristica inferiore a 3 N/mm^2, l'area suddetta deve essere adeguatamente incrementata sulla base di motivate valutazioni e comunque non deve essere inferiore, per ciascun piano di verifica, alle percentuali che si ottengono dalle tabelle V e VI, moltiplicando ciascuna percentuale per il rapporto $3/f_{bk}$ ove f_{bk} è il valore della resistenza caratteristica degli elementi in N/mm^2.

- *Verifica tensionale media.* Il procedimento semplificato prevede anche la verifica:

$$\sigma = \frac{N}{0.50A} \leq \bar{\sigma}_m$$

con: N = carico verticale totale relativo al piano in esame;
A = area totale, al netto delle aperture, dei muri resistenti al piano in esame;
$\bar{\sigma}_m$ = tensione base ammissibile della muratura.

Tale verifica deve essere effettuata, di regola, per i muri del piano più basso dell'edificio e di ogni altro piano per cui lo spessore di qualche muro risulti inferiore o risulti superiore l'incidenza delle aperture.

- *Ulteriori verifiche.* Prescritte, come è ovvio, anche in funzione di tutte le altre normative interessate (carichi verticali, vento, fondazioni, ecc.).

- *Edifici che non rispettano tutte le prescrizioni presenti.* Se un edificio non è conforme a qualcuna o a tutte le prescrizioni indicate al punto C.5.2, fermo restando il rispetto dei principi e regole generali contenuti al punto C.5.1, esso può comunque essere considerato a norma, purché sia sottoposto a verifica sismica con gli stessi criteri di calcolo previsti dal punto C.9.5 per l'adeguamento degli edifici esistenti.

Schema strutturale

Una corretta verifica della capacità portante di un edificio in muratura ordinaria soggetto ad azione sismica deve basarsi sulla comprensione del suo funzionamento meccanico. Questa non può che derivare dall'analisi dei danni provocati da passati eventi sismici su edifici esistenti e da indagini sperimentali.

L'esame dei risultati ha mostrato che il comportamento della

17. Resistenza per azioni nel piano e fuori del piano.

18. Modalità di crisi della parete.

generica parete sottoposta a carico orizzontale dipende dai seguenti fattori: posizione nel sistema strutturale, geometria (rapporto altezza/lunghezza), rapporto tra carico verticale e orizzontale, proprietà meccaniche della tessitura muraria e dei materiali.

Semplificando, e ipotizzando che il terremoto abbia una direzione principale d'azione, il comportamento dell'elemento resistente è da valutarsi in maniera diversa a seconda che esso sia disposto in direzione perpendicolare o parallela all'azione sismica.

Infatti una parete isolata, soggetta a forze ortogonali al suo piano medio, ha una resistenza a queste ultime molto limitata. Essa contrasta gli effetti ribaltanti grazie all'azione stabilizzante dei carichi verticali, azione solitamente insufficiente a scongiurare il collasso fuori del piano.

Viceversa, quando il maschio murario è investito da azioni contenute nel suo piano medio, esibisce una resistenza estremamente più elevata, attivando meccanismi di collasso che variano a seconda dei parametri geometrici e meccanici in gioco.

Tipiche modalità di crisi in questo caso sono:

- rottura per taglio-scorrimento, caratterizzata da dislocazione orizzontale della parete in corrispondenza dei giunti di malta, attivata per un basso livello del carico verticale:

$$T_s = \frac{(1.5c + \mu\sigma_0)\cdot A}{1 + \dfrac{3\,cH_0}{\sigma_0 B}}$$

- rottura per fessurazione diagonale, associata a un valore elevato della tensione principale di trazione, che, raggiungendo la resistenza della muratura, innesca la rottura nella direzione delle isostatiche di compressione:

$$\overline{T}_u = A\, f_{Vd0}\sqrt{1 + \frac{\sigma_0}{1.5\, f_{Vd0}}}$$

- rottura per flessione (ribaltamento nel piano), caratterizzata dal raggiungimento della tensione di plasticizzazione nelle fibre più compresse della sezione di base della parete:

$$T_R = \frac{N \cdot B}{2\,H_0}\left(1 - \frac{N}{0.85\, f_d\, A}\right)$$

A causa della differente resistenza (e rigidezza) dell'elemento portante nelle due condizioni descritte in precedenza, il comportamento dell'edificio è modellato considerando opportunamente la collaborazione tra i due ordini di elementi resistenti, ortogonali e paralleli all'azione sismica.

Infatti negli edifici murari di nuova realizzazione una corretta progettazione consente di fare affidamento sul comportamento scatolare del fabbricato e quindi garantisce una buona collaborazione tra i due ordini di pareti portanti, grazie all'esistenza di diaframmi di piano. Questi, saldamente solidarizzati ai maschi murari attraverso cordoli in c.a. che assicurano l'azione di cerchiaggio e di incatenamento, ripartiscono efficacemente le forze orizzontali che investono l'edificio tra i vari ordini di elementi portanti.

In questa maniera a essere chiamati in causa sono i setti posti in direzione parallela al sisma, in grado di esplicare la loro resi-

17

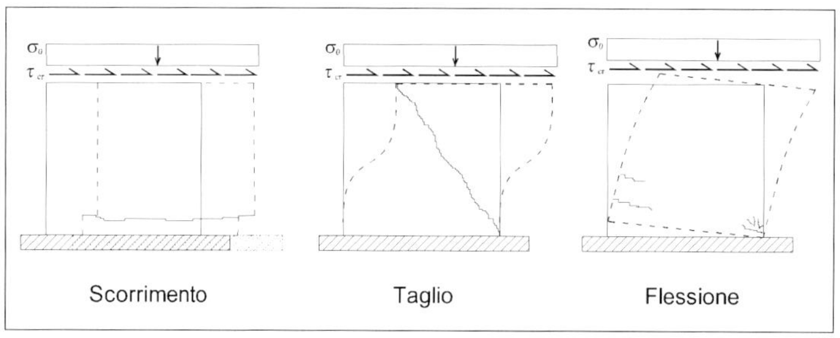

18

stenza nella maniera più efficace, vale a dire tramite il loro comportamento tagliante.

Le sollecitazioni dovute a carichi ortogonali, viceversa, restano confinate a livello *locale*, nelle fasce comprese tra gli incatenamenti di piano, che poi le trasmettono ai setti trasversali.

In definitiva, è possibile distinguere le fasi di calcolo dell'edificio in due passi:
- verifica *locale*, riguardante le pareti investite ortogonalmente dal sisma;
- verifica *globale* dell'intero complesso strutturale.

A ciascuna di queste verifiche deve essere preventivamente associato un opportuno schema statico, per poter valutare le sollecitazioni di calcolo.
- *Schema strutturale locale.* La singola parete, investita ortogonalmente dal sisma, può essere modellata in diverse maniere. Il modello più semplice, e più comunemente adottato, assimila il maschio a una trave, la quale potrà essere continua, su appoggi costituiti dai diversi solai, o limitata alla singola tesa, semplicemente appoggiata agli impalcati di bordo, secondo lo schema dell'*articolazione*, esplicitamente richiamato dal D.M. 20/11/87.
- *Schema strutturale globale.* In questo caso la modellazione strutturale deve essere in grado di cogliere gli aspetti fondamentali del comportamento complessivo della scatola muraria.

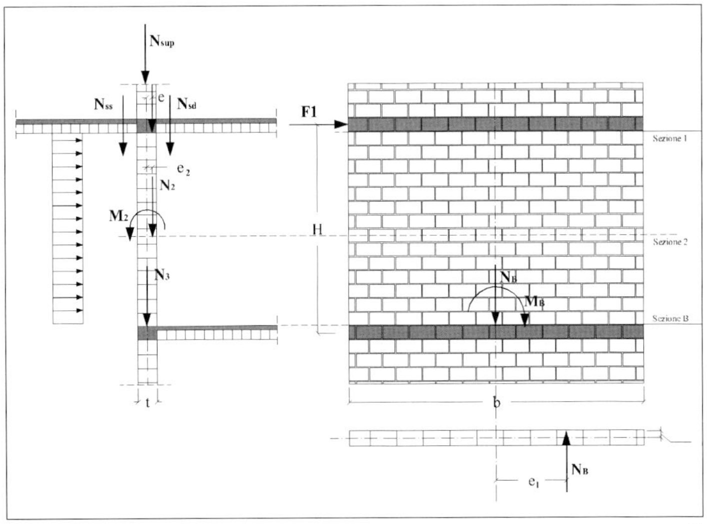

19

19. Verifica locale.

Per quanto riguarda il funzionamento degli orizzontamenti, nel caso di edifici di nuova costruzione, essi sono dotati certamente di rigidezza estensionale sufficiente per poter adottare l'ipotesi di piano indeformabile.

La modellazione delle pareti presenta invece maggiori difficoltà. Infatti, per tener conto realisticamente del comportamento della scatola muraria, occorrerebbe adottare modelli capaci di cogliere la complessità del legame costitutivo, caratterizzato da non-linearità, presenza di una fase plastica con degrado di resistenza e rigidezza, fenomeni di dissipazione isteretica. Siffatti modelli, oltre a essere estremamente complessi e ancora in fase di studio, sono piuttosto difficili da gestire praticamente per l'analisi di strutture reali, in quanto utilizzano algoritmi computazionali di grande onerosità. Come alternative di minore impegno per il progettista si possono proporre altri approcci, che introducono delle semplificazioni più o meno spinte rispetto alle modellazioni più sofisticate, anche se forniscono una valutazione più punitiva della capacità portante della struttura.
- *Verifica sismica.* Sulla base degli schemi strutturali adottati a livello locale e globale, è possibile effettuare le verifiche secondo quanto previsto dalla Norma.

Il punto C.9.5.3 prescrive che la verifica delle strutture in elevazione vada eseguita con riferimento alla resistenza a rottura delle murature, considerando le azioni sismiche definite al punto C.6. Esso, in buona sostanza, impone di effettuare la verifica dell'edificio valutandone la risposta allo stato limite ultimo.

Nel seguito si propone, tra le tante possibili, la modalità di verifica utilizzata nell'esempio progettuale che si esporrà nei paragrafi successivi.

Verifica locale per rottura orizzontale della generica tesa tra due orizzontamenti successivi (D.M. 20.11.87)

La verifica comprende le seguenti operazioni:
- valutazione dei carichi verticali agenti sulla parete, conformemente alle combinazioni di carico previste al punto B.8.2 del D.M. 16/01/96, applicati con le eccentricità convenzionali normative (punto 2.2.1 del D.M. 20/11/87);
- determinazione dei carichi orizzontali sismici affetti dal moltiplicatore $C \times \beta$ (punto C.9.5.3 D.M. 16/01/96);
- analisi delle sollecitazioni secondo lo schema prescelto e determinazione delle eccentricità risultanti: e_1 nella sezione di sommità ed

e_2 nella sezione di mezzeria; dei coefficienti di eccentricità m_1 e m_2; della snellezza λ della parete; dei coefficienti di riduzione ϕ_1 e ϕ_2;
- valutazione dello sforzo verticale limite $f_d\ \phi\ A$ (A=area della sezione trasversale del muro);
- se lo sforzo verticale di calcolo N_d è minore o uguale alla quantità $f_d\ \phi\ A$, la verifica è soddisfatta;
- se $N_d > f_d\ \phi\ A$ la verifica non è soddisfatta e occorre modificare la progettazione.

Occorre sottolineare che la verifica appena illustrata va svolta per tutte le possibili combinazioni di carico citate nel primo esempio.

Verifica globale con ripartizione elastica
- Valutazione delle azioni orizzontali.

Nell'ipotesi di adottare l'analisi statica, le azioni sismiche orizzontali sono schematizzate attraverso l'introduzione di due sistemi di forze orizzontali agenti non contemporaneamente secondo due direzioni ortogonali, applicate di solito alle quote dei diversi solai. La forza alla generica quota si ottiene dalla relazione:

$$F_i = K_{hi}\ W_i$$

essendo:

$$K_{hi} = C\ R\ \varepsilon\ \beta\ \gamma_i\ I,$$

e:

$$W_i = G_i + s\ Q_i$$

Rimandando la definizione dei vari fattori alla lettura dettagliata del punto C.6, è da rimarcare che il coefficiente di struttura β è fornito dal prodotto di due fattori:
β_1 = 2, tiene conto delle caratteristiche di duttilità della struttura;
β_2 = 1, tiene conto delle modalità di verifica a rottura [D.M. 65 16/01/1996].

La verifica va svolta nella seguente maniera:
- valutazione dei carichi verticali amplificati secondo il punto B.8.2;
- calcolo delle azioni sismiche secondo quanto indicato nel paragrafo precedente;
- determinazione della risposta elastica dell'edificio con ripartizione spaziale delle azioni orizzontali tra i vari elementi resistenti;
- per ogni elemento: calcolo delle sollecitazioni con la combinazione $\alpha'_p \pm \lambda\ \alpha$, in cui α'_p sono le sollecitazioni derivanti dai carichi verticali definiti alla lettera a), α sono le sollecitazioni dovute al sisma convenzionale, e λ è un moltiplicatore dei carichi orizzontali, che si ipotizza crescente sino alla rottura;
- determinazione del λ_{min} di collasso tra tutti gli elementi resistenti;
- se $\lambda_{min} \geq 1$ la verifica è soddisfatta e l'edificio possiede il livello di sicurezza richiesto;
- se $\lambda_{min} < 1$ la verifica non è soddisfatta e occorre modificare la progettazione.

La verifica statica dell'edificio

Per meglio comprendere quanto illustrato con riferimento alle disposizioni normative, viene effettuata la verifica statica in due casi. Il primo edificio considerato rispetta le condizioni che consentono la cosiddetta "verifica semplificata" il secondo esempio invece è dedicato a un edificio che, non rispettando i requisiti suddetti, va analizzato in maniera più approfondita.

Verifica semplificata di un edificio in muratura ordinaria

L'edificio da verificare è adibito a civile abitazione (fig. 20), ubicato in zona sismica di seconda categoria (S=9) ed è realizzato in muratura portante ordinaria. Esso è costituito da tre piani fuori terra, con tetto a falde, la cui altezza complessiva massima è di 10.5 m. Pertanto, esso risponde alle limitazioni imposte dalla tabella 2 del punto C.2 dei criteri generali.

Caratteristiche generali dell'edificio

Tutti i setti murari hanno uno spessore di 30 cm, fatta eccezione per i muri perimetrali del piano terra, realizzati a tre teste per uno spessore di 37 cm. L'altezza netta di interpiano è costante e pari a 2.70 m. I solai, in latero-cemento con getto di completamento in opera, hanno uno spessore di 20+4 cm (30 cm al finito) e sono tutti orditi parallelamente alla direzione Y. Essi vengono considerati infinitamente rigidi nel loro piano, e perfettamente ammorsati alle murature portanti mediante cordoli in c.a. predisposti all'altezza di ogni impalcato (e quindi in grado di ripartire efficacemente le azioni orizzontali). Le caratteristiche dimensionali dei suddetti cordoli sono conformi alle prescrizioni normative.

È previsto un tetto a falde inclinate, con pendenza del 30%. Esso non costituisce però una struttura spingente in quanto l'ar-

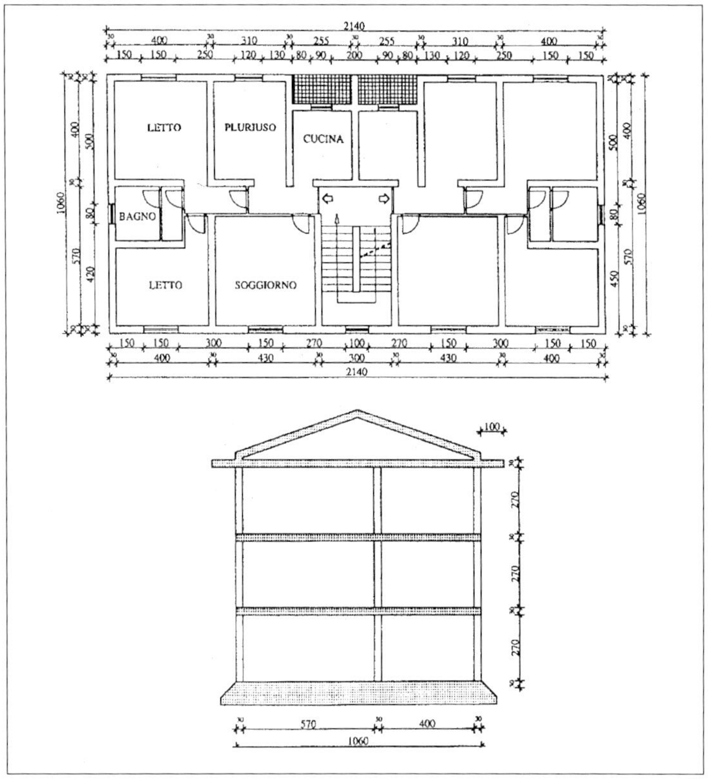

20

20. Esempio di verifica statica: edificio per civile abitazione in muratura ordinaria rispondente ai criteri per la verifica semplificata.

matura dell'ultimo solaio, opportunamente ancorata nel relativo cordolo, funge da catena.

Caratteristiche dei materiali impiegati

Si suppone di utilizzare blocchi semipieni in laterizio normale (percentuale di foratura $\varphi \leq 45\%$; resistenza caratteristica a compressione nella direzione dei fori f_{bk} = 15 N/mm^2; resistenza caratteristica a compressione nella direzione ortogonale all'asse dei fori f_{bk} = 2 N/mm^2), posti in opera con fori verticali, impiegando una malta cementizia di tipo M2 (resistenza media a compressione 8 N/mm^2).

Secondo quanto previsto dal D.M. 20/11/87 al punto 2.3.1.1 (tabella A) e al punto 2.3.2.1 (tabella B), le ipotesi fatte riguardo alle modalità di realizzazione della muratura consentono di determinare le caratteristiche meccaniche dei pannelli murari in funzione del tipo di malta impiegato e della resistenza caratteristica dei blocchi (f_{bk}):

- (dalla tabella A): resistenza caratteristica a compressione della muratura: f_k = 6.7 N/mm^2;
- (dalla tabella B): resistenza caratteristica a taglio (in assenza di carichi verticali): f_{Vk0} = 0.20 N/mm^2;

Si fa presente che, in generale, quando non si rientri nelle condizioni indicate ai due punti precedentemente citati, si dovrà procedere alla determinazione per via sperimentale delle caratteristiche meccaniche della muratura.

Per quanto riguarda i parametri di deformabilità (modulo elastico longitudinale E e trasversale G), in mancanza di dati sperimentali è possibile fare riferimento alle seguenti espressioni:

$E = 1000 f_k$ = 6700 N/mm^2

$G = 0.4\,E$ = 2860 N/mm^2

Regole generali (punto C.5.1.)

Ferma restando la necessità di attenersi ai criteri generali di progettazione e alle prescrizioni comuni a tutti i tipi di edifici ubicati in zona sismica (punti C.1-C.2-C.3), si può vedere che tutte le condizioni indicate in questo punto delle norme sono rispettate.

Infatti:

- le caratteristiche meccaniche degli elementi artificiali impiegati sono superiori a quelle minime richieste (lettera a);
- gli orizzontamenti, compreso il tetto a falde, non sono di tipo spingente (lettera b);
- i solai trasmettono in modo efficace le azioni orizzontali, oltre a quelle verticali (lettera c);
- sono previsti cordoli di collegamento in c.a. di dimensioni opportune e adeguatamente armati (lettera d);
- gli incroci d'angolo dei muri maestri perimetrali presentano ovunque (per tutti i piani, essendo le aperture allineate), una fascia di muratura piena di 1.5 m, superiore al minimo richiesto di 1 m (lettera f).

Verifica delle prescrizioni al punto C.5.2.

Si osserva innanzitutto che la pianta dell'edificio è rettangolare, compatta, simmetrica nella direzione Y e "sufficientemente" simmetrica nella direzione X, sia planimetricamente che altimetricamente. Il rapporto tra il lato minore (L_Y = 10.60 m) e il lato maggiore (L_X = 21.40 m) è pari a 0.495, e quindi superiore a 1/3.

I muri maestri sono tutti intersecati, con efficace collegamento, da altri muri maestri a un interasse non superiore a 7 m.

Gli architravi di porte e finestre sono realizzati in c.a., ben ammorsati nelle murature, e inoltre le aperture nei muri portanti sono tutte allineate verticalmente.

I pannelli murari sono realizzati con blocchi artificiali semipieni, hanno uno spessore minimo di 30 cm, e le fondazioni sono realizzate in c.a.

La distanza fra due solai successivi, e fra lo spiccato delle fondazioni e il primo solaio, è sicuramente inferiore ai 5 metri e la snellezza massima delle murature (h/l) è pari a 9 (minore del massimo consentito pari a 12).

Infine l'edificio, adibito a civile abitazione, non presenta mai un sovraccarico accidentale superiore a 4 kN/m^2.

Si passa infine alla verifica inerente l'area delle murature resistenti nelle due direzioni X e Y (espressa in percentuale rispetto all'area complessiva del fabbricato). Essa deve essere superiore ai valori indicati nella tabella IVa, per ciascun piano. Per il calcolo si fa riferimento alla figura 21, in cui è evidenziata la disposizione planimetrica dei vari setti portanti. La superficie totale dell'edificio vale S = 21.40×10.60 = 226.84 m^2. Al piano terra, nella direzione X, l'area complessiva dei setti è A_x = 28.6×0.37+19.7×0.30 = 16.49 m^2.

Si ha pertanto:

$$p_X = \frac{16.49}{226.84} = 7.27\% > 7\%$$

Nella direzione Y:

A_Y = 18.4×0.37+ 44.2×0.30 = 20.07 m^2

$$p_Y = \frac{20.07}{226.84} = 8.85\% > 7\%$$

Analogamente, si verifica che la percentuale minima è raggiunta anche ai piani superiori:

A_X = 48.3×0.30 = 14.49 m^2

A_Y = 62.6×0.30 = 18.78 m^2

$$p_X = \frac{14.49}{226.84} = 6.39\% > 6\%$$

$$p_Y = \frac{18.78}{226.84} = 8.28\% > 6\%$$

Inoltre, la Norma prescrive anche la condizione:

$$\sigma = \frac{N}{0.50\,A} < \bar{\sigma}_m$$

N = carico verticale totale relativo al piano in esame

A = area totale, al netto delle aperture, dei muri resistenti

$\bar{\sigma}_m$ = tensione base ammissibile della muratura.

Tale verifica è da effettuare per i muri del piano più basso dell'edificio e di ogni altro piano per cui lo spessore di qualche muro risulti inferiore, o risulti superiore l'incidenza delle aperture.

Si calcola innanzitutto il valore della $\bar{\sigma}_m$ in funzione della resistenza caratteristica a compressione della muratura, procedendo con il metodo delle tensioni ammissibili (μ = 5):

$$\bar{\sigma}_m = \frac{f_k}{\mu} = \frac{6.7}{5} = 1.34 \text{ N/mm}^2$$

Analisi dei carichi

- peso proprio della muratura portante	15 kN/m^3
- peso proprio solai	4 kN/m^2
- peso proprio della copertura	2 kN/m^2
- peso proprio delle scale	4 kN/m^2
- sovraccarico permanente dei solai	1 kN/m^2
- sovraccarico accidentale dei solai	2 kN/m^2
- sovraccarico accidentale balconi e scale	4 kN/m^2
- sovraccarico dovuto alla neve	0.9 kN/m^2

Si calcola ora il carico totale relativo al piano più basso, escludendo il solaio del piano terra che insiste sulle fondazioni in c.a.:

- Copertura: (10.6×21.4×3.9×1.05) =	929 kN
(il coefficiente 1.05 è dovuto alla pendenza del 30% del tetto)	
- solaio di sottotetto: 12.6×23.4×5 =	1474 kN
(si è tenuto conto anche della pensilina di 1 m)	
- 2° e 3° solaio: 2×[226.84 - (2×1.2×2.55 + 5.7×3)]×7 =	2850 kN
- balconi: 2×2.55×1.2×9 =	55.1 kN
- scale: 1.5×5.7×3×8 =	205 kN
- murature (nelle due direzioni X e Y):	
[2×(14.49+18.78)+(16.49+20.07)]×2.7×15 =	4176 kN
Totale	N = 9689 kN

21. Disposizione planimetrica dei setti portanti.

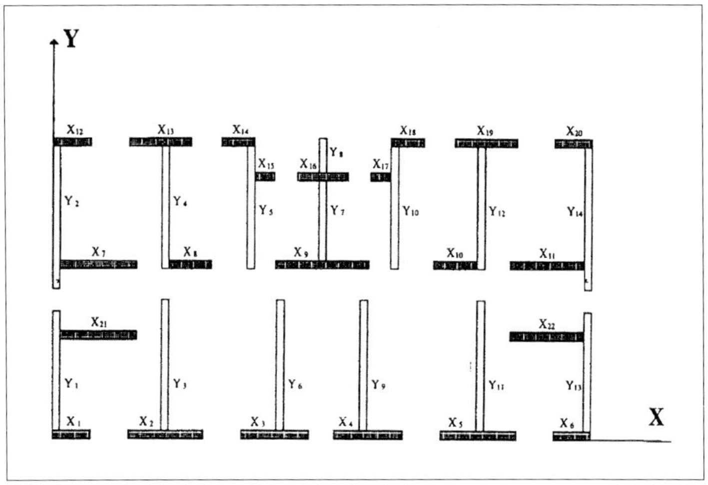

21

Ricordando che i setti murari del piano terra (s=37 cm) hanno una superficie complessiva A = (16.49 + 20.07) m² = 36.56 m², la tensione di calcolo vale:

$$\sigma = \frac{N}{0.5 \cdot A} = \frac{9689 \cdot 10^{-3}}{0.5 \cdot 36.56} = 0.53 \text{ N/mm}^2$$

e risulta inferiore alla tensione base ammissibile della muratura pari a 1.34 N/mm².

La verifica deve essere ripetuta anche per il primo piano, in quanto lo spessore dei muri perimetrali è ridotto da 37 a 30 cm. Effettuando l'analisi dei carichi, e tenendo presente che al primo piano l'area dei setti resistenti vale A = (14.49 + 18.78) = 33.27 m², e che il carico totale vale 6687 kN (copertura + sottotetto + 3° solaio e balconi + 1 scala + muri I e II piano) la tensione di calcolo risulta:

$$\sigma = \frac{N}{0.5 \cdot A} = \frac{6687 \cdot 10^{-3}}{0.5 \cdot 33.27} = 0.40 \text{ N/mm}^2$$

anche per il primo piano la condizione di norma sulla tensione media verticale risulta dunque verificata. Si può pertanto concludere che, essendo rispettate tutte le prescrizioni del punto C.5.2 delle norme tecniche, la verifica rispetto alle azioni sismiche può essere omessa.

È in ogni caso necessario effettuare la verifica rispetto ai carichi verticali e alle altre azioni orizzontali (vento), secondo quanto prescritto dal D.M. 20/11/87.

Il punto 2.1 del suddetto decreto prevede la possibilità di effettuare una verifica "semplificata", senza considerare le azioni orizzontali, purché siano rispettate una serie di limitazioni geometriche e costruttive. Alla lettera a) è richiesto che il fabbricato abbia non più di tre piani (fuori ed entro terra), condizione verificata dall'edificio in esame.

Per quanto riguarda tutte le altre lettere, si osserva che esse contengono le stesse prescrizioni già esaminate nel punto C.5.2 del D.M. 16/1/96, o sono comunque meno limitative. I requisiti richiesti sono quindi soddisfatti, per cui si può effettuare la verifica tensionale media:

$$\sigma = \frac{N}{0.65\ A} < \overline{\sigma}_m$$

Essa, a parte la presenza del fattore 0.65 (meno penalizzante) è identica a quella già utilizzata per la verifica sismica, per cui la verifica dell'edificio si può considerare completata.

Verifica estesa di un edificio in muratura ordinaria

Si prende in esame un edificio di nuova costruzione adibito a civile abitazione, di cui in figura 22 sono riportate la pianta, il prospetto e la sezione.

L'edificio in esame è ubicato in zona sismica di terza categoria (S = 6); esso è realizzato in muratura portante ordinaria spessa 40 cm, con solai in latero cemento (spessore 20+5 cm), considerati infinitamente rigidi nel loro piano (in grado quindi di ripartire efficacemente le azioni orizzontali), perfettamente ammorsati alle murature portanti mediante cordoli in c.a. predisposti all'altezza di ogni impalcato. Le dimensioni (base = 40 cm, altezza = 35 cm) e l'armatura dei suddetti cordoli sono conformi alle prescrizioni normative.

Si osserva che il solaio è tessuto secondo la direzione più lunga del blocco, in modo da stabilizzare i due setti dell'edificio più deboli (setti AB e BC) rispetto all'azione di ribaltamento. L'analisi è svolta per il singolo blocco AB, il cui comportamento è reso indipendente dalla rimanente parte di fabbricato per mezzo di opportuni giunti tecnici.

22. Esempio di verifica estesa: edificio per civile abitazione in muratura ordinaria. Pianta del piano tipo, prospetto e sezione dell'edificio.

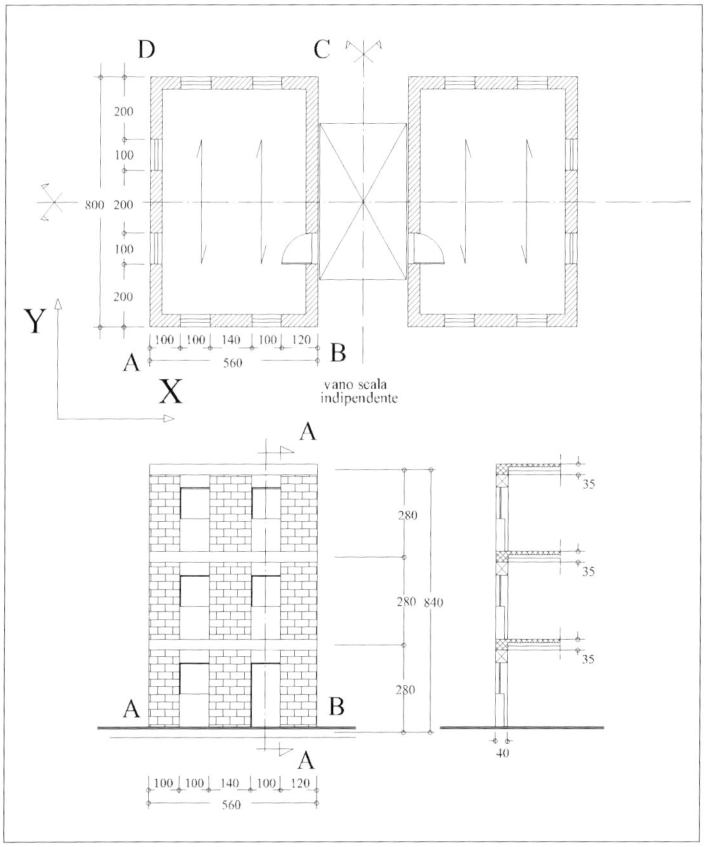

22

I materiali impiegati sono i medesimi dell'esempio precedente:
- resistenza caratteristica a compressione della muratura: $f_k = 6.7$ N/mm^2
- resistenza caratteristica a taglio (in assenza di carichi verticali): $f_{vk0} = 0.20$ N/mm^2;
- $E = 1000 f_k = 6700$ N/mm^2;
- $G = 0.4\,E = 2680$ N/mm^2.

Si fa riferimento al D.M. 16/1/96 e al DM. 20/11/87, ove quest'ultimo non sia in contrasto con il primo.

Si può facilmente verificare che i criteri generali di progettazione, le prescrizioni comuni a tutti i tipi di edifici ubicati in zona sismica (punti C.1-C.2-C.3), e le regole generali relative agli edifici in muratura ordinaria (punto C.5.1), sono rispettate.

Per quanto riguarda invece le prescrizioni che consentono di omettere la verifica alle azioni sismiche (punto C.5.2), esse sono disattese alla lettera b, in quanto nella direzione Y i muri maestri perimetrali hanno un interasse maggiore di 7 metri. Pertanto si dovrà procedere alla verifica dell'edificio soggetto alle azioni sismiche normative.

Tale verifica, a titolo esemplificativo, verrà eseguita ipotizzando che il sisma agisca secondo la direzione X.

Analisi dei carichi

I carichi verticali applicati valgono:

- peso proprio della muratura portante	15 kN/m^3;
- peso proprio solai	4 kN/m^2;
- sovraccarico permanente dei solai	1 kN/m^2;
- sovraccarico accidentale dei solai	2 kN/m^2;
- sovraccarico dovuto alla neve	0.9 kN/m^2.

I carichi verticali devono essere valutati secondo la combinazione di carico (punto B.8.2 del D.M. 16/1/96): $P = \gamma_g G_k + \gamma_q\, Q_k$; ($G_k$ valore caratteristico dei carichi permanenti; Q_k valore caratteristico del sovraccarico accidentale). A titolo di esempio si esamina la condizione di carico associata al valore minimo degli sforzi normali sui vari maschi, ottenuta con i valori γ_g=1 e γ_q =0 per i coefficienti moltiplicativi dei carichi.

Forze orizzontali di piano (azioni complanari) - Per quanto riguarda la valutazione delle azioni orizzontali si fa riferimento al punto C.6.1.1 del D.M. 16/1/96: $F_i = \gamma_i\, C\, \beta\, W_i$;
dove il coefficiente vale:

$$\gamma_i = h_i \frac{\sum_{j=1}^{N} W_j}{\sum_{j=1}^{N} W_j\, h_j}$$

h_i = quota del generico piano rispetto allo spiccato delle fondazioni;
Il coefficiente di intensità sismica vale:

$$C = \frac{S-2}{100} = 0.04$$

$\beta = \beta_1 = 2$ = coefficiente di struttura (si veda la Circolare Ministeriale al punto C.5.2);
$W_i = G_i + s\,Q_i$ (G_i = carico permanente; Q_i = sovraccarico accidentale, s = coefficiente di riduzione dei sovraccarichi accidentali = 0.33).

Pesi degli impalcati - Nel calcolo del peso di impalcato va incluso anche il peso di metà tesa superiore e metà tesa inferiore della muratura portante.
$W_1 = W_2 = 576.12$ kN;
$W_3 = 437.24$ kN;
$W_T = 1589.48$ kN.

Calcolo dei coefficienti γ_i
$W_1\,h_1 = 576.12 \cdot 2.8 = 1613.14$ kNm;
$W_2\,h_2 = 576.12 \cdot 5.6 = 3226.28$ kNm;
$W_3\,h_3 = 437.24 \cdot 8.4 = 3672.8$ kNm.

$$\sum_{j=1}^{3} W_j h_j = 8512.2 \text{ KNm}$$

$$\frac{W_T}{\sum_{j=1}^{3} W_j h_j} = 0.1867 \text{ kNm}$$

$\gamma_1 = 0.522$ $\gamma_2 = 1.045$ $\gamma_3 = 1.568$

Forze di piano
$F_1 = 0.08 \cdot 0.522 \cdot 576.12 = 24.06$ kN;
$F_2 = 0.08 \cdot 1.045 \cdot 576.12 = 48.16$ kN;
$F_3 = 0.08 \cdot 1.568 \cdot 437.24 = 54.84$ kN.

Verifiche tensionali della parete βC alle azioni ortogonali al piano medio (sisma secondo X).

Poiché si stanno prendendo in considerazione le azioni sismiche ortogonali alla parete, secondo il punto C.9.5.3 del D.M. 20/11/87, esse saranno date da un carico distribuito pari a βC volte il peso della parete stessa.

L'analisi delle sollecitazioni derivanti dai carichi orizzontali è svolta ipotizzando la singola tesa incernierata a livello dei due impalcati di bordo (fig. 23).

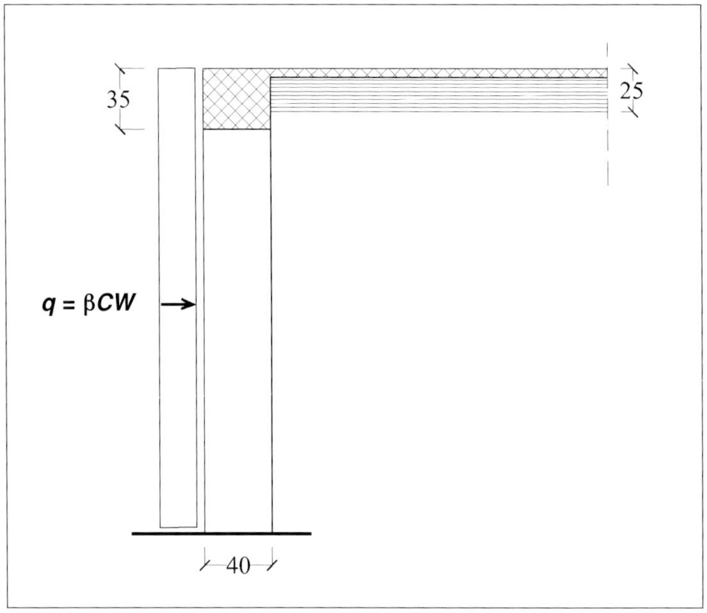

23

23. Schema statico di calcolo per la verifica della parete βC alle azioni fuori del piano.

Si riporta l'analisi svolta sulla terza tesa del pannello (analisi per massima eccentricità), considerando una fascia larga 1 m.

Calcolo dell'eccentricità trasversale - Si considera agente sulla parete una fascia di larghezza 50 cm del solaio soprastante:

$$e_s = \frac{t}{6} = 0.067 \text{ m}$$

$$e_a = \frac{H}{200} = 0.014 \text{ m}$$

$$e_t = |e_s| + |e_a| = 0.081 \text{ m}$$

Peso totale della parete
$W_T = 15 \cdot 0.4 \cdot 1.0 \cdot 2.8 = 16.8$ kN

Calcolo della forza orizzontale distribuita
$F = C\,\beta\,W_T = 0.08 \cdot 16.8 = 1.34$ kN

Momento in mezzeria

$$M_F = \frac{1}{8} F\, H = 0.47 \text{ kNm}$$

Sforzo normale al centro del pannello

$$N_m = N_{sup} + P_{parete} = 5 \cdot 0.50 \cdot 1 + 15 \cdot 0.40 \cdot 1.40 = 10.9 \text{ kNm}$$

Calcolo dell'eccentricità dovuta a F

$$e_F = \frac{M_F}{N_m} = 0.043 \text{ m}$$

Calcolo delle eccentricità e_1 (in sommità) ed e_2 (in mezzeria)

$$e_1 = e_t = 0.081 \text{ m}$$

$$e_2 = \frac{e_1}{2} + e_F = 0.0835 \text{ m}$$

Calcolo di m_1 e m_2

$$m_1 = \frac{6\, e_1}{B} = \frac{6\; 0.081}{0.40} = 1.215 < 2$$

$$m_2 = \frac{6\, e_2}{B} = \frac{6\; 0.0835}{0.40} = 1.253 < 2$$

Calcolo della snellezza (muro isolato, $\rho = 1$)

$$\lambda = \frac{H}{t} = 7$$

Dalla tabella riportata al punto 2.2.1.4 del D.M. 20/11/87, per $\lambda = 7$, m_1=1.215 m_2 = 1.253, si ricavano rispettivamente i valori:
$\Phi_1 = 0.437$; $\Phi_2 = 0.424$.

Verifica alla sommità del pannello
$f_d = f_k/3 = 2.23$ N/mm^2;
$A = 1000 \cdot 400 = 400000$ mm^2;
$N_u = f_d\, \Phi_1\, A = 389.80$ kN $> N_s = 2.5$ kN.

Verifica in mezzeria
$A = 400000$ mm^2
$N_u = f_d\, \Phi_2\, A = 378.21$ kN $> N_m = 10.9$ kN

Verifica della parete AB per azioni complanari: metodo POR

Si propone per la parete AB un'analisi a rottura effettuata con il metodo P.O.R.

Lo schema di calcolo impiegato è quello proposto nella Circolare Ministeriale LL.PP. 21745 del 30 luglio 1981: "Istruzioni per l'applicazione della normativa tecnica per la riparazione e il rafforzamento degli edifici danneggiati dal sisma".

Modellazione del comportamento del pannello - Si adotta per i pannelli murari una legge costitutiva di tipo elastico-perfettamente plastico, con controllo della duttilità $\mu = \delta_u / \delta_e$ (per le murature in laterizio nuovo si può assumere $\mu = 2$). La pendenza del tratto elastico è determinata dalla rigidezza iniziale del pannello, da valutarsi tenendo conto del contributo dovuto alla deformabilità a taglio.

Il taglio ultimo per ciascun setto murario è stato valutato secondo il D.M. 20/11/87: $T_u = \beta\, f_{Vd}\, A$, dove:
β = coefficiente di parzializzazione della sezione = 1 (sezione interamente reagente). La resistenza a taglio di calcolo vale:

$$f_{Vd} = \frac{f_{vk}}{3} = \frac{f_{vk0} + 0.4\,\sigma_0}{3}$$

σ_0 = tensione normale media sul pannello;
A = area del pannello.

Tale valore viene confrontato con quelli che si ottengono dalle espressioni riportate di seguito (paragrafo "Schema strutturale"):

$$\overline{T}_u = A\, f_{Vd0} \sqrt{1 + \frac{\sigma_0}{1.5\, f_{Vd0}}}$$

$$T_R = \frac{N \cdot B}{2\, H_0} \left(1 - \frac{N}{0.85\, f_d\, A} \right)$$

$$T_s = \frac{\left(1.5\, c + \mu\, \sigma_0\right) \cdot A}{1 + \dfrac{3\, c H_0}{\sigma_0 B}}$$

con:

f_d = resistenza di calcolo a compressione = $f_k/3$ = 2.23 N/mm^2;
H = altezza del pannello = 2.80 m
H_0 = quota del punto di nullo del momento flettente = $H/2$ = 1.40 m;
A = sezione resistente del pannello = 400000 mm^2;
B = dimensione longitudinale del pannello = 1000 mm;
μ = coefficiente di attrito per la muratura = 0.60;
c = coesione = 0.655 N/mm^2.

La prima delle espressioni richiamate è fornita dalla Circolare Ministeriale del 1981, e prevede la rottura del pannello per fessurazione diagonale; le altre due esprimono invece la resistenza ultima del pannello nell'ipotesi che la rottura avvenga rispettivamente per ribaltamento o per scorrimento.

Carichi verticali - Il carico q_1, dovuto ai solai del primo e del secondo piano, e il carico q_2, dovuto alla copertura e al muretto d'attico valgono:
$q_1 = 5 \cdot 4 = 20$ kN/m;
$q_2 = 5 \cdot 4 + 10 \cdot 1.0 \cdot 0.2 = 22$ kN/m.

Tenendo conto dei carichi appena determinati e del peso proprio della muratura, è possibile valutare le tensioni normali medie alla prima tesa, al centro dei pannelli:
σ_{01} = 0.330 N/mm^2;
σ_{02} = 0.362 N/mm^2;
σ_{03} = 0.318 N/mm^2.

Forze di piano sulla parete AB - L'azione del sisma è simulata con le forze orizzontali $F_i = \gamma_i \beta C W_i$ applicate in corrispondenza dell'i-esimo impalcato. Esse, in assenza di moti torsionali di piano, sono pari alla metà delle forze riportate in precedenza:
F_1 = 24.06/2 = 12.03 kN;
F_2 = 48.16/2 = 24.08 kN;
F_3 = 54.84/2 = 27.42 kN.

Rigidezze dei setti - La rigidezza iniziale dei pannelli è valutata tenendo conto anche del contributo dovuto alla deformabilità a taglio, secondo la formula:

$$K = \frac{G A}{1.2 H} \frac{1}{1 + \frac{1}{1.2} \frac{G}{E} \left(\frac{H}{B} \right)^2}$$

I risultati dell'analisi sono richiamati nelle seguenti tabelle:

Valori normativi				
Piano	Coefficiente distribuzione	Pesi impalcati (kN)	Forza (kN)	Taglio di piano (kN)
1	0.522	288.06	12.03	63.47
2	1.045	288.06	24.02	51.44
3	1.568	218.62	27.42	27.42

Tabella VII

Maschio	1	2	3
K (kN/mm)	88.30	191.43	136.02
T_u (kN)	44.27	64.36	52.35
T_R (kN)	38.94	82.01	54.44
T_s (kN)	50.58	104.51	68.61
$\bar{T}_u$ (kN)	55.30	82.00	65.42

Tabella VIII

Calcolo degli spostamenti al limite elastico - Essi sono valutati mediante la relazione: $\delta_e = T_{ui}/K$; in cui per T_{ui} si assume il valore più basso tra quelli forniti dalle espressioni richiamate in precedenza. Si ottiene:
δ_{e1} = 0.501 mm;
δ_{e2} = 0.336 mm;
δ_{e3} = 0.385 mm.

Verifica al limite elastico - La verifica, a titolo esemplificativo, è effettuata per la prima tesa della parete AB, calcolando la forza reagente ultima che questa è in grado di esplicare e controllando che sia superiore al taglio normativo di piano. Il coefficiente di sicurezza è fornito dal rapporto:

$$\lambda = \frac{\sum T_i}{\sum \gamma_i \beta C W_i}$$

Il pannello 2 è il primo a uscire dalla fase elastica, per un valore dello spostamento:

24. Diagramma forze-spostamenti.

$\delta_{e2} = 0.336$ mm

La forza reattiva totale, in tale situazione, è:

$H_e = T_{e1} + T_{u2} + T_{e3}$

dove:

$T_{e1} = K_1\,\delta_{02} = 29.67$ kN;

$T_{u2} = 64.36$ kN;

$T_{e3} = K_3\,\delta_{02} = 45.70$ kN.

Risulta pertanto:

$H_e = 139.73 \text{ kN} > F_T = 63.53$ kN.

Il moltiplicatore dei carichi, al limite elastico, vale dunque:

$$\lambda = \frac{H_e}{F_T} = 2.20$$

In tale ipotesi, la verifica di sicurezza è soddisfatta già allo stato limite elastico.

Comportamento della parete oltre il limite elastico - Nella figura 24 è riportato il diagramma costitutivo per la parete analizzata.

Il punto A rappresenta il limite elastico, in cui è stata effettuata la verifica riportata al punto precedente. Nel punto B anche il maschio 3 abbandona la fase elastica; i valori dello spostamento di piano e della forza reattiva in tal caso sono:

$\delta_B = 0.385$ mm;

$H_B = T_{e1} + T_{u2} + T_{u3} = 150.71$ kN.

Nel punto C l'ultimo maschio raggiunge il valore limite del taglio, e si ha:

$\delta_C = 0.441$ mm;

$H_C = T_{u1} + T_{u2} + T_{u3} = 155.65$ kN.

H_C rappresenta quindi il valore ultimo dello sforzo tagliante che la parete può sopportare. Il moltiplicatore dei carichi al limite ultimo vale in definitiva:

$$\lambda = \frac{H_C}{F_T} = 2.45$$

con un aumento del coefficiente di sicurezza dell'11.4% rispetto al limite elastico.

Verifica della parete AB per azioni complanari: analisi elastica

Viene di seguito effettuata, a titolo esemplificativo, una modellazione elastica "a telaio" della parete muraria AB, e in base ai risultati ottenuti vengono effettuate le verifiche previste dalla normativa sui maschi murari.

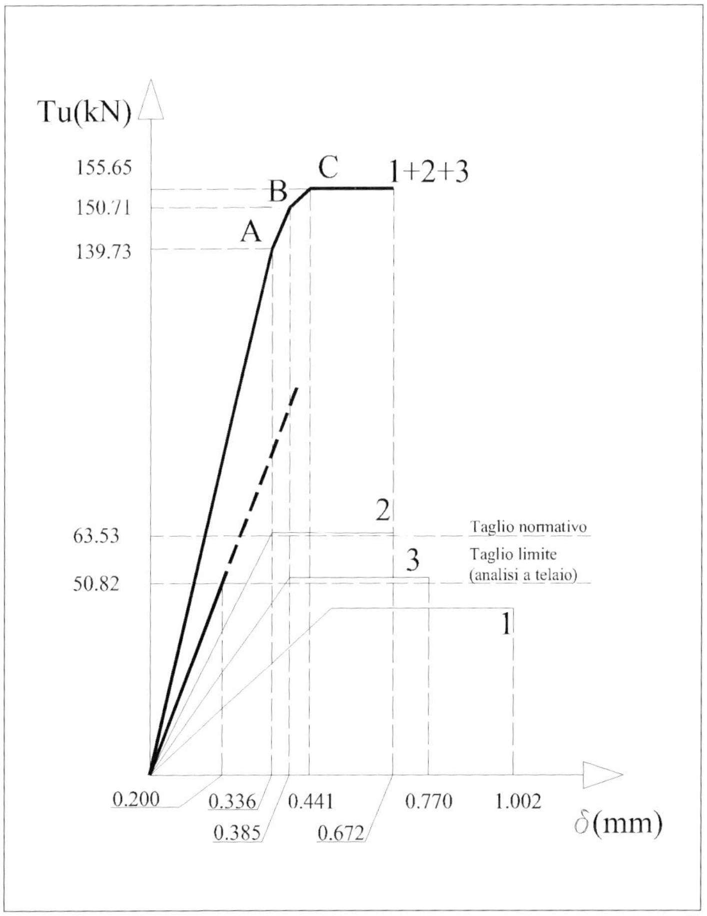

24

Schema di calcolo - La parete AB, assoggettata ai carichi verticali e orizzontali definiti nei paragrafi precedenti, è analizzata ipotizzando che il comportamento dei costituenti sia elastico-lineare e utilizzando le sollecitazioni derivanti da uno schema a telaio piano con nodi rigidi di dimensioni finite, riportato nella figura 25.

25. Schema di calcolo a telaio piano con nodi rigidi di dimensione finita.

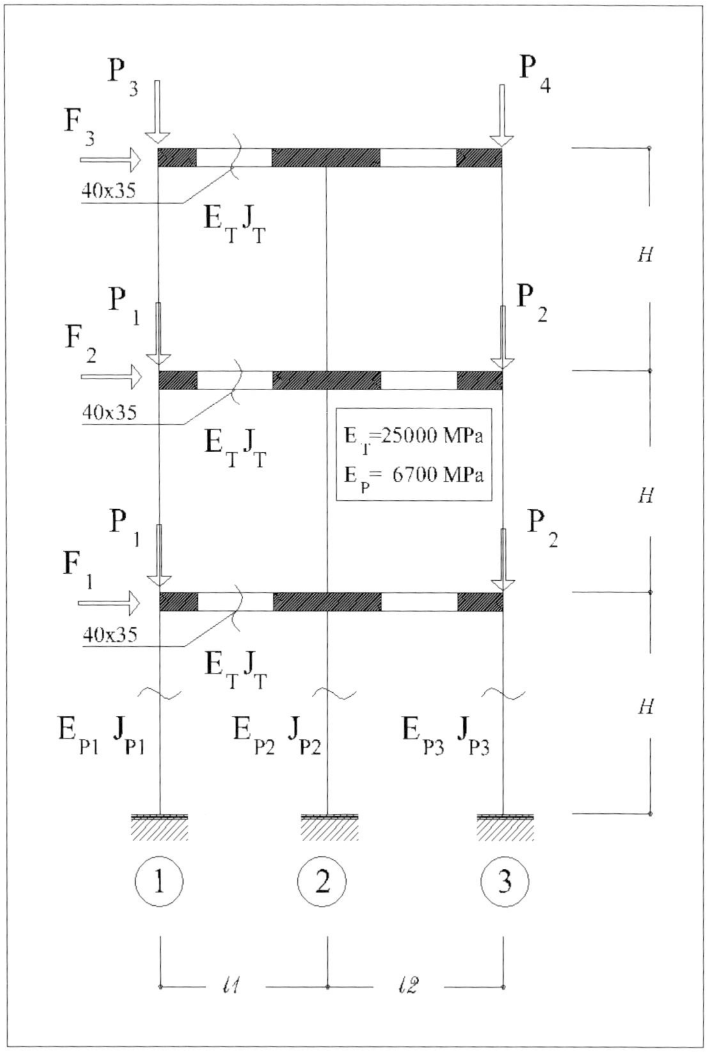

25

Le grandezze geometriche indicate in figura assumono i seguenti valori:
H = 2.80 m;
l_1 = 2.20 m;
l_2 = 2.30 m.

I carichi q_1, P_1 e P_2, dovuti ai solai del primo e del secondo piano, e i carichi q_2, P_3 e P_4, dovuti alla copertura e al muretto d'attico, valgono:

$$q_1 = 20\ \frac{\text{kN}}{\text{m}};\quad P_1 = 10\ \text{kN};\quad P_2 = 12\ \text{kN};\quad q_2 = 22\ \frac{\text{kN}}{\text{m}};$$

$$P_3 = 11\ \text{kN};\quad P_4 = 13.2\ \text{kN}$$

Verifiche tensionali medie secondo il D.M. 20/11/87
Si eseguono le verifiche agli stati limite per le azioni orizzontali, conformemente alle prescrizioni contenute nel punto 2.4.2.3 del D.M. 20/11/87.

Per ciascun maschio murario si prendono in considerazione, quali sezioni maggiormente pericolose ai fini delle verifiche a pressoflessione e a taglio, la sezione di sommità della terza tesa e quella al piede della prima tesa.

Sono esaminate due condizioni di carico, nelle quali le azioni sismiche sono state considerate rispettivamente agenti da sinistra verso destra (condizione di carico 1), e da destra verso sinistra (condizione di carico 2). Come si è già detto, in entrambe si è minimizzato il carico verticale e reso quindi massimo l'effetto del ribaltamento (γ_g = 1; γ_q = 0). È da sottolineare che tale verifica non è esaustiva, in quanto occorre prendere in considerazione tutte le possibili combinazioni di carico previste dalla norma.

Verifica a pressoflessione per la sezione di sommità (condizione di carico 2) - Affinché la sezione del muro risulti verificata, occorre che il carico verticale di calcolo N_d sia inferiore al carico di rottura del muro: $N_d = N \leq \Phi_t\ \Phi_b\ A\, f_d$ in cui:
A = area della sezione orizzontale del muro;
f_d = resistenza a compressione di calcolo del muro;
Φ_t = coefficiente di riduzione della resistenza in funzione delle eccentricità trasversali;
Φ_b = coefficiente di riduzione della resistenza.

L'eccentricità longitudinale e_b dovuta al carico N vale:

$$e_b = \frac{M}{N} = 0.365\ \text{m} \rightarrow m_b = \frac{6\, e_b}{B} = \frac{6 \cdot 0.365}{1.0} = 2.19$$

Condizione di carico 1		
	Sezione di sommità	Sezione al piede
N	18.71 kN	71.77 kN
T	2.92 kN	12.04 kN
M	4.80 kNm	13.27 kNm
Condizione di carico 2		
	Sezione di sommità	Sezione al piede
N	36.61 kN	175.35 kN
T	8.37 kN	14.37 kN
M	13.37 kNm	17.87 kNm

IX. Maschio 1

Esso supera il valore limite 2 prescritto dalle norme, per cui la verifica non è soddisfatta. Si procede allora a un ridimensionamento dei maschi, con ridistribuzione delle aree resistenti e diminuzione opportuna delle aperture. Per il nuovo schema di calcolo si ha:
H = 2.80 m;
l_1 = 2.15 m;
l_2 = 2.15 m;
q_1 = 20 kN/m;
$P_1 = P_2$ = 13 kN;
q_2 = 22 kN/m;
$P_3 = P_4$ = 14.30 kN.

Pesi degli impalcati (variazione del peso proprio della muratura alla 1ª tesa)
W_1 = 606.26 kN;
W_2 = 576.12 kN;
W_3 = 437.24 kN;
W_T = 1619.72 kN.

Calcolo dei coefficienti γ_i
$W_1 h_1$= 606.26·2.8 = 1697.8 kNm;
$W_2 h_2$= 576.12·5.6 = 3226.27 kNm;
$W_3 h_3$= 437.24·8.4 = 3672.8 kNm.

$$\sum_{j=1}^{3} W_j h_j = 8596.86 \text{ kNm}$$

$$\frac{W_T}{\sum_{j=1}^{3} W_j h_j} = 0.1884 \text{ kNm}$$

I coefficienti di ripartizione valgono:
γ_1 = 0.527;
γ_2 = 1.055;
γ_3 = 1.583.

Forze di piano (aliquota competente alla parete AB)
F_1 = 0.08·0.527·606.26/2 = 12.78 kN;
F_2 = 0.08·1.055·576.12/2 = 24.31 kN;
F_3 = 0.08·1.583·437.24/2 = 27.67 kN.

Verifiche tensionali

Condizione di carico 1		
	Sezione di sommità	Sezione al piede
N	21.87 kN	97.92 kN
T	3.49 kN	18.37 kN
M	6.82 kNm	36.24 kNm
Condizione di carico 2		
	Sezione di sommità	Sezione al piede
N	42.89 kN	207.24 kN
T	10.24 kN	21.63 kN
M	17.73 kNm	38.30 kNm

X. Maschi 1 e 3

Verifica a pressoflessione per la sezione di sommità (condizione di carico 2) - Calcolo dell'eccentricità longitudinale e_b dovuta al carico N

$$e_b = M / N = 0.413 \text{ m}$$

$$m_b = \frac{6\,e_b}{B} = \frac{6 \cdot 0.413}{1.30} = 1.9 < 2$$

Per λ=0, m=1.9, si ricava Φ_b = 0.35.

Calcolo dell'eccentricità trasversale e_t - Essa tiene conto di due aliquote: l'eccentricità strutturale e_s e quella accidentale e_a, che valgono, rispettivamente:

$$e_s = \frac{t}{6} = \frac{0.40}{6} = 0.0667 \text{ m}$$

$$e_a = \frac{H}{200} = \frac{2.80}{200} = 0.024 \text{ m}$$

Le eccentricità vanno combinate convenzionalmente secondo la formula:

$$e_1 = |e_s| + |e_a| = 0.0807 \text{ m}$$

La normativa prescrive di considerare un valore fittizio di eccentricità e_t:

$$e_t = \frac{e_1}{2} = 0.0404 \text{ m}$$

$$m_t = \frac{6\,e_t}{B} = \frac{6 \cdot 0.0404}{0.40} = 0.606$$

Calcolo della snellezza λ - Il coefficiente di vincolo ρ è assunto pari a 1, per cui la snellezza vale:

$$\lambda = \rho \frac{H}{B} = \frac{2.80}{0.40} = 7$$

Per λ = 7, m = 0.173, si ottiene Φ_t = 0.834.

Calcolo dello sforzo normale limite
$N_u = \Phi_t\, \Phi_b f_d\, A$ = 338.487 kN > $N_d = N$ = 42.89 kN
con f_d = 2.23 MPa, A = 1400×400 mm².

Operando in modo analogo si può vedere che la verifica appena svolta è soddisfatta anche per le altre sezioni ritenute pericolose.

Verifica a taglio per la sezione al piede (condizione di carico 2) - Affinché la sezione del muro sia verificata, occorre che l'azione orizzontale di calcolo $V_d = T$ sia inferiore al taglio ultimo: $V_d \leq V_u = \beta f_{Vd} A$, con β coefficiente di parzializzazione della sezione. Il coefficiente di parzializzazione viene posto uguale a uno nel caso in cui risulti $m_b < 1$. Nel caso in esame m_b= 1.9; si deve pertanto calcolare β mediante l'espressione:

$$\beta = \frac{3}{2} - \frac{3e_b}{B} = 0.55$$

La tensione normale media alla base del pannello vale:

$$\sigma_0 = \frac{207240}{1300 \cdot 500} = 0.319 \text{ N/mm}^2$$

si ha pertanto:

$$f_{Vd0} = \frac{f_{Vk0} + 0.4\sigma_0}{3} = \frac{0.20 + 0.4 \cdot 0.319}{3} = 0.109 \text{ N/mm}^2$$

Il taglio ultimo vale:

$$V_u = \beta f_{Vd} A = 0.55 \cdot 1300 \cdot 500 \cdot 0.109 \cdot 10^{-3} = 39.03 \text{ kN} > V_d = 21.63 \text{ kN}$$

Lo schema di calcolo considerato è emisimmetrico; per il maschio centrale si hanno pertanto le medesime sollecitazioni nelle due condizioni di carico:

	Sezione di sommità	Sezione al piede
N	58.45 kN	222.23 kN
T	13.95 kN	24.77 kN
M	20.64 kNm	33.22 kNm

XI. Maschio 2

Verifica a pressoflessione per la sezione di sommità - L'eccentricità longitudinale e_b dovuta al carico N vale:

$$e_b = M / N = 0.353 \text{ m}$$

$$m_b = \frac{6\,e_b}{B} = \frac{6 \cdot 0.353}{1.20} = 1.765 < 2$$

Per $\lambda = 0$, m = 1.765, si ricava:

$\Phi_b = 0.3565$.

L'eccentricità trasversale rimane invariata, si ha pertanto:

$\Phi_t = 0.834$.

Lo sforzo normale limite vale:

$N_u = \Phi_t \, \Phi_b f_d A = 325.84 \text{ kN} > N_d = N = 58.45 \, kN$

con f_d = 2.23 Mpa, A=1400×400 mm^2

Verifica a taglio per la sezione al piede - Per la sezione in esame si ha $m_b = 0.747 < 1$, pertanto il coefficiente di parzializzazione β vale 1.

La tensione normale media alla base del pannello è:

$$\sigma_0 = \frac{222230}{1200 \cdot 500} = 0.370 \text{ MPa}$$

La resistenza di calcolo a taglio è fornita dalla relazione:

$$f_{Vd} = \frac{f_{Vk0} + 0.4\sigma_0}{3} = \frac{0.20 + 0.4 \cdot 0.370}{3} = 0.116 \text{ N/mm}^2$$

Il taglio ultimo vale:

$$V_u = \beta f_{Vd} A = 1 \cdot 1200 \cdot 500 \cdot 0.116 \cdot 10^{-3} = 69.6 \text{ kN} > V_d = T = 24.77 \text{ kN}$$

Nella figura 24 è riportato in maniera sintetica il confronto tra le diverse modellazioni utilizzate per l'analisi della risposta della parete AB alle azioni complanari.

Dall'esame dei risultati riportati è possibile notare la grande differenza esistente tra i due procedimenti di calcolo, sia a livello di rigidezza traslazionale sia a livello di taglio limite elastico.

Le differenze sulla resistenza limite, in particolare, possono essere imputate agli effetti del ribaltamento globale causati dalle forze orizzontali di piano, effetti completamente trascurati dalla modellazione P.O.R.

Conclusioni

Si è visto come, a dispetto della sua antica e nobile tradizione, la muratura è stata per lungo tempo accantonata, nonostante le sue apprezzate doti estetiche, le buone caratteristiche di isolamento termo-acustico, resistenza al fuoco, durabilità, semplicità di posa in opera ed economicità. Di fatto, nella realizzazione di nuovi edifici vengono preferite altre tipologie edilizie, mentre qualora si debba procedere alla riparazione di edifici murari danneggiati, si assiste spesso alla realizzazione di interventi che, modificando pesantemente la struttura muraria, ne stravolgono la concezione statica originaria, con effetti non sempre prevedibili.

Questa circostanza è però frutto di un timore spesso ingiustificato e superficiale nei riguardi delle capacità prestazionali degli elementi murari, in special modo nei riguardi delle azioni orizzontali. È bene, infatti, tenere sempre a mente che, quali che siano i materiali e le tecnologie costruttive usate, la causa prima della vulnerabilità di un edificio risiede nella cattiva organizzazione strutturale, a monte della progettazione (cui non sempre è possibile porre rimedio con il dimensionamento delle strutture), e nella scarsa cura per i dettagli costruttivi.

È invece possibile realizzare, tramite una corretta organizzazione strutturale, edifici in grado di far fronte in maniera soddisfacente ed efficace anche ad azioni sismiche. Questo breve saggio intende appunto essere una riflessione sulle ragioni che, oggi più che mai, fanno della costruzione plastico-muraria, tipologia antichissima e radicata nella tradizione, una proposta moderna e attuale. L'impostazione della recente normativa antisismica italiana sulle murature testimonia, con l'ampio spazio dedicato a questa tipologia, la rinnovata attenzione verso le costruzioni murarie e le problematiche a esse connesse.

La corretta organizzazione della costruzione, certo, non può essere il frutto di un semplice assemblaggio di materiali e accostamento di parti. Così come l'ingrediente di base, il muro, scaturisce da rigorose leggi geometriche di taglio e disposizione dei conci, ovvero dall'abile accostamento di pietre grezze in cui ogni forma trova nella sagoma adiacente la sua controforma (in ogni caso, a ricreare idealmente la monoliticità e l'integrità della roccia naturale), così ogni ordine di elemento strutturale deve essere accuratamente legato all'altro. I muri ammorsati con pietre d'angolo, solai e coperture efficacemente connessi agli elementi verticali, a incatenarli e a ripartire le forze esterne, tutti con eguale importanza a formare la resistenza d'insieme. Non potrà allora accadere che il prematuro collasso di un elemento debole (o meglio, sollecitato nella maniera meno opportuna) comprometta l'intera struttura.

Nel passato la funzione connettiva dell'edificio era affidata alla maestria degli artigiani, che avevano cura di ben ammorsare i muri maestri scegliendo le pietre più adatte e solide per i nodi. Oggi, le Norme Tecniche forniscono una serie di indicazioni attenendosi alle quali si ottiene, per l'edificio progettato, il riconoscimento ufficiale delle qualità di scatolarità e regolarità strutturale, individuando una sorta di "archetipo": quanto più ci si discosta da esso, tanto più è probabile che il fabbricato manifesti debolezze o malfunzionamenti.

In ultima analisi, si tratta di un ritorno alla regola d'arte indicata nei trattati dell'antichità, di un recupero delle "regole del buon costruire" tramandate di padre in figlio, e oggi finalmente riscoperte dopo un lungo, irragionevole oblio.

26. Palazzo Ruccellai.

27. Tempio malatestiano, Rimini.

28. Jean Baptiste Rondelet, *Traité théorique et pratique de l'art de bâtir*, tavola III.

29. Jean Baptiste Rondelet, *Traité théorique et pratique de l'art de bâtir*, tavola LXIII.

A Il progetto di una casa per anziani a Trani

Costruire in muratura di pietra

Attraverso la lettura del progetto per l'ampliamento della Casa di riposo per anziani Vittorio Emanuele II di Trani, questo scritto affronta la questione del rapporto tra forma e tecnica nella costruzione in muratura di pietra. Tale progetto, infatti, è stato pensato in struttura muraria portante in pietra.
La ricerca delle forme si è fondata sull'idea di una stretta connessione tra architettura e costruzione, tra un'idea di solidità della costruzione fondata sulla consistenza della massa muraria e la concezione dello spazio come internità che si consegue attraverso lo spessore e l'opacità dell'involucro murario.

Caratteri della costruzione muraria

Il muro costruisce il limite che definisce e separa gli spazi; l'atto e il senso del recingere si rappresentano attraverso la continuità e lo spessore della parete muraria.
Se continuità e spessore connotano la natura della costruzione muraria, esistono declinazioni delle forme costruttive che tendono a esaltare soprattutto l'una delle due qualità pur senza contraddire l'altra.
La parete muraria è storicamente la forma rappresentativa della costruzione continua. Per la sua natura continua e la estensione prevalente in altezza e lunghezza, la parete muraria tende a connotarsi come elemento bidimensionale, come

26

27

piano. In questo caso l'espressività della costruzione è affidata soprattutto ai valori di superficie, alla tattilità del materiale, alla dimensione e alla tessitura dei conci, alla rappresentazione sul piano murario dei "nodi" costruttivi, paraste e marcapiani, al rapporto tra pieni e vuoti che non contraddica la continuità del piano murario.
L'altra declinazione della costruzione muraria tende a esaltarne particolarmente lo spessore.
Quando il muro è "aperto e fesso in più luoghi" l'espressività della costruzione è affidata alla manifestazione della profondità e della massività degli elementi. In questo caso gli elementi della costruzione si mostrano come "discretizzazione" del muro.
La forma rappresentativa della costruzione, in questo caso, è il pilastro murario, la *columna quadrangula* di cui scrive l'Alberti, considerandola parzializzazione del

28

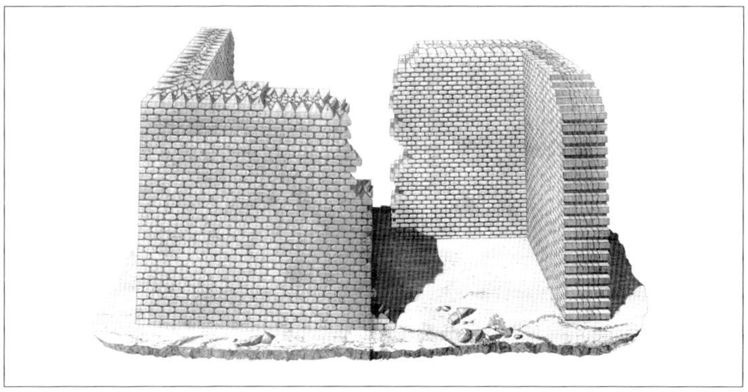
29

30. Planimetria generale. Nel progetto d'ampliamento della Casa per anziani la ricerca si è indirizzata verso le forme *discretizzate* della costruzione muraria, di cui sono stati indagati, insieme ai principi statici, i valori espressivi.

muro continuo (come appare negli acquedotti romani, ma anche nel fronte laterale della Basilica romanica di San Nicola o in quello del Tempio malatestiano a Rimini).
Non al piano murario, ma alla tridimensionalità degli elementi e alla tensione del rapporto pieno/vuoto, che deve rimandare virtualmente alla continuità del muro, è affidata la rappresentazione del carattere della costruzione.
Nel progetto della Casa per gli anziani di Trani la ricerca si è indirizzata prevalentemente verso la forma discretizzata della costruzione muraria di cui sono stati indagati i principi costruttivi e i valori espressivi.

Principi della costruzione muraria

Le pareti murarie continue, disposte tra loro in modo da chiudere una campata su tutti i suoi lati, indicano il principio di organizzazione spaziale che ha meglio risposto ai requisiti di stabilità degli organismi murari.
Questo principio è definito come principio di scatolarità.
Nel progetto della Casa degli anziani a Trani la compattezza e la scatolarità della struttura resistente sono state ricercate come condizione di ognuna delle parti di cui è costituito e in cui è stato suddiviso l'organismo architettonico.
L'unità dell'organismo architettonico è conseguita attraverso una composizione tra parti formalmente individuate, ognuna in sé rispondente al principio della scatolarità. Ciascuna parte è perciò un'unità strutturale autonoma caratterizzata da forme costruttive, da regolarità spaziale, da rapporti proporzionali, che ne determinano un comportamento scatolare. Questa scomposizione in parti strutturalmente indipendenti consente anche di ottimizzare la risposta d'insieme alle azioni del sisma.
In ciascuna delle parti la forma costruttiva ha perseguito il principio di scatolarità secondo modalità differenti adeguate alla espressione dei caratteri della parte.
La prima modalità tende a far coincidere la parte dell'edificio con un volume scatolare. In questo caso il progetto ricerca proprio la espressività del volume murario, inteso come manifestazione all'esterno dello spazio interno della stanza definita dall'insieme dei quattro piani di muro.
La seconda modalità ricerca per la parte una scatolarità virtuale attraverso la disposizione equilibrata degli elementi di piedritto, resi discontinui dalla parzializzazione del muro, e la connessione di questi mediante gli orizzontamenti. In questo caso la espressività della costruzione è ricercata attraverso la manifestazione della articolazione tridimensionale dei pilastri murari.

Gli elementi della costruzione muraria

Nel progetto, la costruzione muraria si declina attraverso tre forme costruttive: il muro contraffortato, il "maschio", il pilastro murario. A ognuna di queste forme è affidato un ruolo adeguato a rappresentare i caratteri della parte.

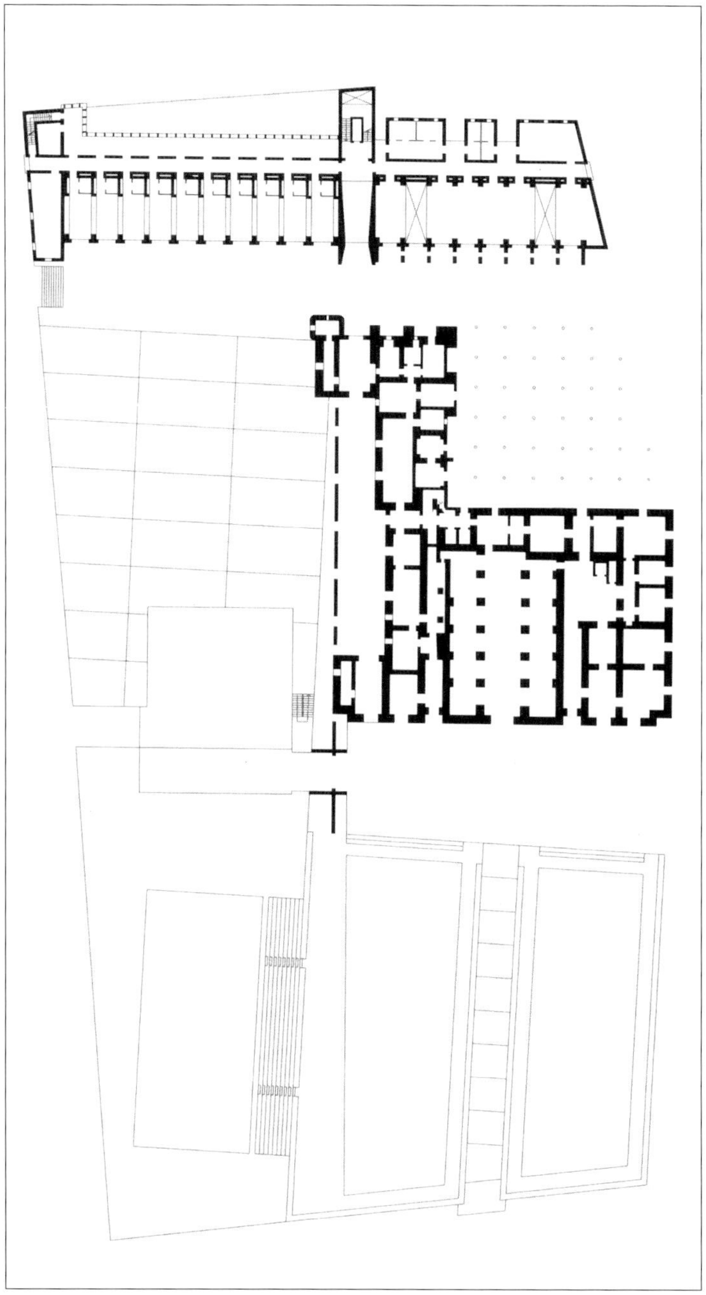

30

31. Foto del modello. Nel progetto la costruzione muraria si declina attraverso tre forme costruttive: il *muro contraffortato*, il *maschio murario*, il *pilastro murario*. Ognuna di queste forme costruisce una parte dell'edificio e ne connota il carattere.

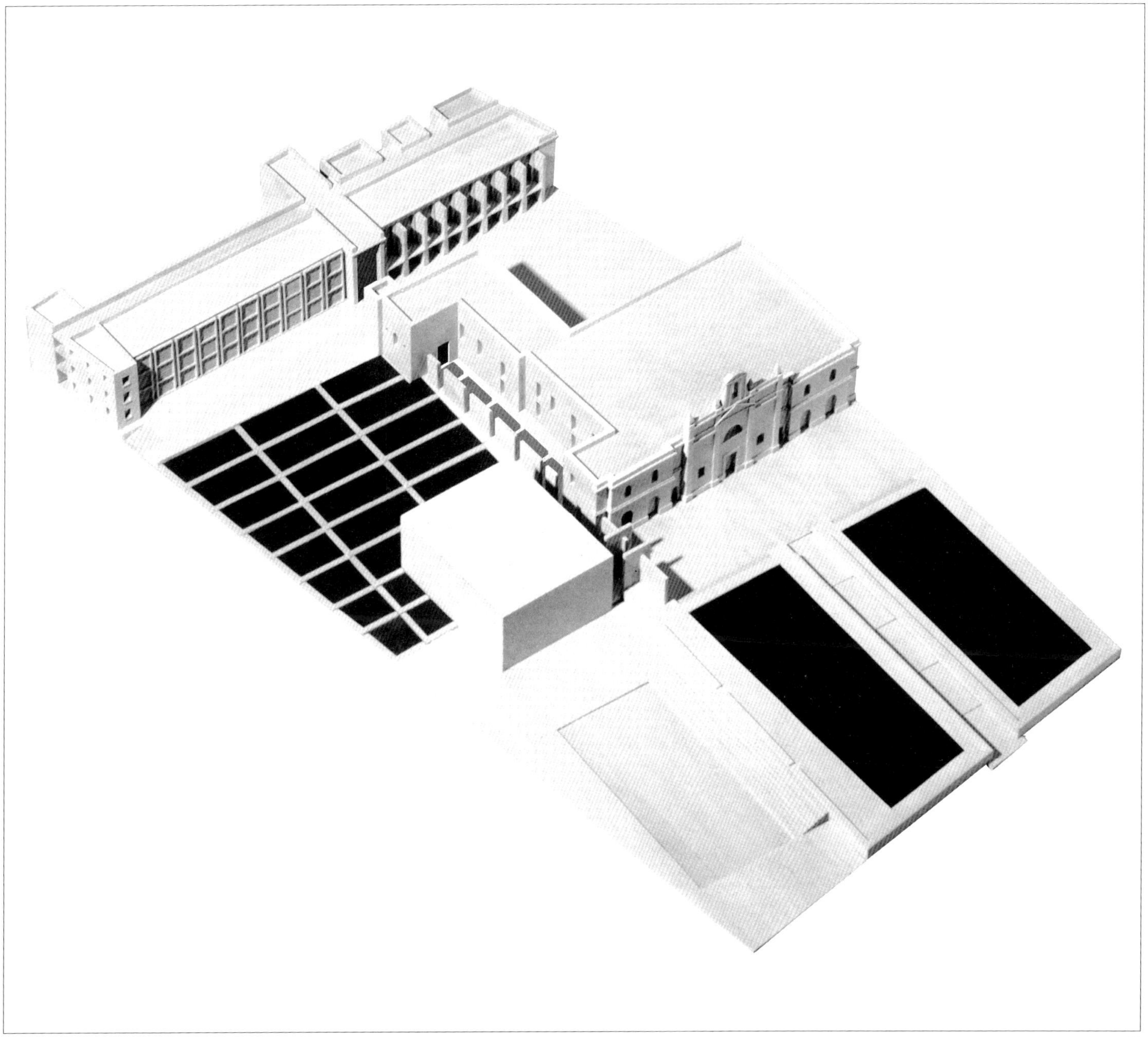

31

32. Pianta e prospetti. I fronti sono costruiti dalle differenti declinazioni della costruzione muraria. Quelli rivolti verso i giardini sono costruiti da una successione di pilastri murari, di forma a *T* o a *croce*. Quello prospiciente la strada, che corrisponde alla parte destinata ai servizi, è costruito da volumi murari *autonomi e scatolari*, che si succedono intervallati da vuoti.

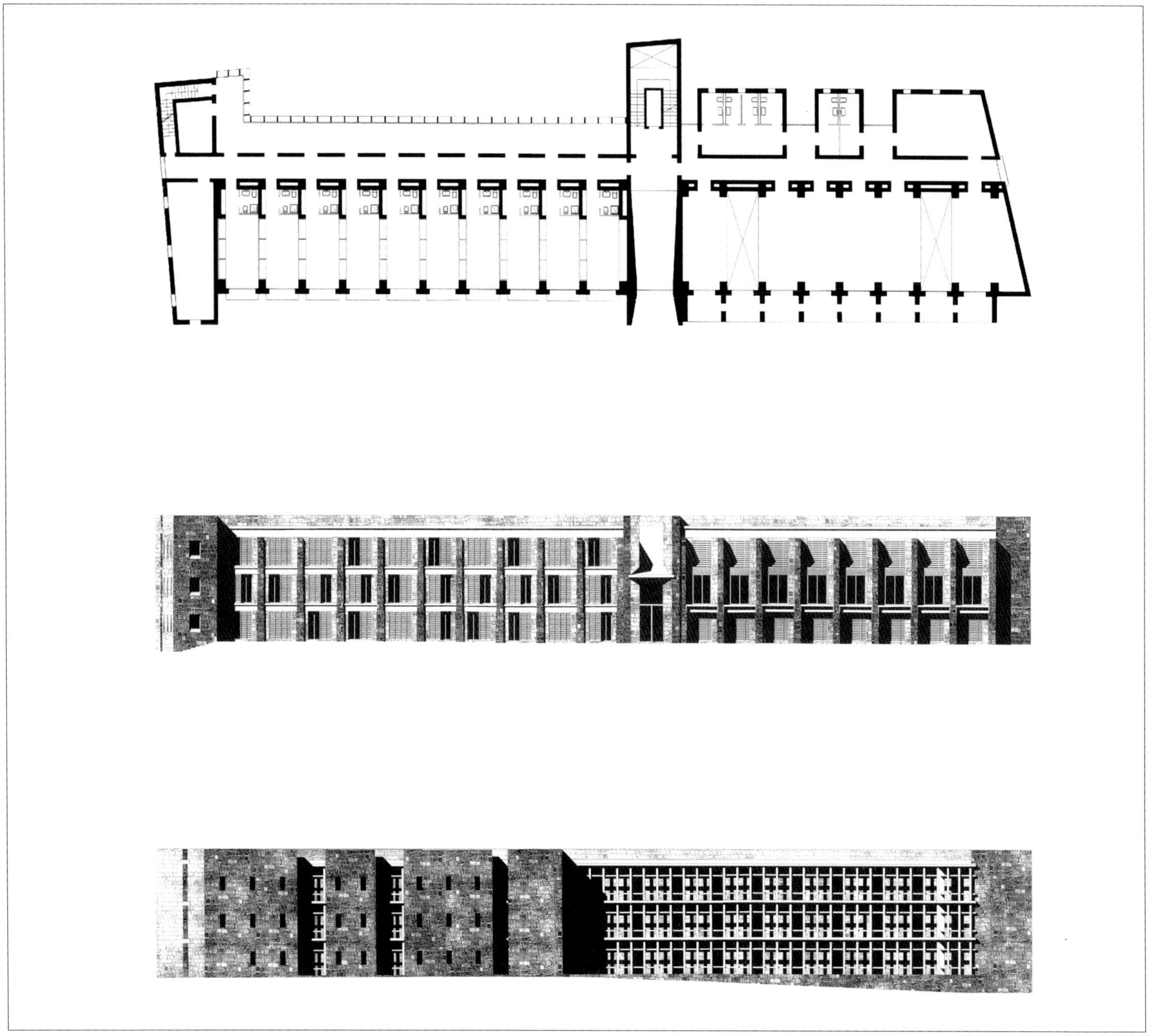

32

33. Particolare della loggia. Il *limite* costruito dalla successione dei pilastri murari, per lo *spessore* che lo connota e la *fittezza* della successione, racchiude l'interno alla vista scorciata e, allo stesso tempo, lascia trasparire la veduta del giardino alla visione frontale.

33

La costruzione del muro contraffortato coincide con l'atto fondativo del progetto: con la propria collocazione separa e definisce gli spazi in cui si articola il complesso comunitario.
Il muro contraffortato si estende per tutta la lunghezza dell'edificio e costituisce la "spina dorsale" dell'organismo. Esso rappresenta l'elemento unificatore del progetto: in asse con la strada interna il muro si apre a definire l'atrio di ingresso.

I maschi murari, posti alle estremità del muro, costituiscono le testate che rinsaldano visivamente la costruzione; queste sono le parti in cui il muro si richiude come volume conseguendo letteralmente una condizione di scatolarità.
Analoga condizione strutturale caratterizza le parti destinate ai servizi che, in corrispondenza delle aule comunitarie, delimitano l'edificio sul fronte esterno. Qui le scatole murarie si succedono intervallate da vuoti e scandite dalle ombre profonde che ne esaltano la consistenza volumetrica.
I pilastri murari cruciformi costruiscono il fronte loggiato degli spazi comunitari rivolti verso il giardino degli agrumi definendo la relazione tra interno ed esterno: il limite costituito dalla successione dei pilastri murari, per lo spessore che lo connota e per la fittezza della successione, racchiude l'interno alla vista scorciata e, allo stesso tempo, lascia trasparire l'esterno nella veduta frontale.
I pilastri hanno forma a croce o a T. La geometria dei pilastri risponde alla esigenza di inerzia dell'elemento murario nelle due direzioni, ma soprattutto la forma mette in rappresentazione la condizione di stabilità, evoca il senso di solidità della costruzione. Attraverso la forma del pilastro e il ritmo serrato della successione si consegue, insieme all'apertura degli spazi interni sul luogo dei giardini, la necessaria solidità visiva della costruzione connaturata all'architettura di pietra.
In questa parte, caratterizzata dalla discretizzazione della struttura muraria, la condizione di scatolarità si consegue virtualmente attraverso il proporzionamento della parte stessa, mantenendo un rapporto tra i lati di uno a tre, definendo le caratteristiche di forma dei muri e dei pilastri in modo che i "risvolti" di controvento abbiano sempre lunghezza superiore a un metro, garantendo la condizione di equilibrio degli elementi (coppia di muri-ordine di pilastri) alle azioni del sisma.

Le strutture orizzontali

Per le strutture orizzontali delle parti comuni dell'edificio si è scelto un sistema costruttivo differente da quello murario adottato per le strutture di elevazione. Queste parti dell'edificio sono costruite con travi di legno lamellare.
Per ottenere maggiore snellezza di sezione e adeguato rapporto con gli elementi di sostegno murari, le travi sono binate. L'orditura delle travi all'intradosso dei solai connota la costruzione degli orizzontamenti.
I caratteri differenti della costruzione tettonica, adottata per la costruzione dei solai, e della costruzione stereotomica, adottata per la costruzione dei piedritti, si mostrano a confronto nei luoghi rappresentativi dell'edificio.
Sul tavolato dei solai è realizzato un pavimento alla "veneziana" con conglomerato di cemento e scaglie di pietra di Trani. Il pavimento è realizzato in campi definiti da cordoli che, oltre ad avere funzione di contenimento del conglomerato, di-

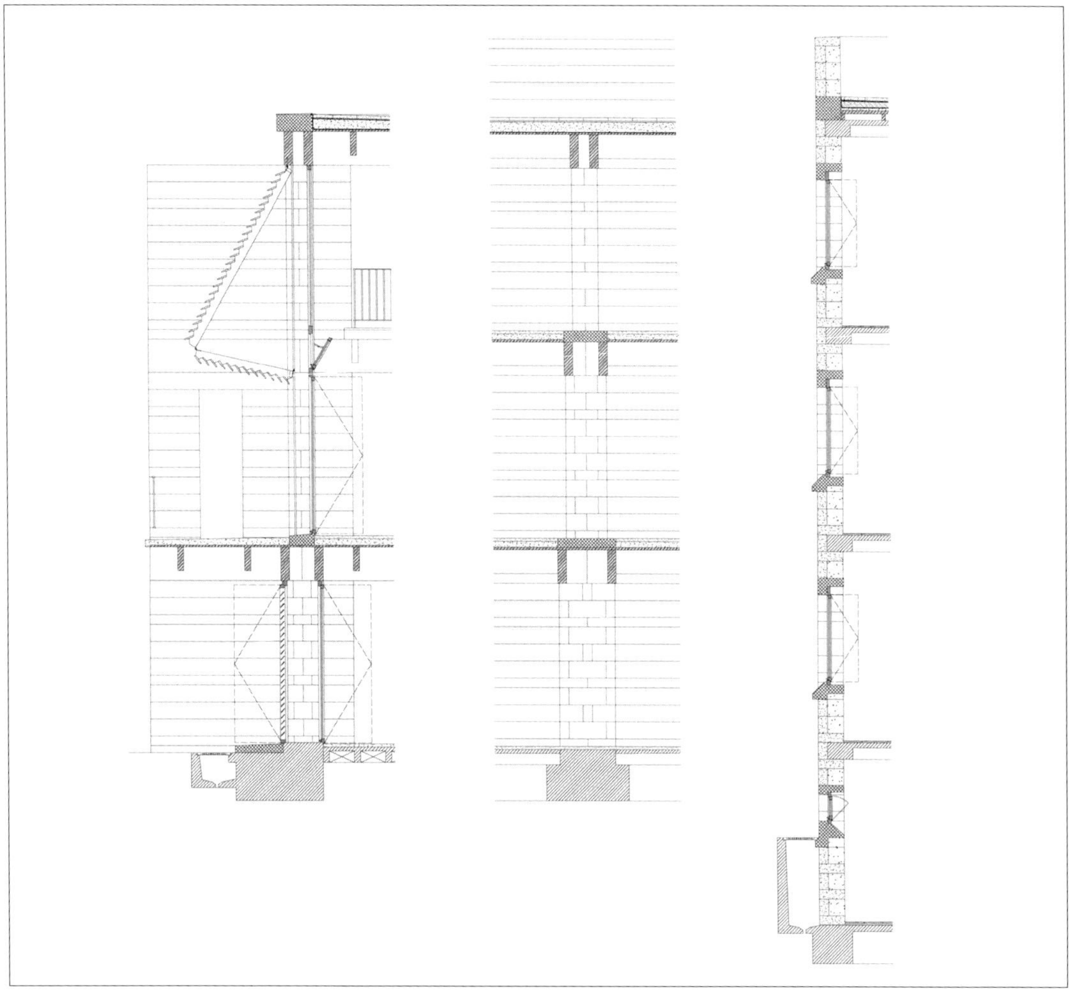

34

34. Particolari costruttivi. La costruzione è realizzata utilizzando due materiali: la *pietra* e il *legno*. Con la pietra sono costruiti gli elementi di piedritto; con il legno, le travi dell'orditura degli orizzontamenti. Di legno sono le grandi persiane, poste tra i pilastri murari a racchiudere l'interno degli alloggi e delle sale comuni.

sponendosi in corrispondenza degli elementi verticali di sostegno, costituiscono una ulteriore cerchiatura dell'edificio.
Gli orizzontamenti, per le proprie caratteristiche costruttive, oltre a portare i carichi verticali, costituiscono diaframmi rigidi in grado di ripartire le azioni orizzontali tra i muri maestri; essi contribuiscono così al conseguimento della condizione di scatolarità per l'intero organismo.

La "natura" del muro

La "natura" del muro deve corrispondere ai requisiti fisico-tecnici e statici che assicurino il benessere igrotermico e la solidità costruttiva dell'edificio. Il muro è costruito perciò con strati verticali resi omogenei dalla particolare tessitura dei conci. La muratura è del tipo a due teste, costituite da un paramento esterno in pietra di Trani e un paramento interno in tufo calcareo di Canosa.
La capacità di una muratura di contribuire al benessere igrotermico dell'interno di un edificio (caldo d'inverno e fresco d'estate) è direttamente proporzionale alla massa inerziale e alla presenza di differenti valori di trasmittanza nello spessore. La stratificazione verticale ottenuta con i due paramenti di pietra e di tufo risponde efficacemente a questo requisito. Il paramento interno in tufo è più traspirante e garantisce la salubrità degli ambienti interni, il paramento esterno in pietra costituisce una barriera più resistente agli agenti atmosferici. Il paramento interno in tufo, generalmente a faccia vista, si presta dove occorre a essere intonacato, mentre il paramento esterno in pietra assolve alla funzione di protezione e conferisce decoro all'edificio.
Per consentire all'opera muraria un funzionamento omogeneo, azzerando gli effetti di deformazioni differenziali causati dalle diverse caratteristiche di posa dei due materiali costituenti il blocco, è stata studiata una particolare tessitura: ogni tre ricorsi, costituiti dal doppio paramento, è presente un ricorso a tutto spessore, realizzato con diatoni in pietra di Trani, che lega tra loro i paramenti e omogeneizza il blocco murario.

Crediti

Progetto vincitore del concorso, in due fasi, per l'ampliamento della Casa di riposo Vittorio Emanuele II a Trani, 1995
Progetto architettonico:
arch. Carlo Moccia con Tommaso Di Biase, Franco De Filippis, Luca Labate
Progetto delle strutture:
ing. Calogero Dentamaro con Giuseppina Uva

Capitolo 4

COSTRUZIONI IN LEGNO

Premessa

Nella trattazione seguente si discuteranno tre temi: il primo relativo alle caratteristiche tecnologiche del materiale legno, il secondo e il terzo alle metodologie di calcolo e di verifica delle strutture in legno, con particolare riguardo alla discussione di un caso di progettazione vero e proprio.

Per quanto riguarda, viceversa, l'approfondimento di problemi connessi alla manutenzione e alle patologie di degrado del legno si dovrà fare riferimento al secondo volume, ove saranno trattate le problematiche legate al restauro di strutture lignee.

È da notare come l'esempio, riportato nell'ultima parte della trattazione, nonostante le sue doti di essenzialità e semplicità, tratti esaurientemente i temi ricorrenti nelle strutture lignee (metodi di verifica di un materiale anisotropo, problema dell'instabilità dell'equilibrio, collegamenti). L'estensione a casi di maggiore complessità richiede essenzialmente un approfondimento dei metodi di analisi strutturale a livello globale, comunque trattati in altri capitoli del presente volume.

Infine, si desidera ringraziare la dottoressa Tiziana Urso[1] per la stesura di *Il legno: materiale di origine biologica*.

Materiale, tecnologia, durabilità

Il legno: materiale di origine biologica

Il legno costituisce buona parte del fusto, dei rami e delle radici delle piante a struttura secondaria, Gimnosperme e Angiosperme Dicotiledoni. Nella pianta viva le funzioni principali del legno sono due: permettere la risalita dell'acqua e dei sali provenienti dal terreno verso le foglie, e sostenere il peso della pianta e della chioma. I tessuti che compongono il legno sono quindi strutturati per svolgere al meglio queste due funzioni.

L'organizzazione dei tessuti legnosi è diversa per le Gimnosperme e le Angiosperme Dicotiledoni.

Nelle Gimnosperme o Conifere il legno è costituito per la quasi totalità da cellule morte, le tracheidi, di forma tubolare, cave, lunghe mediamente intorno a 3 mm, con parete cellulare più o meno ispessita secondo la stagione in cui la cellula è stata prodotta. Le tracheidi hanno tutte direzione assiale; sono strettamente aderenti tra di loro in modo tale che non ci sono spazi intercellulari. Le due funzioni del legno, di trasporto e di sostegno, sono svolte entrambe dalle tracheidi: la parete cellulare, ben rinforzata e ispessita, rende la cellula rigida e resistente alle sollecitazioni, mentre la cavità più o meno ampia del lume cellulare permette il passaggio dei liquidi. Le diverse esigenze vegetative della pianta nei diversi momenti stagionali vengono soddisfatte modificando la morfologia cellulare. Così nei periodi di maggiore necessità di acqua, durante la ripresa vegetativa, le cellule prodotte sono più corte, con lume più ampio e parete cellulare più sottile, mentre nel periodo successivo sono formate da cellule più lunghe, con parete cellulare più spessa e lume cellulare ridotto. Questa diversa morfologia cellulare dà origine agli anelli di accrescimento, costituiti dalla ripetizione periodica di cellule primaverili, che formano il legno primaticcio, più chiaro, leggero e poroso, e cellule autunnali, che danno origine al legno tardivo, più scuro, pesante e compatto.

Nelle Angiosperme Dicotiledoni, più comunemente chiamate Latifoglie, le cellule che trasportano i liquidi non sono le stesse che danno il sostegno meccanico alla pianta. Si ha cioè una specializzazione dei diversi elementi cellulari, che hanno la morfologia più adatta per la propria funzione. Le cellule con funzione di sostegno meccanico della pianta sono le fibre, che presentano una parete cellulare particolarmente ispessita, e lume cellulare ristretto o mancante; la funzione di trasporto dell'acqua è invece svolta dagli elementi vasali, con lume ampio e cavo, e pareti cellulari molto più sottili. In questo modo l'efficienza dei tessuti legnosi è notevolmente migliorata. Anche nelle Latifoglie sono presenti gli anelli di accrescimento, che però sono meno evidenti che nelle Conifere in quanto la stagione influenza meno la morfologia cellulare. Questo non è vero per alcuni legni, come quello di castagno o di quercia, che presentano in corrispondenza del legno primaticcio un anello poroso dato dalla presenza di cellule di trasporto a lume molto ampio, visibile a occhio nudo. Sia le fibre sia gli elementi vasali hanno forma allungata, con asse maggiore disposto parallelamente all'asse del fusto.

La struttura chimica della parete cellulare delle cellule di sostegno meccanico, fibre nelle Latifoglie e tracheidi nelle Conifere, ha una notevole influenza sulle proprietà del legno. Questo perché, considerato che gli elementi cellulari sono per la mag-

[1] Università di Padova, T.E.S.A.F. Facoltà di Agraria.

1. Sezione trasversale di abete rosso (*Picea abies* Karst.) al microscopio ottico × 100.

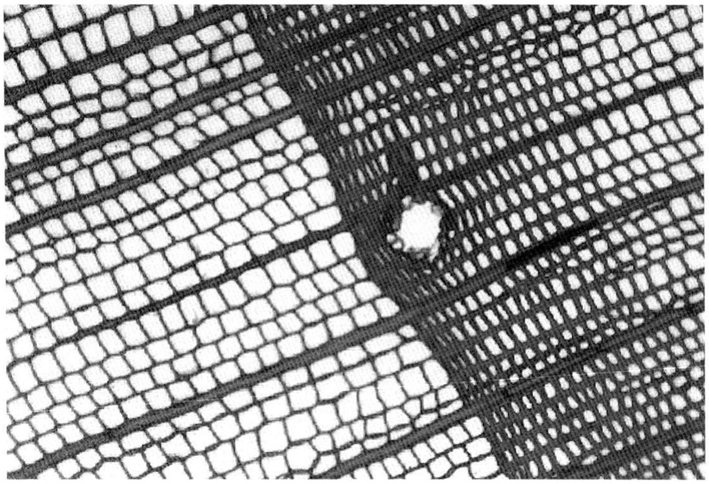

1

gior parte morti e svuotati del contenuto cellulare, il legno in pratica è costituito dall'insieme delle pareti cellulari.

La molecola organica di base della parete cellulare di una cellula meccanica è la cellulosa, polimero del βglucosio. Tale molecola è costituita da un filamento lungo e rigido, non ramificato, insolubile in acqua ma facilmente idratabile grazie ai numerosissimi residui idrofilici che sporgono dal polimero. Più filamenti di cellulosa si uniscono a formare una microfibrilla; più microfibrille si organizzano a costituire i diversi strati di una parete cellulare. Le microfibrille sono tenute insieme dalle altre molecole organiche che costituiscono la parete cellulare, quali le emicellulose e le pectine. A parete ultimata, viene deposta la lignina, un polimero aromatico idrofobico che funge da sostanza incrostante per rinforzarne ulteriormente la conformazione fibrillare. La parete quindi è costituita da uno scheletro cellulosico, altamente idrofilico, stabilizzato da molecole idrofiliche e rinforzato da molecole idrofobiche. Le microfibrille hanno nella parete cellulare un andamento ben preciso: dapprima, nella parete primaria, disposte in modo più o meno lasso e reticolato, assumono ben presto direzione concordante, prima formando uno strato in cui hanno direzione perpendicolare all'asse cellulare (S1), poi formando uno strato in cui la direzione è parallela all'asse cellulare (S2). Infine si dispongono di nuovo perpendicolarmente all'asse cellulare (S3).

La conformazione stratificata e microfibrillare della parete spiega in parte il comportamento del legno nei confronti dell'acqua.

Com'è noto, il legno è un materiale igroscopico, tendente sempre a mettersi in equilibrio con l'umidità ambientale. L'acqua è assorbita dal legno in due forme: legata nei componenti parietali e libera, nelle cavità cellulari, solo quando i siti di legame delle pareti sono saturi. Mentre l'aumento o la diminuzione dell'acqua nei lumi cellulari non produce alcuna variazione dimensionale, la perdita o l'adesione dell'acqua alle molecole di parete ne fa modificare le dimensioni, producendo rigonfiamento o ritiro. Tali movimenti dimensionali sono anisotropi: minimi in direzione parallela alla fibratura, massimi in direzione ortogonale e differenziati lungo l'asse radiale e tangenziale. I siti di legame per l'acqua nella parete sono essenzialmente i residui ossidrilici delle catene di cellulosa che sporgono dalla molecola stessa, mentre i legami tra i singoli monomeri di βglucosio non sono scissi dall'acqua: in pratica la molecola di cellulosa idratata aumenta in diametro, ma non in lunghezza.

Ciascuna microfibrilla si comporta allo stesso modo: i diversi strati di parete quindi, secondo l'orientamento delle microfibrille, modificano le proprie dimensioni, in relazione alle variazioni di umidità, in direzioni diverse. Lo strato più consistente, che influenza il comportamento di tutta la parete, è lo strato S2: il prevalente orientamento longitudinale delle microfibrille in S2 spiega quindi come mai i movimenti dimensionali del legno in relazione all'assunzione o alla perdita dell'acqua siano minimi in direzione assiale, e massimi in direzione perpendicolare all'asse cellulare e del fusto.

Il comportamento anisotropo del legno trova una motivazione sia nella struttura fibrillare della parete cellulare, sia nella diversa distribuzione della lignina all'interno della parete stessa, maggiormente presente nelle pareti radiali che tangenziali. In conseguenza di ciò, le pareti radiali si ritirano meno durante l'essiccamento rispetto a quelle tangenziali.

Se questa così sintetizzata è la struttura generica del legno, in realtà le variazioni da questo modello sono moltissime, dovute alla diversa organizzazione di piante di specie diverse, ma anche alla variabilità indotta dalle diversità delle condizioni di accrescimento dell'albero.

L'umidità nel legno strutturale

Dato che, sia nel legname fresco sia in quello stagionato, è sempre presente una certa quantità di acqua libera e/o di saturazione, risulta di fondamentale importanza per comprendere il comportamento del legno in opera conoscere le relazioni intercorrenti tra acqua e legno.

L'umidità $u_{\%}$ di un pezzo di legno di peso G_u viene espressa in percentuale e in rapporto al peso allo stato anidro G_0, dopo essiccazione artificiale, dello stesso:

$$u_{\%} = 100 \cdot \frac{G_u - G_0}{G_0}$$

Negli alberi viventi e in quelli appena tagliati il contenuto d'acqua può essere di molto superiore al limite di saturazione e, quindi, le cavità cellulari risultano totalmente o parzialmente riempite; conseguentemente le pareti cellulari contengono ancora tutta l'acqua di saturazione.

Dopo l'abbattimento, le cellule del legno cominciano a perdere gradualmente l'acqua in esse contenuta. In ogni caso, finché il contenuto d'acqua è maggiore al 25-30%, la perdita d'acqua interessa esclusivamente le cavità delle fibre del legno e comporta solo una riduzione del peso del legno, mentre le pareti cellulari non subiscono alcuna variazione dimensionale. Quando, per progressiva perdita d'acqua, le cavità cellulari risultano vuote ma le pareti trattengono ancora acqua secondo la loro massima capacità, si dice che il legno è nell'intorno del punto di saturazione delle pareti cellulari (in inglese *fibre saturation point, fsp*): da questo momento in poi, sempre con umidità in diminuzione, hanno inizio quelle variazioni dimensionali chiamate ritiri.

Si tratta comunque di un processo di tipo reversibile: il legno, infatti, data la sua conformazione cellulare è un materiale igroscopico e come tale tende a porsi in condizione di equilibrio con l'ambiente assorbendo o cedendo acqua con conseguenti variazioni dimensionali di rigonfiamento o ritiro. Naturalmente, durante questo processo, gli strati superficiali del legno rispondono più rapidamente di quelli situati nelle zone più profonde.

In generale, si può dire che le escursioni giornaliere di umidità e temperatura hanno degli effetti solo su modeste sezioni di legname, come ad esempio i telai delle finestre; al contrario, i cambiamenti climatici di tipo stagionale riguardano anche gli elementi lignei di sezione considerevole, aventi funzione strutturale.

Il processo suddetto termina nel momento in cui si perviene a uno stato di equilibrio igroscopico tra legno e ambiente. La condizione di equilibrio, nel caso particolare di temperatura pari a 20 °C e di umidità relativa del 60%, comporta, nella maggioranza del legname di conifera, un'umidità di equilibrio del 12%; tale condizione viene, convenzionalmente, considerata come "condizione normale" del legno.

I movimenti del legno, a causa dell'anisotropia del materiale, variano in funzione della direzione anatomica secondo cui si verificano. In generale, si può affermare che, mentre il ritiro assiale (cioè quello che si verifica nella direzione della fibratura) è minore dello 0.3%, il ritiro radiale varia all'incirca dal 2 al 4% e il ritiro tangenziale (cioè in direzione tangenziale rispetto agli anelli di accrescimento) addirittura dal 4 al 9%, quindi quasi il doppio del secondo. Ciò comporta, evidentemente, un'incongruenza di tipo geometrico che può generare stati di coazione in senso normale alla direzione di fibratura e che conducono poi alla formazione di tipiche fenditure a V (cretti da ritiro). Se tali fenditure si manifestano su travature prima della messa in opera, tali elementi possono essere posizionati in modo corretto (fig. 2a): molto spesso, mettendo in opera legno non stagionato, i cretti si manifestano secondo lo schema di figura 2b, soprattutto se il lato estradossale risulta vincolato a una struttura di impalcato. Altra conseguenza dei ritiri è evidente nelle tavole di tipo tangenziale che, oltre a una diminuzione della sezione trasversale, subiscono la tipica incurvatura nella larghezza (chiamata imbarcamento). Le tipiche deformazioni da ritiro dei segati (in sezione) sono mostrate nella figura 2. La presenza dell'asse midollare nella sezione di un segato si accompagna quasi sempre alla presenza dei cretti da ritiro.

Prima che il legno venga posto in opera, è necessario procedere a una stagionatura con (parziale) rimozione dell'acqua in esso contenuta. Ci sono tre ragioni principali che impongono questa operazione:
- il legno degrada facilmente se mantenuto in luoghi con un elevato contenuto di umidità per lunghi periodi (o anche per breve tempo), a causa della formazione di muffe e funghi;
- il legno non stagionato tende a diventare più secco dopo la posa in opera. Quando l'umidità scende al disotto del 25-30% il legno, come si è visto, inizia a contrarsi trasversalmente e se è già in opera, le variazioni dimensionali che si verificano in fase di stagionatura possono interferire con la funzionalità dell'opera. Inoltre, se la

fibratura non è assolutamente rettilinea e parallela all'asse dell'elemento possono sopraggiungere delle pericolose deformazioni quali ad esempio quelle torsionali. Al contrario, la stagionatura prima della messa in esercizio consente di controllare i cambiamenti dimensionali dell'elemento ligneo e di verificare preventivamente la presenza di difetti;
- il legno con un elevato tasso di umidità possiede in genere una resistenza inferiore rispetto a quella del legname ben stagionato, cioè portato in condizioni di umidità prossime a quelle normali (fig. 3).

Altre e non secondarie ragioni sono poi le seguenti:
- riduzione dei pesi propri;
- facilitazione del montaggio;
- possibilità di effettuare collegamenti incollati;
- possibilità di migliorare la penetrazione dei trattamenti all'interno dell'elemento ligneo.

Per accelerare il processo di stagionatura, si ricorre solitamente a metodi artificiali, quali il riscaldamento, che portano gradualmente in superficie anche l'umidità contenuta nelle zone più interne dell'elemento ligneo. Si tratta, in ogni caso, di processi relativamente lenti, che possono occupare anche parecchi mesi, o addirittura anni nei casi estremi: la lentezza del processo è anche direttamente connessa al volume del pezzo da stagionare.

Il ricorso a metodi artificiali è ormai abbastanza diffuso anche perché è quasi sempre impossibile raggiungere una buona stagionatura in tempi attualmente giudicati vantaggiosi dal produttore. Il problema era ed è ben conosciuto. Si può rammentare quanto citava al riguardo Leon Battista Alberti: «Pare che Teofrasto fosse del parere che il legname non sia mai seccato a sufficienza… prima di un periodo di tre anni» (*De Re Aedificatoria*, libro II, cap. VI). E anche Andrea Palladio, nel primo dei *Quattro Libri dell'Architettura*, ricorda a proposito del legname a uso strutturale e non: «…né avanti tre anni saranno ben secchi per uso de' palchi, e delle porte, e delle fenestre» (libro I, cap. II).

L'umidità del legno è funzione sia dell'umidità relativa dell'aria sia della "direzione" in cui si è raggiunto l'equilibrio: è stato notato, infatti, come per uno specifico valore dell'umidità ambientale, l'umidità nel legno conseguita in fase di de-assorbimento è maggiore rispetto a quella ottenuta in fase di assorbimento (fig. 4) a causa di un fenomeno di isteresi (in inglese *sorption hysteresis*).

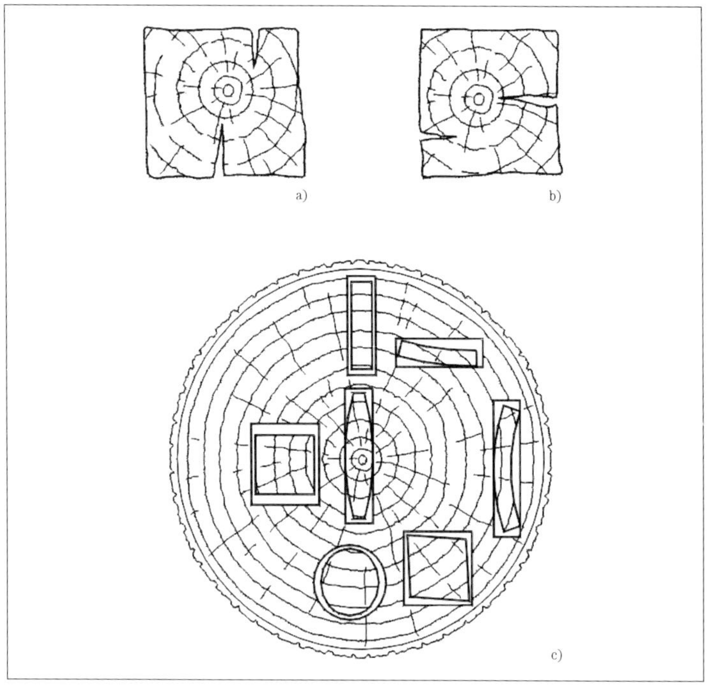

2

2a, b, c. Fessurazioni longitudinali da ritiro (cretti) e deformazioni di sezioni trasversali di segati.

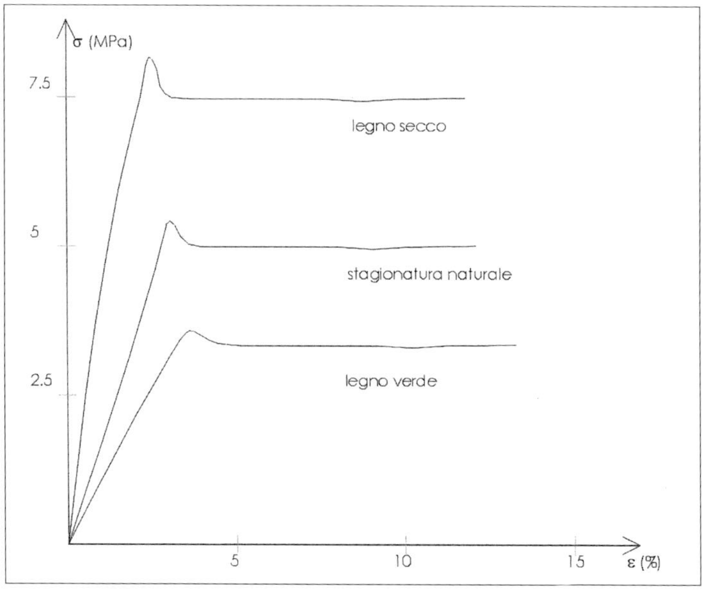

3

3. Curve carico-deformazione per legno di Abete Douglas sollecitato a compressione radiale al variare dell'umidità.

Quando il legno sotto carico costante è anche soggetto a cambiamenti d'umidità, manifesta deformazioni maggiori di quando le condizioni d'umidità risultano essere costanti. Questo fenomeno, che prende il nome di comportamento meccanico-adsorbitivo (in inglese *mechano-sorption*), è stato oggetto di innumerevoli studi per quasi quarant'anni senza tuttavia una valida e completa spiegazione a riguardo.

Come si può notare osservando la figura 5, i cambiamenti di umidità hanno una non trascurabile influenza sul comportamento del legno. Un campione di legno, infatti, sottoposto a sollecitazioni di trazione parallela alla fibratura, durante il passaggio da una condizione di minore a una di maggiore umidità, aumenta la sua deformazione.

Quando il contenuto di acqua si riduce, si verifica un decremento della deformazione. Si può notare che solo il primo ciclo di variazione di umidità produce deformazioni comparabili a quella elastica iniziale. Questo fenomeno talvolta è chiamato anche accelerazione apparente dello scorrimento viscoso (*creep*). Il termine apparente sta a indicare che quando il tasso di umidità diminuisce buona parte delle deformazione, manifestatasi in condizioni di umidità elevata, viene recuperata. Si deve notare che, in flessione e compressione, il comportamento è opposto a quello indicato per la trazione.

Con la definizione "umidità di equilibrio in servizio" si intende il contenuto di umidità nel legno nella costruzione ultimata dopo un certo periodo di tempo. Per il legno valgono i seguenti valori di umidità di equilibrio:

- in costruzioni chiuse (legno in dimensioni strutturali)	
riscaldate	9 ± 3%
non riscaldate	12 ± 3%
- in costruzioni coperte ma aperte ai lati	15 ± 3%
- in costruzioni esposte	18 ± 6%

Elementi in legno con umidità, all'atto della messa in opera, superiore a quanto previsto nel precedente capoverso potranno essere utilizzati solo in costruzioni nelle quali il legno potrà diminuire la propria umidità e le cui parti strutturali non risultino sensibili alle deformazioni da ritiro che si potrebbero verificare.

Nella tabella I sono indicati (in %) i valori approssimativi di deformazioni nel legno per variazione percentuale unitaria dell'umidità nello stesso.

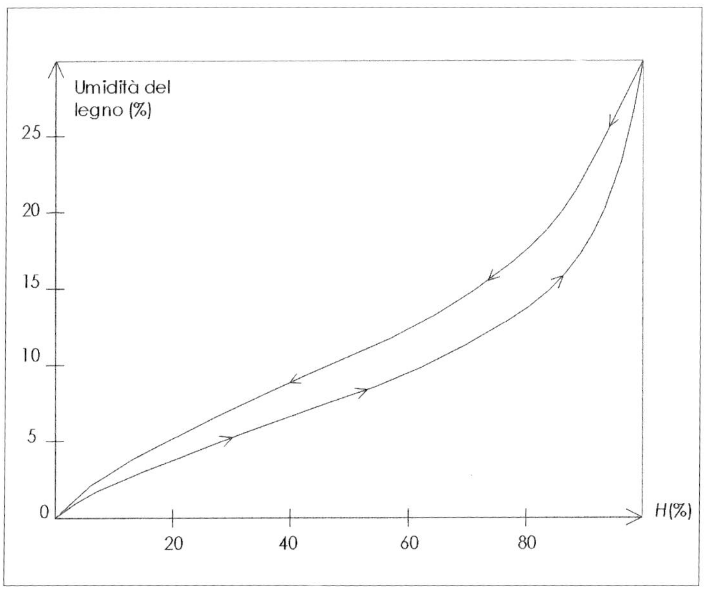

4

4. Fenomeno di isteresi dell'umidità del legno a seguito di variazioni dell'umidità ambientale *H*.

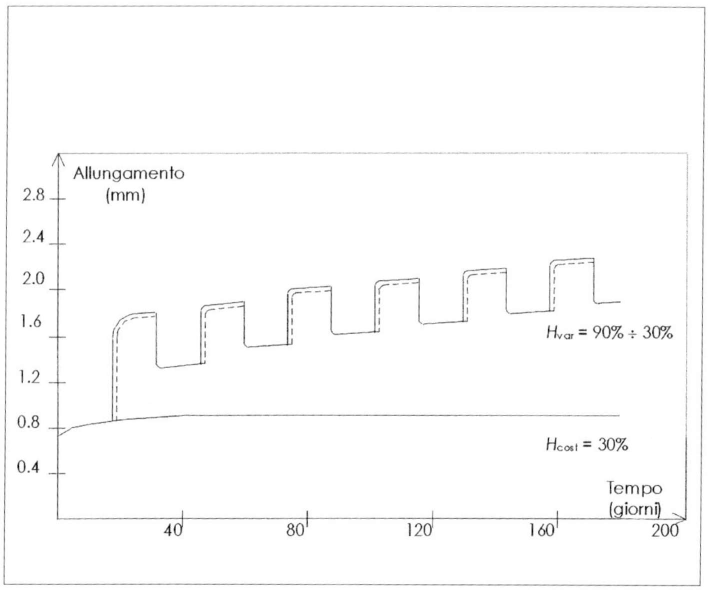

5

5. Comportamento di un elemento ligneo sottoposto a sollecitazione di trazione in condizioni di umidità ambientale costanti o variabili.

Materiale costruttivo	ε_r per Δu = 1% (sotto il p.s.f.)
1. Abete rosso e bianco, Pino, Larice, Douglasia, Southern Pine, Western Hemlock, quercia, legno lamellare	0.240*
2. Faggio, Keruing, Angelique, Greenheart	0.300*
3. Teak, Afzelia, Merbau	0.200*
4. Azobé (Bongossi)	0.360*
5. Compensato strutturale	0.020**
6. Pannelli di fibre	0.035**

* Valori medi tra direzione radiale e tangenziale
** Valori medi nel piano del pannello

I. Coefficienti di ritiro e rigonfiamento (in %) per variazioni percentuali unitarie di umidità nel legno.

Il legno lamellare

L'utilizzo del legno, nella seconda parte del secolo trascorso e soprattutto in Italia, è stato molto limitato essendo a esso preferiti altri materiali quali, ad esempio, il calcestruzzo armato e l'acciaio. A parte considerazioni legate a cultura e tradizioni diverse di altre regioni europee (soprattutto settentrionali) si deve osservare che i materiali tipici della moderna tecnica delle costruzioni (l'acciaio e il calcestruzzo in primo luogo) hanno tratto vantaggio da alcune carenze tipiche del legno massiccio, che principalmente si possono così riassumere:

- limitazioni dimensionali e di forma, accompagnate da crescenti difficoltà di approvvigionamento degli assortimenti idonei;
- prestazioni meccaniche estremamente variabili non solo da elemento a elemento, ma anche nell'ambito di un medesimo elemento;
- instabilità dimensionale e tendenza inevitabile alla fessurazione (e in alcuni casi a deformazioni indesiderate) dopo la messa in opera;
- limitata durabilità dell'elemento riferita sia alle principali sollecitazioni climatiche sia agli attacchi di vari agenti di alterazione biologica.

La tecnologia del legno lamellare incollato ha cercato di trovare risposte positive a tali problematiche e, in genere, è stata effettivamente in grado di fornirle.

Con il termine di legno lamellare incollato (che di seguito verrà indicato con L.L.), o *glulam* per il mondo anglosassone, si intende un prodotto a base di legno costituito da segati sovrapposti (talvolta anche affiancati), di spessore relativamente modesto (comunque non superiore a 50 mm) rispetto alla sezione dell'intero elemento, che vengono uniti tra loro a formare una sezione composta per mezzo di adesivi in grado di garantire resistenza e durabilità nel tempo.

Sebbene possa apparire, a un primo esame, irrazionale suddividere i tronchi in lamelle per procedere successivamente alla ricomposizione delle stesse in strutture di vario tipo, risulta immediatamente evidente come in questo modo si possano ottenere elementi lignei aventi dimensioni maggiori in lunghezza e in sezione di quanto non sia possibile ricavare dalla semplice segagione del tondame.

Le strutture in L.L. consentono inoltre la realizzazione di elementi a sezione variabile con un notevole risparmio di materia prima e una maggior razionalizzazione delle forme per quanto riguarda l'ingombro delle strutture, rispondendo contemporaneamente a esigenze estetiche e statiche. Elementi curvi come archi e portali, peraltro non ottenibili dalla squadratura di tronchi, possono essere facilmente realizzati partendo dal comune tavolame impiegato per comporre gli stessi elementi rettilinei.

Altro aspetto che riveste, come si vedrà meglio in seguito, una non trascurabile importanza è quello legato alla presenza di difetti nel tradizionale segato strutturale. Mentre, infatti, in una trave in legno massiccio non è possibile ovviare alla presenza dei nodi, che influiscono pesantemente sulle resistenze meccaniche dell'intero elemento, questi potranno essere facilmente eliminati all'atto della formazione delle lamelle; eventualmente potranno essere scartate le sole tavole giudicate troppo nodose ovvero potrà essere semplicemente ridotta l'influenza del difetto collocando le lamelle più "difettose" nei punti meno sollecitati della sezione dell'elemento strutturale.

L'essiccazione di travi massicce di sezione elevata si dimostra lenta, onerosa e non priva di problemi; componendo l'elemento strutturale, al contrario, con tavole di modesto spessore è possibile controllare, con procedimento abbastanza facile e certamente rapido, l'umidità di ogni singola lamella adeguandola a quelle che saranno le condizioni ambientali di esercizio della struttura e limitando quindi la comparsa di ulteriori fessurazioni da ritiro.

La tecnica di giunzione di testa di lamelle contigue consente poi di utilizzare tavole di qualunque lunghezza, comprese quelle ri-

6. Elemento di trave lignea con difetto (a) e sua ricomposizione casuale (b).

cavabili da segati di scarto da cui sono stati preventivamente eliminati nodi, fenditure, carie e altri difetti.

Giova innanzitutto richiamare quanto citato in premessa con riguardo alle prestazioni meccaniche del legno e, in particolare, del legno lamellare. La "qualità meccanica" del materiale, dal punto di vista prestazionale, è in genere intesa con riferimento sia al rapporto tra un parametro di resistenza f (ad esempio, resistenza a compressione f_c) e la massa volumica ρ del materiale stesso, sia al rapporto tra il modulo di elasticità E e lo stesso parametro di resistenza f_c. Come si può facilmente evincere dalla tabella, il legno ha qualità prestazionali (a fini strutturali) simili a un acciaio da carpenteria di qualità intermedia; per i due materiali citati si presenterà anche, con la medesima importanza nelle soluzioni applicative, il problema statico dell'instabilità dell'equilibrio (si vedano i valori dell'ultima colonna di tabella II).

Dovendo riassumere sinteticamente quali siano le effettive superiorità del lamellare, soprattutto nei confronti del legno massiccio, è forse più interessante partire da alcune considerazioni statiche/costruttive generalmente, e forse a torto, non sufficientemente evidenziate.

Il legno massiccio in dimensioni di impiego è caratterizzato, com'è noto, da difetti di varia natura comunemente responsabili della rottura dell'elemento sottoposto a determinate azioni sollecitanti. È utile, ad esempio, fare riferimento a un difetto qual'è il "nodo" con caratteristiche di resistenza assolutamente nulle.

Si ipotizzi ora una suddivisione in tavole (o lamelle) della stessa trave e una sua ricomposizione tramite uno strato di "colla ideale" (strato di colla con spessore infinitesimo e con caratteristiche di resistenza non inferiori a quelle del materiale ligneo). Evidentemente nulla è variato se la ricomposizione avviene esattamente seguendo l'ordine originale. Ma se si suppone, come è logico attendersi in un caso reale, che la ricomposizione avvenga con assoluta casualità, le prestazioni statiche del nuovo elemento possono risultare superiori a quelle dell'elemento originale, avvicinandosi a quelle dell'elemento ideale privo di difetti: tali prestazioni sono certamente migliorate nel caso di sollecitazioni di trazione/compressione semplice, possono essere incrementate nel caso di flessione semplice se la casualità di composizione del pacchetto ha fatto sì che la tavola presentante il "difetto" dimensionalmente maggiore si presenti come lamella interna. Ovviamente, il comportamento meccanico dell'elemento rimane di tipo elasto-fragile.

Giova ricordare che il comportamento statico dell'elemento strutturale in L.L. viene verificato assumendo la sezione omogenea e caratterizzata da strati di colla rigidi e di spessore infinitesimo (quindi ininfluenti sulle caratteristiche meccaniche dell'elemento). In tali ipotesi e facendo riferimento al comportamento flessio-

Materiale	f_c/ρ (m^2/s^2)	E/f_c
Calcestruzzo (R_{ck} 30, f_{ck}≈25 MPa)	≈10400	≈1250
Acciaio Fe430 (f_t=430 MPa)	≈55000	≈480
Legno lamellare (GL 20÷GL 36)	≈58000÷64000	≈470
Alluminio (lega 7020, f_t≈355 MPa)	≈127000	≈200

II. Confronti prestazionali tra diversi materiali.

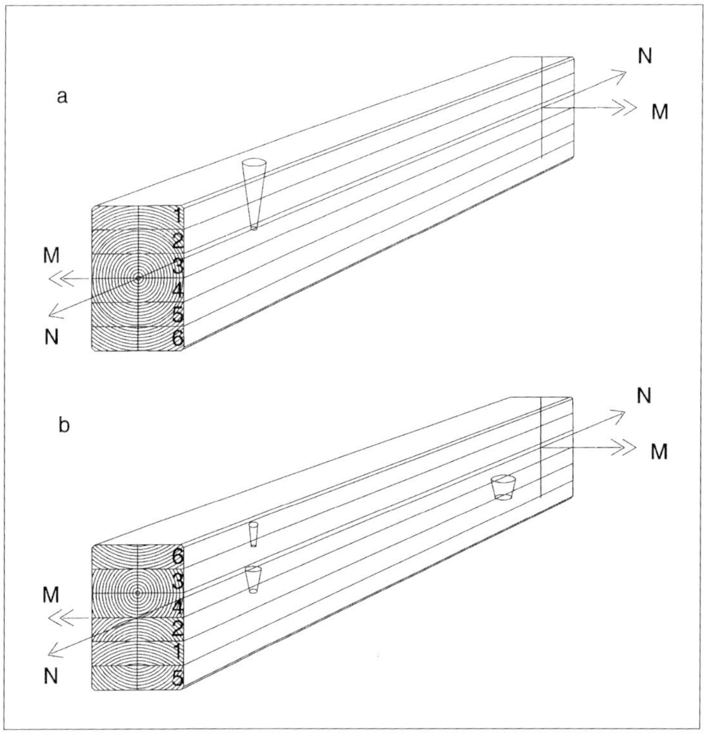

6

nale con piano di inflessione verticale, il modulo di elasticità apparente E_{app} della sezione diviene:

$$E_{app} = \frac{1}{J} \cdot \sum_{i=1}^{n} E_i \cdot J_i$$

dove:

E_i = modulo di elasticità flessionale di ogni lamella componente il pacchetto;

J_i = momento di inerzia della generica lamella i-esima, rispetto all'asse principale di inerzia dell'intera sezione;

J = momento di inerzia dell'intera sezione;

n = numero totale delle tavole componenti il pacchetto.

Si ricorda, inoltre, la formula di trasposizione per il calcolo del momento di inerzia della sezione a partire dai dati geometrici delle singole tavole:

$$J_i = J_{i,0} + A_i \cdot (d_i)^2$$

dove:

$J_{i,0}$ = momento di inerzia della i-esima tavola rispetto al proprio asse principale di inerzia;

A_i = area della sezione trasversale della i-esima tavola;

d_i = distanza tra l'asse principale di inerzia dell'intera sezione e quello della tavola i-esima.

Ai fini della corretta realizzazione dell'elemento in legno lamellare, si rivela fondamentale la distribuzione il più possibile uniforme dell'umidità nelle varie tavole che compongono il pacco, nonché nell'ambito di una stessa tavola. Per evitare eccessive variazioni dimensionali dell'elemento assemblato, si dovrebbe poi curare che la sua umidità media risulti in equilibrio con le condizioni termoigrometriche medie in esercizio.

All'interno della stessa partita di tavolame le differenze di umidità devono essere contenute entro ±5%, mentre ogni tavola non dovrebbe presentare gradienti di umidità superiori al 3%.

Prima di passare alla fase di cernita e lavorazione, le tavole devono stazionare per alcuni giorni (almeno una settimana) all'interno dei locali dove verrà effettuato l'incollaggio, in modo tale da permettere loro di porsi in equilibrio con le condizioni ambientali dell'officina di produzione. È utile comunque ricordare che il "condizionamento" delle tavole (dopo il loro trasporto presso il centro di produzione) avviene generalmente in modo accelerato, tramite un opportuno ciclo di essiccazione. Parimenti diffuso è il condizionamento dei locali nei quali viene effettuato il processo produttivo.

Eseguito il citato condizionamento, il ciclo produttivo prevede l'operazione di scelta delle tavole; in tale fase vengono escluse quelle sensibilmente deformate, quelle che presentano grossi difetti quali tasche di resina, cipollature (distacco parziale o totale in corrispondenza dell'interfaccia tra anelli di accrescimento contigui), legno di reazione, deviazione della fibratura superiore al 10%, andamento irregolare degli anelli di accrescimento, presenza di perforazioni dovute a insetti e/o di carie dovute ad alterazioni fungine.

Il miglioramento prestazionale del materiale, per potere essere ottimizzato, abbisogna assolutamente di metodi di classificazione, preferibilmente non distruttivi, basati sulla resistenza/deformabilità dell'elemento. Ciò vale sia relativamente alla scelta del tavolame e alla sua classificazione, sia con riguardo al prodotto finito e in particolare alla qualità dell'incollaggio su tutto l'elemento lamellare prodotto e non solo, come avviene attualmente, a campione mediante prove distruttive sui pezzi ricavati dalle testate.

In effetti la resistenza flessionale di un elemento di L.L. dipende praticamente dalla resistenza "a trazione" delle lamelle più esterne e quindi dalla resistenza dei relativi giunti a dita. È anche evidente che il difetto nodale presente in una singola tavola, e che ne determina la soglia di resistenza, ha un effetto minore se la tavola stessa risulta sovrapposta e incollata ad altre che presumibilmente non possiedono lo stesso difetto nella stessa posizione.

Nella realizzazione dell'elemento in legno lamellare incollato non esiste teoricamente limitazione dimensionale né in sezione trasversale (sia come numero di tavole sovrapposte, sia come numero di tavole accostate e giuntate lungo il bordo longitudinale per realizzare larghezze di sezioni anche notevoli) né relativamente alla lunghezza dell'elemento. A tale riguardo, l'unione di testa delle tavole avviene usualmente mediante giunti di testa a dita in cui l'orientamento di fresatura per la realizzazione delle dita è perpendicolare al piano di laminazione. Tale giunto, occorre ricordarlo, è comunque un elemento di indebolimento della tavola, con resistenze flessionali della tavola giuntata ridotte di circa il 20% e quelle a trazione di circa il 25% rispetto alle analoghe resistenze mostrate dalla tavola integra. Ciò richiede, evidentemente, un opportuno posizionamento reciproco di tali giunti in direzione dell'asse longitudinale dell'elemento che si

7. Realizzazione dell'elemento in legno lamellare incollato: giunto a dita (a), composizione della sezione trasversale per larghezze di trave inferiori (b) o superiori a circa 20 cm (c).

sta formando. Le uniche limitazioni sono pertanto legate da una parte agli impianti di serraggio e agli impianti di finitura (piallatura), dall'altra al trasporto su strada (limitazione peraltro comune a qualsiasi struttura prefabbricata).

In realtà, la sezione trasversale delle singole tavole viene limitata sia per ragioni pratiche legate al processo di trasformazione sia, soprattutto, per ridurre deformazioni e tensioni che si possono produrre all'atto della loro essiccazione.

Secondo la normativa DIN 1052 [1988] lo spessore del tavolame non deve superare normalmente 33 mm, potendo raggiungere 40 mm soltanto nel caso di materiale selezionato con cura e da utilizzare in ambienti che inducano limitate variazioni di umidità del legno. Lo spessore minimo dei segati è fissato in 6 mm.

Il problema della limitazione dello spessore del tavolame si pone certamente con maggiore importanza nel caso siano da realizzare elementi lamellari ad asse curvo. Tali strutture, pur non presentando particolari difficoltà in fase realizzativa e dal punto di vista tecnologico, necessitano di una serie di attenzioni circa il regime tensionale e deformazionale sia nella fase di esercizio della struttura (problema enfatizzato dal comportamento anisotropo del legno) sia durante le fasi di formazione dell'elemento curvo.

Nella realizzazione di elementi curvi, a sezione costante o variabile, lo spessore del tavolame deve essere limitato per evitare l'insorgere di autotensioni, tanto maggiori quanto più grande è il rapporto t/r (t spessore della tavola, r raggio di curvatura della stessa). È infatti immediato rendersi conto che la tensione σ_{max} al lembo di una tavola curvata mediante applicazione di momento flettente costante e caratterizzata da modulo di elasticità $E_{0,mean}$ risulta:

$$\sigma_{max} = \left(\frac{t}{r}\right) \cdot \frac{E_{0,mean}}{2}$$

D'altra parte, anche se la realizzazione di un elemento curvo con raggio di curvatura qualsiasi è teoricamente possibile utilizzando spessori sottili delle tavole (quindi utilizzando "fogli"), i problemi di ordine economico e prestazionale, dovuti all'eccessiva presenza di piani di incollaggio, diventerebbero eccessivi. Si deve anche ricordare che le citate autotensioni, che si sviluppano all'atto della messa in forma dell'elemento curvo, risulteranno poi in gran parte attenuate dal favorevole intervento dei fenomeni viscosi nel materiale legno; l'applicazione della formula precedente imporrebbe infatti delle riduzioni notevoli sui valori tensionali massimi da utilizzare per tali strutture in esercizio. Al riguardo si deve osservare come esista anche la tendenza dell'elemento strutturale curvo a recuperare, almeno in parte, la forma rettilinea una volta liberato dai dispositivi di serraggio.

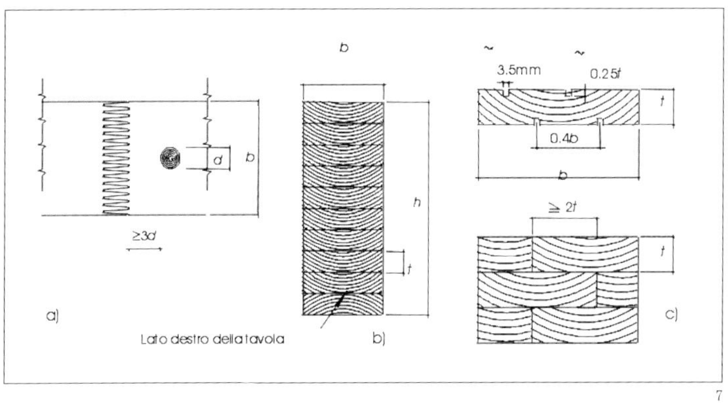

7

È quindi evidente la necessità di proporre anche al costruttore oltre che al progettista, in sede normativa, un insieme di criteri e di limitazioni da applicarsi al caso degli elementi lamellari curvi. Tra questi si citano di seguito i principali:
- raggio minimo di curvatura r_{min};
- riduzione dello spessore t_i della tavola in funzione del raggio di curvatura da imporre;
- riduzione delle tensioni massime (ammissibili o di calcolo), in funzione del rapporto r_{in}/t_i (r_{in} raggio di curvatura della faccia interna dell'elemento curvo).

La normativa DIN 1052, che rappresenta la principale norma di riferimento a livello europeo, impone, ad esempio, che per la tavola i-esima sia verificata la seguente relazione:

$r_i/t_i \geq 200$

Per valori del rapporto r_i/t_i compresi tra 150 e 200, si dovranno invece adottare spessori inferiori per le tavole componenti la sezione e variabili tra 10 e 30 mm.

L'incollaggio del legno, eseguito soprattutto per realizzare compositi di vario tipo (strutture lamellari, pannelli, ecc.), prevede le seguenti fasi operative:

- condizionamento del legname;
- lavorazione delle superfici da incollare, da eseguirsi preferibilmente subito prima dell'incollaggio, in quanto superfici fresche di taglio, prive di polvere o altre impurità garantiscono le migliori caratteristiche prestazionali dell'incollaggio;
- preparazione e applicazione dell'adesivo;
- applicazione di sufficiente pressione per mantenere le superfici da incollare a stretto contatto reciproco, almeno finché l'adesivo non abbia sviluppato una resistenza tale da permettere la movimentazione del semilavorato;
- in alcuni casi, applicazione di calore durante la fase di pressatura finalizzata ad accelerare il processo di polimerizzazione dell'adesivo;
- condizionamento degli elementi incollati necessario per conseguire il corretto equilibrio con le condizioni termo-igrometriche ambientali.

Gli adesivi vengono usati per incollare tra loro due o più elementi in maniera tale che il prodotto ottenuto si comporti come un insieme monolitico: in tal senso, le normative per l'accettazione e il controllo delle colle e dei giunti incollati sono tali da sollevare il progettista da un diretto coinvolgimento sulla scelta delle stesse salvo la precisa indicazione delle condizioni di impiego, come più avanti specificato. La funzione dell'adesivo è quella di riempire i vuoti tra le superfici a contatto e produrre legami altrettanto resistenti e durabili delle forze di natura coesiva interne agli elementi stessi. Lo strato adesivo deve inoltre avere una resistenza e durabilità sufficienti a garantire la sua integrità per la durata prevista di vita utile della struttura.

Le forze di attrazione molecolare tra legno e adesivo sono dello stesso tipo delle forze di coesione che tengono trasversalmente unite le microfibrille di cellulosa che compongono i tessuti legnosi, ovvero sono di natura ionica. I legami che ne risultano sono generalmente di tipo secondario, determinati cioè dallo sviluppo di legami idrogeno e forze di Van der Waals. Legami di tipo primario, quali ad esempio quelli covalenti, sono peraltro producibili con l'impiego di alcuni adesivi.

Al fine di conseguire lo stretto contatto necessario alla realizzazione dei suddetti legami, l'adesivo deve essere una sostanza polare applicabile in forma liquida. Il processo consiste di due fasi principali:
- l'applicazione dell'adesivo, che bagna la superficie di entrambi gli aderenti in maniera tale da indurre la formazione di forze di attrazione tra le molecole dell'adesivo stesso e quelle del legno trasversalmente alle linee di colla;
- la trasformazione dell'adesivo dalla sua fase liquida, necessaria per riempire i vuoti tra le superfici del legno a contatto, a uno stato solido di sufficiente resistenza e durabilità.

Quest'ultima trasformazione prende il nome di indurimento o polimerizzazione e può avvenire in tre modi:
- tramite un processo di natura fisica, ovvero la rimozione del solvente (per evaporazione o solidificazione di un'emulsione), come avviene rispettivamente negli adesivi termoplastici quali i polivinilacetati e in quelli che rientrano nella categoria degli *hot melts*;
- tramite un processo di natura chimica, in cui le molecole dell'adesivo reagiscono reciprocamente, con la formazione di legami primari e la realizzazione di una rete polimerica, come avviene negli adesivi epossidici e poliuretanici;
- tramite la combinazione della rimozione del solvente e di una reazione chimica, come avviene negli adesivi termoindurenti a base di urea-, melamina-, resorcina- e fenol-formaldeide.

Negli adesivi strutturali è sempre comunque coinvolta una reazione chimica in quanto quelli che prevedono soltanto un'azione fisica, come i termoplastici, sono soggetti a deformazioni reologiche differite di natura viscosa (*creep*) e sono generalmente incompatibili con un impiego strutturale.

Nell'incollaggio delle lamelle si utilizzano prevalentemente adesivi policondensati di tipo fenolico, a base di fenol-formaldeide (PF), resorcinol-fenol-formaldeide (PRF) e resorcinol-formaldeide (RF), che consentono ottime prestazioni in condizioni ambientali difficili e nei confronti di un'esposizione diretta agli agenti atmosferici (peraltro preferibilmente da evitare nel caso del legno), mantenendo inalterate le proprie caratteristiche nel tempo. I maggiori inconvenienti sono dovuti al loro odore pungente, che può determinare inconvenienti durante la produzione (soprattutto nel caso di locali mal aerati o in cui non viene esercitata un'adeguata aspirazione), e al colore scuro (rosso-violaceo) delle linee di colla, che evidenziano la natura composita dell'elemento lamellare.

Come già richiamato, il progettista nelle indicazioni e richieste sul materiale è anche responsabile delle indicazioni sulle condizioni di impiego. Per la scelta della colla tale indicazione si riduce, in estrema sintesi, nel precisare se la struttura è all'interno di un ambiente in condizioni di umidità normale o all'esterno (o in condizioni di umidità particolarmente severe): nel primo caso si possono utilizzare quindi colle che non denunciano la linea di colla mentre nel secondo si devono utilizzare le colle che evidenziano la cosiddetta "linea (di colla) scura".

Particolare attenzione andrebbe poi dedicata, durante la formazione del pacco, alla scelta e disposizione delle lamelle. A tal proposito, intervenendo possibilmente già nella precedente fase di selezione e giunzione di testa dei segati, sarebbe opportuno prevedere che:

- vengano utilizzate solo lamelle composte da segati tangenziali, che risultano caratterizzati da valori di ritiro più contenuti nella direzione del loro spessore e parimenti da una minor presenza di fessurazioni;
- le sezioni trasversali dei segati non contengano il midollo;
- venga assolutamente evitata l'alternanza di segati tangenziali con altri marcatamente radiali.

Tali indicazioni, seppur basate su valide considerazioni teoriche e un oggettivo riscontro sperimentale, trovano poco seguito nella pratica industriale. Per una serie di motivi legati all'approvvigionamento del legname e all'organizzazione produttiva, la composizione del pacco risulta, infatti, quasi sempre casuale.

Ugualmente importante è una corretta disposizione dei giunti di testa all'interno del pacco. In tal senso la distanza orizzontale tra i giunti di lamelle sovrapposte non deve essere inferiore a 20 volte lo spessore delle lamelle stesse. Inoltre, nelle strutture messe in opera all'esterno, le lamelle superficiali devono presentare il minore numero possibile di giunti mentre, nelle strutture curve, le zone di massima curvatura devono esserne assolutamente prive.

Biodegradamento

Il legno, materiale naturale di origine vegetale costituito quasi esclusivamente da sostanze organiche, può subire durante il suo periodo di servizio un degrado dovuto a fattori di natura biotica.

Le condizioni ambientali in cui il legno viene messo in opera e la durabilità naturale del legno stesso influenzano la sua durata. Fra le prime è soprattutto il fattore umidità che gioca un ruolo importante, dal momento che il legno è, come già visto, un materiale igroscopico. L'acqua contenuta nel legno influenza quindi lo sviluppo di organismi che con la loro attività degradano il legno. Il fattore temperatura è invece discriminante della specie di insetto o di fungo xilofago e della velocità di degradamento del legno.

Proponendoci di ritornare nel secondo volume sull'argomento dell'attacco biotico da insetti, si sottolinea invece che, per quanto riguarda l'attacco fungino, il rischio è più elevato quando gli elementi lignei raggiungono un'umidità prossima al 20% o maggiore. Conseguentemente tale tipo di attacco merita fin d'ora una discussione più approfondita, coinvolgendo molto spesso scelte non appropriate effettuate in sede progettuale.

A questo riguardo, l'attenzione per la definizione del particolare costruttivo si rivela molto spesso determinante per evitare tale attacco. Si possono citare, ad esempio, i dettagli volti a mantenere per le estremità di travi e capriate inserite nelle murature portanti condizioni igrometriche sempre inferiori a valori 18÷19% (si veda la figura 8). In generale, quando si riscontra un incipiente attacco fungino, è necessario determinare con precisione e quindi eliminare le cause che hanno portato il legno nelle condizioni di umidità idonee per dare luogo all'attacco stesso; se tale riscontro è fatto nelle fasi iniziali di attacco e i provvedimenti di salvaguardia scelti risultano efficaci, tale attacco non risulta quasi mai critico per la statica degli elementi lignei.

Le estremità degli elementi strutturali, sia per le funzioni statiche che devono assolvere, sia perché sono maggiormente esposte agli agenti atmosferici, sono fra le zone più delicate della struttura e, pertanto, hanno bisogno di particolari cure e attenzioni.

È noto, infatti, che le piastre metalliche possono costituire possibili zone di condensa e che i muri trasmettono umidità capillare allo stesso modo delle fondazioni che ne possono consentire la risalita dal terreno.

Per questa ragione, è opportuno ricorrere a quegli accorgimenti utili a impedire o limitare il fenomeno, nonché a manutenzioni periodiche con l'impiego di opportuni prodotti atti a impedirne il deterioramento.

Per quanto riguarda gli appoggi delle travi sulla muratura, è importante assicurare una continua ventilazione, evitando ogni possibile ristagno d'acqua e trattare le zone di appoggio con idonei prodotti idrofughi, insetticidi e funghicidi (fig. 8).

8. (a) Sistema di ventilazione di una estremità di una trave in legno (particolare di appoggio della trave su muratura); (b) particolare di attacco al piede di un pilastro in legno lamellare.

9. Sezione tipo di un tetto ventilato.

Sempre al fine di evitare la risalita capillare di umidità dal terreno o ristagni d'acqua in corrispondenza delle basi, deve essere evitato il contatto diretto legno-terreno; inoltre, vanno eseguite protezioni con prodotti idrofughi e iniezioni bituminose (si veda ancora la figura 8).

Elementi strutturali totalmente esposti agli agenti atmosferici sono, possibilmente, da evitare. In caso di necessità le parti maggiormente esposte vanno protette e aerate in modo da evitare ogni possibile condensa.

Tra gli accorgimenti progettuali limitanti il rischio di degradamento di una struttura di legno, il principale consiste nell'evitare il contatto diretto dell'acqua allo stato liquido con la sua superficie. Ciò può essere conseguito mediante un'adeguata protezione del legno (come ad esempio nel caso dei ponti coperti) o attraverso accorgimenti tecnici che consentano lo scolo dell'acqua piovana dalle membrature in legno e il drenaggio della stessa da giunti e fessure.

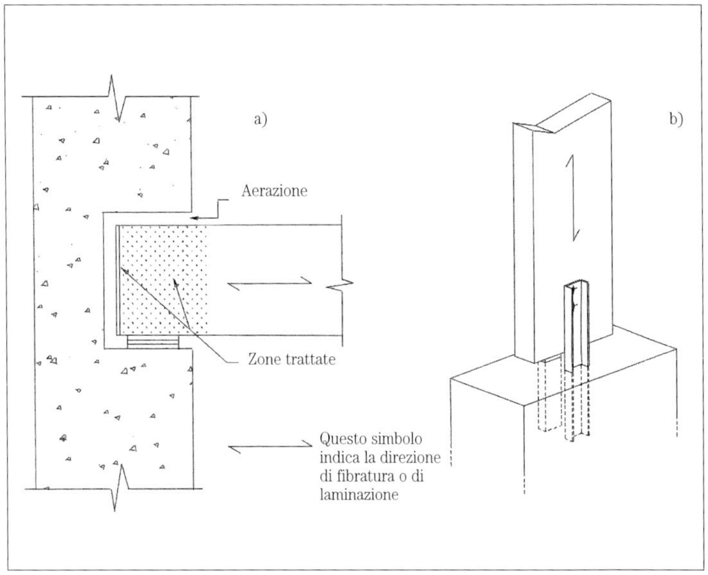

8

In generale:
- deve essere evitato il contatto diretto della struttura con il terreno;
- le superfici orizzontali, o poco inclinate, e le sezioni trasversali del legno non devono essere esposte all'azione diretta degli agenti atmosferici; entrambe devono pertanto venire protette mediante idonei ripari di metallo o da "pannellature" che impediscano la penetrazione dell'acqua per capillarità;
- i drenaggi devono essere efficienti e sempre adeguatamente dimensionati;
- devono essere programmate periodiche manutenzioni atte a rinnovare la protezione superficiale tramite l'applicazione di prodotti idonei;
- per le strutture poste in opera in ambiente interno dovrà porsi particolare attenzione a evitare ogni rischio di formazione di condensa.

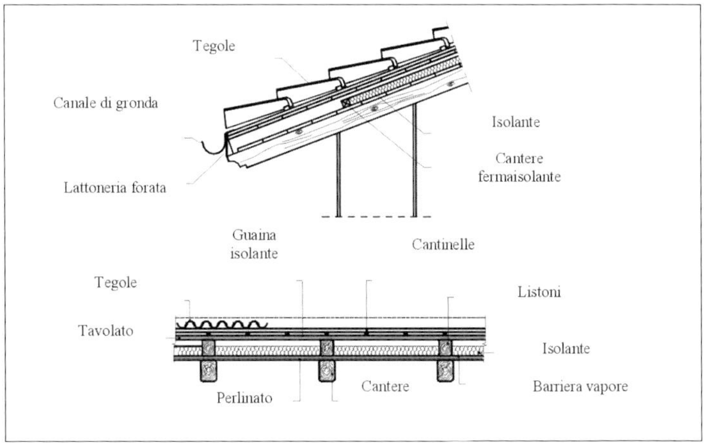

9

Nel caso di coperture delle strutture costituite da tavolato con isolante nell'intercapedine e telo impermeabile esterno, bisogna evitare ogni possibile fenomeno interno di condensa. Logicamente vanno verificate la perfetta tenuta del telo impermeabile onde evitare infiltrazioni d'acqua nella suddetta intercapedine. Una soluzione in tal senso può essere costituita dalla realizzazione del "tetto ventilato" il quale, consentendo una continua circolazione dell'aria in prossimità della guaina isolante, ostacola il ristagno dell'acqua di condensa evitando, in questo modo, il degrado del legno (fig. 9).

Nelle figure 10, 11 e 12 sono riportati, a titolo di esempio, alcuni dettagli di notevole importanza per la progettazione e la durabilità delle strutture lignee.

10. Particolare di attacco tra copertura e muro perimetrale.

11. Le differenze di umidità lungo l'asse della struttura possono provocare l'insorgere di fessurazioni.

12. Dettagli per limitare la penetrazione dell'acqua: (a) trave principale parallela ad un lato della copertura, senza sbalzi della struttura portata; si prevede manutenzione minima ogni due anni; (b) come il caso precedente ma con sbalzi delle travi secondarie; si prevede manutenzione ogni 5÷10 anni; (c) trave ortogonale al lato della copertura con intaglio di protezione dall'acqua meteorica; (d) trave ortogonale al lato della copertura con elemento ligneo sacrificale a protezione della testata.

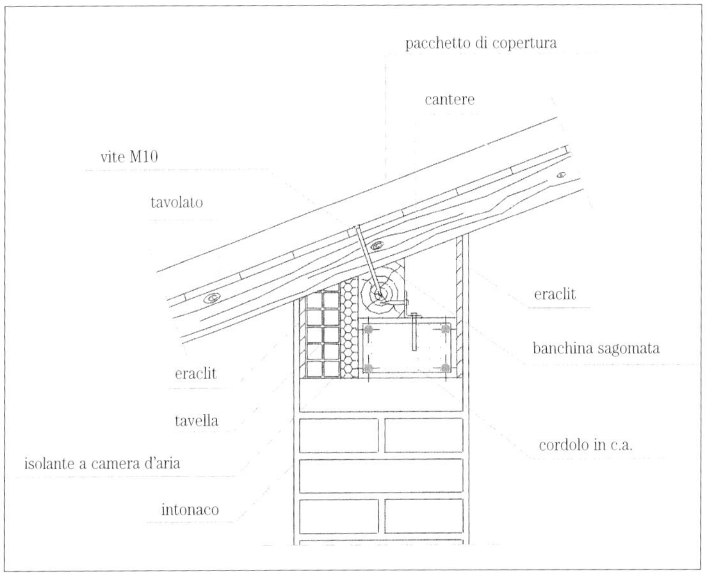

10

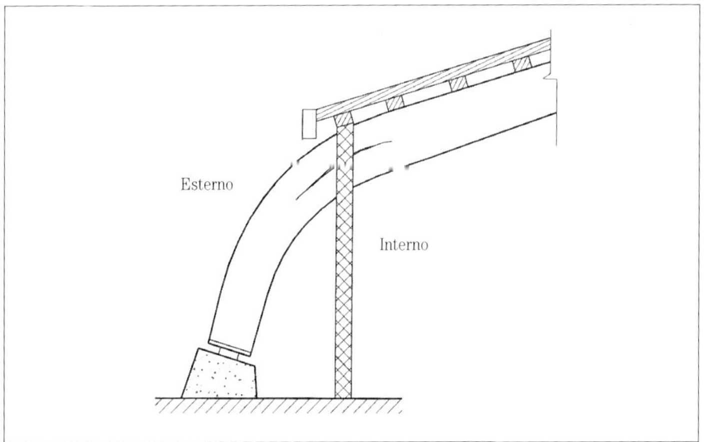

11

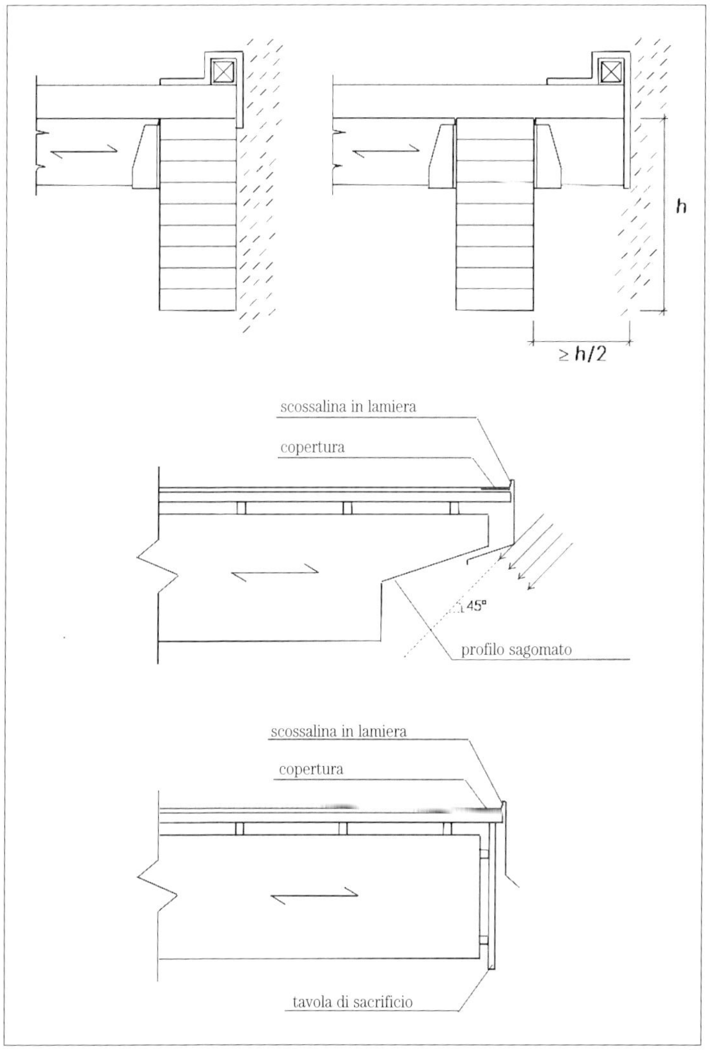

12

Resistenza degli elementi e dei collegamenti

La resistenza meccanica del legno

Lo studio del comportamento meccanico e reologico del legno sottoposto ai vari tipi di sollecitazioni è notevolmente complicato soprattutto a causa degli aspetti di seguito elencati:

1. *Anisotropia*: il comportamento del legno sottoposto a una sollecitazione varia in funzione della direzione secondo cui questa è applicata. Infatti, in virtù della sua struttura cellulare – fasci di fibre orientati, in pratica, unidirezionalmente – il legno manifesta una resistenza maggiore parallelamente all'andamento della fibratura rispetto a quella che, invece, si riscontra in direzione trasversale.

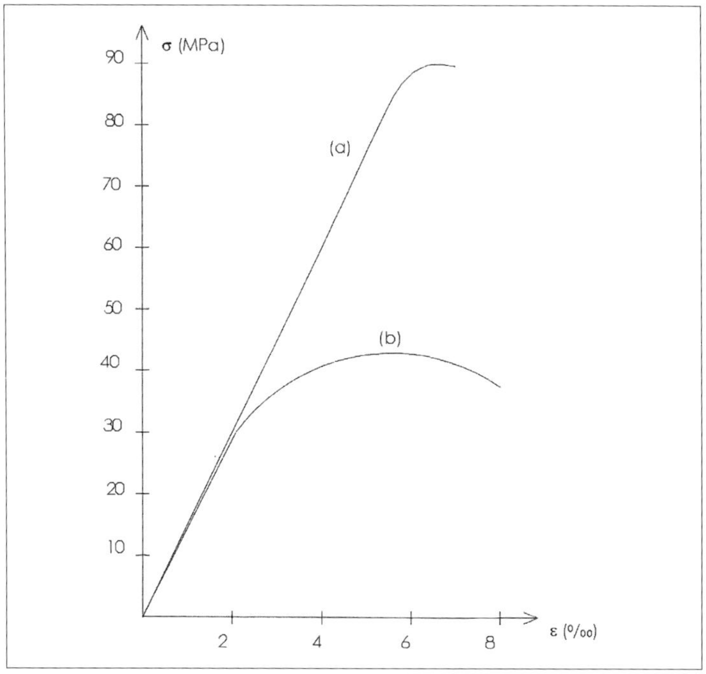

13. Confronto di curve tipiche tensione – deformazione per legno di conifera per sollecitazioni di trazione (a) e compressione (b) parallela alla fibra effettuate su provini di legno netto (carico di breve durata).

14. Prova a flessione semplice condotta su un provino di legno netto.

Questo comportamento è facilmente visibile, ad esempio, sia per quanto riguarda le sollecitazioni di trazione sia per ciò che concerne quelle di compressione.

2. *Difetti*: presenza di difetti quali nodi, deviazione della fibratura, cretti da ritiro, tasche di resina. Questo fatto è particolarmente evidente nel caso si confrontino i valori di resistenza a trazione e a compressione assiale ottenuti da prove effettuate su legno netto, cioè privo di difetti e di piccole dimensioni, e su legno strutturale (in dimensioni d'uso) e, quindi, contenente difetti. Come si può vedere dalle curve carico – deformazione (fig. 13), nel legno senza difetti la resistenza a trazione assiale è maggiore di quella a compressione assiale. Per quanto riguarda il legno strutturale, al contrario, basta osservare i valori delle tensioni ammissibili previsti dalla normativa DIN 1052 (modificata secondo DIN 1052-1/A1 1996-04), riportati nelle tabelle III e IV, per rendersi conto di quali conseguenze abbia la presenza di difetti sulle capacità di resistenza: si potrebbe infatti avere l'impressione che il legno resista meglio a compressione piuttosto che a trazione assiale. In realtà, questi dati sono notevolmente influenzati dalla presenza di difetti che, soprattutto nel caso della trazione, riducono notevolmente le capacità di resistenza del materiale, innescando prematuramente la rottura di tipo fragile.

3. *Variazioni di umidità*: a questo riguardo sono già state esposte alcune considerazioni sul rapporto legno-acqua.

4. *Durata dei carichi*.

A proposito di quanto affermato precedentemente, si sottolinea come nel seguito ci si riferirà sempre al legno in dimensioni d'uso; nei Paesi di lingua inglese una tale differenza si può riscontrare anche a livello lessicale. Non sembra inutile citare al riguardo una frase che sintetizza in modo particolarmente efficace il concetto: «Timber is as different from wood as concrete is from cement» [Madsen 1992].

Nelle tabelle III e IV vengono riportate le tensioni ammissibili, secondo la normativa DIN 1052-1, 1988-04 (modificata secondo [DIN 1052-1/A1 1996-04]), del legno massiccio e del legno lamellare per le condizioni di carico H, in funzione delle classi di assortimento del legno e delle lamelle in accordo con le norme DIN 4074-1 [1989-09].

Si deve anche aggiungere che tali valori tensionali sono quelli ammissibili nella cosiddetta condizione di carico H (che annovera

Tipo di tensione			Legno massiccio di conifera Classe di assortimento secondo DIN 4074-1					Legno massiccio di latifoglia Gruppo di specie legnosa		
			S7 MS7	S10 MS10	S13	MS13	MS17	A	B classe media	C
1	Flessione	$\sigma_{B,amm}$	7	10	13	15	17	11	17	25
2	Trazione ‖ alle fibre	$\sigma_{Z\parallel,amm}$	0	7	9	10	12	10	10	15
3	Trazione ⊥ alle fibre	$\sigma_{Z\perp,amm}$	0	0.05	0.05	0.05	0.05	0.05	0.05	0.05
4	Compressione ‖ alle fibre	$\sigma_{D\parallel,amm}$	6	8.5	11	11	12	10	13	20
5a 5b	Compressione ⊥ alle fibre	$\sigma_{D\perp,amm}$	2 2.5	2 2.5	2 2.5	2.5 3	2.5 3	3 4	4 -	8 -
6	Taglio ‖ alle fibre	$\tau_{a,amm}$	0.9	0.9	0.9	1	1	1	1.4	2
7	Taglio ⊥ alle fibre	$\tau_{Q,amm}$	0.9	0.9	0.9	1	1	1	1.4	2
8	Torsione	$\tau_{T,amm}$	0	1	1	1	1	1.6	1.6	2

III. Tensioni ammissibili per legno massiccio in N/mm² per condizioni di carico *H* [DIN 1052-1 1988-04, modificata secondo DIN 1052-1/A 1996-10].

Tipo di tensione			Legno lamellare Classi di legno lamellare			
			BS11	BS14	BS19	BS18
			Classe di assortimento delle lamelle secondo DIN 4074-1			
			S10/MS10	S13	MS13	MS17
1	Flessione	$\sigma_{B,amm}$	11	14	16	18
2	Trazione ‖ alle fibre	$\sigma_{Z\parallel,amm}$	8.5	10.5	11	13
3	Trazione ⊥ alle fibre	$\sigma_{Z\perp,amm}$	0.2	0.2	0.2	0.2
4	Compressione ‖ alle fibre	$\sigma_{D\parallel,amm}$	8.5	11	11.5	13
5a 5b	Compressione ⊥ alle fibre	$\sigma_{D\perp,amm}$	2.5 3	2.5 3	2.5 3	2.5 3
6	Taglio ‖ alle fibre	$\tau_{a,amm}$	0.9	0.9	1	1
7	Taglio ⊥ alle fibre	$\tau_{Q,amm}$	1.2	1.2	1.3	1.3
8	Torsione	$\tau_{T,amm}$	1.6	1.6	1.6	1.6

IV. Tensioni ammissibili per legno lamellare in N/mm² per condizioni di carico *H* [DIN 1052-1 1988-04, modificata secondo DIN 1052-1/A1 1996-10].

tutti i carichi principali, compresa la neve), mentre nella condizione HZ (che comprende oltre i carichi principali anche quelli complementari, come ad esempio il vento) tali valori sono aumentati secondo il fattore 1.25. Inoltre, per carichi sismici il fattore amplificativo delle tensioni è pari a 2.0.

I valori per le classi di legno lamellare sono stati dedotti, in pratica, applicando ai corrispondenti valori per il legno massiccio opportuni coefficienti di amplificazione (8÷10%) determinati sulla base di prove sperimentali. Questa maggiorazione deriva dall'omogeneità e uniformità del legno lamellare rispetto al segato tradizionale, conseguente alla possibilità di eliminare, limitare e, comunque, meglio distribuire nella massa alcuni difetti tipici del legno massiccio (nodi, cipollature, fessurazioni, tasche di resina).

Per quanto riguarda gli effetti dell'umidità, i valori delle tensioni ammissibili sono ridotti di:

- 1/6 per gli elementi strutturali per i quali si preveda un'umidità media di equilibrio ≥ 18%;
- 1/3 per gli elementi strutturali soggetti a inumidimenti permanenti o nel caso si effettui un montaggio di membrature non stagionate.

Osservando le tabelle III e IV, si può notare, come si diceva poc'anzi, la stretta dipendenza esistente tra resistenza meccanica ed eventuale presenza nel legno di difetti di vario tipo. Il legno massiccio, in condizioni di impiego, è infatti caratterizzato com'è noto, da difetti di varia natura i quali sono in grado di incidere negativamente sulla resistenza a rottura dell'elemento sottoposto a determinate sollecitazioni. Il difetto rappresenta il punto di innesco della frattura. Si consideri, a titolo di esempio, il caso della sollecitazione di flessione. Usualmente, dopo un possibile corrugamento del lembo compresso, è il primo difetto presente in prossimità della zona di massima deformazione a innescare la frattura che si propaga e non trovando una continuità netta di trasmissione di energia, si sposta lungo le fibre alla ricerca del successivo difetto distaccando localmente le fibre stesse anche in direzione ortogonale alla fibratura.

I citati difetti possono essere, sempre con riferimento alla classificazione secondo DIN 4074-1 [1989-09], o secondo UNI 8198 [1981], di varia natura: deviazioni della fibratura rispetto all'asse dell'elemento strutturale, nodi, tasche di resina, vari difetti nella continuità di fibratura del materiale, ecc.

In generale, i nodi rappresentano un fattore di indebolimento delle capacità meccaniche non solo perché costituiscono una soluzione di continuità nella struttura del legno, ma soprattutto perché nella zona legnosa circostante lo stesso nodo la fibratura risulta essere fortemente deviata. Nodi sani e aderenti offrono comunque una sufficiente resistenza almeno ad alcuni tipi di sollecitazione, mentre nodi cadenti non ne offrono alcuna.

In particolare, in corrispondenza di quest'ultimo tipo di nodo, si possono avere delle sensibili riduzioni della sezione resistente (ovviamente tale riduzione risulta tanto maggiore quanto maggiore è la grandezza del suddetto). A titolo indicativo, nel caso di utilizzo di elementi lignei in flessione e nei quali siano presenti nodi, è meglio disporre l'elemento in guisa che essi siano presenti verso il lembo compresso, anziché nel lembo teso. Per quanto riguarda le travi in legno lamellare, nella fase di selezione delle tavole è opportuno distinguere le tavole nette da quelle con nodi o bonificate, in modo da poterle diversamente posizionare nel pacco: le prime possono essere ad esempio disposte nelle zone maggiormente sol-

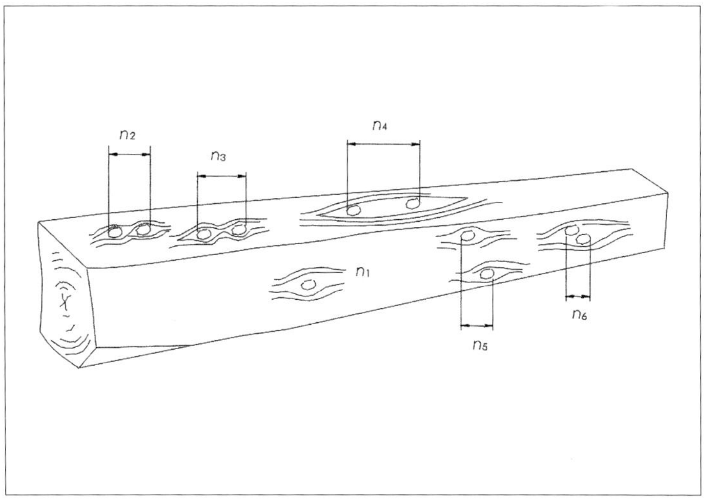

15

15. Nodi: n_1 = nodo isolato; n_2 = gruppo di nodi, in quanto nodi allineati a meno di 150 mm di distanza; n_3 = nodi isolati, in quanto allineati a più di 150 mm di distanza; n_4 = gruppo di nodi, in quanto anche se a più di 150 mm di distanza la fibratura non recupera la direzione originale fra i nodi; n_5 = nodi isolati, in quanto anche se insistenti su un tratto minore di 150 mm di lunghezza non sono allineati e la fibratura fra di essi recupera la direzione originale; n_6 = gruppo di nodi, in quanto presentano la fibratura che non recupera la direzione originale (come da UNI 8198).

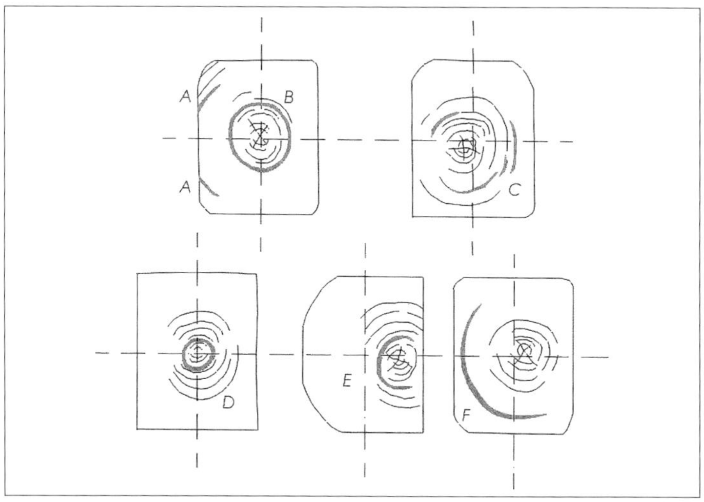

16

16. Cipollatura: modalità di misurazione e valutazione. A = cipollatura affiorante; B = cipollatura completa e inclusa; C = cipollatura multipla; D = cipollatura ammissibile; E = cipollatura inammissibile per eccessiva eccentricità; F = cipollatura inammissibile per eccessivo diametro (come da UNI 8198).

α	5°	10°	15°	20°	25°	30°	45°	60°
Coefficienti di riduzione	0.96	0.87	0.69	0.51	0.39	0.29	0.14	0.07

V. Coefficienti di riduzione del carico di rottura a flessione semplice in funzione dell'angolo α tra la direzione della fibratura e l'asse longitudinale dell'elemento.

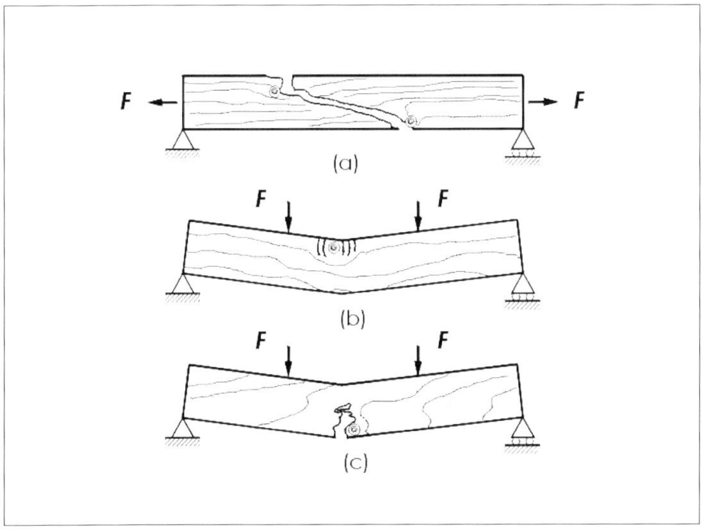

17

17. (a) Trazione semplice, frattura diagonale, (b) flessione semplice, cedimento per compressione in prossimità del nodo, (c) flessione semplice, cedimento per trazione in prossimità del nodo.

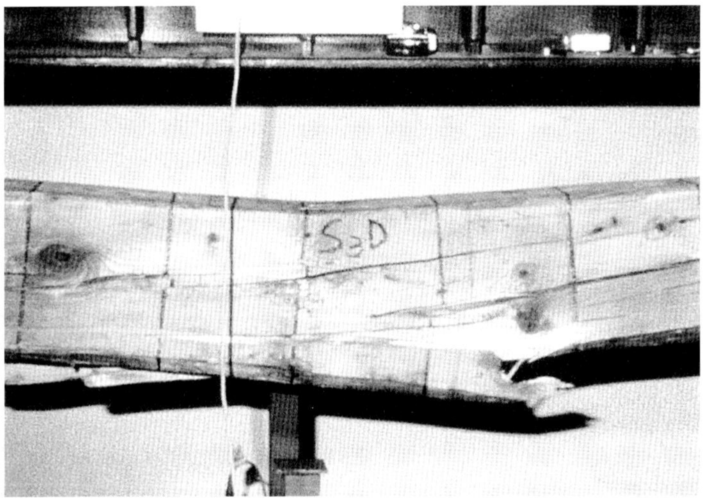
18

18. Modalità di rottura di una trave in legno massiccio in dimensioni strutturali/d'uso sottoposta a flessione semplice. Si noti la rottura per trazione in prossimità del nodo.

lecitate della sezione e dell'elemento, le seconde in zone meno sollecitate e comunque sempre nelle parti interne.

Come già evidenziato, le resistenze maggiori si ottengono dal materiale legnoso sollecitato parallelamente alla fibratura; la direzione di fibratura è quindi un difetto che incide diversamente e in funzione dell'angolo α che la direzione della forza sollecitante forma con la direzione media della fibratura. Non bisogna dimenticare, a tale riguardo, che sugli elementi utilizzati per la formazione di legno lamellare l'inclinazione in oggetto implica l'interruzione delle fibre legnose che incidono sulle superfici laterali della lamella. A titolo di esempio e a livello indicativo, si riportano i fattori di riduzione della resistenza a flessione $f_{m,\alpha,k}$ in funzione dell'angolo α di deviazione della fibratura rispetto all'asse longitudinale dell'elemento, ricavati su provini di piccole dimensioni e privi di difetti.

Risulta interessante a questo punto analizzare più approfonditamente il comportamento del legno sottoposto ai vari tipi di sollecitazioni meccaniche.

Resistenza a compressione assiale

Per quanto riguarda la compressione parallela alla fibratura, il legno esibisce un comportamento elasto-plastico fino a rottura.

La forma più comune di cedimento per sollecitazioni di compressione parallela alla fibratura è da ricercarsi in fenomeni di instabilizzazione delle cellule del legno le quali, a causa della loro struttura fusiforme, si "imbozzano" piegandosi su se stesse.

Nel caso di elementi tozzi, o comunque con un grado di snellezza non elevato, la rottura per compressione avviene per corrugamento locale delle pareti cellulari. Nel legno, tali corrugamenti sono spesso in condizioni di stabilità. Se il legno viene compresso maggiormente, si hanno nuovi corrugamenti.

Risulta importante evidenziare come i corrugamenti, pur essendo improbabile che si propaghino e causino una rottura in compressione, possiedono tuttavia una bassissima resistenza alla trazione.

Pertanto, qualora si passi improvvisamente da uno sforzo di compressione ad uno di trazione, sempre parallelo alla fibratura, si può verificare una rottura prematura.

Questo problema può insorgere, ad esempio, nel caso ci si trovi a effettuare un intervento di restauro su travi in legno sensibilmente deformate dagli anni di esercizio. A volte, infatti, per ripor-

19. Confronto tra legno senza e con difetto (nodo cadente).

 tare le travi in condizioni di planarità si interviene rovesciandole: il risultato di questa operazione è quello di portare le cellule compresse nel lembo teso, e viceversa, con conseguenze che si possono facilmente immaginare, quasi sempre negative.

La citata normativa DIN 1052 [1988] è al riguardo particolarmente attenta nel diminuire le tensioni ammissibili nei casi di sollecitazioni alternate.

Per quanto riguarda l'influenza dei nodi sulla resistenza a compressione (nonché a trazione) assiale, si osserva che essi producono innanzitutto una sensibile diminuzione di sezione resistente con notevole aumento della tensione massima (a parità di sforzo applicato) e inoltre determinano importanti deviazioni di fibratura proprio nelle zone dove si concentrano i valori tensionali massimi (fig. 19).

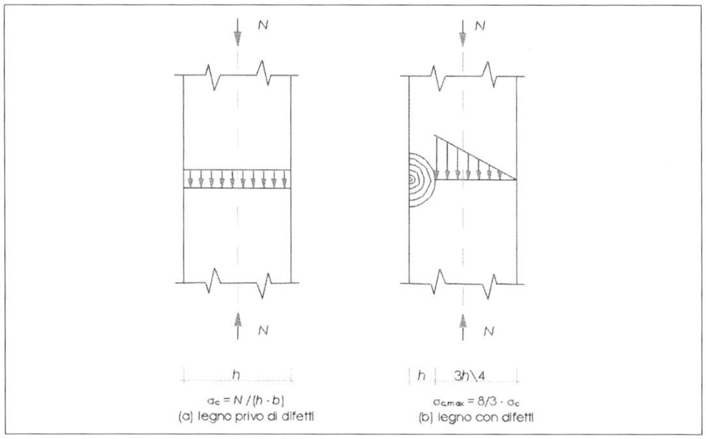

19

Resistenza a compressione perpendicolare alla fibratura

Osservando il grafico di figura 20, è possibile vedere come il comportamento del legno sollecitato a compressione trasversale sia differente da quello manifestato nel caso della compressione assiale.

Per quanto riguarda questo tipo di sollecitazione, infatti, la fase elastica lineare è più breve e quella plastica è più pronunciata e la rottura sopraggiunge per carichi di gran lunga inferiori. Non solo, la resistenza del legno per compressione perpendicolare alla fibratura varia in funzione dell'orientamento degli anelli di accrescimento rispetto alla direzione della forza applicata: per campioni di legno in condizioni di umidità normale, le deformazioni che si verificano in corrispondenza di un carico applicato in direzione tangenziale risultano maggiori di quelle che si rilevano in direzione radiale.

Di questo e di altri fattori, come la massa volumica e l'umidità del legno, la natura e la lunghezza del pressore (cioè l'elemento che esercita la pressione), la distanza di quest'ultimo dall'estremità dell'elemento ligneo compresso, bisogna tenere conto durante il dimensionamento di alcuni tipi di collegamenti e la verifica di nodi così impegnati.

Resistenza a trazione assiale

Per legno esente da difetti, questa caratteristica di sollecitazione raggiunge i valori di resistenza più elevati. La legge tensione-deformazione è di tipo lineare fino alla rottura e, per questo, si dice che il legno sottoposto a una sollecitazione di trazione parallela alla fibratura, esibisce un comportamento di tipo elasto-fragile.

Questo materiale, infatti, in virtù della composizione delle pareti cellulari, dimostra di possedere una certa tenacità per quanto riguarda la resistenza alla frattura (se sottoposto naturalmente a uno sforzo di trazione parallelo alla fibratura): durante lo sforzo le cellule, che sono unite a formare lunghi fasci di fibre, tendono ad allungarsi e ad assumere la caratteristica conformazione fusiforme, mentre la lignina, che in questo caso rappresenta "l'elemento debole", rallenta il processo di trasmissione dell'energia di frattura da una fibra all'altra.

I difetti del legno, come si è visto precedentemente, riducono notevolmente le doti di resistenza del materiale, soprattutto per quanto riguarda la capacità di resistere agli sforzi di trazione assiale. In particolare, questo fenomeno si verifica in presenza di nodi e fibratura deviata.

Per quanto riguarda i nodi, oltre a produrre una sensibile diminuzione della sezione resistente (la cui entità deve essere calcolata caso per caso), qualora la presenza del nodo sia in grado di spostare la posizione del baricentro della sezione, lo stato di trazione da centrato diviene eccentrico, con un conseguente aumento della tensione massima (si veda ancora la figura 19).

Resistenza a trazione trasversale

Questa è la caratteristica di sollecitazione che, soprattutto in presenza di difetti quali fessurazioni, nodi, brusche variazioni di crescita, raggiunge i valori di resistenza minori. Se si effettuano

20. Confronto tra le curve carichi deformazioni per sollecitazione di compressione parallela (a) e perpendicolare (b) alla fibratura (prove effettuate su provini di legno netto).

21. Ipotesi di distribuzione delle tensioni in fase post-elastica in un elemento ligneo, di sezione rettangolare, sottoposto a flessione.

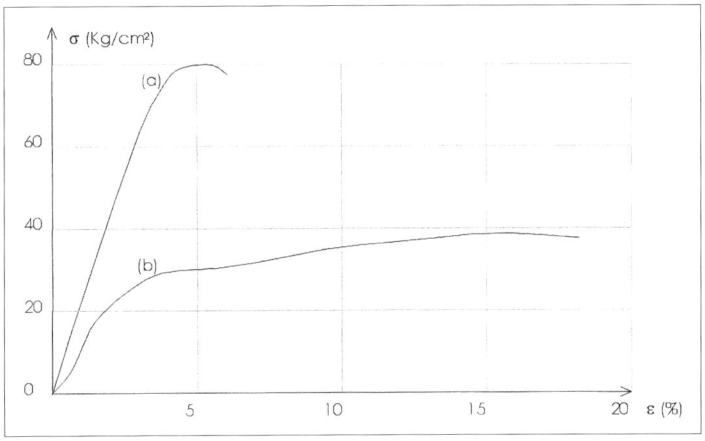

20

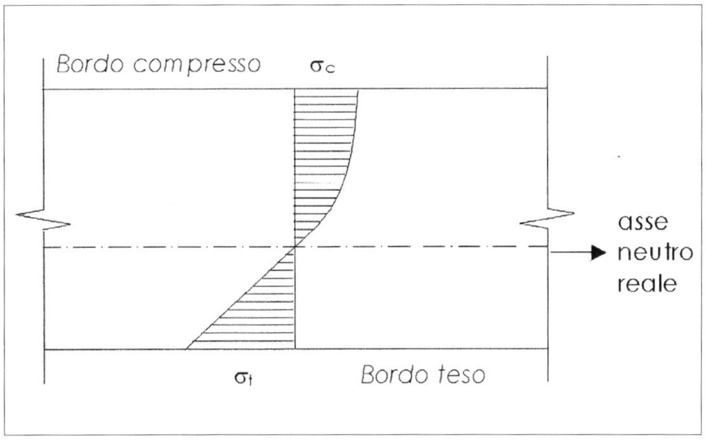

21

delle prove di trazione perpendicolare alla direzione della fibratura su provini di legno, si nota che la resistenza di quest'ultimo dipende in larga misura dal volume dell'elemento.

Essendo il fenomeno della rottura imputabile alla presenza di difetti di vario tipo (la frattura, infatti, si innesca sempre in corrispondenza di zone più deboli di materiale), si comprende come in un provino con volume più grande sia maggiore la probabilità di incontrare un difetto in grado di innescarle.

Giova ricordare che, dal punto di vista progettuale, occorrerà quindi evitare scelte che comportino tensioni di trazione ortogonali alla fibratura. Sarà poi necessario accertarsi che stati secondari di tensione di tale tipo siano compatibili con la resistenza del materiale. Si possono citare, al riguardo, stati di tensione generati da trasferimenti di carico tramite collegamenti meccanici, travi a lembi non paralleli (travi rastremate), travi curve.

Resistenza a flessione semplice

Questo tipo di sollecitazione è una delle più frequenti nel caso di legno con funzione strutturale. In fase di esercizio, di solito, l'elemento ligneo sollecitato a flessione subisce un processo di deformazione, passando dal tipico assetto rettilineo a uno curvilineo.

La legge tensioni-deformazioni, per legno senza difetti, manifesta in fase iniziale un andamento rettilineo: la deformazione allora, nel caso il carico sia di breve durata, è reversibile e recede completamente non appena il carico non venga più applicato. Con l'aumentare del carico, invece, la curva assume un andamento concavo rispetto all'asse delle deformazioni: in questa fase, aumenti anche modesti del carico sono in grado di provocare considerevoli aumenti delle deformazioni (le quali, avvenendo in fase anelastica, sono parzialmente irreversibili). Questa situazione prosegue poi fino alla rottura.

Il legno presenta, come si è visto, comportamento differente a trazione o compressione parallela alla fibratura una volta superata la fase elastica. Pertanto, la distribuzione delle tensioni in fase post-elastica è di forma asimmetrica con asse neutro spostato verso il lembo teso come è mostrato nella figura 21, per una sezione rettangolare.

Resistenza a taglio

Essendo il legno un materiale anisotropo, anche gli effetti dello sforzo di taglio variano a seconda della direzione della sollecitazione rispetto al piano in cui giacciono le fibre: se lo sforzo si propaga parallelamente alla fibratura si parla usualmente di scorrimento se, invece, è orientato ortogonalmente si utilizza il termine taglio.

Per quanto riguarda lo scorrimento, un caso molto frequente in cui si può verificare questo tipo di rottura è rappresentato dal punto di collegamento dei puntoni con le catene delle capriate (si veda l'esempio applicativo proposto). In quest'ambito, interessa notare che la resistenza allo scorrimento può venire molto ridotta dalla presenza delle fessure dovute, ad esempio, al ritiro trasversale

I nodi, invece, diversamente dagli altri tipi di sollecitazione, costituiscono un elemento di rinforzo perché, essendo disposti in di-

22. Sezione di elemento ligneo sottoposto a flessione deviata.

rezione ortogonale alla fibratura, si oppongono allo scorrimento dei vari strati gli uni sugli altri.

Per ciò che concerne lo sforzo di taglio, esempi di rottura si possono trovare in corrispondenza dei punti di appoggio delle travi, ad esempio dei solai, sulle murature d'ambito. In questi casi, la rottura per sollecitazione tagliante avviene in seguito a "tranciamento" delle fibre.

Resistenza a flessione deviata

Questo tipo di sollecitazione si riscontra nel caso in cui la direzione secondo cui i carichi si propagano non sia parallela a uno degli assi di simmetria della sezione dell'elemento in legno, ma sia obliqua. Il caso si riscontra abbastanza frequentemente nell'orditura secondaria o minuta delle coperture.

È importante sottolineare come la flessione deviata conduca a sollecitazioni maggiori rispetto alla flessione semplice. Infatti, considerato il carico uniforme q di figura 22 che produce il momento flettente massimo (sul piano di sollecitazione verticale) M, la tensione di flessione retta ($\varphi = 0$) risulta:

$$\sigma_{fl} = \frac{M}{W} = \frac{6M}{bh^2}$$

Nel caso di flessione deviata ($\varphi > 0$) si ha invece:

$$\sigma_{max} = \frac{6M}{bh}\left(\frac{\cos\varphi}{h} + \frac{\sin\varphi}{b}\right)$$

Con una sezione quadrata e inclinazioni pari a 10, 15, 20% l'incremento di tensione massima è rispettivamente pari a circa il 10, 14 e 18%.

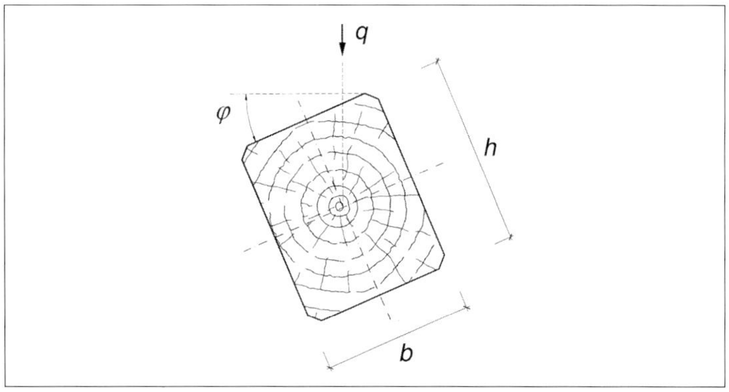

22

Comportamento reologico del legno sotto carico (o fluage o creep)

Il comportamento deformativo della struttura lignea dipende in notevole misura dal comportamento reologico del legno, caratterizzato da deformazioni differite (fenomeno noto anche come *fluage* o *creep*). Con tali termini, ci si riferisce al fatto che la deformazione dell'elemento progredisce nel tempo quando questo è sollecitato da azioni esterne costanti e il fenomeno è, per il legno, correlato alla durata dell'azione, allo stato tensionale presente e alle variazioni termoigrometriche dello stesso. Le deformazioni così accumulate sono solo in parte reversibili (in tal caso si parla di deformazioni elastiche differite). Le deformazioni elastiche differite sono particolarmente evidenti in presenza di sollecitazioni di flessione e taglio, che provocano nel tempo lo scorrimento visco-elastico delle fibre legnose, nonché nel caso di sollecitazioni di compressione ortogonali alla fibratura.

Nella verifica delle deformazioni degli elementi inflessi è necessario considerare le deformazioni differite dovute ai carichi permanenti. Le deformazioni differite possono essere assunte proporzionali a quelle elastiche, almeno nei casi di valori di sollecitazioni sufficientemente lontane da quelle che provocano la rottura.

In DIN 1052 [DIN 1052-1 1988-04], tali deformazioni sono prese in considerazione quando i carichi permanenti sono maggiori del 50% dei carichi totali.

Per travi a una campata con carichi permanenti g e carichi totali q il coefficiente di *creep* φ può essere calcolato con la seguente espressione:

$$\varphi = \frac{1}{\eta_k} - 1$$

dove:

$$\eta_k = \frac{3}{2} - \frac{g}{q} \quad \text{per umidità di equilibrio in opera} \leq 18\%$$

$$\eta_k = \frac{5}{3} - \frac{4g}{3q} \quad \text{per umidità di equilibrio in opera} > 18\%$$

Per la parte permanente del carico ciò equivale quindi ad assumere moduli di elasticità ridotti pari a $E/(1 + \varphi)$ e $G/(1 + \varphi)$.

23. Dipendenza dalla durata t del carico (ore) della resistenza a flessione del legno netto espressa in termini di rapporto S_r con i risultati di prove istantanee (valori medi a umidità ω costanti o variabili).

Resistenza e durata del carico

La durata del carico ha un effetto non trascurabile anche sulla resistenza del legno. In effetti i valori di resistenza che sono utilizzati nel caso di azioni permanenti (o di lunga durata) nelle nuove normative europee sono all'incirca il 60% dei valori ricavabili da prove (di laboratorio) di breve durata. Il fattore 0.60 deriva da prove che furono svolte negli anni Quaranta presso il Forest Products Laboratory di Madison (Wisconsin) e pubblicate nel 1951. In quella occasione, sulla base di prove a flessione, di 7 anni di durata, effettuate su piccoli campioni di legno netto, fu proposta una relazione tra tensioni di rottura e tempo (durata del carico) estrapolata a 10 anni. Tale relazione, chiamata curva di Madison, può essere approssimata da un segmento di retta nel diagramma semi-logaritmico di figura 23, nel quale in ordinata è riportato il rapporto S_r tra la tensione di rottura al generico tempo t e quella determinabile mediante prova istantanea e in ascissa il logaritmo del tempo t (ore). La curva di Madison è da ritenersi valida anche per le altre sollecitazioni elementari sui provini di legno netto e è stata adottata anche per il legno in dimensioni strutturali d'uso.

L'umidità del legno ha un effetto notevole nel modificare tale relazione: a parità di rapporto S_r, travi di legno con elevati valori di umidità giungono a collasso prima di travi analoghe con bassi tenori di umidità. Anche le variazioni cicliche di umidità portano ad abbreviare i tempi di collasso previsti dalla curva di Madison.

Sistemi di connessione tra elementi in legno

Le tecniche di connessione tra elementi in legno sono di vario genere e si differenziano sia per il tipo di sollecitazione cui vengono sottoposte in fase di esercizio sia per il materiale (o i materiali) attraverso cui vengono realizzate.

In generale, è possibile dire che esistono due tipi di connessioni:
- quelle di tipo tradizionale (chiamate in inglese *carpentry joint*), nelle quali le sollecitazioni si trasmettono per contatto diretto tra gli elementi lignei e concepiti quindi per resistere principalmente a sforzi di compressione;
- quelle di tipo moderno (*mechanical joint*), nelle quali gli sforzi si trasmettono in modo indiretto, attraverso l'intermediazione di altri elementi (perni metallici, strati di colla, ecc.).

Come si è visto nel paragrafo precedente, gli elementi lignei con funzione strutturale in fase di esercizio risultano essere soggetti a

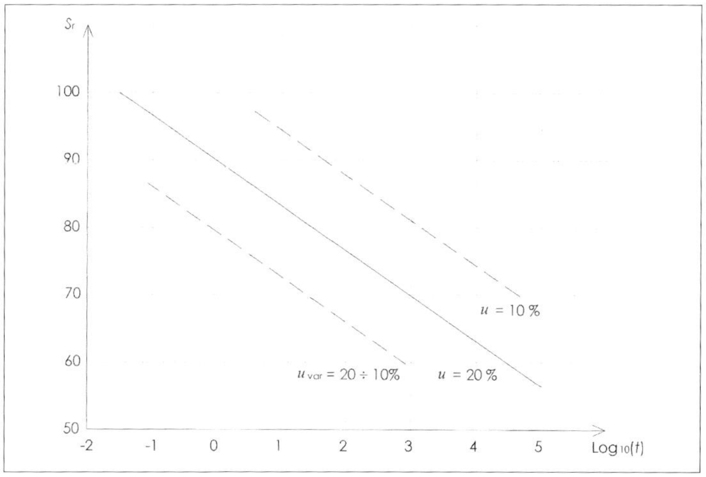

23

sforzi di vario tipo (compressione, trazione, flessione, scorrimento, taglio, ecc.) di cui bisogna tenere conto in fase di progettazione delle giunzioni. Queste infatti, una volta in opera, devono essere in grado di resistere a tutti gli sforzi che possono manifestarsi e di conservare questa capacità nel tempo, malgrado gli effetti negativi causati dalle variazioni d'umidità e dall'elevata deformabilità del legno.

Un aspetto molto importante, infatti, di cui il progettista deve tenere conto in fase di progettazione della giunzione riguarda le variazioni d'umidità del legno in opera e le conseguenze che questo fenomeno può comportare sul corretto funzionamento della giunzione e sulla conservazione del legno stesso.

Si consideri, a titolo di esempio, il caso in cui una connessione, realizzata tramite chiodi o bulloni, comunque per mezzo di elementi rigidi, sia sottoposta a variazioni cicliche di umidità.

In fase di inumidimento, essendo impedita la dilatazione del legno a causa della presenza degli elementi di giunzione, in corrispondenza di queste si formeranno delle tensioni di compressione trasversale che col trascorrere del tempo diminuiranno per il fenomeno di rilassamento (duale a quello già descritto come *creep*), fino ad annullarsi completamente.

In fase di essiccamento, tuttavia, il legno per ritornare nelle condizioni iniziali tenderà a contrarsi, lasciando gli elementi di collegamento "laschi".

24. Collegamenti tra due elementi di legno con differenti direzioni della fibratura.

25. Coazioni indotte per variazioni di umidità in un collegamento legno-acciaio.

Non sono rari i casi in cui, per ovviare ai problemi derivanti da un ritiro differenziato e dalla conseguente sconnessione tra le parti, si ricorre all'inserimento "a forza" di cunei in legno tra gli elementi di collegamento e legno o a un nuovo serraggio dei bulloni.

Una situazione simile si verifica quando vengono realizzati sistemi di collegamento sovrapponendo elementi lignei aventi una differente direzione della fibratura o sovrapponendo al legno grandi piastre metalliche. In questo caso, le tensioni che si originano sono di trazione perpendicolare alla fibratura e possono comportare l'insorgere di fessurazioni (*split*), la cui entità è funzione oltre che delle variazioni d'umidità anche della tipologia e geometria del collegamento.

A tale proposito, prove sperimentali hanno dimostrato che in presenza di un elevato numero di chiodi, a parità di area, le fessurazioni che si verificano sono maggiori, in virtù del fatto che ogni elemento di connessione attiva una linea preferenziale di distacco delle fibre (fig. 24).

Si prenda ora in considerazione una giunzione realizzata sovrapponendo un elemento ligneo, tramite due spinotti, a un elemento praticamente indeformabile (una piastra metallica) in presenza di variazioni d'umidità. In questo caso, a una variazione del contenuto d'acqua $\Delta\omega$ è associata la formazione di stati di coazione, la cui intensità è funzione sia della rigidezza k_c sia della distanza i tra i sistemi di connessione (fig. 25). Detto α il coefficiente di dilatazione/contrazione lungo la direzione anatomica considerata, A l'area di sezione dell'elemento ligneo tra gli spinotti, E il modulo elastico del legno nella direzione anatomica citata, lo stato tensionale generato nel legno è quindi pari a:

$$\sigma = \alpha \frac{\Delta\omega}{\frac{1}{E} + \frac{2A}{k_c i}}$$

Si comprende, pertanto, come qualora si utilizzino grandi piastre d'acciaio sia più conveniente impiegare elementi meno rigidi e a distanza ravvicinata piuttosto che elementi più grossi disposti a un interasse maggiore.

Sempre per quanto riguarda i sistemi "puntuali" di connessione, quali chiodi, viti, spinotti, ecc., un aspetto su cui è necessario prestare la massima attenzione si riferisce alla diminuzione della sezione resistente e della resistenza dell'elemento ligneo in corrispondenza della foratura.

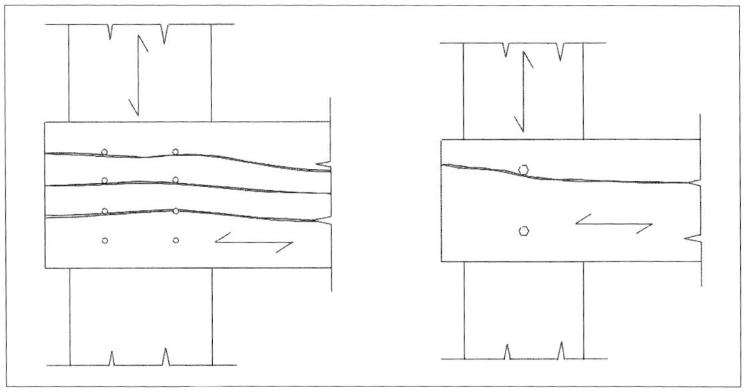

24

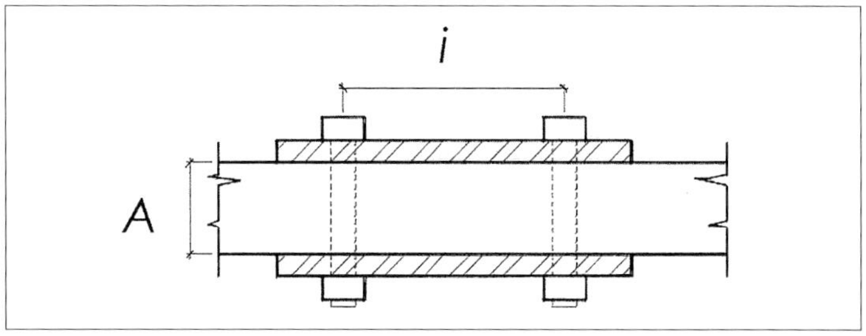

25

Ciò è imputabile innanzitutto alla formazione dei fori (di cui bisogna ricordarsi nella verifica degli elementi tesi), nonché al processo di infissione di questi sistemi di collegamento che, se inseriti a forza, comportano la lacerazione delle fibre del legno e, quindi, una diminuzione della resistenza globale dello stesso. In tal senso si rivela sempre opportuna la preforatura del legno anche quando (come nel caso dei chiodi di piccolo diametro) non sia esplicitamente prescritta da normativa.

Nel caso di sistemi di connessione di tipo "puntuale" con elementi meccanici a gambo cilindrico (chiodi, spinotti), notevole importanza riveste il problema della resistenza al *rifollamento* delle pareti del foro. In corrispondenza di queste, infatti, a causa dell'azione esercitata dal collegamento meccanico, si manifesta un fenomeno di schiacciamento delle fibre del legno che conduce a cedimenti localizzati. La cosiddetta resistenza a rifollamento non è solo una proprietà meccanica del materiale legno ma dipende anche dal tipo e dalla dimensione del sistema di collegamento nonché,

26. Collegamenti meccanici classici nella tecnica costruttiva lignea: chiodi (usualmente $d_n = 4 \div 6$ mm), bulloni e perni (usualmente $d_b = 14 \div 30$ mm), vari tipi di caviglie brevettate (le più comuni nel campo $d_d \approx 50 \div 160$ mm, con bullone di fissaggio M12÷M24), piastre dentate (ricavate per stampaggio da lamiera).

nel caso dei chiodi, dalla presenza o meno della preforatura. Inoltre risulta dipendere dall'angolo tra la direzione della forza trasmessa e la direzione della fibratura. A titolo di esempio, nelle proposte normative europee la resistenza caratteristica a rifollamento $f_{h,0,k}$ (in MPa) dei perni nella direzione di fibratura vale:

$$f_{h,0,k} = 0.082 \cdot (1 - 0.01 \cdot d) \cdot \rho_k$$

essendo d il diametro del perno (mm) e ρ_k la massa volumica caratteristica del legno (kg/m^3).

I mezzi tradizionali di collegamento meccanico per la struttura lignea sono, almeno in parte, mostrati in figura 26. Essi possono essere suddivisi in due gruppi. Il più importante è costituito dai collegamenti "a perno". In questo caso il trasferimento del carico coinvolge sia il comportamento flessionale del perno sia il rifollamento nel legno: a questo gruppo appartengono le cambrette, i chiodi, le viti, i bulloni, i perni. Il secondo gruppo è costituito dai cosiddetti connettori speciali (anelli, caviglie, piastre stampate, ecc.), per i quali la forza trasmessa interessa una grande superficie di elemento ligneo.

Molto spesso è il parametro economico (quindi la facilità e la rapidità di messa in opera) che determina la scelta della tipologia di collegamento. Il collegamento chiodato, ad esempio, è certamente il più frequentemente utilizzato. I chiodi si distinguono innanzitutto per la sagoma del gambo (liscio o corrugato): essi sono prodotti con diametri nominali compresi tra 2.75 e 8 mm e tra 40 e 200 mm di lunghezza. La preforatura è necessaria utilizzando diametri elevati (sopra 5 mm), o con legno di latifoglia o ancora quando sia necessario l'inserimento di un numero elevato di chiodi per la formazione di un particolare nodo. La normativa DIN 1052-1 [1988-04], permette di adottare carichi ammissibili maggiorati del 25% nel caso di chiodi inseriti in sedi preforate; identico aumento è permesso nel caso di collegamento tra elemento di legno e piastra metallica.

Per quanto riguarda i perni e bulloni, occorre subito precisare che la foratura necessaria per l'inserimento dei bulloni (usualmente maggiore di 1 mm rispetto al diametro nominale) riduce la portanza di questo tipo di collegamento; sono quindi maggiormente utilizzati i perni, preferibili anche per ragioni estetiche, lasciando a pochi bulloni (due o quattro) il compito di serrare il nodo. I diametri nominali variano tra 12 e 30 mm. Nel caso di

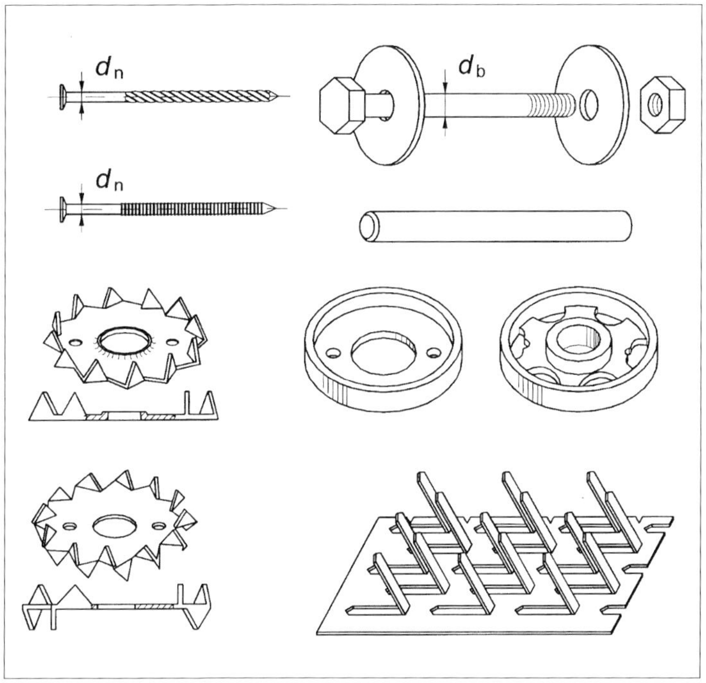

26

perni e bulloni, sono entrambe le proprietà dei materiali legno e acciaio a influire sulla capacità portante del collegamento, anche se solo la nuova normativa europea [UNI ENV 1995-1-2 1996] permette di considerare le effettive resistenze di snervamento dei perni: la citata normativa DIN 1052 [1988-04] impone per essi solo requisiti di minimo.

I connettori speciali permettono di trasferire elevati valori di sollecitazione interessando una estesa superficie di materiale. In particolare alcuni di questi (come le piastre dentate su un solo lato) sono di particolare interesse in quanto consentono la prefabbricazione in officina del giunto, lasciando, come unica operazione di cantiere, la chiusura del giunto con il bullone centrale. A questo riguardo si deve osservare come tutti i connettori speciali necessitano del bullone di chiusura del nodo, che però viene impegnato staticamente con modalità assai differenti nei singoli casi.

Con riferimento alle possibili scelte progettuali della tipologia di connessione per la formazione di un nodo, si deve subito osser-

27. Diagrammi schematici di comportamento carico (parallelo alla fibratura) – scorrimento per differenti collegamenti: (a) collegamento incollato (12500 mm²); (b) anello (d = 100 mm); (c) piastra dentata (d = 62 mm); (d) perno (d = 14 mm); (e) bullone (d = 14 mm); (f) piastra stampata (100×100 mm²); (g) chiodo (d = 4.4 mm); grafico rielaborato da [Blass *et al.* 1995].

28. Definizione di interasse e distanza dal bordo, parallelo ($i_{||}$) o ortogonale ($i_{\perp}$) alla fibra, da un bordo sollecitato (pedice s) o non sollecitato (pedice ns).

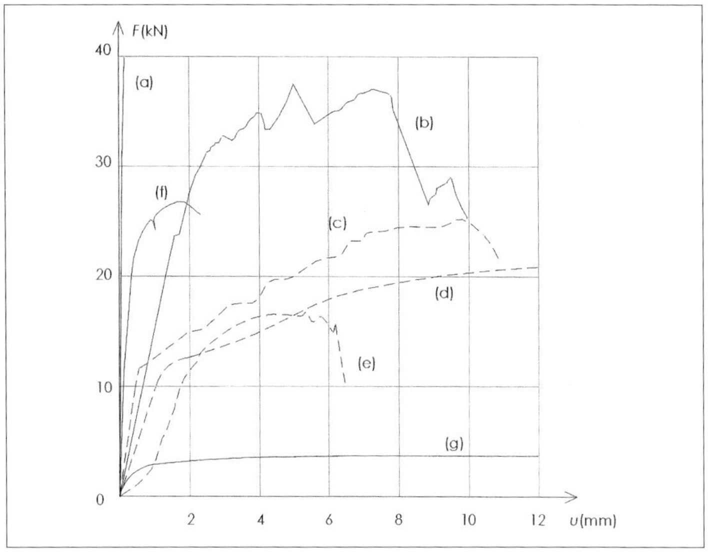

27

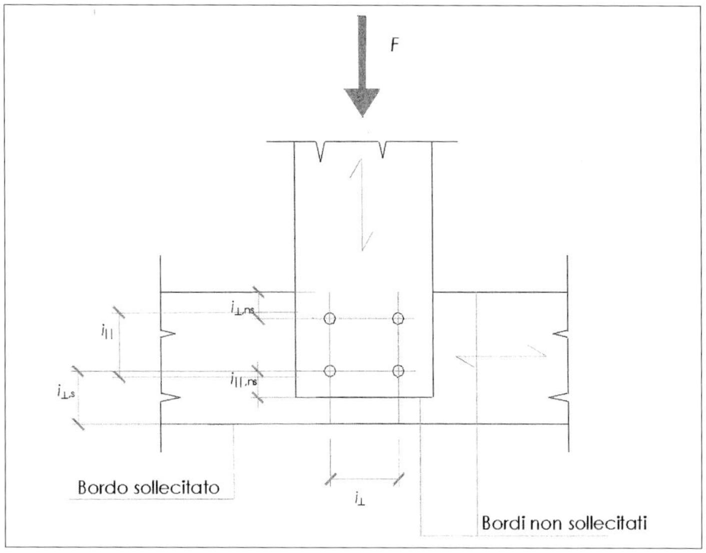

28

vare che tutte le connessioni proposte presentano un comportamento meccanico con una rigidezza finita e molto variabile in funzione della tipologia stessa: i diagrammi presentati in figura 27 bene evidenziano il problema. In particolare si possono notare il comportamento tipico del collegamento con bullone (gioco iniziale), la notevole rigidezza presentata da un giunto incollato, la rigidezza e la ridotta capacità di deformazione plastica dell'unione con piastra stampata. Conseguentemente devono essere presi in considerazione due aspetti, che riguardano da un lato la distribuzione delle sollecitazioni nella struttura a livello di analisi globale (analisi con nodi semi-rigidi), dall'altro la distribuzione di sollecitazioni tra i differenti elementi componenti il singolo nodo.

Una prima e ovvia conseguenza, a livello progettuale, è che il collegamento dovrà essere formato con elementi identici (nodo chiodato, nodo con perni, ecc.): nel caso in cui nel nodo siano presenti, ad esempio, perni e alcuni bulloni (di chiusura), questi ultimi non sono presi in considerazione per il trasferimento di sollecitazioni. Altra conseguenza abbastanza ovvia è che un gruppo di elementi meccanici di collegamento può trasmettere, in generale, una sollecitazione di valore inferiore a quella risultante dalla somma delle resistenze meccaniche del singolo elemento: la normativa DIN 1052 [1988-04] prevede, allo scopo, il calcolo di un numero "efficace" di chiodi o di perni (allineati nella direzione della forza da trasmettere) inferiore al numero effettivo degli stessi.

A riguardo di tale ultima osservazione, è da tenere presente però che sono molte le motivazioni che giustificano la scelta di formare un collegamento utilizzando molti elementi meccanici di ridotta valenza statica anziché servirsi di pochi elementi di notevole capacità meccanica unitaria.

Innanzitutto la dimensione di un elemento, quale anello o caviglia, impone dimensioni minime degli elementi lignei collegati molto spesso superiori a quelle richieste dalla verifica dell'elemento ligneo stesso: la scelta del collegamento chiodato, ad esempio, permette di "adattare" la disposizione dei chiodi stessi alle effettive dimensioni dell'elemento ligneo. A questo riguardo, si deve comunque tenere presente che la dimensione effettiva della singola membratura in una struttura lignea è quasi sempre determinata dalla dimensione richiesta per il collegamento.

Nella tabella XI saranno riportati i valori minimi di interasse e distanze dai bordi per perni, bulloni calibrati e bulloni (attualmente indicati nella normativa DIN 1052) in funzione della direzione di fibratura e del bordo sollecitato o non sollecitato (si veda la figura

28): si osserva che tali valori sono attualmente in corso di revisione e che, in futuro, saranno proposti valori certamente maggiori. Per quanto sopra affermato, gli stessi valori di spaziature e distanze possono intendersi anche come valori tipici.

Si deve inoltre sempre considerare che l'elemento ligneo presenta variabilità di caratteristiche meccaniche e difettosità notevoli e, d'altra parte, la geometria del collegamento non può tenerne conto. Un difetto localizzato è quindi tanto meno influente quanto maggiore è il numero di elementi meccanici che formano il collegamento. A ciò si aggiunga il fatto, di non trascurabile importanza, che elementi meccanici di collegamento, quali chiodi e perni di piccolo diametro (in relazione agli spessori degli elementi collegati), consentono di ottenere comportamenti a rottura con duttilità maggiore di quanto offerto da elementi meccanici a portanza unitaria maggiore.

Si consideri, da ultimo, il parametro rigidezza del giunto. Si deve osservare come il dimensionamento effettivo del collegamento, basato sul criterio della resistenza, conduca a valutazioni sulla rigidezza del medesimo contrarie a quanto può dedursi da un esame superficiale dei diagrammi precedentemente presentati. Se infatti un singolo chiodo (di piccolo diametro) presenta rigidezza molto bassa rispetto a un perno (di diametro maggiore), il collegamento chiodato dovrà essere realizzato con un numero notevole di chiodi e, conseguentemente, la rigidezza di tale collegamento chiodato potrà risultare maggiore di un collegamento progettato (secondo il criterio di resistenza) con altri mezzi meccanici. Al riguardo, la tabella presenta i valori di resistenza di calcolo R_d e di rigidezza K di un giunto per un elemento ligneo teso con una forza N_d = 50 kN (i valori sono stati ricavati applicando la normativa sperimentale europea ENV 1995-1-1 1995): si noti l'aumento di rigidezza adottando perni differenti con diametro decrescente.

Elemento di collegamento	Numero	R_d (kN)	K (kN/mm)
Anelli (d = 100 mm)	2	53	45
Perni (d = 24 mm)	2	51	35
Perni (d = 14 mm)	4	52	41
Perni (d = 9 mm)	8	54	53
Chiodi (d = 3.4 mm, l = 80 mm)	2·38	53	60

VI. Rigidezze di vari tipi di collegamenti a parità di resistenza.

Si deve sottolineare come, molto spesso, le ragioni del successo o dell'insuccesso della costruzione lignea vanno ricercate proprio nel progetto e nella scelta del sistema di collegamento nonché nel dettaglio costruttivo. È proprio il particolare costruttivo, molte volte trascurato perché apparentemente non importante, a dare origine a fessurazioni o malfunzionamenti tali da compromettere l'estetica della costruzione o, nei casi più gravi, anche la funzionalità strutturale.

La resistenza al fuoco della struttura lignea

Il legno, materiale organico di origine vegetale, presenta la peculiarità di essere materiale combustibile e, come tale, può essere completamente "distrutto" dall'evento di incendio, perdendo dunque qualsiasi caratteristica fisico-meccanica se esposto a sorgenti di calore esterne di durata e intensità sufficientemente elevate: ciò è diretta conseguenza della composizione chimica del materiale, formato per quasi il 50% da Carbonio, che è uno dei componenti essenziali del processo di combustione. La combustibilità costituisce certamente caratteristica negativa del legno, riguardato come materiale da costruzione, e ciò per due ragioni: la demolizione del legno produce una riduzione delle sezioni resistenti delle membrature e inoltre il fenomeno fisico esotermico può contribuire a sviluppare e a propagare ulteriormente il fuoco.

Il processo di combustione (demolizione) del legno procede dalla superficie esposta al fuoco verso l'interno della massa con una velocità determinata e finita, non essendo quindi istantaneo. Tale velocità dipende essenzialmente dalla specie legnosa, a parità degli altri fattori ambientali o propri del materiale. Tra i fattori ambientali che influenzano direttamente il processo si possono citare la temperatura, l'apporto di calore e le condizioni di ventilazione; nel secondo gruppo risultano di fondamentale importanza il contenuto d'acqua del materiale e i trattamenti cui l'elemento sia stato eventualmente sottoposto. Si può affermare, per quanto appena detto, che la profondità di materiale distrutto dall'evento è all'incirca proporzionale al tempo di esposizione al fuoco o, più precisamente, alla durata del processo di combustione.

La degradazione termica del legno può avvenire sia in presenza sia in assenza di aria: in presenza di quantità sufficiente di ossigeno si assiste al cosiddetto processo di "combustione viva" che inizia, per legno in condizioni igrometriche normali al 12% di umidità, all'incirca nell'intervallo di temperatura 200÷300 °C, presenta bilancio termico fortemente positivo (mediamente 4400 Cal/kg di materiale originale[2]) e il residuo solido è costituito da cenere; in assenza di ossigeno si ha invece il cosiddetto processo di "pirolisi" (o piroscissione), tramite il quale avviene la progressiva decomposizione chimica del materiale legnoso in una frazione gassosa e in un residuo solido più o meno carbonizzato. Tale processo può iniziare a temperature di circa 200 °C, con bilancio termico finale debolmente positivo (≈ 300 Cal/kg di materiale originale). Entrambi i processi necessitano comunque, inizialmente, di una fonte energetica esterna, differenziandosi alla fine sia per quanto riguarda il bilancio energetico sia per il residuo fisso prodotto.

Ciò che interessa al progettista strutturale è la conoscenza sia della cosiddetta "velocità di carbonizzazione" (che permette di valutare la profondità di materiale demolita a seguito della combustione), sia delle caratteristiche meccaniche del materiale al di sotto della zona demolita.

La parte di materiale incombusta mantiene praticamente inalterate le proprie caratteristiche meccaniche oltre che dimensionali, eccettuata una porzione molto ridotta di materiale (strato di pochi millimetri di spessore) che subisce aumenti di temperatura oltre i 100 °C.

Non si deve poi dimenticare che il materiale è igroscopico, contenendo acqua in percentuali che risultano funzione delle condizioni termo-igrometriche ambientali. Conseguentemente il calore può penetrare nella massa legnosa a velocità molto basse, potendosi quindi presentare temperature dell'ambiente esterno di 1,000 °C con temperature nel materiale legnoso, sotto alcuni millimetri dal fronte carbonioso, non superiori a 100 °C, fino a che l'acqua ivi presente non risulta del tutto evaporata.

L'approccio normativo per il calcolo della resistenza al fuoco degli elementi di legno è abbastanza semplificato ma pienamente giustificato dal processo di degrado termico del legno.

Si definiscono innanzi tutto i seguenti termini:

- *linea di carbonizzazione*: confine tra strato carbonizzato e sezione trasversale residua;
- *sezione trasversale residua*: sezione trasversale originaria ridotta dello strato carbonizzato;
- *sezione trasversale efficace*: sezione trasversale originaria ridotta dello strato carbonizzato e di un successivo strato in cui si considerano resistenza e rigidezza nulli.

La normativa italiana UNI – VV.F. 9504 fa esplicito riferimento al calcolo della resistenza al fuoco di singoli elementi strutturali (legno massiccio o lamellare) sottoposti all'incendio normalizzato, non protetti oppure trattati con prodotti ignifughi o protetti con idonei rivestimenti continui e aderenti (previa determinazione sperimentale della velocità di penetrazione della carbonizzazione).

Il metodo di calcolo adottato prevede quindi la preventiva valutazione della velocità di penetrazione della carbonizzazione, considerando per l'ambiente in cui l'elemento è inserito la consueta legge temperatura–tempo standardizzata [ISO R834 1975], la successiva determinazione di una sezione efficace ridotta rispetto a quella originaria e infine il calcolo della capacità portante (per rottura o per instabilità) allo stato limite ultimo di collasso, secondo il metodo semiprobabilistico agli stati limite nella sezione ridotta più sollecitata.

Le azioni di calcolo per la resistenza al fuoco nella citata normativa sono rappresentate dalla più gravosa delle combinazioni così definite:

$$F_d = G_k + Q_{1k} + 0.7 \cdot Q_{2k,j}$$

essendo:

F_d il valore dell'azione di calcolo;
G_k il valore caratteristico delle azioni permanenti;
Q_{1k} il valore caratteristico delle azioni variabili di lunga durata;
$Q_{2k,j}$ il valore caratteristico di un'azione di breve durata, vento (j = 1) o neve (j = 2) o di altre azioni rare (j = 3).

I "valori di calcolo" delle proprietà di materiale si ottengono dividendo i valori caratteristici al 5° percentile per i seguenti coefficienti parziali di sicurezza:

- per le proprietà meccaniche $\gamma = 1.40$;
- per la velocità di penetrazione alla carbonizzazione $\gamma = 0.80$.

In mancanza di dati sperimentali vengono proposti i valori di velocità di carbonizzazione di 0.7 mm/minuto e 0.9 mm/minuto rispettivamente per legno lamellare e massiccio di conifera.

Nella normativa europea [UNI ENV 1995-1-2 1996], che prevede tre diverse metodologie di calcolo, il metodo cosiddetto della sezione efficace è molto simile a quanto appena descritto. Tale me-

[2] Si rammenta che 1 Cal = 4185 J.

todo prevede appunto il calcolo di una sezione efficace ottenuta riducendo la sezione iniziale di una profondità di carbonizzazione "effettiva" calcolata come di seguito esposto (si veda la figura 29).

$$d_{ef} = d_{char} + k_0 \cdot d_0$$

in cui sono indicati:

d_{ef} profondità di sezione da depurare per ottenere la sezione trasversale efficace;

d_{char} profondità di carbonizzazione, $d_{char} = \beta_0 \cdot t$, essendo β_0 la velocità di carbonizzazione;

k_0 coefficiente variabile tra 0 e 1 e pari a 1 dopo i primi 20 minuti di esposizione;

d_0 7 mm, valore massimo di differenza tra sezione residua ed efficace.

Per quanto riguarda la velocità di carbonizzazione β_0 da assumere si può fare riferimento a quanto riportato nella tabella VII.

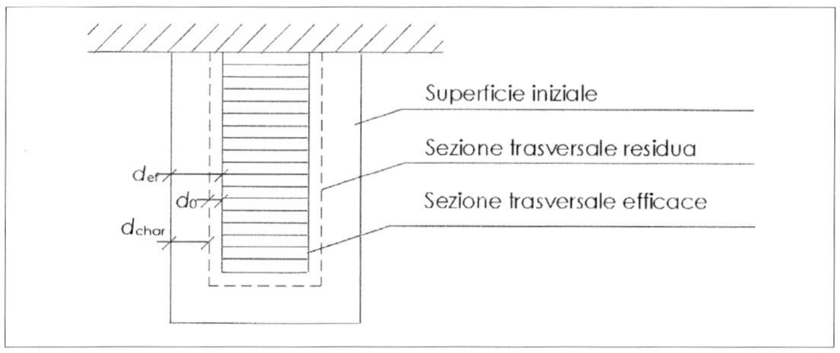

29

29. Sezione di trave lignea con strato superficiale carbonizzato.

Materiale	β_0 (mm/min)
a) Conifere	
Legno massiccio con massa volumica caratteristica ≥290 kg/m³ e una dimensione minima di 35 mm	0.8
Legno lamellare incollato con massa volumica caratteristica ≥ 290 kg/m³	0.7
Pannelli di legno con massa volumica caratteristica di 450 kg/m³ e una dimensione minima di 20 mm	0.9
b) Latifoglie (legno massiccio o legno lamellare incollato) con massa volumica caratteristica ≥450 kg/m³ e quercia	0.5
c) Latifoglie (legno massiccio o legno lamellare incollato) con massa volumica caratteristica ≥290 kg/m³	0.7

VII. Velocità media di carbonizzazione β_0

Per quanto riguarda i collegamenti, giova sottolineare come a essi la struttura lignea, soprattutto quella di più recente realizzazione in legno lamellare, fa ricorso in modo sistematico; tali collegamenti, in particolare quelli realizzati con mezzi meccanici, costituiscono parti essenziali per la statica della struttura nel suo complesso. Ai fini della resistenza al fuoco della struttura è dunque necessario potere valutare la prestazione del collegamento sotto l'azione dell'incendio; molto spesso sono proprio i collegamenti con elementi metallici o le parti della struttura realizzate con elementi metallici a rappresentare il vero punto di debolezza della struttura lignea esposta al fuoco. La parte metallica costituisce infatti elemento di trasmissione di calore anche all'interno della massa lignea (nel caso del collegamento) oppure essa presenta deformazioni a caldo incompatibili con la statica della struttura (elementi di controvento, elementi tesi in genere, ecc.).

Le cosiddette unioni non protette, purché a comportamento statico globalmente simmetrico, sono considerate dalla normativa europea come soddisfacenti alla classe di resistenza R 15. Oltre tale valore sono necessari requisiti aggiuntivi da valutare attentamente in sede di progetto. Il primo requisito è, ovviamente, sullo spessore dell'elemento ligneo collegato e sulla distanza dai bordi del mezzo di collegamento (chiodo o spinotto) che deve garantire la prestazione, in condizioni ultime, anche al tempo richiesto di resistenza $t_{fi,req}$; per tale requisito si farà sempre riferimento quindi al tempo richiesto oltre i 15 minuti, cioè a $(t_{fi,req} - 15)$.

Alcune semplificazioni possono poi essere adottate per resistenze richieste fino a R 60. Fatti salvi infatti i requisiti sulle dimensioni minime degli elementi collegati e sulle distanze dai bordi dei mezzi meccanici di unione, la resistenza al fuoco R 30 è soddisfatta se il rapporto tra i valori di calcolo del carico e della capacità portante nella progettazione a temperatura normale non supera un determinato rapporto η_{30}, funzione del tipo di collegamento: per le unioni legno-legno, ad esempio, i chiodi e gli spinotti (non sporgenti dalla superficie lignea) sono caratterizzati da $\eta_{30} = 0.8$. Ciò significa che la condizione R 30 è ottenuta aumentando il numero dei singoli elementi del collegamento secondo il fattore $1/\eta_{30}$. Per tempi di resistenza richiesti $t_{fi,req}$ compresi tra 30 e 60 minuti, il rapporto fra carico e capacità portante nella progettazione a temperatura normale non deve superare il valore η_{req} dato dalla seguente espressione:

$$\eta_{req} = \eta_{30}\left(\frac{30}{t_{fi,req}}\right)^2$$

essendo $t_{fi,req}$ espresso in minuti. Si noti che, nel caso citato di collegamenti legno-legno con chiodi e spinotti, il rapporto η_{60} vale quindi 0.2. Ciò conferma la estrema sensibilità nei confronti dell'incendio dei collegamenti mediante elementi metallici non protetti e quindi l'importanza di una loro corretta progettazione o di una loro adeguata protezione.

Per quanto riguarda gli elementi di protezione che possono essere utilizzati per schermare le membrature occorre valutare, in genere, i tempi di rottura che li caratterizzano mediante prove. Se tali rivestimenti sono di legno o con pannelli a base di legno tale tempo di rottura t_{pr} (in minuti) può essere determinato mediante la formula:

$$t_{pr} = \frac{s_p}{\beta_0} - t_r$$

essendo s_p lo spessore del rivestimento in millimetri (o la somma degli spessori di rivestimento) e t_r pari a 4 minuti. Sembra il caso di evidenziare che, nel caso i rivestimenti protettivi siano caratterizzati da tempi di rottura più brevi del tempo richiesto di resistenza al fuoco, la carbonizzazione dell'elemento portante inizia all'istante di cedimento t_{pr} del rivestimento stesso, ciò essendo diretta conseguenza di quanto precedentemente esposto.

Al fine di considerare utili i rivestimenti protettivi che proteggono elementi strutturali, essi devono essere fissati efficacemente a tali elementi mediante mezzi meccanici o colle adeguate. L'interasse tra gli elementi meccanici di collegamento non deve superare i 300 mm.

La vernice intumescente, ben conosciuta al professionista che opera nel campo della struttura metallica, è utilizzata anche per la struttura lignea: essa viene però applicata con altra finalità, quella della riduzione della "reazione" al fuoco dell'elemento ligneo.

È però interessante osservare che tale prodotto può aumentare, anche se di pochi minuti, la resistenza al fuoco dell'elemento, riducendo la profondità di materiale demolito dalla carbonizzazione.

Calcolo statico

Per il calcolo e l'esecuzione delle strutture in legno si può fare riferimento alla normativa DIN 1052-1 [1988-04], con le integrazioni dell'ottobre 1996.

Il calcolo statico deve essere chiaro e facilmente verificabile. Esso deve presentare, come minimo, i punti di seguito elencati:
- le ipotesi di carico;
- i materiali previsti;
- la forma e le dimensioni delle sezioni di ogni elemento portante;
- le sollecitazioni negli elementi costruttivi, nelle unioni, nei raccordi e nei giunti;
- il calcolo delle deformazioni e le eventuali controfrecce da applicare.

Nel seguito sono richiamate le due condizioni di carico per le quali tale norma prevede siano svolte le verifiche statiche. La condizione di carico *H* contempla solo i cosiddetti carichi principali (permanenti, neve, forze di inerzia dovute alla massa di macchine, carichi laterali su elementi di stabilizzazione), mentre la condizione di carico *HZ* è la somma dei carichi precedenti e dei cosiddetti carichi complementari (vento, forze di frenamento, componenti orizzontali di carichi negli organi di sollevamento, forze derivanti da impedimento delle deformazioni conseguenti a variazioni di temperatura e umidità, carichi laterali su elementi di stabilizzazione dovuti ai carichi complementari).

Pressione semplice – pressoflessione

Il metodo prevede la maggiorazione dei carichi mediante l'introduzione di un coefficiente ω dipendente dal grado di snellezza dell'asta.

I valori massimi di snellezza λ per i pilastri valgono:
- 150 per gli elementi non composti;
- 175 per gli elementi composti non incollati,
- 200 per gli elementi di collegamento e per i tiranti sui quali possono agire solo deboli forze di compressione.

La snellezza di un'asta è così definita:

$$\lambda = \frac{l_0}{i_{min}}$$

dove l_0 è la lunghezza libera di inflessione e i_{min} è il raggio d'inerzia minimo della sezione ricavabile tramite la nota relazione:

30. Schemi di giunti con fibratura deviata rispetto all'asse di sollecitazione.

$$i_{\min} = \sqrt{\frac{J_{\min}}{A}}$$

Calcolato il valore di snellezza della colonna, dalla tabella X della normativa DIN 1052 [1988-04], è possibile leggere i corrispondenti valori del coefficiente di amplificazione ω, dipendenti anche dal tipo e dalla classe di materiale.

Per quanto riguarda la pressione semplice la verifica viene così condotta:

$$\sigma_{D\parallel} = \frac{\omega P}{A} \leq \sigma_{D\parallel,amm}$$

dove P è lo sforzo normale applicato, A è l'area della sezione trasversale dell'elemento colonna, $\sigma_{D\parallel}$ è la tensione ammissibile a compressione parallela alla fibratura.

Per quanto concerne la sollecitazione di pressoflessione occorre eseguire innanzitutto la verifica di resistenza a compressione e a flessione, senza considerare l'effetto dello sbandamento laterale, mediante la seguente relazione:

$$\frac{N}{A_n \sigma_{D\parallel,amm}} + \frac{M}{W_n \sigma_{B,amm}} \leq 1$$

nella quale A_n è la sezione trasversale netta (ovvero priva di tutti gli indebolimenti di cui al paragrafo 6.4 della normativa DIN 1052 citata, quali smussi, forature, incisioni), M è il valore massimo del momento flettente, W_n è il modulo di resistenza netto della sezione e $\sigma_{B,amm}$ è la tensione ammissibile a flessione.

Oltre alla verifica di resistenza si deve eseguire anche quella di stabilità che può essere condotta con la seguente formula:

$$\frac{N}{A_n \sigma_k} + \frac{M}{W_n \cdot 1.1 k_B \sigma_{B,amm}} \leq 1$$

nella quale:

$$\sigma_k = \frac{\sigma_{D\parallel,amm}}{\omega}$$

ω = è il valore massimo dei coefficienti di amplificazione relativi ai due piani di inflessione;

k_B = è il coefficiente di instabilità flessotorsionale definito in funzione della snellezza flessotorsionale λ_B come di seguito indicato: 129

$$k_B = \begin{cases} 1 & \lambda_B \leq 0.75 \\ 1.56 - 0.75\lambda_B \quad \text{per} & 0.75 \leq \lambda_B \leq 1.4 \\ (\lambda_B)^{-2} & 1.4 \leq \lambda_B \end{cases}$$

essendo λ_B la snellezza flesso-torsionale che, nel caso particolare di sezione rettangolare $b \times h$, è così definita:

$$\lambda_B = \sqrt{\frac{s h \gamma_1 \sigma_{B,amm}}{\pi b^2 \sqrt{E_\parallel G_T}}}$$

dove γ_1 rappresenta il coefficiente di sicurezza che può essere assunto pari a 2 per entrambe le condizioni di carico H e HZ, s l'interasse dei ritegni ritenuti efficaci ai fini dell'instabilità flessotorsionale.

Nel caso di compressione con retta di azione della forza inclinata rispetto alla direzione della fibratura, le tensioni ammissibili di compressione sono calcolate mediante la seguente formula:

$$\sigma_{D\alpha,amm} = \sigma_{D\parallel,amm} - \left(\sigma_{D\parallel,amm} - \sigma_{D\perp,amm}\right) \cdot \sin\alpha$$

in cui α è l'angolo fra la direzione della forza e quella della fibratura in ambedue i disegni di figura 30.

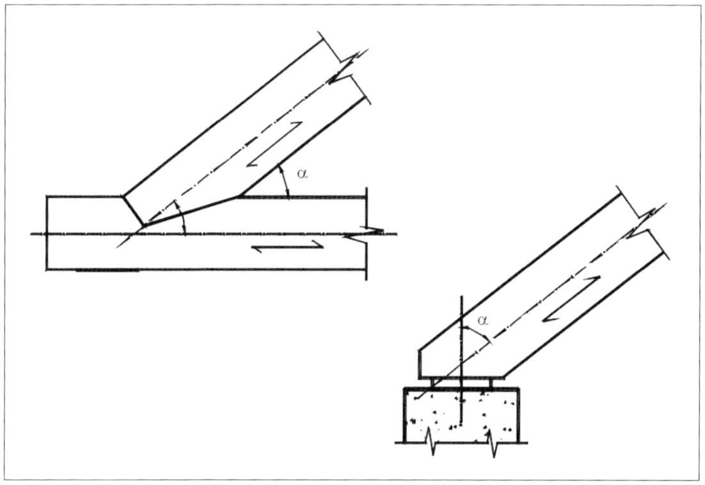

30

Trazione semplice

Secondo le prescrizioni della norma in oggetto, le aste tese devono essere verificate attraverso la seguente formula:

$$\frac{N}{A_n \sigma_{Z\|,amm}} \leq 1$$

dove $\sigma_{Z\|,amm}$ è la tensione di trazione ammissibile in direzione parallela alla fibratura.

I giunti e i raccordi devono essere realizzati, di regola, simmetrici rispetto all'asse dell'elemento. Le parti in legno, o in materiali a base di legno, sollecitati da un solo lato, devono essere dimensionate per una forza pari a 1.5 volte la forza di calcolo da loro sopportata.

Tensoflessione

Gli elementi sottoposti a una sollecitazione di tensoflessione devono essere verificati secondo la seguente formula:

$$\frac{N}{A_n \sigma_{Z\|,amm}} + \frac{M}{W_n \sigma_{B,amm}} \leq 1$$

con i simboli già introdotti.

Frecce e controfrecce

La deformabilità delle strutture e degli elementi strutturali deve essere limitata al fine di garantire l'efficienza degli stessi in condizioni di esercizio. Pertanto sono introdotte delle limitazioni sulle frecce dovute sia ai carichi accidentali (compresi neve e vento) sia ai carichi totali (compresi permanenti, accidentali, neve e vento).

In assenza di prescrizioni più restrittive i valori massimi delle frecce su travi inflesse sono limitate ai seguenti valori:
- travi ad anima piena anche in legno lamellare:
l/300 carico accidentale
l/200 carico totale
- travi reticolari:
l/600 carico accidentale
l/400 carico totale
essendo l la distanza tra gli appoggi della trave.

È opportuno ricordare che, visto il basso valore di modulo elastico a taglio G, occorre considerare nel calcolo della freccia la parte dovuta alla deformabilità per taglio. Si ricorda anche che, per la trave inflessa in semplice appoggio a sezione costante e soggetta a carico uniforme q, la freccia totale massima vale:

$$f_{max} = \frac{5}{384}\frac{ql^4}{EJ} + \frac{1}{8}\frac{\chi q l^2}{GA}$$

nella quale A è l'area della sezione trasversale, J è la relativa inerzia, χ è il cosiddetto fattore di taglio della sezione (1.2 per la sezione rettangolare).

Dal punto di vista progettuale è molto spesso la deformazione a condizionare la scelta dell'elemento strutturale. A questo riguardo, come si è già avuto modo di sottolineare, il comportamento reologico del materiale gioca un ruolo essenziale. Le deformazioni differite sono in genere calcolate in proporzione a quelle elastiche. Nella norma in oggetto esse sono da considerare quando i carichi permanenti sono maggiori del 50% dei carichi totali e secondo le modalità già descritte.

Si deve osservare come i valori delle deformazioni differite così ricavate siano molto spesso inferiori a quelli reali: in tal senso la normativa europea [UNI ENV 1995] applica invece formulazioni che conducono a valutazioni abbastanza più prudenziali delle frecce differite e, soprattutto, che tengono conto delle differenti durate delle azioni (permanente, lunga, media e breve durata).

Moduli di elasticità

Nel calcolo delle deformazioni elastiche occorre assumere, per il modulo di elasticità E, i valori riportati nella tabella IX.

Tali valori devono essere ridotti di:
- 1/6 per gli elementi strutturali, in legno massiccio o lamellare, per i quali sia prevista l'esposizione alle intemperie oppure in genere si preveda un'umidità media superiore al 18%;
- 1/4 per gli elementi strutturali soggetti a inumidimenti permanenti (ad esempio permanentemente immersi in acqua).

Taglio

Per gli elementi strutturali soggetti a sollecitazione di taglio, la verifica deve essere effettuata per mezzo della seguente formula:

$$\frac{3}{2}\frac{T}{A \cdot \tau_{Q,amm}} \leq 1$$

Grado di snellezza	Legno massiccio di conifera Classe di assortimento	Legno lamellare di conifera Classe di assortimento		Legno massiccio di Latifoglie Gruppo			Compensato strutturale (DIN 68705 3a – 5a) azione // alle fibre degli strati esterni Numero strati		Pannelli di particelle secondo DIN 68763 Spessore (mm)	
λ	S7÷MS17	S13÷MS17	S10	A	B	C	3	≥ 5	≤ 25	> 25
0	1.00	1.00	1.00	1.00	1.00	1.00	1.00	1.00	1.00	1.00
10	1.04	1.00	1.00	1.04	1.03	1.03	1.02	1.01	1.03	1.02
20	1.08	1.00	1.00	1.08	1.08	1.07	1.05	1.04	1.07	1.07
30	1.15	1.00	1.00	1.15	1.15	1.15	1.11	1.12	1.15	1.16
40	1.26	1.03	1.03	1.25	1.27	1.29	1.22	1.28	1.28	1.34
50	1.42	1.13	1.11	1.40	1.45	1.50	1.38	1.54	1.49	1.61
60	1.62	1.28	1.25	1.59	1.69	1.79	1.61	1.91	1.78	1.99
70	1.88	1.51	1.45	1.83	2.00	2.17	1.92	2.53	2.15	2.48
80	2.20	1.92	1.75	2.13	2.38	2.67	2.30	3.30	2.60	3.24
90	2.58	2.43	2.22	2.48	2.87	3.38	2.87	4.18	3.22	4.10
100	3.00	3.00	2.74	2.88	3.55	4.17	3.55	5.16	3.98	5.07
110	3.63	3.63	3.32	3.43	4.29	5.05	4.29	6.24	4.82	6.13
120	4.32	4.32	3.95	4.09	5.11	6.01	5.11	7.43	5.73	7.30
130	5.07	5.07	4.63	4.79	5.99	7.05	5.99	8.72	6.73	8.56
140	5.88	5.88	5.37	5.56	6.95	8.18	6.95	10.11	7.80	9.93
150	6.75	6.75	6.17	6.38	7.98	9.39	7.98	11.61	8.96	11.40
160	7.68	7.68	7.02	7.26	9.08	10.68	9.08	13.20	10.19	12.97
170	8.67	8.67	7.92	8.20	10.25	12.06	10.25	14.91	11.50	14.64
175	9.19	9.19	8.39	8.69	10.86	12.78	10.86	15.80	12.19	15.52
180	9.72	9.72	8.88	9.19	11.49	13.52	11.49	16.71	12.90	16.41
190	10.83	10.83	9.89	10.24	12.80	15.06	12.80	18.62	14.37	18.29
200	12.00	12.00	10.96	11.35	14.18	16.69	14.18	20.63	15.92	20.26
210	13.23	13.23	12.08	12.51	15.64	18.40	15.64	22.75	17.55	22.34
220	14.52	14.52	13.26	13.73	17.16	20.19	17.16	24.97	19.27	24.52
230	15.87	15.87	14.50	15.01	18.76	22.07	18.76	27.29	21.06	26.80
240	17.28	17.28	15.78	16.34	20.43	24.03	20.43	29.71	22.93	29.18
250	18.75	18.75	17.13	17.73	22.16	26.08	22.16	32.24	24.88	31.66

VIII. Coefficienti ω [DIN 1052-1 1988-04, modificata secondo DIN 1052-1/A1 1996-10].

dove A è l'area della sezione trasversale e $\tau_{Q,amm}$ è la tensione di taglio ammissibile.

L'azione tagliante di ogni forza concentrata F agente all'estradosso delle travi, deve essere considerata per intero se la distanza a della forza dall'asse dell'appoggio è $\geq 2h$ (dove h è l'altezza della trave in corrispondenza della mezzeria dell'appoggio), mentre può essere ridotta di $F \cdot (1 - a/2h)$ per $a < 2h$.

Regole specifiche valgono invece per travi dotate di intagli e mortase terminali, nelle quali lo sforzo di taglio ammissibile può essere anche di molto inferiore a quello calcolabile con la formula precedente applicata alla sezione netta di appoggio: ciò per la contemporanea presenza di tensioni secondarie di trazione ortogonali alla fibratura responsabili dell'innesco di fessurazioni nella direzione di fibratura.

	Specie	Classe di assortimento secondo DIN 4074-1	Moduli di elasticità parallelo alle fibre $E_{\parallel}$	ortogonale alle fibre $E_{\perp}$	Modulo di elasticità a taglio G
1	Abete rosso, Abete bianco, Pino, Larice, Douglasia, Southern Pine, Western Hemlock, Yellow Cedar)	S7 e MS7	8000	250	500
		S10 e MS10	10000	300	500
		S13	10500	350	500
		MS13	11500	350	550
		MS17	12500	400	600
2	Legno lamellare realizzato con lamelle delle specie legnose di riga 1	S10 e MS10	11000	350	550
		S13	12000	400	600
		MS13	13000	400	650
		MS17	14000	450	700
3	A: Rovere, Faggio, Teak, Keruing (Yang)	qualità media	12500	600	1000
	B: Afzelia, Merbau, Angelique (Basralocus)		13000	800	1000
	C: Azobé (Bongossi), Greenheart		17000	1200	1000

IX. Moduli di elasticità e scorrimento (in N/mm^2) per legno massiccio e lamellare (umidità del legno ≤ 20%) [DIN 1052-1 1988-04, modificata secondo DIN 1052-1/A1 1996-10].

A Copertura lignea di una palestra scolastica a Cimone, Trento

Definizione dell'opera

La struttura copre una superficie in pianta pari a circa 850 m^2 dedicati all'area di una piccola palestra, ubicata in zona non sismica.
L'orditura risulta composta da 6 grandi capriate semplici (fig. 31), presentanti una luce (interasse appoggi) approssimativamente pari a 16.90 m, poste a interasse pari a 5.30 m (fig. 32). Tali capriate risultano formate da puntoni in legno lamellare presentanti sezione 0.735×0.20 m e da catene accoppiate (due sezioni da 0.263×0.12 m per ciascuna capriata).
Tutta la copertura viene completata, strutturalmente, con il posizionamento del tavolato chiodato sui correntini a interasse pari a 0.88 m. Le controventature di falda sono costituite, per le aste di parete, da aste lignee e da tondi in acciaio e, per le aste correnti, dagli stessi puntoni di capriata. Gli arcarecci di colmo e le mezzecase completano lo schema stabilizzante, anche per le capriate non direttamente connesse alle croci di Sant'Andrea dei controventi.
Le strutture in legno lamellare risultano di classe BS14 (puntone) e BS11 (catena), secondo la classificazione riportata in DIN 1052: a tale normativa si fa riferimento per i calcoli di seguito presentati. Per l'analisi dei carichi è stata adottata una massa volumica[3] pari a 600 kg/m^3. La carpenteria metallica è realizzata con acciaio tipo Fe360, la bulloneria è di classe 6.6.

Analisi dei carichi (secondo la normativa italiana vigente e le eventuali richieste del committente/proprietario)
Carichi permanenti:

Manto di copertura 0.48 kN/m^2
Orditura minuta (correntini) 0.14 kN/m^2

Totale per arcarecci/mezzecase 0.62 kN/m^2
In proiezione di falda
$0.62/\cos(21.8°) = 0.67$ kN/m^2

Carico accidentale di neve: 2.80 kN/m^2
Carico di vento (pressione): 0.60 kN/m^2

Orditura secondaria

Correntini
Essi risultano posizionati a interasse 0.88 m, e formati in legno lamellare BS11 con sezione 12×18 cm.
Il carico permanente è dunque pari a:
$g = 0.62 \times 0.88 = 0.55$ kN/m
(in sviluppo)
il carico di neve è invece pari a:
$q = 2.80 \times 0.88 = 2.46$ kN/m
(in proiezione).
Lo schema statico è quello riportato in figura 33.
Le reazioni dei vincoli sono le seguenti, totali e di peso proprio (tra parentesi):
$R_2 = 10.29$ kN (2.00 kN)
$R_3 = 13.41$ kN (2.60 kN)

[3] In genere per il legname di conifera e pioppo si utilizzano valori di massa volumica media compresi tra 350 e 600 kg/m^3, mentre per il legname di latifoglia (escluso il pioppo) la massa volumica media può oscillare tra 600 e 1000 kg/m^3. Si tenga presente che l'umidità del legno influenza il valore da assumere nei calcoli statici.

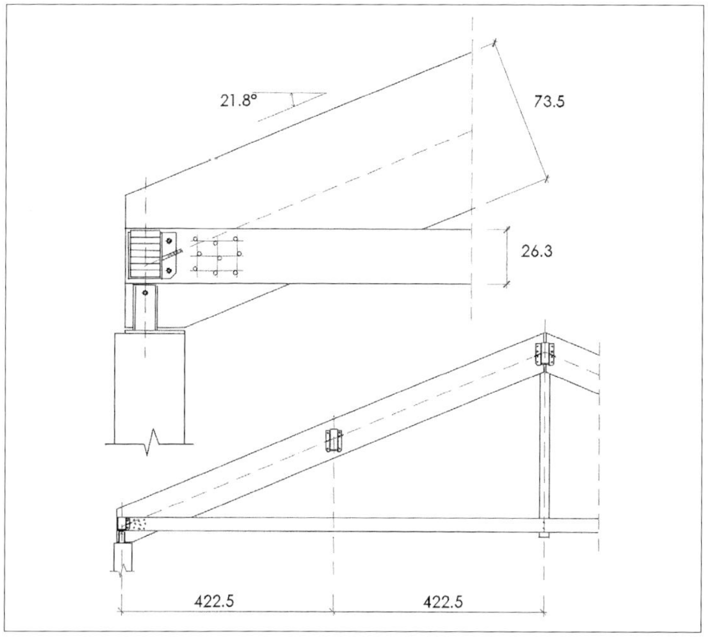

31

31. Dettaglio della capriata analizzata.

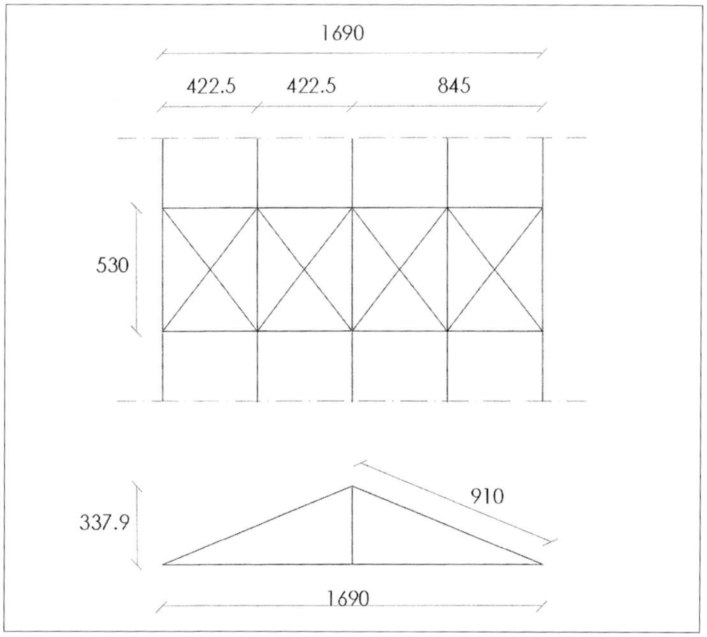

32

32. Dettaglio della pianta della copertura e della sezione (schemi).

33. Schema statico del correntino.

34. Schema statico della capriata.

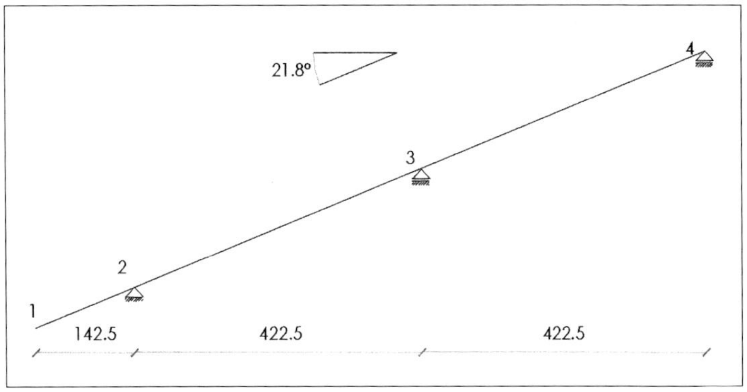

33

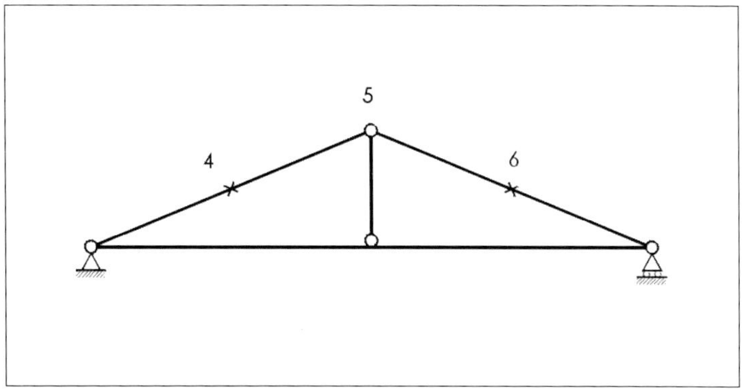

34

R_4 = 6.45 kN (1.25 kN)
Le sollecitazioni massime si verificano in corrispondenza del nodo 3 e sono pari a:
M_{max} = 5.3 kNm
T_{max} = 6.5 kN
Si ottiene quindi:

$$\sigma_B = \frac{6 \cdot 5.3 \cdot 10^6}{120 \cdot 180^2} \cong 8.2 < 11 \text{ MPa}$$

$$\tau_{max} = \frac{1.5 \cdot 6500}{120 \cdot 180} = 0.5 < 1.2 \text{ MPa}$$

Con riguardo agli stati di esercizio (deformabilità) si ottiene una freccia massima $f_{max} \cong 0.6$ cm $\leq l/200$. Si può notare il vantaggio ottenuto in termini di deformabilità con riguardo alla soluzione statica dell'elemento in semplice appoggio (campata 1-2-3 e campata 3-4): in tal caso si otterrebbe una freccia massima sulla campata 3-4 pari a 0.88 cm.

Mezzecase
L'elemento è formato con legno lamellare BS11 e presenta sezione 16×43.1 cm.
Con riguardo ai carichi si ottiene (si veda il punto precedente, reazione vincolare sul nodo 3):

Permanenti (g)
2.6/0.88 + 0.41=3.37 kN/m
Accidentali (q)
10.81/0.88 = 12.28 kN/m
Totale 15.65 kN/m

Lo schema che si adotta è quello di semplice appoggio sulla luce (teorica, a favore di sicurezza) pari a 5.3 m.
Le sollecitazioni massime sono quindi pari a:

$$M_{max} = \frac{15.65 \cdot 5.3^2}{8} \cong 55.0 \text{ kNm}$$

$$T_{max} = \frac{15.65 \cdot 5.3}{2} = 41.5 \text{ kN}$$

Si ottiene conseguentemente:

$$\sigma_B = \frac{6 \cdot 55 \cdot 10^6}{160 \cdot 431^2} \cong 11.0 \leq 11 \text{ MPa}$$

$$\tau_{max} = \frac{1.5 \cdot 41500}{160 \cdot 431} = 0.9 < 1.2 \text{ MPa}$$

Arcareccio di colmo
L'elemento è formato con legno lamellare BS11 e presenta sezione 16×43.1 cm.
Con riguardo ai carichi si ottiene (si veda il calcolo relativo ai correntini, reazione vincolare sul nodo 4, da raddoppiare per considerare la parte sinistra e destra):

Permanenti	g	3.25	kN/m
Accidentali	q	11.82	kN/m
Totale		15.07	kN/m

Lo schema che si adotta è quello già utilizzato per le mezzecase e quindi le sollecitazioni massime sono pari a:
$M_{max} \cong 52.9$ kNm
$T_{max} \cong 39.9$ kN
Le verifiche sono dunque soddisfatte.

Arcareccio di bordo
Si utilizza la medesima sezione già vista per la mezzacasa e il colmo (legno lamellare BS11, sezione 16×43.1 cm).
Con riguardo ai carichi si ottiene (si veda il calcolo relativo ai correntini, reazione vincolare sul nodo 2):

Permanenti	g	2.69	kN/m
Accidentali	q	9.42	kN/m
Totale		12.11	kN/m

Si ottengono quindi i seguenti valori di sollecitazioni massime:
$M_{max} \cong 42.5$ kNm
$T_{max} \cong 32.1$ kN

Verifiche capriata (luce 16.90 m)
Si controlla immediatamente che la catena è comunque sempre tesa anche con minimo carico verticale e massima sollecitazione da vento (in depressione).
Lo schema statico è quello mostrato in figura 34. I carichi gravanti (oltre il peso proprio strutturale inserito come carico per unità di lunghezza) sono quelli derivanti dai permanenti e accidentali di coperto (si vedano i punti precedenti riguardanti il calcolo degli elementi secondari). Si ottiene dunque (si veda lo schema statico di figura):

nodi 4 e 6:
P = 15.65×5.3 = 83.0 kN totali (di cui 17.9 kN permanenti)
nodo di sommità 5:
P = 15.07×5.3 = 79.9 kN totali (di cui 17.2 kN permanenti)
Il modello inserito è quello teorico "in asse" dei singoli elementi.

Catena
L'elemento è costituito da doppia sezione 12×26.3 cm (legno lamellare BS11); la sezione della catena al netto dei fori è pari a:

$$A = 2 \cdot 12 \cdot (26.3 - 3 \cdot 2.2) = 472.8 \text{ cm}^2$$

il modulo resistente risulta pari a:

$$W = \frac{2 \cdot 12 \cdot 26.3^2}{6} = 2767 \text{ cm}^3$$

Si ottengono i seguenti valori dei parametri di sollecitazione:

$N_{max} = 219.1$ kN
$M_{max} = 3.4$ kNm
$T_{max} = 2.0$ kN

Essendo in presenza di sollecitazione di tensoflessione su elemento doppio si può scrivere la seguente condizione di verifica, a favore di sicurezza (si noti l'aumento della sollecitazione assiale per considerare la possibile non uniforme distribuzione dello sforzo tra i due elementi formanti la catena stessa):

$$\frac{1.5 \cdot 219100}{8.5 \cdot 47280} + \frac{3.4 \cdot 10^6}{11 \cdot 2767 \cdot 10^3} \cong 0.93 \ \leq 1$$

Per le tensioni tangenziali si ottiene invece:

$$\tau_{max} = \frac{1.5 \cdot 2000}{47280} = 0.06 < 1.2 \text{ MPa}$$

Collegamenti

Per i collegamenti, essendo adottati spinotti di diametro $d_p = 22$ mm per l'attacco puntone-catena (inclinazione del puntone sull'orizzontale pari a 21.8°), si ha per l'elemento centrale (DIN 1052, parte 2ª, par. 5.8):

per $\alpha = 0°$
$N_{1am} = \min\{\sigma_1 \cdot a \cdot d_p; B \cdot d_p^{\,2}\} =$
$= \min\{8.5 \cdot 200 \cdot 22; 51 \cdot 22^2\}$
$N_{1am} \cong \min\{37400; 24684\} \cong 24.6$ kN

per $\alpha = 21.8°$
$N_{1am} \cong 24.6\,(1 - 21.8/360) \cong 23.11$ kN

Gli interassi nella direzione di fibratura risultano, come da norma, 5 d_p. Sono presenti 9+4 spinotti di diametro 22 mm: i 4 spinotti sono anche utilizzati per sostenere le scarpette di appoggio dell'arcareccio di bordo. Si ottiene dunque:
$N_{max} < N_{1am} \cdot n$
$219.1 < (23.11 \cdot 13)$ kN

Per gli elementi laterali si ottiene, invece, in modo del tutto analogo:

$N_{1am} = \min\{\sigma_1 \cdot a \cdot d_p; B \cdot d_p^{\,2}\} =$
$= \min\{5.5 \cdot 120 \cdot 22; 33 \cdot 22^2\}$
$N_{1am} \cong \min\{14520; 15972\} \cong 14.5$ kN,

e di conseguenza:
$1.5 \cdot N_{max} / 2 < N_{1am} \cdot n$
$(1.5 \cdot 219.1/2) < (14.5 \cdot 13)$ kN

Apparecchio di appoggio

La reazione massima è pari a 199 kN. La compressione ammissibile nel puntone per $\alpha = 0°$ è pari a $\sigma_0 = 11$ MPa, mentre per $\alpha = 90°$ risulta $\sigma_{90} = 2.5$ MPa. Dunque con inclinazione del puntone pari a 21.8° si ha ($\alpha = 68.2°$):

$$\sigma_\alpha = \sigma_0 - (\sigma_0 - \sigma_{90}) \cdot \sin\alpha$$

$$\sigma_\alpha = 11 \quad (11 - 2.5) \cdot \sin(68.2°) \cong 3.1 \text{ MPa}$$

Pertanto, applicando la nota relazione:

$$\sigma = \frac{P}{A}$$

dove P =199 kN e $\sigma = \sigma_a$, è possibile

Strutture di legno – Connessioni meccaniche (da DIN 1052-2 1988-04)

Unioni mediante perni e bulloni - Per unioni bullonate o unioni con perni si intendono tutte quelle unioni realizzate con elementi passanti di acciaio di forma cilindrica e disposti ortogonalmente agli elementi. In tali unioni gli elementi di acciaio sono soggetti principalmente a taglio e flessione e, nella maggior parte dei casi, ingenerano nel legno unicamente delle tensioni di rifollamento sulle superfici interne dei fori. Le unioni portanti con perni, bulloni o bulloni calibrati possono essere a uno o più piani di taglio. Per la condizione di carico H e per forza agente nella direzione della fibratura (indipendentemente dalla classe di qualità del legno) la sollecitazione ammissibile di un perno, bullone o bullone calibrato vale:

$$N_{p,am} = \sigma_{lam} a \cdot d_p \quad \text{in [N]}$$

dove:
σ_{lam} = è la tensione di rifollamento media ammissibile (si veda la tabella X) per l'elemento in legno in N/mm²;
a = è lo spessore dell'elemento in legno (in mm);
d_p = è il diametro del perno, bullone o bullone calibrato (in mm).
In ogni caso, $N_{p,am}$ deve risultare minore di:

$$N_{p,am} = B \cdot d_p^2 \quad \text{in [N]}$$

dove:
B = è un valore costante riportato nella stessa tabella X, in N/mm².
È da osservare come il calcolo proposto renda superflua la verifica a flessione dei connettori.
Nelle unioni in cui la retta di azione della forza formi un angolo α (con $\alpha \leq 90°$) con la direzione della fibratura, il valore dell'azione ammissibile di ogni connettore deve essere ridotto in base al fattore:

$$\eta = 1 - \frac{\alpha}{360°}$$

La calcolazione esposta è valida anche nel caso di più elementi meccanici di collegamento a patto comunque che vengano rispettati determinati interassi minimi (o spaziature) e precise distanze dai bordi. Per questi ultimi si distinguono i bordi perpendicolari o ortogonali alla fibra e, soprattutto, i bordi "sollecitati" (cioè quelli verso cui è diretta la forza trasmessa dal connettore) da quelli "non sollecitati". Inoltre, quando il numero n di perni e bulloni allineati nella direzione della forza sia superiore a 6 (perni), il numero efficace dei perni da assumere nelle calcolazioni è pari a:

$$n_{ef} = 6 + \frac{2}{3}(n - 6)$$

Nelle successive tabelle X e XI sono indicate le regole di dimensionamento geometrico e di verifica della chiodatura e bullonatura.

Tipo di unione	Tipo di legno bulloni calibrati	Perni		Bulloni	
		σ_{lam}	B	σ_{lam}	B
Con 1 piano di taglio 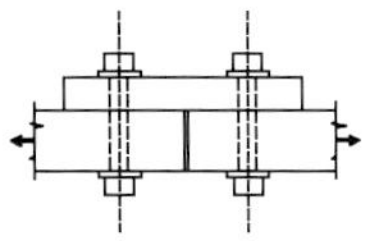	Conifere (NH) e Legno lamellare (BSH)	4.0	23.0	4.0	17.0
	Latifoglie (LH)				
	Gruppo: A	5.0	27.0	5.0	20.0
	B	6.1	30.0	6.1	24.0
	C	9.4	36.0	9.4	30.0
Con 2 piani di taglio 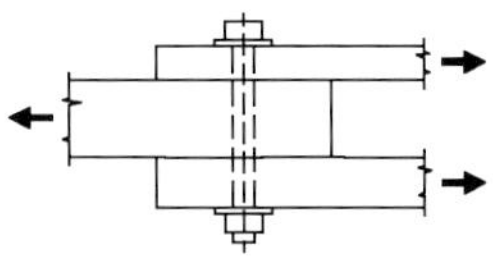		elemento centrale			
	Conifere (NH) e Legno lamellare (BSH)	8.5	51.0	8.5	38.0
	Latifoglie (LH)				
	Gruppo: A	10.0	60.0	10.0	45.0
	B	13.0	65.0	13.0	52.0
	C	20.0	80.0	20.0	65.0
		elemento laterale			
	Conifere (NH) e Legno lamellare (BSH)	5.5	33.0	5.5	26.0
	Latifoglie (LH)				
	Gruppo: A	6.5	39.0	6.5	30.0
	B	8.4	42.0	8.4	34.0
	C	13.0	52.0	13.0	42.0

X. Tensioni di rifollamento ammissibili σ_{lam} e valori B (N/mm²) per il calcolo del carico ammissibile N delle unioni portanti con perni/bulloni calibrati o bulloni nella condizione di carico H.

Distanze minime in funzione della direzione della fibratura		Distanze minime* parallelamente alla direzione della forza	
		perni e bulloni calibrati	bulloni
Tra i connettori	// alla fibratura	$5\ d_{st}$	$7\ d_b \geq 100$ mm
	⊥	$3\ d_{st}$	$5\ d_b$
Dal bordo sollecitato	// alla fibratura	$6\ d_{st}$	$7\ d_b \geq 100$ mm
	⊥	$3\ d_{st}$	$4\ d_b$
Dal bordo non sollecitato	// alla fibratura	$3\ d_{st}$	$3\ d_b$
	⊥	$3\ d_{st}$	$3\ d_b$

*In caso di connessioni con elementi obliqui le distanze minime si possono calcolare per interpolazione lineare

XI. Spaziature e distanze minime di perni/bulloni calibrati e di bulloni in funzione del loro diametro nelle unioni portanti [DIN 1052 1988].

determinare le dimensioni minime dell'apparecchio di appoggio:
$A \cong 642$ cm²
Si adotterà dunque un appoggio con dimensioni almeno pari a 32×20 cm.

Puntone
Si verificano per tale elemento (20×73.5 cm, legno lamellare BS14) i seguenti valori massimi delle sollecitazioni (in valore assoluto):
$N_{max} = 252.2$ kN (compressione)
$M_{max} = 183.8$ kNm
$T_{max} = 42.3$ kN

Si ha inoltre (dati di sezione lorda):
$A = 1470$ cm²
$W = 18008$ cm³

$$i_{min} = \sqrt{\frac{J_{min}}{A}} \cong 57.7 \text{ mm}$$

Si verifica immediatamente:

$$\tau_{max} = \frac{1.5 \cdot 42300}{147000} \cong 0.43 < 1.2 \text{ MPa}$$

La verifica per sollecitazioni di pressoflessione viene effettuata nel punto intermedio del puntone. Si osserva, innanzitutto, che le capriate sono bloccate "rigidamente" nei nodi dalla controventatura di falda. I modelli di instabilità dimostrano che il carico critico Euleriano si instaura con $l_0 \cong (9.1 - 0.5)/2 = 4.30$ m: tale lunghezza ridotta tiene anche conto della dimensione effettiva dei vincoli (attacco puntone-mezzacasa). Si noti che a tale carico critico corrisponderebbe una tensione di circa 21 MPa ($P_{cr} = 3139$ kN). Seguendo le indicazioni della normativa DIN 1052 [1988] si ottiene quindi:

$$\lambda = \frac{l_0}{i_{min}} = \frac{430}{5.77} \cong 75$$

35. Particolare del collegamento di carpenteria tra puntone e catena in una capriata tradizionale.

36. Controventamento di falda.

Connessione di tipo tradizionale

Per quanto riguarda le strutture a capriata in legno massiccio, la connessione di tipo tradizionale tra il puntone e la catena viene realizzata per mezzo di un apposito incastro.
Scomponendo la sollecitazione C trasmessa dal puntone secondo due direzioni, una perpendicolare e una parallela (T) all'asse della catena, si nota come la componente T sia pericolosa agli effetti dello scorrimento nel "tallone" di estremità della catena.
Per tale tallone si può proporre la verifica seguente (abbastanza cautelativa ma che tiene conto della distribuzione non uniforme di tensioni tangenziali sulla superficie 1 di figura 35):

$$\frac{3T}{2b \cdot a} \leq \tau_{a,am}$$

dove b è la larghezza dell'elemento catena e $\tau_{a,am}$ è la tensione tangenziale ammissibile per scorrimento parallelo alla fibratura.
La verifica del collegamento si completa poi con la verifica della sezione 2 (dente frontale dell'elemento puntone) in cui si ipotizza concentrato (a beneficio di sicurezza) l'intero sforzo normale di compressione: la verifica si attua quindi confrontandosi con la tensione ammissibile a compressione inclinata. Si noti che, a differenza di quanto indicato nella figura 30, l'intaglio realizzato secondo la bisettrice dell'angolo di estradosso catena-puntone consente di assumere un angolo α tra direzione della forza e fibratura pari a $\beta/2$ per il calcolo di $\sigma_{D\alpha amm}$.
Nel caso di figura 35, la tensione di contatto sul dente frontale 2 risulta pari a:

$$\sigma_{c,\alpha} = \frac{C \cos^2 \frac{\beta}{2}}{b \cdot t_v}$$

Un'ulteriore verifica deve poi essere eseguita sulla sezione 3 di figura 35 (intaglio in catena) sia per la sollecitazione tagliante (usualmente da peso proprio della stessa catena) sia per la forza di trazione F (verifica a tensoflessione con forza F ed eccentricità e).

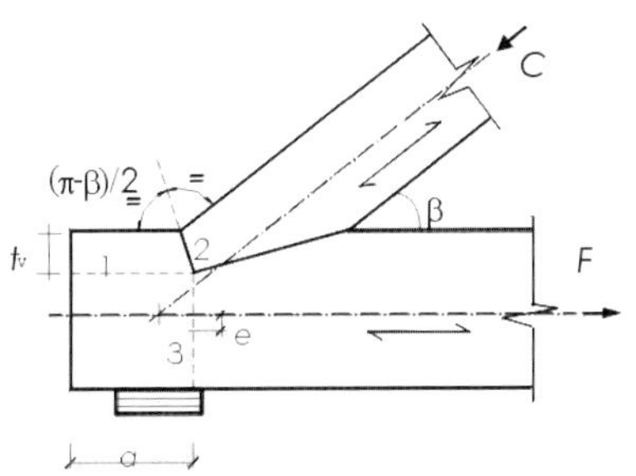

35

La tabella X in DIN 1052-2 [1988-04] fornisce dunque:
$\omega = 1.71$

Si tenga presente inoltre che la verifica combinata prendendo in considerazione anche l'instabilità flessotorsionale può essere trascurata essendo il relativo coefficiente di snellezza pari a circa:

$$\lambda_B = \sqrt{\frac{4300 \cdot 735 \cdot 2 \cdot 14}{\pi\, 200^2 \sqrt{12000 \cdot 600}}} \cong 0.51 < 0.75$$

La verifica per sollecitazione di pressoflessione, tenendo in conto l'instabilità per sforzo normale, porge la seguente disequazione:

$$\frac{1.71 \cdot 252200}{11 \cdot 147000} + \frac{183.8 \cdot 10^6}{14 \cdot 18008 \cdot 10^3} \cong 1.00 \leq 1$$

Monaco
Esso risulta sollecitato da una forza N_{max} pari a circa + 4.00 kN ed è collegato in sommità da 1 bullone Ø20 che si impegna su due sezioni e lo collega alla piastra metallica.

Controventatura principale
Risultano stabilizzate 4 capriate da una reticolare di falda costituita da diagonali tesi in tondo di acciaio e aste in legno. Lo sviluppo di tale reticolare è pari (teoricamente) a 2×9.1 m cioè 18.2 m (si veda lo schema di figura 36).

a) Carichi di stabilizzazione (DIN 1052-1 1988-04, cap. 10.2), a favore di sicurezza:

$$q_s = 4 \cdot \left(\frac{252.2}{30 \cdot 18.2} + \frac{183.8}{350 \cdot 9.1 \cdot 0.2} \right) = 3.0 \text{ kN/m}$$

b) Carichi di vento (pressioni e depressioni per una altezza media della facciata di 9 m):

$$q_w = 0.6 \cdot (0.8 + 0.4) \cdot \frac{9}{2} = 3.24 \text{ kN/m}$$

c) Carichi di vento (vento radente di competenza delle 4 capriate stabilizzate, 3 campi):

$$q_{wr} = 0.02 \cdot 0.6 \cdot (5.3 \cdot 3.0) = 0.19 \text{ kN/m}$$

d) Totale sforzi orizzontali sulla reticolare di controvento:
$q = 6.43$ kN/m

Si può effettuare il calcolo, a favore di sicurezza, secondo lo schema reticolare con solo i diagonali tesi attivi.

e) Tirante (1° diagonale) Ø27 mm:
$N \cong 77.1$ kN

tensione massima nell'acciaio:
$\sigma \cong 135$ MPa

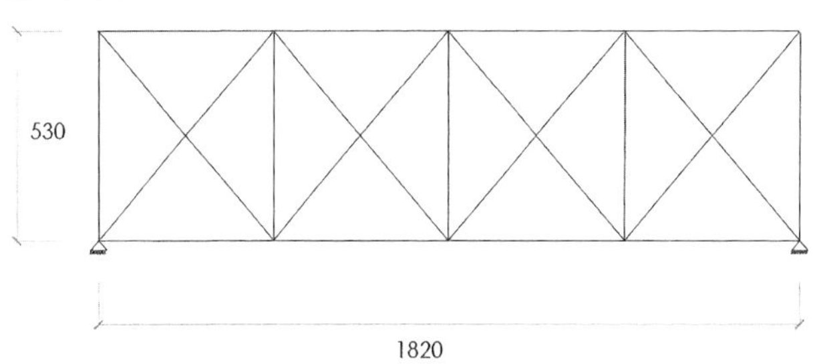

36

Strutture di Legno – Controventi, lastre, elementi singoli di irrigidimento
DIN 1052-1 1988-04 - Fondamenti per il dimensionamento

Le travi inflesse e i correnti compressi delle travi reticolari devono essere verificati contro lo sbandamento laterale.
Per quanto riguarda il dimensionamento della struttura di irrigidimento del corrente compresso di travi reticolari, oltre ai carichi verticali e orizzontali loro applicati (peso proprio, permanente e accidentale), si deve considerare un carico orizzontale uniformemente ripartito perpendicolare al piano della trave pari a:

$q_s = m \cdot N_{corr}/(30 \cdot l)$

dove:
m = è il numero di correnti compressi da stabilizzare;
N_{corr} = è l'azione di compressione media nel corrente compresso nella condizione di carico più sfavorevole;
l = è la luce totale fra i vincoli di estremità dell'elemento principale compresso.
Per quanto concerne, invece, il dimensionamento della struttura di irrigidimento di travi inflesse a sezione rettangolare con rapporto altezza/larghezza (h/b) ≤ 10 si deve considerare un carico uniformemente ripartito perpendicolare al piano della trave pari a:

$q_s = m \cdot M_{max} / (350 \cdot l \cdot b)$

dove:
m = è il numero di correnti compressi da stabilizzare;
M_{max} = è il momento massimo delle singole travi nella condizione di carico più sfavorevole;
b = è la larghezza della trave;
l = è la distanza fra gli appoggi oppure la lunghezza complessiva della zona da stabilizzare.
Le strutture di controvento che servono per l'irrigidimento dei correnti compressi di travi reticolari o di travi inflesse, e che sostengono anche i carichi orizzontali del vento, devono essere dimensionate per la somma totale delle due azioni se la loro lunghezza è ≥ 40 m, mentre devono essere dimensionate per l'azione instabilizzante (q_s) e metà del carico del vento per lunghezze ≤ 30 m; per i valori intermedi si interpola linearmente.

bullone (classe 6.6) Ø27 mm sulla paletta (impegnato a taglio in unica sezione, area resistente 459 mm²):
$\tau \cong 168$ MPa < 170 MPa

f) Puntone, costituito dall'arcareccio di bordo di sezione 16×43.1 cm, legno lamellare BS11 (considerato libero di sbandare, a favore di sicurezza, nel piano debole di sezione):
$l_0 = 5.30 - 0.20 = 5.10$ m, $\lambda = 110$, $\omega = 3.32$

Per la prima asta di parete si ha dunque (il momento massimo deriva dal calcolo dell'orditura secondaria; si noti inoltre che la condizione di carico comprende il vento[4]):

$$\frac{1}{1.25}\left(\frac{3.32 \cdot 58510}{8.5 \cdot 160 \cdot 431} + \frac{6 \cdot 42.5 \cdot 10^6}{11 \cdot 160 \cdot 431^2}\right) \cong 0.89$$

[4] Come si è già visto, infatti, nella condizione di carico HZ le sollecitazioni ammissibili possono essere aumentate del 25%.

Crediti
Progetto generale e direzione lavori: ing. G. Bertamini
Progetto generale strutture: ing. M. Tessadri, ing. B. Moratelli
Progetto esecutivo copertura lignea: ing. O. Grömminger
Committente: Istituto Trentino Edilizia Abitativa, Trento
Impresa appaltatrice: Larcher & Baldo s.n.c., Aldeno (Trento)
Realizzazione strutture in legno: Holzbau S.p.A., Bressanone (Bolzano)
Superficie totale coperta: 850 m²

Capitolo 5

COPERTURE IN LEGNO LAMELLARE

La tecnologia del legno lamellare

Introduzione

L'impiego del legno lamellare come materiale ed elemento strutturale, ha trovato sempre più spazio nel settore costruttivo, offrendo nuove possibilità alternative e concorrenziali, soprattutto nel settore delle strutture a grandi luci. Oggi, qualunque progettista lo prende in considerazione accanto al cemento armato o all'acciaio, e sono diverse le aziende italiane che lo producono.

La novità tecnologica di questo materiale è quella d'essere ottenuto mediante incollaggio di lamelle o assi di legno d'opportune dimensioni in modo da formare elementi strutturali ad ampia flessibilità compositiva e formale, non disgiunti da una certa validità estetica. Il lamellare è leggero, permette l'assemblaggio in opera a secco, può essere impiegato in tutti i settori dell'edilizia, rispetta l'ambiente e la sua produzione non inquina.

Ulteriori vantaggi derivano dalla possibilità di una sua prefabbricazione, che consente di ottenere un materiale con caratteristiche d'omogeneità e uniformità di resistenza, superiori alla corrispondente essenza legnosa, nonché uno sfruttamento massimo della materia prima, il legno.

Non va poi sottovalutata la capacità del lamellare di resistere ad alcuni agenti chimici, proibitivi per altri materiali, e di mantenere a lungo le proprie caratteristiche strutturali nei confronti dell'incendio.

Nell'accezione più comune del termine per legno lamellare incollato, o più semplicemente legno lamellare, si intendono quegli elementi strutturali di varia dimensione e forma (*glulam*), composti da più strati di segati giuntati tra loro di testa (detti "lamelle") incollati e sovrapposti.

Detti elementi unitari possono essere incollati tramite una o più delle seguenti modalità che si differenziano essenzialmente per le superfici interessate al contatto (fig. 1):

- lungo i bordi longitudinali (di lato);
- lungo le sezioni trasversali (di testa);
- lungo le superfici principali (di faccia).

In base all'applicazione di diversi sistemi produttivi e di specifiche tecniche di serraggio o pressatura risulta pertanto possibile realizzare varie tipologie di prodotti in forma di pannelli o di strutture a sezione prismatica (fig. 2).

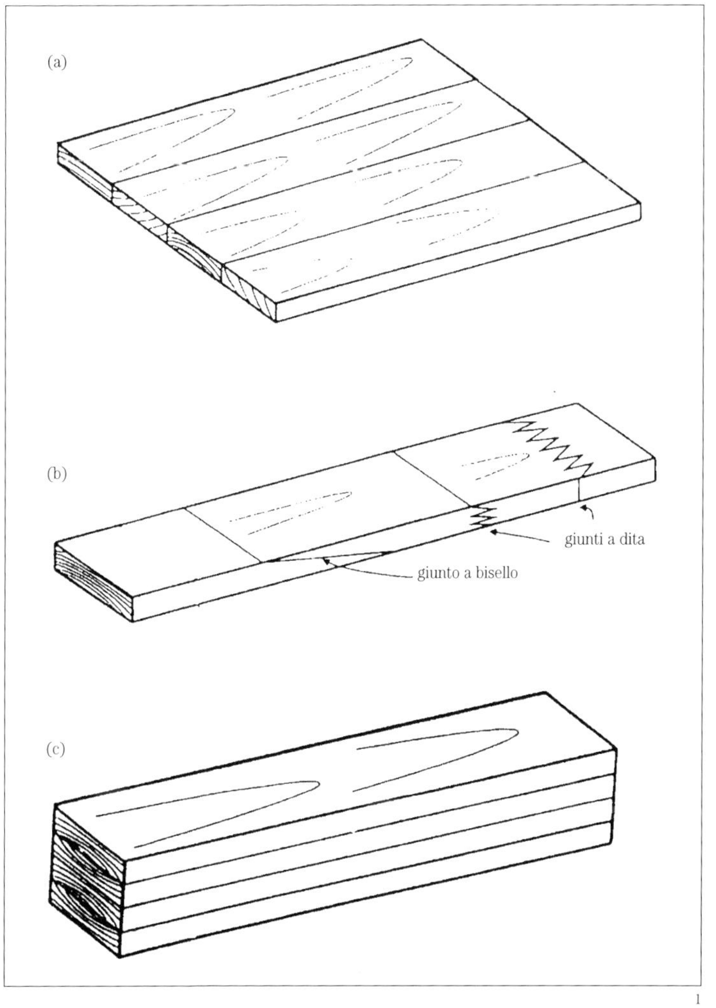

1

Per tutti l'obiettivo comune è, in ogni caso, quello di superare le limitazioni (di lunghezza e sezione) legate ai singoli assortimenti disponibili e, mediante un adeguato controllo del processo di ricostituzione degli elementi unitari, conseguire caratteristiche e proprietà migliorate.

In quest'ambito sono compresi anche prodotti di apparizione relativamente recente, utilizzati per scopi non solo strutturali.

1. Diverse modalità di giunzione del legno: (a) mediante incollaggio di lato; (b) di testa; (c) di faccia.

2. Esempi di possibili tipologie di prodotti derivanti dall'applicazione della tecnologia del legno lamellare.

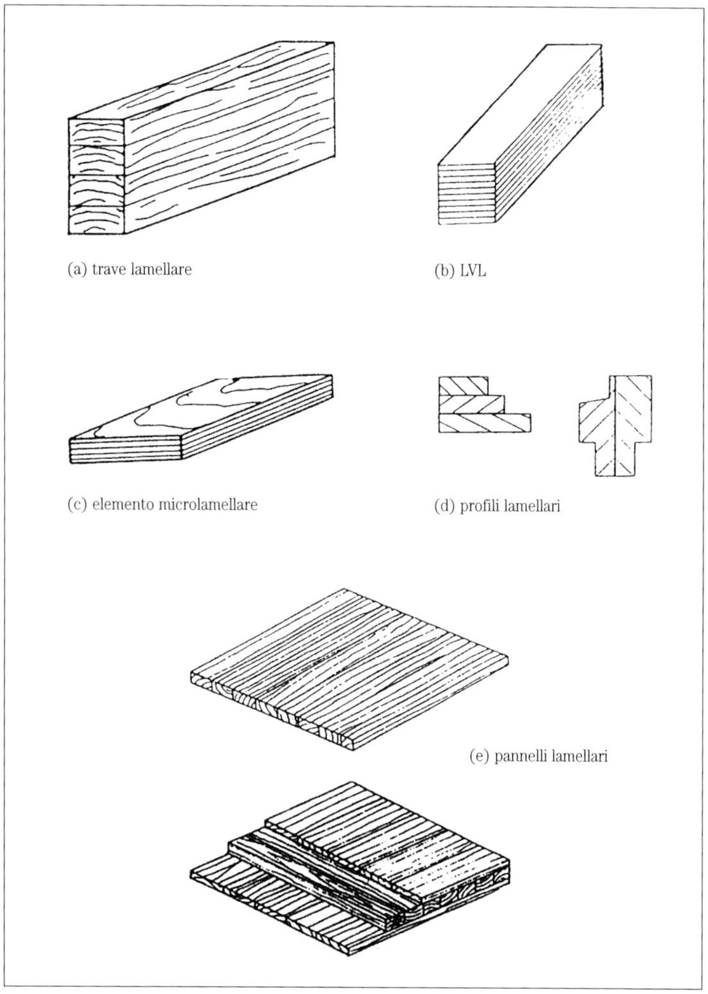

2

Tra essi meritano di essere ricordati:
- l'*LVL* o *PLV* (abbreviazioni di *Laminated Veneer Lumber* e *Parallel Laminated Veneer*, noti anche come *Microlam* o *Kerto*) che è costituito da sfogliati ottenuti e assemblati utilizzando gran parte della tecnologia e dei processi di fabbricazione del compensato, dal quale l'LVL si differenzia soprattutto per il diverso orientamento della fibratura, in questo caso parallela, dei fogli che costituiscono i vari strati. L'LVL, prodotto sotto forma di pannelli di grandi dimensioni, viene successivamente sezionato dando origine ad elementi strutturali dalle caratteristiche meccaniche elevate e mediamente superiori a quelle di analoghi elementi in legno lamellare;
- gli *elementi microlamellari* (tra cui il *Lamibois*), costituiti da sottili fogli ottenuti per tranciatura o sfogliatura, simili ai precedenti ma di lunghezza inferiore e destinati prevalentemente alla produzione di componenti per l'arredamento di interni, per infissi o falegnameria;
- i *profili lamellari*, realizzati mediante la sovrapposizione di due o più strati di segati di piccole dimensioni (interi o giuntati di testa) utilizzando legnami anche di un certo pregio e adesivi incolori, quali ad esempio quelli vinilici, che risultano adatti soprattutto all'impiego in ambienti interni e di particolare interesse per l'industria dei serramenti;
- i *pannelli lamellari* (*Solid Wood Panels*), costituiti da un singolo strato di tavolette o listelli, generalmente di specie legnose pregiate, affiancati e incollati lungo i bordi longitudinali e giuntati o meno di testa, che vengono utilizzati soprattutto nell'industria del mobile e in falegnameria per scopi decorativi.

Di seguito verranno presi in considerazione solo i lamellari del primo tipo, che risultano caratterizzati da una dimensione (lunghezza) maggiore rispetto alle altre due e che costituiscono un prodotto di notevole interesse e in continua espansione anche a livello nazionale.

Si analizzeranno pertanto le principali problematiche inerenti la realizzazione e il controllo del legno lamellare tradizionale avente caratteristiche strutturali, offrendo una panoramica sullo stato dell'arte e sui parametri che possono influenzare le varie fasi del processo di fabbricazione, nell'ottica di fornire agli utilizzatori finali un contributo a una migliore conoscenza delle intrinseche caratteristiche tecnologiche del prodotto.

In una seconda fase si metteranno in evidenza alcune tipologie strutturali per grandi coperture, in cui si riporteranno gli schemi statici-costruttivi, che possono dare lo spunto per la loro progettazione.

Alla fine si scenderà nel particolare, con l'illustrazione di due applicazioni di grandi coperture.

La normativa

Attualmente, in Italia, non esiste una normativa tecnica specifica sul legno lamellare (come per il c.a.), mentre per quello massiccio sono vigenti le norme Uni.

Questo vuoto legislativo, ovviamente, ha delle ripercussioni negative nel settore produttivo, costringendo le ditte italiane a fare riferimento alle varie normative estere, con le conseguenti difficoltà orientative e dipendenze tecnologiche. Tra la legislazione estera, le norme alle quali i produttori nazionali comunemente si riferiscono, sono:
- le DIN 1052 (Germania);
- le Règles C.B. 71 (Francia);
- le Sia 164 (Svizzera).

Altre normative importanti sono:
- le Astm (Stati Uniti);
- le British Standard (Inghilterra)
- l'Eurocodice 5 (Commissione della Comunità europea) [UNI ENV 1995-1-1 1996; 1995-1-2 1996; 1995-2 1999].

In particolare, diverse aziende produttrici del nostro Paese, forniscono una certificazione d'incollaggio apposita, rilasciata da istituti tedeschi, che attesta la qualità del prodotto e la conformità alle norme DIN 1052. Questa certificazione non riguarda tanto le caratteristiche del lamellare finito, quanto il processo di produzione: le materie prime, gli impianti, le condizioni ambientali, il personale e le tecnologie. Le ditte italiane che fanno riferimento alle norme tedesche, devono sottoporsi ai controlli periodici imposti dalle norme stesse. Dopo un determinato periodo di controlli sulla produzione e di prove alle quali sono sottoposti i campioni strutturali, viene concessa l'autorizzazione per produrre lamellare (di qualsiasi composizione e lunghezza o con limiti produttivi e dimensionali).

Nel nostro Paese, però, non mancano solo le normative sul processo produttivo, ma anche quelle di carattere tecnico. Esiste, infatti, solo il Decreto ministeriale del 8/3/1985 che regola il comportamento al fuoco anche delle strutture lignee. La Legge n. 64 del 1974 elenca alcuni provvedimenti tecnici per le costruzioni in legno, con particolari prescrizioni per le zone sismiche, ma non è esauriente per quanto riguarda le strutture portanti. Il provvedimento legislativo, infatti, prevede che l'impiego di nuovi sistemi costruttivi, come ad esempio il lamellare, abbia il preventivo nullaosta del Consiglio superiore dei Lavori pubblici, il quale, però, in più di venticinque anni non ha proposto una norma specifica sul legno lamellare. Per costruire con questo materiale, in particolare in zona sismica, il comportamento degli enti di controllo è quello di delegare la responsabilità al progettista, il quale non può fare altro che assumere, per i suoi calcoli, la normativa straniera. Ogni progetto, poi, è depositato come si fa per il cemento armato o l'acciaio, e collaudato. Questa prassi, assai discrezionale, potrebbe essere interrotta in qualsiasi momento, specie in zona sismica, perché secondo la stessa Legge 64, il lamellare, in mancanza di norma, non può essere impiegato.

Con l'introduzione dell'Eurocodice 5 [UNI ENV 1995-1-1 1996; 1995-1-2 1996, 1995-2 1999], Progettazione delle strutture in legno, la cui versione italiana è stata da tempo pubblicata dall'Uni, si è creata un'ennesima normativa da applicarsi ai Paesi aderenti alla Cee, che coinvolge tecnici, produttori, ditte operanti nel settore, al fine di giungere a una codificazione unica. Attraverso quest'importante provvedimento che, purtroppo, non è ancora stato ufficialmente adottato dallo stato italiano, il progettista strutturale dovrebbe avere a disposizione del legno lamellare classificato in base a un sistema di classi di resistenza, analogamente a quello che già avviene per il calcestruzzo. In Germania, le norme DIN 1052 sono in fase di riscrittura proprio per recepire questo sistema innovativo, e alcune aziende sono già in grado di soddisfare i requisiti per produrre questo nuovo tipo di lamellare. Alla base di tutto, c'è un attento e qualitativo assortimento della materia prima costituente le lamelle. Questa scelta, di fatto, non può più avvenire principalmente a vista da parte di personale che, se pur altamente qualificato, non può penetrare l'intimo della struttura, ma mediante l'ausilio d'appositi strumenti in grado di determinare, con sistemi non distruttivi e in modo sufficientemente esatto, il modulo di elasticità, il peso specifico (densità) e di conseguenza le caratteristiche di resistenza strutturale di ciascuna lamella.

Si definiscono, così, quattro categorie di legno lamellare: *LL11*; *LL14*; *LL16*; *LL18*; ove le prime due corrispondono all'attuale lamellare rispettivamente di seconda e prima classe delle norme DIN. In uno dei primi edifici, di tipo industriale, già realizzato, si è potuto verificare, usando un lamellare LL18 al posto di un LL14, il risparmio dal 10 al 25% nella quantità di legno lamellare strutturale utilizzato per la costruzione.

Principali vantaggi del lamellare

Sebbene, a un primo approccio, possa apparire poco razionale suddividere i tronchi in segati per procedere successivamente alla loro ricomposizione, a un esame più approfondito risulta chiaro come, in tal modo, sia possibile realizzare elementi di maggiori dimensioni di quelli ottenibili dalla semplice squadratura del tondame massiccio comunemente reperibile sul mercato.

Mediante un adeguato assemblaggio delle lamelle si possono infatti ottenere, almeno in teoria, prodotti di qualsiasi lunghezza e sezione trasversale (ad esempio, per quanto riguarda la larghezza, si possono accostare più lamelle tra loro nella composizione di ciascuno strato), i limiti dimensionali dipendono soltanto dagli impianti di serraggio e piallatura e dalle difficoltà legate alla movimentazione e trasporto sulla rete stradale.

Tramite curvatura a freddo e/o una disposizione sfalsata dei segati, la tecnologia del lamellare consente inoltre di fabbricare prodotti dalle forme e profili più diversi. Risulta così possibile realizzare strutture curve, come archi e portali, o a sezione variabile che, oltre a un più razionale dimensionamento, determinano un considerevole risparmio di materia prima.

L'essiccazione di una trave in legno massiccio di grossa sezione si dimostra poi lenta, onerosa e problematica, sia che venga condotta all'aria libera (mediante stagionatura naturale) o artificialmente con idonei impianti industriali. Nel primo caso, in particolare, il processo avviene lentamente tanto che dopo alcuni mesi, mentre la zona periferica del semilavorato ha ormai raggiunto un'umidità in equilibrio con le condizioni termoigrometriche dell'ambiente esterno, in prossimità della sua porzione centrale (ad esempio, intorno al midollo) esso potrà avere ancora un'umidità piuttosto elevata.

In tal modo, il gradiente di umidità della sezione, può risultare dannoso nei confronti del rischio di attacchi fungini, sommando i suoi effetti negativi a quelli dovuti alle fessurazioni più o meno profonde che si sviluppano longitudinalmente lungo piani radiali e che sono causate dalla diversa entità dei ritiri del legno lungo le direzioni tangenziali e radiali (anisotropia).

Nel caso del legno lamellare, invece, tutto il tavolame viene essiccato artificialmente (operazione peraltro necessaria per renderlo compatibile con gli adesivi utilizzati) e l'umidità di ogni singolo segato è resa omogenea e tenuta sotto controllo nel corso del processo produttivo.

Tali procedure, unitamente all'esiguo spessore delle lamelle, consentono di poter escludere la formazione di gradienti di umidità lungo la sezione del manufatto. Inoltre, con l'essiccazione, è possibile adeguare l'umidità di ogni singolo segato a quelle che saranno le condizioni ambientali di esercizio dell'elemento lamellare, potendo in tal modo attenuare la comparsa di fessurazioni e di eventuali fenomeni di deformazione a carico dello stesso.

La possibilità di eseguire un trattamento di preservazione dei singoli segati prima della composizione delle lamelle (anche se raramente praticato), può conferire al legno lamellare una maggiore durabilità nei confronti del biodegradamento causato da attacchi di insetti e alterazioni fungine, rispetto ai prodotti in legno massiccio realizzati con legno della stessa specie i quali, soprattutto se di spessore elevato e di grandi dimensioni, risultano in ogni caso più difficili da impregnare in profondità.

Ma ciò che costituisce l'aspetto più interessante del lamellare è che, dopo la fase di condizionamento, i segati subiscono una selezione qualitativa che consente la successiva eliminazione dei difetti giudicati in grado di compromettere le caratteristiche prestazionali del prodotto finito. Per ovvie ragioni, infatti, nel caso di legno compatto di sezione massiccia non è sempre possibile rilevare la presenza di anomalie, che spesso interessano le porzioni più interne, e in ogni caso la loro soppressione è necessariamente legata a quella dell'assortimento in cui esse sono contenute.

La presenza nei segati di difetti residui di lieve entità viene invece tollerata poichè, risultando contenuti nello spessore di ciascuna lamella, determina una loro più casuale ripartizione nel corpo dell'elemento strutturale. Inoltre tali segati possono essere utilizzati per realizzare le lamelle che andranno a comporre gli strati più interni del pacco.

Tale possibilità di rinforzare le zone che risulteranno maggiormente sollecitate, al limite anche con composizioni "combinate" (o "miste") e l'impiego di specie legnose che presentino diverse caratteristiche di densità, durabilità naturale e resistenza, costituisce un ulteriore importante vantaggio.

Particolare attenzione va prestata alla durabilità del legno, in quanto le caratteristiche proprie del materiale vanno deteriorandosi con il passare del tempo, in special modo se non viene curato. In Giappone dove si sono conservati molti ponti in legno, è tradizione rinnovare periodicamente alcuni elementi, indipendentemente dallo stato nel quale si trovano. Il ponte Kintai–Kyo sul fiume Nishiky a Iwakumi, ha (ad esempio) cinque archi i cui elementi vengono periodicamente sostituiti, in modo che ogni 25 anni il ponte viene rinnovato per intero. Questa è stata anche la ragione principale per la quale gran parte dei ponti in legno venivano realizzati coperti. La copertura aveva una duplice funzione, proteggeva la struttura del ponte dalle azioni atmosferiche e allo stesso tempo riparava i viaggiatori.

Relativamente alla resistenza al fuoco, nei confronti del quale il legno è particolarmente vulnerabile, per le peculiarità legate al suo processo produttivo, il legno lamellare presenta un miglior comportamento rispetto a quello massiccio. A questo proposito le normative specifiche (UNI 9504 ed EC5–Parte 1-2) prevedono, ad esempio, una diversa velocità di carbonizzazione che nel caso del lamellare di Conifere europee è inferiore a quella di analoghi elementi in legno massiccio.

Il legno lamellare offre, inoltre, la possibilità di dimensionare le sezioni degli elementi in maniera che possano conservare le caratteristiche di stabilità, tenuta alla fiamma (E) e isolamento termico (I) per i tempi previsti in fase di progetto.

La tecnologia del lamellare, infine, consentendo l'uso di segati di lunghezza relativamente modesta (incluse le porzioni risultanti dall'asportazione di difetti localizzati che verranno successivamente giuntate di testa), determina notevoli economie nel consumo di materia prima, ma offre soprattutto la possibilità di ottenere un prodotto più omogeneo e caratterizzato da un comportamento più facilmente prevedibile e interpretabile che può favorire un maggiore impiego del legno da parte dei progettisti.

Il ciclo produttivo

Il ciclo produttivo del legno lamellare comporta una successione di operazioni "in linea" che richiedono coordinamento, attenzione e velocità di esecuzione. Qui di seguito verranno descritte in modo schematico le singole fasi inerenti la realizzazione di lamellare per usi strutturali, sottolineando gli aspetti tecnologici legati al legno e alle operazioni di incollaggio, che costituiscono gli elementi fondamentali del processo produttivo e prestazionale del composito.

Scelta della specie legnosa

La specie legnosa con cui comporre il lamellare dovrebbe dipendere in primo luogo dalla destinazione d'uso del prodotto finito, che condiziona la scelta al solo legname avente determinati requisiti, e secondariamente da fattori legati alla disponibilità di approvvigionamento, al costo del legname reperibile sul mercato e all'ambito architettonico nel quale andrà inserito il manufatto.

Nella produzione europea le specie attualmente utilizzate appartengono alla categoria delle Conifere e, per ordine di importanza, sono soprattutto rappresentate dall'*Abete rosso* e dal *Pino silvestre*. Meno utilizzato per problemi legati a difficoltà di incollaggio, alla sua densità più elevata e al costo è il Larice. Ancora del tutto sporadico risulta l'impiego di Latifoglie. Le industrie italiane di lamellare producono soprattutto strutture in legno di *Abete* (*Abete rosso*) che rappresenta il 95% del consumo di segati in questo settore.

Nel Nord America (che vanta una lunga tradizione nel lamellare), fra le Conifere è soprattutto usato il legno di *Douglas*, mentre tra le Latifoglie riveste una certa importanza il legno di Quercia (*White* e *Red Oak*) largamente impiegato nelle strutture lamellari destinate alla cantieristica navale.

Scelta della qualità dei segati

La qualità del tavolame riveste un ruolo determinante nell'ambito della produzione del lamellare. La maggior parte delle aziende produttrici considera come riferimento la Norma tedesca DIN 4074; per segati di Conifere destinati alla realizzazione di elementi strutturali in legno lamellare, esso prevede due Classi di qualità resistente (o Categorie), determinate sulla base dell'entità e distribuzione dei principali difetti visibili esteriormente sulla loro superficie, i quali risultano fortemente correlati con le caratteristiche fisico–meccaniche del tavolame stesso.

Le Categorie ammesse sono caratterizzate dai seguenti principali parametri:

- *I^a^ Categoria* o *S13* (con resistenza dei segati superiore alla media) ampiezza media degli anelli di accrescimento ≤4 mm. Legno senza tracce di alterazioni fungine (carie) o danni da insetti, deviazione massima della fibratura rispetto alla direzione della tavola ≤70 mm/m, nodi sani e non raggruppati, con diametro massimo pari a 50 mm;
- *II^a^ Categoria* o *S10* (con resistenza dei segati considerata normale) ampiezza media degli anelli di accrescimento ≤6 mm. Legno senza traccia di alterazioni fungine o danni da insetti, inclinazione massima della fibratura ≤120 mm/m e diametro massimo dei nodi pari a 70 mm.

Facendo uso di tavolame classificato, la Norma DIN 1052 indica i dati utilizzabili per il calcolo e le verifiche di resistenza riportati in tabella I.

I valori di resistenza per le due Classi di qualità previste per il legno lamellare sono maggiori di circa il 10% se confrontati con quelli delle classi corrispondenti per il legno massiccio di impiego strutturale. Tale aumento nelle caratteristiche prestazionali trova spiegazione soprattutto nella maggiore omogeneità e uniformità del lamellare e nella possibilità di eliminare o limitare l'influenza di alcuni difetti propri del legno massiccio.

Secondo la stessa Norma, per il legno lamellare di Conifere europee si possono utilizzare i seguenti valori di calcolo dei Moduli di elasticità e taglio:
- Modulo di elasticità a flessione parallela alle fibre $E_{f//}$ = 11000 MN/m^2 (= N/mm^2 o MPa)
- Modulo di elasticità a flessione perpendicolare alle fibre $E_{f\perp}$ = 300 MN/m^2 (= N/mm^2 o MPa)
- Modulo di taglio G_t = 500 MN/m^2 (= N/mm^2 o MPa).

Dimensione dei segati

Le sezioni del tavolame utilizzato per la composizione delle lamelle dipendono principalmente da consuetudini ormai acquisite, come l'uso di multipli e sottomultipli del pollice e del piede nei Paesi anglofoni, ma soprattutto dalla necessità di limitare il più possibile i movimenti legati a eventuali variazioni di umidità del legno. Con una leggera variazione in funzione delle normative vigenti nei vari Paesi, vengono pertanto indicati moduli fissi di sezione dei singoli segati, i cui valori oscillano tra 20 e 33 mm, per quanto riguarda lo spessore massimo dopo la piallatura della lamella, e tra 20 e 25 cm di larghezza massima.

La normativa tedesca [DIN 1052-1 1988-04] prevede una larghezza dei segati (tavole) minima di 8 cm e massima di 22 cm, con uno spessore massimo di 33 mm, elevabile fino a 40 mm nel caso di elementi non soggetti a forti variazioni climatiche; per cui, per ogni 10 cm circa di altezza di una trave lamellare (il cui valore massimo è fissato in 250 cm), sarà necessaria la sovrapposizione di 3 lamelle. Nel caso di una larghezza maggiore di 22 cm, al fine di ridurre la tendenza all'imbarcamento dei segati e per aumentare la resistenza all'incollaggio, è richiesto di praticare una scanalatura rettangolare nel senso della loro lunghezza.

Per quanto riguarda la larghezza del prodotto finito, le dimensioni più comuni sono 8, 10, 12, 14, 16, 18, 20 e 22 cm per una lunghezza massima di circa 50 m (fig. 3).

Mentre nella realizzazione di strutture lamellari rettilinee lo spessore delle lamelle viene considerato ininfluente nei riguardi delle caratteristiche prestazionali del prodotto, nella fabbricazione di elementi curvi, a sezione costante o meno, esso riveste una maggiore importanza relativamente allo sviluppo di tensioni interne. Queste, infatti, risulteranno tanto maggiori quanto più elevato è lo spessore del tavolame usato e minore il raggio di

Tensione ammissibile massima di base (DIN 1052)		N/mm^2					Kg/cm^2				
		Conifere			Lamellare		Conifere			Lamellare	
		III	II	I	II	I	III	II	I	II	I
Flessione // fibre	$\sigma_{f//}$	7.0	10.0	13.0	11.0	14.0	70	100	130	110	140
Trazione // fibre	$\sigma_{t//}$	–	8.5	10.5	8.5	10.5	–	85	105	85	105
Trazione ⊥ fibre	$\sigma_{t\perp}$	–	0.05	0.05	0.2	0.2	–	0.5	0.5	2	2
Compressione // fibre	$\sigma_{c//}$	6.0	8.5	11.0	8.5	11.0	60	85	110	85	110
Compressione trasversale	$\sigma_{c\perp}$	2.0	2.0	2.0	2.5	2.5	2	2	2	25	25
Taglio longitudinale	$\tau_{a//}$	0.9	0.9	0.9	0.9	0.9	9	9	9	9	9
Taglio trasversale	$\tau_{a\perp}$	0.9	0.9	0.9	1.2	1.2	9	9	9	12	12
Torsione	τ_v	0.9	1.0	1.0	1.6	1.6	9	10	10	16	16

I. Valori tensionali massimi ammissibili per essenze di conifere, secondo le DIN 1052 [1988].

3. t = spessore lamella
b = larghezza lamella
H = altezza sezione.

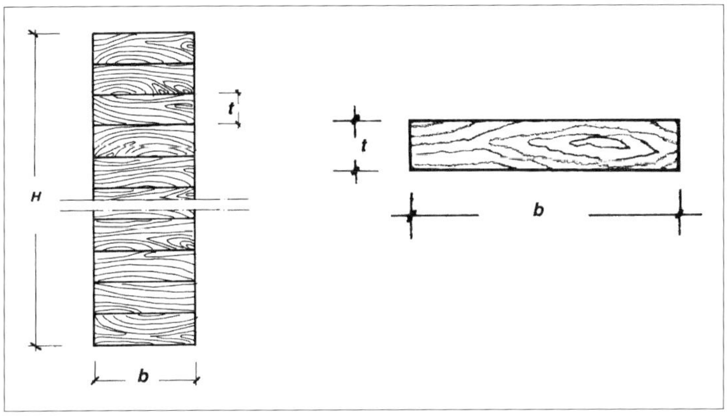

3

curvatura dello struttura. In teoria un segato molto sottile, con uno spessore dell'ordine di pochi millimetri, permetterebbe di realizzare un lamellare con un raggio di curvatura ridottissimo, ma in tal caso si verificherebbero notevoli problemi di ordine economico e prestazionale derivanti dall'eccessiva presenza di piani di incollaggio.

Le diverse normative indicano pertanto i raggi di curvatura al di sotto dei quali non è consentito scendere. Generalmente il rapporto tra il raggio di curvatura e lo spessore del tavolame o "rapporto di curvatura α" (con $\alpha = r/t$ dove r indica il raggio di curvatura e t lo spessore delle lamelle che compongono il pacco) deve essere compreso tra 150 e 200.

Condizionamento del materiale

Prima della sezionatura trasversale, prevista per la giunzione di testa e la conseguente formazione delle lamelle, il tavolame utilizzato deve essere condizionato fino a raggiungere un'umidità di equilibrio ben precisa che dipende dal tipo di adesivo utilizzato e dalla diversa destinazione d'uso del manufatto. A tale proposito, le Norme DIN [1052-1 1988-04; 1052-2 1988-04; 1052-3 1988-04], prevedono i seguenti valori di riferimento:
- per impiego in locali chiusi e riscaldati 9 (+/-3)%;
- per impiego in locali chiusi e non riscaldati 12 (+/-3)%;
- per strutture all'aperto sotto copertura 15 (+/-3)%;
- per strutture in ambiente esterno ≥18%.

All'interno di uno stesso lotto di tavolame i gradienti di umidità dovranno essere comunque limitati e presentare una variazione contenuta entro il ± 5%, mentre in ciascun segato i gradienti non dovranno essere superiori al 4%.

Giunzione di testa dei segati e formazione delle lamelle

Prima della giunzione i segati subiscono un controllo della loro umidità, effettuato generalmente mediante procedimenti automatizzati per attributi (del tipo passa–non passa), e dei loro difetti. Quest'ultimo viene solitamente affidato a personale qualificato, che provvede a segnare con gessetti fotosensibili quelle porzioni del segato che presentano anomalie gravi, quali ad esempio:
- grossi nodi;
- fessurazioni di varia origine;
- andamento irregolare della fibratura e degli anelli di accrescimento;
- tasche di resina, alterazioni dovute a funghi o attacchi da insetti;
- eccessive deformazioni da tensioni interne o da ritiro.

Segati che presentano nodi marci o il cui diametro superi il valore di 5 cm dovranno essere scartati, mentre nodi sani di diametro inferiore potranno essere tollerati purché non siano passanti; in tal caso infatti il difetto potrà essere eliminato mediante una fresatura in corrispondenza del nodo e la sua sostituzione con un cilindretto di legno sano che viene inserito e incollato nel foro che ne risulta.

I nodi, infatti, rappresentano un fattore di indebolimento delle proprietà meccaniche del legno, non solo perché costituiscono una soluzione di continuità all'interno della struttura, ma anche in quanto la fibratura della zona circostante il difetto, risulta in genere fortemente deviata. A questo proposito quando un nodo viene rimosso, il segato dovrà essere troncato a una distanza pari ad almeno tre volte il diametro del nodo stesso.

Infine i segni fatti con il gesso vengono letti dalla macchina che automaticamente taglia i segati ottenendo e classificando le assicelle.

I segati selezionati o le loro porzioni prive di difetti passano pertanto alla successiva giunzione di testa che viene praticata previa operazione di fresatura, mediante la quale si realizza il cosiddetto "giunto a dita" (*finger joint*). Questa giunzione è ormai considerata la più vantaggiosa, in quanto rispetto ad altre tipologie, come ad esempio quella che prevede la realizzazione di un bisello (detto anche "a becco di flauto"), consente di ottenere una maggior superficie di incollaggio, un minor sfrido di materiale e, una volta realizzata l'unione delle due porzioni complementari, risulta auto-serrante. Dalle indagini sperimentali effettuate tuttavia non è ancora stato chiarito definitivamente se sia preferibile realizzare la fresatura del giunto nel senso dello spessore (cioè con le "dita" orientate verticalmente) o nella larghezza del segato: infatti, se per alcuni autori le resistenze meccaniche a flessione non presentano differenze sensibili tra le due soluzioni, altri accordano la preferenza alla prima tipologia di lavorazione, che risulta peraltro di gran lunga la più adottata per la maggiore facilità di lavorazione. Il progetto di norma europea prEN 385 relativo ai requisiti dei giunti a dita per legname strutturale considera peraltro una maggiore resistenza a flessione nel primo caso, con un valore che dipende dal profilo del giunto.

Molto importanti sono comunque i parametri di fresatura che, influendo sulle dimensioni e caratteristiche geometriche del profilo del giunto, determinano l'efficienza meccanica del collegamento.

Da un punto di vista tecnico, infatti, se le dita possono, a prima vista, apparire come semplici cunei, esse sono in realtà dei trapezi a base minore molto piccola, caratterizzati dai seguenti parametri (fig. 4):
- le due basi del trapezio, la cui somma definisce il *passo* (p) della dentatura;
- la distanza tra le due basi, vale a dire l'altezza del trapezio denominata *lunghezza* (l) del giunto;
- la base minore del trapezio che definisce la *larghezza in punta* (t) delle dita;
- il *vano* (v) realizzato all'estremità del profilo (detto anche "gioco del giunto"), che consente alla miscela collante in eccesso di defluire ed evita le sovrappressioni al momento del serraggio.

In relazione alla lunghezza delle dita vengono detti "giunti normali" quelli in cui tale dimensione è superiore a 7.5 mm (da 7.5 a 60 mm), e "giunti a minidita" se è inferiore a quel valore. Le dita presentano un'inclinazione atta a favorire il serraggio del giunto ma, in ogni caso, la scelta della loro forma e dimensioni deve avvenire sulla base di considerazioni che riguardano in particolare la facilità e le perdite di lavorazione nonché le sue caratteristiche di resistenza.

La presenza di eventuali nodi in prossimità del giunto potrà essere tollerata purché si trovino a una distanza uguale o maggiore alla somma della lunghezza delle dita e del triplo del diametro del nodo (fig. 5).

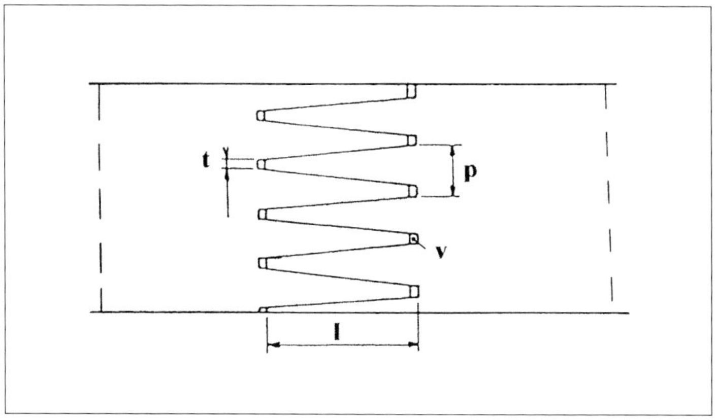

4

4. Principali caratteristiche geometriche di un giunto a dita.

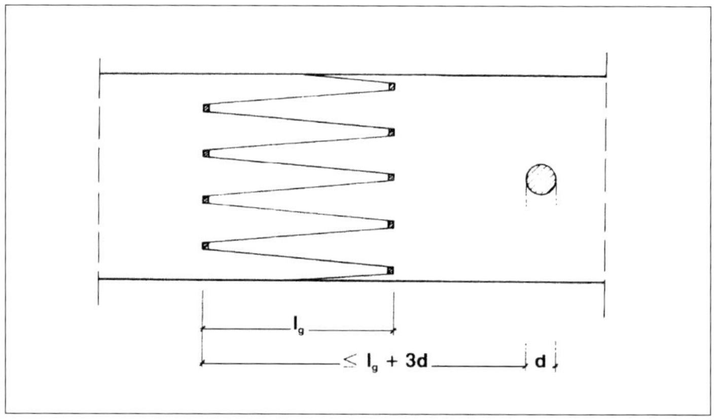

5

5. Distanza minima dei nodi dal giunto.

Alla fresatura del tavolame segue l'applicazione di adesivo che viene eseguita con sistemi a spazzola o a dischi rotanti in grado di ottimizzare la quantità e la regolarità di spalmatura della miscela collante utilizzata.

Viene poi esercitata un'azione di serraggio che avvicina e rende solidali i profili complementari del giunto. Quando questi si compenetrano, la miscela collante, che era stata spalmata sulle porzioni corrispondenti al loro incavo, fluisce verso i bordi formando una sottile pellicola continua.

Le pressioni di accoppiamento, applicate peraltro per pochi secondi, variano in relazione alla lunghezza delle dita e alla loro resistenza allo spacco e sono comprese tra 2 e 15 N/mm^2. In alcuni casi tale operazione viene eseguita in continuo lungo la linea di produzione mediante apparecchiature più o meno complesse che frenano temporaneamente l'avanzamento di un segato permettendo alla sezione sagomata del successivo di incastrarsi in quella del precedente con una spinta che dipende dalla velocità del sistema di alimentazione del tavolame.

Al fine di ottenere una più rapida polimerizzazione dell'adesivo, a volte il serraggio è accompagnato da un riscaldamento ottenuto tramite un campo elettromagnetico ad alta frequenza. I segati vengono quindi giuntati di testa, in sequenza, fino al raggiungimento della lunghezza prevista della lamella.

Piallatura e calibratura delle lamelle

La piallatura si rende necessaria per ottenere una superficie piana e regolare, eliminando eventuali disomogeneità di allineamento tra i segati giuntati, e per favorire un incollaggio ottimale che in molti casi potrebbe risultare critico se effettuato sulle superfici grezze del tavolame. Questa operazione, unitamente alla calibratura, attraverso la quale si ottengono lamelle di spessore costante, evita inoltre l'instaurarsi di fenomeni tensionali che possono dare luogo alla formazione di fessure durante la fase di serraggio.

Incollaggio delle lamelle

Nell'incollaggio delle lamelle si utilizzano prevalentemente adesivi poli condensati di tipo fenolico – a base di fenol-formaldeide (PF), resorcinol–fenolformaldeide (RF/PF) e resorcinolformaldeide (RF) – che consentono ottime prestazioni in ambienti severi, mantenendo inalterate le proprie caratteristiche nel tempo. I maggiori inconvenienti sono dovuti al loro odore pungente e alla possibilità di emissioni di formaldeide libera (che sono comunque minimi nelle strutture in opera, viste le basse quantità di adesivo e gli ambienti molto ampi in cui di solito trovano impiego, ma che possono creare inconvenienti durante la produzione, soprattutto nel caso di locali non aerati e in cui non viene esercitata un'adeguata aspirazione) e al colore rosso-violaceo delle linee di colla.

In altri Paesi vengono usati con una certa frequenza anche adesivi del tipo MUF (a base di Melammina, Urea e Formaldeide), i quali sono in grado di garantire caratteristiche meccaniche assimilabili a quelle delle resine resorciniche presentando il vantaggio di essere incolori.

Alcuni produttori italiani utilizzano peraltro adesivi di questo tipo (e anche di tipo ureico) per la giunzione di testa dei segati.

La normativa europea attualmente in vigore non consente comunque l'utilizzo di questi adesivi per l'incollaggio delle lamelle nella composizione di strutture portanti esposte a condizioni atmosferiche severe.

Tale normativa prevede infatti la suddivisione degli adesivi in:
- non strutturali (EN 204: 2001 e EN 205: 1992);
- strutturali (EN 301: 1993 e EN 302-3: 1993), facendo rientrare in quest'ultimo caso solo quelli di tipo fenolico e amminico.

Non essendo stata presa in considerazione la classificazione di adesivi di altra natura o tipo; un futuro impiego nell'industria europea del legno lamellare di collanti alla caseina, poliuretanici, epossidici o a base di tannini, dovrà pertanto comportare una revisione della suddetta normativa.

Più in particolare, la Norma EN 301 [1993] suddivide gli adesivi strutturali nei tipi A e B. Nel primo gruppo rientrano tutti i collanti impiegati per strutture lamellari con un'umidità del legno inferiore al 20% e che possono essere esposte a temperature fino a 50 °C. Il secondo gruppo è adatto invece all'incollaggio di strutture con un'umidità del legno superiore al 20% ed esposte all'azione diretta degli agenti atmosferici e a temperature anche maggiori delle precedenti. La norma EN 302 [1993] riguarda invece la classificazione degli adesivi strutturali sulla base di una serie di prove di resistenza al taglio, alla delaminazione e a trazione perpendicolare dopo cicli di invecchiamento accelerato eseguiti su provini lamellari.

Nella produzione del lamellare l'applicazione dell'adesivo avviene mediante spalmatrici a rulli o sistemi a estrusione. Le prime, ormai quasi del tutto abbandonate, provvedono a cospargere contemporaneamente di miscela collante entrambe le superfici maggiori (facce) delle lamelle, con una distribuzione in genere piuttosto irregolare, un notevole spreco di adesivo e uno scarso controllo della sua viscosità.

Nel caso dei sistemi a estrusione la miscela collante fluisce, sotto forma di sottili "filamenti" molto fluidi e opportunamente distanziati, attraverso gli orifizi di appositi condotti nei quali l'adesivo si trova in pressione e viene mescolato all'induritore. In tal modo la miscela collante viene applicata a una sola faccia delle lamelle, su cui si deposita in strisce parallele distanti tra loro circa 5 mm, mentre queste transitano sotto l'incollatrice.

Si conseguono così una serie di vantaggi che consistono, in particolare, in un minor spreco di adesivo, in una maggiore uniformità di distribuzione, nella pulizia delle superfici del legno e un più rigoroso controllo della viscosità.

Formazione e serraggio del pacco

Con leggere variazioni dovute al diverso tipo di miscela collante, il tempo che intercorre dalla sua applicazione al termine del serraggio del pacco di lamelle (detto "tempo di assemblaggio totale") non deve comunque superare i 30 ÷ 60 min. In entrambi i casi la quantità minima di miscela collante impiegata deve essere di almeno 350 g/m^2.

La maggior parte dei produttori di legno lamellare adottano tecniche di incollaggio "a freddo" (le quali prevedono cioè che la polimerizzazione della miscela collante avvenga a temperatura ambiente).

Particolare attenzione va poi riposta, durante la formazione del pacco, nella scelta e disposizione delle lamelle. A tale proposito, potendo possibilmente già intervenire a livello della precedente fase di selezione e giunzione di testa dei segati, sarebbe opportuno prevedere che:
- vengano utilizzate solo lamelle composte da segati tangenziali, che risultano caratterizzati da valori di ritiro più contenuti nella direzione del loro spessore e da una minore presenza di fessurazioni;
- le sezioni trasversali dei segati non contengano il midollo;
- venga assolutamente evitata l'alternanza di segati tangenziali con altri marcatamente radiali.

Tali indicazioni, seppure basate su valide considerazioni teoriche e un oggettivo riscontro sperimentale, non trovano un ampio seguito nella pratica industriale. Per una serie di motivi legati all'organizzazione produttiva la composizione del pacco risulta infatti quasi sempre casuale.

Ugualmente importante è una corretta disposizione dei giunti di testa all'interno del pacco. In tal senso la distanza orizzontale tra due giunti di lamelle sovrapposte non deve essere inferiore a 20 volte lo spessore delle lamelle stesse. Inoltre, nelle strutture messe in opera all'esterno, le lamelle superficiali devono presentare il minore numero possibile di giunti mentre, nelle strutture curve, le zone di massima curvatura devono esserne assolutamente prive.

Il serraggio del pacco di lamelle viene realizzato tramite modalità e dispositivi diversi, a secondo dell'azienda produttrice e della forma della struttura.

La tecnologia più diffusa prevede generalmente l'utilizzo di un'incastellatura in acciaio a L il cui braccio verticale serve da guida per un'asta filettata, sulla cui estremità viene avvitata una piastra di spinta e il relativo dado stretto manualmente (con chiave dinamometrica) o mediante sistemi idraulici o pneumatici. I profilati sono disposti su guide a una distanza di circa 25 ÷ 50 cm (a secondo che le strutture lamellari siano curvilinee o rettilinee), in maniera tale da applicare una pressione uniforme normalmente compresa tra 0.6 ÷ 0.8 N/mm^2 per il legno di Conifere e di 1.0 N/mm^2 per quello di Latifoglie. Allo scopo di ripartire la pressione il più omogeneamente possibile per tutta la lunghezza del pacco, tra l'ultima lamella e la piastra di spinta viene posto un segato (*tavola di ripartizione*) dello spessore di almeno 50 mm.

Per realizzare travi rettilinee tutte le incastellature, montate su di un sistema di rotaie parallele, sono allineate lungo una stessa direzione.

Nelle strutture curve, invece, le stesse vengono opportunamente sfalsate in maniera tale da definire il profilo dell'intradosso, in particolare per quelle di sezione variabile. In questo caso, per favorirne la curvatura a freddo, la tavola di ripartizione è generalmente più sottile e viene interposta tra i ritti dell'incastellatura e la prima lamella.

Si procede quindi ad accostare le lamelle fino al completamento del pacco utilizzando, nel caso di strutture curve, sistemi di bloccaggio delle estremità delle lamelle.

Per favorire un migliore allineamento laterale delle lamelle si esercitano inoltre pressioni lungo i fianchi del pacco mediante l'impiego di piastre metalliche di massa adeguata o utilizzando mazzuoli.

La pressione di serraggio viene applicata mediante successive regolazioni a partire dalla sezione centrale e procedendo simmetricamente verso le estremità del pacco. La fase di serraggio dura in genere dalle 12 alle 24 ore.

Le strutture lamellari curve, liberate dai dispositivi di serraggio, sono soggette a fenomeni di ritorno elastico per cui tendono a recuperare, almeno parzialmente, l'originale forma rettilinea. L'ampiezza di tali movimenti deve essere pertanto calcolata prima della formazione del pacco.

Piallatura e finitura del lamellare

L'operazione di piallatura delle superfici del lamellare ne garantisce la perfetta regolarità. Con esso vengono inoltre eliminate le tracce di trasudamento della miscela collante e le irregolarità di forma della struttura che, per quanta cura sia stata riposta nell'allineamento delle lamelle, si verificano comunemente durante la composizione del pacco.

Nelle principali industrie tale lavorazione viene svolta tramite pialle a spessore di grande apertura (in genere fino a 2 m) che consentono un'elevata produttività unitamente al conseguimento di ottimi livelli qualitativi. Nel caso di strutture lamellari curve, l'operazione di piallatura risulta più complicata, in quanto il manufatto va opportunamente guidato nel suo passaggio nella macchina.

Al termine di questa operazione, in alcuni casi, vengono realizzate le sagomature delle estremità del lamellare ed effettuato l'inserimento di componenti di collegamento (connettori, scarpe, ecc.), allo scopo di agevolare le successive operazioni di montaggio in cantiere.

È ugualmente prevista una fase di condizionamento, precedente alla spedizione, della durata di almeno 10 ÷ 12 giorni.

Trattamenti e prodotti preservanti

Per meglio comprendere l'importanza dell'esecuzione dei trattamenti di preservazione e protezione delle strutture lamellari è opportuna una breve descrizione delle principali cause di degrado del legno in opera.

Il lamellare in quanto materiale di origine organica, può in particolari condizioni essere soggetto a fenomeni di degrado da parte di agenti biologici e non. Le linee di colla, la selezione dei segati, la migliore distribuzione di eventuali difetti e le altre caratteristiche distintive del prodotto, possono tuttavia determinare un miglior comportamento rispetto al legno massiccio nei confronti della loro entità e diffusione.

Tra gli agenti biologici di degradamento del legno rivestono una notevole importanza i funghi responsabili delle carie. Una serie di esperienze condotte in Svizzera su strutture pilota, ha evidenziato l'esistenza di attacchi fungini più o meno intensi nelle situazioni in cui un ristagno di acqua, anche solo temporaneo, può consentire un aumento dello stato igrometrico del legno a valori compresi tra il 20 ÷ 25%, soglia oltre la quale tali organismi riescono a svilupparsi con particolare velocità e virulenza. Tale studio ha riguardato strutture lamellari all'aperto e in particolare ponti e passerelle.

Un'indagine più recente, condotta in Piemonte, Valle d'Aosta e Lombardia su alcune realizzazioni in lamellare poste in opera all'esterno, non ha fatto invece rilevare, anche in situazioni ambientali sfavorevoli, alcun attacco di tipo biotico, nemmeno a carico di quelle porzioni legnose a diretto contatto con il terreno; ciò fa dunque ritenere che il pericolo di attacchi biotici sussista comunque, ma non costituisce la causa principale di degrado a carico delle strutture in lamellare.

Per quanto riguarda invece le possibilità di attacco da parte di insetti, esse sono per lo più limitate alle strutture in opera in ambiente interno e alle lamelle contenenti porzioni esposte di alburno.

Uno degli effetti più deleteri del degrado da fattori non biologici (causati in particolare dalla prolungata esposizione agli agenti atmosferici) è la comparsa di delaminazioni, i cui meccanismi di formazione sono in gran parte legati all'igroscopicità del materiale. È risaputo infatti che una delle principali caratteristiche del legno è quella di equilibrarsi costantemente alle condizioni termoigrometriche dell'ambiente circostante. Si tratta di un fenomeno che, a seconda dei casi determina una cessione o un riassorbimento di umidità, accompagnata da manifestazioni di ritiro o rigonfiamento. Esso interessa in particolare il legno posto in opera all'aperto anche se non direttamente esposto, a carico del quale, soprattutto durante i cambiamenti climatici stagionali, si verificano continue variazioni dimensionali più o meno percettibili. Poiché tali movimenti riguardano il legno e non l'adesivo, a livello dei piani di incollaggio si originano tensioni che possono portare a separazioni tra lamelle contigue che, inizialmente localizzate, si sviluppano nel tempo con ritmo esponenziale.

Alcuni autori ritengono che, dopo pochi anni di esposizione in ambienti esterni particolarmente severi, si possa stimare una minore efficienza delle linee di colla valutabile intorno al 30%, soprattutto quando le strutture lamellari sono state realizzate con scarsa cura.

Marcate differenze di densità delle lamelle, un diverso orientamento degli anelli di accrescimento, o quanto meno un valore superiore a 15° dell'angolo di contatto formato dalle tracce (osservate in sezione trasversale) degli anelli di accrescimento di lamelle adiacenti, e un eventuale gradiente di umidità all'interno della struttura lamellare, rappresentano i fattori determinanti nei confronti dello sviluppo di delaminazioni e fessurazioni. I suddetti fattori di degrado sono in genere noti agli operatori del settore, ma solo conoscendone esattamente le cause è possibile definire i provvedimenti più idonei per evitarne gli effetti. Molto spesso, inoltre, una serie di indicazioni progettuali, seguite e applicate all'estero (ove esiste una maggiore tradizione nell'impiego di costruzioni in legno) e che dovrebbero essere divulgate anche agli addetti ai lavori nel nostro Paese, possono risultare decisive per assicurare una maggiore longevità delle strutture all'aperto.

Tra gli accorgimenti progettuali limitanti il rischio di degrado, il primo fattore critico è l'acqua, e ancor più l'alternanza tra bagnato e asciutto. Evitare, per quanto possibile, il suo contatto diretto con il legno risulta di importanza fondamentale. Ciò può essere conseguito mediante un'adeguata protezione del lamellare (come ad esempio nel caso dei ponti coperti) o attraverso accorgimenti tecnici che consentano lo scolo dell'acqua piovana dalle membrature in legno e il suo drenaggio da giunti e fessure.

Più in particolare, per un impiego razionale del lamellare:
- deve essere evitato il contatto diretto della struttura con il terreno (provvedendo a una separazione di almeno 20 cm);
- le superfici orizzontali, o poco inclinate e le sezioni trasversali del legno, non devono subire direttamente l'azione degli agenti atmosferici; le prime devono pertanto essere protette mediante "scossaline" metalliche mentre le testate esposte devono essere coperte da "pannellature" che impediscano la penetrazione dell'acqua per capillarità;
- le connessioni non vanno serrate strettamente al momento della messa in opera, ma dopo alcuni mesi, per consentire al legno di equilibrarsi con l'ambiente;
- i drenaggi devono essere efficienti e sempre adeguatamente dimensionati; si devono programmare periodiche manutenzioni atte a rinnovare la protezione superficiale mediante prodotti idrorepellenti e preservanti;
- per le strutture in ambiente interno dovrà porsi particolare attenzione a evitare il rischio di formazione di condensa.

Nel caso di elementi strutturali destinati all'impiego in ambiente esterno bisogna mettere in conto l'esposizione diretta ai raggi solari e in particolare agli ultravioletti. Dopo la piallatura vengono eseguiti trattamenti superficiali con prodotti impregnanti, idrorepellenti e preservanti i quali, essendo nella maggior parte dei casi applicati manualmente, a spruzzo o a pennello, interessano la sola superficie del manufatto e necessitano di un periodico rinnovamento.

I trattamenti preservanti a base di prodotti solubili in acqua o in solventi organici possono, in alcuni casi, migliorare sensibilmente la stabilità dimensionale delle strutture in legno lamellare favorendone una maggiore durata nel tempo. Per aumentarne l'efficacia, tali trattamenti dovrebbero essere condotti in autoclave sul tavolame grezzo, prima del suo impiego nella realizzazione delle lamelle. Problemi legati alle dimensioni e all'elevato costo degli impianti e il rischio di delaminazioni impediscono infatti l'impiego di tale mezzo per l'impregnazione del prodotto finito.

Risulta comunque fondamentale programmare regolari interventi di manutenzione sulla struttura in opera, che consistono soprattutto nella frequente applicazione di sostanze preservanti superficiali e nel continuo monitoraggio delle situazioni più a rischio nei riguardi di possibili ristagni di umidità, accumulo di condensa, ecc. o nei casi in cui il contatto diretto del legno con il terreno potrebbe favorire lo sviluppo di alterazioni.

Essendo generalmente gli stessi produttori di lamellare che, almeno per le realizzazioni più significative (come ponti, passerelle e coperture di grande luce), provvedono alla progettazione, produzione e messa in opera dell'intera struttura, essi forniscono anche le specifiche relative agli interventi di manutenzione e controllo e le indicazioni sulle scadenze temporali con cui eseguirli.

In condizioni normali, nel caso cioè che tutte le suddette fasi vengano eseguite in maniera adeguata, la durata in esercizio delle strutture in lamellare risulta paragonabile rispetto a quelle analoghe realizzate in legno massiccio. A tale proposito però, poiché la gran parte delle realizzazioni in legno lamellare è ancora relativamente recente, non sempre esiste una casistica sufficiente per determinare la vita media delle strutture e il loro comportamento a lungo termine.

Il controllo presso lo stabilimento

L'importanza di un adeguato condizionamento e controllo delle condizioni ambientali dei locali in cui viene eseguita la produzione delle strutture in lamellare può essere facilmente intuibile. Da una parte, infatti, il legname non deve essere soggetto a eccessive variazioni di umidità durante la lavorazione, in quanto ciò si tradurrebbe in fenomeni di ritiro o rigonfiamento o in eventuali deformazioni del materiale. Dall'altra, le reazioni fisico-chimiche che stanno alla base del processo di polimerizzazione delle miscele collanti sono fortemente influenzate dalle condizioni termoigrometriche ambientali. A questo proposito i produttori di adesivi garantiscono le migliori prestazioni degli stessi soltanto in prossimità dei valori di 18 ± 2 °C di temperatura e di 50 ± 10% di Umidità Relativa dell'ambiente di lavorazione.

Dal momento che le prestazioni del lamellare sono fondamentalmente legate alla *qualità dell'incollaggio*, esso rappresenta il punto critico dell'intero processo produttivo e il fattore che richiede la maggior attenzione nelle operazioni di controllo.

In tale contesto assume una particolare importanza il continuo monitoraggio di tutti i parametri che intervengono nelle fasi comprese tra la preparazione della miscela collante e la sua polimerizzazione durante il serraggio del pacco. Questi, più in particolare, comprendono, il pH, il valore del residuo secco, la viscosità e la quantità di adesivo spalmato, i tempi di assemblaggio "aperto" e "chiuso", la temperatura, l'umidità e la qualità (intesa come grado di finitura e inattivazione) delle superfici delle lamelle, la costanza del loro spessore e le condizioni termoigrometriche dei locali in cui si compie il ciclo produttivo.

Da un punto di vista generale, i criteri in base ai quali è possibile valutare, mediante rilevamenti quantitativi eseguiti su provini, il grado di incollaggio raggiunto sono:
- la *resistenza*, misurabile mediante il carico di rottura a flessione (per quanto riguarda l'incollaggio dei giunti di testa) e a taglio (per valutare l'integrità delle linee di colla tra i vari strati delle lamelle);
- la *rottura del legno*, espressa come percentuale di "fibre" residue sulla superficie di rottura a taglio;
- la *delaminazione*, valutabile come percentuale di fessurazioni nel piano d'incollaggio misurabili lungo le sezioni trasversali in seguito a cicli di invecchiamento accelerato.

Mentre la resistenza e la delaminazione sono rilevabili tramite apposite metodologie di prova e dispositivi di misura che indicano valori ben definiti, la rottura del legno può essere soltanto stimata e determina quindi una valutazione non sempre oggettiva e di facile interpretazione.

In ogni caso, dal momento che le prove di incollaggio effettivamente eseguite dipendono dall'impiego finale del prodotto e dalla diversa normativa adottata, nella fase di controllo del lamellare, i suddetti criteri non risultano quasi mai tutti applicati.

Per quanto riguarda i controlli, in considerazione della mancanza di una normativa nazionale sul legno lamellare, in attesa della prossima implementazione delle relative norme europee, le maggiori industrie italiane fanno attualmente riferimento alla normativa tedesca. Essa, come accennato, prevede la possibilità di ottenere, mediante specifiche procedure di controllo interno e da parte di appositi Organi autorizzati (ad esempio l'Otto-Graf Institut di Stoccarda), un documento col quale si attesta la capacità produttiva e tecnologica degli impianti e la conformità del prodotto alle norme. In particolare le industrie cui viene rilasciato il Certificato A sono autorizzate alla produzione di strutture lamellari senza limitazioni di tipo e dimensioni.

Quando la fase di presa dell'adesivo è terminata e la struttura lamellare viene liberata dalle apparecchiature di serraggio, il modo più semplice per accertare la coesione del legame legno-adesivo è quello di verificarne la resistenza meccanica attraverso prove distruttive. La suddetta normativa prescrive che vengano condotti controlli sistematici a campione, atti ad accertare la qualità degli incollaggi realizzati. I controlli dovrebbero consistere nella determinazione della resistenza a flessione dei giunti a dita e della resistenza a taglio delle linee di colla. Quest'ultima viene rilevata mediante sollecitazioni di compressione eseguite su provini a forma di blocchetti ricavati dalle testate della struttura in esame, prelevandone un diverso numero in funzione delle dimensioni della sezione e valutando la resistenza di ciascuna linea di colla. In presenza di un buon incollaggio la rottura si verifica a carico del legno e non delle linee di colla. La resistenza a taglio di ciascuna linea di colla dovrebbe inoltre essere confrontata con la sua percentuale di fibre residue per la quale è previsto un valore minimo.

La prEN 386 *Glued laminated timber - Production requirements* nella versione dell'agosto 1990, prescrive che la resistenza al taglio non debba essere minore del 75% di quella di un elemento in legno massiccio della stessa qualità e che la rottura nel legno, a livello di singola linea di colla, non risulti inferiore al 70%, con un valore medio di almeno 90% per tutte le linee di colla del campione.

Tale norma indica anche i requisiti minimi di resistenza a taglio correlandoli con la diversa percentuale di fibre residue.

Prescindendo dalle diverse metodologie seguite, al termine di ciascuna determinazione vengono registrati i parametri di prova e i carichi di rottura, in modo che possano essere inequivocabilmente riferiti alla struttura prodotta, mentre il materiale difettoso viene scartato.

Per quanto riguarda la durabilità e la resistenza agli agenti atmosferici dell'incollaggio di elementi in legno lamellare di cui sia previsto un impiego esterno, in mancanza di una normativa specifica, si ritiene garanzia sufficiente il controllo rigoroso di tutte le fasi della produzione: dalla selezione del tavolame, alle condizioni di incollaggio e alla composizione e serraggio del pacco. Le normative statunitense (ASTM D2559), canadese (CSA 0122), francese (NF B–5103) e inglese (BS 4169) al fine di valutare l'effettiva durabilità nel tempo delle linee di colla, prevedono invece prove di invecchiamento accelerato e la determinazione della resistenza alla delaminazione su provini, tratti dalle testate, di lunghezza ridotta ma corrispondenti all'intera sezione trasversale degli elementi lamellari, attraverso fasi successive di umidificazione ed essiccazione che amplificano gli effetti delle variazioni termoigrometriche cui saranno soggette le strutture in opera in ambiente esterno.

Le diverse procedure utilizzano fasi alternate di umidificazione dei provini fino al punto di saturazione delle pareti cellulari (umidità del legno intorno al 30%) realizzate mediante cicli di immersione in acqua o di vuoto e pressione, simili a quelli condotti per l'impregnazione del legno in autoclave, seguite da cicli di essiccazione in cella climatica a ventilazione forzata ad alta temperatura (fino a un massimo di 75 °C a seconda della metodologia di prova).

Questi cicli, ripetuti più volte e che in certi casi includono anche trattamenti con vapore durante la fase di immersione in acqua, determinano un aumento dell'umidità nel centro del provino e una riduzione verso i suoi bordi; il centro risulterà quindi fortemente rigonfiato e la sua superficie ritirata.

Il risultato è lo sviluppo di rapide variazioni dimensionali accompagnate da forti tensioni interne agenti perpendicolarmente alle linee di colla e che man mano decrescono verso il centro del provino.

Le delaminazioni delle linee di colla vengono misurate, sommate ed espresse come valore percentuale rispetto alla lunghezza complessiva delle linee di colla del provino, considerando le sole fessurazioni che interessano i piani di incollaggio delle sezioni trasversali. Dal momento che queste prove di delaminazione sono particolarmente severe, non tutte le fessurazioni vengono conteggiate; sono ad esempio ignorate quelle decorrenti lungo i raggi (particolarmente nel caso del legno di Quercia), associate con l'eventuale presenza di nodi, isolate, sporadiche o dovute a difetti localizzati. Poiché, inoltre, la comparsa di questi stati tensionali è dovuta principalmente alle variazioni dimensionali (spesso accompagnate da deformazioni) delle lamelle che compongono il pacco, strutture formate da segati tangenziali e/o radiali saranno interessate in diversa misura, in particolar modo quando questi si trovano disordinatamente sovrapposti.

A questo riguardo le tensioni critiche per le linee di colla sono quelle che si sviluppano in conseguenza del ritiro del legno in direzione perpendicolare al piano di incollaggio. Pertanto i segati radiali causeranno maggiori sollecitazioni di quelli tangenziali a causa del maggiore ritiro nella direzione dello spessore. Per contro, in conseguenza del ritiro più o meno marcato, un segato tangenziale potrà essere soggetto a imbarcamento e indurre ugualmente sollecitazioni di trazione perpendicolari al piano della linea di colla.

L'alternanza di segati tangenziali e radiali introduce un'ulteriore complicazione dovuta a una componente di taglio, che si sviluppa nel piano di incollaggio a causa del diverso orientamento della fibratura ed entità del ritiro e rigonfiamento dei segati adiacenti.

Lo sviluppo di stati tensionali risulta comunque limitato dalla bassa resistenza del legno alle tensioni perpendicolari alla fibratura. Quando le variazioni dimensionali inducono sollecitazioni superiori alle resistenze del legno in quella direzione, il legno inizia infatti a fessurarsi, alleggerendo lo stato tensionale.

Essendo lo stato tensionale correlato alla densità del legno e allo spessore delle lamelle, appare logico che la percentuale di delaminazione lungo i piani di incollaggio di un lamellare realizzato con una specie legnosa come il Larice superi, a parità di gradienti di umidità e nelle stesse condizioni termoigrometriche, quella di un Abete.

Dal momento che in una struttura in opera lo sviluppo di fessurazioni lungo i bordi comporta una diminuzione significativa dell'efficienza dei piani di incollaggio, le suddette normative prescrivono una percentuale massima di delaminazione dei provini che, a seconda dei diversi cicli di invecchiamento accelerato, è compresa tra il 5 e il 10%. Si ritiene infatti che valori superiori non possono garantire i requisiti di durabilità e sicurezza richiesti per gli impieghi strutturali del legno lamellare.

Tipologie strutturali

Introduzione

Il L.L. si presta, per natura e concezione, alla realizzazione di tipologie strutturali standard preferibilmente isostatiche, proprie di una industrializzazione e prefabbricazione in serie. Infatti gli schemi strutturali devono essere i più semplici e i più chiari possibile.

Di qui, l'impiego specialmente per coperture di luce fra i 20 ÷ 40 m (capannoni artigianali, depositi di materiali, campi da tennis) di travi anche abbinate, a sezione costante o meno e per strutture ad arco parabolico o circolare a due o tre cerniere e di elementi strutturali ad asse curvilineo.

Sempre nell'ambito di queste luci trovano ampia applicazione anche capriate triangolari e strutture reticolari a correnti paralleli o inclinati.

A queste tipologie monodimensionali piane (in quanto le azioni prevalenti agiscono nel piano contenente la struttura) si sono andate affiancando, specialmente negli ultimi tempi, tipologie strutturali più complesse a luce sempre maggiore, bidimensionali, come *grigliati piani* o *curvilinei*, *gusci*, *cupole geodetiche* in analogia formale a strutture già realizzate con i materiali tradizionali.

Proprio le strutture geodetiche sembrano destare ultimamente nel nostro Paese un particolare interesse legato soprattutto alla realizzazione di coperture per palazzetti dello sport con diametri che spaziano ormai oltre i 100 metri.

Poiché la maggior parte di questi schemi strutturali sono iperstatici, converrà limitarsi a calcoli basati su ipotesi semplici e prudenziali, salvo approfonditi e comprovati studi anche sperimentali, con particolare attenzione proprio per tipologie quali:
- elementi strutturali ad asse curvilineo a sezione costante o meno (con problemi di tensione e deformazione dovute alla curvatura, di tenuta delle colle, tanto maggiori quanto più elevata è la curvatura ed eventuali pericoli di instabilità a pressoflessione o flessotorsione);
- elementi strutturali a elevata snellezza (h/b = 8 ÷ 12), travi a grandi luci con h = 160 ÷ 200 cm e spessore b = 15 ÷ 20 cm con rapporti L/h ≅ 20 ÷ 25 e quindi passibili di problemi di instabilità di tipo flesso–torsionale (da contrastare con l'adozione di controventamenti e irrigidimenti);
- elementi strutturali e nodali a sezione anche variabile, facendo attenzione sia alla tessitura delle lamelle sia alla esecuzione dei giunti nodali (con eventuale diverso orientamento delle fibre);
- elementi strutturali particolari (spaziali, geodetici, a graticcio con problemi di concezione e resistenza dei nodi strutturali).

Inoltre la elevata deformabilità del legno, motivata da un modulo elastico relativamente modesto decrescente asintoticamente nel tempo, impone un'analisi attenta non solo delle deformazioni elastiche, ma anche di quelle viscose. Proprio le elevate deformazioni cui sono soggetti taluni elementi strutturali (soprattutto se ad asse curvilineo e presso-inflessi, nonché di luce notevole) possono rendere necessario, per il calcolo delle azioni interne, il ricorso alla teoria del secondo ordine.

Normalmente negli elementi strutturali inflessi, specialmente quando le luci diventano notevoli, è il limite imposto alle deformazioni elastiche istantanee (1/300 ÷ 1/400 della luce) a relegare il regime tensionale a valori inferiori a quelli massimi ammissibili, con incompleto sfruttamento del materiale.

Pur tenendo conto delle deformazioni, il lamellare rispetto ad altri materiali (come il c.a.p.) ha un indice di qualità ($k = \sigma_r/\gamma$ con σ_r = tensione di rottura, γ = peso specifico) che consente di raggiungere luci 5 volte maggiori di un analogo manufatto in c.a.p.

Nella progettazione delle strutture in L.L., assumono notevole importanza i sistemi di collegamento fra i vari elementi componenti la struttura, sia all'interno di essa sia con il mondo esterno. La loro corretta concezione e realizzazione è fondamentale e importante quanto quella dell'elemento strutturale e pertanto va attentamente studiata e valutata.

Logicamente la stabilità e la resistenza di una struttura devono essere verificate durante tutta la vita dell'opera, che va dal montaggio all'esercizio, ricordando che essa deve sopportare le sollecitazioni più gravose risultanti dalle condizioni di carico più sfavorevoli, offrendo garanzie di durata e di resistenza nell'arco di tempo previsto.

Se ne conclude che la concezione strutturale deve essere guidata da sani criteri progettuali, filtrata dalla molteplicità di esigenze spesso fra loro contraddittorie, che la struttura deve assolvere: dalle esigenze statiche a quelle estetiche, dalla necessità di dover offrire una resistenza al fuoco, al dover durare nel tempo, dall'obbligo di garantire – se necessario – un buon comportamento sismico, al dover essere competitiva con le altre strutture nei costi.

Ricordiamo che gli elementi strutturali hanno dei limiti dimensionali imposti dalla prefabbricazione e dal trasporto e precisamente:
- altezza massima delle travi H = 250 cm (per problemi di piallatura);
- lunghezza massima L = 42.00 m con ingombro 3.80 ÷ 4.00 m;
- anche se, per contro, la leggerezza strutturale ($\gamma \cong 500$ kg/m^3) consente una maggiore facilità di trasporto rispetto agli elementi strutturali in c.a. e c.a.p.

Non è escluso, nella pratica costruttiva, il ricorso a elementi strutturali anche abbinati, per esempio due travi o archi accoppiati, direttamente a contatto o distanziati di pochi centimetri a seconda delle esigenze statiche, estetiche e architettoniche ritenute più opportune.

La larghezza *b* degli elementi strutturali, essendo pari di solito a quella del corrispondente asse o tavola di legno, va normalmente da un minimo di 8 a un massimo di 20 ÷ 22 cm.

Si ripete ancora che la leggerezza del L.L., la sua flessibilità formale e compositiva, la sua elevata resistenza anche a trazione, i tempi relativamente brevi di costruzione, propri di una prefabbricazione industrializzata offrono, specialmente nel campo delle grandi luci, soluzioni di indubbio interesse statico e architettonico lasciando intravedere la possibilità di ulteriori sviluppi progettuali.

Dopo questa premessa, si ritiene opportuno procedere a una rapida esemplificazione delle tipologie di più comune impiego nel L.L. [da Götz *et al.* 1983].

Travi semplici

Le travi a sostegno di solai e coperture sono preferibilmente isostatiche, con o senza sbalzi laterali.

Normalmente le travi, che possono essere anche binate, non superano:
- larghezze di 18 ÷ 20 cm;
- altezze di 160 ÷ 180 cm;
- lunghezze di 30 ÷ 40 m (per problemi di trasporto).

Luci maggiori esigono l'adozione di giunti di continuità. Possono essere realizzate anche con leggera monta per limitare le deformazioni.

Per le travi isostatiche con luci di normale impegno, le ditte produttrici del L.L. forniscono un'ampia gamma tipologica.

È chiaro che la trave semplicemente appoggiata si mantiene molto economica e competitiva rispetto a quelle realizzate con materiali tradizionali fino a luci L = 20 ÷ 30 m anche per la leggerezza del materiale.

Per il sostegno delle coperture trovano ampia applicazione travi a doppia pendenza che realizzano un felice connubio fra esigenze statiche (azione flettente) e funzionali-architettoniche (pendenza delle falde).

I carichi esterni provocano la deformazione della trave semplice appoggiata ai due estremi, fatto che genera tensioni di flessione e di taglio. Per il dimensionamento della trave, la freccia o gli sforzi possono essere determinanti in base alla forma della sezione, al modo di caricare e alla luce. Per le travi slanciate (rapporto larghezza/altezza ≅ 1:4), la stabilità allo svergolamento flesso-torsionale deve essere verificata e può essere determinante per il loro dimensionamento.

I carichi esterni essendo verticali provocano delle reazioni agli appoggi anch'esse verticali anche nel caso di travi curve o ad asse spezzato. In questi ultimi casi oltre agli sforzi di flessione e taglio, si hanno delle tensioni trasversali alle fibre (compressione o trazione); queste sono causate da forze generate dalla curvatura della trave. Queste tensioni trasversali e la freccia sono determinanti per il dimensionamento.

È evidente che travi di forma particolare, pur prescindendo dalla maggiore complessità di calcolo, richiedono maggiori accorgimenti tecnologici (incollaggio e disposizione delle tavole) con ovvi riflessi sui costi.

Particolare attenzione va posta nella realizzazione dei tamponamenti interni ed esterni delle strutture in L.L., stante la notevole deformabilità degli elementi strutturali anche nel tempo, specialmente nel caso di elementi strutturali di bordo, solitamente meno caricati di quelli interni (figg. 6a, 6b).

Controventamenti e aste di stabilizzazione

La funzione dei controventamenti è di trasmettere alle fondazioni gli sforzi dovuti alle azioni orizzontali. Le aste di stabilizzazione devono assicurare alla struttura portante una rigidità d'insieme e irrigidire contro lo svergolamento o la torsione. Quasi sempre le barre servono nello stesso tempo di stabilizzazione e di controventamento. Si distinguono i controventamenti orizzontali e quelli verticali. I controventamenti orizzontali possono essere travi sottese, tiranti in croce, piastre o sistemi triangolari (fig. 7).

6a. Travi semplici e travi rinforzate. La varietà delle forme consente di ottenere composizioni planimetriche con differente risultato estetico.

6b. Tipologie di accoppiamento trave-pilastro e trave-trave. La sovrapposizione trave su trave riduce l'esigenza di elementi aggiuntivi per il collegamento.

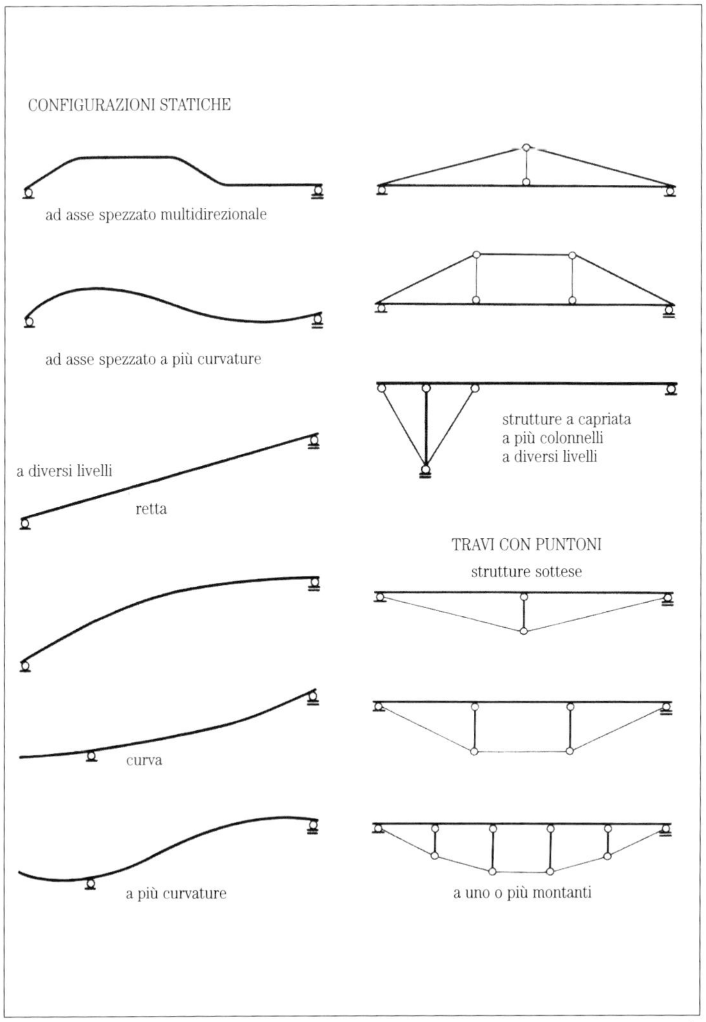

6a

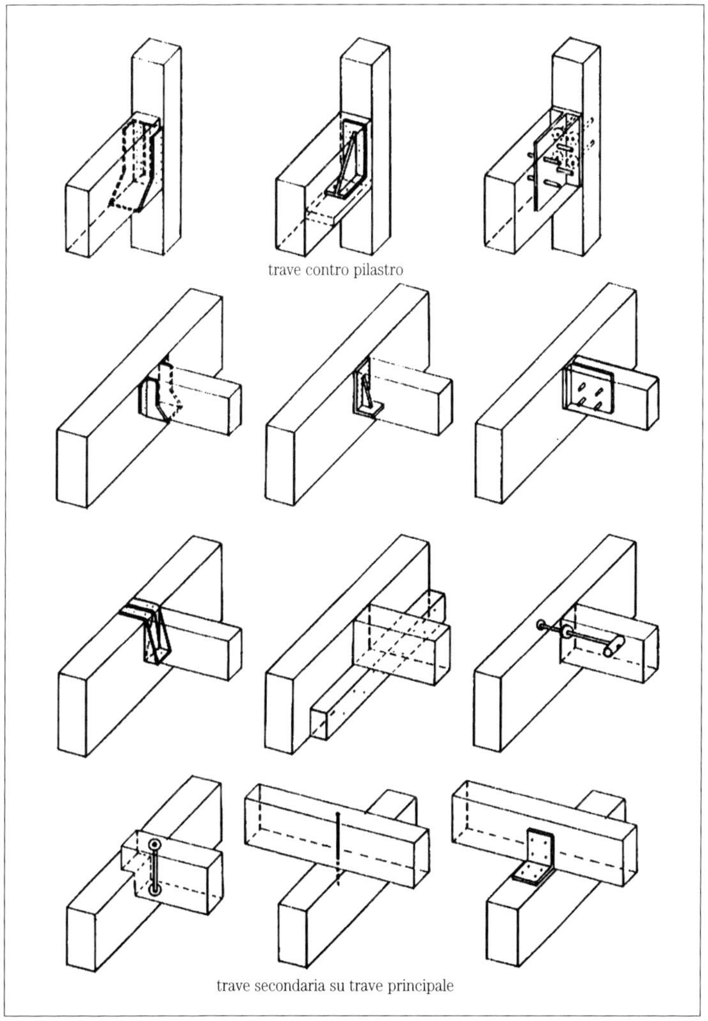

6b

Disposizione radiale travi semplici

Le possibilità di disposizione radiale sono molteplici. L'adattabilità delle travi alla variazione dei carichi è possibile, o modificandone la sezione o modificando il loro divaricamento (figg. 8a, 8b).

Griglia di travi

Una griglia di travi si compone di travi semplici su due appoggi nella direzione principale. Nella direzione secondaria, i collegamenti sono di diversa tipologia. Per la formazione delle maglie e/o un dimensionamento eguale delle travi principali e secondarie, il

7. Il sistema dei controventi consente alla struttura di assorbire le azioni orizzontali e di trasmetterle alle fondazioni.

8a. Disposizioni radiali di travi semplici in relazione a diverse forme planimetriche.

8b. Convergenza di travi radiali su un pilastro centrale.

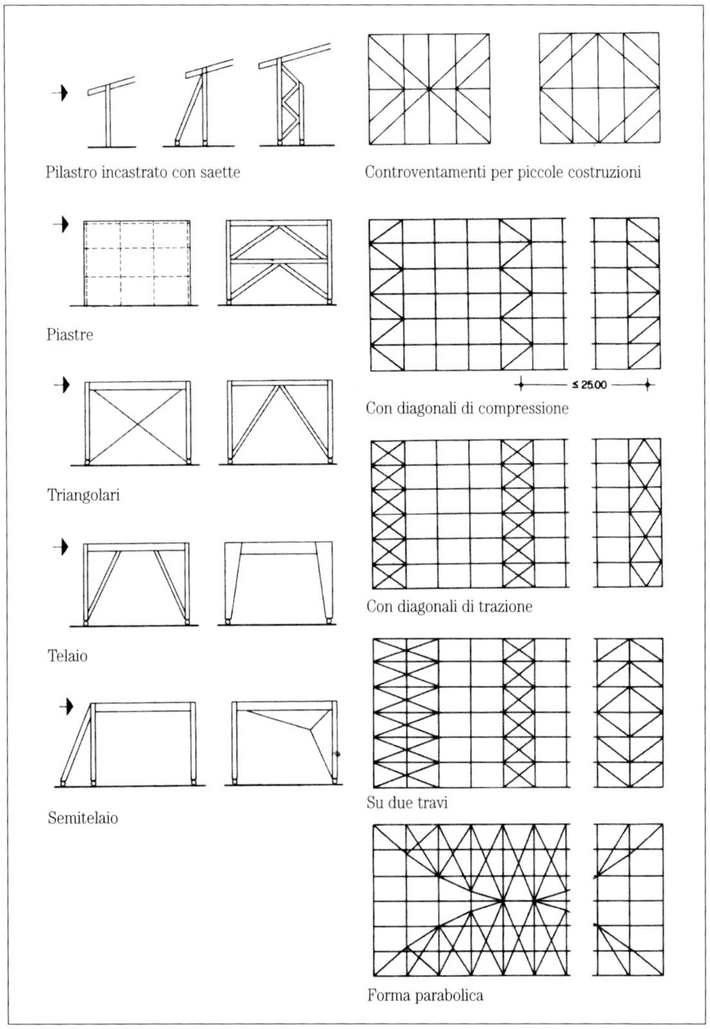

7

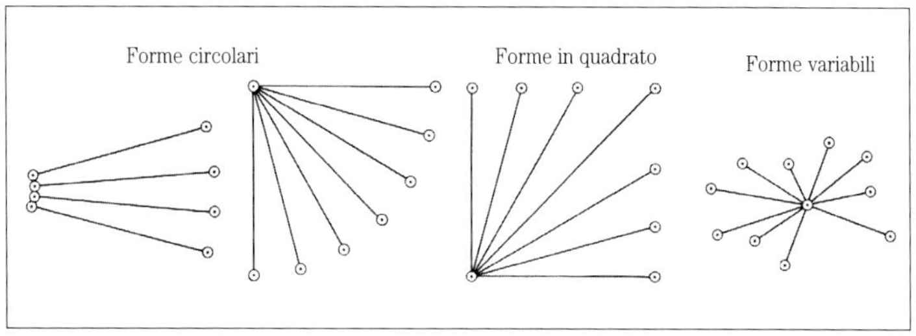

8a

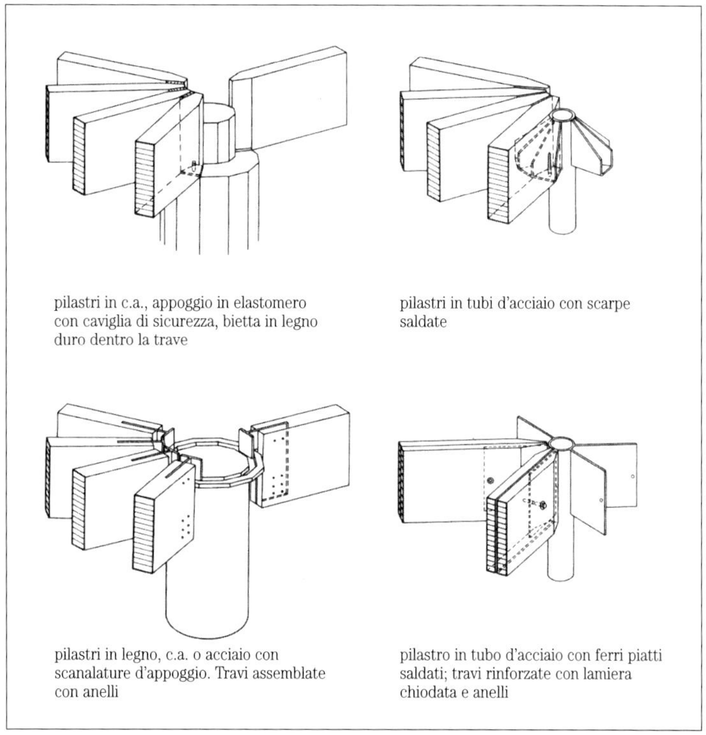

8b

materiale della struttura è identico in tutte le direzioni. Si hanno grigliati a 60°, a 90° o misti.

È chiaro che tali tipologie, se realizzate in L.L., presentano problemi soprattutto legati alla realizzazione dei nodi che chiamano anche in causa le caratteristiche anisotrope del legno. Esistono, per tali tipologie, tentativi di precompressione anche al fine di aumentare la rigidezza nodale.

Comunque si è ancora in fase sperimentale e in attesa di ulteriori conferme anche dal punto di vista reologico. È anche evidente che il L.L., avendo già una propria elevata resistenza a trazione, rende staticamente meno necessaria – se non in particolari concezioni strutturali – l'esigenza di una precompressione (figg. 9a, 9b).

9a. Sistemi lineari ortogonali e grigliati a maglie triangolari.

9b. Tipologie di nodi trave-trave da adottare secondo le diverse funzioni.

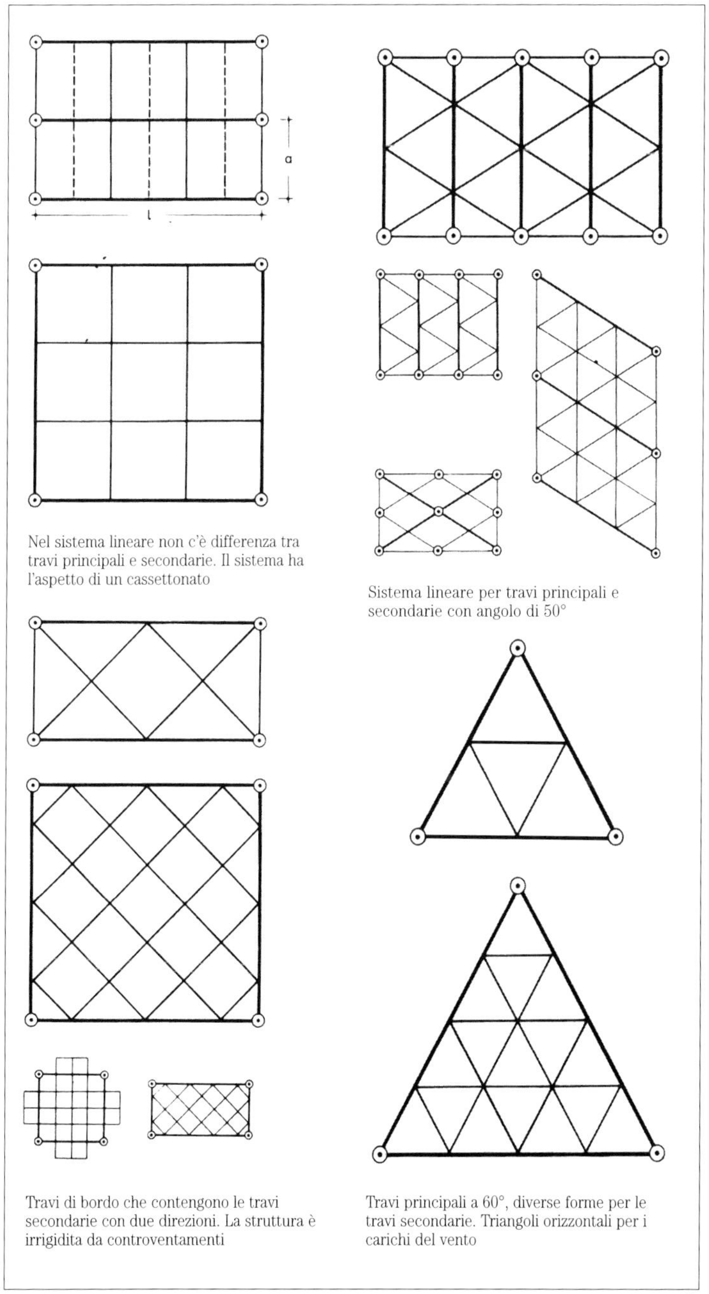

9a

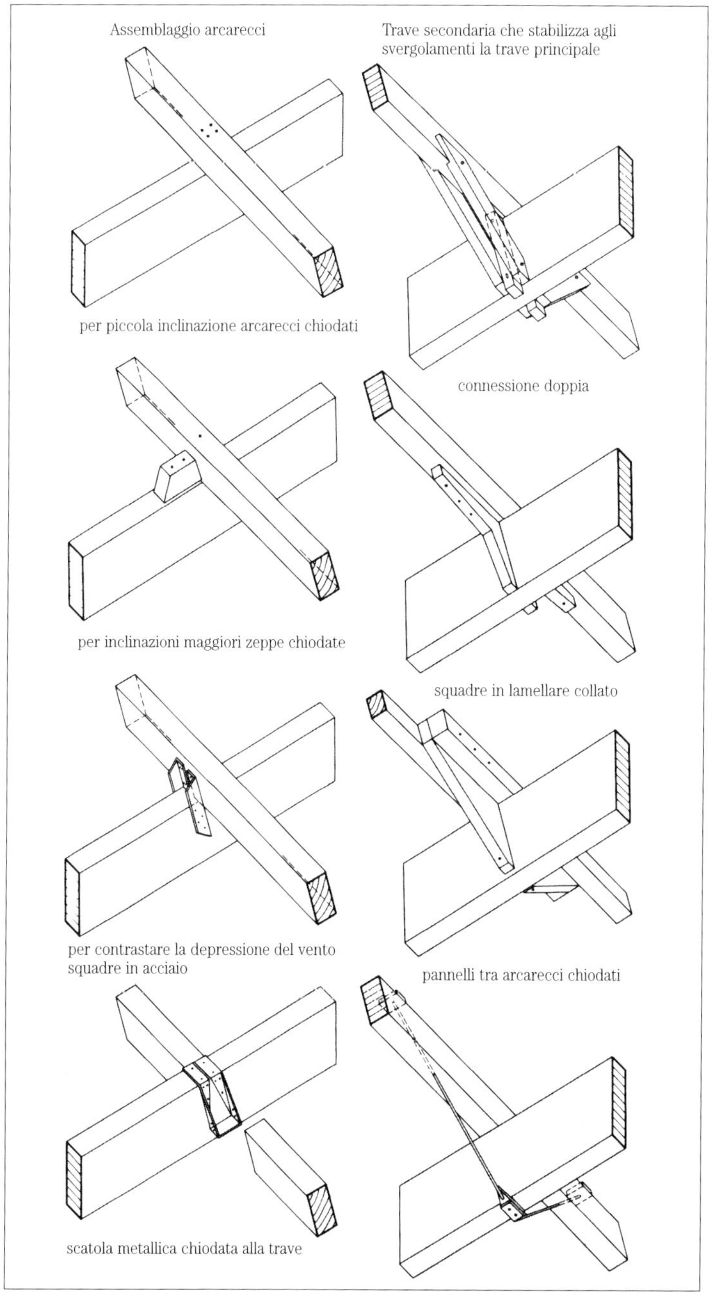

9b

10. Strutture a sbalzo: semplici, con tirante, con puntone.

11a. Schemi strutturali di travi con cerniere interne (travi Gerber).

11b. Tipologie di cerniere interne.

Strutture a sbalzo

Le strutture a sbalzo sono dei sistemi isostatici, dove una delle estremità della trave è vincolata a incastro. Il momento di incastro può essere ottenuto da una coppia di forze o da un'asta in compressione e una in trazione. Queste aste devono essere dimensionate sia per la compressione sia per la trazione perché gli sforzi possono invertirsi, nel caso particolare che si abbia il sollevamento per effetto del vento. Gli sforzi di taglio e di flessione sono determinanti per il dimensionamento; la freccia verticale verso l'alto o verso il basso deve essere verificata e limitata laddove sia necessario.

Le strutture a sbalzo possono anche essere eseguite come semi portali. Il piede è incastrato con delle barre che permettono di realizzare l'incastro. L'angolo del portale è realizzato in forma rigida (fig. 10).

Travi Gerber (travi con cerniere)

Sono travi su più appoggi con cerniere interne che le rendono isostatiche. Le cerniere trasmettono gli sforzi di taglio e non i momenti flettenti: in esse il momento flettente è nullo. Il valore del momento flettente può essere aumentato o diminuito in relazione alla posizione della cerniera. I momenti flettenti, gli sforzi di taglio, gli abbassamenti, sono determinanti per il dimensionamento della trave; la progettazione e il dimensionamento delle cerniere devono essere studiati riferendosi con attenzione alle tensioni che insistono sulla trave (figg. 11a, 11b).

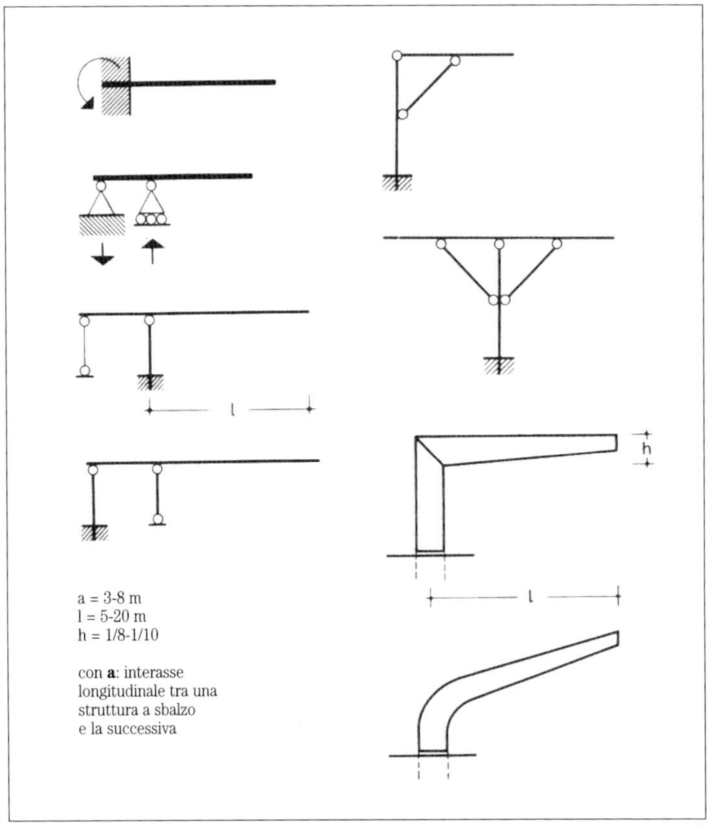

10

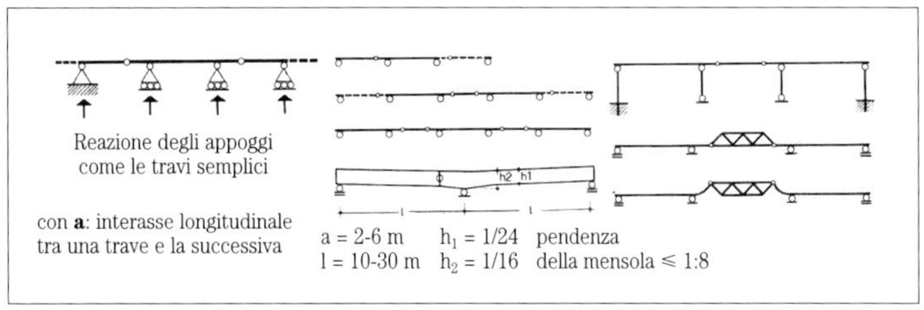

11a

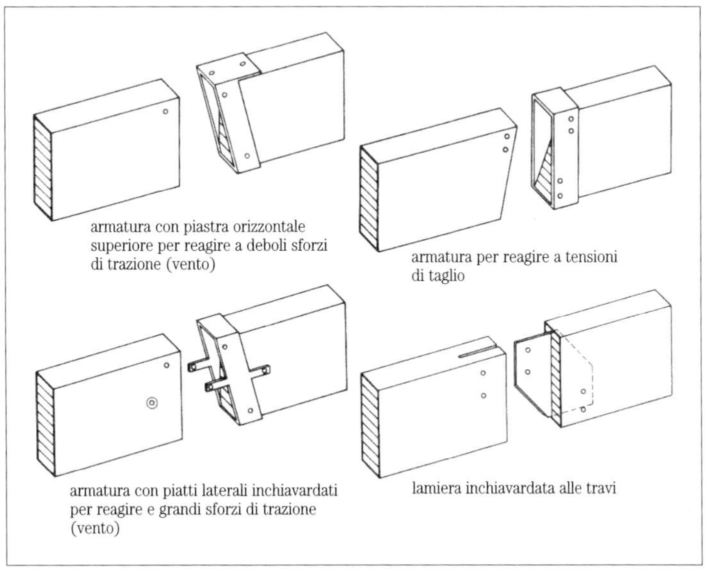

11b

12a. Schemi strutturali di travi su più appoggi (travi continue).

12b. Tipologie di nodi di continuità.

Travi continue (travi su più appoggi)

Una trave continua su più appoggi è iperstatica. Consequenzialmente, un carico in una sola campata comporta, per la rigidità del sistema, la deformazione di tutta la trave. Le deformazioni e gli abbassamenti sono minori rispetto alle travi isostatiche. Le tensioni di flessione e taglio sono determinanti per il dimensionamento, i valori e la distribuzione delle tensioni interne al sistema dipendono dalle luci e dalle diverse sezioni (figg. 12a, 12b).

Capriate a tre cerniere

Le capriate a tre cerniere sono isostatiche, sono costituite da due travi diritte inclinate assemblate in testa da una cerniera. Le aste risultano essere sottoposte a sforzi di compressione e flessione. Le reazioni verticali sono eguali alla totalità dei carichi verticali applicati. Le reazioni orizzontali sono funzione della freccia e aumentano al diminuire di questa. Le tensioni di compressione e flessione sono determinanti per il dimensionamento delle travi. La stabilità allo svergolamento e alla torsione va verificata (figg. 13a, 13b).

Capriate a tre cerniere con tiranti

Le capriate a tre cerniere con tiranti consentono di avere agli appoggi solo reazioni verticali. La componete orizzontale dello sforzo è equilibrata dalla catena. Quest'ultima può essere realizzata in legno o in acciaio. La determinazione degli sforzi interni al sistema si effettua nello stesso modo che per le capriate senza catena (figg. 14a, 14b).

Capriate incernierate con tiranti (forme particolari)

Esistono forme di capriate a tre cerniere con travi ad asse spezzato o tiranti inclinati. I momenti flettenti dipendono dal punto di unione e dai gomiti. Forme particolari sono possibili e tendono verso sistemi sottesi o triangolari; tiranti incrociati e inclinati o barre di compressione che sostengono tiranti (figg. 15a, 15b).

Capriate incernierate con figurazioni spaziali

Le capriate incernierate disposte spazialmente sono a tre cerniere, dunque isostatiche; esse hanno una cerniera di testa comune a tutte le aste. Malgrado la disposizione spaziale, i carichi esterni provocano delle tensioni in ciascun sistema piano a tre cerniere. Così il calcolo si limita al dimensionamento delle

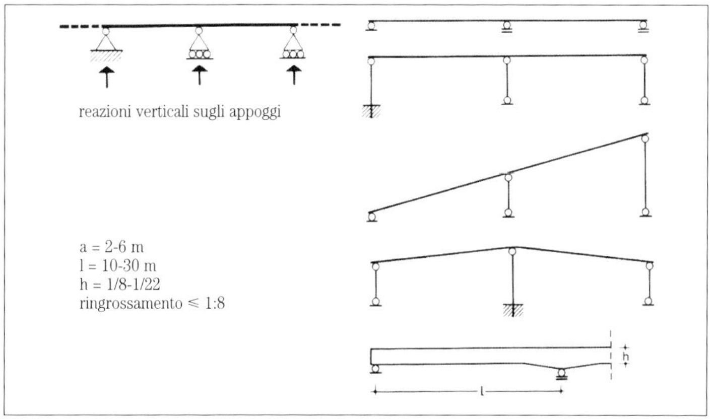

12a

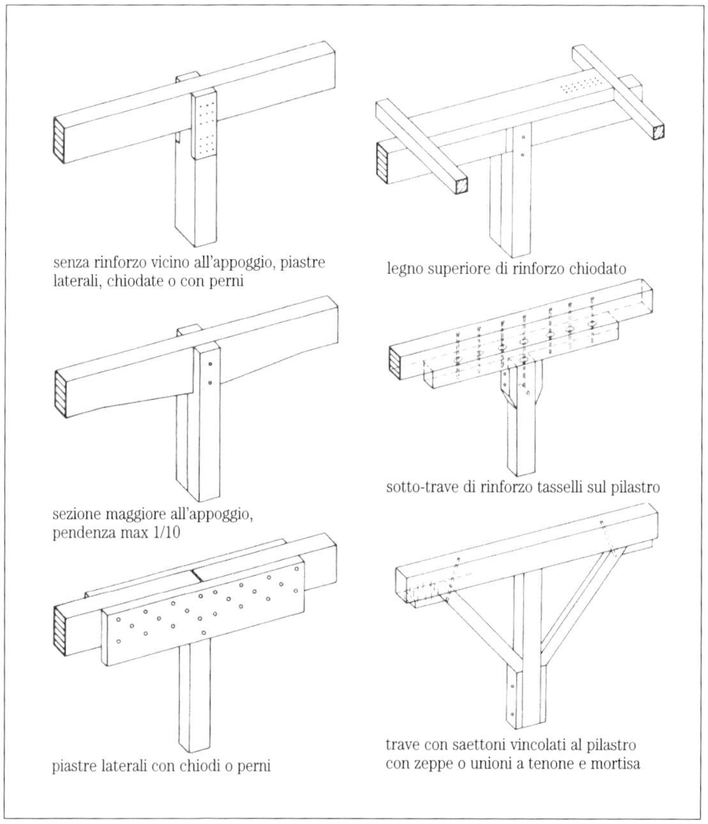

12b

13a. Funzionamento statico della capriata a tre cerniere.

13b. Tipologie di cerniere interne.

14a. Schemi strutturali di capriate con tiranti.

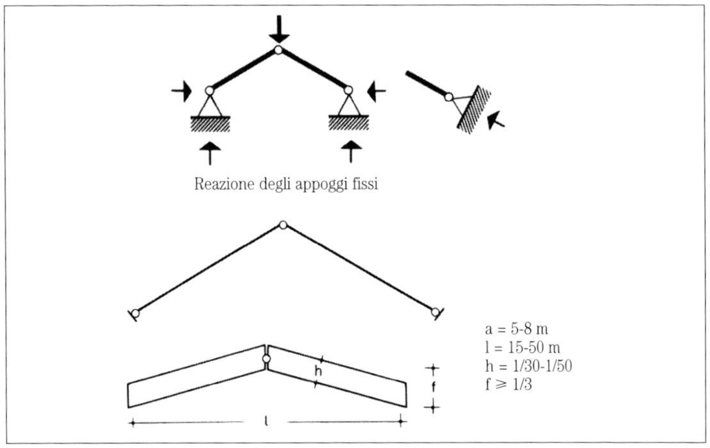

13a

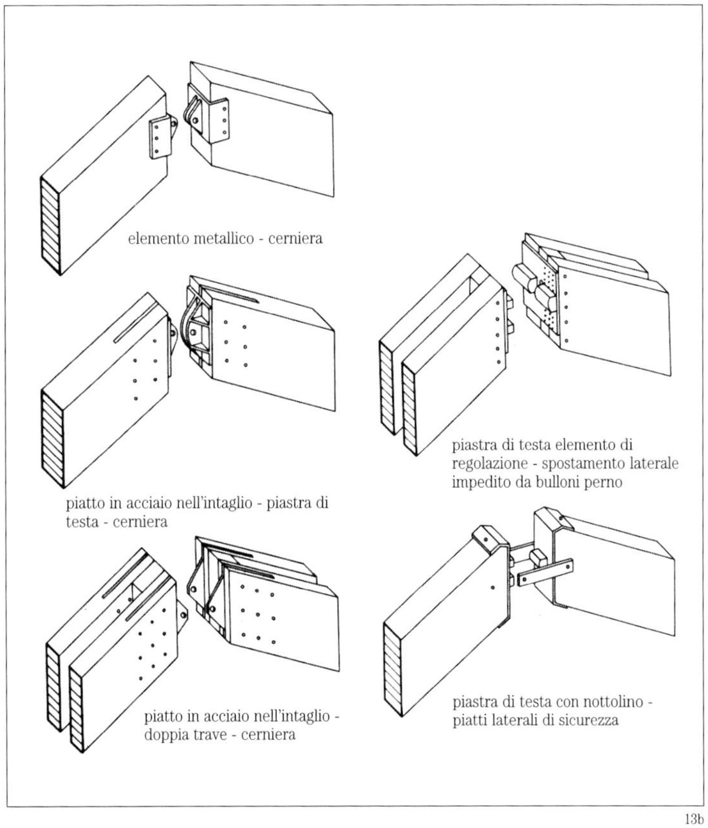

13b

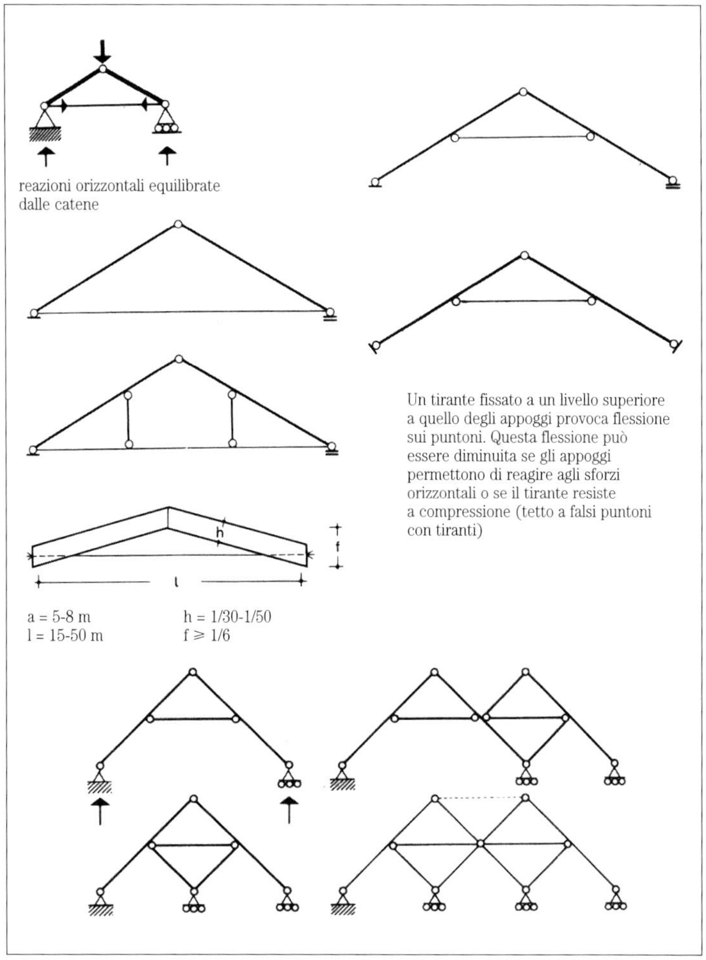

14a

singole capriate a tre cerniere. Le azioni orizzontali (che possono essere differenti) sono assorbite dagli appoggi o ancora equilibrate da un anello di base teso che collega i diversi appoggi. Questo anello può essere sottoposto a carichi dissimetrici (vento e neve) e subire pertanto forti sollecitazioni flessionali. Per aste che si riuniscono al colmo in punti distinti, è necessario assicurarsi che il sistema sia stabile sia localmente sia complessivamente (figg. 16a, 16b).

14b. Nodi di estremità con diversa tipologia di tirante.

15a. Forme particolari di capriate incernierate con tirante.

15b. Tipologie di nodi trave-tirante in legno.

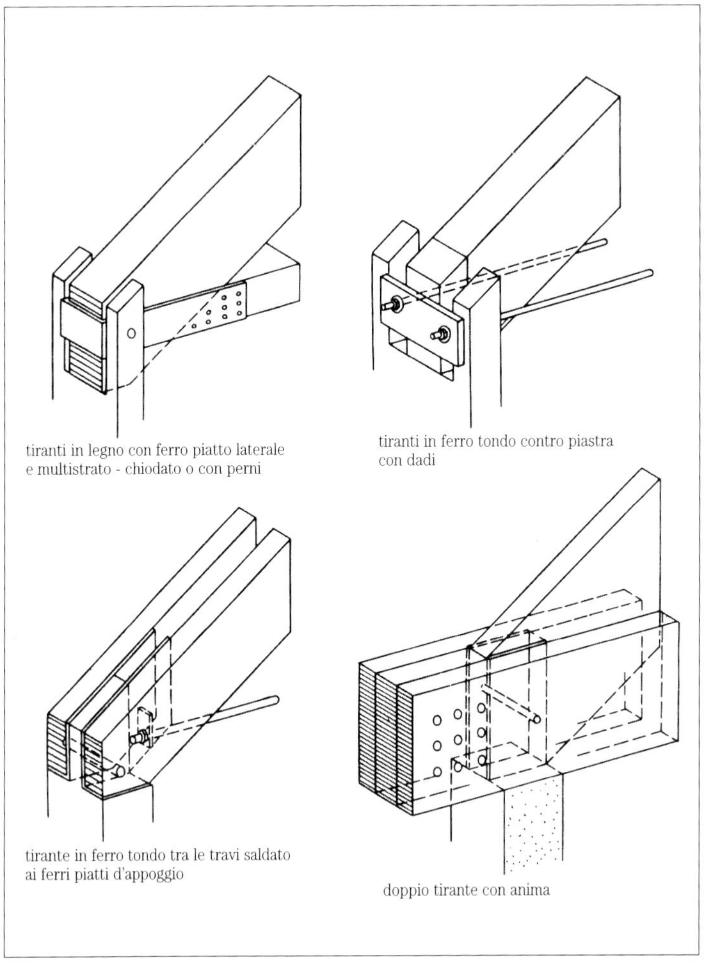

14b

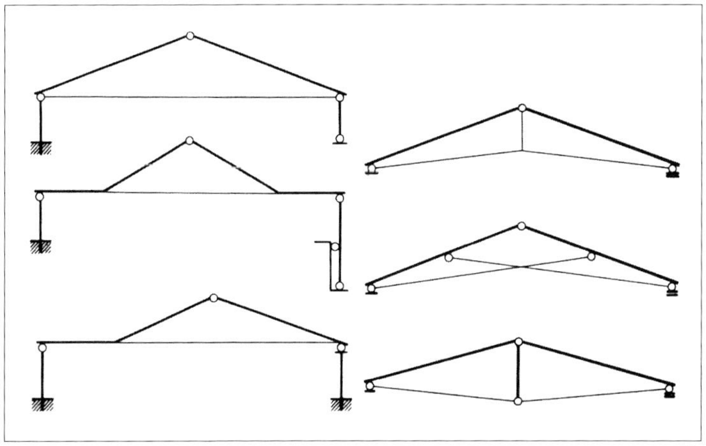

15a

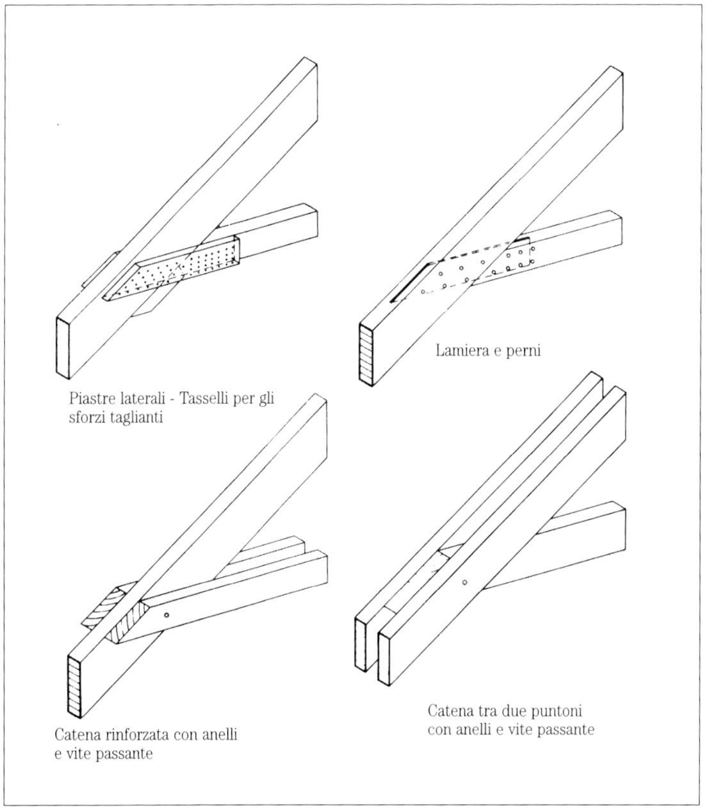

15b

Portali a due cerniere

Un portale a due cerniere è un sistema una volta iperstatico e comprende due pilastri incernierati alla base e una trave assemblata rigidamente ai pilastri. I momenti flettenti della trave sono trasmessi ai pilastri. Di conseguenza, i momenti dei pilastri provocano reazioni orizzontali agli appoggi anche per soli carichi verticali. Per il dimensionamento, le tensioni di flessione nella trave e nei montanti sono determinanti; le tensioni tangenziali nell'angolo

16a. Configurazioni spaziali isostatiche.

16b. Tipologie di collegamento tra elementi.

17. Portali a due cerniere. I nodi interni sono soggetti a momento flettente.

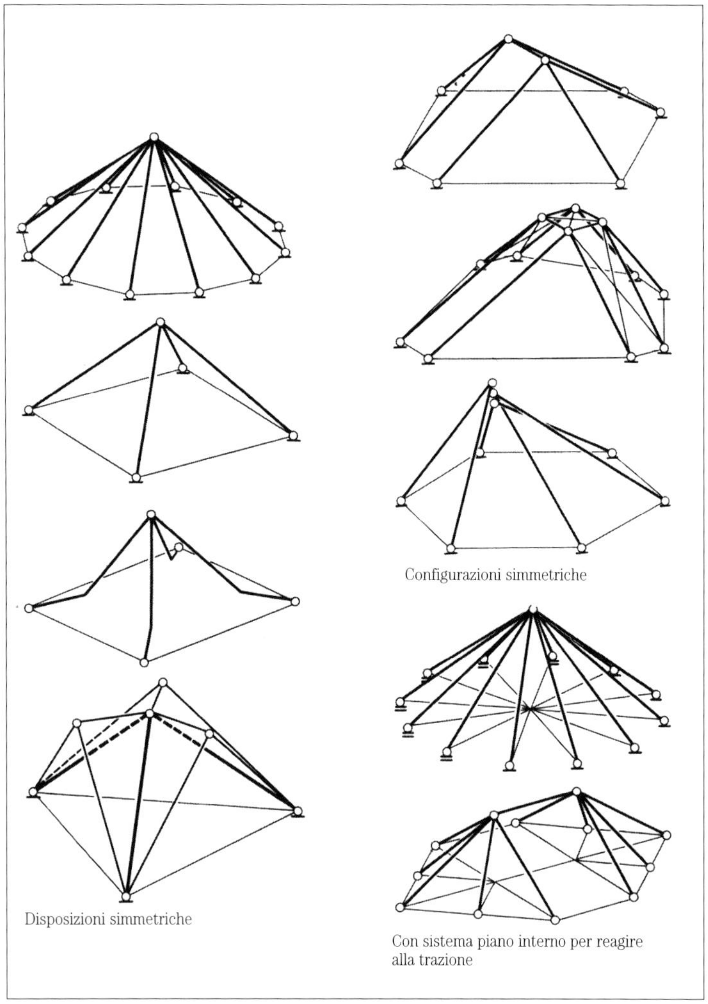

16a

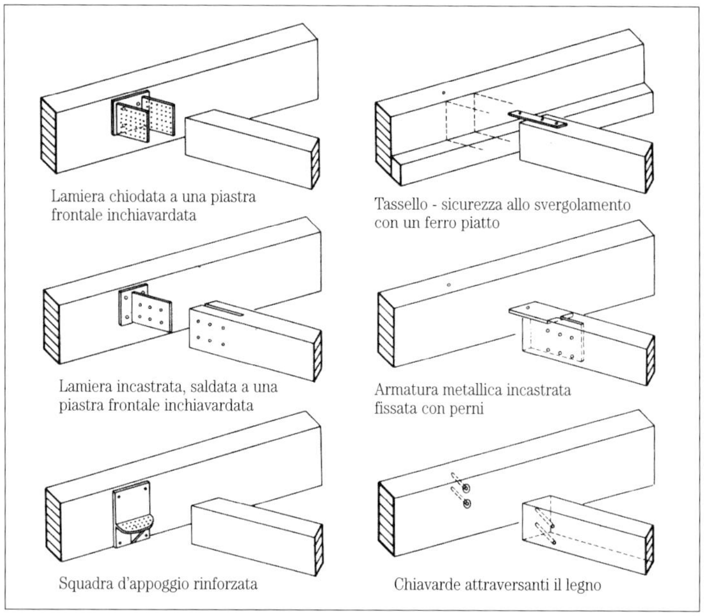

16b

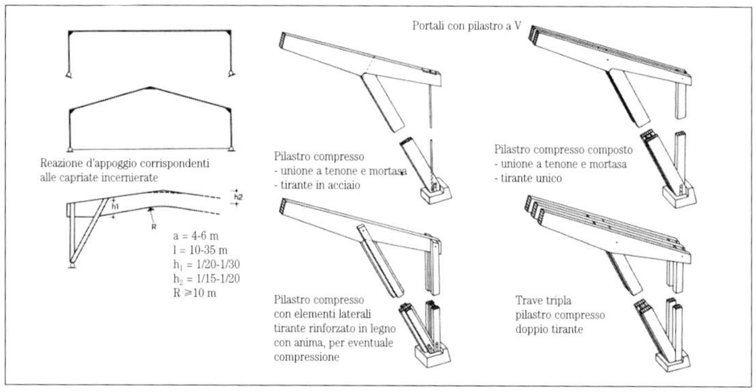

17

del portale devono anch'esse essere verificate. Poiché nascono anche delle tensioni di compressione sia nella trave che nel pilastro, occorre tenerne conto nella verifica delle sezioni (fig. 17).

Portali a tre cerniere

I portali a tre cerniere sono isostatici; la trasmissione dei carichi avviene con sollecitazioni di flessione e compressione nei pilastri e nei puntoni. I momenti sono trasmessi dai puntoni ai pilastri a mezzo delle connessioni angolari rigide e provocano, per effetto dei carichi verticali, delle reazioni oblique negli appoggi. La componente orizzontale della reazione degli appoggi dipende dal rapporto h/l, cioè altezza del colmo/luce. Più il colmo è alto in rapporto alla luce, più le reazioni orizzontali degli appoggi sono piccole. I momenti flettenti sono nulli nella cerniera di colmo; la maggiore flessione si ha all'an-

18a. Portali a tre cerniere e configurazioni spaziali.

18b. Tipologie di cerniere interne.

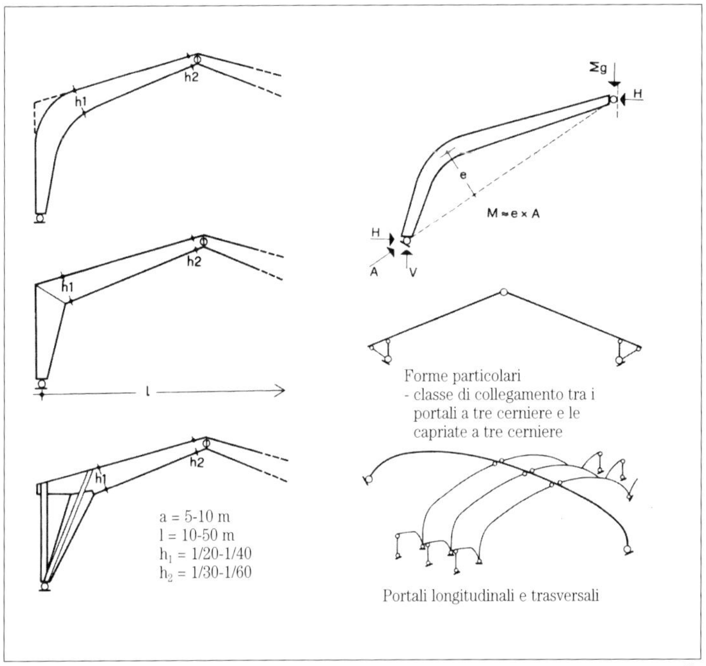

18a

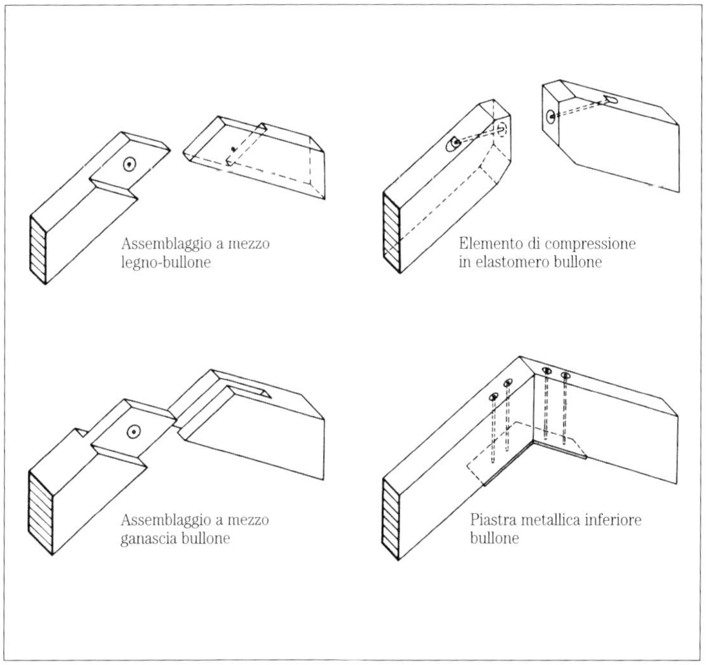

18b

golo del portale. In tale sezione il momento flettente e le tensioni tangenziali sono determinanti per il dimensionamento; la compressione nel pilastro e nei puntoni vanno verificati tenendo conto della stabilità complessiva della struttura.

Il momento massimo per il dimensionamento del portale si trova a destra dell'angolo del portale; questo momento di flessione dipende essenzialmente dalla forma del portale (figg. 18a, 18b).

Portali a disposizione radiale

La disposizione di più portali intorno ad un asse verticale con simmetria radiale permette di estendere allo spazio tridimensionale il buon comportamento nel proprio piano degli archi a tre cerniere.

In particolare, lo schema radiale permette di ottenere una notevole rigidezza ai carichi verticali simmetrici, pur avendo spinte ridotte rispetto ai portali piani e forme architettoniche assai flessibili e adattabili a spazi grandi, ma di forma compatta.

Gli schemi compositivi dei nodi pilastro-trave sono assai simili a quelli dei portali a tre cerniere; per contro il nodo centrale di simmetria concentra importanti valenze statiche e architettoniche e richiede uno speciale lavoro di ideazione.

La presenza di connessioni su piani non ortogonali fra loro e la necessità di rispettare le dimensioni finite delle travi incernierate in centro rendono spesso necessario l'uso di un anello metallico centrale, che però può risultare architettonicamente troppo imponente.

Le verifiche statiche sono poco diverse da quelle usuali, anche se azioni non radialmente simmetriche possono generare stati misti di flessione-torsione che richiedono una accorta valutazione delle proprietà meccaniche del L.L. per direzioni non coincidenti con l'asse di fibratura delle lamelle (figg. 19a, 19b).

Archi

Gli archi a 2 e 3 cerniere sono fra le tipologie strutturali di maggior impiego nel L.L. siano essi ad arco parabolico o circola-

19a. Schemi strutturali di portali con configurazione spaziale.

19b. Convergenza di travi su nodo interno di un grigliato in assenza di pilastro.

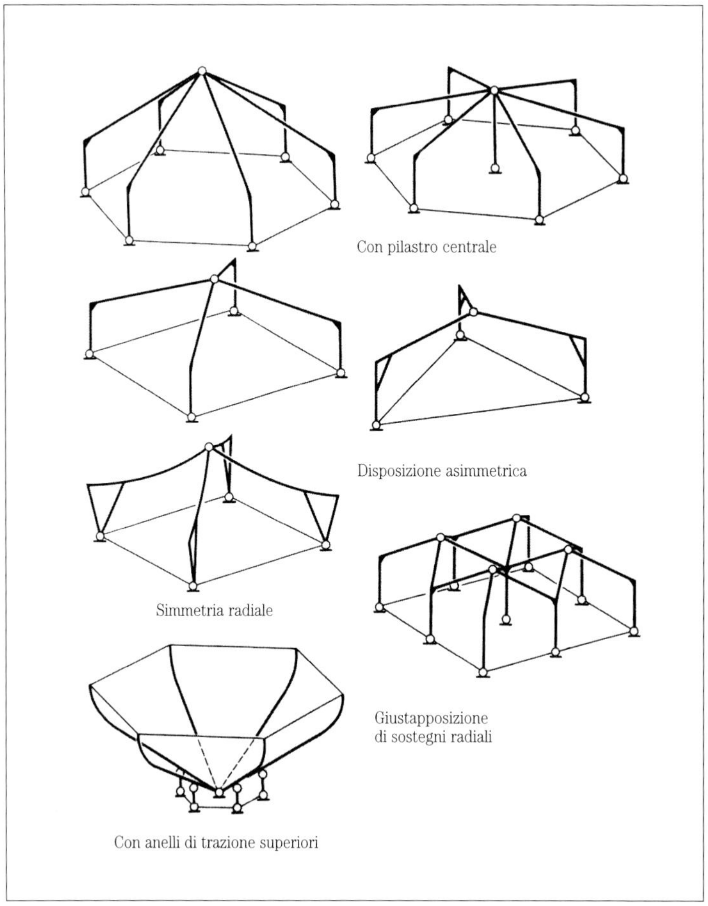

19a

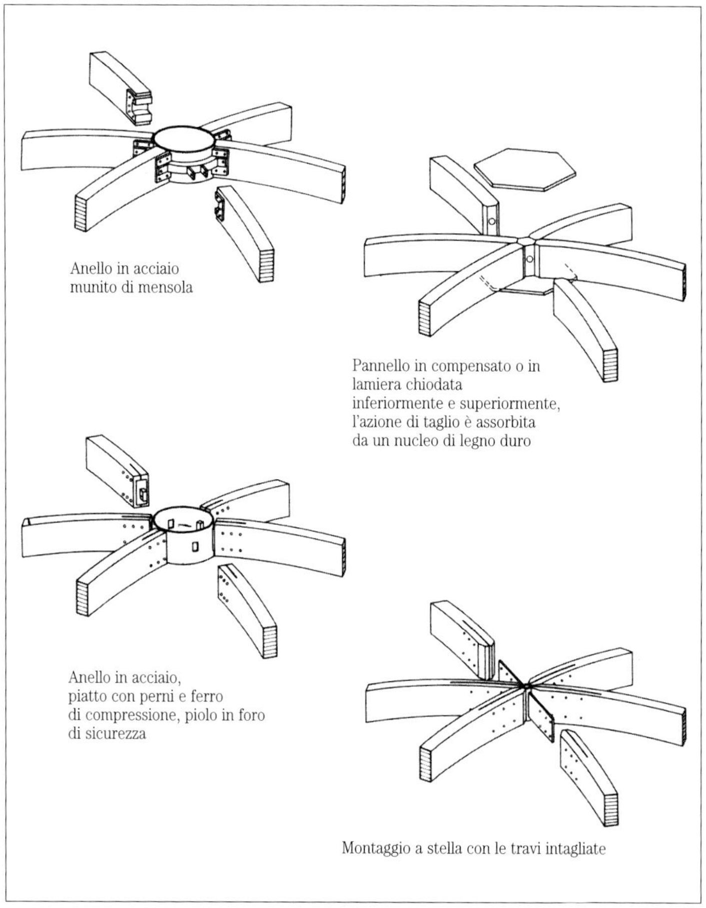

19b

re. Nelle coperture vengono impiegati anche archi a spinta eliminata (con tirante preferibilmente in legno). In via del tutto orientativa, si può affermare che per coprire luci fra i 40 ÷ 60 m con archi a tre cerniere e interasse a = 5 ÷ 10 m, l'altezza h media della sezione è circa il 2% della luce. È chiaro che raggi di curvatura elevati richiedono spessori di tavole minori con ovvi riflessi sui costi di fabbricazione

Gli archi a due cerniere sono iperstatici, i carichi esterni uniformi e simmetrici provocano soltanto tensioni di compressione nell'arco se la sua forma corrisponde alla curva delle pressioni. I carichi asimmetrici o orizzontali (vento, neve) provocano delle tensioni di flessione nell'arco; la deformazione e lo svergolamento orizzontale dipendono non solo dalla freccia dell'arco ma anche dalla sua rigidezza data l'iperstaticità del sistema. Il momento al centro dell'arco è determinante; l'esecuzione dei giunti necessari al montaggio deve essere perfetta e assicurare la rigidità richiesta. Bisogna tenere conto, nel dimensionare l'arco, dell'influenza dello schiacciamento possibile degli appoggi sotto l'influenza di sforzi interni al sistema (figg. 20a, 20b).

20a. Forme funicolari degli archi in relazione ai tipi di carico.

20b. Ripristino della continuità di elementi strutturali. Giunti di continuità.

21a. Assorbimento delle spinte orizzontali di archi in configurazione piana o spaziale.

21b. Tipologie di cerniere di estremità.

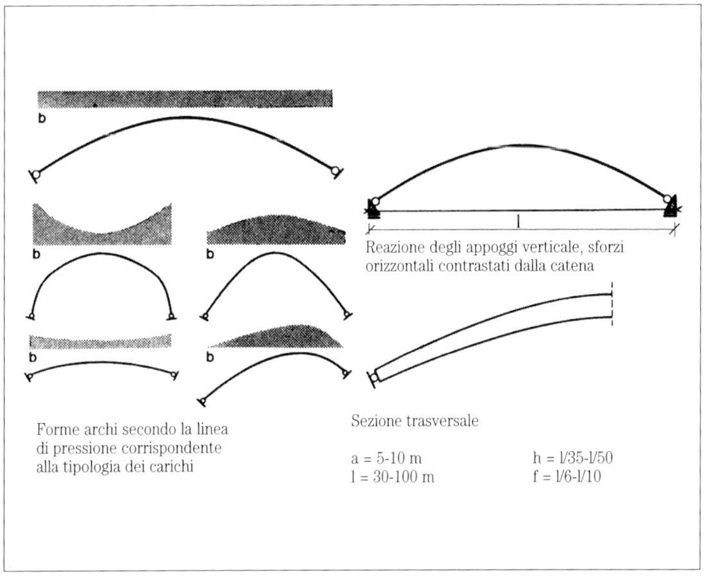

20a

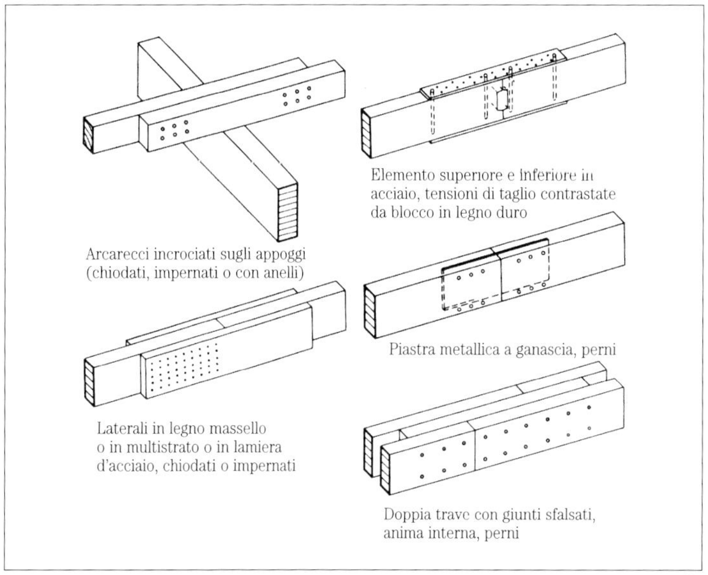

20b

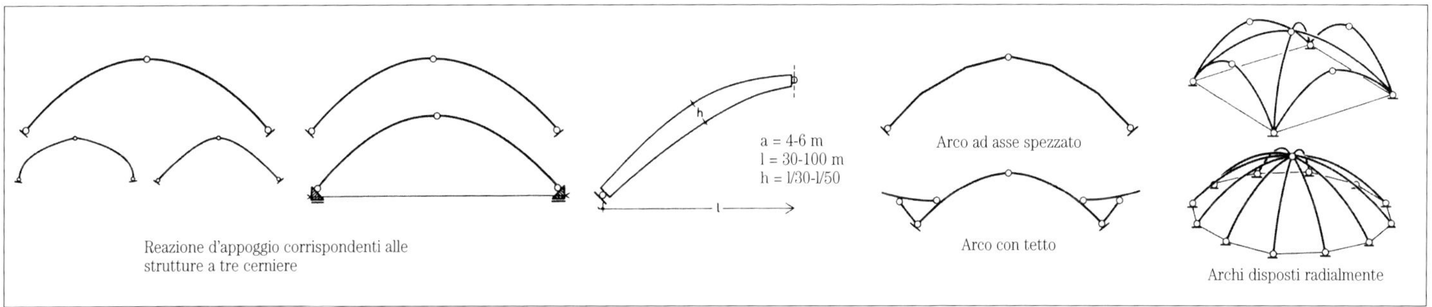

21a

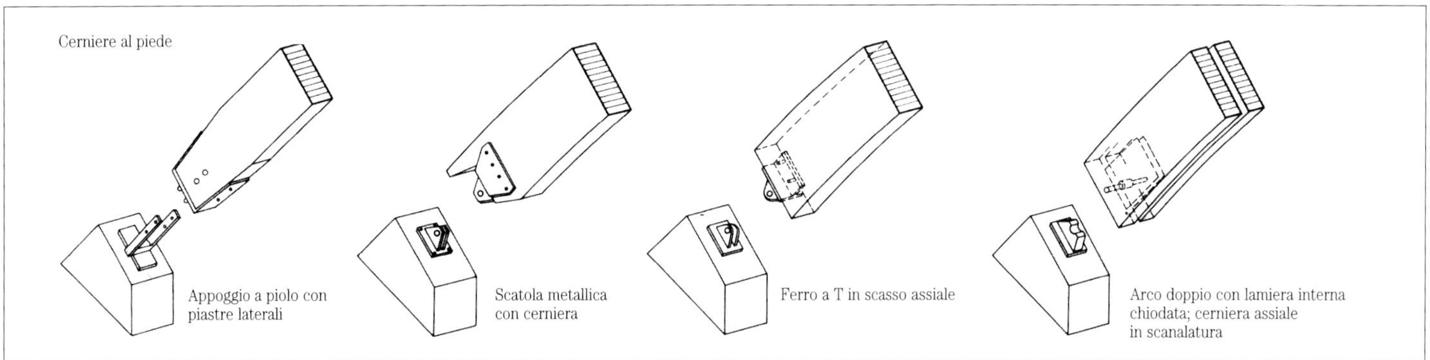

21b

22a. Tensostrutture: forme strutturali che utilizzano archi rovesci.

22b. Tipologie di aggancio di elementi tesi.

23a. Cupole geodetiche a icosaedro.

23b. Tipologie di nodo nelle cupole.

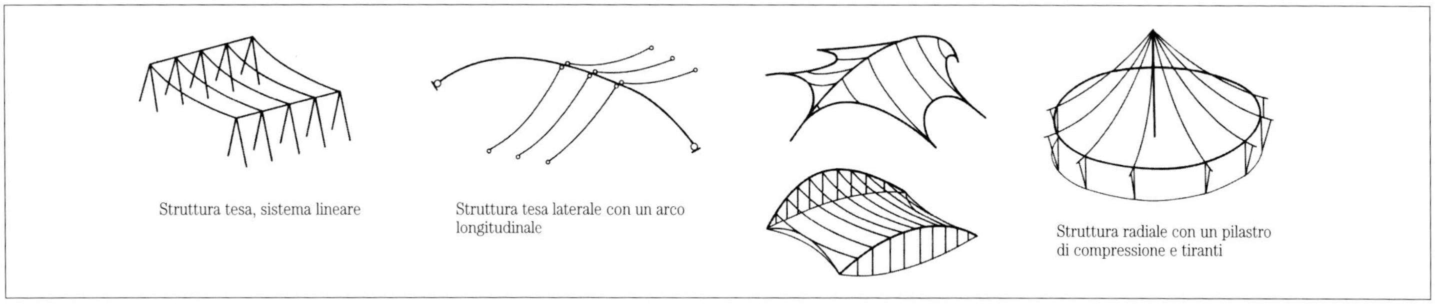

22a

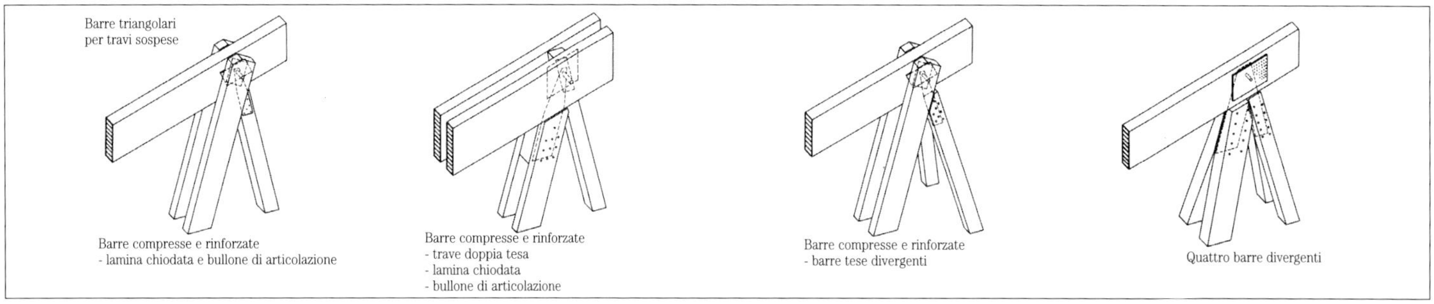

22b

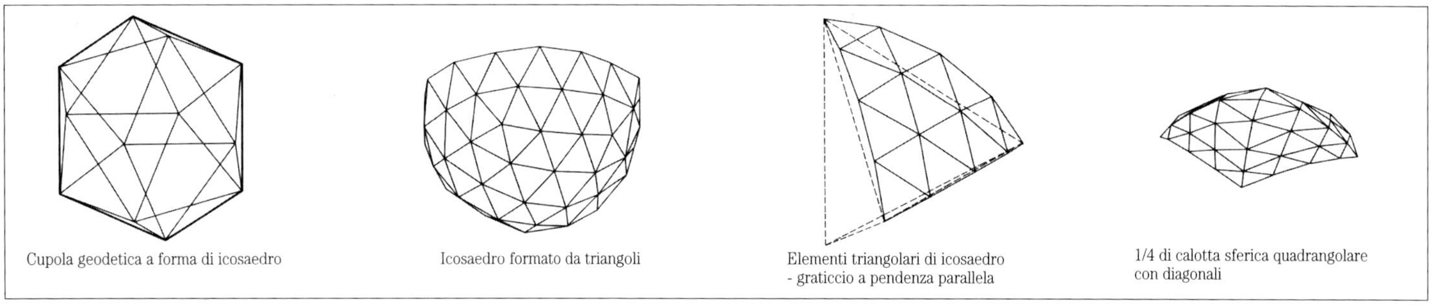

23a

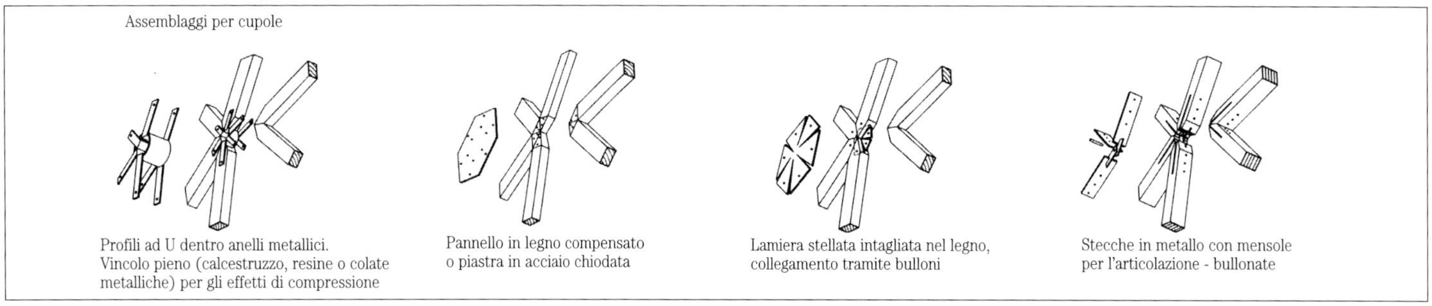

23b

Gli archi a tre cerniere sono isostatici; le reazioni agli appoggi sono oblique, il valore della componente orizzontale dipende dalla freccia dell'arco.

Gli sforzi di compressione e di flessione (carichi dissimetrici e orizzontali) sono determinanti per il dimensionamento; il controllo dello svergolamento fuori dal piano dell'arco deve essere effettuato insieme allo svergolamento lungo il piano, specialmente per gli archi ribassati (figg. 21a, 21b).

Tensostrutture

Un arco rovescio è una struttura tesa; le forze interne consistono in sollecitazioni di trazione. La verifica di stabilità spesso determinante per gli archi compressi, non è qui necessaria. Tuttavia bisogna fornire una sufficiente trazione al fine di contrastare le azioni del vento (figg. 22a, 22b).

Cupole geodetiche

Negli ultimi anni, specialmente per coperture di palazzetti dello sport, hanno trovato applicazione le strutture geodetiche in L.L., di indubbia eleganza compositiva e formale e in chiara concorrenza di costi con analoghe strutture realizzate con materiali tradizionali. Le aste in L.L. costituenti le maglie (in prevalenza triangolari) sono di norma di luce costante (7 ÷ 10 m). I nodi interni delle maglie costituiscono forse la parte più interessante e delicata dell'intera struttura e vengono di norma realizzati in acciaio. I raccordi aste-nodo vengono generalmente realizzati con piastre di acciaio opportunamente sagomate, impiegando come elementi di cucitura chiodi e bulloni al fine di trasmettere, nel modo più opportuno, le azioni – prevalentemente assiali – trasmesse dai nodi e viceversa, nonché consentire gli effetti deformativi dovuti soprattutto a variazioni di umidità (estate-inverno, ambiente interno ed esterno) cui il legno è particolarmente sensibile. La trasmissione dei carichi provoca degli sforzi tangenziali e radiali. Le forze di compressione e di trazione sulle barre sono determinanti per il dimensionamento. La sicurezza al vento e la stabilità sono garantite da una sufficiente rigidità di forma e flessione (figg. 23a, 23b).

Gusci iperbolici

Un guscio iperbolico ha la forma di una superficie rigata secondo due famiglie di rette, realizzate da due gruppi di travi che si incrociano; essa è anche una superficie ottenuta dalla traslazione di una parabola su una iperbole. La trasmissione dei carichi avviene con comportamento a membrana per trazione e compressione. Le reazioni orizzontali debbono essere assorbite con tiranti o con contrafforti sugli appoggi. Ai bordi nascono degli sforzi di flessione e taglio che si aggiungono agli sforzi di membrana.

Quando la flessione diventa determinante, si può ricorrere a dei gusci nervati. Questi gusci sono costituiti da un doppio sistema di nervature, a una o più falde, di tavole chiodate per assorbire gli sforzi di taglio. La trasmissione degli sforzi non agisce solo per trazione e compressione sulle falde, ma anche per flessione sulle nervature. Il dimensionamento dipende dalla portata, dalla forma e dai carichi esterni, tanto più dai carichi dissimetrici (vento e neve). La stabilità delle coperture può essere migliorata con delle nervature precompresse per le grandi luci. Durante il montaggio dei gusci nervati le nervature possono servire per il ricovero delle tavole (figg. 24a, 24b).

Osservazioni conclusive

In quanto precede si sono indicate alcune delle tipologie strutturali utili per la progettazione di strutture in L.L. Si tenga però presente che le varie tipologie costruttive impegnano in modo differente i vari aspetti della progettazione (dalla statica alla instabilità, dalla durabilità alla resistenza al fuoco, ecc.).

Strutture ad archi, per esempio, richiedono, sotto il profilo della instabilità, criteri di sicurezza diversi dalle strutture geodetiche o spaziali in genere, che a loro volta esigono particolari cautele nell'esecuzione dei nodi interni ed esterni degli elementi strutturali. È importante quindi, specialmente in strutture di nuova concezione, agire con prudenza in quanto la sicurezza delle strutture in L.L. dipende da molti fattori fra i quali grande importanza riveste la tecnologia di produzione (qualità del prodotto) che deve essere costantemente sotto controllo.

Particolare attenzione va poi riservata alla realizzazione di giunti interni ed esterni specialmente in quei casi in cui devono essere concepiti autonomamente senza l'ausilio di preesistenti criteri di analogia.

Considerazioni generali di ordine funzionale-statico-architettonico devono presiedere dalla progettazione che può essere affinata solo attraverso una continua e specifica conoscenza del materiale anche a livello sperimentale in quanto, come si è più volte puntualizza-

24a. Superfici iperboliche rigate.

24b. Tipologie di collegamento di elementi in trazione.

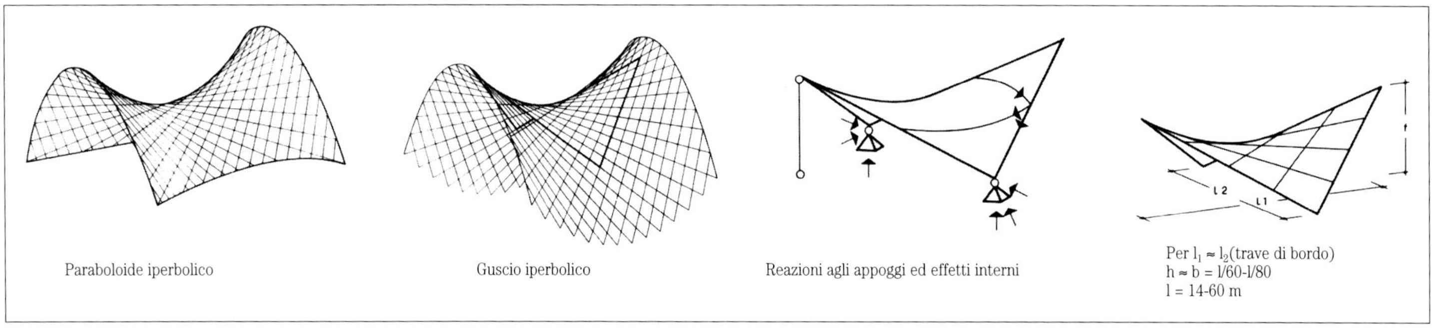

24a

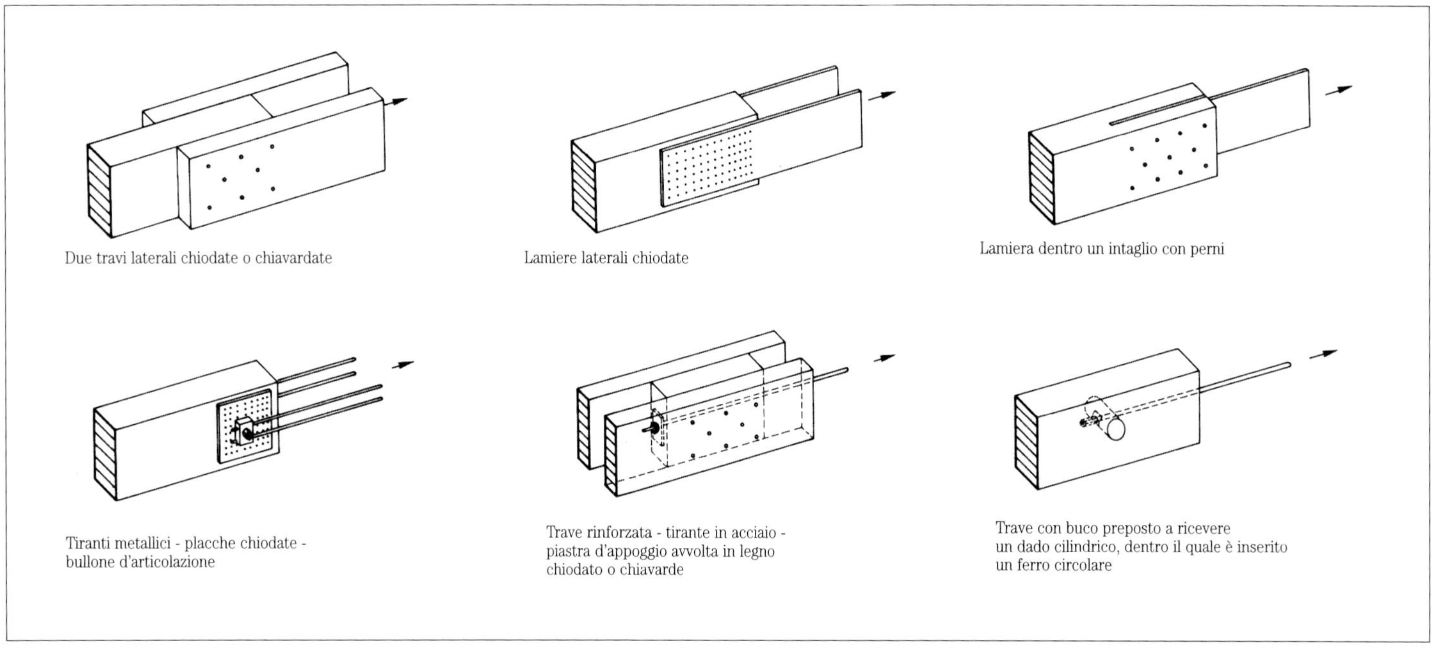

24b

to, il L.L. esige una propria autonomia progettuale diversificandosi dalla matrice stessa del legno impiegato. È pertanto necessario, non appena si esca dall'ambito dell'usuale progettazione e dalla *routine* progettuale (travi e solai di medio impegno) rivolgersi a ditte e operatori del settore di comprovata esperienza e serietà produttiva che possano garantire la buona esecuzione e funzionalità dell'opera.

Comunque il L.L. è un materiale che va conosciuto e opportunamente interpretato da tutti coloro che operano nel campo costruttivo, esigendo un proprio spazio nell'ambito di quelle tipologie strutturali che consentono di meglio sfruttare le sue caratteristiche fisico–meccaniche (flessibilità, leggerezza, modellazione strutturale, recuperabilità del materiale, ecc.).

25. Lo Stadio-Velodromo "Paolo Borsellino".

A Stadio-velodromo "Paolo Borsellino", Palermo

Introduzione

Si riportano, quali esempi applicativi, due realizzazioni in legno lamellare; la prima relativa a un impianto sportivo, lo Stadio-Velodromo "Paolo Borsellino" di Palermo, completato nel 1990 tra le opere dei mondiali di "Italia 90"; la seconda relativa a un edificio religioso, il Complesso Parrocchiale "Madonna di Pompei" in corso di costruzione a Palermo.

L'impianto sportivo, realizzato in occasione dei Mondiali del 1990 su una superficie di sei ettari in località ZEN (Zona Espansione Nord), è un impianto polifunzionale che consente attività agonistiche di livello internazionale sia per quanto riguarda la disciplina del ciclismo su pista che per il calcio. L'impianto è dotato di attrezzature sofisticate per ambedue le specialità e di adeguati servizi per il pubblico con due settori di tribune sviluppati lungo i lati maggiori del campo, uno coperto e uno scoperto, per complessivi 12000 posti a sedere. Il campo di calcio in erba è anche utilizzato per incontri di Football americano, nel 1997 è stato sede del Football Word Cup e delle Universiadi.
La pista ciclistica di 400 m di lunghezza, in c.a. con manto di rivestimento in *epowitt* (resine epossidiche e sabbie di quarzo opportunamente miscelate) ha ospitato i Mondiali di ciclismo del 1994. L'impianto è dotato, tra le altre attrezzature, anche di foresteria per gli atleti. Le passeggiate pedonali, le grandi aree verdi a disposizione del pubblico e gli ampi parcheggi consentono, indipendentemente dall'area di gioco, di utilizzare l'impianto per manifestazioni espositive culturali e spettacoli musicali che richiamano il grande pubblico (fig. 25).

Criteri e scelte progettuali

L'intervento progettuale ha avuto la finalità, con la realizzazione dell'impianto sportivo, di proporre un intervento di risanamento e di riqualificazione ambientale in un'area periferica particolarmente degradata, socialmente disgiunta dal contesto cittadino e tristemente nota come quartiere ghetto.
La presenza nel terreno di circa 300000 m^3 di materiale di risulta, depositato abusivamente negli anni precedenti, proveniente dagli scavi degli edifici popolari costituenti il quartiere dormitorio, hanno suggerito la realizzazione di un terrapieno inerbito di forma anulare con molteplici funzioni. L'impianto è stato pertanto inserito in una particolare sistemazione planoaltimetrica con funzione di contenitore delle attrezzature sportive e tale da creare una collina artificiale immersa nel verde che fornisce al limitrofo quartiere un distensivo polmone di verde. All'interno del terrapieno è stata ricavata una cavea per le gradinate e per le curve sopraelevate della pista del velodromo, lasciando emergere soltanto le parti più elevate e la copertura. La parte esterna del terrapieno è stata sistemata a scarpata verde

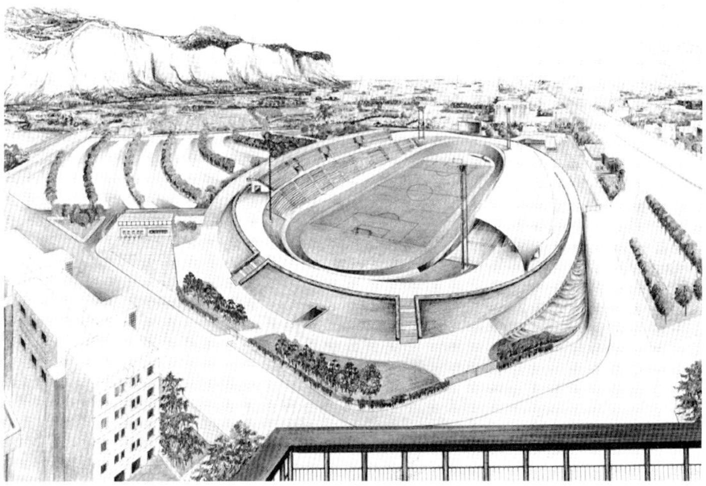

25

e piantumata con essenze floreali locali; mentre la parte superiore è stata destinata a camminamento pedonale sopraelevato di collegamento tra le tribune. Tra le funzioni del terrapieno vi è quella di barriera visiva, antivento e antirumore, per consentire agli atleti impegnati nelle attività sportive di estraniarsi dall'ambiente circostante e concentrarsi nell'attività ludica. La sistemazione e utilizzazione a fini progettuali di una così imponente massa di materiale di risulta, altrimenti difficilmente allocabile, ha inoltre comportato un risparmio non trascurabile di tempo e di denaro se si considera che il tempo di costruzione era di soli 13 mesi e che per portare alla pubblica discarica tale materiale sarebbero stati necessari circa 30000 viaggi di un mezzo cassonato. La scelta di utilizzare quale terreno di fondazione il terreno di risulta, seppure sistemato e costipato, ha però influito sulle scelte progettuali relative alle strutture, anche perché il limitatissimo tempo contrattuale non era compatibile con il tempo necessario per l'assestamento naturale e il completo consolidamento del rilevato. Per le tribune sono state pertanto utilizzate strutture indipendenti compatibili con i possibili cedimenti e di peso limitato, come la copertura in legno lamellare, di tipo isostatico, per limitare i carichi in fondazione. La copertura, grazie all'elevato indice di qualità del legno lamellare (vedi paragrafo 2 sul legno lamellare), ha consentito di coprire gli oltre 4000 m^2 di tribune con una struttura a sbalzo di notevole aggetto, ma di peso ridotto e in grado di resistere alle elevate sollecitazioni indotte dal vento (figg. 26, 27).

26. Vista interna del velodromo.

27. Tribuna coperta durante la costruzione.

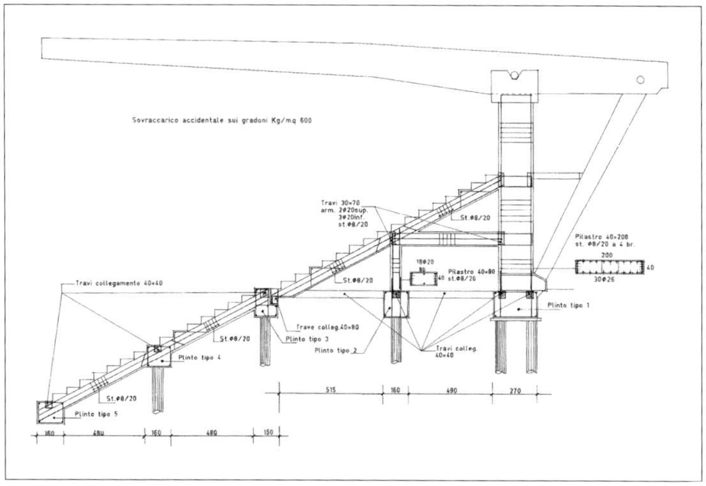

28. Sezione della copertura della tribuna ovest.

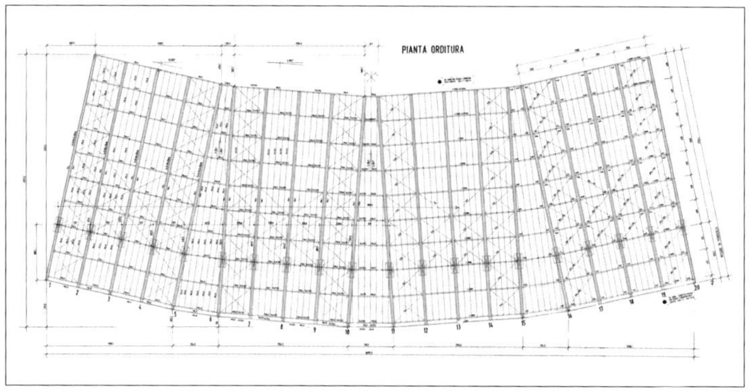

29. Orditura della copertura.

Copertura della tribuna ovest
Le tribune sono state disposte lungo i lati maggiori del campo prevedendo due settori simmetrici di 6000 spettatori ciascuno. Ogni settore è stato suddiviso in due livelli di gradinate, intervallati da un ballatoio di smistamento a quota del camminamento pedonale. Il livello inferiore è incassato nel terreno lungo la scarpata interna del rilevato, ma con struttura indipendente fondata su pali. Il livello superiore è realizzato con intelaiature in c.a. emergenti dal terreno, anch'esse fondate su pali. Tra queste sono disposti gradoni prefabbricati in c.a.p. con alzata di 40 cm e pedata di 80 cm (fig. 28).
Nel settore ovest, ogni intelaiatura si eleva tramite un pilastro e sostiene la copertura in legno lamellare. Questa è realizzata con travi a mensola a bilanciere (vedi sottoparagrafo "strutture a sbalzo"), con aggetto anteriore di 28 m e tirante posteriore ancorato in fondazione. Le travi, a sezione variabile di altezza massima h = 2.30 m, sono disposte a interasse a = 5.40 m in gruppi di cinque, formando campi rettangolari controventati orizzontalmente con aste metalliche incrociate. Campate di raccordo trapezoidali consentono alla copertura di assumere una forma leggermente arcuata concorde con la disposizione planimetrica della tribuna. La copertura è completata da due raccordi laterali a guscio poggiati al terreno che hanno la doppia funzione di controventare lateralmente la copertura e di ridurre l'impatto del vento canalizzandone i filetti fluidi. La copertura assume così una configurazione a guscio tridimensionale accrescendo la sua capacità resistente nei confronti delle azioni orizzontali di tipo sismico e del vento (figg. 29, 30).
Le travi principali a mensola sono realizzate con lame accoppiate di 16 cm di spessore in legno lamellare, poste a distanza di 20 cm l'una dall'altra con opportuni distanziatori, possiedono pertanto una sufficiente rigidezza a torsione per evitare pericoli di instabilità flessotorsionale anche nelle fasi transitorie. Ortogonalmente alla struttura principale è disposta una orditura secondaria a interasse di 4 m e una terziaria costituita da correntini a interasse di 1 metro. Il pacchetto di copertura, calpestabile per le operazioni di manutenzione, è realizzato in doppio strato di cui quello inferiore in perlinato impregnato, quello superiore a supporto dell'impermeabilizzazione, in multistrato fenolico di 12 mm di spessore e irrigidito internamente da listelli disposti a interasse di 60 cm. Per realizzare gli incastri delle mensole, le travi hanno uno sbraccio posteriore di 9 m agganciato da un tirante ancorato alla fondazione. Poiché, come detto, il terreno di fondazione era di scarse caratteristiche, il tirante è stato ancorato alla

30. Raccordi laterali a guscio della copertura.

31. Particolare appoggio sul pilastro.

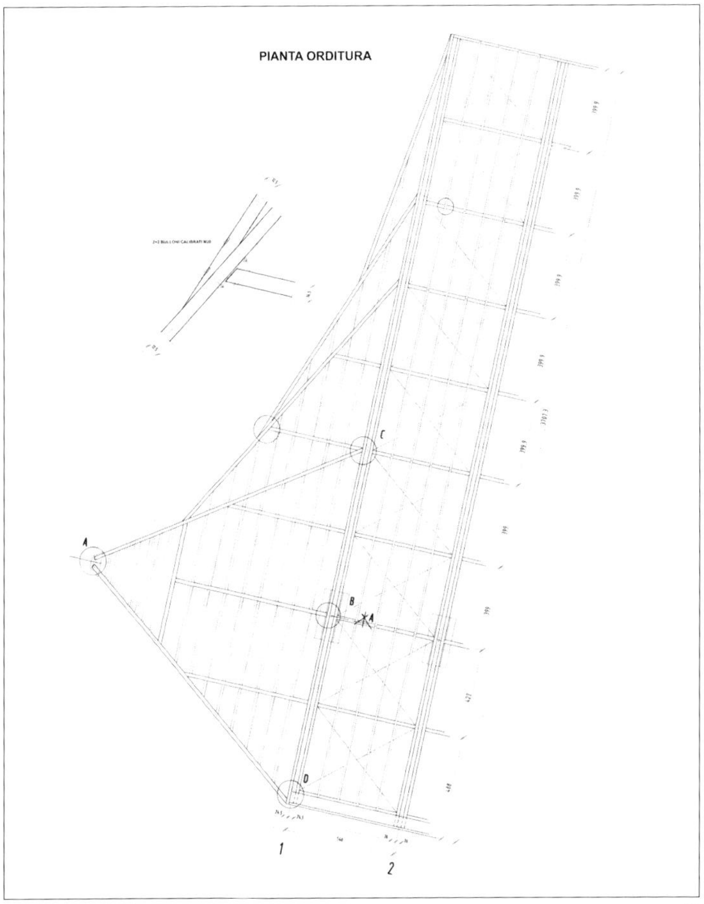

30

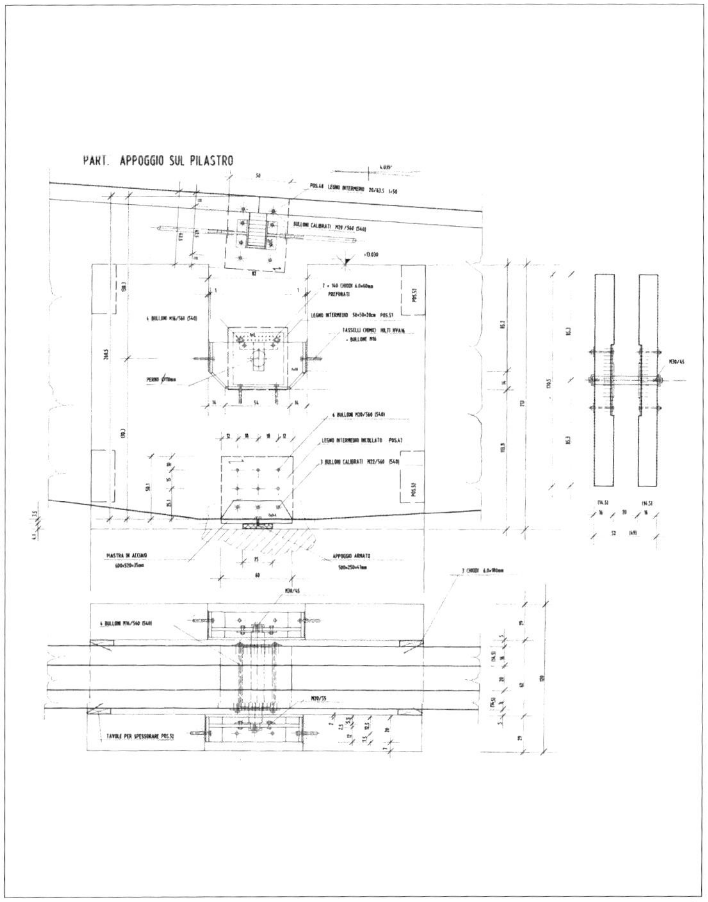

31

fondazione del pilastro di sostegno della copertura, realizzando un sistema chiuso che elimina in fondazione gli sforzi aggiuntivi indotti dal tirante. Per sicurezza nei confronti di azioni vandaliche il tirante possiede internamente una doppia anima di acciaio, non attiva essendo fissata con bulloni asolati e che entra in tensione soltanto nel caso di incapacità del legno di assorbire lo sforzo di trazione (figg. 31, 32).

Processo di costruzione, materiali, manutenzione programmata

L'esiguità del tempo di costruzione imposto ha orientato, per quanto possibile, verso soluzioni prefabbricate e/o industrializzate. Le strutture in c.a. e c.a.p. sono state realizzate e assemblate in tempi brevissimi una volta completata la sistemazione del rilevato, consentendo quindi di procedere al montaggio della copertura. La struttura in legno lamellare costruita presso lo stabilimento Holzbau di Bressanone, con processo produttivo certificato dall'Otto Graf Institut di Stoccarda, preassemblata e sottoposta a prova di carico in stabilimento, è stata trasportata via mare e via terra al cantiere per il montaggio. In particolare le travi principali sono state trasportate intere, già accoppiate, con trasporto eccezionale essendo di luce 37 m.

Per le travi si è utilizzato legno lamellare di abete di prima e seconda categoria con lamelle giuntate a pettine secondo le norme DIN 1052 e incollate con resine all'urea. Le unioni legno-legno e legno-calcestruzzo sono state realizzate in acciaio Fe-360 zincato a caldo.

Per garantire l'efficienza dell'impianto nel tempo e la sua durabilità, oltre

32. Collegamenti del tirante.

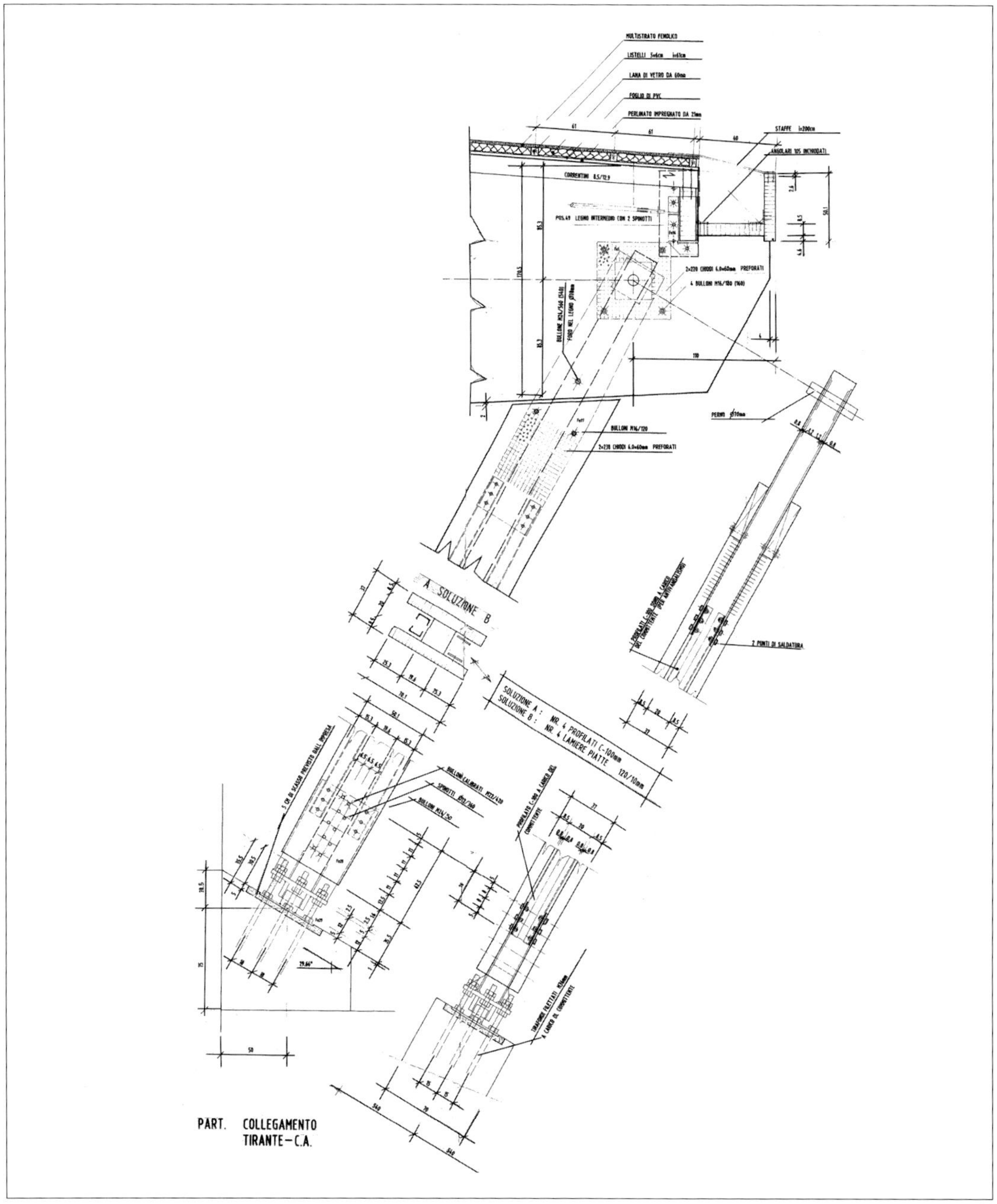

32

al controllo della qualità dei materiali e dei procedimenti costruttivi, si è predisposto un dettagliato progetto di manutenzione programmata dei manufatti edilizi, degli impianti e della copertura. Per quest'ultima, pur senza giungere alla previsione della sostituzione periodica degli elementi costitutivi secondo la pratica giapponese, sono stati programmati i necessari controlli e le operazioni di manutenzione periodica da effettuare sulla copertura per mantenerne le caratteristiche meccaniche e funzionali e prolungarne la vita utile. Dopo 11 anni dalla sua ultimazione l'impianto si presenta in buone condizioni di funzionalità, anche se sono stati necessari alcuni interventi di manutenzione straordinaria e di sostituzione proprio di alcuni componenti (del pacchetto di copertura) sui quali non si sono effettuati i controlli programmati.

Crediti

Progetto architettonico e direzione lavori: prof. ing. M. Arici, arch. R. Abbate
Progetto strutturale: prof. ing. M. Arici
Committente: Amministrazione Comunale di Palermo
Impresa appaltatrice: Sincies Chiementin, Roma
Realizzazione strutture in L.L.: Holtzbau S.p.A.
Superficie coperta: 6600 m^2
Superficie area d'intervento: 60350 m^2
Superficie gradinate scoperte: 3220 m^2
Superficie gradinate coperte: 650 m^2
Posti a sedere scoperti: 6800
Posti a sedere coperti: 5200
Superficie per le attività sportive: 14625 m^2

33. Il complesso parrocchiale Madonna di Pompei.

B Complesso parrocchiale "Madonna di Pompei", Palermo

Il complesso in corso di realizzazione, in località Bonagia alla periferia di Palermo, in prossimità dell'uscita autostradale A19 Palermo-Messina, è stato commissionato dall'Arcidiocesi di Palermo per dotare il quartiere di un'attrezzatura religiosa adeguata, essendo attualmente la sede della parrocchia in locali provvisori assolutamente insufficienti. Il progetto costituisce l'aggiornamento di una vecchia proposta progettuale che prevedeva per la chiesa, prima dell'entrata in vigore della classificazione sismica, una copertura a guscio di limitato spessore in c.a. Nel corso dell'aggiornamento (progettuale) si è ritenuto di adottare una copertura in legno lamellare che con le sue doti di flessibilità compositiva, peso ridotto ed elevata resistenza ben si prestava a interpretare le prescelte soluzioni di carattere architettonico, in zona sismica di seconda categoria (fig. 33).

Descrizione della struttura

Il progetto prevede la realizzazione di tre corpi tra loro collegati. Una basilica, un auditorium e una zona per servizi parrocchiali.

La basilica a pianta circolare, con diametro di 26 m, ha una struttura in c.a. costituita da pareti cilindriche che variano da un'altezza di 4 m fino a 25 m in relazione alla forma della copertura e del campanile posto in tangenza alla superficie cilindrica.

Sulla struttura in c.a. si trasferiscono oltre che il peso e i carichi accidentali, anche le azioni orizzontali e verticali indotte dalla copertura. Sono state previste fondazioni di tipo continuo al di sotto della struttura perimetrale e a piastra sotto il campanile.

La copertura della basilica è in legno lamellare di prima e seconda categoria con struttura realizzata secondo lo schema di trave su due appoggi. È costituita da sedici elementi portanti (in L.L.) con disposizione radiale del tipo illustrato in figura 8, aventi curvatura costante R ≅ 25 m, lunghezza variabile e sezione crescente in funzione delle porzioni di copertura gravanti (su di esse), da un minimo di 16×70 cm^2 per le travi periferiche, a un massimo di 22×100 cm^2 per quelle centrali. La sua struttura è una superficie di rivoluzione intorno a un asse verticale passante per il campanile. Poiché sul campanile poggiano tutte e 16 le travi principali della copertura, la sua struttura scatolare, simile a una pila da ponte, è notevolmente rigida e contiene al piano terra (al suo interno) il tabernacolo.

Le travi concave ad asse curvilineo che formano la copertura hanno un comportamento a trave tensoinflessa, i collegamenti tra le travi sono costituiti da puntoni giacenti su piani orizzontali con funzione di orditura secondaria, distribuiti secondo una disposizione concentrica coerente con l'impianto planimetrico della basilica.

Sul lato destro della struttura emerge il fonte battesimale, anch'esso coperto con una struttura

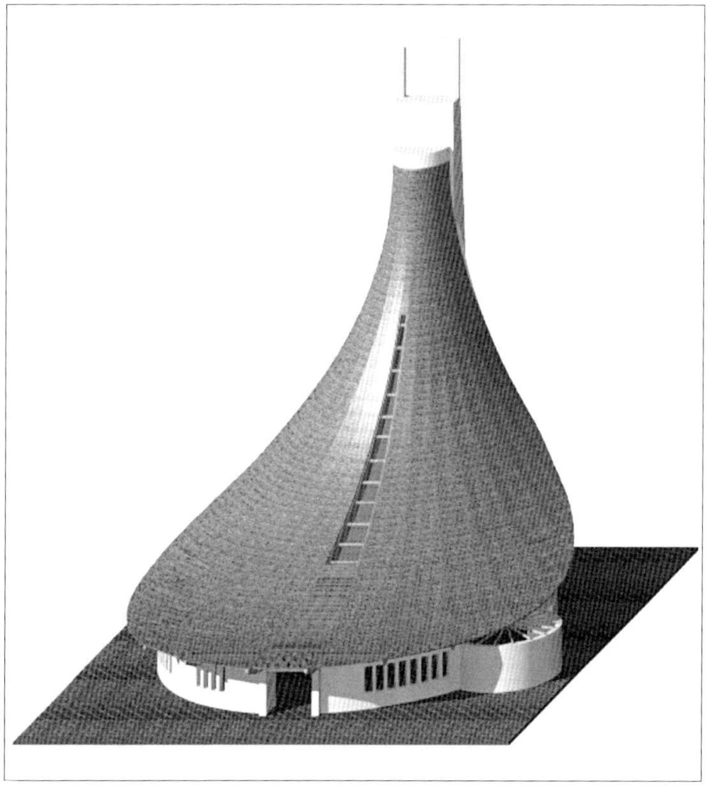

33

in legno lamellare, di uguale configurazione spaziale, ma molto più piccola in dimensioni di quella che ricopre la basilica.

L'auditorium è posto nella parte posteriore della chiesa. Su un piano rialzato, aggetta a sbalzo dal resto della struttura. Così come per la basilica la struttura è in muri portanti in c.a., mentre la copertura anch'essa in legno lamellare, ha travi principali a doppia pendenza, su due appoggi e correnti secondari a sezione costante trasversali alle prime. Il tutto poggia su un cordolo in c.a. che corre perimetralmente alla struttura.

Tipologia strutturale e sistemi statici della copertura

L'individuazione della soluzione strutturale è scaturita da una serie di considerazioni tra cui:

- scelta di schemi statici semplici;
- necessità di utilizzare una struttura di copertura su luci di 30 m, leggera in modo da avere masse ridotte che bene si prestano in caso di azioni sismiche.

È stato adottato un sistema di fondazione di tipo ordinario, visti i modesti carichi trasmessi al terreno da parte della copertura.

La copertura in legno lamellare è

direttamente appoggiata all'estremità inferiore, sul perimetro del muro nel quale vengono predisposte delle forcelle per accogliere le travi in lamellare, le parti più elevate delle travi sono agganciate al pilone centrale tramite una mensola circolare in acciaio.

Il sistema statico resistente è quindi composto da una serie di travi radiali tensoinflesse, con cerniera fissa (in alto) e carrello (in basso), ottenendo così un sistema isostatico, ideale per le grandi coperture.

Il sistema di controventatura e irrigidimento antisismico è composto da nastri metallici forati, inchiodati sul tavolato in corrispondenza dei puntoni.

Per il calcolo del carico d'incendio e la valutazione della resistenza al fuoco si è fatto riferimento non solo alla normativa DIN, ma anche alle circolari del Ministero degli Interni e alle UNI 9504 per gli elementi costruttivi in legno, in acciaio, in conglomerato cementizio normale e armato.

Il carico d'incendio valutato per i locali in esame è stato determinato in classe 70; pertanto la durata minima di resistenza al fuoco da richiedere alla struttura è stata posta pari a 70 minuti.

Materiali impiegati

Per la realizzazione della copertura si è utilizzato legno lamellare di abete rosso di prima e seconda categoria che risponde ai disposti normativi DIN 1052-1 1988, in mancanza di specifica normativa nazionale.

La stratificazione delle travi è stata affidata alla Kaufmann. Le lamelle sono tagliate nel senso delle fibre e successivamente perfettamente piallate. Le operazioni avvengono in ambiente controllato per temperatura e umidità. Per incollare le lamelle sono state usate colle melaminiche DYNOMEL su una faccia, e giuntate di testa con giunto a pettine secondo le norme DIN 1052.

I procedimenti di costruzione e la ditta sono certificati (certificato tipo "A") dall'Otto Graf Institut di Stoccarda. Sono inoltre sottoposti a procedimento di controllo e certificazione di qualità da parte di Istituto specializzato, le connessioni trave-trave.

Le travi finite sono protette secondo le DIN 68800 [1974] da una vernice impregnante del tipo Bondex a protezione di insetti, funghi e muffe.

Parti costitutive della copertura

È stato analizzato il comportamento di tutti gli elementi costitutivi della copertura, considerando l'effettivo contributo fornito da ciascun componente elementare alla rigidezza complessiva del sistema. Sono stati verificati i singoli elementi e le unioni tra essi, che costituiscono i dettagli e i particolari costruttivi più importanti e delicati nella tecnologia del legno lamellare, sia nella concezione sia nella realizzazione. Tali giunzioni devono garantire le condizioni vincolari ipotizzate nel calcolo. Si riportano i particolari costruttivi riguardanti l'aggancio delle travi portanti al pilone, l'appoggio scorrevole della trave sul setto e le giunzioni interne alla trave (fig. 34).

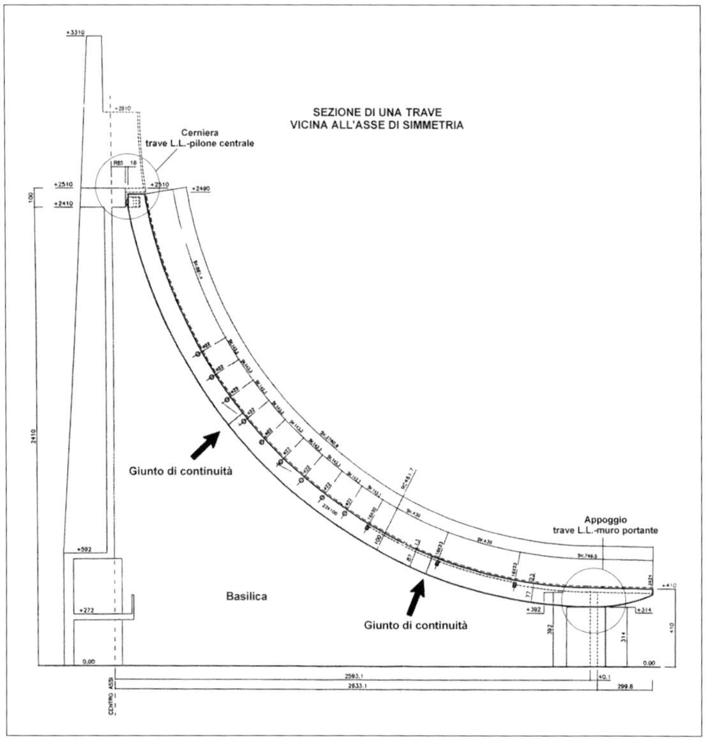

34

34. Sezione di una trave vicina all'asse di simmetria.

- *Nodo di connessione delle travi al pilone centrale.* L'aggancio delle travi principali, al pilone centrale avviene tramite l'inserimento di una lastra d'acciaio di dimensioni 55×65 cm^2 e spessore 1 cm, nell'apposita scanalatura praticata nella testa della trave. Il collegamento, che avviene in fabbrica, è affidato a 12 spinotti Ø 20/150 mm. Il collegamento tra la lamina e il pilone avviene tramite una scarpa d'appoggio, di opportune dimensioni, saldata alla lastra e appoggiata a una mensola semicircolare in acciaio, ancorata al pilone in calcestruzzo armato. I collegamenti tra gli elementi metallici sono realizzati con bulloni M24/65. Come conseguenza dello schema statico di trave incernierata-appoggiata, la giunzione è soggetta a uno sforzo verticale baricentrico uguale e opposto alla reazione del vincolo (P = 30000 N) e un momento dovuto all'eccentricità della reazione vincolare (M = 30000×0.52 = 15600 Nm) (fig. 35).

- *Giunto di continuità.* Gli elementi strutturali, ad asse curvilineo, sono di dimensioni tali da non consentirne il trasporto dalla fabbrica di costruzione al cantiere, quindi vanno scomposti in due o più elementi, per essere poi ri-

35. Vista in sezione della connessione travi L.L. pilone in c.a., con evidenziate le sollecitazioni.

36. Sezione laterale dell'appoggio su pilastro in c.a. delle travi, ai lati dell'ingresso alla basilica, con evidenziata la sollecitazione che agisce sull'appoggio.

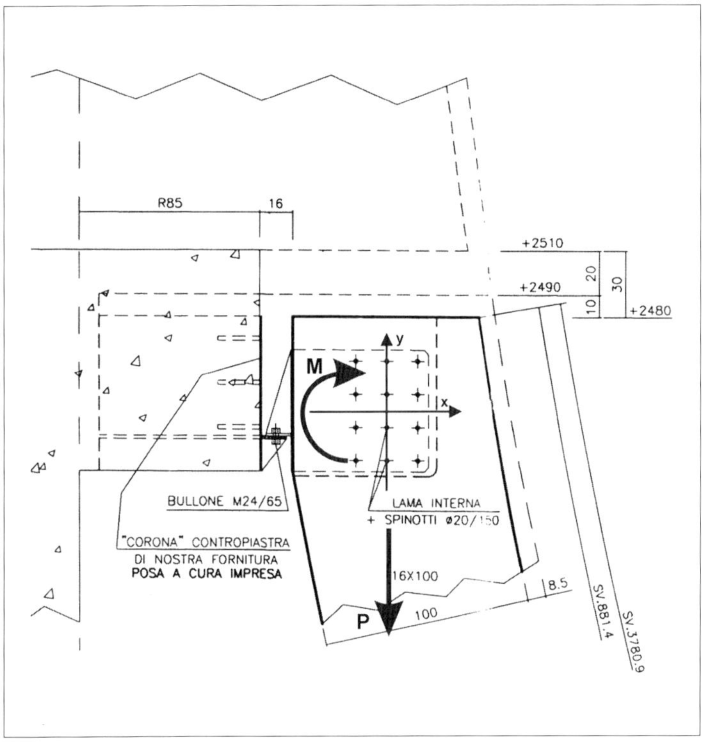

35

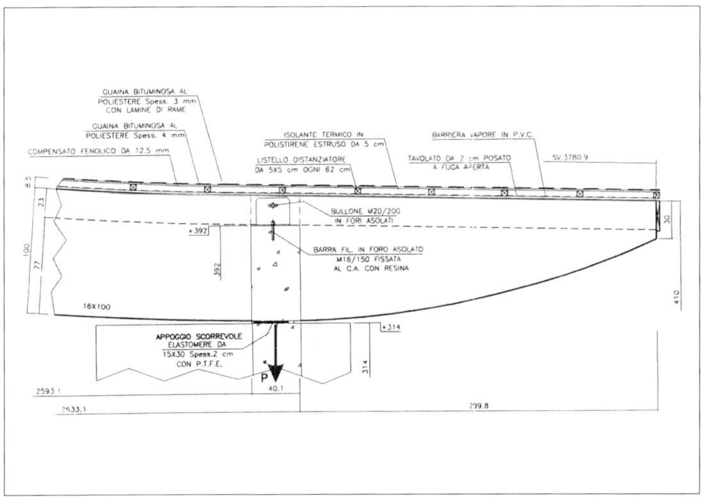

36

composti in opera. Le 16 travi arrivano in cantiere scomposte in moduli, in genere 3, alcune di queste travi (quelle più distanti dall'asse centrale) sono scomposte in due moduli.
Nasce quindi il problema di realizzare delle giunzioni che trasmettano le stesse sollecitazioni della sezione interrotta senza creare punti di debolezza. È evidente come (nei limiti del possibile) sia consigliabile effettuare le giunzioni dove lo stato di sollecitazione non è massimo.
Le parti metalliche sono preventivamente trattate per mezzo di zincatura a caldo, onde evitare l'ossidazione dell'acciaio e studiate per garantire una adeguata resistenza al fuoco.
Il giunto è con piastra interna. La piastra in acciaio è posizionata da una parte del giunto alla testata di uno dei due elementi strutturali, prima dell'incollaggio. Arrivati gli elementi in cantiere si innestano le testate dei moduli e si bloccano con dei bulloni in acciaio. Questo tipo di giunto è adatto ad assorbire azioni prevalentemente assiali e di taglio. L'uso di piastre d'acciaio incassate ha il vantaggio di una maggiore protezione all'azione del fuoco oltre che ragioni di carattere estetico.
- *Appoggio trave L.L. muro perimetrale*. L'appoggio inferiore della trave avviene sul setto murario, tramite una sella ricavata sul bordo della muratura stessa. L'appoggio è di tipo scorrevole, per rendere possibile il movimento la trave poggia su uno strato di Neoprene di 2 cm sovrapposto a un foglio di P.T.F.E. (Teflon), che consente uno spostamento fino a 7 cm.

Le travi periferiche arrivano con un angolo d'inclinazione elevato, sono pertanto poggiate su elementi di spessoramento, che non modificano la loro condizione statica. Le due travi di maggiore luce che affiancano l'ingresso poggiano direttamente su dei pilastri sempre in c.a. (fig. 36).
Per evitare eventuali svergolamenti sono previsti degli angolari in acciaio imbullonati alla trave in L.L. e vincolati al setto con dei tasselli asolati fissati con resina.
Particolare attenzione esigono le testate degli elementi strutturali che sono fra le zone più delicate della struttura, sia per le funzioni statiche che devono assolvere, sia perché maggiormente esposte al pericolo dell'umidità, dovendo convivere con ambienti e materiali che sono veicoli di tale fenomeno. Per tale motivo si è cercato di garantire un'adeguata ventilazione delle testate evitando ogni possibile ristagno d'acqua oltre a trattare con opportuni prodotti ignifughi, insetticidi e fungicidi queste zone.

Crediti
Progetto architettonico e direzione lavori: prof. arch. R. Zappulla
Progetto strutturale: prof. ing. M. Arici, ing. R. Lomolino
Committente: Arcidiocesi di Palermo
Impresa appaltatrice: Pollara Costruzioni & C. s.n.c., Palermo
Realizzazione strutture in L.L.: Kaufmann S.p.A.
Superficie totale coperta: 800 m^2
Superficie coperta basilica: 560 m^2
Posti basilica: 400

Introduzione

Pregi e difetti delle costruzioni in acciaio

Le prerogative di un sistema costruttivo sono intrinsecamente legate alle caratteristiche fisico-meccaniche del materiale impiegato per la realizzazione dei suoi componenti strutturali.

Nel campo delle costruzioni civili, l'acciaio, se paragonato agli altri materiali da costruzione, è caratterizzato da un elevato "rendimento meccanico" – dato dal rapporto tra la resistenza unitaria e il peso specifico – il che consente di realizzare strutture leggere e al tempo stesso capaci di offrire elevate prestazioni meccaniche. L'elevato rendimento meccanico, unito alla grande duttilità, ovvero alla capacità del materiale di subire sensibili deformazioni in campo plastico, rendono inoltre l'acciaio particolarmente idoneo a essere impiegato nelle applicazioni progettuali che richiedono una notevole capacità di "dissipazione energetica" da parte dell'organismo strutturale, quali appunto le costruzioni in zone sismiche. In aggiunta occorre considerare che la vasta gamma di acciai prodotti oggigiorno dall'industria siderurgica consente al progettista di disporre, nella fase della concezione progettuale, di un ulteriore grado di variabilità: la resistenza del materiale. Tale prerogativa, ossia la possibilità di utilizzare, nell'ambito di una stessa struttura, membrature formalmente identiche ma con caratteristiche meccaniche diverse, è nota convenzionalmente come "quarta dimensione" della costruzione metallica. Da un punto di vista poi dell'analisi strutturale, vale a dire la previsione e l'interpretazione della risposta meccanica di un sistema strutturale, non va infine dimenticata la naturale predisposizione delle costruzioni metalliche a essere modellate in modo semplice e affidabile, sia mediante le teorie strutturali classiche sia attraverso le più recenti tecniche di simulazione numerica.

I vantaggi del costruire in acciaio non sono ovviamente solo di tipo strutturale ma riguardano anche la possibilità di realizzare strutture di elevato "pregio architettonico", in cui la regolarità delle forme non è più un elemento invariabile della geometria della costruzione (fig. 1). Altro vantaggio è la possibilità di permettere, in modo rapido ed economico, "trasformazioni e riparazioni" anche sostanziali di organismi strutturali esistenti, consentendo anche l'eventuale recupero delle membrature sostituite. Come pure vanno sottolineate le potenzialità dell'acciaio nel campo del recupero dell'edilizia esistente dove, grazie alle sue caratteristiche tecnologiche e meccaniche, consente soluzioni ottimali per ogni classe di intervento, dal semplice consolidamento degli elementi portanti agli interventi generalizzati di recupero, ristrutturazione e riqualificazione funzionale. Gli aspetti di carattere economico, infine, sono spesso condizionati positivamente dalla possibilità di "industrializzare il processo produttivo" degli ele-

1

1. Museo Guggenheim di Bilbao.

menti costruttivi nonché dall'adozione di tecniche di montaggio in cantiere rapide ed efficienti, soprattutto se paragonate a quelle in uso per gli altri sistemi costruttivi.

Naturalmente le costruzioni in acciaio, oltre che dai pregi, sono anche caratterizzate da alcune problematiche tipiche che, come i pregi, sono in gran parte legate alle proprietà del materiale base. Da un punto di vista strutturale, infatti, si riscontra generalmente l'impossibilità di sfruttare appieno l'elevato rendimento meccanico del materiale e ciò al fine di evitare la realizzazione di strutture eccessivamente snelle e come tali particolarmente sensibili nei riguardi dei "fenomeni d'instabilità" globali e locali. In aggiunta, l'elevato rapporto tra il modulo elastico e la resistenza specifica del materiale rendono spesso condizionanti ai fini del progetto i requisiti di funzionalità, intesi come limitazione delle deformazioni e/o vibrazioni in esercizio. Per quanto riguarda invece gli aspetti tecnologici, va infine sottolineata, anche per le sue conseguenze economiche, la necessità di proteggere gli elementi portanti in acciaio sia nei riguardi del fuoco, che determina un rapido degrado delle proprietà meccaniche del materiale, sia nei riguardi degli agenti atmosferici, che producono fenomeni di corrosione tali da determinare nel tempo una riduzione delle sezioni resistenti.

La normativa tecnica

Le norme tecniche che regolamentano le costruzioni in acciaio, fornendo sia indicazioni sulla misura del livello di sicurezza strutturale sia indicazioni riguardanti la progettazione, l'esecuzione e il collaudo, sono differenziabili in norme nazionali e internazionali. Tra le normative nazionali, oltre alle Norme Tecniche emanate ai sensi delle Leggi n. 1086/71 e n. 64/74, particolare rilevanza rivestono le Istruzioni redatte in collaborazione tra il Consiglio Nazionale delle Ricerche (CNR) e l'Ente Nazionale d'Unificazione (UNI). Tra di esse le principali risultano essere le CNR-UNI 10011, riguardanti le costruzioni con membrature in acciaio laminato a caldo e le CNR-UNI 10022, aventi per oggetto i profili sottili formati a freddo.

In ambito europeo le costruzioni in acciaio sono regolamentate dall'Eurocodice 3 con i relativi annessi riguardanti parti specifiche. Il documento di applicazione nazionale della parte generale [ENV 1993-1-1, 1994] è stato recentemente recepito in Italia e come tale è utilizzabile a tutti gli effetti nella progettazione delle strutture in acciaio.

Il materiale

Tipi di acciaio e composizione

Gli acciai comunemente impiegati nelle costruzioni sono leghe ferro-carbonio ottenute dall'affinazione della ghisa allo stato fuso in convertitori a ossigeno.

Tra gli *acciai al carbonio* quelli per impieghi strutturali maggiormente diffusi sono i tipi *Fe360*, *Fe430*, *Fe510*, identificati dalla sigla *Fe*, indicante il simbolo chimico del ferro, seguita dal valore della tensione di rottura espresso in MPa. In realtà, questo sistema di designazione degli acciai, attualmente ancora impiegato in Italia, è stato di recente sostituito con un nuovo criterio di designazione alfanumerica, valido per tutti i Paesi della Comunità Europea, secondo il quale gli acciai strutturali sono contraddistinti dalla lettera *S* seguita da un numero corrispondente alla tensione di snervamento minima prescritta. Pertanto, i tre tipi di acciai precedentemente richiamati sono identificati rispettivamente con le seguenti classi di resistenze: *S235*, *S275* e *S355*.

Tali materiali rientrano nella categoria degli acciai dolci o non legati e sono caratterizzati da un ridotto tenore di carbonio ($C < 0.20\%$). Infatti, tale elemento se da un lato favorisce l'indurimento dell'acciaio, elevandone le proprietà meccaniche in termini di resistenza, dall'altro ha una forte influenza sul deterioramento della duttilità, tenacità e saldabilità, proprietà, queste ultime, indispensabili nelle moderne costruzioni.

Agli acciai al carbonio unificati si affiancano quelli a *elevato limite elastico o microlegati*, in cui le elevate proprietà meccaniche in termini di resistenza, fermo restante il tenore di carbonio a valori dello 0.20%, sono ottenute sia attraverso trattamenti termici di bonifica che mediante l'aggiunta in lega di elementi, quali vanadio (V), molibdeno (Mo), niobio (Nb), boro (B), silicio (Si) e altri in percentuali ridotte dell'ordine dello 0.10%. Tra questi quelli maggiormente utilizzati sono quelli di classe *S420* e *S460*.

Per ridurre la sensibilità degli acciai nei confronti della corrosione superficiale, l'industria siderurgica ha messo a punto, da tempo, *acciai bassolegati o autopassivanti* i quali si ottengono aggiungendo alla lega ferro-carbonio tenori ridotti di cromo (Cr), nichel (Ni), manganese (Mn), rame (Cu), silicio (Si) ecc., con percentuali inferiori al 5%. Il principio su cui si basa il sistema di autoprotezione è quello secondo il quale gli elementi di lega combinandosi con il ferro e il carbonio generano composti che, a contatto con l'aria, formano sulla superficie del metallo uno strato protettivo di ossido. Questo, per sua natura, tende a passivare il metallo inibendo i successivi processi di corrosione. La rapidità con la quale l'ossido protettivo si sviluppa e la tonalità di colore (marrone) che raggiunge dipendono dalle caratteristiche dell'ambiente e dalla frequenza con la quale la superficie è bagnata dalla rugiada e dalla pioggia. Per questa loro caratteristica, gli acciai con resistenza migliorata alla corrosione atmosferica sono detti anche acciai patinabili e sono contraddistinti dal simbolo addizionale *W* seguente la classe di resistenza (es. *S235W*).

Particolari effetti cromatici possono ottenersi utilizzando i più pregiati acciai legati di tipo *inossidabile*, caratterizzati dalla presenza nella lega di notevoli percentuali di cromo e nichel. Questi acciai, nonostante le elevate doti di resistenza alla corrosione e di resistenza meccanica, per l'elevato costo e la difficoltà di esecuzione delle saldature, da eseguirsi necessariamente in ambienti protetti, sono generalmente utilizzati nella realizzazione di strutture in particolari condizioni ambientali o di particolare pregio architettonico.

Proprietà meccaniche

Le proprietà meccaniche degli acciai sono valutabili, a livello ingegneristico, mediante prove normalizzate, per tipologia, modalità e forma delle provette, che a livello nazionale sono definite dall'UNI.

La prova più conosciuta e diffusa è quella completa di trazione, con la quale si applica a un provino di forma cilindrica uno stato di sollecitazione monoassiale, ottenendo come risposta del materiale il diagramma carico-allungamento (F-Δl). Note le caratteristiche della macchina di prova e la geometria del provino è possibile ricavare il diagramma tensione-deformazione (σ-ε) rappresentante il legame costitutivo del materiale (fig. 2).

Per gli acciai dolci il diagramma σ-ε presenta inizialmente un andamento rettilineo di tipo elastico lineare, la cui pendenza rappresenta il modulo di elasticità normale all'origine E; il valore del modulo elastico, pari a 206,000 N/mm², è indipendente dal tipo d'acciaio essendo influenzato unicamente dalle forze di legame dell'elemento di base della lega: il ferro. Sensibili deformazioni plastiche si evidenziano con lo snervamento del metallo che si manifesta in seguito a un allungamento spontaneo senza incrementi di sforzo.

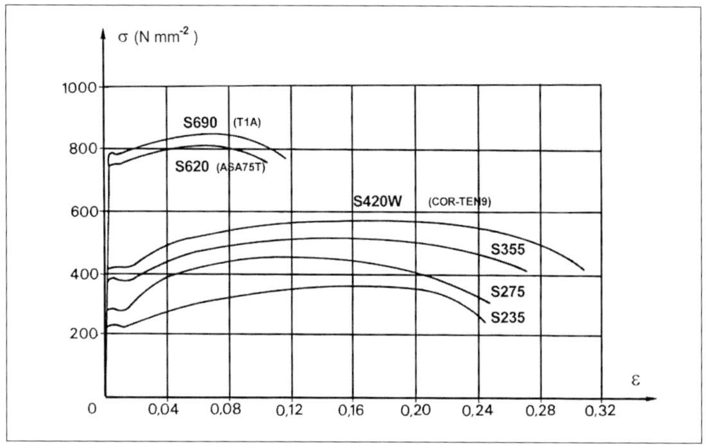

2

2. Diagrammi σ-ε dei principali acciai da costruzione.

La tensione di snervamento (f_y), graficamente individuata dal tratto orizzontale del diagramma σ-ε, varia con il tipo di acciaio e con i trattamenti termici e/o meccanici cui è stato sottoposto e oscilla negli intervalli 235÷355 N/mm² per gli acciai al carbonio unificati, 400÷800 N/mm² per gli acciai microlegati a elevato limite elastico e 350÷400 per gli acciai bassolegati autoprotettivi.

Il massimo della curva σ–ε rappresenta la resistenza a rottura (f_u), il cui valore è compreso tra 360÷510 N/mm² per gli acciai al carbonio unificati, 550÷900 N/mm² per gli acciai ad alta resistenza e 440÷600 N/mm² per gli acciai autoprotettivi. Infine, la deformazione a rottura ε_t, funzione anch'essa del tipo di acciaio e del trattamento subito, oscilla negli intervalli 20÷25% per gli acciai al carbonio unificati, 15÷20%, per gli acciai microlegati a elevato limite elastico e 20÷30% per gli acciai basso legati autoprotettivi.

Le rappresentazioni analitiche dei diagrammi σ–ε, utilizzate per la modellazione dei materiali da costruzione possono, in generale, essere di tipo continuo o linearizzato.

Per gli acciai dolci, caratterizzati da una fase di snervamento ampia e ben definita, può essere adottato come modello del materiale l'andamento ideale a bilatera, detto anche elastico - perfettamente plastico o diagramma di Prandtl (fig. 3a). Volendo cogliere il fenomeno dell'incrudimento, ovvero la ripresa di resistenza successiva allo snervamento del metallo, è possibile in prima approssimazione modificare il diagramma di Prandtl. Si adotta in tal caso

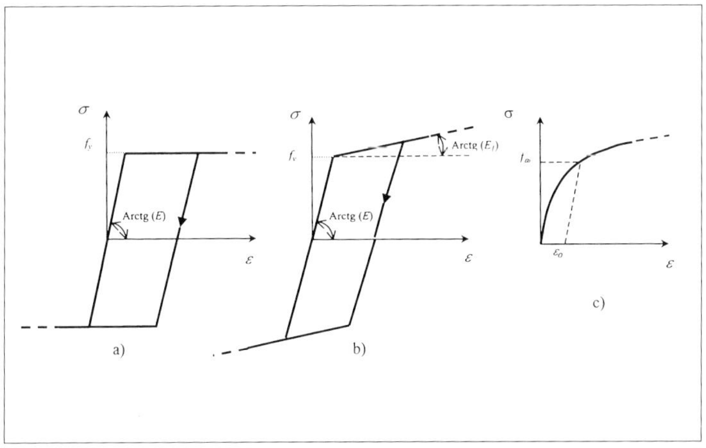

3

3. Modelli di materiale impiegati per gli acciai da costruzione.

un diagramma di tipo elasto-plastico-incrudente, caratterizzato oltre che dal modulo E e dalla tensione f_y anche dal modulo d'incrudimento E_1, in genere non superiore al 10% di E (fig. 3b).

Per gli acciai caratterizzati da un comportamento meccanico di tipo continuo, senza cioè una fase di snervamento ben definita, quali appunto gli acciai ad alta resistenza e quelli inossidabili, il limite elastico del materiale è definito in maniera convenzionale (normalmente pari al valore della tensione corrispondente a una deformazione residua dello 0.2%) e il legame costitutivo, di tipo continuo, è usualmente descritto attraverso la legge di Ramberg-Osgood (fig. 3c).

La saldabilità

Per gli acciai da carpenteria particolare importanza riveste la saldabilità, intesa come l'attitudine posseduta dai materiali metallici a dar luogo a giunti saldati di buona qualità. Le saldature, eseguite con arco elettrico, devono essere tali da non generare cricche a caldo, o altri difetti nella zona fusa, né cricche a freddo nelle zone termicamente alterate, poste ai margini dei cordoni di saldatura.

Il controllo della saldabilità degli acciai al carbonio unificati può eseguirsi, in primo luogo, controllandone la composizione chimica attraverso il contenuto di Carbonio Equivalente (*CE*) che, definito empiricamente attraverso l'espressione di Lloyds, non deve superare lo 0.41%, affinché non si prescrivano particolari precauzioni in saldatura.

Indicazioni sulla saldabilità possono, altresì, ottenersi misurando la fragilità alle basse temperature, ovvero prescrivendo che la resilienza Charpy (*KV*) risulti non inferiore a 27 Joule, rispettivamente a + 20 °C, 0 °C e –20 °C. Tali prove consentono di suddividere gli acciai unificati in tre categorie contraddistinte dai gradi B, C e D con saldabilità crescente col passare da B a D. Il grado A è stato escluso dagli acciai per carpenteria, in quanto non garantisce i requisiti minimi di resilienza neanche a temperatura ambiente.

La scelta del tipo di materiale in funzione della saldabilità può eseguirsi, ad esempio, utilizzando acciai di grado B per le strutture bullonate e acciai di grado B, C o D per le strutture saldate a seconda della qualità della giunzione e delle condizioni di esercizio. Si rammenta infine che, in base al sistema di designazione europeo, i gradi di saldabilità B, C e D sono rispettivamente contraddistinte dalle sigle *JR*, *J0* e *J2*.

Sistemi di protezione

- La *corrosione* è il processo in base al quale un metallo tende a degradarsi passando dallo stato elementare allo stato di materiale ossidato. I più diffusi fenomeni di corrosione sono quelli a umido, detti anche di tipo elettrochimico, in quanto tra il metallo, avente più bassa tensione potenziale, e la soluzione elettrolitica a contatto vengono a formarsi celle galvaniche elementari. A seconda che ciò si verifichi sulla superficie del metallo a diretta esposizione con gli agenti atmosferici o tra due parti metalliche a contatto, con potenziali di elettrodo diversi, si parla, rispettivamente, di corrosione superficiale o da contatto. Contro questo grave fenomeno, il cui effetto è la riduzione della sezione resistente delle membrature metalliche, vi possono essere due tipi di protezione: protezione passiva e protezione attiva.

La *protezione passiva* consiste nell'isolare elettricamente le singole celle galvaniche rivestendo la superficie metallica e/o le parti a contatto con vernici che, oltre ad avere una funzione anticorrosiva, forniscono anche una soluzione ai problemi di natura estetica. Le vernici presenti in commercio, suddivise in inorganiche e organiche in base alla natura del pigmento usato per la colorazione, sono formate da oli, resine naturali o artificiali (alchiliche, epossidiche, poliuretaniche e clorocaucciù) a cui si aggiungono, generalmente, sostanze plastificanti, solventi e talvolta additivi particolari. Le vernici sono applicate secondo un ciclo di pitturazione che prevede uno strato di fondo, chiamato *primer*, steso su superfici pretrattate con abrasivi, fiamma o soluzioni acide, aventi lo scopo di aumentarne la pulizia e la rugosità, uno o più strati intermedi e due o più strati di copertura, aventi funzione protettiva.

La *protezione attiva* si ottiene adottando rivestimenti metallici caratterizzati da potenziali di elettrodo standard inferiori a quelli del ferro e perciò più soggetti all'ossidazione rispetto all'elemento di base della lega. Il rivestimento metallico più comunemente usato è quello a base di zinco, applicato sia per immersione a caldo, a temperatura di 450 °C e spessori dell'ordine dei 20 micron, che per elettrodeposizione, con spessori di pochi micron. La zincatura, nonostante sia il sistema di protezione che attualmente garantisce i migliori risultati nei confronti della corrosione superficiale, ha per contro lo svantaggio di non consentire la realizzazione di saldature delle parti rivestite dato che lo zinco, per le elevate temperature raggiunte, fonde e andando in soluzione con l'acciaio ne riduce la tenacità.

- Oltre dagli agenti atmosferici, le costruzioni in acciaio vanno protette anche dal *fuoco*. Le proprietà meccaniche dell'acciaio, infatti, mutano fortemente al variare della temperatura: per T = 600 °C la resistenza a rottura si riduce di circa il 70%, mentre il modulo di elasticità del 35%. Il fuoco produce, inoltre, nelle membrature distorsioni termiche tali da far nascere pericolosi stati di coazione che, accoppiati al degrado delle caratteristiche meccaniche del materiale, possono produrre nel sistema strutturale repentini fenomeni di collasso locali o globali.

La protezione dal fuoco delle membrature metalliche si realizza generalmente disponendo sulla sua superficie un rivestimento caratterizzato da un basso valore di diffusione termica. I rivestimenti comunemente adottati si distinguono in: rivestimenti spruzzati, realizzati con prodotti a base di vermiculite o fibre minerali, rivestimenti con elementi prefabbricati in calcestruzzo o gesso e rivestimenti intumescenti, che sotto l'azione del fuoco rigonfiano, espandendosi in forma di schiuma.

Le membrature

Prodotti siderurgici da costruzione

L'industria siderurgica mette a disposizione dei progettisti una vasta gamma di prodotti ottenuti o attraverso getti del metallo allo stato fuso in stampi o mediante processi di lavorazione, quali laminazione, trafilatura, fucinatura ed estrusione.

Se si escludono i prodotti da fonderia, normalmente impiegati nella realizzazione di ancoraggi, articolazioni, collegamenti particolari o membrature atipiche, i prodotti in acciaio da carpenteria comunemente impiegati nelle applicazioni costruttive derivano da processi di laminazione e si distinguono in profilati, tubi e laminati piani.

I *profilati* sono senza dubbio i prodotti siderurgici più utilizzati nell'ambito delle costruzioni metalliche. Essi vengono usualmente differenziati in base al processo produttivo e si distinguono in laminati a caldo e formati a freddo.

La geometria dei profili laminati a caldo è caratterizzata dalla forma della sezione trasversale, definita univocamente grazie a un processo di unificazione su scala europea e internazionale finalizzato a ottenere un unico sagomario (fig. 4). Le forme più utilizzate sono generalmente quelle a doppio T. In particolare, i profili a doppio T con ali strette (serie IPE) sono concepiti in modo tale da incrementare sensibilmente le prestazioni meccaniche, in termini di resistenza e deformabilità, rispetto al peso unitario dell'elemento. A questi profili, solitamente impiegati come elementi inflessi, si affiancano quelli a doppio T con ali larghe (serie HE) che meglio si prestano a essere utilizzati come colonne, risultando per essi l'ellisse centrale d'inerzia di forma meno allungata dei corrispondenti profili IPE. Molto diffusi risultano essere anche i profili a C, a T, a Z ed a L (angolari) con lati eguali o diseguali che, oltre a essere impiegati nelle orditure secondarie delle carpenterie metalliche e come diagonali di sistemi di controventi, si impiegano anche come elementi di profili composti. Se si escludono i profili "Jumbo", prodotti negli Stati Uniti, i profili laminati a caldo, correntemente utilizzati in Europa, raggiungono altezze dell'ordine di 600 mm.

Profili con forme più varie e razionali possono essere ottenuti mediante processi di piegatura a freddo di nastri e lamiere sottili d'acciaio (fig. 5). Questi profili, infatti, offrono il vantaggio di poter essere conformati nel modo più conveniente per ogni singola applicazione, consentendo così il massimo sfruttamento del materiale. Di contro, l'elevato valore dei rapporti larghezza-spessore degli elementi costituenti la sezione trasversale rende generalmente determinante, ai fini delle prestazioni strutturali di questa tipologia di sezioni, i fenomeni di instabilità locale che si verificano nelle parti compresse.

Membrature a parete piena di altezza maggiore rispetto a quelle laminate a caldo possono essere ottenute componendo, median-

4. Principali profili e tubi laminati a caldo.

5. Esempi di profili formati a freddo.

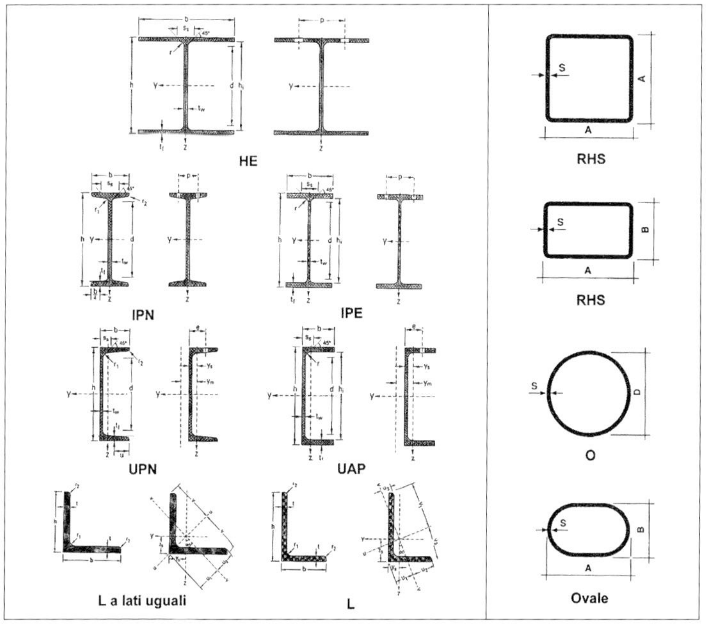

4

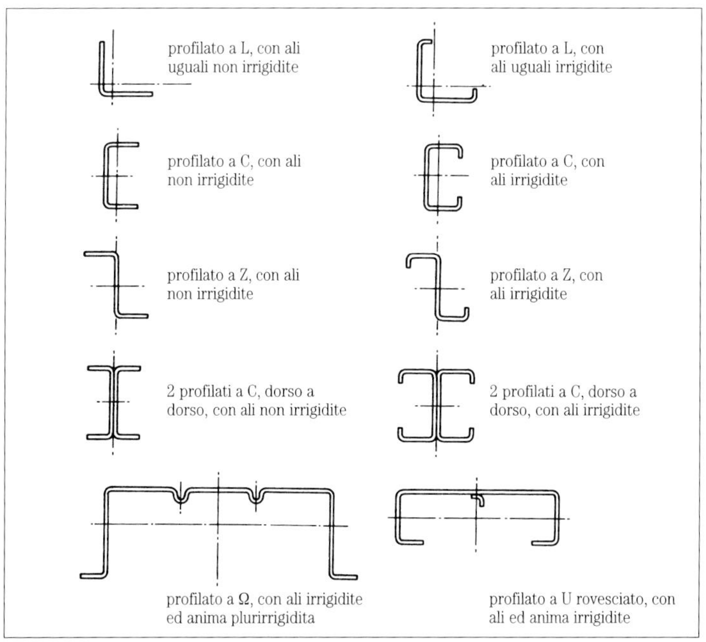

5

te sistemi di connessione meccanici o per saldatura autogena, laminati piani e/o profili semplici (travi composte). Inoltre, con la tecnologia della saldatura, è anche possibile ottenere un incremento della resistenza di una membratura composta adottando materiali a elevato limite elastico nelle zone maggiormente cimentate. Si ottengono in questo modo le cosiddette travi ibride che, per la razionale localizzazione del materiale, possono considerarsi una brillante applicazione della quarta dimensione delle costruzioni metalliche.

Nelle costruzioni metalliche si va sempre più diffondendo l'impiego dei *tubi* come membrature strutturali. Si tratta generalmente di profili laminati a caldo (tubi lisci) aventi sezione circolare, rettangolare e quadrata e identificati, oltre che dalla forma, anche dalle dimensioni caratteristiche della sezione traversale e dallo spessore della parete. I processi di laminazione consentono di produrre tubi con dimensioni massime delle sezioni trasversali dell'ordine di 500 mm e spessori delle pareti fino a 25 mm. Membrature di dimensioni maggiori possono essere ottenute mediante giunzioni saldate lungo una generatrice o una linea elicoidale di lamiere piegate (tubi saldati).

La diffusione dei tubi strutturali nelle costruzioni civili è dovuta, oltre a motivazioni di carattere estetico, anche da ragioni di carattere statico. Trattandosi infatti di sezioni biconnesse, oltre ad avere un'isotropia di comportamento meccanico nei riguardi della sollecitazione flettente e un'elevata rigidezza torsionale primaria, sono caratterizzate da un buon rapporto tra il raggio minimo d'inerzia e la dimensione caratteristica esterna. Consegue da ciò che l'impiego di tali prodotti siderurgici risulta ottimale nelle membrature compresse e pressoinflesse. I tubi in acciaio offrono inoltre la possibilità di alloggiare all'interno di essi tratti di reti impiantistiche, quali ad esempio i cavi dell'impianto elettrico di distribuzione o più semplicemente i pluviali di una struttura di copertura. Nonostante gli innumerevoli vantaggi, l'uso dei tubi nelle applicazioni strutturali è generalmente condizionato dalle difficoltà che si incontrano nella realizzazione dei collegamenti tra le diverse membrature e dai fenomeni di corrosione interni. Per questo ultimo motivo, i tubi d'acciaio possono essere riempiti di calcestruzzo che, oltre a formare una protezione passiva di tipo alcalina nei riguardi della corrosione superficiale interna, ne incrementa la capacità portante realizzando una sezione composta acciaio-calcestruzzo.

6. Le tre generazioni di lamiere grecate.

I *laminati piani* sono prodotti siderurgici ottenuti attraverso processi di laminazione eseguiti a caldo o a freddo.

Nel primo caso si ottengono le lamiere grosse aventi spessore compreso tra i 3 e i 50 mm, larghezze sino a 3000 mm e lunghezze anche di 18 m e oltre. Le lamiere grosse, per l'uniformità delle proprietà meccaniche nel piano dell'elemento, ottenuta anche grazie a trattamenti termici di ricottura, vengono utilizzate per costruire membrature soggette a sollecitazioni variabili in direzione, quali ad esempio piastre di attesa di giunzioni, nervature d'irrigidimento, piastre di fondazione e profili composti. Un particolare tipo di lamiere grosse è rappresentato dalle lamiere striate e bugnate impiegate come piani di calpestio di passerelle, impalcati industriali o come gradini di scale in acciaio.

Le lamiere sottili (o lamierini), ottenute da laminazione a freddo, hanno spessore inferiore ai 3 mm e vengono normalmente fornite in fogli o in rotoli (*coil*). I grandi nastri d'acciaio, che per l'elevato grado di finitura superficiale sono rivestiti direttamente per zincatura o verniciatura in continuo, possono essere utilizzati su linee automatizzate per produrre lamiere grecate (figg. 6a, 6b) e pannelli coibentati impiegati come elementi di chiusura e copertura.

Le prestazioni strutturali di questa tipologia di sezioni possono essere ottimizzate conferendo adeguata forma e dimensioni sia alle greche che agli irrigidimenti trasversali. In tal modo è anche possibile realizzare degli elementi portanti molto innovativi (la cosiddetta terza generazione delle lamiere grecate) capaci di coprire luci fino a 12 m (fig. 6c).

La classificazione delle sezioni trasversali

Le prestazioni ultime delle membrature metalliche, sia in regime statico sia dinamico, sono influenzate in modo determinante dai fenomeni di instabilità locale che si verificano nelle parti compresse della sezione trasversale.

Nel caso di carichi monotoni, si osserva, a seconda che l'imbozzamento locale si verifichi prima o dopo che l'elemento abbia raggiunto la sua massima capacità portante, che al degrado della duttilità si può associare o meno una riduzione della resistenza.

Nei confronti delle azioni cicliche, invece, i fenomeni di instabilità locale rientrano tra le principali cause di degrado dell'energia dissipata istereticamente, comportando una riduzione contemporanea di rigidezza, resistenza e duttilità dell'elemento.

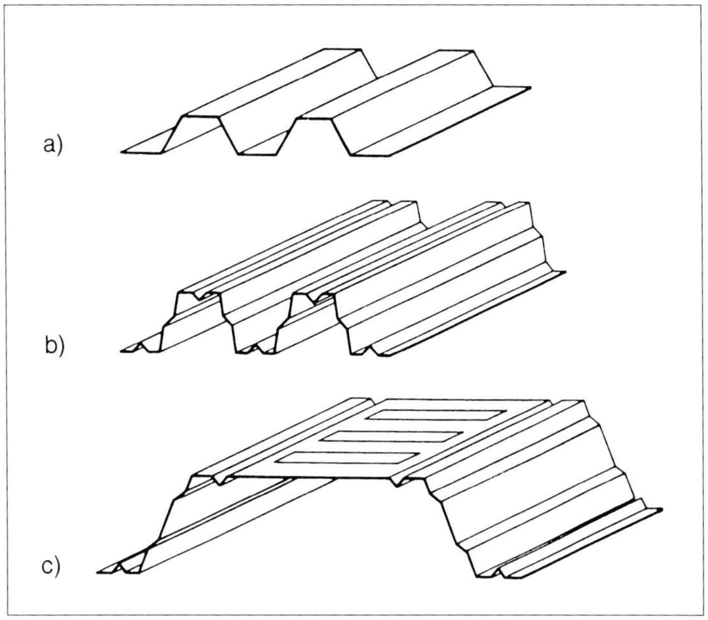

6

Nel tentativo di definire in termini quantitativi, oltre che qualitativi, l'influenza dell'instabilità locale sulla risposta delle membrature in acciaio, l'Eurocodice 3 ha introdotto una classificazione delle sezioni trasversali. A questo proposito sono state definite quattro classi comportamentali (fig. 7):

- *Classe 1* (Sezioni duttili o plastiche): sono quelle sezioni la cui risposta non risulta condizionata in alcun modo dai fenomeni di instabilità locale e, per questo, capaci di formare cerniere plastiche dotate di una notevole capacità rotazionale. Ciò consente a un sistema realizzato con tali membrature di raggiungere uno "stato limite ultimo di collasso", caratterizzato dalla formazione di un meccanismo.
- *Classe 2* (Sezioni compatte): sono quelle sezioni che possono sviluppare una resistenza plastica ma per le quali i fenomeni di instabilità locale determinano una riduzione della capacità rotazionale. Ciò equivale al raggiungimento nel sistema di uno "stato limite ultimo plastico", caratterizzato cioè dall'attingimento della rotazione ultima in una cerniera plastica.

7. Classificazione delle sezioni nei riguardi della risposta flessionale.

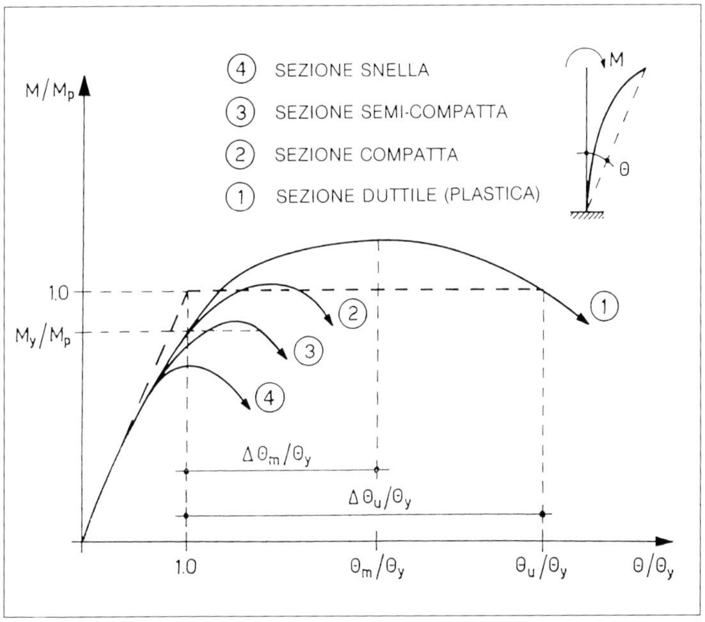

7

- *Classe 3* (Sezioni semi-compatte): sono quelle sezioni capaci di raggiungere soltanto la resistenza limite elastica, poiché l'instabilità locale non consente lo sfruttamento del materiale in campo plastico, compromettendone resistenza e duttilità. Ciò equivale al raggiungimento nel sistema di uno "stato limite convenzionale elastico".
- *Classe 4* (Sezioni snelle): sono quelle sezioni nelle quali i fenomeni di instabilità locale sono talmente prematuri da non consentire di raggiungere neanche la resistenza limite elastica. In questo caso il sistema raggiunge uno "stato limite d'instabilità locale in campo elastico" e la resistenza ridotta della sezione va determinata sostituendo quella geometrica con una parzializzata, denominata "sezione efficace".

Ovviamente, essendo l'instabilità locale il fenomeno caratterizzante la diversa risposta strutturale delle sezioni, come parametro di riferimento per decidere l'appartenenza di una sezione trasversale a una delle quattro classi si assume il rapporto larghezza-spessore (*b/t*) dei diversi elementi compressi che la costituiscono. In particolare, in assenza di metodi più precisi, si fa coincidere la classe della sezione con quella dell'elemento di classe più alta (meno favorevole), quest'ultima definita sulla base del rapporto *b/t* dell'elemento stesso, delle condizioni di vincolo e della distribuzione delle tensioni. Poiché le parti compresse cambiano con il tipo di sollecitazione, è utile sottolineare che la classe della sezione non è una sua caratteristica intrinseca ma va definita, a rigore, con riferimento a ciascuna delle caratteristiche della sollecitazione elementari che inducono tensioni di compressione.

La classificazione delle sezioni, oltre a influenzare direttamente le prestazioni della membratura e quindi le relative metodologie di verifica, condiziona evidentemente anche il tipo di "analisi globale" che può condursi per il calcolo delle sollecitazioni di progetto. Infatti, mentre un'analisi elastica può essere sempre svolta per strutture con membrature di classe 1, 2 o 3, un calcolo plastico senza controllo della capacità rotazionale può effettuarsi solo se le sezioni trasversali delle membrature sono di classe 1. In presenza di sezioni snelle (classe 4) andrebbe invece, a rigore, sempre condotta un'analisi capace di portare in conto le parzializzazioni che si verificano negli elementi per effetto dei fenomeni instabili locali.

I collegamenti

Tipologia e sistemi di connessione elementari

Le costruzioni metalliche nascono dall'assemblaggio di membrature (profili, tubi, lamiere) per mezzo di sistemi tecnologici indicati come "collegamenti". Tali sistemi si possono riguardare a loro volta come un insieme di unioni elementari che, combinate in vario modo e con l'aiuto di pezzi speciali (angolari, profili a T, semplici piatti, ecc.), consentono di realizzare molteplici tipologie di collegamenti atte a collegare le diverse membrature di sistema strutturale in acciaio.

Con riferimento alla tecnologia impiegata per le unioni elementari, i collegamenti possono differenziarsi in:
- collegamenti con organi meccanici;
- collegamenti saldati;
- collegamenti misti.

I collegamenti con organi meccanici utilizzano come sistema di connessione elementare bulloni (con diametri tra 8 e 30 mm), chiodi (per diametri superiori agli 8 mm) e rivetti (per diametri inferiori agli 8 mm).

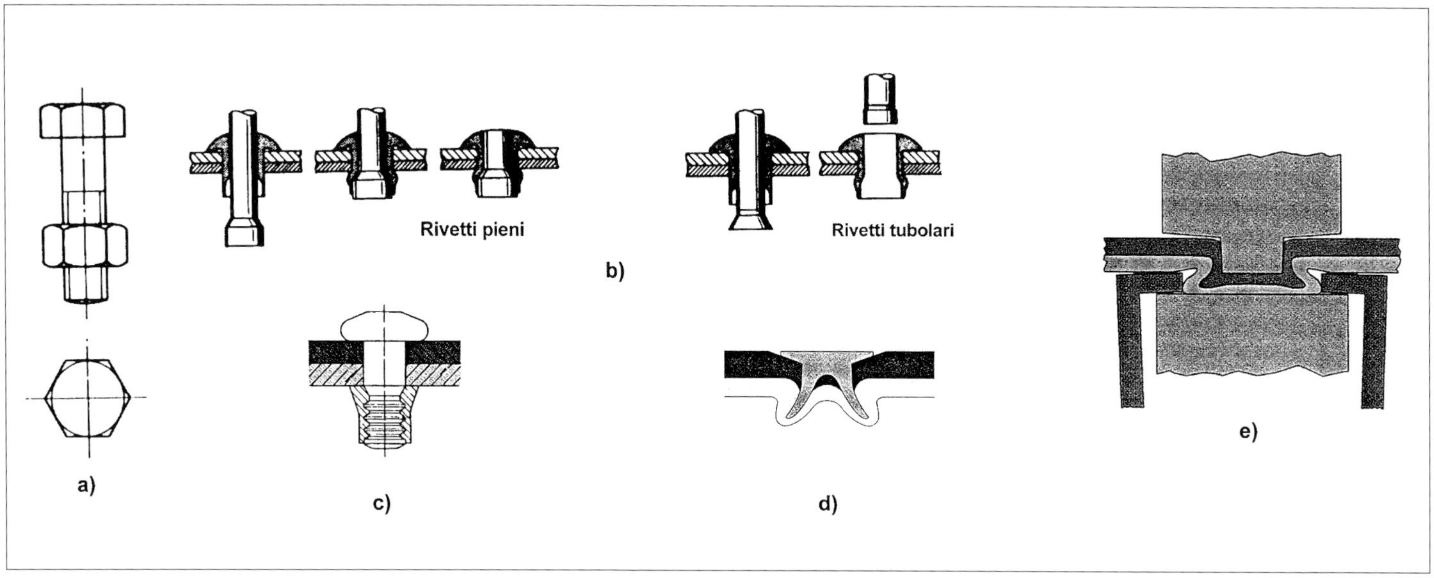

8

8. Organi meccanici di connessione.

Le *unioni bullonate* sono caratterizzate da organi d'unione costituiti da una vite con testa per lo più esagonale e gambo filettato che impegna un dado anch'esso di forma esagonale (fig. 8a). Sotto il dado viene posta una rondella (o rosetta) di tipo standard con forma circolare o di tipo speciale (rosette coniche, spaccate e ondulate) se risulta necessario ridurre il gioco foro-gambo e limitare i rischi di svitamento provocati, in particolare, da vibrazioni. I materiali impiegati per i bulloni sono acciai normali (in Italia identificati dalle classi 4.6, 5.6 e 6.6), ad alta resistenza (classi 8.8 e 10.9) e inossidabili. Nelle unioni bullonate grande importanza riveste l'operazione di serraggio. In particolare, nelle unioni ad attrito, per le quali è obbligatorio l'uso di bulloni ad alta resistenza, è necessario serrare gli organi di connessione applicando, mediante chiavi dinamometriche o attrezzi oleopneumatici, coppie torcenti predeterminate la cui intensità sarà controllata, a posteriori, mediante prove specifiche condotte in cantiere per campione. I criteri di progetto applicabili alle unioni bullonate dipendono dal regime di sollecitazione dominante presente nel gambo dei bulloni e in base al quale le unioni si differenziano in unioni a taglio, unioni a trazione e unioni soggette contemporaneamente a trazione e taglio.

Nel campo delle *unioni chiodate*, accanto ai tradizionali sistemi di chiodatura ribattuti a caldo e a freddo, si affiancano quelli di nuova generazione che utilizzano i cosiddetti chiodi strutturali (fig. 8c). Tali organi si compongono di bulloni con gambo rigato, in acciaio inox o ad alta resistenza, sormontati da una testa tonda o svasata. La seconda testa è ottenuta tramite plasticizzazione a freddo di un collare in acciaio dolce, il quale, in seguito all'azione esercitata da un attrezzo oleopneumatico, si plasma meccanicamente al fusto rigato del bullone.

Le *unioni rivettate* sono, in particolare, impiegate in tutti quei casi nei quali è richiesto l'accesso da un solo lato. Oltre ai rivetti a strappo (fig. 8b) ed esplosivi si vanno diffondendo sistemi di rivettatura senza pretranciatura del foro (*self-pircing system*) (fig. 8d). Si tratta di un dispositivo autoperforante realizzato attraverso l'applicazione di un organo meccanico, che consente di unire pacchetti di lamiere fino a spessori di circa 6 mm. Se si escludono i chiodi strutturali, sia le unioni chiodate che quelle rivettate resistono essenzialmente a sforzi di taglio e di conseguenza non sono utilizzabili in presenza di trazioni non trascurabili.

Un notevole impulso allo sviluppo delle costruzioni metalliche si è avuto con l'impiego dei collegamenti saldati che utilizzano *sal-*

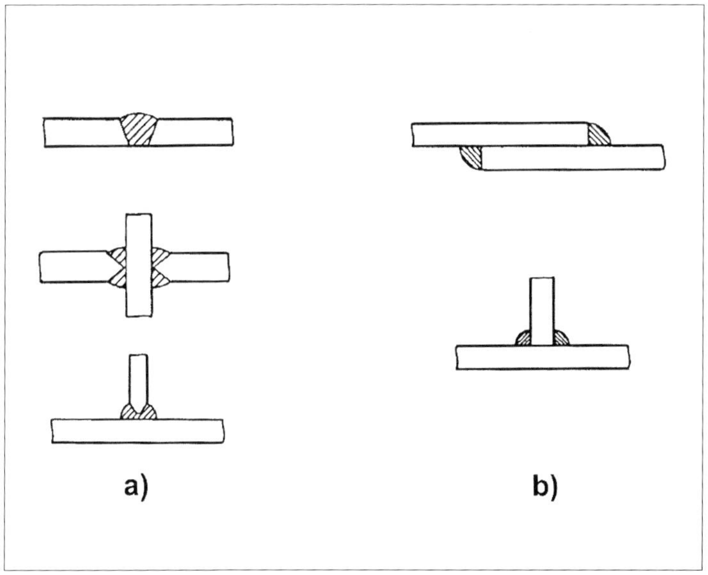

9

9. Tipi di unioni saldate.

dature autogene come sistema di unione elementare. Tale procedimento nacque all'inizio del XX secolo e si diffuse rapidamente per la possibilità che offriva di superare gli inconvenienti connessi all'uso dei chiodi, realizzando un collegamento intimo e monolitico delle parti da connettere. I procedimenti di saldatura autogena normalmente impiegati nelle costruzioni metalliche sono quelli per fusione con arco voltaico. L'arco elettrico costituisce infatti una sorgente puntiforme di calore che scocca tra l'elettrodo e il materiale di base. Rispetto alle modalità di protezione del bagno fuso dall'aria i procedimenti di saldatura comunemente adottati sono:

- saldature ad arco con elettrodi rivestiti di tipo basico, acido e cellulosico;
- saldature con arco sommerso (filo continuo);
- saldature con protezione di gas ed elettrodo fusibile (MIG e MAG);
- saldature con protezione di gas ed elettrodo infusibile (TIG).

I primi due si impiegano per costruzioni in acciaio dolce, mentre i rimanenti, per effetto della protezione della zona d'arco con gas inerti, possono essere impiegati per unioni di membrature in acciaio bassolegato e inossidabile. In relazione alle modalità di esecuzione, i procedimenti di saldatura possono differenziarsi in manuali (arco elettrico con elettrodi rivestiti e TIG) utilizzati in cantiere, semiautomatici (MIG e MAG) e automatici (arco sommerso) impiegati, per la maggiore produttività, per saldature in officina. Il controllo di qualità sulle saldature è generalmente condotto mediante esami non distruttivi, la cui finalità è quella di stimare l'entità dei difetti rappresentati da cricche a caldo, cricche a freddo, soffiature e inclusioni. Ai fini delle verifiche di resistenza e dei criteri di progetto adottati dalle differenti normative, le unioni saldate possono suddividersi in giunti a completa penetrazione e giunti a cordone d'angolo (fig. 9). I giunti a completa penetrazione si ottengono, in particolare, accostando i lembi da saldare frontalmente, dopo averli smussati mediante cianfrino. Si ottengono in questo modo unioni caratterizzate da cordoni che, interessando l'intero spessore delle lamiere da saldare, sono tali da ripristinare la resistenza delle membrature collegate. Le saldature d'angolo sono caratterizzate da cordoni convessi o concavi disposti nello spazio formato dalla sovrapposizione di due lamiere. Tali saldature sono le più frequenti e non richiedono generalmente la preparazione dei lembi da saldare.

Per membrature costituite da lamiere sottili le unioni, oltre che con i tradizionali sistemi di saldatura per fusione termica, possono realizzarsi mediante *clincatura* (*press-joint*) (fig. 8e). Tale procedimento consiste nel collegare le parti da giuntare mediante deformazione plastica locale all'interno di una matrice sotto l'azione di un punzone che premendo su una delle lamiere la fa espandere radialmente in quella sottostante. Tale procedimento se realizzato con continuità, riducendo al minimo l'interasse tra le successive parti deformate, può essere considerato come una sorta di saldatura meccanica per punti.

Oltre che per la tecnologia impiegata per le unioni elementari, i collegamenti possono essere classificati in relazione alla tipologia delle membrature connesse. Si parla in tal caso di: collegamenti trave-colonna; collegamenti trave-trave; collegamenti colonna-fondazione (giunti di base), ecc. Esempi tipici di collegamenti tra membrature in acciaio sono riportati nella figura 10.

La classificazione in base alla risposta strutturale

In corrispondenza di un collegamento, le singolarità geometriche determinano una modifica delle distribuzioni delle deformazioni che si hanno nelle sezioni correnti delle membrature interessate, i cui effetti si estinguono solo a una certa distanza dal colle-

10. Esempi di collegamenti trave-colonna.
Ballio G., Mazzolani F.M., Strutture in acciaio, Hoepli, 1987.

11. Esempi di nodi strutturali.

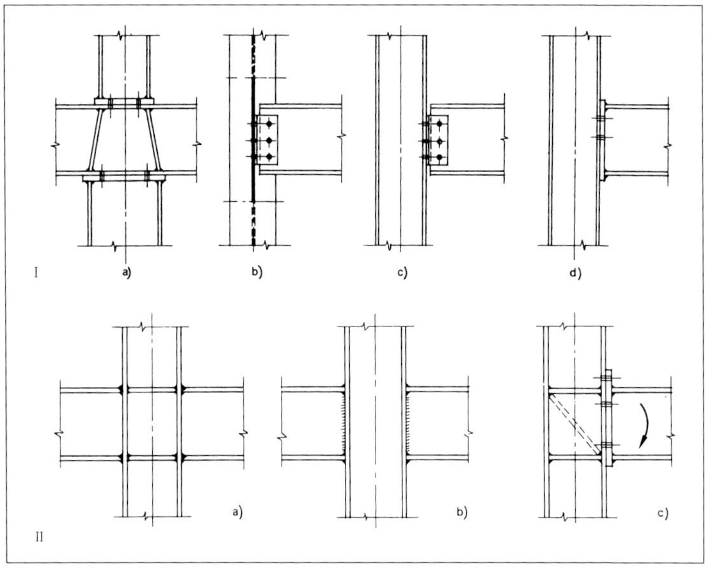

10

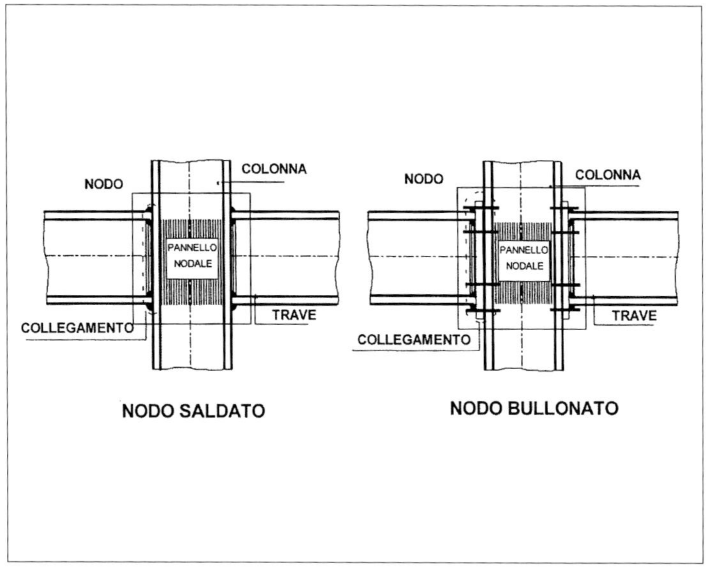

11

gamento stesso. Per tenere conto di questa fenomenologia è prassi fare riferimento al nodo strutturale, riservando il termine collegamento alle parti fisiche che realizzano l'unione meccanica tra le membrature collegate: un nodo è, quindi, il collegamento più la zona delle membrature collegate il cui comportamento è direttamente influenzato dal collegamento stesso (fig. 11).

Poiché i collegamenti rappresentano i vincoli, interni ed esterni, che collegano gli elementi fra loro e alle strutture di fondazione è evidente l'importanza di una corretta previsione del loro comportamento meccanico anche ai fini di una valutazione più realistica del comportamento globale di una struttura. Per comportamento meccanico si intende il tipo e il grado di vincolo esplicato da un collegamento ovvero il tipo di caratteristica della sollecitazione che esso può trasmettere e le connesse caratteristiche cinematiche che si originano (rotazioni e/o spostamenti relativi tra gli elementi collegati).

Nell'analisi di strutture intelaiate l'approccio classico considera esclusivamente nodi strutturali, il cui comportamento meccanico è assimilabile a due condizioni estreme:
- cerniera perfetta;
- vincolo di continuità flessionale o nodo rigido.

L'evidenza sperimentale dimostra che si tratta di astrazioni teoriche, in quanto ogni collegamento reale è capace di portare solo una certa quantità di una caratteristica della sollecitazione (momento flettente nel caso specifico), con una certa quantità di spostamento relativo tra le parti collegate (rotazione nel caso specifico). Dunque, seguendo l'approccio classico, é necessario affidarsi al proprio "giudizio ingegneristico" per collocare un nodo in una classe piuttosto che in un'altra. Tale interpretazione vale sia per la deformabilità sia per la resistenza, cioè la cerniera consente una qualsiasi rotazione senza trasmettere momento, il nodo continuo trasmette qualsiasi momento senza consentire alcuna rotazione relativa. Il comportamento a cerniera è affidato alla duttilità del collegamento, cioè alla sua capacità di deformarsi plasticamente senza rotture fragili locali; obiettivo che tutt'oggi è ancora perseguito affidandosi a regole costruttive. Nel caso del nodo rigido si introducono elementi di irrigidimento e si utilizzano estesamente le unioni saldate, che garantiscono la sovraresistenza e la rigidezza del collegamento, mentre per una valutazione razionale della duttilità è necessario considerare l'intera curva momento-rotazione fino al collasso.

12. Classificazione dei nodi in base alla rigidezza.

La realizzazione del nodo rigido implica un maggiore onere costruttivo, in termini di materiale messo in opera, ma anche, e soprattutto, in termini di tempi di lavorazione. Queste considerazioni economiche, unitamente all'esigenza di una sempre migliore interpretazione del comportamento di una struttura, hanno stimolato numerosi studi rivolti a una valutazione più realistica e razionale della effettiva deformabilità di un nodo strutturale.

In tale spirito, e anche al fine di una visione più moderna e per questo più prossima alla realtà, i nodi delle costruzioni metalliche possono essere classificati con riferimento al comportamento strutturale, ovvero alla capacità di restituire le proprietà meccaniche delle membrature connesse. Al riguardo possono individuarsi:
- nodi a completo ripristino;
- nodi a parziale ripristino.

I primi sono tali da fornire una risposta, espressa dalla legge forza-spostamento generalizzato, superiore a quella delle membrature collegate in termini di rigidezza, resistenza e duttilità.

Con riferimento alle singole proprietà meccaniche i nodi possono essere classificati in base alla rigidezza, alla resistenza e alla duttilità.

Si definiscono nodi *rigidi* o *semi-rigidi* i dispositivi che hanno rigidezza iniziale, definita dalla tangente all'origine del legame forza-spostamento generalizzato, rispettivamente maggiore o minore di quella delle membrature collegate, a prescindere dalla resistenza e dalla duttilità. Saranno invece considerate *articolazioni*, quei nodi la cui rigidezza è talmente bassa, rispetto a quella delle membrature collegate, da consentire liberamente lo spostamento relativo tra di esse (fig. 12).

Si definiscono nodi *a completo ripristino della resistenza* quei dispositivi che hanno resistenza ultima rispettivamente non inferiore di quella delle membrature collegate, a prescindere dalla duttilità e dalla rigidezza. Nel caso contrario si parlerà di nodi a *parziale ripristino di resistenza*.

Si definiscono, infine, nodi *duttili* o *fragili* i dispositivi che hanno deformazione generalizzata ultima rispettivamente maggiore o minore di quella delle membrature collegate, a prescindere dalla resistenza e dalla rigidezza.

Questi principi di carattere generale sono stati introdotti in entrambi gli Eurocodici riguardanti le costruzioni metalliche (in particolare l'Eurocodice 3 per l'acciaio e l'Eurocodice 9 per le strutture in lega di alluminio). In tali documenti, infatti, vengono forniti sia i criteri per effettuare tale classificazione anche da un punto di vista quantitativo, sia le metodologie di calcolo attraverso le quali valutare il legame forza-spostamento generalizzato di un collegamento.

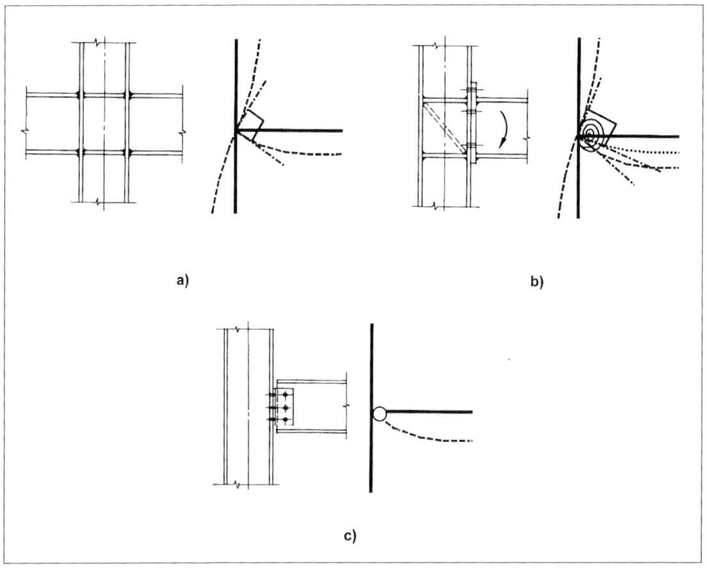

12

I sistemi strutturali

La concezione progettuale

La progettazione strutturale è un'attività creativa basata sulla concezione ovvero sull'intuizione tipologica e il successivo dimensionamento delle membrature che compongono la costruzione, in relazione alla funzione che essa deve assolvere e alle azioni cui sarà prevedibilmente assoggettata durante la sua vita.

Il sistema strutturale, oltre a offrire una risposta compatibile con il livello di sicurezza imposto, deve essere concepito in modo da rispettare requisiti di carattere architettonico, funzione anche delle condizioni socio-economiche presenti nella zona in cui deve sorgere la costruzione. La struttura deve quindi consentire di raggiungere il giusto equilibrio tra esigenze di carattere statico, estetiche e funzionali. Il punto d'incontro tra queste esigenze deve possibilmente essere raggiunto non trascurando la variabile costo, spesso assunta come unica funzione obiettivo.

13. Differenze tra i sistemi in acciaio e in c.a.
Ballio G., Mazzolani F.M., Strutture in acciaio, Hoepli, 1987.

14. Tipologie di strutture intelaiate.
Pozzati P., Teoria e tecniche delle strutture, Utet, 1977.

Nelle costruzioni in acciaio grande importanza riveste il *processo produttivo* ed *esecutivo*. Le costruzioni metalliche, infatti, si adottano particolarmente alle tecniche di produzione in serie, dalle quali col passare degli anni viene condotta verso una prefabbricazione industrializzata sempre più spinta. La progettazione deve quindi tener conto che il sistema strutturale in carpenteria metallica nasce dall'assemblaggio di pezzi monodimensionali e bidimensionali, prodotti per lo più in luogo diverso da quello di esecuzione della struttura, e di conseguenza occorre tenere presenti le diverse fasi più direttamente legate al processo costruttivo (produzione, trasformazione, trasporto e montaggio). La tipologia di una struttura metallica è quindi largamente influenzata da tale sequenza che può essere considerata "duale" di quella che caratterizza una struttura non prefabbricata in cemento armato. Questa infatti viene interamente realizzata in cantiere tramite il getto di calcestruzzo entro le casseforme: nasce così una struttura tendenzialmente monolitica e quindi fortemente iperstatica. Le strutture metalliche nascono invece dall'assemblaggio di pezzi diversi e pertanto il grado di vincolo mutuo tra i vari elementi che compongono la struttura tende a essere il minore possibile: è necessario intervenire con opportuni accorgimenti tecnologici o costruttivi se si vuole elevare il grado di iperstaticità della struttura (fig. 13). Lo studio di tali accorgimenti è l'aspetto chiave della concezione delle strutture in acciaio e le conseguenti scelte progettuali caratterizzeranno tipologicamente il sistema strutturale.

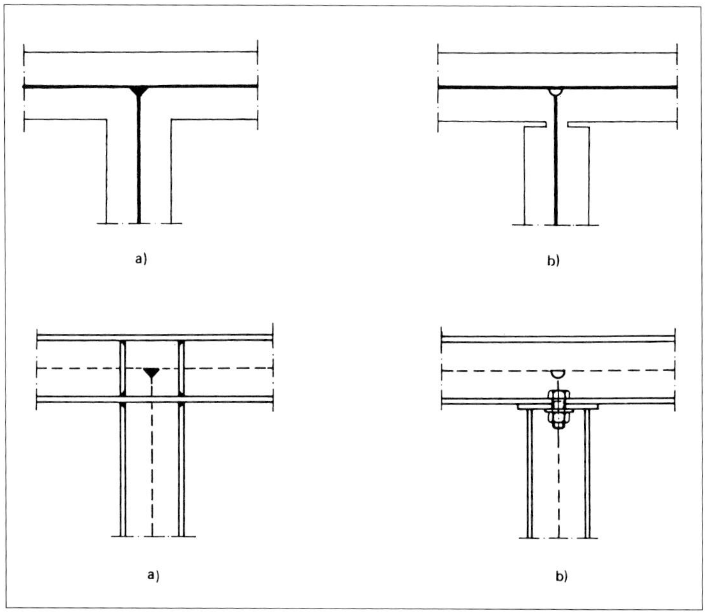

13

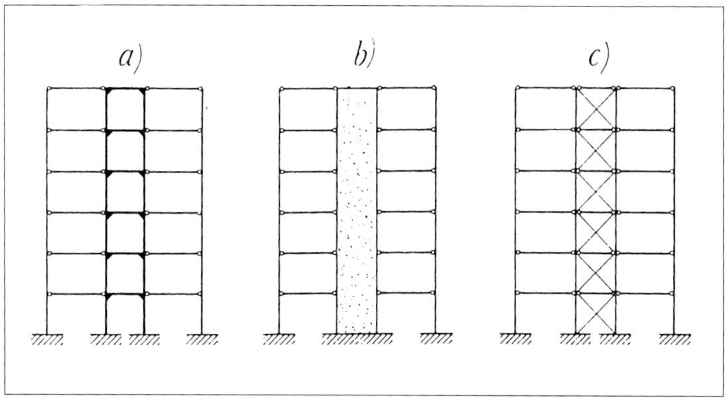

14

Le tipologie

Le prerogative dell'acciaio quale materiale da costruzione emersero sin dalle prime applicazioni, risalenti al XIX secolo, ed hanno contribuito al suo diffuso impiego nella realizzazione dei principali sistemi strutturali. Esaminare in dettaglio tutti gli aspetti del "progettare in acciaio" con riferimento alle molteplici tipologie strutturali (edifici, coperture, ponti, ecc.) è ovviamente un'operazione complessa e dispendiosa che esula necessariamente dai limiti di una trattazione di tipo generale qual'è appunto quella in oggetto. Per tale motivo, nel seguito si cercherà, in maniera molto sintetica, di descrivere esclusivamente le principali caratteristiche tipologiche dei sistemi strutturali in acciaio, rimandando alla letteratura specifica gli indispensabili approfondimenti.

Nel campo degli *edifici*, tipologia indubbiamente tra le più diffuse, occorre preliminarmente sottolineare un criterio generale che vuole l'ossatura portante concepita in modo da contrastare, con un adeguato margine di sicurezza, sia le azioni verticali, generalmente legate alla particolare destinazione d'uso, sia quelle orizzontali, derivanti ad esempio dal sisma o dal vento. Negli edifici in acciaio, in relazione alla soluzione adottata per il soddisfacimento di tale requisito, possono sostanzialmente individuarsi in due tipologie strutturali:
- edifici con struttura intelaiata;
- edifici con struttura pendolare e controventi verticali.

15. Sistema intelaiato a tubo irrigidito.
Edifici alti.

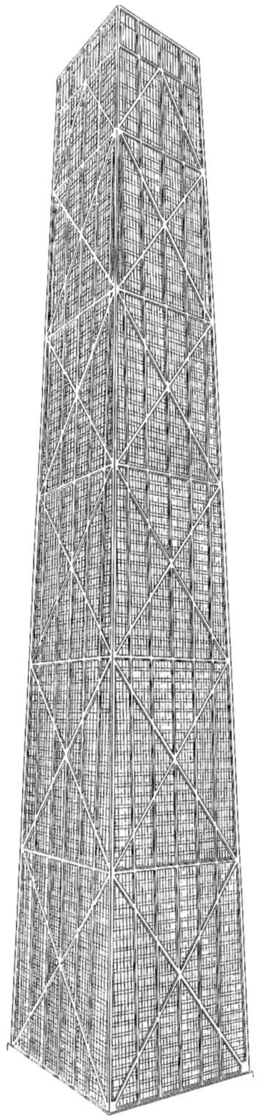

15

Gli edifici appartenenti alla prima categoria presentano generalmente un'ossatura portante costituita da due ordini di telai mutuamente ortogonali (fig. 14a). La continuità strutturale tra le membrature orizzontali e quelle verticali, garantita dalla realizzazione di nodi travi-colonne di tipo rigido o semirigido, è la principale prerogativa di tali sistemi, capaci per questo di contrastare efficacemente sia le azioni verticali sia quelle orizzontali. La risposta strutturale di questi edifici è pertanto caratterizzata dal regime di sollecitazione prevalentemente flessionale che si instaura negli elementi portanti. La continuità dei nodi trave-colonna determina, inoltre, una notevole rigidezza degli impalcati nei confronti delle azioni verticali, ma comporta generalmente una elevata deformabilità laterale. Quest'ultimo aspetto, tipico delle strutture intelaiate realizzate con materiali ad alto rendimento meccanico, rende spesso condizionante ai fini progettuali le verifiche di deformabilità e, di fatto, limita l'impiego di questa soluzione strutturale nel campo degli edifici di piccola e media altezza.

Negli edifici appartenenti alla seconda categoria, le travi principali sono collegate alle colonne mediante nodi-cerniera ottenuti attraverso collegamenti bullonati di tipo elementare. Le conseguenti labilità della struttura nei confronti delle azioni orizzontali, sono eliminate introducendo sistemi di controventamento verticali realizzati mediante pareti e/o nuclei in c.a. (fig. 14b), oppure attraverso mensole reticolari in acciaio con aste diagonali disposte in vario modo (fig. 14c). In tale maniera si realizza un sistema strutturale disaccoppiato in cui le azioni verticali sono affidate esclusivamente alle colonne, soggette quindi a un regime di sollecitazione prevalentemente assiale, mentre le azioni orizzontali sono assorbite e trasferite in fondazione dai sistemi di controventamento verticali. Tale tipologia strutturale si differenzia da quella intelaiata, oltre che per la maggiore rigidezza laterale garantita dai sistemi di controventamento, anche per la notevole semplicità dei collegamenti che si traduce in un sensibile risparmio sui tempi e sui costi di lavorazione e di costruzione. Per contro non va dimenticato che la soluzione "a telaio", oltre ai vantaggi legati a una maggiore fruibilità degli spazi da un punto di vista architettonico, è meno vulnerabile nei riguardi degli effetti di un incendio in virtù della grande iperstaticità dello schema strutturale.

Problematica indubbiamente più complessa è quella degli *edifici alti*, caratterizzati da un'elevata snellezza e quindi una notevole sensibilità nei riguardi delle azioni orizzontali, che possono condurre a forme di collasso legate all'instabilità dell'equilibrio globale. Generalmente, al fine di limitare la deformabilità laterale, tali sistemi sono concepiti in modo da realizzare una grande mensola caratterizzata dall'assenza di una gerarchia tra le differenti membrature strutturali. Si ottengono in questo modo sistemi definiti *framed tube* in cui la quasi totalità delle azioni orizzontali è assorbita dalle pareti esterne eventualmente irrigidite mediante aste diagonali (fig. 15).

Le *coperture di grande luce* in carpenteria metallica possono differenziarsi in coperture rigide e tensostrutture, a seconda che siano dotate o meno di una propria configurazione naturale indeformata. Le coperture rigide, sia piane sia curve, si differenziano a loro volta in base alla configurazione assunta dalle membrature principali in: orditi semplici, orditi doppi a semplice strato e strutture reticolari spaziali.

Gli *orditi semplici*, sono sistemi strutturali generalmente impiegati come strutture di copertura di edifici a uso industriale con forma planimetrica rettangolare allungata. Nel caso di coperture a una sola campata lo schema longitudinale, resistente alle azioni orizzontali, è realizzato mediante sistemi pendolari controventati nei quali le forze orizzontali che investono la struttura di copertura vengono trasferite mediante sistemi di controventamento di piano alle pareti longitudinali dell'edificio. Le travi principali che caratterizzano lo schema trasversale sono quasi sempre realizzate mediante travi reticolari piane o inclinate (capriate) rappresentanti l'orditura principale, sulla quale vanno ad appoggiarsi orditure secondarie (arcarecci) e/o terziarie (travicelli e correntini), sulle quali, infine, si fissa il solaio di copertura realizzato attraverso lamiere grecate coibentate. L'altezza delle membrature principali è di solito compresa tra 1/10÷1/20 della luce nel caso in cui si impieghino travi reticolari piane e tra 1/20÷1/30 della luce nel caso di travi a parete piena. Nel piano di copertura sono presenti i controventi orizzontali o "di falda" necessari sia per costituire un diaframma rigido orizzontale sia per ridurre la sensibilità del corrente superiore compresso nei riguardi dell'instabilità piana. Orditi semplici possono inoltre essere ottenuti affiancando strutture a portale (fig. 16a) caratterizzate, rispetto ai tradizionali sistemi con pilastri a mensola (fig. 16b), dalla continuità tra i pilastri e le travi di copertura.

Gli *orditi doppi a semplice strato* sono impiegati per coprire spazi le cui dimensioni in pianta sono paragonabili. Tali sistemi sono realizzati disponendo le travi principali, a parete piena, secondo due direzioni mutuamente ortogonali in modo da realizzare uno schema statico a graticcio. Le travi principali possono essere disposte sia secondo la classica rete a maglie quadre sia secondo un reticolo a maglie diagonali. Il secondo sistema, sebbene esecutivamente più oneroso, risulta più conveniente da un punto di vista statico, consentendo di ottenere una maggiore rigidezza flessionale e una migliore distribuzione del carico. L'altezza di questi sistemi è generalmente di 1/30 della luce nel caso di reticolo a maglie quadre e di 1/40 nel caso di reticolo a maglie diagonali.

Le *strutture reticolari spaziali*, sia piane sia curve, sono adottate quando le luci da coprire risultano ragguardevoli. Quelle piane, necessariamente a doppio strato, vengono realizzate attraverso un traliccio spaziale costituito da un insieme di aste collegate nei nodi che danno luogo a grigliati doppio strato, a due o più direzioni. L'altezza di questi sistemi è generalmente compresa tra 1/20÷1/30 della luce. La soluzione più semplice si limita a estendere nelle due direzioni or-

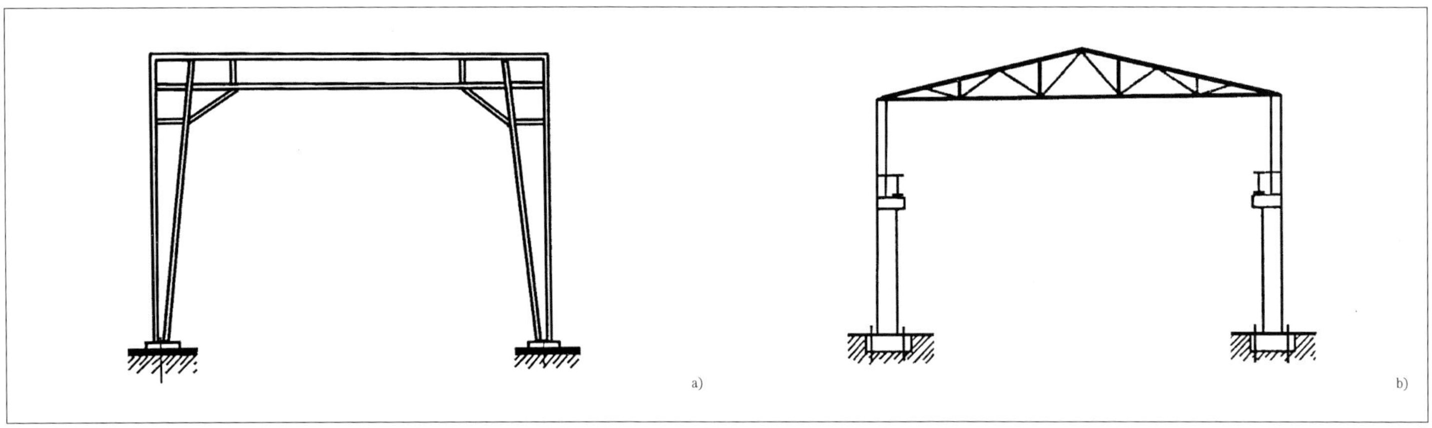

16

16. Strutture trasversali impiegate negli edifici monopiano.

togonali la tipologia tradizionale di travatura reticolare piana, ottenendo in questo modo un grigliato a doppio strato. La configurazione assunta dalle travi principali può essere analoga a quella vista in precedenza per gli orditi doppi a semplice strato. Una evoluzione di tale sistema deriva dalla concezione spaziale della griglia, dove il modulo elementare è costituito da un tetraedro, ottaedro o piramide a base quadrata, pentagonale o esagonale che attraverso la sua moltiplicazione genera la copertura (fig. 17).

Le problematiche che condizionano la progettazione di tali strutture sono di tipo tecnologico e strutturale e si traducono in svariate soluzioni, alcune delle quali brevettate, sia per la realizzazione delle aste sia dei collegamenti. Per le aste vengono frequentemente adottati profili tubolari, con differenti soluzioni di estremità, ma anche sezioni a L, a C o profili sagomati a freddo. Per quanto riguarda i nodi le proposte sono ancora più diversificate e caratterizzano di solito il sistema.

Le *tensostrutture* sono sistemi strutturali caratterizzati da un regime di sollecitazione, nelle membrature principali, prevalentemente di trazione. Dal punto di vista tipologico le tensostrutture possono suddividersi in irrigidite e pure.

Le *prime* sono caratterizzate da sistemi di irrigidimento, ad esempio costituiti da orditi semplici o da strutture reticolari spaziali, la cui funzione non è quella di assicurare l'equilibrio globale ma di ridurre la deformabilità locale dell'impalcato. Le tensostrutture irrigidite si distinguono in sospese e strallate a seconda che si impieghi come membrature principali la fune semplice o un sistema di stralli disposto ad arpa o a ventaglio.

Le *tensostrutture pure*, prive di configurazione naturale indeformata, possono essere ricondotte a quattro tipi fondamentali ognuno dei quali è identificato non solo dalla forma della copertura ma anche dai sistemi di irrigidimento impiegati per ridurre le deformazioni provocate da carichi disuniformi o da fenomeni d'instabilità aeroelastica prodotti dal vento. Al primo tipo appartengono le tensostrutture a funi semplici nelle quali la superficie portante è costituita da un insieme di funi vincolate all'estremità a strutture di bordo. La stabilizzazione delle funi, incapaci di reagire a sforzi di compressione, avviene realizzando una pretensione del sistema strutturale che può essere naturale o artificiale. La pretensione naturale avviene zavorrando la copertura mediante la posa in opera di un rivestimento, ad esempio in cemento armato (guscio rovescio), il cui peso totale è tale da bilanciare le depressioni prodotte dal vento. La pretensione artificiale può ottenersi associando a ogni fune un'altra avente curvatura contrapposta collegata alla prima mediante elementi di parete. Le tensostrutture di questo tipo sono chiamate travi di funi (secondo tipo) a curvatura contrapposta e sono caratterizzate dal fatto che la copertura è caratterizzata non da una ma da due superfici portanti. L'estensione dal piano allo spazio di tale concetto conduce a sistemi strutturali chiamati reti di funi (terzo tipo). I cavi portanti a concavità verso l'alto vengono mantenuti in tensione da una schiera di tenditori con concavità verso il basso che consentono nel complesso di realizzare una superficie a forma di sella avente in ogni suo punto curvatura di Gauss negativa. Le tensostrutture a membrana (quarto tipo) dette anche strutture a tenda possono considerarsi una

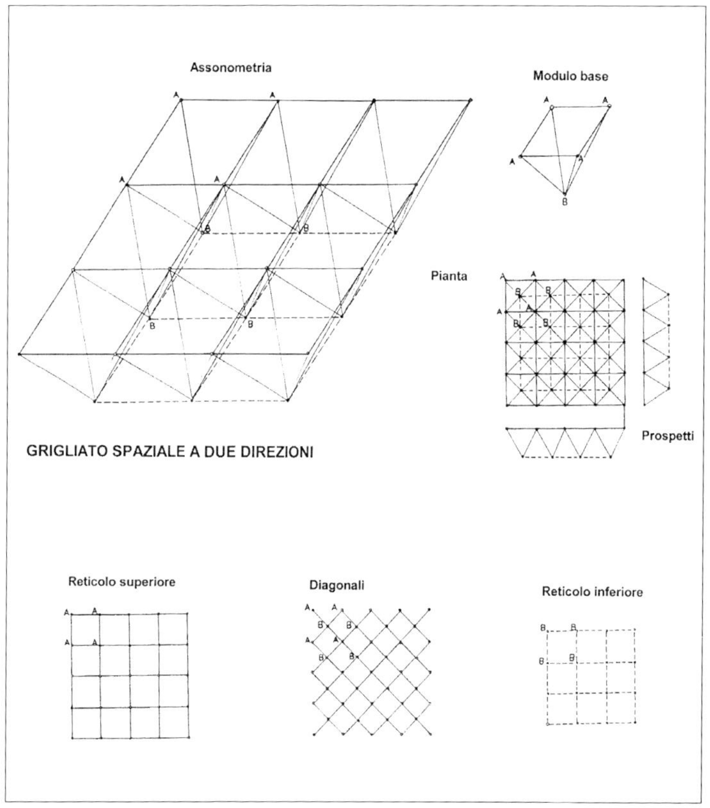

17

17. Strutture reticolari spaziali.

18. Tipologie di ponti in acciaio.

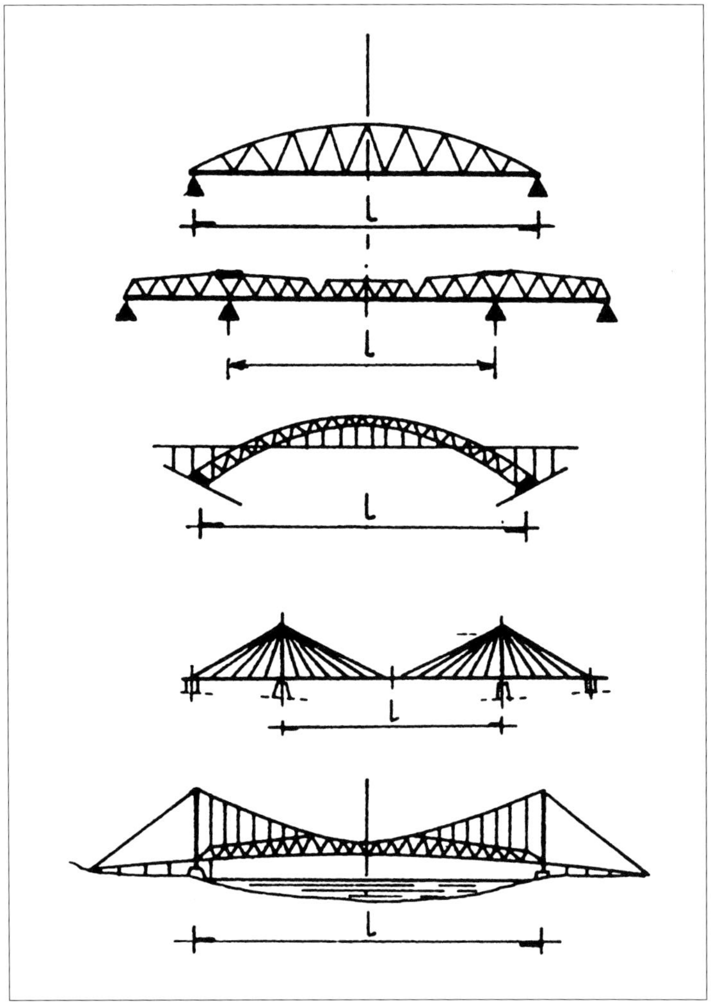

18

Per il superamento di *piccole e medie luci* la tipologia più comune è rappresentata dai ponti a travata, differenziati in relazione alla tipologia delle travi principali in: ponti a parete piena, a traliccio e a telaio. Nei ponti a travata i carichi di esercizio sono sorretti dall'impalcato (piano stradale), il quale è portato da una serie di travi poste parallelamente all'asse ponte (longheroni) appoggiate su travi secondarie poste trasversalmente (traversoni) e a loro volta vincolate alle travi principali (travi maestre).

Per il superamento di *grandi luci* le tipologie classiche sono quelle dei ponti strallati e sospesi. I primi sono caratterizzati dalla presenza di travi principali, di tipo reticolare o a cassone, aventi solo funzione irrigidente e sorrette in punti intermedi da stralli che si dipartono dalla sommità di piloni secondo una disposizione a ventaglio o ad arpa. I *ponti sospesi* sono sistemi strutturali nei quali i carichi trasmessi dall'impalcato sono sopportati da funi d'acciaio ad alta resistenza ancorate alla sommità di piloni.

L'acciaio trova largo impiego anche nella realizzazione di pali e tralicci, ossia sistemi strutturali la cui funzione è essenzialmente di sostegno per impianti quali, ad esempio, linee elettriche e telefoniche, apparecchi d'illuminazione, antenne per trasmissioni via etere, ecc. Come pure notevole è l'utilizzo dell'acciaio nella costruzione di strutture di contenimento quali serbatoi, silos, e palancole. In particolare, i serbatoi e i silos sfruttano l'effetto forma per fronteggiare la spinta esercitata rispettivamente dai liquidi e dai materiali granulari. Di geometria prevalentemente cilindrica o sferica, tali sistemi sono caratterizzati da regimi di sollecitazione prevalentemente membranale. Le palancole rientrano invece nella categoria delle opere di sostegno flessibili e sono costituite da una serie di elementi monodimensionali in acciaio affiancati (palancole) infissi nel terreno e collegati tra loro, longitudinalmente, attraverso opportuni sistemi di connessione.

estensione di tali sistemi dove l'insieme dei cavi nelle due direzioni viene ad essere sostituito da una membrana continua pretesa in grado sia di assorbire le azioni esterne sia di rappresentare la copertura del sistema.

L'acciaio è un materiale da costruzione che, per l'elevato rendimento meccanico, può essere impiegato con successo nella realizzazione delle principali tipologie di *ponti* (fig. 18).

Classificazione in base alla risposta dei sistemi strutturali intelaiati

Nel caso dei sistemi strutturali in acciaio appare indubbiamente più complessa l'individuazione di un criterio di classificazione unitario basato esclusivamente sulla risposta strutturale, così come fatto precedentemente per le membrature e i collegamenti, e ciò anche in considerazione della eterogeneità di comportamento appena accennate nel precedente paragrafo. Volendo in ogni caso mantenere una certa uniformità nella trattazione, si può allora fare riferimento al criterio di classificazione, qualitativo e quantitativo, che è stato recentemente proposto dall'Eurocodice 3 seppure limitatamente alle strutture a telaio, ossia l'insieme di elementi monodimensionali in acciaio collegate tra di loro e all'esterno attraverso opportuni collegamenti. Al riguardo il succitato documento normativo classifica tali strutture in base alla presenza o meno di sistemi di controventamento (telai controventati e non), nonché in relazione alla sensibilità nei riguardi degli spostamenti laterali (telai a nodi fissi e non).

In particolare vengono fornite le seguenti definizioni:
- *telaio controventato*, quando la resistenza agli spostamenti laterali è fornita da un opportuno sistema di controvento la cui risposta ai carichi orizzontali è sufficientemente rigida da potersi assumere, con accettabile precisione, che tutti i carichi orizzontali siano assorbiti dal sistema di controventamento. In particolare, l'Eurocodice 3 stabilisce che un telaio in acciaio può essere considerato controventato se il sistema di controventamento riduce i suoi spostamenti orizzontali di almeno l'80%;
- *telaio a nodi fissi*, quando la sua risposta a forze orizzontali nel piano è sufficientemente rigida da poter trascurare le forze o i momenti addizionali provenienti dagli spostamenti orizzontali dei suoi nodi. In particolare, l'Eurocodice 3 stabilisce che un telaio in acciaio può essere considerato a nodi fissi se il carico verticale totale è minore del 10% del carico critico elastico di collasso per spostamento laterale.

La definizione di telaio controventato è di tipo classico essendo legata alla presenza o meno nell'edificio di particolari elementi, quali telai a nodi rigidi, controventi reticolari, pareti di taglio, ecc., ai quali affidare completamente la funzione di assorbire le azioni orizzontali.

Viceversa, la classificazione dei telai a nodi fissi o spostabili proposta dall'Eurocodice è diversa da quella convenzionale, legata in genere alla possibilità di presentare o meno spostamenti orizzontali. In questo caso, infatti, tale definizione è esclusivamente collegata alla sensibilità della struttura agli effetti del secondo ordine (effetti P-Δ) e come tale non è una caratteristica intrinseca del telaio stesso ma va verificata in relazione a ogni possibile condizione di carico.

Le strutture in acciaio in zona sismica

Le *azioni sismiche* sono forze d'inerzia indotte nel sistema da accelerazioni imposte al piede della struttura a seguito di movimenti improvvisi della crosta terrestre.

Premesso che la risposta di una costruzione alle azioni sismiche dipende, in primo luogo dalla distribuzione delle masse e delle rigidezza, una corretta progettazione antisismica deve consentire al sistema strutturale di resistere in maniera duttile ai terremoti distruttivi e di assorbire l'energia derivante dall'eccitazione sismica. Conformemente alla strategia progettuale praticata per il soddisfacimento di tale requisito, i sistemi strutturali normalmente utilizzati in zona sismica si differenziano in:
- sistemi dissipativi;
- sistemi isolati.

In entrambi i casi, la realizzazione di una struttura in carpenteria metallica si configura spesso come scelta ottimale, sia per la possibilità di ridurre le masse (e quindi l'azione in ingresso) sia per le prerogative del materiale acciaio in termini di resistenza e duttilità.

Nel campo delle *strutture dissipative*, ovvero strutture concepite in modo da resistere all'azione dei terremoti dissipando l'energia cinetica per via isteretica o viscosa, i sistemi a dissipazione isteretica sono indubbiamente i più utilizzati. Questi sottraggono energia al sisma sfruttando l'attrito interno al materiale presente all'atto della deformazione plastica delle membrature e/o dei collegamenti presenti nella costruzione. Nelle strutture dissipative in acciaio, oltre ai collegamenti che dovranno essere necessariamente a completo ripristino, grande importanza rivestono sia la scelta delle membrature che della tipologia strutturale impiegata. Per le membrature, al fine di garantire la massima capacità dissipativa, è importante evitare la comparsa di prematuri fenomeni d'instabilità locale e quindi devono preferirsi sezioni trasversali di classe 1 o 2.

Per quanto riguarda le tipologie strutturali, i *sistemi intelaiati a nodi rigidi* sono quelli potenzialmente capaci di offrire la maggiore capacità dissipativa, purché siano rispettate alcune regole di dettaglio. I criteri di progetto per le strutture intelaiate mirano infatti alla formazione di un meccanismo di collasso globale, con formazione di cerniere plastiche nelle travi, mentre le colonne rimangono in campo elastico. Si parla in questo caso di sistema

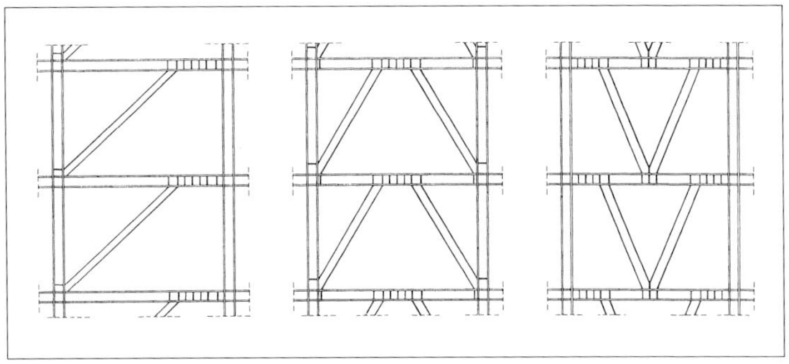

19

con colonne forti e travi deboli (*strong column and weak beam*). Come già precedentemente sottolineato, i sistemi intelaiati presentano elevata deformabilità laterale e per questo il loro impiego è limitato al campo degli edifici medio-bassi.

I *sistemi pendolari con controventi concentrici*, detti così perché l'asse delle diagonali converge all'incrocio tra l'asse delle colonne e quello delle travi, presentano una elevata rigidezza ma sono caratterizzati da una limitata capacità dissipativa, se paragonata a quella delle strutture intelaiate, a causa dei ripetuti sbandamenti delle diagonali compresse.

I vantaggi offerti dai sistemi tradizionali, rappresentati rispettivamente dalla rigidezza laterale dei sistemi pendolari a controventi concentrici e dalla duttilità dei sistemi a nodi rigidi, sono entrambi posseduti dai *sistemi intelaiati con controventi eccentrici*. Le diagonali di irrigidimento, data la loro eccentricità, favoriscono la formazione di meccanismi plastici per flessione o taglio in tratti delle travi del sistema che fungono da collegamento attivo (*link*). I sistemi a controventi eccentrici, grazie alla elevata rigidezza laterale, possono essere impiegati come sistemi dissipativi anche nella realizzazione di edifici medio-alti (fig. 19).

Tra i sistemi a dissipazione viscosa, denominati *shake block*, i più semplici sono quelli caratterizzati dall'inserimento, in punti strategici della costruzione, di dispositivi che sfruttano l'attrito di un pistone che tende a muoversi in un cilindro pieno d'olio. Il funzionamento di tali dispositivi è simile a quello delle cinture di sicurezza presenti negli autoveicoli, in quanto fungono da vincolo provvisorio per azioni applicate con modalità quasi statica, ad esempio consentendo i movimenti dovuti alle dilatazioni termiche, e da dissipatori per azioni di carattere impulsivo come gli shock sismici violenti.

I sistemi isolati sono mirati a ridurre l'energia d'ingresso nella struttura derivante dal sisma attraverso sistemi di controllo passivo (isolamento) e attivo (masse addizionali).

Il principio su cui si basa l'*isolamento passivo*, detto anche *Base Isolation System*, consiste nel modificare le caratteristiche elastico-geometriche del sistema ponendo all'interfaccia tra la struttura e la fondazione opportuni dispositivi chiamati isolatori. I dispositivi di isolamento fungono da filtri, per il sistema, incrementando il periodo principale di vibrazione della struttura che risulta, in questo modo, sufficientemente diverso dall'armonica principale del segnale sismico in ingresso. I dispositivi di isolamento comunemente impiegati nelle costruzioni sono costituiti da appoggi neoprene armati capaci di subire scorrimenti massimi dell'ordine del 300%. La tendenza più recente conduce all'integrazione degli appoggi elastomerici con speciali apparecchiature per l'assorbimento di energia, le quali agiscono come dissipatori isteretici. I dissipatori impiegati nei sistemi di isolamento passivo sono costituiti da elementi di acciaio dolce sottoposti a differenti regimi di sollecitazione. Gli spostamenti orizzontali di una struttura a livello di base possono infatti essere trasformati in deformazioni torsionali o flessionali di un barrotto d'acciaio.

L'*isolamento attivo* prevede nella struttura la disposizione di masse che, attivate all'atto della eccitazione sismica, producono un sistema di forze d'inerzia capaci di attutire le sollecitazioni nel sistema. Da recenti studi eseguiti sul controllo di sistemi strutturali multipiano si è osservato che, qualunque sia la funzione d'ingresso rappresentativa del terremoto di progetto, la distribuzione ottimale delle masse attivabili è quella applicata nella parte bassa della costruzione.

Ovviamente le precedenti considerazioni sono di carattere generale e riguardano tutte le costruzioni. Ciò nonostante occorre sottolineare che le strutture in acciaio si prestano molto bene ad applicazioni di isolamento sismico, sia attivo sia passivo, grazie alla razionalità e all'efficacia con la quale è possibile realizzare i particolari costruttivi che accompagnano ogni intervento di questo tipo. Esempi rappresentativi al riguardo saranno presentati nella seconda parte di questo capitolo.

19. Sistemi di controvento eccentrici.

20. Planimetria della Caserma dei Vigili del Fuoco.

21. Edificio A (prospetto longitudinale).

22. Edificio A (prospetto trasversale).

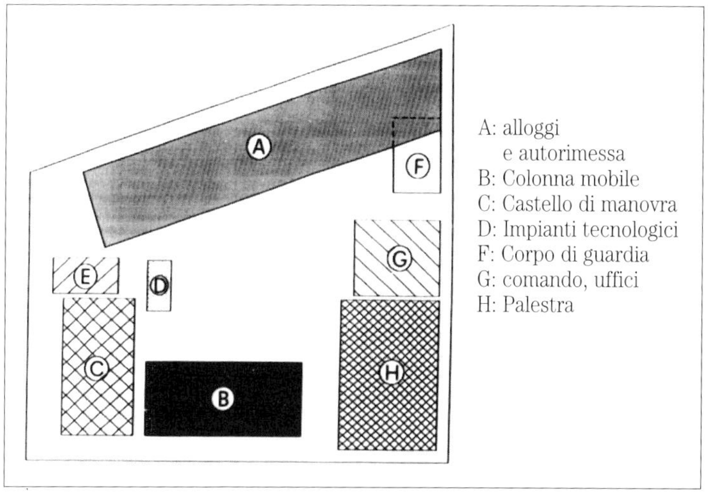

20

Premessa
Gli esempi di seguito illustrati rappresentano applicazioni emblematiche dell'acciaio come materiale da costruzione in problemi connessi all'assorbimento di azioni sismiche ed alla copertura di grandi luci.
Tali questioni sono affrontate rispettivamente nelle seguenti opere:
- Fabbricati A e B della nuova Caserma dei Vigili del Fuoco di Napoli;
- Strutture di copertura dell'Aerostazione passeggeri "Malpensa 2000".
Per ciascuna di queste costruzioni si descrivono, sulla base delle esigenze architettonico-funzionali, le scelte tipologiche caratterizzanti i differenti sistemi che compongono le strutture portanti.

A Fabbricato A della Caserma dei Vigili del Fuoco di Napoli

Esigenze funzionali e requisiti di progetto
Il Fabbricato A, di seguito definito "edificio alloggi", rappresenta uno degli otto corpi di fabbrica che compongono il complesso edilizio della nuova Caserma dei Vigili del Fuoco di Napoli (fig. 20).
Il progetto architettonico-funzionale, sviluppato tra il 1978 e il 1980, prevedeva che l'edificio alloggi, oltre ad alloggiamento del personale, fosse destinato a mensa e autorimessa. Le particolari funzioni svolte al piano terra richiedevano quindi ampi spazi liberi da pilastri, in modo da agevolare la movimentazione degli automezzi.
Accanto alle esigenze funzionali sopraggiunsero, a progettazione architettonica ultimata, esigenze di affidabilità strutturale, adeguate all'importanza della costruzione e dovute all'inserimento della città di Napoli, dopo il terremoto del 1980, nelle zone di basso rischio sismico.

Criteri e scelte progettuali
Come già accennato, l'edificio alloggi fu progettato, nei suoi aspetti funzionali, prima del sisma del 1980. La necessità di avere un piano terra completamente libero da pilastri e da adibire ad autorimessa dei mezzi dei Vigili del Fuoco comportò la scelta di una tipologia strutturale sospesa a un grigliato, disposto in sommità a nuclei in cemento armato. Questa scelta fu giustificata applicando il principio informatore di utilizzare i materiali da costruzione secondo le migliori prerogative. Si pervenne, quindi, a un sistema misto, nel quale venne impiegato il conglomerato cementizio armato per realizzare gli elementi verticali prevalentemente compressi e dotati della rigidezza richiesta dalla funzione di controventamento (figg. 21 e 22). L'acciaio fu impiegato per realizzare gli elementi costituenti sia il grigliato di copertura sia l'ossatura sospesa.

21

22

23. Graticcio di copertura.

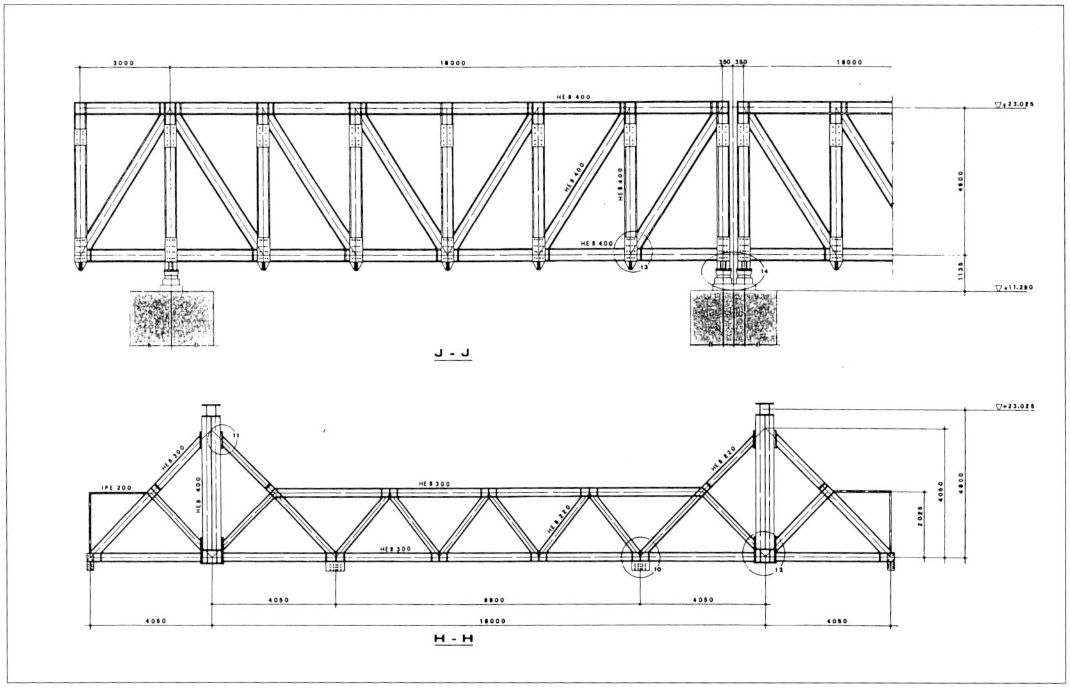

23

Successivamente all'inserimento della città nella fascia sismica di terza categoria (S = 6), fu deciso di mantenere la stessa tipologia di struttura sospesa con le necessarie modifiche di adeguamento per renderla rispondente ai nuovi requisiti sismoresistenti; tali considerazioni erano inoltre avvalorate dal fatto che una Caserma dei Vigili del Fuoco appartiene alla categoria di edifici di importanza primaria nella protezione civile, cui va attribuito un adeguato livello di protezione sismica. L'elevato grado di protezione, richiesto nei confronti dei terremoti violenti, comportò, quindi, la necessità di dotare il sistema strutturale di dispositivi di isolamento passivo a dissipazione isteretica, posizionati in sommità dei nuclei in c.a. e in grado di evitare, da parte della struttura stessa, il superamento di stati limite di servizio e/o di danneggiamento.
La scelta progettuale, determinata da esigenze funzionali e di protezione sismica, consentì in definitiva di ottenere un sistema strutturale che può collocarsi, per sua natura, nell'ambito degli *edifici macchina*.

I sistemi strutturali

L'edificio in esame, dal punto di vista geometrico, si sviluppa su quattro piani in elevazione, oltre al piano terra completamente libero da pilastri. La pianta ha una forma rettangolare allungata con larghezza di circa 26 m ed è scandita in senso longitudinale da un modulo di larghezza di 3 m. L'intera carpenteria metallica ha un peso di circa 15000 kN.
I sistemi portanti verticali sono costituiti da nuclei in c.a. che contengono i collegamenti verticali (scale, ascensori, pertiche). I nuclei sono accoppiati a due a due in senso trasversale e le varie coppie sono poste a interasse di 18 m in senso longitudinale, in modo da formare maglie quadrate di 18×18 m (fig. 21).
Il sistema di copertura, utilizzato per la sospensione del corpo di fabbrica destinato agli alloggi, è costituito da un ordito doppio, a doppio strato, con reticolo ortogonale poggiante alle estremità su nuclei in cemento armato (fig. 23). L'orditura longitudinale è realizzata attraverso travi reticolari piane, del tipo Monié, aventi luce di 18 m e caratterizzate da maglie rettangolari di dimensione 3×4.6 m, con aste di parete diagonali disposte secondo uno schema a N. In corrispondenza dei montanti delle travi longitudinali, a interasse quindi di 3 m, poggiano le travi trasversali di copertura, anch'esse reticolari ma del tipo Warren con luce di 18 m e sbalzi laterali di circa 4 m. Le aste di parete sono disposte secondo lo schema a V e i correnti paralleli si divaricano in corrispondenza degli appoggi per raccordare la propria altezza di circa 2 m a quella della trave longitudinale (4.6 m).
Al grigliato reticolare sono sospesi, mediante tiranti variamente disposti, gli impalcati di piano. Ciascun impalcato sospeso è costituito da travi IPE accoppiate, ordite in senso trasversale a interasse di 3 m e sospese in quattro punti. Completano l'impalcato i controventi orizzontali, ubicati secondo l'asse longitudinale al centro della pianta, con sospensioni in corrispondenza dei nuclei.
Il solaio è costituito da lamiera grecata collegata all'estradosso delle ali delle travi mediante pioli del tipo Nelson, che rendono collaborante la soletta di conglomerato gettata in opera.
I tiranti di perimetro, completati da un sistema di diagonali di controventamento, appa3rtengono a un piano verticale esterno e costituiscono, insieme ai pannelli vetrati, le pareti di chiusura del corpo di fabbrica.
Ai nuclei in cemento armato è affidato il compito di trasmettere alla fondazione, oltre i carichi verticali sospesi al reticolo di copertura, an-

che le azioni dovute al vento e alle scosse sismiche. Sulla base delle indagini geognostiche, la soluzione ottimale individuata è stata quella di fondazioni indiretta su pali trivellati di ϕ 800 mm e lunghezza di $18 \div 20$ m circa. Le fondazioni dei nuclei rettangolari sono costituite da un basamento di dimensioni 6×10.8 m e spessore 2 m poggiante su 15 pali ϕ 800 mm con portanza massima di 1400 KN. Le fondazioni dei nuclei circolari sono costituite da un basamento di dimensioni 6×6 m e spessore 2 m poggiante su 9 pali sempre del ϕ 800 mm.
I principali collegamenti delle strutture in acciaio sono stati realizzati a completo ripristino della resistenza. Si è adottata la soluzione completamente saldata per le strutture longitudinali e trasversali del sistema di sospensione. Ciò ha comportato la loro completa prefabbricazione in officina, con successivo trasporto e montaggio in opera, nella posizione definitiva a livello di copertura, di interi elementi strutturali con notevoli dimensioni (fino a 18 m di lunghezza) ed elevati pesi (330 kN per la trave longitudinale di tipo corrente).
Le travi longitudinali sono interamente in composizione saldata. Le aste hanno sezione trasversale unificata, costituita da due HEB 400 accoppiate in modo da realizzare una sezione a cassone. Ogni trave viene composta in officina, trasportata in cantiere e sollevata sulla sommità dei nuclei, dove viene alloggiata su appositi supporti.
Le travi trasversali sono anch'esse ottenute mediante saldatura, utilizzando profili HEB 300 come correnti e profili HEB 200 come aste di parete. Viene prefabbricata in officina la parte centrale con luce di 18 m e le due parti a sbalzo. Il loro attacco con le travi longitudinali avviene mediante giunti flangiati con bulloni a alta resistenza in fori calibrati, onde contenere, entro limiti molto ristretti, gli scorrimenti dovuti al gioco foro-bullone.

I dispositivi antisismici a controllo passivo

Nell'edificio in argomento i vincoli esterni, che collegano la struttura reticolare di sospensione alla sommità dei nuclei in c.a. (fig. 24), sono chiamati a svolgere una doppia funzione:
- consentire i movimenti della struttura quando questa "respira" sotto i carichi di esercizio;
- smorzare gli spostamenti indotti nella struttura dalle azioni sismiche con specifico riferimento alle scosse sussultorie.
La prima funzione è affidata agli usuali vincoli che, utilizzando l'accoppiamento teflon-neoprene, realizzano cerniere fisse e carrelli mono e pluridirezionali. Planimetricamente la struttura di sospensione è articolata su maglie quadrate di dimensioni 18×18 m con uno spigolo fisso (cerniera) e gli altri tre (carrelli) liberi di dilatarsi e disposti in modo tale da evitare che insorgano labilità nel sistema.
Per assicurare invece la seconda funzione si sono formulate le seguenti direttive:
- il sistema deve intervenire durante il sisma, ma deve essere inattivo in condizioni di normale esercizio;
- la funzione del sistema deve essere prevalentemente indirizzata all'assorbimento delle scosse sussultorie;
- l'assorbimento di energia deve essere basato sullo snervamento degli elementi dissipatori;
- gli elementi dissipatori debbono essere semplici, di basso costo e di facile sostituzione;
- il vincolo deve consentire gli spostamenti necessari a impegnare plasticamente gli elementi dissipatori.
Sulla base dei risultati di recenti esperienze americane si sono adottati appoggi di neoprene armato come elemento morbido, la cui deformabilità viene fatta intervenire quando il livello di sollecitazioni, trasmesso dai nuclei al sistema di sospensione, supera quello corrispondente alle normali azioni di esercizio; i conseguenti spostamenti sono necessari a portare in campo plastico gli elementi dissipatori. La rigidezza elastica degli elementi dissipatori deve essere elevata rispetto a quella dei supporti di gomme, in modo da rappresentare elementi di ritegno durante il comportamento della struttura in condizioni di esercizio. In tale fase la struttura si comporta come un sistema di alta frequenza per piccole eccitazioni. Quando, invece, sotto l'attacco sismico l'eccitazione aumenta di intensità, i dispositivi si snervano, giocando il ruolo di "fusibili meccanici". La frequenza del sistema cade e il dispositivo non amplifica più l'accelerazione d'ingresso, ma agisce come isolatore. In aggiunta agli effetti dovuti al cambiamento di frequenza, il sistema dissipa isteticamente una forte quantità di energia e quindi agisce da smorzatore, riducendo gli spostamenti dei supporti.
L'applicazione dei criteri su esposti

24

24. Dispositivi d'appoggio antisismici.

ha condotto alla realizzazione dell'apparecchio di appoggio composto da una parte superiore che svolge la prima funzione, ovvero quella di vincolo in condizioni di esercizio. Il neoprene, confinato in una ghiera di cerchiatura, consente le rotazioni dell'elemento superiore collegato alla struttura, rispetto alla piastra inferiore. Quest'ultima può scorrere in orizzontale grazie al sottostante strato di teflon, interfacciato con un piano di acciaio inox. La presenza di appositi fermi o guide caratterizza l'appoggio come cerniera e carrello mono o pluridirezionale. La parte inferiore del vincolo rappresenta invece l'appoggio sismico, costituito da un cuscino di neoprene armato, che viene sollecitato a compressione durante la scossa sussultoria, per spostamenti sia discendenti sia ascendenti, tramite i tiranti che, a loro volta, sollevano la piastra inferiore. Elementi dissipatori di energia sono previsti a completamento dell'apparecchio di appoggio. Tali elementi svolgono funzione di ritegno quando sono sollecitati in campo elastico. Nel caso in cui vengano irrimediabilmente danneggiati da un sisma di forte intensità, possono essere facilmente rimossi e sostituiti, alla stregua di fusibili, essendo costituiti da semplici barrette di acciaio a sezione circolare.

Il problema degli scuotimenti orizzontali, peraltro ritenuti meno importanti per la notevole rigidezza delle torri in c.a., è stato affrontato allo scopo di proteggere la struttura dagli effetti di martellamento fra le pareti delle torri e gli impalcati dell'ossatura sospesa. Allo scopo sono stati concepiti apparecchi d'appoggio laterale. L'estremità di ogni trave di piano, facente capo a un nucleo in c.a., viene racchiusa da apposita testata, cui sono collegati quattro cuscinetti di neoprene a struttura cellulare. Per effetto dei movimenti planimetrici, tali cuscini contrastano contro le parti metalliche di una piastra ancorata alla parete in c.a.; gli spostamenti verticali sono invece liberamente consentiti dal contatto teflon-acciaio inox.

Il premio CECM

Nel 1987, subito dopo la sua presentazione sulla rivista *Costruzioni Metalliche*, il corpo di fabbrica A ha ricevuto il premio della Convenzione Europea della Costruzione Metallica, con la seguente motivazione della giuria internazionale: «data la sua rispondenza ai requisiti di prevenzione incendi e sicurezza antisismica questo edificio è la perfetta dimostrazione delle possibilità dell'acciaio. Allo stesso tempo è ricco di valori espressivi e dimostra che le autorità addette alla prevenzione incendi (vigili del fuoco) possono anche superare le obiezioni che alcuni possono talvolta avere contro la costruzione in acciaio».

Crediti

Progetto architettonico: prof. arch. G. De Luca, dott. arch. R. Cecconi, dott. arch. M. Mattei
Progetto strutturale: prof. dr. ing. F.M. Mazzolani
Ingegnere Capo: dott. ing. P. Martuscelli (Provveditore alle OO.PP. della Campania)
Direzione Lavori strutture: dott. ing. A. Marenga
Direzione Lavori opere complementari: dott. ing. P. Martuscelli
Collaudo: dott. ing. C. Galateri, dott. ing. V. Marotti, dott. ing. A. Occhiuzzi
Esecuzione strutture in c.a.: SIFRA SUD, Napoli
Esecuzione e montaggio strutture in acciaio: VOLANI SUD, Venafro
Appoggi sismici: Officine SOMMA, Aprilia - TIS, Roma
Opere complementari: Costruzioni BELLUCCI, Napoli
Facciate continue: BALSAMO, Bari

25. Edificio B "Colonna mobile".
26. Sistemi portanti verticali.
27. Sezione longitudinale fabbricato B.

B Fabbricato B della Caserma dei Vigili del Fuoco di Napoli

Esigenze funzionali e criteri di progetto

Il Fabbricato B, chiamato "Colonna mobile" (fig. 25), rappresenta anch'esso uno dei corpi di fabbrica che compongono il complesso edilizio della nuova Caserma dei Vigili del Fuoco di Napoli.
L'edificio colonna mobile è caratterizzato da esigenze funzionali e requisiti di affidabilità strutturale, nei riguardi di eventi sismici, sostanzialmente analoghi a quelli visti per l'edificio alloggi (vedi scheda sul Fabbricato A della Caserma dei Vigili del Fuoco) con l'unica differenza che il livello destinato ad autorimessa è al primo piano.
Le scelte progettuali che caratterizzano lo schema strutturale prevedono l'impiego, per le strutture in elevazione, del solo acciaio. I requisiti di protezione sismica sono in questo caso assicurati collegando ciascun impalcato agli elementi verticali, mediante dispositivi di isolamento passivo in cui lo smorzamento, del tipo viscoso, è prodotto da organi oleodinamici.
Il Fabbricato B, completato contemporaneamente all'edificio alloggi sul finire degli anni Novanta, è stato recentemente sopraelevato per sopraggiunte esigenze da parte dei Vigili del Fuoco di Napoli.

I sistemi strutturali

L'edificio colonna mobile era composto, nella versione originaria precedente alla sopraelevazione, da quattro livelli, di cui solo i primi due sono destinati ad autorimessa, inferiormente per le macchine in disuso e superiormente per la colonna mobile. La pianta dell'edificio ha una geometria rettangolare allungata con dimensioni pari a circa 58×28 m².
I sistemi portanti verticali sono costituiti da torri in acciaio che contengono i collegamenti verticali (scale, ascensori, pertiche) (fig. 26). Le torri, analogamente ai nuclei in c.a. dell'edificio alloggi, sono accoppiate a due a due in senso trasversale e le varie coppie sono poste a interasse di 18 m in senso longitudinale, in modo da formare maglie quadrate di 18×18 m². La tipologia strutturale che caratterizza gli elementi portanti verticali è quella di telaio a nodi rigidi in direzione longitudinale e di telaio con controventi concentrici in direzione trasversale.
Gli impalcati superiori al primo, per consentire di avere un pianoterra completamente libero da pilastri da adibire ad autorimessa, sono realizzati mediante un ordito semplice disposto in direzione longitudinale al fabbricato. L'orditura principale è realizzata da travi composte ottenute dall'accoppiamento di due travi Vierendeel a doppio strato (fig. 27). Le travi Vierendeel, esterna e interna, poggiano su mensole tozze ubicate in corrispondenza delle torri in acciaio. I correnti delle travi principali costituiscono l'appoggio per le travi secondarie ordite in senso trasversale, a interasse di 2.80 m, pari a quello dei montanti.

25

26

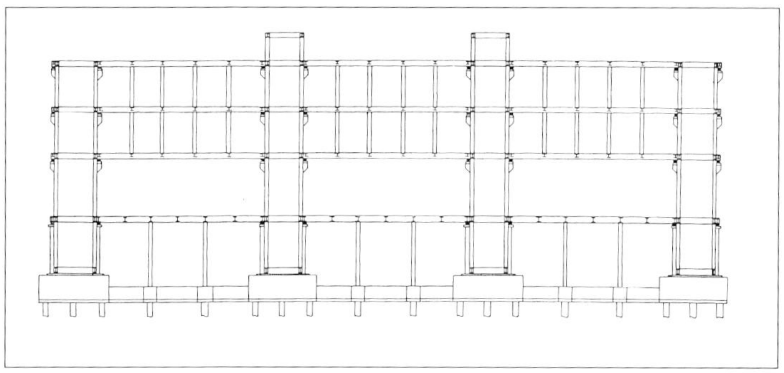
27

28. Dispositivi d'appoggio antisismici. 29. Sopraelevazione.

I *solai* sono stati realizzati in lamiera grecata, con sovrastante soletta in conglomerato cementizio gettato in opera e resa collaborante alle sottostanti travi mediante appositi pioli tipo Nelson.

Alle torri in acciaio è affidato il compito di trasmettere alla fondazione, oltre i carichi verticali trasferiti dalle travi principali, anche le azioni dovute al vento e alle scosse sismiche. Le fondazioni, di tipo indiretto su pali trivellati del diametro ϕ di 800 mm, sono realizzate collegando i differenti plinti mediante un graticcio di travi in c.a., la cui funzione è quella di evitare sfasamenti delle accelerazioni, impresse dai sismi, alla base della struttura.

I principali collegamenti della struttura in acciaio sono stati progettati e realizzati a completo ripristino della resistenza. Le fiancate principali delle torri in acciaio sono interamente in composizione saldata con cordoni a completa penetrazione e sono state quindi completamente prefabbricate in officina e trasportate in sito. I collegamenti in opera sono realizzati mediante unioni flangiate soggette contemporaneamente a trazione e a taglio o mediante unioni al taglio con bulloni ad alta resistenza e fori calibrati, allo scopo di eliminare lo scorrimento dovuto al gioco foro - bullone. I collegamenti sono stati concepiti, in definitiva, in modo da favorire un comportamento duttile della struttura per effetto delle azioni generate da terremoti violenti.

I dispositivi antisismici di controllo passivo

I dispositivi antisismici sono posizionati in corrispondenza degli appoggi di piano che collegano la travi principali alle torri in acciaio. Tali dispositivi sono concepiti nel rispetto dei seguenti requisiti:

- L'appoggio deve consentire alle strutture di piano di respirare liberamente in seguito all'applicazione di carichi di servizio (peso proprio, sovraccarico accidentale) e di azioni applicate con modalità quasi statica (variazioni di temperatura);
- Le travi longitudinali sono indipendenti dalle torri sotto le azioni di esercizio, ma esse diventano rigidamente collegate alla struttura intelaiata delle stesse, nell'istante stesso in cui si verifica l'evento sismico, dissipando energia;
- I collegamenti tra le strutture di piano e le torri devono proteggere quest'ultime da eventuali effetti di martellamento, dovuti alle vibrazioni sismiche.

Tali requisiti risultano soddisfatti dal dispositivo esposto in figura 28. In particolare il nodo tra trave longitudinale e orditura secondaria è posto in corrispondenza di ciascun lato della torre su di un appoggio elastomerico armato multistrato. La trave longitudinale è inoltre collegata al telaio della torre attraverso un cilindro oleodinamico, il quale consente liberamente i movimenti lenti, ma si oppone alle azioni rapide analogamente a come si comportano le cinture di sicurezza delle automobili. Sotto gli effetti di terremoti

28a

28b

29

violenti, il pistone oleodinamico gioca il ruolo di uno smorzatore viscoso che assorbe energia per effetto delle componenti di velocità assiali al dispositivo. Ciascun pistone, caratterizzato dalla portata di 100 kN e da una corsa di 60 mm, è realizzato in acciaio inossidabile e può facilmente essere sostituito in caso di danno. Alcuni strati verticali di neoprene sono anche collocati in direzione trasversale fra gli spigoli interni delle torri e il solaio piano, allo scopo di assorbire in maniera morbida i movimenti orizzontali degli impalcati.

La struttura di sopraelevazione

Il progetto della sopraelevazione (fig. 29) è stato sviluppato allo scopo di garantire il mantenimento dello stesso schema strutturale originario, con le sue particolarità, derivanti dalle precedenti scelte progettuali. Pertanto la funzione di trasferimento dei carichi verticali e di assorbimento delle azioni orizzontali rimane affidata alle otto torri in acciaio, le quali sono state sopraelevate di due livelli, ciascuno per un'altezza di interpiano di 3.80 m.

Per la parte sopraelevata è stata mantenuta la stessa tipologia strutturale originaria che prevede in senso longitudinale, uno schema resistente a telaio con nodi rigidi e in senso trasversale uno schema a telaio con controventi concentrici a croce di Sant'Andrea.

I due nuovi impalcati hanno peculiarità strutturali analoghe a quelle inferiori, caratterizzate da travi principali longitudinali, appoggiate direttamente sulle torri in acciaio. Le travi principali, anche in questo caso, sono ottenute accoppiando due travi parallele a telaio del tipo Vierendeel. Un vantaggio di questa tipologia consiste nell'assicurare una migliore ripartizione delle azioni tra gli impalcati del sistema a differente quota e di facilitare l'apertura di vani, data l'assenza di aste diagonali. Al di sotto di queste travi Vierendeel, in corrispondenza dell'originario piano di copertura, si realizza uno spazio libero da elementi verticali, che può essere completamente utilizzato per l'ubicazione dei nuovi ambienti.

Il collegamento fra le travi principali di piano e le colonne delle torri in acciaio è sempre garantito mediante gli stessi dispositivi antisismici descritti nel paragrafo precedente.

L'incremento di sollecitazioni derivante dalla sopraelevazione ha richiesto in alcuni casi interventi di rinforzo delle membrature attraverso semplici opere di consolidamento a carattere locale basate sull'incremento della sezione resistente, mediante piatti saldati.

Crediti

Progetto originario: vedi Corpo A
Sopraelevazione:
Progetto strutturale: prof. dr. ing. F.M. Mazzolani, prof. dr. ing. R. Landolfo
Ingegnere Capo: dott. ing. M. Mautone
Direzione Lavori: dott. ing. A. Zannini
Collaudo: dott. ing. A. Marenga, dott. ing. S. Perrone
Esecuzione e montaggio strutture in acciaio: CATENA Costruzioni Metalliche, Matera
Dispositivi sismici: TECNOL s.r.l., Roma

C Struttura di copertura dell'Aerostazione passeggeri di "Malpensa 2000"

Esigenze funzionali e requisiti di progetto

L'aerostazione "Malpensa 2000" è situata in una zona compresa tra Busto Arsizio, Gallarate e il fiume Ticino e rappresenta uno dei più importanti aeroporti del sud Europa.

Essa è costituita da un corpo principale, di geometria rettangolare allungata con satelliti di testa destinati all'imbarco e allo sbarco dei passeggeri (fig. 30).

Il corpo principale, di cui si vuole descrivere la copertura, presenta uno sviluppo di circa 600 m e una larghezza di 62 m e risulta piegato all'estremità secondo un angolo di 45° (fig. 31).

La struttura di copertura, oltre a essere concepita in modo da coprire ampi spazi con un limitato numero di appoggi intermedi, deve essere in grado di sopportare, con adeguato margine di sicurezza, differenti tipi di azioni. Infatti, accanto ai carichi permanenti e alle azioni legate a eventi meteorici e/o variazioni climatiche (vento e neve e variazioni termiche), il sistema di copertura deve essere in grado di sostenere il peso di differenti tipi di impianti, che esercitano un'azione risultante di intensità pari a circa 2.00 kN/m^2.

Criteri e scelte progettuali

Il corpo principale, di geometria rettangolare allungata, è sviluppato su quattro livelli: un piano interrato e tre piani fuori terra.

30

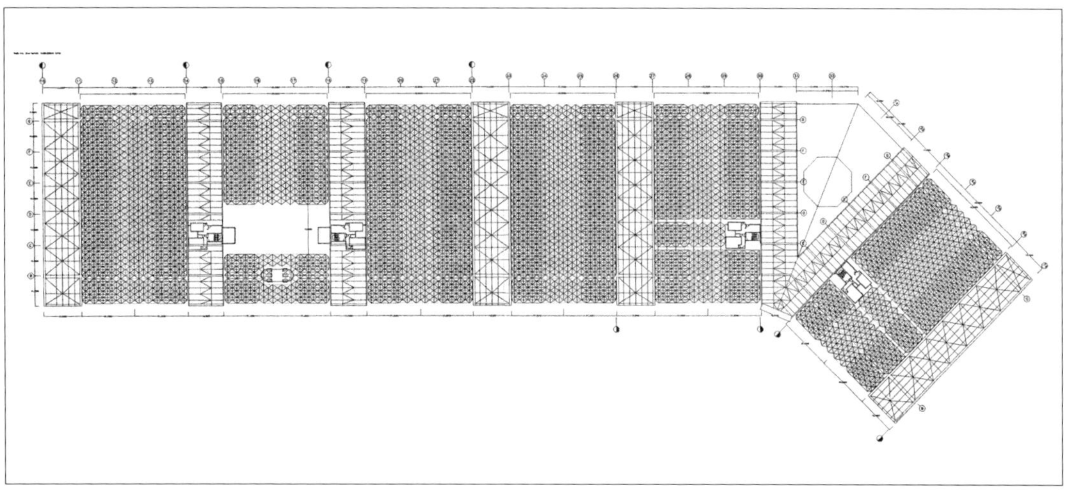

31

30. Aerostazione "Malpensa 2000".
31. Planimetria del corpo principale.

32. La struttura di copertura.

32

I materiali impiegati sono il c.a. per tutte le opere poste inferiormente all'estradosso del primo impalcato (quota +1.40), comprese le strutture di fondazione, e l'acciaio per la sovrastruttura. In particolare, la scelta dell'acciaio per i livelli superiori è dettata dall'elevato rendimento meccanico posseduto da tale materiale da costruzione, che si traduce, nel caso specifico, in una sostanziale riduzione dei costi in fondazione.
La scelta delle tipologie strutturali è condizionata dalle funzioni definite nell'ambito della progettazione architettonica.
In particolare, i primi tre livelli, data la modesta altezza, sono caratterizzati da un sistema strutturale intelaiato spaziale, sviluppato in pianta su di una maglia rettangolare di dimensione 14.40×12 m². Tale sistema si compone di una doppia orditura di telai a nodi rigidi mutuamente ortogonali, disposti, rispettivamente, in direzione longitudinale e trasversale all'edificio.
L'ultimo livello, interessato dalla struttura di copertura, deve essere caratterizzato da ampi spazi liberi, in modo da facilitare la movimentazione dei passeggeri e dei mezzi impiegati dal personale dell'aerostazione. La necessità di coprire grandi luci, unita alla notevole intensità dei carichi esercitati dagli impianti tecnologici, ha orientato i progettisti delle strutture verso la scelta di un sistema costituito da travi principali, di luce 60 m e disposte trasversalmente al corpo di fabbrica, collegate longitudinalmente attraverso piastre reticolari spaziali, agenti su una luce di 43.20 m (fig. 32).
Infatti, i sistemi reticolari spaziali consentono di coprire grandi luci grazie sia all'elevato effetto spaziale che reticolare. La prima proprietà si traduce nell'attitudine a diffondere, nelle membrature del sistema, gli sforzi prodotti da carichi esterni applicati sulla struttura anche in modo non uniforme. L'effetto reticolare, invece, consente di sfruttare al meglio le prestazioni dei materiali, instaurando, nelle membrature del sistema strutturale, un regime di sollecitazione prevalentemente assiale.

I sistemi strutturali

Le travi principali di luce maggiore, realizzate dall'accoppiamento di due travi reticolari piane di tipo Moniè, hanno un'altezza pari a circa 6 m. Le briglie superiori e inferiori, nonché le aste di parete, sono tutte realizzati con profili a doppio T a piatti saldati di larghezza 80 cm. Le membrature principali composte dalla coppia di travi reticolari, dal piano di calpestio e dal piano di copertura, possono essere riguardate come un cassone di larghezza netta di 13.60 m e di altezza variabile, all'interno del quale sono alloggiati gli impianti di servizio dell'aerostazione. Sei giunti di dilatazione, disposti in senso trasversale, dividono il corpo strutturale in 7 blocchi; alla estremità nord è previsto l'ampliamento di un blocco analogo. L'intelaiatura travi – colonne nei due sensi permette a ogni blocco di far fronte alle forze orizzontali dovute al vento.
Le piastre reticolari spaziali (fig. 33), disposte tra le differenti travi principali, presentano una dimensione planimetrica di 42×76.80 m² e un'altezza di 2.80 m, pari a circa

33. Piastre reticolari spaziali.

33

1/15 della luce. La geometria del grigliato a doppio strato è caratterizzata da un modulo elementare a forma di tetraedro a base rettangolare di dimensione 2.40×3.60 m^2.
La struttura reticolare, impiegata per l'aerostazione di Malpensa, utilizza in particolare il sistema strutturale Vestrut. Esso appartiene alla categoria dei "sistemi universali" utilizzabili per le strutture reticolari spaziali piane o curve, a semplice o doppio strato e si basa su due sole componenti: l'asta e il nodo. Il sistema è caratterizzato da un nodo sferico e da aste rastremate con elementi tronco-conici, in prossimità del collegamento.
Il nodo (fig. 34), il cui comportamento è assimilabile a quello di una cerniera sferica, è composto da tre elementi: due calotte semisferiche, impiegate per racchiudere i terminali delle aste a forma di martello, e una piastra centrale. I tre elementi sono collegati mediante un perno d'acciaio che attraversa diametralmente il nodo. Per ottenere la capacità portante richiesta negli schemi strutturali del progetto "Malpensa 2000", è stata messa a punto una nuova versione del nodo con diametro di 300 mm composto, anch'esso, da una calotta superiore, una inferiore e un anello centrale. Le tre parti costituenti il nodo sono collegate tra loro a mezzo di un bullone ad alta resistenza, con diametro compreso tra i 36 e i 39 mm. La tipologia di nodo facilita, inoltre, le operazioni di montaggio in quota, in quanto è possibile smontare e rimontare la calotta superiore, senza eliminare il collegamento dei correnti inferiori che risultano bloccati fra la calotta inferiore e l'anello centrale.
Le aste hanno sezione circolare tubolare con diametri di 219 e 139 mm e spessori di parete variabili fra i 4 e i 9 mm. Ogni asta tubolare si completa con raccordi tronco-conici collegati all'asta mediante saldature a completa penetrazione. La parte terminale dell'asta è costituita da una barra filettata, del diametro massimo di 60 mm, con testa a martello di dimensione tale da poter essere alloggiata nelle cavità presenti nel nodo. I terminali presentano una filettatura destrorsa a un estremo e sinistrorsa all'altro. In tal modo, tutte le aste sono regolabili sia durante la produzione, che dopo il montaggio, consentendo piccole variazioni di configurazione del sistema in corso d'opera.
I vincoli esterni, disposti a mansarda, sono realizzati poggiando i nodi di estremità della griglia inferiore su mensole tozze, saldate in corrispondenza dei fazzoletti delle membrature principali.
La facciata continua dell'aerostazione interferisce con la struttura spaziale lungo i 42 m, essendo in parte sospesa a essa. È stato pertanto creato un infisso telescopico per consentirne lo scorrimento durante gli abbassamenti prodotti dai carichi accidentali.

Qualificazione strutturale del sistema Vestrut

La notevole dimensione delle luci da coprire, associata alla particolare intensità dei carichi di progetto, ha richiesto che il sistema di copertura di "Malpensa 2000", oltre ai normali controlli sul mate-

34. Nodo Vestrut.

35. Prova di qualificazione strutturale.

34

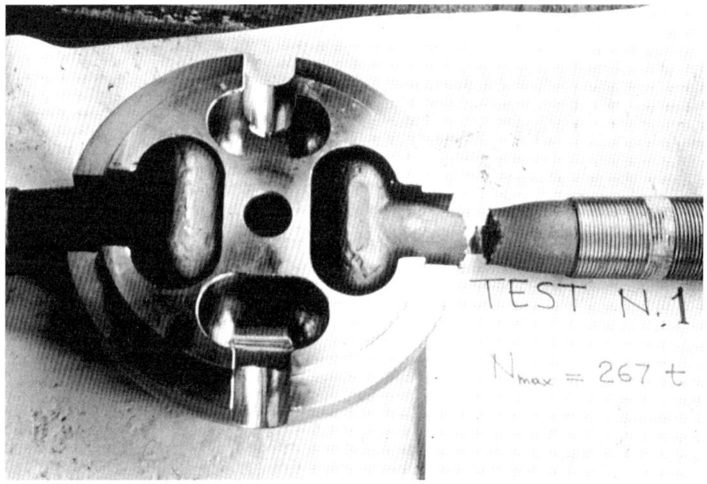

35

riale costituente le diverse membrature strutturali, fosse assoggettato a un vero e proprio processo di qualificazione strutturale. Il controllo di qualità è stato condotto a tre differenti livelli:
- Controllo locale;
- Controllo elementare;
- Controllo globale.

Il primo controllo è basato sulla misura delle prestazioni strutturali dei singoli componenti del sistema di copertura. In particolare, sono state eseguite prove in regime monoassiale di trazione atte a valutare le prestazioni ultime delle aste (fig. 35) e in particolare del nodo Vestrut.

Il controllo elementare è basato sullo studio del comportamento del modulo a forma di tetraedro costituente la copertura reticolare spaziale. A questo proposito sono state eseguite prove di flessione e taglio mirate a valutare la compatibilità della risposta del sistema elementare asta-nodo nella effettiva configurazione spaziale.

Il controllo globale è stato eseguito attraverso prove a flessione su un prototipo in scala reale. Tale indagine ha avuto l'obiettivo di verificare il comportamento al vero, in campo elastico e al collasso, di una striscia di piastra reticolare lunga 42 e larga 4.8 m.

Si osservi, infine, che il processo di qualificazione, data la complessità del sistema strutturale oggetto di studio, è risultato essere l'unico strumento idoneo a valutare l'affidabilità strutturale della copertura reticolare spaziale. Infatti, tale processo, in accordo alla metodologia della "progettazione assistita da prove", ha consentito il dimensionamento del nodo Vestrut del diametro di 300 mm, in modo tale che potesse costituire, per le aste della struttura in esame, un collegamento a completo ripristino della resistenza, caratterizzato da carico di rottura per trazione non inferiore a 2000 kN.

Il premio ACAI

Le strutture metalliche dell'aerostazione "Malpensa 2000" hanno ricevuto, nel 1995 per opera iniziata e nel 1999 per opera ultimata, l'attestato ACAI (Associazione fra i Costruttori in Acciaio in Italiani). Tra le motivazioni che hanno indotto la giuria ad assegnare tali premi si ricorda quella derivante dal corretto impiego di sistemi strutturali tradizionali e sistemi innovativi (sistema reticolare spaziale Vestrut) il cui accoppiamento ha consentito di superare brillantemente sia problematiche di carattere strutturale sia di tipo esecutivo.

Crediti

Progetto architettonico: Italairport, Milano
Progetto di riferimento delle strutture: prof. ing. F. Martinez y Cabrera, Milano
Progetto delle strutture in c.a.: Reico Realizzazioni di Ingegneria S.p.A., Milano
Progetto esecutivo delle strutture in acciaio: ing. L. Finzi, ing. E. Nova, ing. E. Bascialla, ing. U. Balzarotti, Milano
Progetto esecutivo della struttura reticolare di copertura:
- *aspetti architettonici e tecnologici*: arch. E. Ventrella
- *aspetti strutturali*: prof. ing. F.M. Mazzolani, prof. ing. R. Landolfo, ing. S. Mazzolani
Direzione Lavori: ing. G. Berlinzani della Snamprogetti, dott. ing. M. Pisani della Italairport-Milano
Esecuzione delle opere: ing. Pizzarotti & C. S.p.A.
Produzione e montaggio strutture in acciaio: Consortile Acciaio Malpensa srl
Esecuzione e montaggio della copertura Vestrut: Centro Acciai Ilva, Bitonto (Bari)
Responsabili: ing. N. Lozito, ing. N. Romanelli, ing. G. Di Gennaro
Collaudo delle strutture: prof. ing. F. Martinez y Cabrera, Milano

Capitolo 7

La progettazione strutturale in calcestruzzo armato
Considerazioni generali e un caso applicativo

Note storiche introduttive

Lo sviluppo delle costruzioni in calcestruzzo nell'età moderna può essere fatto risalire all'invenzione del Cemento Portland, avvenuta in Inghilterra nel 1824 grazie al composto a base di argilla e pietra calcarea sviluppato dal capomastro inglese Joseph Aspdin per «migliorare la produzione di pietre artificiali». Successivi tentativi di "accoppiare" il calcestruzzo all'acciaio, secondo una straordinaria intuizione, avvenuti in Francia e nella stessa Inghilterra hanno di fatto dato inizio ad una nuova era nel mondo delle costruzioni: quella del calcestruzzo armato.

L'impiego del calcestruzzo come materiale da costruzione ha tuttavia, com'è ben noto, origini antichissime. I primi reperti di "malte" con inclusi frammenti di pietra calcarea, rinvenuti in Turchia, datano a 12000 anni prima della nascita di Cristo.

Più recentemente, l'*opus caementicium* utilizzato in epoca romana, ha consentito la realizzazione di straordinarie e in parte ancora esistenti opere di altissima ingegneria.

Vitruvio, nel 13 a.C., descrive per la prima volta nel *De Architectura* il procedimento e il dosaggio per ottenere malta idraulica e calcestruzzo dall'unione della prima con frammenti di pietra. Il materiale così ottenuto, che vede la presenza di inerti con dimensione caratteristica fino a 70 mm insieme a ghiaie e sabbie fini, è sicuramente paragonabile per proprietà meccaniche al calcestruzzo ordinario impiegato ai giorni nostri, possedendo praticamente le stesse resistenze caratteristiche a trazione e a compressione.

L'opera più impressionante per audacia e tecnica realizzativa a noi pervenuta dall'epoca di Roma antica è sicuramente il Pantheon, voluto da Agrippa nel 27 a.C. È nella sua cupola dal diametro interno di 43.4 m che la tecnica del calcestruzzo massiccio arriva ad una delle più alte espressioni di sempre, attraverso l'uso di geometrie che consentono la realizzazione di una struttura di copertura autoportante a spinta orizzontale eliminata.

Durante il Medioevo le conoscenze acquisite in epoche precedenti riguardo l'*opus caementicium* vanno perdute e le malte impiegate in questo periodo sono spesso "migliorate" per mezzo dell'aggiunta di polveri di mattoni o materiali organici, con scarsi risultati meccanici.

Solo nel 1700 compare la parola *Beton* usata per la prima volta da Bernard Forest, ufficiale tecnico dell'esercito francese. Con questo temine si definisce una miscela indurita di malta ed inerti resistente all'acqua.

All'Ottocento risalgono le prime realizzazioni civili completamente in calcestruzzo. Nel 1854 Wiliam Boutland Wilkinson chiede di brevettare una nuova tipologia costruttiva. Si tratta di un solaio in calcestruzzo con la predisposizione di funi metalliche all'interno del getto (fig. 1). È la nascita del calcestruzzo armato. Bisogna attendere però ancora un ventennio per l'introduzione della prima normativa che è operativa in Germania dal 1877.

In questo periodo si sviluppano anche le prime ricerche scientifiche tese ad approfondire le conoscenze su questo nuovo materiale composto dalle proprietà stupefacenti. Molte sono le figure importanti per lo sviluppo e la diffusione della teoria del calcestruzzo armato. Tra questi, Joseph Monier, in origine giardiniere, che con i suoi «vasi armati» e il brevetto per «il procedimento di produzione di oggetti di vari tipi che unisce scheletri metallici e cemento», dà inizio alla sperimentazioni sulle reti metalliche rivestite in calcestruzzo e a specifiche applicazioni al campo dei ponti. A Thaddeus Hyatt sono da attribuire le prime ricerche sul comportamento al fuoco, sulla dilatazione termica e sull'attualissima idea di durabilità. A Edmond Coignet si devono il moderno concetto di "mix design" e l'introduzione della prefabbricazione (fig. 2). A François Hennebique può essere attribuita la scoperta delle strutture collaboranti in acciaio e calcestruzzo nel senso odierno del termine. Ultimi in questa breve lista per cronologia ma non di certo per importanza Emil Morsch (fig. 3) a cui si deve la prima teoria generale sul calcestruzzo armato, Robert Maillart con i suoi calcoli sulle membrature snelle e le sue straordinarie realizzazioni e Eduardo Torroja con i suoi contributi allo sviluppo dei gusci in parete sottile.

Grande impulso alla diffusione delle costruzioni in calcestruzzo armato è da attribuirsi, dai primi del Novecento, alla nascita in architettura del "moderno" che fonda molti dei suoi canoni estetici sulle prerogative meccaniche di questa pietra artificiale plasmabile, alla luce di conoscenze scientifiche e tecniche crescenti e parzialmente già in grado di controllarne le proprietà.

Tra i molti progettisti sperimentatori vale la pena di ricordare ancora una volta Auguste Perret, Joseph Plecnik, Frank LLoyd Wright cui si deve, oltre ad un elevato numero di realizzazioni straordinarie ed irrealizzabili con materiali diversi dal calcestruzzo armato, anche il primo tentativo per colorare la pasta cementizia con l'introduzione di inerti differenti a seconda delle esigenze. E

1. Wiliam Boutland Wilkinson, solaio in calcestruzzo armato (1854). Archivio Detail.

2. Edmond Coignet, particolari costruttivi. Archivio Detail.

3. Emile Morsch, studi di armature. Siviero E., Russo S., Mazzolato S., Le armature di rinforzo per calcestruzzo, Franco Angeli, 2001.

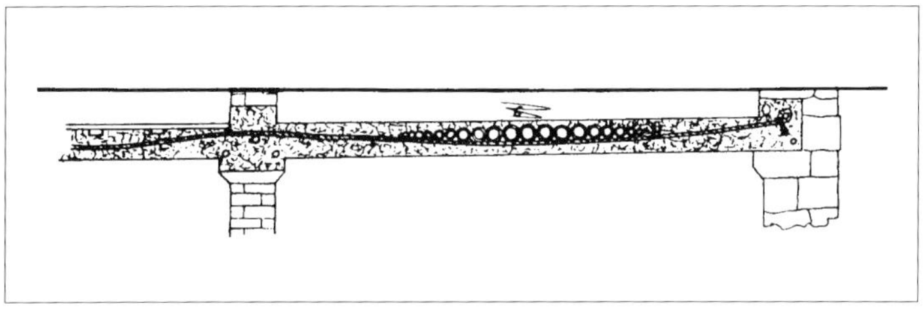

1

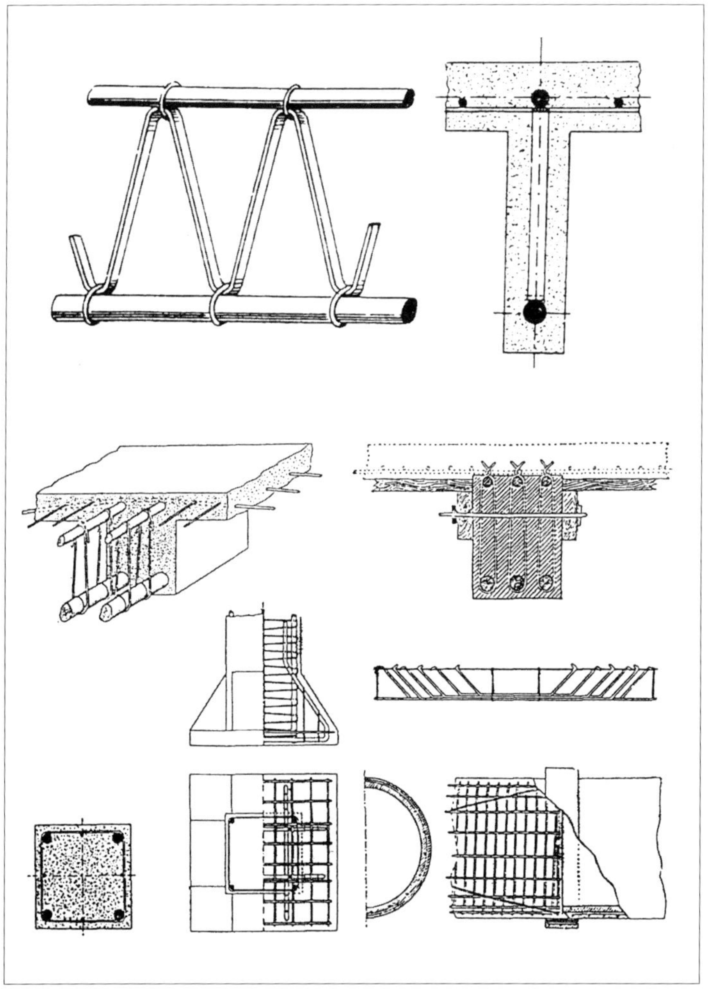

2

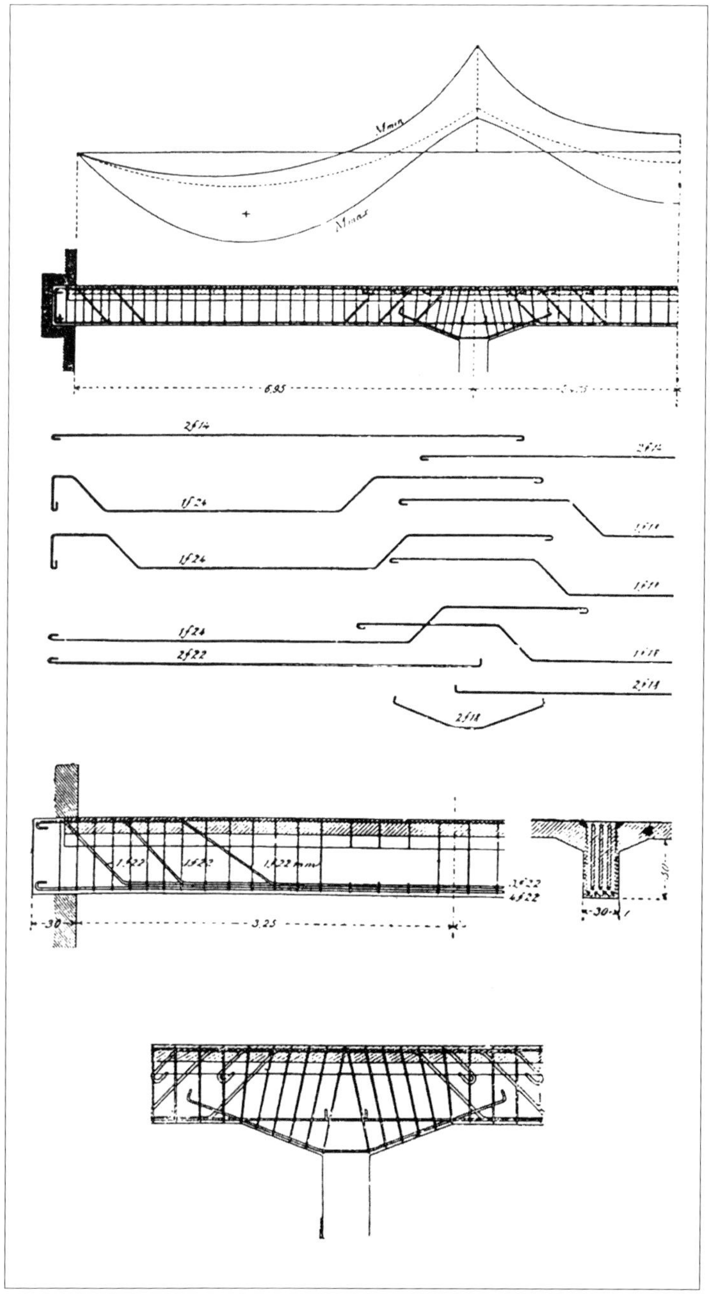

3

4. Erich Mendelsohn, Osservatorio a Postdam.
Archivio Detail.

5. Felix Candela, Ristorante Mantiales.
Archivio Detail.

6. Pierluigi Nervi, copertura del palazzetto dello sport all'Eur.
Archivio Detail.

4

5

6

ancora Eugène Freyssinet, pioniere del cemento armato precompresso, Erich Mendelsohn, esponente massimo dell'espressionismo (in fig. 4 l'osservatorio astronomico a Postdam, 1924), Le Corbusier, iniziato proprio da Perret alle potenzialità del calcestruzzo con il suo "*Béton Brut*", Felix Candela (in fig. 5 il ristorante Mantiales a Xochimilcho, 1958), Pierluigi Nervi (in fig. 6 la copertura del palazzetto dello sport di Roma, 1957) e infine Carlo Scarpa, insuperato nel trattamento scultoreo delle superfici in calcestruzzo e Mies Van Der Rohe, che con il suo «Less is more» è oggi attualissimo nell'interpretare la rincorsa all'ottimizzazione strutturale nella consapevolezza piena del rapporto forma-struttura sintetizzata dal concetto di "architettura strutturale".

Quanto detto, per ragioni di sintesi ed esigenze editoriali, non può che rappresentare una visione assolutamente parziale e del tutto limitata dell'evoluzione del calcestruzzo armato e delle sue applicazioni. Tuttavia parrebbe inopportuno parlare di questo materiale e del suo attuale "stato dell'arte" senza far riferimento alle sue origini e al suo sviluppo, fattori che hanno profondamente segnato la storia delle costruzioni.

Cenni sul calcestruzzo armato e le sue proprietà

Il calcestruzzo armato è un materiale da costruzione ottenuto dall'accoppiamento del materiale composto calcestruzzo con l'acciaio da costruzione, solitamente in forma di barre. Il suo comportamento è lungi dall'essere isotropo, omogeneo e perfettamente elastico, come previsto dalla teoria classica della scienza delle costruzioni, poiché i materiali accoppiati posseggono caratteristiche fisico-meccaniche estremamente diverse. Le sue proprietà finali dipendono dalla giacitura delle armature e comportamenti di tipo elastico sono riscontrabili entro campi tensionali estremamente limitati data la diversità delle proprietà meccaniche del calcestruzzo a trazione e compressione.

7. Legge sperimentale dell'indurimento.
Toniolo G., Cemento armato. Calcolo agli stati limiti ultimi, Masson Editore, 1998.

Il calcestruzzo armato deve la sua ragione d'essere in primo luogo al noto fenomeno dell'aderenza, responsabile del trasferimento degli sforzi dal conglomerato cementizio all'acciaio e in seconda istanza ad una sostanziale eguaglianza tra i coefficienti di dilatazione termica dei due materiali, cosa che previene l'insorgere di autotensioni di origine termica.

La presenza dell'armatura consente di sopperire alla scarsa resistenza a trazione del calcestruzzo conferendo al contempo un soddisfacente grado di duttilità al materiale composto. Il trasferimento e l'assorbimento delle sollecitazioni di tensione da parte dell'acciaio in barre provoca nel calcestruzzo il manifestarsi di uno stato fessurativo concomitante al superamento della sua resistenza a trazione. La presenza di uno stato fessurativo, salvo casi particolari, è una condizione normale nelle strutture in esercizio. Un'ampiezza delle fessure elevata, derivante ad esempio da una eccessiva deformabilità generale, innesca processi di "invecchiamento" accelerati nelle strutture con conseguenti costi di gestione a volte più gravosi di quelli iniziali di costruzione.

Il calcestruzzo

Il calcestruzzo è ottenuto attraverso la miscelazione di cemento (legante), acqua, aggregati (sabbia e ghiaia o pietrisco) ed eventualmente di additivi con caratteristiche diverse a seconda dei requisiti finali di progetto (fluidificanti, aeranti, impermeabilizzanti, ritardanti, acceleranti...).

Da un punto di vista meccanico, il suo comportamento sotto carico è caratterizzato da una forte dissimmetria tra il campo delle trazioni e quello delle compressioni, da una risposta lineare solo entro limitati campi tensionali, da deformazioni ultime piccole, da una tendenza a manifestare rotture di tipo fragile e da una perdita di rigidezza molto maggiore a trazione che a compressione.

La risposta del materiale ad uno stato di tensione monoassiale di compressione è caratterizzata da tre fasi. Nella prima, con basse tensioni (inferiori al 40% della tensione di rottura) si ha un comportamento lineare; nella seconda fase, con tensioni fino all'85% della tensione di rottura, il comportamento esce dal campo lineare in concomitanza all'insorgere di uno stato microfessurativo stabile. Nella terza fase infine, con tensioni elevate, la propagazione delle fessure diventa instabile fino alla rottura.

Il calcestruzzo non è caratterizzato in generale da una risposta omogenea nel tempo, acquisendo le sue proprietà meccaniche in modo graduale durante l'indurimento. Convenzionalmente la resistenza meccanica del conglomerato cementizio viene valutata alla scadenza normalizzata dei 28 giorni.

La legge sperimentale dell'indurimento può essere descritta come segue:

$$f_{cj} = f_c e^{\beta\left(1-\frac{1}{\sqrt{\tau}}\right)}$$

con

$\tau = t/28$
$\beta = 0.25$ (per cementi normali ma in generale dipendente dal tipo di cemento);
f_{cj} = resistenza misurata al giorno j-mo;
f_c = resistenza rappresentativa della classe del calcestruzzo.

La stessa legge può essere espressa anche in termini di modulo elastico.

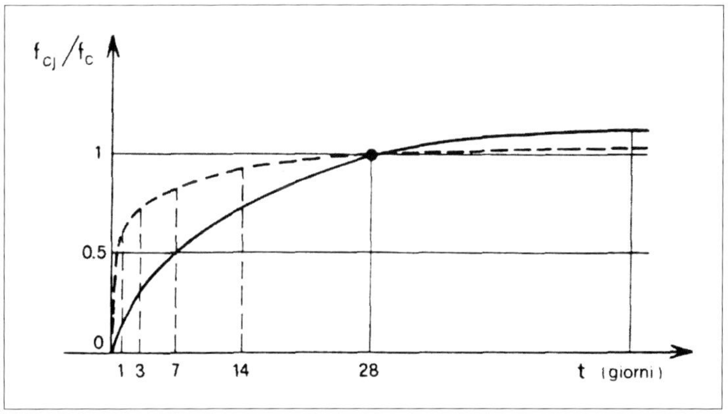

7

Tempo [giorni]	f_{cj} [MPa]	f_{cj}/f_{c28} [%]
1	10.26	34
3	17.95	60
7	23.36	78
15	27.38	91

I. Resistenza a compressione del cls in funzione del tempo ($f_{c,28}$ = 30 MPa).

8. Andamento nel tempo delle resistenze meccaniche di un calcestruzzo con cemento Portland e di uno con cemento Pozzolanico. Siviero E., Cantoni R., Forin M., Durabilità delle opere in calcestruzzo, Franco Angeli, 2001.

9. Andamento della resistenza meccanica in funzione del rapporto acqua-cemento. Siviero E., Cantoni R., Forin M., Durabilità delle opere in calcestruzzo, Franco Angeli, 2001.

Il valore f_{c28}, rappresenta un valore convenzionale ma le proprietà del conglomerato cementizio non risultano identificate in modo univoco da esso.

Ad esempio il tipo di cemento usato influenza lo sviluppo della resistenza meccanica. Cementi Pozzolanici conferiscono al calcestruzzo, a breve termine, resistenze meccaniche inferiori a quelle di un calcestruzzo con composizione equivalente ma confezionato con un cemento Portland (fig. 8). Negli anni questa prerogativa viene ribaltata.

Analogo comportamento è presentato dai cementi normali nei confronti di quelli a rapido indurimento (fig. 11).

Altri fattori che influenzano non trascurabilmente la resistenza meccanica del calcestruzzo sono il rapporto acqua-cemento (fig. 9) e le condizioni ambientali in cui avviene la maturazione (umidità relativa e temperatura).

Non si può infine dimenticare come le caratteristiche meccaniche ottenute da prove sperimentali siano fortemente dipendenti dalle stesse modalità di prova (prova in controllo di forza o deformazione, provini cilindrici o cubici...).

Come detto la resistenza a trazione del calcestruzzo è modesta e nettamente inferiore a quella a compressione. Questo fa si che le normative prevedano di trascurare tale prerogativa. Se da un punto di vista meccanico ciò non comporta errori apprezzabili sulla valutazione degli stati tensionali, il superamento della resistenza a trazione nel calcestruzzo, con la conseguente formazione di fessure, ha importanti ricadute nella riduzione delle prerogative di durabilità di una struttura.

La resistenza a trazione del calcestruzzo, che varia tra l'8 e il 12% della resistenza a compressione f_{ck}, può essere sperimentalmente determinata attraverso due tipi di prove: quelle dirette e quelle indirette.

La prova diretta si effettua su provini prismatici o cilindrici previo incollaggio con resine epossidiche delle teste del provino all'apparecchiatura di prova.

La correlazione che si ottiene in questo caso tra la resistenza a trazione e quella a compressione è la seguente:

$$f_{ct} = 0.25\left(f_c\right)^{\frac{2}{3}} \text{ [MPa]}$$

Le prove indirette sono di due tipi: la prova su cilindro per fenditura (fig. 12) o prova brasiliana (i cui risultati coincidono in pratica con quelli ottenuti dalla prova diretta) e la prova a flessione (fig. 13).

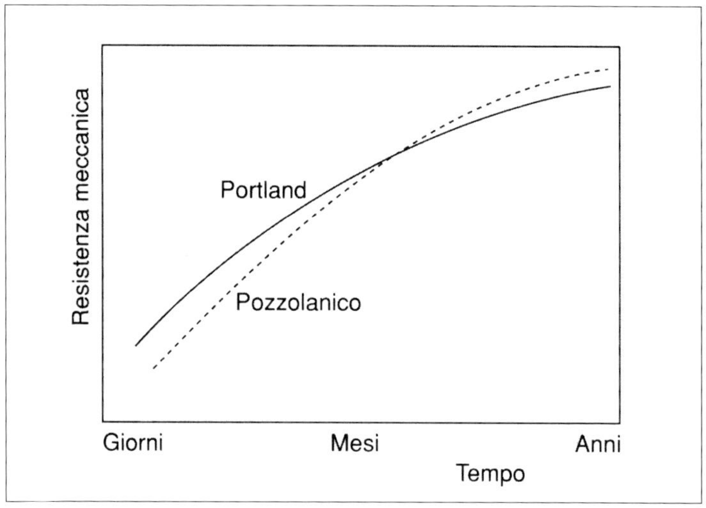

8

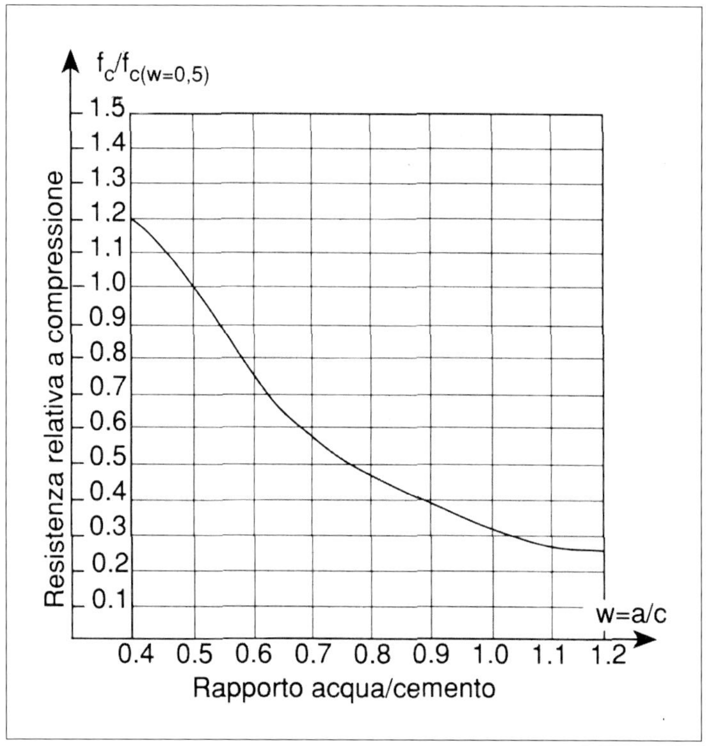

9

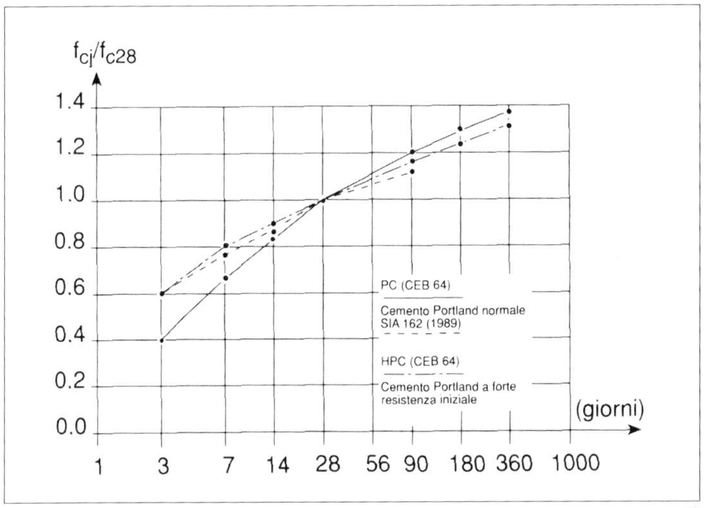

10. Andamento nel tempo delle resistenze meccaniche di un calcestruzzo Portland normale e di uno a forte resistenza iniziale. Siviero E., Cantoni R., Forin M., Durabilità delle opere in calcestruzzo, Franco Angeli, 2001.

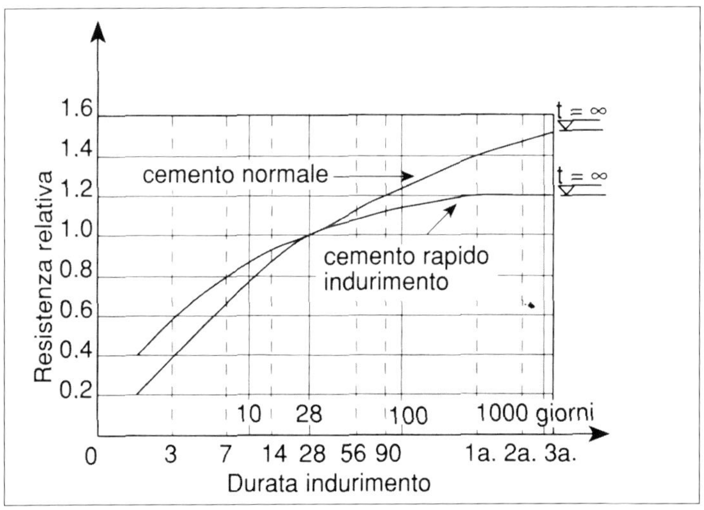

11. Andamento delle resistenze meccaniche di un calcestruzzo normale e di uno a rapido indurimento. Siviero E., Cantoni R., Forin M., Durabilità delle opere in calcestruzzo, Franco Angeli, 2001.

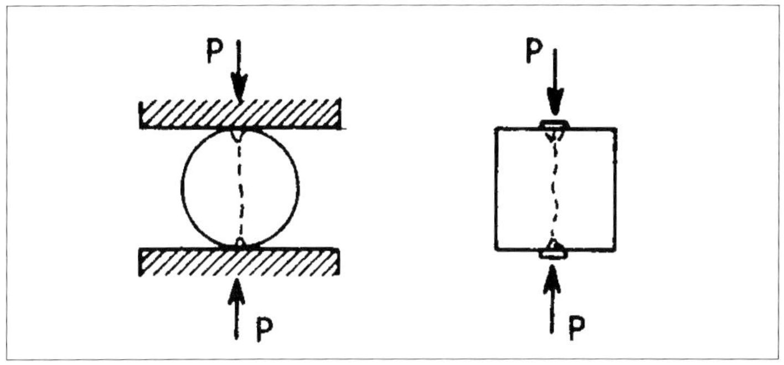

12. Schema di prova brasiliana. Toniolo G., Cemento armato. Calcolo agli stati limiti ultimi, Masson Editore, 1998.

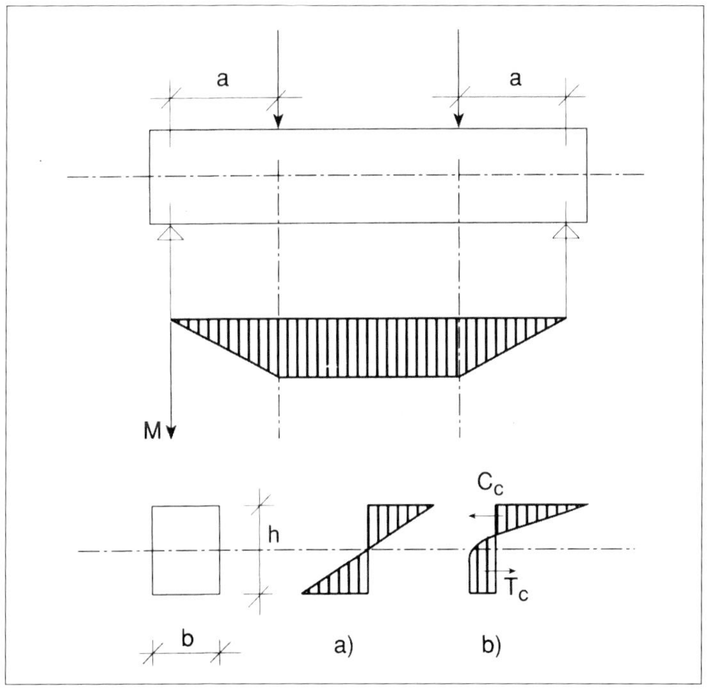

13. Schema di prova a flessione. Siviero E., Cantoni R., Forin M., Durabilità delle opere in calcestruzzo, Franco Angeli, 2001.

Nella prima il risultato che si ottiene è il seguente:

$$f_{ct}' = \frac{2P}{\pi \phi L} \approx f_{ct}$$

dove L è la lunghezza del provino e ϕ il diametro dello stesso.

Nella seconda:

$$f_{ctf} = \frac{6Pa}{bh^2} = \beta f_{ct}$$

con β=1.1-1.5 secondo CEB-FIP Model Code 90.

Il modulo elastico del calcestruzzo, espresso in MPa, è correlato alla sua resistenza a compressione dalla relazione (normativa italiana):

14. Andamento della funzione rappresentativa del fenomeno del ritiro.
Toniolo G., Cemento armato. Calcolo agli stati limiti ultimi, Masson Editore, 1998.

15. Andamento della funzione viscosità in termini di tensioni e deformazioni.
Toniolo G., Cemento armato. Calcolo agli stati limiti ultimi, Masson Editore, 1998.

$E_c = 5700\sqrt{R_{ck}}$

Il coefficiente di Poisson (υ) assume valori compresi tra 0.16 e 0.2.

Altri due aspetti che non possono non essere per lo meno menzionati vista l'importanza che ricoprono nel descrivere il comportamento del calcestruzzo sono il ritiro e la viscosità.

È noto come il fenomeno del ritiro si manifesti durante i primi tempi della maturazione del calcestruzzo indurito con velocità maggiore e con una contrazione in volume più o meno importante a seconda dello spessore del getto, della classe del calcestruzzo e delle caratteristiche dell'ambiente in cui avviene la maturazione. La legge matematica che descrive tale fenomeno è del tipo:

$\varepsilon_{cs(t')} = \varepsilon_{cs\infty}\, g_s(t')$;

$\varepsilon_{cs(t')}$ = valore della contrazione a tempo infinito;

$g_s(t')$ = funzione crescente in funzione del tempo che descrive il fenomeno a partire dall'inizio.

Il valore del ritiro finale $\varepsilon_{cs}(t_0, t_\infty)$, secondo la normativa italiana vigente (D.M. D.M. 9.1.1996), è di $0.20 \div 0.30 \times 10^{-3}$, ciò equivale a considerare un accorciamento di $0.20 \div 0.30$ mm ogni metro di elemento libero di dilatarsi (fig. 14).

La viscosità, ossia il manifestarsi di deformazioni successive a quelle istantanee che insorgono all'atto dell'applicazione di carichi di lunga durata, e che si sviluppano a velocità via via decrescente fino ad annullarsi negli anni, è un fenomeno complesso e importante per descrivere il comportamento nel tempo di una struttura caricata. Infatti l'entità delle deformazioni "lente" risulta di norma superiore a quella delle deformazioni elastiche. Questo rilassamento protratto nel tempo, nel caso di componenti strutturali non omogenee (quali appunto le sezioni in calcestruzzo armato) o in generale nel caso di condizioni iperstatiche, porta ad una ridistribuzione delle tensioni all'interno di uno stesso componente strutturale o, a livello generale ad uno stato sollecitativo globale della struttura differente da quello ipotizzato all'istante in cui si sono applicati i carichi. La deformazione totale a $t = \infty$ è data dalla somma di quella elastica iniziale e di quella viscosa:

$[e]_{tot}(\infty) = [e]_e + [e]_{v\infty}$ deformazione totale

con

$\varepsilon_e = \sigma/E$ deformazione elastica istantanea

$\varepsilon_{v\infty}$ scorrimento viscoso.

È possibile, per valori moderati della tensione permanente σ = cost. applicata al tempo t_0, esprimere la deformazione viscosa al tempo $t > t_0$ come prodotto della deformazione elastica istantanea per un coefficiente di viscosità φ (t_0,t) variabile nel tempo. In particolare, a tempo infinito, si ha l'espressione della deformazione totale:

$$\varepsilon_{tot}(\infty) = \varepsilon_e + \varepsilon_{v\infty} = \varepsilon_e + \varepsilon_e\,\varphi_\infty = \varepsilon_e\,(1+\varphi_\infty)$$

Il valore del coefficiente φ è tabulato nelle normative a seconda dell'umidità relativa dell'atmosfera, del tempo t_0 a partire dal quale si applica il carico esterno, dell'area della sezione di conglomerato e del perimetro della sezione di conglomerato a contatto con

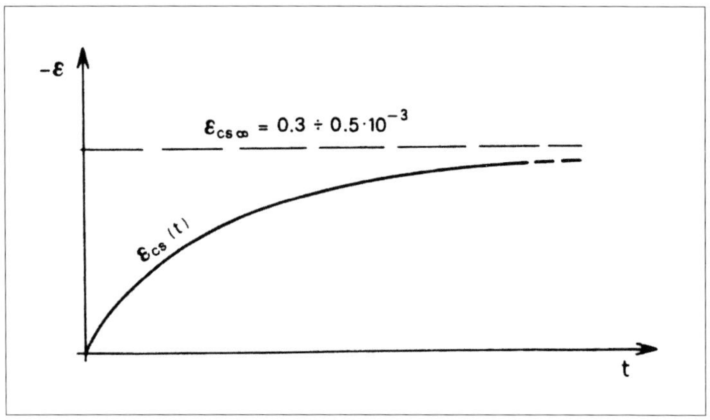

14

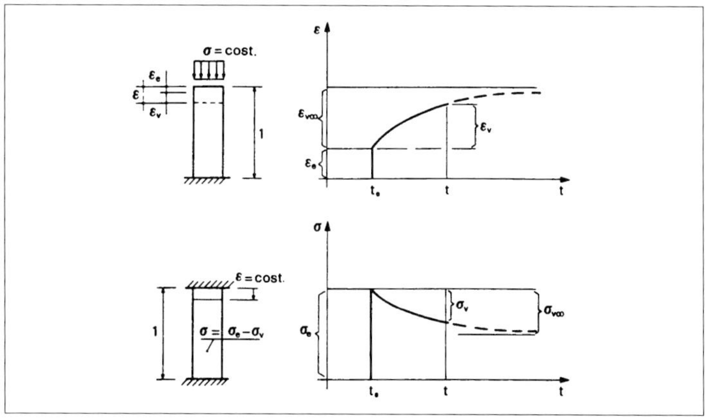

15

16. Legge costituiva delle barre convenzionali per armatura.
Siviero E., Russo S., Mazzolato S., Le armature di rinforzo per calcestruzzo, Franco Angeli, 2001.

l'atmosfera. Ad esempio, per $\varphi_\infty = 2.8$, si ha una deformazione totale a tempo infinito pari a 3.8 volte quella elastica iniziale.

L'acciaio per armature

L'armatura è di norma costituita da barre d'acciaio. La legge costitutiva che caratterizza il loro comportamento ha andamento pressoché simmetrico a trazione e compressione (tranne in prossimità della rottura).

Si osserva, nel campo delle trazioni (fig. 16), un comportamento elastico lineare fino al valore f_y di snervamento. Una successiva fase perfettamente plastica, un ulteriore incremento delle tensioni durante una fase di incrudimento in corrispondenza di grandi deformazioni, il raggiungimento della massima resistenza a trazione f_t in corrispondenza all'allungamento limite ε_u ed infine la fase di rottura preceduta da una perdita di tensione.

Il modulo elastico dell'acciaio in barre, come con buona approssimazione quello di tutti i tipi di accaio, vale E_s = 205000 MPa.

Gli acciai da armatura vengono classificati in base alla loro tensione di snervamento (ad esempio un acciaio FeB 44k ha f_y = 430 MPa) e all'allungamento ultimo, per quanto riguarda la duttilità. Questa proprietà risulta di fondamentale importanza nella progettazione antisismica dove è necessario l'impiego di materiali ad elevate caratteristiche di duttilità.

Classi di duttilità		
Low ductility	Medium ductility	High ductility
$\varepsilon_{uk} \geq 2.5\%$ $(f_t / f_{yk}) \geq 1.05$	$\varepsilon_{uk} \geq 5.0\%$ $(f_t / f_{yk}) \geq 1.08$	$\varepsilon_{uk} \geq 8.0\%$ $(f_t / f_{yk}) \geq 1.15$

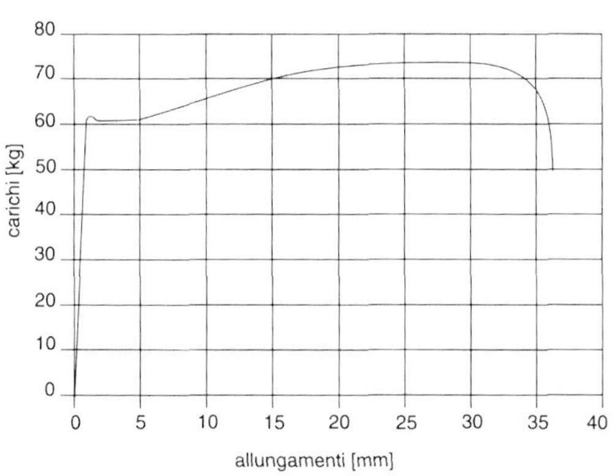

16

L'aderenza, ossia in buona sostanza la possibilità di trasmissione degli sforzi tra acciaio e calcestruzzo (fig. 17), è influenzata oltre che dalla naturale adesione molecolare tra i due materiali a contatto anche dalla finitura superficiale delle barre. Questa può essere di tipo liscio (corrispondente ad un basso livello di aderenza), indentato (con modesti rilievi superficiali) o nervata (per massimizzare l'aderenza).

La solidarietà tra acciaio e calcestruzzo nel materiale composto va inoltre garantita con un opportuno ancoraggio delle barre di armatura alla loro estremità. L'equilibrio di una barra d'armatura immersa in una matrice cementizia, sottoposta ad una forza F che tende al suo sfilamento in seguito alla rottura dell'aderenza viene descritta dalla seguente relazione:

$$T = \sigma_s A_s = \tau_b S_c l$$

σ_s tensione normale nella barra di armatura;
A_s area della barra;
τ_b tensione tangenziale media sulla superficie esterna della barra;
S_c superficie di contatto tra barra e calcestruzzo;
l lunghezza della parte della barra annegata nel calcestruzzo.

La crisi nel sistema calcestruzzo-barra può insorgere in seguito al superamento della massima tensione tangenziale ammissibile all'interfaccia tra i due materiali o per lo snervamento della barra di armatura. In un elemento strutturale dimensionato correttamente l'inizio della crisi deve avvenire nel secondo dei due casi.

Questa considerazione, applicata alla condizione di equilibrio espressa sopra, porta alla determinazione della lunghezza minima di ancoraggio come:

$$f_y \frac{\pi\phi^2}{4} \leq \tau_{br}\left(l_{0,\min}\pi\phi\right)$$

da cui, per acciai del tipo FeB 44K:

$$l_{0,\min} \geq \frac{f_y\phi}{4\tau_{br}} \approx \frac{400}{4\cdot 50}\phi = 20\cdot\phi$$

Tenendo conto del rapporto tra i due diversi coefficienti di sicurezza per calcestruzzo e acciaio

17. L'aderenza di una barra immersa in una matrice di calcestruzzo. Siviero E., Russo S., Mazzolato S., Le armature di rinforzo per calcestruzzo, Franco Angeli, 2001.

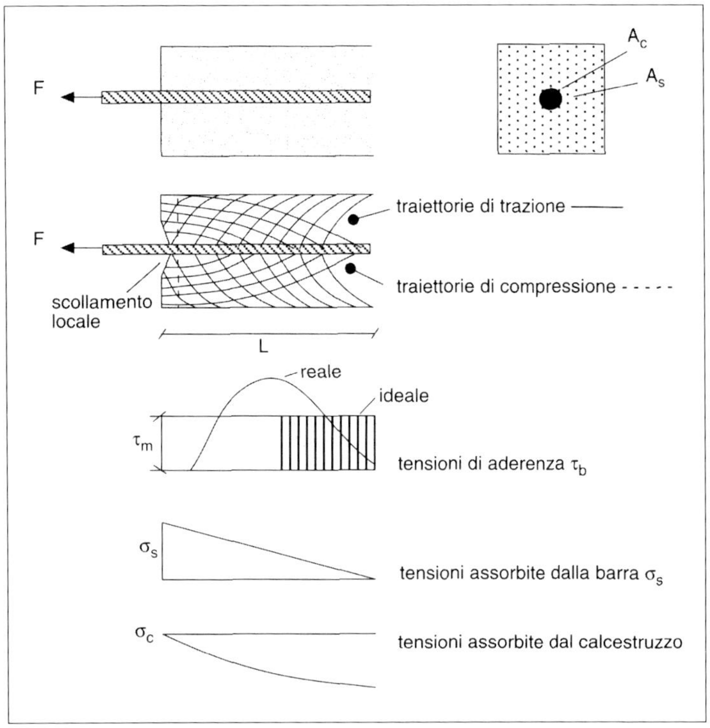

17

$$\frac{\gamma_c}{\gamma_s} = \frac{1.6}{1.15} \approx 1.4$$

si ottiene, in condizione di buona aderenza ossia di calcestruzzo non fessurato:

$$l_{0,\min} \geq 1.4(20 \cdot \phi) \approx 30 \cdot \phi$$

La condizione di aderenza può essere notevolmente migliorata con una piegatura o una sagomatura ad uncino dell'estremità delle barre o tramite la loro "legatura" ad altri elementi.

Fattori di degrado

Le opere in calcestruzzo armato sono soggette, come ogni altro tipo di struttura, al fenomeno del degrado. La dinamica di tali processi è oggi nota e descritta scientificamente in letteratura. Nel caso specifico del calcestruzzo armato, la *performance* del materiale composto nell'edilizia corrente realizzata soprattutto tra gli anni Cinquanta e Settanta è stata spesso peggiore di quanto auspicato. Ciò è dovuto in parte ad un'iniziale conoscenza non approfondita dei processi chimici innescati nei suoi componenti dagli agenti esterni e in parte a una scarsa cura nel dettaglio costruttivo vista l'enorme mole di lavoro che la ricostruzione post-bellica richiedeva.

Oggi l'illusione che questa pietra artificiale possa essere ritenuta pressoché impenetrabile agli attacchi esterni è definitivamente tramontata.

La compattezza della matrice cementizia e la protezione superficiale del conglomerato e dell'acciaio delle armature, accompagnata dall'attento studio dei dettagli costruttivi risultano essere condizioni imprescindibili per il raggiungimento della vita utile di un'opera nel pieno soddisfacimento dei requisiti di durabilità.

Il concetto di durabilità è entrato relativamente di recente nel vocabolario di tecnici, costruttori ed amministratori. Tuttavia ciò, oggi è senza dubbio uno dei fattori più importanti e uno dei requisiti principi di qualsiasi nuova opera, malgrado non sia ancora del tutto normato.

Nel caso del calcestruzzo armato, i fenomeni di degrado che interessano il conglomerato sono molteplici e catalogabili in processi di tipo fisico, chimico e meccanico. L'acciaio delle armature è invece sostanzialmente interessato solo dal processo chimico della corrosione.

Nel calcestruzzo le cause di degrado possono derivare dalle caratteristiche intrinseche del materiale (come la sua composizione le sua caratteristiche fisiche prima dell'indurimento o le modalità di posa in opera) oppure da fattori ambientali esterni.

Nella tabella seguente le cause di degrado più frequenti.

Cause intrinseche	Cause "ambientali"
Composizione del calcestruzzo	*Cause chimiche*
Rapporto A/C	Anidride carbonica (CO_2)
	Carbonatazione
Qualità delle materie prime	Attacco da sali
Caratteristiche fisiche prima dell'indurimento	*Cause fisiche*
Classe di consistenza	Cicli di gelo e disgelo
Segregazione	Essiccazione e ritiro
Modalità di posa in opera	*Cause meccaniche*
Compattazione	Abrasione
	Erosione

Classe di esposizione	Ambiente	Tipo di struttura	Numero di sottoclassi
XO	Nessun rischio di corrosione (interni di edifici con umidità relativa molto bassa)	Non armata e armata	1
XC	Corrosione delle armature promossa dalla carbonatazione	Armata	4
XD	Corrosione delle armature promossa dai cloruri esclusi quelli presenti in acqua di mare	Armata	3
XS	Corrosione delle armature promossa dai cloruri dell'acqua di mare	Armata	3
XF	Degrado del calcestruzzo per cicli di gelo-disgelo	Non armata e armata	4
XA	Attacco chimico del calcestruzzo (incluso quello promosso dall'acqua di mare)	Non armata e armata	3

III. Classi di esposizione secondo la norma Europea EN 206.

Le classi di esposizione di una struttura all'attacco esterno sono definite nella normativa europea EN 206 e sopra riportate.

Tale normativa fornisce, in funzione delle varie sottoclassi di esposizione, il copriferro minimo per le strutture in c.a. e in c.a.p., il massimo rapporto A/C, il dosaggio minimo di cemento e il minino valore della resistenza caratteristica.

Cause intrinseche

Rapporto Acqua-Cemento (A/C)

Il rapporto A/C riveste un'importanza determinante sulla qualità finale del calcestruzzo e quindi indirettamente sulla sua durabilità. Impasti meno "bagnati" posseggono caratteristiche meccaniche superiori sia a compressione che a trazione (l'incremento prestazionale a compressione essendo nettamente più sensibile di quello a trazione) dopo la presa. Dosature usuali fissano il rapporto A/C (in peso) in rapporti compresi tra 0.5 e 0.7.

Qualità delle materie prime

Materie prime di elevata qualità e soprattutto l'impiego di inerti con elevate caratteristiche meccaniche migliorano la resistenza del calcestruzzo diminuendone la fessurazione e aumentandone la durabilità.

Caratteristiche fisiche prima dell'indurimento

La consistenza del calcestruzzo fresco è in prima istanza influenzata dal rapporto A/C. Tuttavia essa dipende anche dalla granulometria e dalla forma degli aggregati. La conseguente lavorabilità, ossia l'attitudine del calcestruzzo fresco ad essere messo in opera e ad essere compattato è una caratteristica non trascurabile ai fini della durabilità. In calcestruzzi di consistenza plastica o fluida (secondo slump test) l'aggregato è completamente "avviluppato" dalla pasta cementizia. In tal modo l'aria contenuta nella miscela è di molto ridotta rispetto al caso di un calcestruzzo asciutto con un conseguente aumento delle caratteristiche di durabilità in virtù di una porosità limitata. Di contro, in impasti eccessivamente fluidi, si può manifestare la segregazione degli inerti, ossia una loro separazione per gravità, con conseguente perdita di durabilità a causa di caratteristiche estremamente disomogenee nel materiale indurito.

Modalità di posa in opera

Una posa in opera che assicuri un elevato grado finale di compattezza (e una conseguente minore permeabilità agli agenti esterni) del calcestruzzo indurito è un'importante condizione iniziale per una durabilità elevata nel tempo. Per ottenere il massimo grado di compattezza iniziale (gradi più elevati vengono poi raggiunti dopo la fase di getto tramite "vibrazione") la composizione del calcestruzzo deve seguire quanto più possibile la parabola ideale di Fuller (curva granulometrica P-D in fig. 18) espressa dalla relazione:

$$P = 100\sqrt{\frac{d}{D}}$$

P = percentuale degli aggregati passata al vaglio di un setaccio con maglia di apertura d;
d = diametro dei fori del setaccio;
D = dimensione caratteristica massima degli aggregati.

18. Curva di Fuller.
Santarella L., Il Cemento armato. La tecnica e la statica, Hoelpi, 1998.

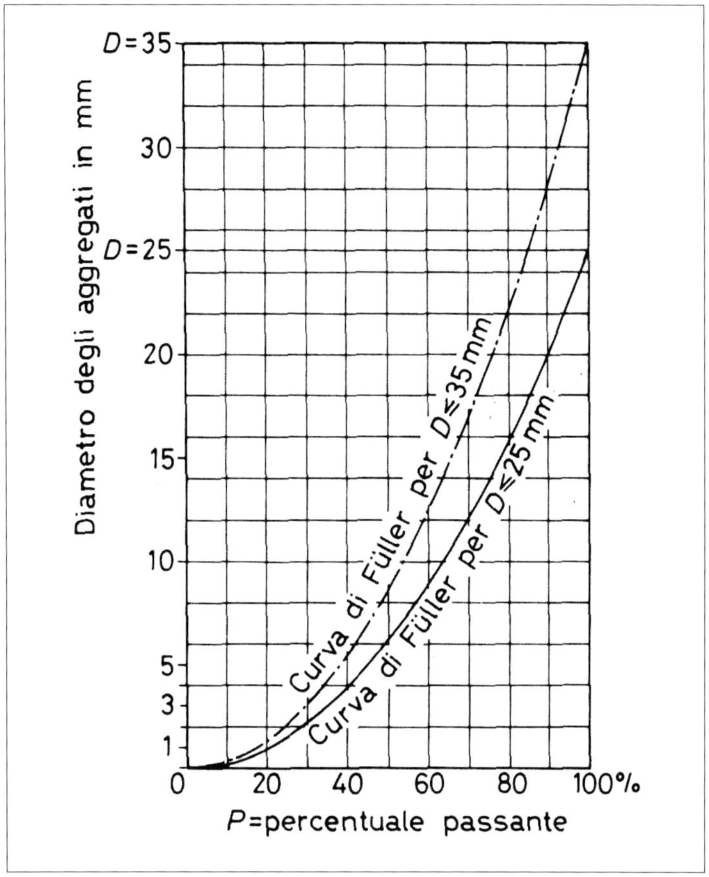

18

Cause esterne

Carbonatazione

È il fenomeno legato alla graduale diffusione dell'anidride carbonica attraverso porosità e microfessure del calcestruzzo (CO_2). Tale processo chimico, particolarmente incisivo in presenza di elevato inquinamento atmosferico, porta alla formazione di carbonato di calcio nel calcestruzzo con conseguente neutralizzazione della calce presente e conseguente abbassamento del pH da 12.5 (valore tipico) fino a 9. Con valori del pH inferiori a 11.5 cessano le condizioni di passività, ossia il calcestruzzo non possiede più il grado di alcalinità sufficiente a proteggere le armature da fenomeni corrosivi. La reazione chimica semplificata del processo di carbonatazione è la seguente:

$$Ca(OH)_2 + CO_2 \rightarrow CaCO_3 + H_2O$$

Nella figura 19 si riporta la curva della velocità di carbonatazione in funzione dell'umidità atmosferica relativa. In ambienti molto umidi o molto secchi il fenomeno della carbonatazione è particolarmente incisivo. Cementi Portland risultano più sensibili a questo fenomeno dei cementi Pozzolanici (i due tipi di uso più comune) in virtù di una minore disponibilità di calce di idratazione consumata nella reazione Pozzolanica.

Attacco di sali

I sali dannosi per il calcestruzzo sono in primo luogo costituiti da solfati e cloruri.

La reazione dei solfati con l'idrossido di calcio presente nel cemento porta alla formazione di ettringite o thaumasite con conseguente aumento in volume del conglomerato fino al 400% e relativa fessurazione che apre il campo ad una più veloce diffusione delle cause di degrado.

Il cloruro di sodio (NaCl), tipicamente usato come sale antigelo sulle pavimentazioni stradali e presente nell'acqua marina, si combina con quegli aggregati che contengono silice amorfa dando origine a locali rigonfiamenti e conseguenti fessurazioni. Il cloruro di sodio è nocivo per le armature poiché innesca un processo di corrosione localizzato (pitting).

Cicli di gelo e disgelo

Cicli di gelo e disgelo portano a fenomeni fessurativi per l'aumento in volume dell'acqua presente nei pori della pasta cementizia indurita. Anche aggregati con caratteristiche gelive danno origine ad aumenti in volume tali da provocare facilmente il superamento della resistenza a trazione nel calcestruzzo.

Essiccazione e ritiro

L'essicazione e il conseguente ritiro influenzano la durabilità del calcestruzzo in quanto causa di fessurazioni nella struttura che costituiscono vie d'accesso privilegiate per la penetrazione degli agenti aggressivi.

19. Velocità di carbonatazione in funzione dell'umidità relativa dell'ambiente.
Siviero E., Cantoni R., Forin M., Durabilità delle opere in calcestruzzo, Franco Angeli, 2001.

Abrasione ed erosione

Asporto del materiale superficiale da parte degli agenti atmosferici esterni, oppure in seguito ad urti o ad usura da origine a diminuzioni di copriferro (con maggiore esposizione delle armature alle cause di degrado) e a una riduzione delle sezioni resistenti (con aggravio del regime tensionale e incremento dello stato deformativo e fessurativo).

I fattori che determinano le condizioni di degrado di una struttura sono, come appare da quanto descritto, molteplici e spesso correlati. Fattore determinante ai fini della penetrazione degli agenti causa del degrado è la porosità. La presenza di uno stato fessurativo o microfessurativo, comunque inevitabile in questo tipo di materiale, ha come conseguenza un aggravio della situazione. Il controllo dell'ampiezza delle fessure, conseguente a un'adeguata rigidezza strutturale, è un aspetto fondamentale nell'assicurare il raggiungimento della vita utile di progetto di un'opera.

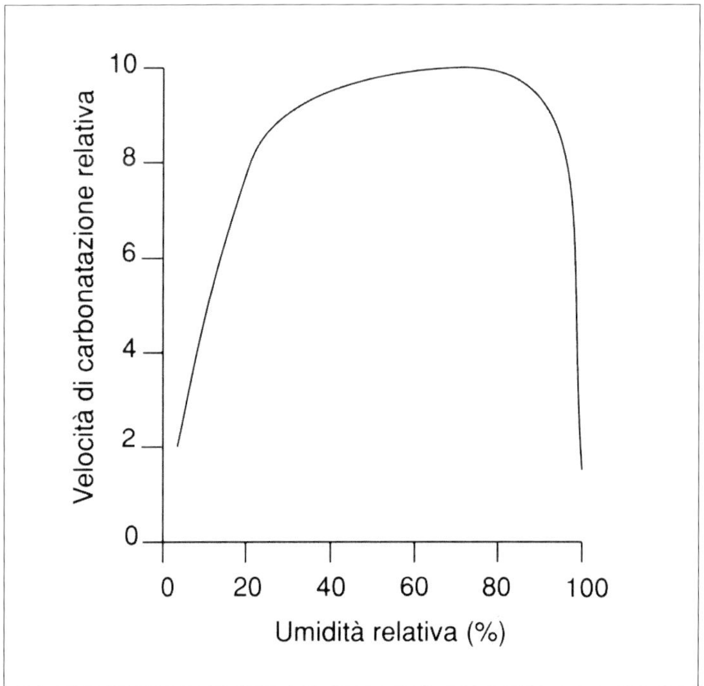

19

Nuove frontiere per il calcestruzzo armato

Come precedentemente evidenziato uno degli aspetti di maggiore interesse parlando del calcestruzzo armato è quello della durabilità, correlato alla capacità delle strutture di raggiungere la vita utile di progetto.

Il fattore determinante ai fini della durabilità delle opere in c.a. è la corrosione nelle barre d'armatura protette da uno strato corticale di calcestruzzo: il copriferro. Un copriferro eccessivamente permeabile, fessurato o danneggiato causa un rapido degrado dell'intera struttura.

Durabilità è oggi sinonimo di corretta progettazione delle miscele, controlli di qualità sulla scelta dei materiali, sulle caratteristiche del calcestruzzo fresco, sulle modalità di trasporto, getto e stagionatura, su un'adeguata protezione superficiale dei getti, delle armature e infine su una corretta progettazione dei dettagli costruttivi. Ciò consente di ritardare l'innesco dei processi di degrado e di mitigarne la velocità di propagazione. È bene ricordare però che, oltre a quanto menzionato, è indispensabile il concepimento di strutture con confacenti livelli di rigidezza, perché a una deformabilità eccessiva conseguono livelli elevati di fessurazione non controllabili con nessuna delle precauzioni sulla qualità dei materiali e la loro messa in opera.

La normativa fornisce un'indispensabile guida per il confezionamento e la messa in opera del calcestruzzo, con le norme UNI 9858 e UNI 8981, rispettivamente "Calcestruzzo: prestazioni, produzione, posa in opera e criteri di conformità" e "Durabilità delle opere e manufatti in calcestruzzo".

Ai fini della durabilità, la compattazione della miscela fresca, effettuata in opera, rappresenta un punto critico, difficilmente normabile, a causa dei molteplici fattori che intervengono. Primo tra tutti, la qualità della manodopera in cantiere, in grado di condizionare fortemente la qualità del getto indurito. Un calcestruzzo compattato in modo incompleto presenta dei macrovuoti che lo rendono più penetrabile, meno durabile e meccanicamente meno performante. La vibrazione di un getto, quand'anche eseguita correttamente, può portare a disomogeneità nell'impasto tali da causare differenze nelle proprietà meccaniche dal calcestruzzo indurito da zona a zona fino al 15%, con evidenti ricadute nel campo della durabilità.

Per limitare il peso delle variabili aleatorie è necessario ampliare il significato corrente di "durabilità", passando attraverso l'introduzione di materiali da costruzione innovativi, in grado di sopperire parzialmente ai fattori di incertezza presenti. Nel campo dei calcestruzzi le nuove frontiere sembrano passare per i SCC (Self-Compacting Concrete) e per i calcestruzzi ad elevate prestazioni, mentre, nell'ambito delle armature, l'introduzione delle barre realizzate in FRP (Fiber Reinforced Polymers) pare poter risolvere le cause tradizionali del degrado.

Cenni sui calcestruzzi di tipo autocompattante (S.C.C.)

La concezione di un calcestruzzo autocompattante, ossia di un particolare tipo di calcestruzzo in grado di costiparsi grazie alla forza di gravità non necessitando delle usuali fasi di vibrazione, risale all'inizio degli anni Ottanta. Il "nuovo" materiale deve le sue caratteristiche a un'alta fluidità della miscela fresca unita ad un'elevatissima resistenza alla segregazione (gli autocompattanti sono un'evoluzione dei calcestruzzi reoplastici; "reo", dal greco, fluire e plastico per indicare coesione, cioè assenza di segregazione). Il meccanismo dell'autocompattazione è possibile grazie all'impiego di un'elevata quantità di parti fini (materiali con dimensioni caratteristiche inferiori ai 100 µm) o polveri nella miscela (5-6 kN/m^3), e all'impiego di particolari additivi che modificano la viscosità della pasta.

Aspetto fondamentale ai fini del confezionamento di un SCC è il giusto bilanciamento tra fluidità e resistenza alla segregazione. Le proprietà di un calcestruzzo autocompattante dipendono dal tipo di aggregato utilizzato, dalle proporzioni delle varie componenti nella miscela e dai tipi di additivi fluidificanti il cui effetto segregante è contrastabile con un maggiore utilizzo di polveri nell'impasto. Queste hanno un effetto benefico perché assorbendo l'acqua libera favoriscono l'omogeneità della miscela impedendo lo sprofondamento degli aggregati grossi.

Negli SCC la fluidità risulta essere così spinta da rendere non significativi i risultati provenienti dalla classica prova di slump (slump>260 mm). Lo "slump test" viene allora sostituito dallo "slump flow", ossia dalla misura del diametro del calcestruzzo sformato proveniente dal cono di Abrams (lo slump flow deve raggiungere almeno i 600 mm).

Il calcestruzzo autocompattante quindi, allo stato fresco, garantisce alte proprietà deformative in assenza di segregazione, riuscendo a "filtrare" in zone a elevata congestione di armatura senza bisogno di essere vibrato, introducendo all'innovativo concetto di "passing ability". Dopo l'indurimento invece, assicura una bassa permeabilità e di conseguenza un elevato grado di durabilità.

I SCC sono confezionabili con cementi ordinari tipo Portland conformemente alla norma UNI EN 197. È di seguito riportato in tabella un confronto in termini di caratteristiche e prestazioni tipiche tra un SCC e un calcestruzzo ordinario.

I SCC sono calcestruzzi con caratteristiche di ritiro e viscosità del tutto simili a quelle dei calcestruzzi ordinari. In virtù della

	Self-Compacting Concrete 26/RD-15	Calcestruzzo standard 26/RD-16
Impasto		
Cemento 42,5 R	2.5 kN/m^3	3.0 kN/m^3
Tipo II A/L		
Cenere volante	2.0 kN/m^3	—
Sabbia	10.2 kN/m^3	9.5 kN/m^3
Pietrisco 8/12	8.4 kN/m^3	9.5 kN/m^3
Contenuto di fini (<100µm)	5.1 kN/m^3	3.6 kN/m^3
Peso specifico	23.7 kN/m^3	23.1 kN/m^3
Aria inglobata	3%	5%
Acqua	180 l/m^3	180 l/m^3
Rapporto A/C		

►

	Self-Compacting Concrete 26/RD-15	Calcestruzzo standard 26/RD-16
Resistenza a compressione	(MPa)	(MPa)
1 g	13.2	11.3
3 gg	22.3	20.8
7 gg	34.1	29.9
28 gg	45.6	39.5
60 gg	56.2	44.3
90 gg	69.3	48.8
Resistenza a flessione		
28 gg	6.0	5.2
Resistenza a trazione (prova brasiliana)		
7 gg	2.7	1.6
28 gg	2.5	2.8
Pull-out (barra ad aderenza migliorata)		
28 gg	18.8	14.4
Modulo elastico		
28 gg	34577	33858
Penetrazione dell'acqua (DIN 1048)	(mm)	(mm)
Media / Massima	11 / 15	29 / 46

compattezza della matrice indurita, i calcestruzzi autocompattanti possono assicurare valori caratteristici di resistenza a compressione estremamente elevati (facilmente superiori ai 60 MPa a 28 giorni). Tali risultati non vengono "sfruttati" da un punto di vista strutturale, ma sono funzionali alle considerazioni sulla durabilità effettuate in questo paragrafo.

I materiali necessari al confezionamento degli "autocompattanti" sono facilmente reperibili ed è quindi possibile pensare ad un loro futuro utilizzo su grande scala.

Altri tipi di calcestruzzo innovativi sono i calcestruzzi ad elevate prestazioni (HPC – High Performance Concrete), quelli fibrorinforzati e in fine i calcestruzzi alleggeriti strutturali. Per un approfondimento sulle loro caratteristiche si rimanda alla letteratura specializzata.

Cenni sui nuovi tipi di armatura

Ai fini della prevenzione dei fenomeni di corrosione dell'acciaio tradizionale d'armatura si ricorre oggi all'impiego di soluzioni diverse. Queste possono basarsi su una protezione diretta delle armature o su una loro protezione indiretta basata su un controllo delle caratteristiche del calcestruzzo che le avvolge.

I tradizionali metodi di protezione sono di seguito elencati.

Accanto all'impiego di metodi passivanti o di acciai poco sensibili ai fenomeni corrosivi esistono barre per armatura realizzate con materiali sostitutivi dell'acciaio e dalle potenzialità interessanti. Si tratta dei cosiddetti FRP o Fiber Reinforced Polymers, denominazione che raggruppa vari tipi di materiali costituiti da fibre di diversa natura immerse in una matrice di resina

Protezioni aggiuntive basate sul controllo delle caratteristiche				
	delle armature	Caratteristiche intrinseche	→	Dipendenti dalla natura del materiale (ad esempio acciai inox)
		Caratteristiche superficiali	→	Rivestimenti metallici (zincatura)
			→	Rivestimenti organici (resine epossidiche)
			→	Protezione catodica
	del calcestruzzo	Caratteristiche intrinseche	→	Fisiche (Impiego di fumo di silice)
			→	Chimiche (Impiego di inibitori)
		Caratteristiche superficiali	→	Rivestimenti impermeabili alla CO_2
			→	Rivestimenti impermeabili ai cloruri
			→	Rivestimenti idrorepellenti

epossidica o vinilestere. Le prime applicazioni di questi materiali risalgono agli anni Quaranta nell'industria aeronautica e più recentemente in quella spaziale.

A causa dei costi elevati, solo negli ultimi anni si è pensato ad un loro impiego nel campo dell'ingegneria civile. Attualmente, in questo campo, un interesse particolare è focalizzato sui compositi costituiti dalle fibre di carbonio e di aramide (polimero a base di poliammide).

I vantaggi maggiori derivanti da un loro utilizzo derivano da elevate caratteristiche di resistenza e durabilità (sono praticamente insensibili all'umidità e agli agenti chimici atmosferici) a fronte di un peso proprio estremamente ridotto.

Di contro posseggono una bassissima resistenza agli urti e sono vulnerabili all'intaglio.

Le resine (matrici) in cui le fibre vengono inglobate hanno caratteristiche e costi molto diversi. Il comportamento finale della barra dipende, com'è ovvio, in modo considerevole dal tipo di matrice.

Il diagramma σ-ε per alcuni tipi di barre in FRP è riportato nella figura 20. La legge costitutiva dei "compositi" è caratterizzata in generale da un andamento elasto-fragile, con conseguente assenza di deformazioni plastiche.

Nella tabella seguente si riportano le caratteristiche meccaniche salienti di alcuni tipi di fibra e alcuni tipi di resina.

	Caratteristiche meccaniche delle fibre			Caratteristiche meccaniche delle matrici		
	Carbonio Pan	Carbonio Pitch	Aramidiche	Epossidica	Poliestere	Poliammide
Resistenza a trazione (N/mm²)	2500 4000	780 4000	2800 3500	55 130	20 100	40 190
Modulo di deformabilità a trazione (N/mm²)	200000 650000	38000 800000	75000 130000	2500 4100	2100 4100	3000 5000
Deformazione ultima (‰)	4 18	4 25	23 46	10 90	10 60	10 60
Densità (kN/m³)	2200	1800	1400-1500	1100-1300	1000-1500	1300-1400

20. Legge costitutiva di barre d'armatura in FRP confrontate con le tradizionali in acciaio (curva 1). Siviero E., Russo S., Mazzolato S., Le armature di rinforzo per calcestruzzo, Franco Angeli, 2001.

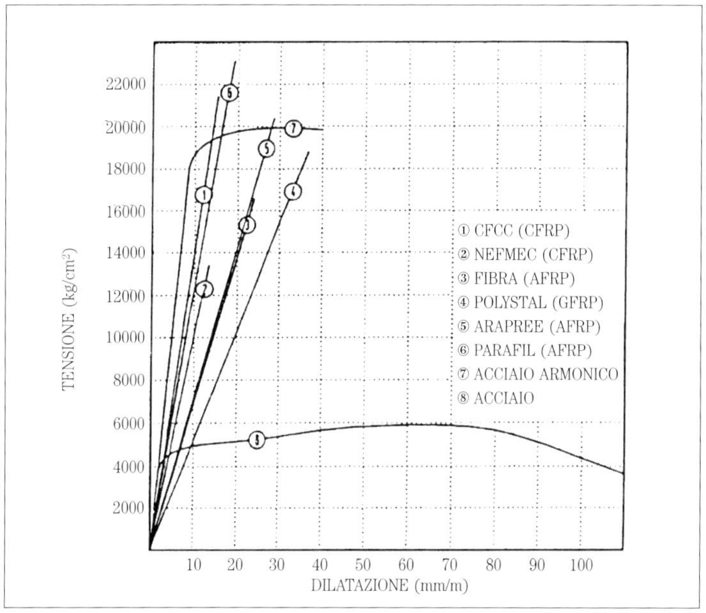

20

Le barre con fibre di carbonio presentano modulo elastico più elevato rispetto a quello delle barre con fibre aramidiche, con valori minimi di resistenza a trazione inferiori (ma pur sempre molto elevati e pari a due o tre volte quelli degli acciai). Entrambe modificano sensibilmente il loro comportamento meccanico in funzione della temperatura. Già con temperature superiori ai 100 °C inizia il deterioramento della matrice con rapido decadimento delle proprietà delle fibre.

La resistenza a compressione delle fibre è nettamente inferiore a quella a trazione e difficilmente classificabile per l'elevata sensibilità alle dimensioni caratteristiche trasversali dei provini.

L'aderenza tra calcestruzzo e composito è assicurata dalla finitura superficiale delle barre.

Le barre in FRP sono caratterizzate da coefficienti di dilatazione termica α diversi longitudinalmente e radicalmente a causa della forte anisotropia del composito.

I coefficienti di dilatazione termica longitudinali sono i seguenti:

$$\alpha_{FRP,\,lon} = -6\times10^{-6} \div 1\times10^{-5}\ °C^{-1}$$

$$\alpha_c = 1\times10^{-5} \div 1.2\times10^{-5}\ °C^{-1\ a} \approx \alpha_s$$

Radialmente il coefficiente di dilatazione termica può raggiungere valori molto più elevati. Tipicamente:

$$\alpha_{FRP,\,rad} = 5\times10^{-5}\ °C^{-1}$$

Ciò è causa di pressioni radiali tali da portare alla fessurazione del calcestruzzo. Tuttavia, a differenza del caso dell'impiego di barre tradizionali in acciaio, il fenomeno sembra non comportare grossi problemi di durabilità a causa dell'inerzia chimica delle barre in FRP.

Attualmente, fattori di incertezza sull'impiego di armature in FRP sono costituiti dall'incertezza sulla loro effettiva vita utile, dalla scarsa resistenza al fuoco delle matrici, e infine dall'ancora insufficiente sperimentazione sulla loro complessiva resistenza a fatica.

Un esempio applicativo: La nuova sede dell'Università di Ca' Foscari in Via Torino a Mestre

Il caso in esame riguarda la progettazione strutturale del "Lotto 10" della nuova sede dell'Università di Ca' Foscari a Mestre.

Il progetto complessivo si sviluppa su un'area di 25 ettari con una cubatura prevista di 120000 m³ e nasce da un concorso di progettazione indetto dal Consorzio Venezia Università (che raggruppa Associazione Industriali di Venezia, Comune di Venezia – Assessorato all'Urbanistica, Istituto Universitario di Architettura di Venezia, Università di Venezia) vinto dagli architetti Franca Pittaluga e Claudio Lamanna, docenti presso l'I.U.A.V..

Gli edifici presentati, che ospiteranno le sedi delle Facoltà di Scienze Matematiche e Fisiche (denominati "E" ed "F"), si sviluppano su quattro piani fuori terra.

Il "Lotto 10" è inoltre caratterizzato da un collegamento interrato tra i due edifici in oggetto, adibito a parcheggio sotterraneo e all'alloggiamento di parte degli impianti.

L'edificio "E" ha pianta di forma approssimativamente rettangolare, con dimensioni massime di 70×19 m², mentre l'edificio "F" ha pianta a forma di goccia con ingombro di 72×20 m².

L'area complessiva occupata dai due edifici e dalle zone interrate di collegamento interne al Lotto 10 è di circa 6900 m².

Su richiesta della committenza, in fase di progettazione

strutturale si è tenuto conto della possibile futura sopraelevazione di un piano degli edifici “E” ed “F”. Ciò comporta lo studio di particolari accorgimenti nella zona di copertura e il rinforzo di fondazioni e pilastri.

La struttura portante, sia degli edifici che delle zone comuni interrate, è costituita da telai con travi e pilastri in c.a. È inoltre previsto il posizionamento di setti in c.a. utilizzati per contenere i vani scala e ascensore e collocati in pianta in modo tale da formare un adeguato sistema di controventamento per l’intera struttura.

Strutture di fondazione

Le fondazioni di una struttura costituiscono sicuramente uno dei fattori più importanti ai fini della sicurezza generale.

Nel caso in esame sono state considerate in fase progettuale le seguenti tipologie alternative:

1) fondazioni dirette del tipo a platea;
2) fondazioni indirette su pali con platea a spessore variabile;
3) fondazioni indirette su pali con platea a spessore costante.

La prima soluzione, pur avendo il vantaggio di non prevedere l’utilizzo di pali, con un conseguente considerevole vantaggio economico, non forniva adeguate garanzie dal punto di vista deformativo. La seconda soluzione, pur implicando una minor cubatura di calcestruzzo per la platea, comportava maggiori complicazioni dal punto di vista costruttivo. Si è quindi adottata una platea di spessore costante pari a 100 cm sotto gli edifici E ed F, e con spessore costante di 70 cm nelle zone non interessate da edifici fuori terra.

La platea poggia su pali di tipo trivellato a grande diametro (d = 80 cm), posti in corrispondenza dei pilastri e dei setti. Per i pali di fondazione, immorsati a quota -33 m dal piano campagna in uno strato di terreno con buone caratteristiche meccaniche, si sono considerati tre possibili diametri: d_1 = 800 mm, d_2 = 1000 mm, e d_3 = 1200 mm, con corrispondente portata ammissibile di 1830 kN, 2500 kN e 3000 kN (in accordo al tipo di terreno presente). Si è scelto, ove possibile, di disporre sempre i pali con diametro minore per avere almeno due o tre pali sotto ad ogni pilastro (l’interasse minimo fissato per i pali è di tre diametri) e ovviare a un’eventuale errata messa in opera degli stessi.

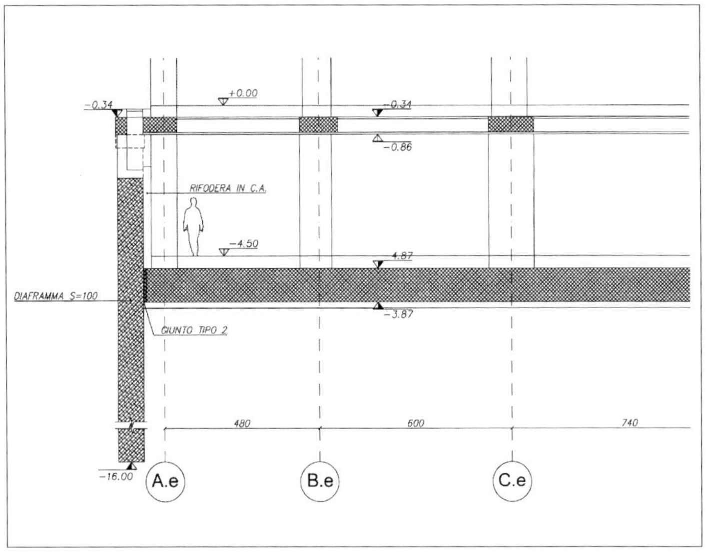

21

21. Sezione del diaframma perimetrale e della platea di fondazione.

La platea di fondazione, oltre che esercitare il ruolo di interfaccia tra pilastri e pali nella trasmissione dei carichi verticali, ha il compito di resistere all’azione di galleggiamento dovuta alla sottospinta idrostatica provocata dalla falda, impedendone al contempo la penetrazione.

I diaframmi laterali, eseguiti in c.a. e dello spessore di 1 m, hanno il compito di sostenere lo scavo sia in fase transitoria sia in fase definitiva e sono stati dimensionati in modo da minimizzare le deformazioni orizzontali senza la necessità di utilizzare sistemi di vincolamento con tiranti o sbadacchiature. Al fine di garantire la stabilità delle pareti di scavo e la tenuta idraulica del fondo, la paratia è stata spinta fino a 16 m dal piano campagna.

Strutture in elevazione

La struttura portante dell’edificio è costituita da pilastri e travi in c.a. gettati in opera e da solai in latero-cemento del tipo predalles, cioè con lastra prefabbricata. La scelta di una struttura interamente gettata in opera è dovuta alla ricerca di un alto livello nei dettagli costruttivi, normalmente difficile da ottenere con la prefabbricazione. I solai tipo, orditi su una luce massima

22. Pilastri, travi e solai del piano tipo. Giunto ottenuto con raddoppio dei pilastri.

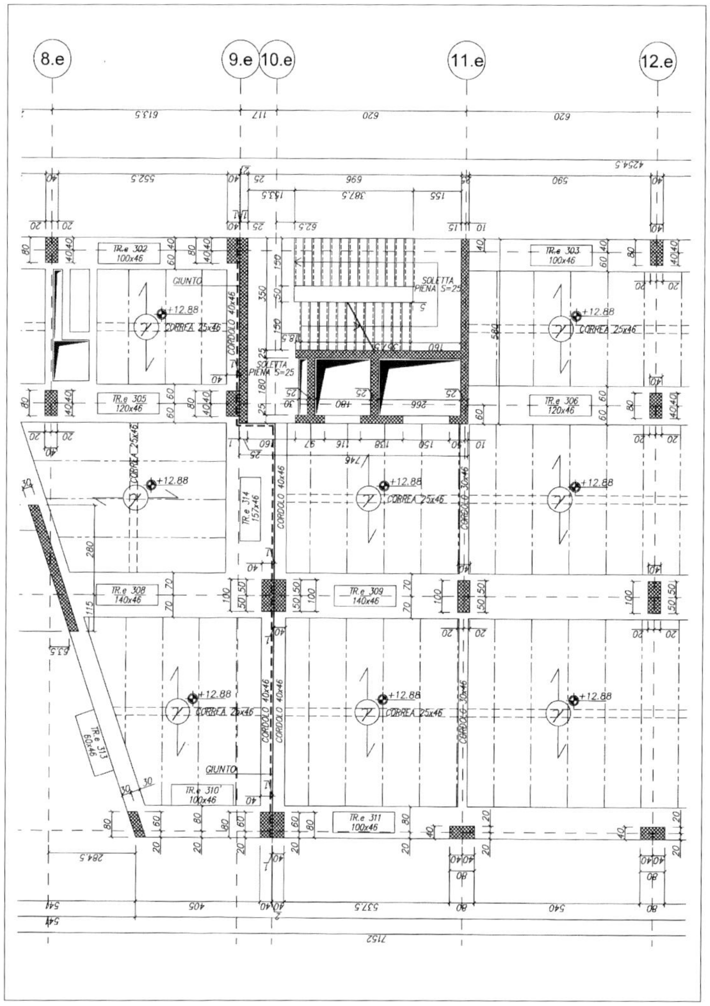

22

di 7.40 m, hanno uno spessore di 50 cm (4 cm di lastra prefabbricata, 40 cm di alleggerimento in laterizio, e 6 cm di cappa superiore di c.a.). Questa tipologia di orizzontamenti ha il vantaggio di poter utilizzare le lastre come casserature per il getto previo un loro corretto dimensionamento al fine di renderle autoportanti, in modo da non avere bisogno di sostegni intermedi. La lastra prefabbricata del solaio di piano terra ha spessore maggiorato di 6 cm al fine di ottenere una resistenza al fuoco di 180 minuti (negli altri piani è richiesta una resistenza di 120 minuti). L'altezza del solaio, maggiore rispetto al minimo h = L/25 indicato dal regolamento, è dovuta alla necessità di limitare le deformazioni per l'ottimale funzionamento degli strumenti di precisione contenuti nei laboratori interni all'edificio. È da notare come gli alleggerimenti previsti nei solai siano in laterizio. Ciò comporta un peso complessivo decisamente superiore rispetto a quello ottenibile con alleggerimenti in polistirolo. Tuttavia il laterizio presenta il pregio di assorbire l'acqua di idratazione in eccesso durante la presa del calcestruzzo, evitando il formarsi di macchie d'umidità all'intradosso dei solai, fenomeno che può manifestarsi anche a distanza di anni dalla loro messa in opera. Per aumentare la rigidezza flessionale dei solai in direzione ortogonale rispetto a quella di orditura si sono utilizzate delle travi in spessore, chiamate comunemente corree.

Il notevole peso proprio dei solai e il sovraccarico accidentale considerato, q = 6.00 kN/m^2, ha comportato l'aggiunta di una fila di pilastri rispetto alla maglia del progetto preliminare. Ciò ha comportato modifiche anche nel progetto architettonico tra la fase preliminare e quella definitiva. Tutte le travi sono calcolate in spessore e ricavate utilizzando le lastre del solaio come casseri. Questa tipologia, pur comportando una generale minore rigidezza flessionale, ha il grande vantaggio di non avere ricadute estetiche e di non interferire con la disposizione degli impianti tecnologici, in questo caso contenuti all'interno del controsoffitto. Per i pilastri, di sezione rettangolare massima 100×40 cm^2, si è utilizzato un calcestruzzo con resistenza caratteristica pari a 35 MPa per i piani fuori terra e 40 MPa per il piano interrato, al fine di limitare le dimensioni della sezione trasversale degli stessi.

I due edifici sono stati "giuntati", in modo da non avere parti continue di lunghezza maggiore di 30-40 m. Ciò è stato ottenuto attraverso il raddoppio dei pilastri (vedi figura 22).

La stabilità della struttura nei confronti dei carichi orizzontali è assicurata dai setti previsti in corrispondenza dei vani scala-ascensore e lungo alcune pareti perimetrali. I solai, considerati infinitamente rigidi nel proprio piano, trasferiscono tali azioni, in particolare quelle dovute al vento, alle zone controventanti costituite dai setti in questione.

Normativa di riferimento

La prima normativa italiana sulle opere in cemento armato, intitolata "Prescrizioni normali per la esecuzione delle opere in cemento armato" risale al 1907. Dopo quasi un secolo, i vari aggiornamenti che si sono susseguiti hanno tenuto conto del miglioramento dei materiali oltre che di una sempre maggiore comprensione del loro comportamento meccanico. Negli ultimi anni l'esigenza avvertita di unificare i regolamenti nazionali dei paesi europei ha portato alla stesura di norme comuni, chiamate Eurocodici, destinate a sostituire progressivamente le varie normative nazionali. In Italia attualmente è consentita la verifica delle strutture utilizzando il metodo delle tensioni ammissibili oppure il metodo semi probabilistico agli stati limite. Per il primo si deve far riferimento al Decreto Ministeriale del 14.3.1992 intitolato "Norme tecniche per il calcolo, l'esecuzione ed il collaudo delle strutture in cemento armato, normale e precompresso e per le strutture metalliche", per il secondo al D.M. del 9.1.1996, con titolo uguale al precedente, ma che tiene conto delle indicazioni contenute nell'Eurodice 2 (Opere in Calcestruzzo armato). Oltre che contenere indicazioni sulla resistenza e deformabilità dei materiali e sulle modalità di calcolo, la normativa riporta regole pratiche di progettazione per i principali elementi strutturali (quantità minima di armatura, copriferro, interferro), norme di esecuzione, norme complementari relative ai solai (altezza minima in relazione alla luce, quantità minima di armatura, caratteristiche degli alleggerimenti, ecc.) e norme per il collaudo statico. Di particolare importanza per la buona esecuzione di un opera sono le indicazioni contenute nei D.M. sui requisiti dei materiali (leganti, inerti, acqua, armatura, impasti) e sui controlli da effettuarsi in cantiere sul conglomerato. Vengono infatti stabilite, tra le altre cose, il numero di cubetti di lato 30×30 cm da sottoporre a prova di rottura per determinare la resistenza cubica caratteristica Rck, i controlli sugli acciai da precompresso, oltre che quelli sulle barre ad aderenza migliorata, sui fili di acciaio trafilato e sulle reti da effettuarsi in stabilimento.

Per valutare le azioni agenti sulla struttura in oggetto si è fatto riferimento al D.M. 16.01.1996: norme tecniche relative ai "Criteri generali per la verifica di sicurezza delle costruzioni e dei carichi e sovraccarichi". In questa normativa sono contenuti valori indicativi dei pesi specifici dei vari materiali da costruzione (ad esempio γ_{ca} = 25 kN/m^3 per il cemento armato o γ_{acc} = 78 kN/m^3 per l'acciaio), oltre che dei sovraccarichi accidentali verticali da applicarsi ai solai a seconda della destinazione d'uso, del carico dovuto alla neve, dell'azione orizzontale dovuta al vento e della differenza termica. Accanto a questi dati, fondamentali ai fini di impostare una corretta analisi dei carichi, sono riportati i coefficienti caratteristici delle azioni e quelli relativi alle combinazioni, da utilizzare nel caso di verifiche condotte secondo il metodo semi probabilistico agli stati limite. Nel caso si vogliano utilizzare gli Eurocodici bisogna far riferimento all'EC1 "Azioni sulle strutture".

Materiali

La scelta dei materiali da costruzione è di fondamentale importanza ai fini della resistenza strutturale e della durabilità dell'opera.

Per gli edifici in esame l'attenzione maggiore è stata rivolta alla composizione del calcestruzzo (al tipo e alla quantità minima di legante, al rapporto acqua-cemento, alla granulometria e diametro massimo degli inerti).

Nel caso dei getti massicci e comunque degli elementi a diretto contatto con la terra si è utilizzato un calcestruzzo confezionato con un cemento di tipo pozzolanico, Quest'ultimo, ottenuto da una miscela di cemento Portland (normalmente almeno il 40-50%) e di pozzolana, presenta le seguenti proprietà:

1) minore sviluppo di calore, qualità importante nei grandi getti quali quelli delle platee di fondazione ai fini di limitare la fessurazione da ritiro;
2) migliore resistenza all'attacco chimico dei solfati e delle acque marine;
3) mitigazione e talvolta l'eliminazione degli effetti legati alla reazione alcali-aggregato;
4) maggiore resistenza offerta alla penetrazione dei cloruri, e quindi una migliore protezione dei ferri di armatura.

Un altro fattore importante ai fini della lavorabilità, della resistenza caratteristica e della durabilità è il rapporto acqua/cemento. Al diminuire del rapporto A/C, infatti, si ottiene un calcestruzzo più impermeabile alla penetrazione degli agenti aggressivi (e quindi più durevole), con una maggiore resistenza caratteristica, ma con una minore lavorabilità.

23. Tabella delle caratteristiche dei materiali.

CALCESTRUZZO

Diaframmi e pali trivellati

A struttura chiusa, con consistenza al momento della posa pari alla classe di abbassamento al cono Abrams S4, con grado di durabilità per una classe di esposizione 2a (ambiente umido senza gelo).
Sarà confezionato con cemento Pozzolanico tipo 325, con inerti di cava di varie pezzature atte ad assicurare un assortimento granulometrico adeguato alle destinazioni del getto secondo progetto strutturale e comunque con inerti di diametro max Ø30 mm, con dosatura di cemento e rapporto acqua/cemento compatibili con la lavorazione degli impasti e tali da garantire una resistenza cubica caratteristica a 28 gg. pari a Rck=25 N/mmq.
Massimo rapporto a/c = 0.55.
Minimo contenuto di cemento 280 daN/mc.
Copriferro sulla staffa di 5 cm.

Platea di fondazione

A struttura chiusa, con consistenza al momento della posa pari alla classe di abbassamento al cono Abrams S3, con grado di durabilità per una classe di esposizione 2a (ambiente umido senza gelo).
Sarà confezionato con cemento Pozzolanico tipo 325, con inerti di cava di varie pezzature atte ad assicurare un assortimento granulometrico adeguato alle destinazioni del getto secondo progetto strutturale e comunque con inerti di diametro max Ø30 mm, con dosatura di cemento e rapporto acqua/cemento compatibili con la lavorazione degli impasti e tali da garantire una resistenza cubica caratteristica a 28 gg. pari a Rck=30 N/mmq.
Massimo rapporto a/c =0.55.
Minimo contenuto di cemento 280 daN/mc.
Copriferro sulla staffa di 5 cm.
Dovrà avere caratteristiche di impermeabilità all'attraversamento delle acque di falda.

Pilastri interrati

A struttura chiusa, con consistenza al momento della posa pari alla classe di abbassamento al cono Abrams S3, con grado di durabilità per una classe di esposizione 4a (ambiente marino senza gelo).
Sarà confezionato con cemento Pozzolanico tipo 425, con inerti di cava di varie pezzature atte ad assicurare un assortimento granulometrico adeguato alle destinazioni del getto secondo progetto strutturale e comunque con inerti di diametro max Ø30 mm, con dosatura di cemento e rapporto acqua/cemento compatibili con la lavorazione degli impasti e tali da garantire una resistenza cubica caratteristica a 28 gg. pari a Rck=40 N/mmq.
Massimo rapporto a/c =0.55.
Minimo contenuto di cemento 300 daN/mc.
Copriferro sulla staffa di 6 cm.

Pilastri fuori terra, travi e solai, setti in c.a.

A struttura chiusa, con consistenza al momento della posa pari alla classe di abbassamento al cono Abrams S3, con grado di durabilità per una classe di esposizione 4a (ambiente marino senza gelo).
Sarà confezionato con cemento Portland tipo 425, con inerti di cava di varie pezzature atte ad assicurare un assortimento granulometrico adeguato alle destinazioni del getto secondo progetto strutturale e comunque con inerti di diametro max Ø30 mm, con dosatura di cemento e rapporto acqua/cemento compatibili con la lavorazione degli impasti e tali da garantire una resistenza cubica caratteristica a 28 gg. pari a Rck=35 N/mmq.
Massimo rapporto a/c =0.55.
Minimo contenuto di cemento 300 daN/mc.
Copriferro sulla staffa di 4.5 cm.

ACCIAIO DA C.A.

Acciaio per barre ad aderenza migliorata tipo FeB 44K conforme a quanto indicato nel prospetto 2-I del D.M. del 9/1/96 con tensione ammissibile di 255 N/mmq e rapporti fy/fyk < 1.35 e (ft/fy)m ≥ 1.13.
Reti fili e tralicci elettrosaldati conformi a quanto indicato nel prospetto 4-I del D.M. 9/1/96 con tensione ammissibile di 255 N/mmq e rapporto ftk/fyk ≥ 1.1.
L'acciaio deve essere conforme a quanto previsto dal succitato D.M. e ogni fornitura dovrà essere accompagnata da un certificto di Laboratorio Ufficiale e deve essere provvista di marchiatura di identificazione.
L'accertamento delle caratteristiche meccaniche dovrà avvenire secondo quanto previsto dalle norme EN 10002/1, UNI 564, UNI 6407; il prelievo dei campioni e le prove dovranno essere effettuati secondo la norma UNI 6407-69 e secondo il D.M. del 9/1/96.

ACCIAIO LAMINATO PER CARPENTERIA METALLICA

Acciaio tipo Fe 510 conforme a quanto indicato nei prospetti 1-II e 2-II del D.M. del 9/1/96 con tensione ammissibile di 240 N/mmq.
Acciaio tipo Fe 430 conforme a quanto indicato nei prospetti 1-II e 2-II del D.M. del 9/1/96 con tensione ammissibile di 190 N/mmq.
L'acciaio deve essere conforme a quanto previsto in allegato n° 8 del succitato D.M. e ogni fornitura dovrà essere accompagnata da un certificato di Laboratorio Ufficiale e deve essere provvista di marchiatura di identificazione.
Per l'accertamento delle caratteristiche meccaniche, per il prelievo dei saggi e le modalità di prova si dovrà rispettare le prescrizioni delle norme UNI EU 18, UNI 552, UNI EN 10002/1, UNI EN 10025.

23

Nel caso in esame si è sempre utilizzato un rapporto A/C = 0.55, mentre si è prescritta una classe di consistenza (misurata con la prova di slump e indice di lavorabilità) diversa a seconda del tipo di getto: S4 (più fluido) per i diaframmi e i pali trivellati, S3 per tutti gli altri.

Per la durabilità dell'opera si è adottato in tutti gli elementi strutturali un copriferro minimo di 4.5 cm. Nel caso di elementi a contatto con la terra (e quindi più soggetti ad attacchi esterni), quali pali, diaframmi e platee, tale valore è stato portato a 5 cm. I pilastri del piano interrato hanno un copriferro di 6 cm per soddisfare le maggiori richieste di resistenza al fuoco rispetto ai piani superiori (180 minuti rispetto ai 120 richiesti per le altre strutture).

Per quanto riguarda le barre di armatura oltre che la resistenza caratteristica di snervamento, pari a 440 MPa per una barra del tipo FeB44, si è indicata la duttilità, espressa dal rapporto minimo fra la tensione di rottura e quella di snervamento.

In relazione agli acciai per carpenteria metallica è importante indicare non solo il tipo di materiale, espresso dalla resistenza di rottura dello stesso, ma anche le prescrizioni sui collegamenti da effettuarsi: bullonati e/o saldati.

In figura 24 sono riportate le caratteristiche dei materiali rispondenti ai requisiti del caso in esame.

L'analisi dei carichi

Il progetto presentato possiede dal punto di vista dell'analisi dei carichi due aspetti non comuni. Il primo è dovuto alla volontà da parte del committente di prevedere la possibilità di aggiungere successivamente un piano agli edifici, cosa che comporta la necessità di considerare in fase progettuale i carichi provocati da tale sopraelevazione. Il secondo è il *sovraccarico* derivante dalla presenza di depositi di bombole di gas necessarie per gli esperimenti nei laboratori chimici. Tali riserve necessitano di strutture (sostanzialmente setti in c.a.) per contenere e orientare verso l'alto l'eventuale esplosione. Il considerevole peso di tali strutture è da aggiungere al peso proprio delle bombole.

L'utilizzo di un solaio rigido (con spessore considerevole) e di alleggerimenti in laterizio ha comportato un notevole peso finale degli orizzontamenti, pari a 8 kN/m^2. A questo valore, per determinare il carico permanente totale, sono da aggiungere il

24. Caratteristiche del solaio prescritte nei disegni.

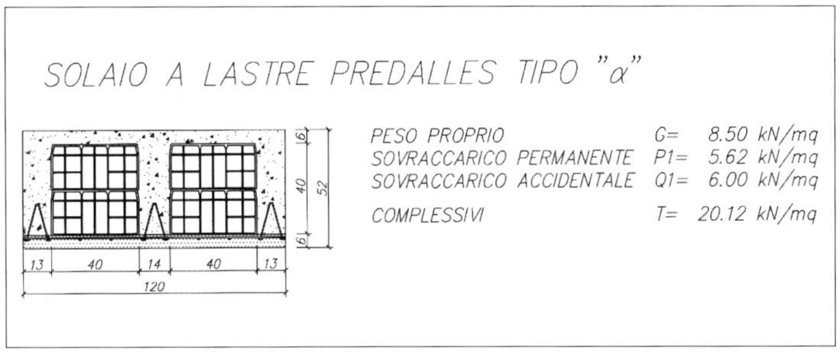

24

controsoffitto e gli impianti in (0.5 kN/m²), il pavimento industriale al quarzo di spessore 10 cm (2.50 kN/m²), e le tramezze (valutate in 1.80 kN/m²), ottenendo un totale di 12.80 kN/m². Il sovraccarico accidentale considerato è di 6.00 kN/m², corrispondente, secondo il regolamento italiano (D.M. 16.01.1996), a locali quali archivi, biblioteche, magazzini, depositi, laboratori, officine e simili. Tale valore è stato considerato anche negli spazi dedicati agli studi dei professori, in teoria sottoposti ad un carico ridotto e per i quali il R.I. indica un valore minimo di 2.00 kN/m², al fine di prevedere futuri cambi di destinazione d'uso. L'analisi dei carichi relativa ad ogni solaio va riportata nelle tavole strutturali (fig. 24), per permettere il posizionamento di eventuali armature aggiuntive all'interno dei solai all'atto del loro ordine.

Nei solai di copertura il carico accidentale dovuto alla neve, pari a 1.30 kN/m² per la zona di Mestre, è stato sostituito da quello derivante dall'affollamento (2.00 kN/m²) per tener conto della possibile sopraelevazione dei corpi di fabbrica.

Un altro carico di tipo indiretto deriva dalle variazioni termiche, per le quali si assume convenzionalmente un gradiente $\Delta T = \pm 15$ °C nel caso di strutture in c.a. direttamente esposte e $\Delta T = \pm 10$°C per quelle protette. La variazione termica provoca dilatazioni e contrazioni nei materiali che, nel caso di accorciamenti o allungamenti impediti dai vincoli, causano l'insorgere di stati tensionali significativi.

L'unica azione orizzontale agente è il vento, non rientrando Mestre in zona sismica.

Nelle aree esterne agli edifici (solai del piano terra delle zone sovrastanti i garage interrati), è stato previsto un carico d'uso corrispondente all'autobotte dei Vigili del Fuoco.

Scelta di uno schema di calcolo

Scegliere un modello di calcolo significa schematizzare il comportamento dell'organismo o del componente strutturale in esame. L'individuazione di uno schema di calcolo comporta l'introduzione di alcune ipotesi semplificative riguardo al reale comportamento dell'elemento considerato e dei suoi vincoli. I risultati derivanti dall'analisi strutturale saranno tanto più vicini al regime sollecitativo, tensionale e deformativo reali, quanto più le schematizzazioni introdotte risulteranno essere aderenti alla realtà. L'adozione di modelli semplificati comporta inevitabilmente la necessità di una valutazione critica dei risultati derivanti dall'analisi strutturale. È di fondamentale importanza che l'introduzione di schemi di calcolo semplificati non vada in direzione di una diminuzione della sicurezza sia nei confronti degli stati limite di servizio sia nei confronti degli stati limite ultimi della struttura. Questo non può che passare per un'attenta valutazione della tipologia strutturale in esame e dell'effettiva efficacia dei vincoli.

A titolo di esempio si può ricordare come, in generale, una schematizzazione rispondente al reale comportamento strutturale di edifici civili di complessità corrente realizzati in calcestruzzo armato sia quella del telaio spaziale con l'ipotesi di solai infinitamente rigidi nel proprio piano. Questa schematizzazione riesce a tener conto di tutti gli elementi strutturali e della loro reciproca influenza in virtù delle diverse rigidezze flessionali e torsionali (assumendo come infinite quelle assiali). Il telaio spaziale è uno schema in grado di fornire risultati ottimamente rappresentativi della reale risposta strutturale, ma sconta una complessità computazionale tale da scoraggiarne l'implementazione sia nel calcolo manuale (dove il suo utilizzo risulterebbe incompatibile con scopi e tempi consueti) che in quello automatico dove, salvo casi in cui ciò si renda necessario, si preferisce procedere con schemi semplificati. L'utilizzo di uno schema spaziale è tuttavia auspicabile per analisi dinamiche o sismiche.

Il primo livello di semplificazione è quello dell'adozione di uno schema a telaio piano. In questo modo non si tiene conto della deformabilità torsionale degli elementi appartenenti al piano considerato, in virtù della presenza dei collegamenti fuori dal piano. Non si tiene inoltre conto della congruenza degli spostamenti tra telai complanari. Questo schema, implementabile con discreta facilità nel calcolo automatico, è ritenuto ancora troppo laborioso qualora si proceda ad un'analisi manuale. Fornisce peraltro buoni risultati nel campo delle analisi di tipo statico, mentre in campo dinamico l'estrapolazione di una porzione della struttura dal contesto, senza un'appropriata valutazione sulle mutue azioni interne rappresentate da un insieme di vincoli, fornisce risultati non attendibili in termini di frequenze caratterizzanti dei modi propri di vibrare e interpretabili correttamente solo alla luce di una considerevole esperienza in materia.

Un'ulteriore semplificazione rispetto al telaio piano è costituita dal modello a telaio piano semplificato. Questo schema consente di tener conto della continuità della trave e della presenza dei pilastri che vengono considerati solamente fino ai punti di nullo del momento flettente di loro pertinenza ossia, usualmente, fino a metà interpiano. In corrispondenza di questi punti i pilastri vengono considerati vincolati al suolo tramite cerniera.

Un grado ulteriore di semplificazione è costituito dal modello a trave continua su più appoggi. Questo schema, di facile risoluzione manuale attraverso i metodi classici della scienza delle costruzioni, fornisce risultati attendibili solo qualora la rigidezza delle travi sia considerevolmente superiore a quella dei piedritti. In caso contrario, ossia con travi fortemente deformabili, viene trascurata la trasmissione del momento flettente dalle travi ai pilastri, con conseguente sottostima delle sollecitazioni in questi ultimi.

Il passaggio successivo consiste nello schematizzare la trave continua come sequenza di travi semplicemente appoggiate. Questo approccio porta ad un sovradimensionamento strutturale e necessita di una valutazione coerente delle condizioni di vincolo alle estremità. Infatti, la disposizione di ingenti quantità di armatura superiore agli appoggi (in grado perciò di assorbire momenti flettenti negativi all'interno di schemi reali iperstatici) in uno schema di trave semplicemente appoggiata (modello isostatico), atteggiamento diffuso nella pratica con l'idea di un miglioramento generale della sicurezza strutturale, porta a distribuzioni di momento flettente diverse da quelle ipotizzate nello schema di calcolo, coinvolgendo le rigidezze flessionali dei piedritti dimensionati unicamente per un regime compressivo assiale. Questa schematizzazione, in favore di sicurezza per il dimensionamento delle travi, risulta essere in sfavore di sicurezza nei confronti dei pilastri e quindi nei confronti della stabilità generale della costruzione. L'eventuale collasso di una trave è infatti ascrivibile all'ambito dei problemi locali mentre il collasso di un pilastro con la conseguente ridistribuzione degli sforzi nei pilastri adiacenti e il probabile superamento delle tensioni massime in questi ultimi rientra nella categoria dei problemi "globali" comportando il potenziale collasso dell'intera struttura.

Nella pratica professionale spesso si ricorre alla semplificazione dello schema a telaio in uno a trave continua, con gli appoggi in corrispondenza dei pilastri, dimensionando questi ultimi in base alla sola sollecitazione di solo sforzo normale ottenuto dalle reazioni vincolari della trave (trascurando il regime flessionale inevitabilmente agente). Il Regolamento Italiano consente tale procedimento, ma pone la condizione che si assuma come tensione ammissibile nel calcestruzzo un valore ridotto del 30% rispetto a quello consentito nel caso di flessione composta, fissando al contempo delle regole per la quantità minima e il posizionamento dell'armatura.

Questa semplificazione è più aderente alla realtà per i pilastri centrali dei primi piani, dove il valore del momento flettente è piccolo alla componente di sforzo normale. Particolare attenzione deve essere invece posta nella verifica dei pilastri esterni dei piani superiori, dove tale rapporto risulta spesso essere invertito a causa del regime flessionale delle travi, che viene trasferito ai pilastri senza una sufficiente compensazione in termini di sforzo normale derivante dalla presenza dei piani sovrastanti.

Cenni su predimensionamento e verifica

La scelta del modello di calcolo, va seguita dalla sua "risoluzione". Tale risoluzione può avvenire manualmente oppure con l'ausilio di codici di calcolo automatico, sia in sede di determinazione dei parametri della sollecitazione, sia in sede di verifica dello stato tensionale agente nelle sezioni significative. Per il progetto e la verifica degli elementi strutturali è necessario che i carichi accidentali siano disposti secondo le combinazioni più sfavorevoli al fine di massimizzare il regime tensionale.

Nel caso specifico del calcestruzzo armato interesserà conoscere l'entità degli sforzi di compressione nel calcestruzzo e di quelli di trazione nell'acciaio delle armature.

I risultati ottenuti in questa fase sono suscettibili di interpreta-

25. In senso orario dall'alto a sinistra: schema a telaio spaziale, a telaio piano, a telaio piano semplificato e a trave continua su più appoggi.

26. In senso orario dall'alto a sinistra: schema di calcolo con quote e sezioni caratteristiche, schema di carico, diagramma dei momenti flettenti e diagramma dello sforzo normale.

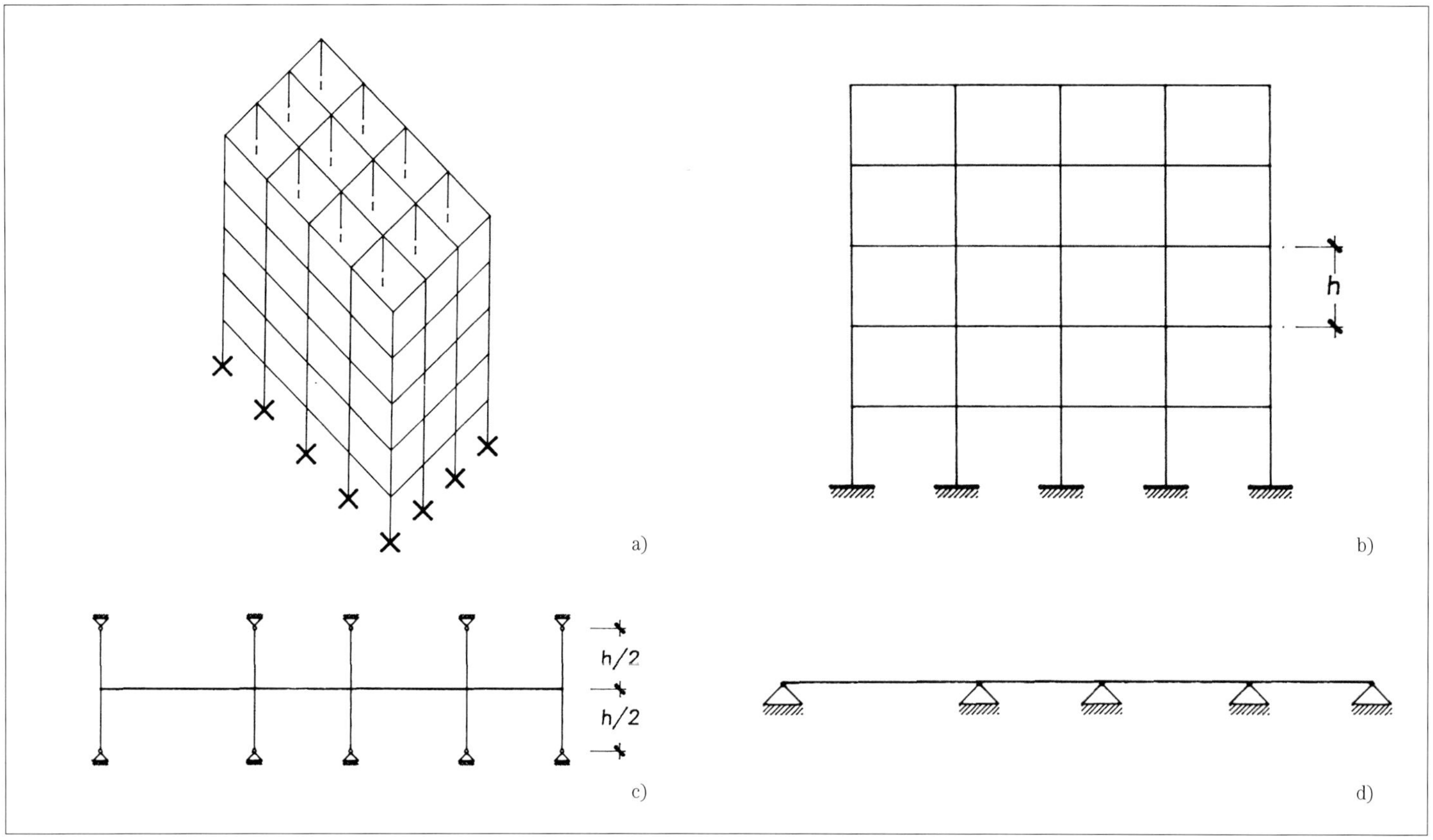

25

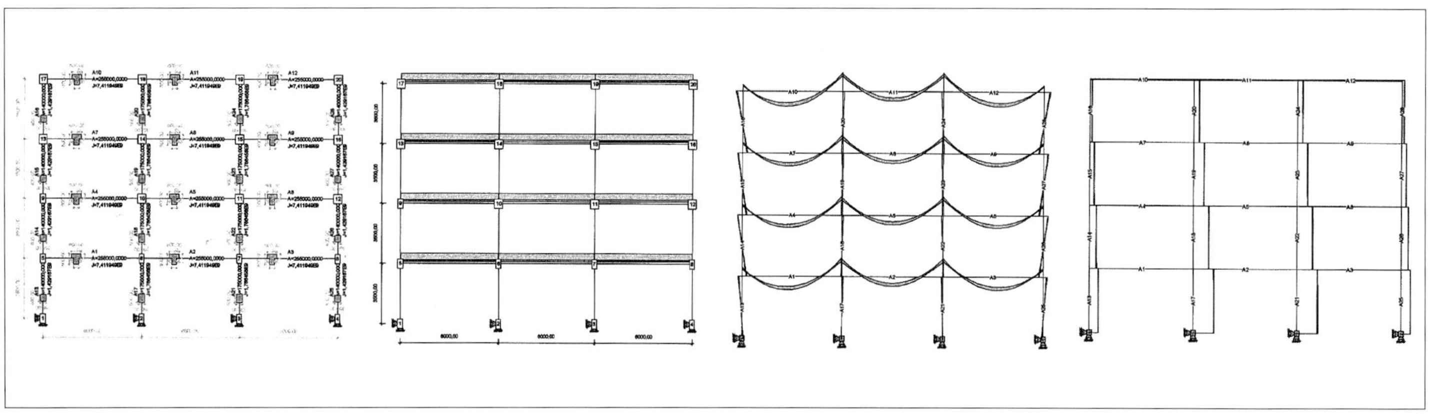

26

zione perché dipendono dalle schematizzazioni effettuate nella scelta del modello di calcolo che, come detto, può non essere del tutto rappresentativo della realtà.

Spesso, al fine di un predimensionamento e verifica degli elementi strutturali, è utile procedere all'implementazione di fogli elettronici di calcolo in grado di "automatizzare" le procedure manuali.

A titolo di esempio si riportano le verifiche di una trave e di un pilastro effettuate per mezzo di fogli di calcolo e i conseguenti disegni delle armature.

In generale, e nel caso specifico in riferimento alle figure 28 e 29 del presente paragrafo, si nota come la lunghezza delle barre longitudinali di armatura venga calcolata in modo da minimizzarne l'im-

Trave tr.e 107

Rck:	35 N/mm2	σc_{amm}: 1,10 KN/cm2		τc_0: 0,07 KN/cm2	
Acciaio:	FeB 44 K	σa_{amm}: 25,50 KN/cm2		τc_1: 0,20 KN/cm2	
		ARMATURA TESA		ARMATURA COMPRESSA	
Af min= 10,50 cm2		Af = 75,40 cm2		Af' = 56,55 cm2	
B :	140,0 cm	ϕ1:	20 mm	ϕ1:	20 mm
H :	50,0 cm	n°1:	18	n°1:	18
Cf :	4,0 cm	passo1:		passo1:	
		ϕ2:	20 mm	ϕ2:	
M =	636 KNm	n°2:	6	n°2:	
N (KN):		passo2:		passo2:	
T =	586 KN	Calc.:		Calc.:	
		Mres =	785 KNm	x = 17,4 cm	
Lancor. = 103 cm		σc =	- 0,83 KN/cm2	σa_{teso} =	20,65 KN/cm2
		τc =	0,10 KN/cm2	σa_{comp} =	- 9,63 KN/cm2

27a

RCK	350	daN/cm²								
σ cls	110									
σ acciaio	2550									
σ* cls		77	77	77	77	77	77	77	77	77

PIANO	CARICO	PILASTRO CODIFICA								
		P A-12	P B-2	P B-12	P C-4	P C-10	P C-11	P D-2	P D-7	P D-11
2-3	piani sup.	88308	165849	163720	223793	94648	207033	159145	35163	150526
	TRAVE	43778	70931	78675	105397	42139	97318	64353	14228	61579
	PESO PROPRIO	3200	3200	3200	2700	2700	2700	2160	1620	2160
	TOTALE	135286	239980	245595	331890	139487	307051	225658	51011	214265
GEOMETRIA PILASTRO	H (cm)	40	40	40	40	40	40	80	80	80
	B (cm)	80	80	80	100	100	100	40	30	40
	A (cm²)	3200	3200	3200	4000	4000	4000	3200	2400	3200
	L (cm)	400	400	400	270	270	270	270	270	270
	V (cm³)	1280000	1280000	1280000	1080000	1080000	1080000	864000	648000	864000
regolamento	0,80 Anec	14,06	24,93	25,52	34,48	14,49	31,90	23,44	5,30	22,26
	0,30% A	9,60	9,60	9,60	12,00	12,00	12,00	9,60	7,20	9,60
	6% A	192,00	192,00	192,00	240,00	240,00	240,00	192,00	144,00	192,00
progetto autom.	Aamin	15,82	27,12	27,12	36,16	15,82	33,90	24,86	9,04	22,60
	Aid	3437	3607	3607	4542	4237	4509	3573	2536	3539
verifica autom.	σ cls	39,36	66,54	68,09	73,06	32,92	68,10	63,16	20,12	60,54
	σ acciaio	590	998	1021	1096	494	1022	947	302	908
progetto punt.	Φ1	16	16	16	20	16	16	16	16	16
	n°	5	8	10	8	5	10	8	4	8
	Φ2	16	16	16	20	16	16	16	16	16
	n°	5	8	10	8	5	10	8	4	8
	Aa	20,11	32,17	40,21	50,27	20,11	40,21	32,17	16,08	32,17
	Aid	3502	3683	3803	4754	4302	4603	3683	2641	3683
verifica punt.	σ cls	38,64	65,17	64,58	69,81	32,43	66,70	61,28	19,31	58,18
	σ acciaio	580	978	969	1047	486	1001	919	290	873

27b

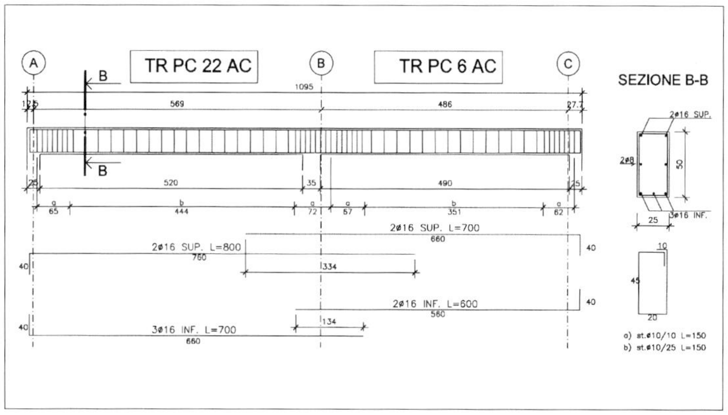

28

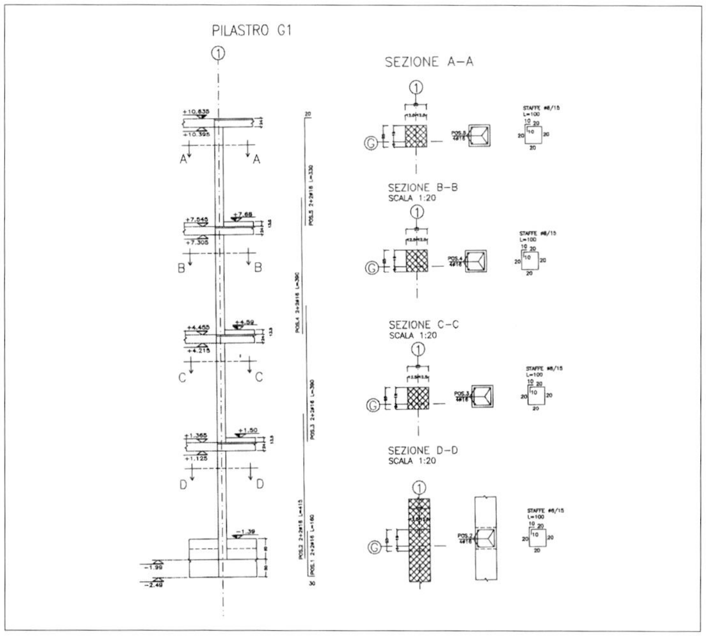

29

27a. Output del foglio di calcolo utilizzato per la verifica delle sezioni significative delle travi. Fogli di calcolo implementati dall'ing. Tommaso Tassi.

27b. Output del foglio di calcolo utilizzato per la verifica dei pilastri. Fogli di calcolo implementati dall'ing. Tommaso Tassi.

28. Rappresentazione dell'armatura di una trave.

29. Rappresentazione dell'armatura in un pilastro.

piego. A tal fine è necessario far riferimento al diagramma dei momenti resistenti. Altro fattore da valutare in fase di progettazione è la facilità di messa in opera dell'armatura e una sua disposizione tale da minimizzare i possibili errori di messa in opera da parte della manodopera specializzata. In alcuni casi è conveniente utilizzare barre più lunghe ma disposte a partire da punti facilmente identificabili (picchetti) piuttosto che predisporre spezzoni di lunghezza minima disposti in campata. Nel far ciò è tuttavia necessario tenere presente che per motivi di trasporto le lunghezze massime delle barre è di 12 m. Altro fattore di fondamentale importanza è dato delle lunghezze di ancoraggio che si calcolano, come detto precedentemente nel capitolo 2, come segue:

$l_d = 0.25 \times \sigma_s \Phi / \tau_d$ lunghezza di ancoraggio

con

$\sigma_s = \sigma_{adm} = 255$ MPa tensione ammissibile nelle barre in FeB 44 K;

$\tau_{c0} = 0.4 + (R_{ck} - 15) / 75 = 0.60$ MPa tensione tangenziale ammissibile (D.M. 14.02.92);

$\tau_d = 3\ \tau_{c0} = 1.80$ MPa tensioni massime tangenziali di aderenza delle barre (D.M. 14.02.92);

$l_d = 0.25 \times 255 \times \Phi / 1.8 = 35.42\ \Phi$ lunghezza di ancoraggio calcolata con il metodo delle t.a. secondo il (D.M. 14.02.92).

Il valore della lunghezza di ancoraggio precedente si riferisce alle zone chiamate di "buona aderenza", cioè in zone di conglomerato compatte utilmente compresse ai fini dell'ancoraggio (barre ancorate nella metà inferiore della trave o a non meno di 30 cm dalla superficie superiore del getto o da una ripresa ed allontanate dal lembo teso, oppure barre inclinate non meno di 45° sulla traiettoria di compressione).

Nel caso ciò non sia vero si devono ridurre, fino al 50%, i valori della tensione tangenziale massima di aderenza. Conseguentemente la lunghezza di ancoraggio va raddoppiata.

La trasmissione degli sforzi fra le barre nelle zone di ancoraggio avviene attraverso il calcestruzzo che quindi risulta particolarmente sollecitato: è quindi opportuno sfalsare la sovrapposizione delle barre.

Sia nelle travi che nei pilastri bisogna sempre disporre oltre all'armatura longitudinale quella trasversale (staffatura), avente il compito di garantire la resistenza a taglio (qualora la tensione tangenziale nel calcestruzzo sia superiore a quella ammissibile) e di impedire la possibile perdita di stabilità delle barre longitudinali compresse. La distanza massima fra le staffe è fissata dalla normativa italiana sulla base del meccanismo resistente individuato da Morsch.

Le armature longitudinali devono essere fra di loro distanziate di una quantità non minore del diametro delle barre stesse e in ogni caso non minore di 2 cm (condizione dovuta al diametro caratteristico degli inerti), per consentire al calcestruzzo di avvolgerle completamente, garantendo così la trasmissione degli sforzi e la protezione alla corrosione.

La messa in opera delle armature deve essere fatta in modo tale da assicurare il copriferro di progetto, essenziale per i già citati motivi di durabilità. Ciò può avvenire utilizzando dei distanziatori che tengono staccata l'armatura dalle pareti della cassaforma in cui avviene il getto, oppure, come nel caso in esame, semplicemente appoggiando le armature sulla lastra prefabbricata tipo predalles che funge da cassero per la trave in spessore.

Il numero minimo di barre longitudinali fissato dalla normativa nel caso di pilastri quadrati o rettangolari è di quattro, una per ciascuno vertice (con interferri inferiori ai 30 cm), mentre l'area minima è data dal R.I. in funzione della sezione di calcestruzzo, della tensione ammissibile dello stesso e del parametro di sollecitazione forza normale agente. La disposizione delle armature nei pilastri, che avviene all'interno di casseformi di lunghezza pari all'interpiano, deve tener conto delle fasi di getto. Occorre infatti prevedere dei prolungamenti nei ferri d'armatura, chiamati "riprese", che garantiscano per sovrapposizione la continuità nella trasmissione degli sforzi ai ferri dei piani superiori.

Tavole di progetto

Sono riportate alle pagine 231-243 alcune tavole di progetto.

Conclusioni

Quanto detto nei paragrafi precedenti, sebbene non possa che fornire una visione del tutto parziale nel descrivere i molteplici aspetti della progettazione in calcestruzzo armato, pare tuttavia poter fornire alcuni spunti interessanti per sottolineare l'importanza di una concezione strutturale basata su una visione complessiva delle tematiche inerenti l'ingegneria strutturale che spaziano dalla chimica dei materiali alla modellazione strutturale, passando per una corretta rappresentazione grafica sotto l'indispensabile guida della normativa vigente. È inoltre da tener presente come progetto architettonico, strutturale e impiantistico debbano necessariamente nascere e svilupparsi contemporaneamente, fatto che richiede una complessa sinergia tra architetti, ingegneri, produttori e tecnici con mansioni diverse ai fini dell'ottenimento di una qualità globale del progetto.

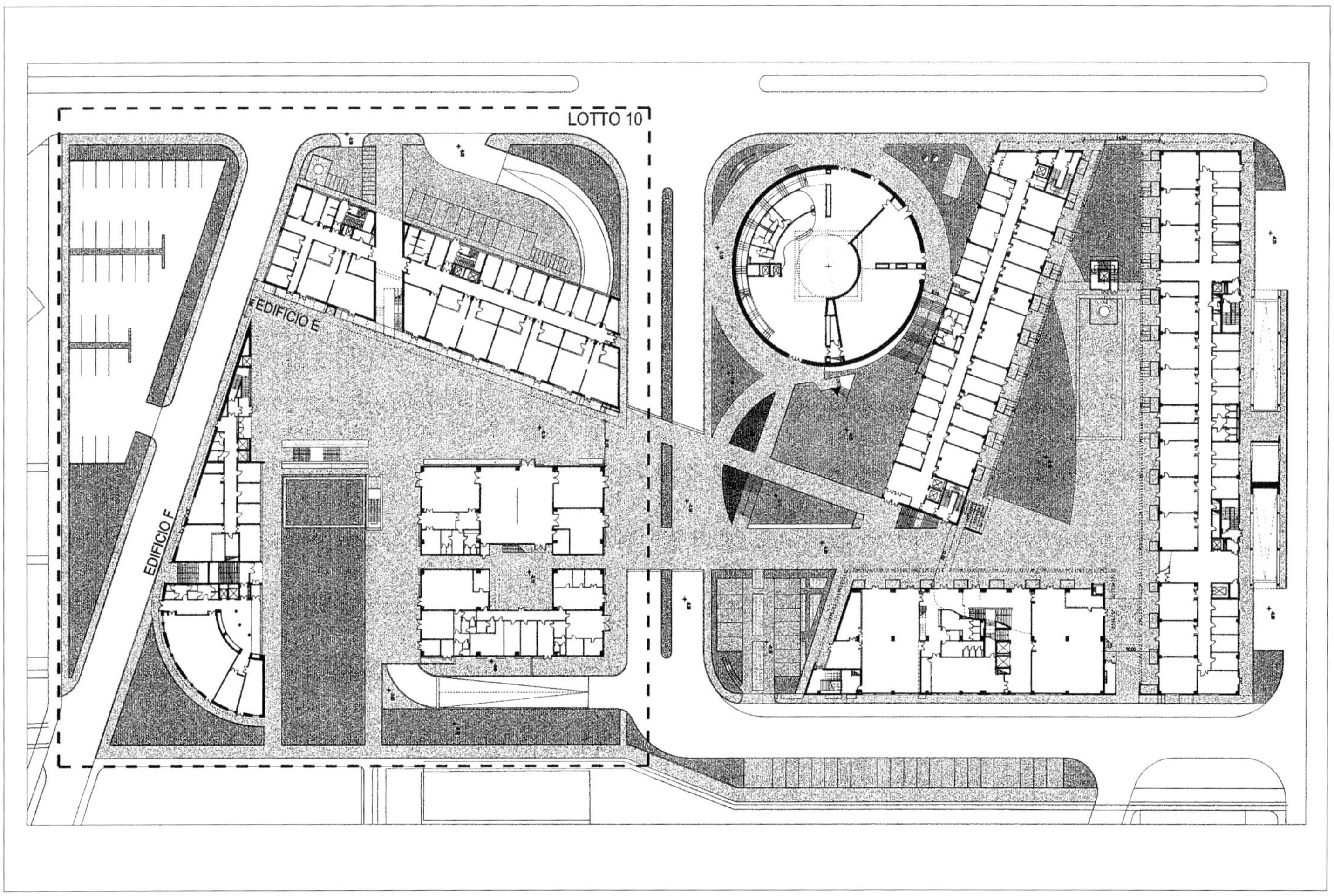

Nuova sede dell'Università di Ca' Foscari in via Torino a Mestre. Planimetria generale.

Tavola strutturale della carpenteria della platea di fondazione. Particolari tipo.

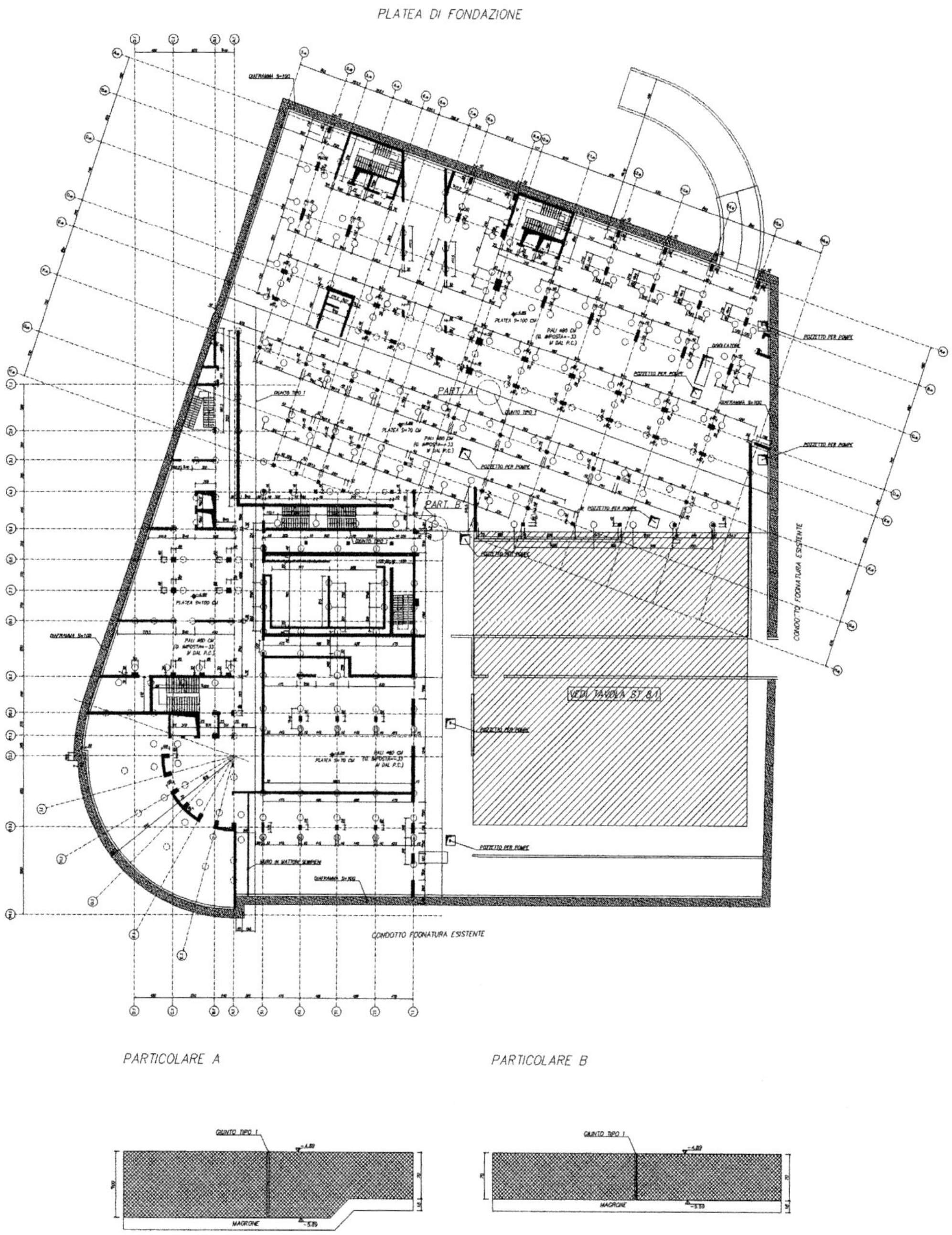

Tavola strutturale della carpenteria di pilastri, travi e solai del piano terra. Particolari tipo delle travi fuori spessore e dei giunti effettuati con travi a ginocchio.

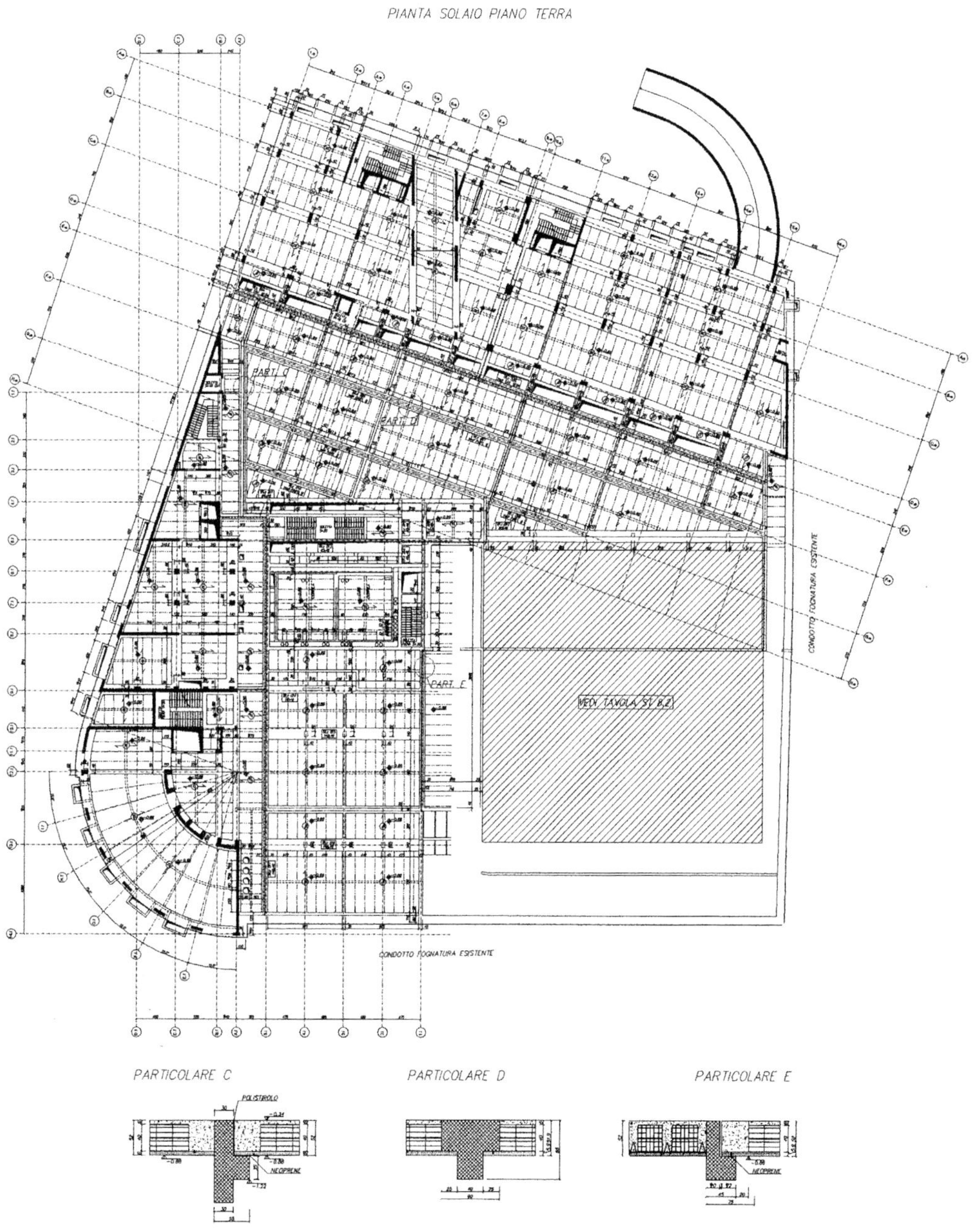

Prospetti degli edifici E.

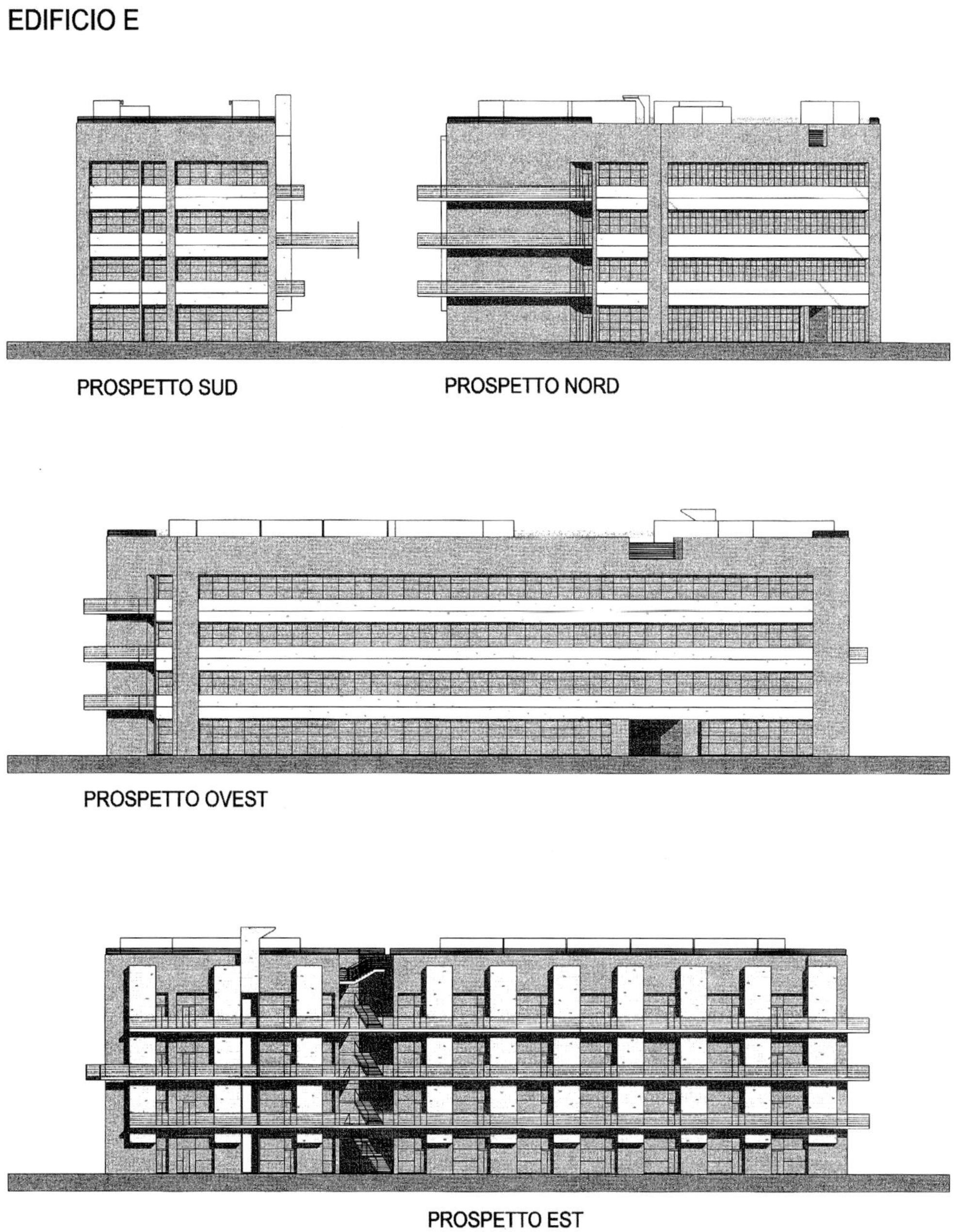

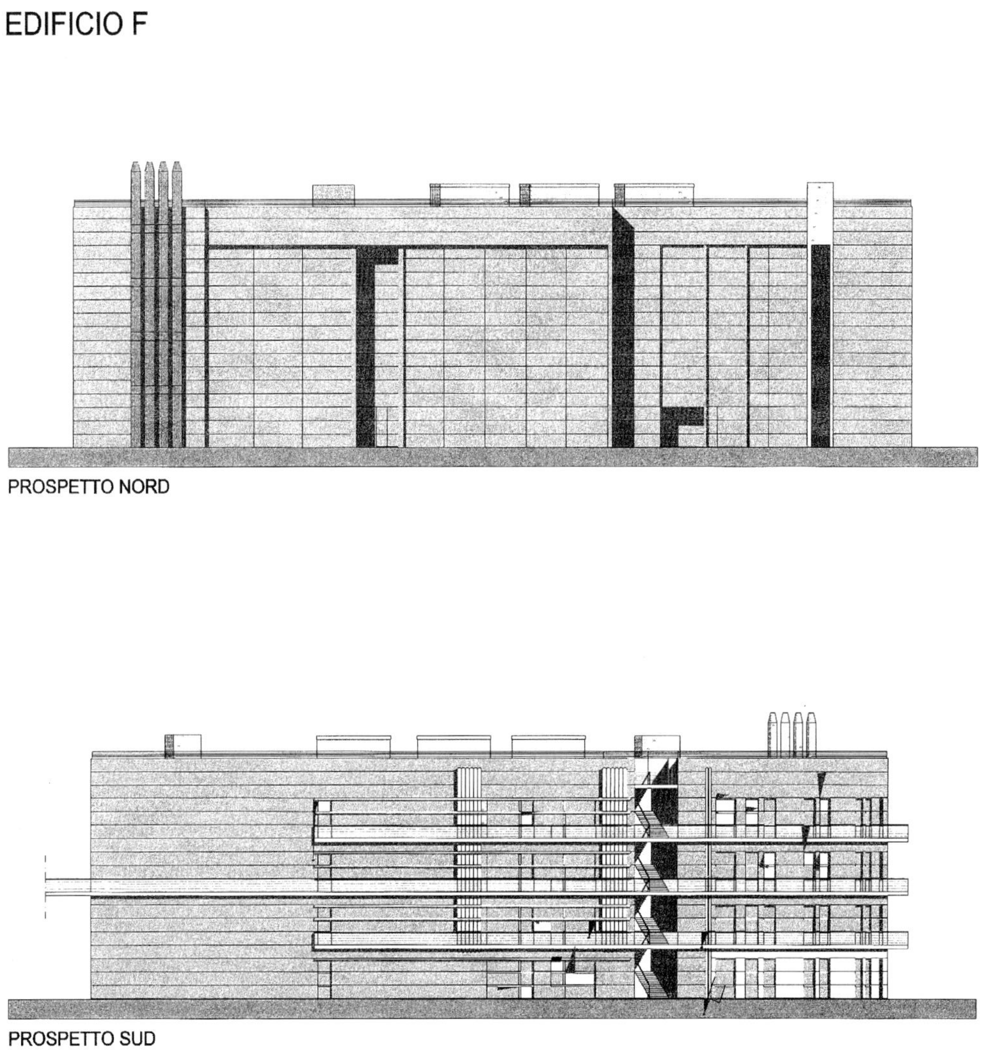
EDIFICIO F
PROSPETTO NORD
PROSPETTO SUD

Tavola strutturale della carpenteria di pilastri, travi e solai del piano tipo dell'edificio E. Key section. Per i solai si è indicata la tipologia, lo spessore e l'analisi dei carichi.

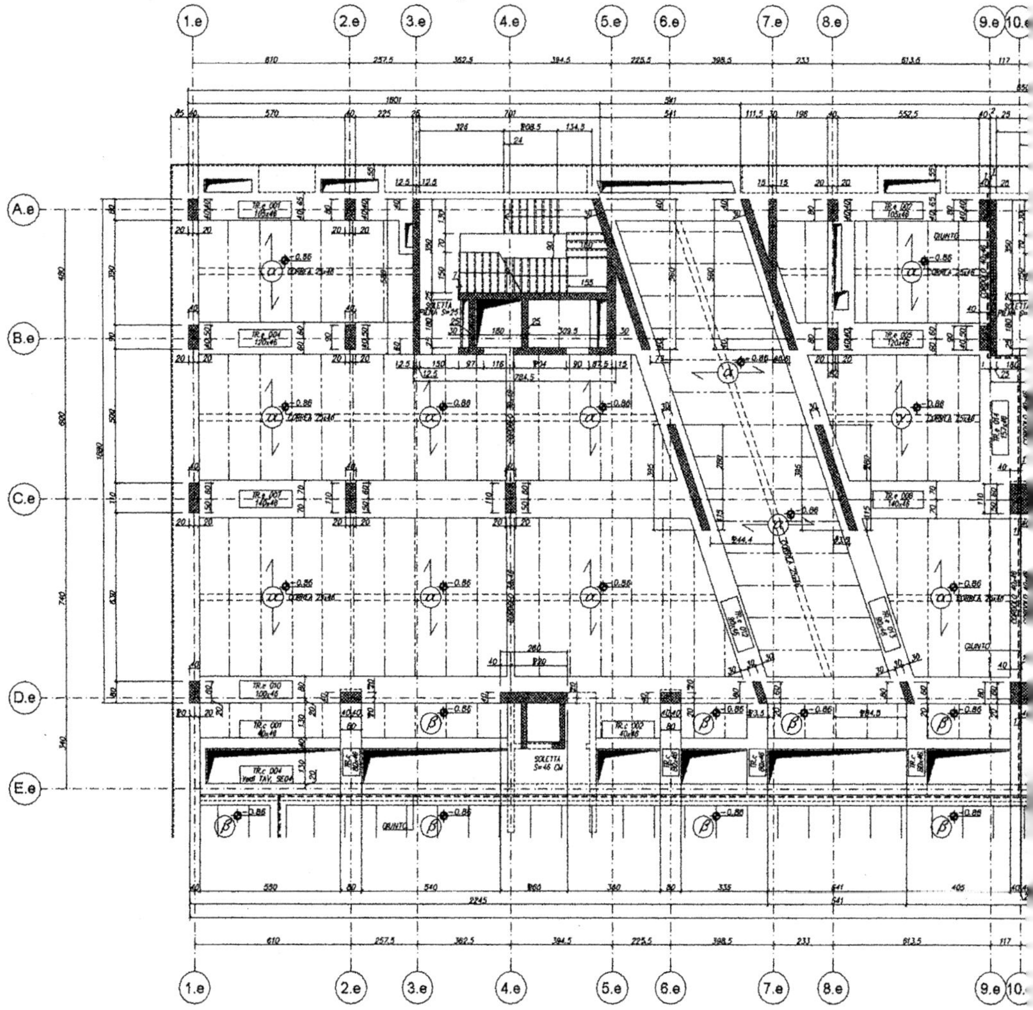

PIANTA SOLAIO QUOTA −0.86

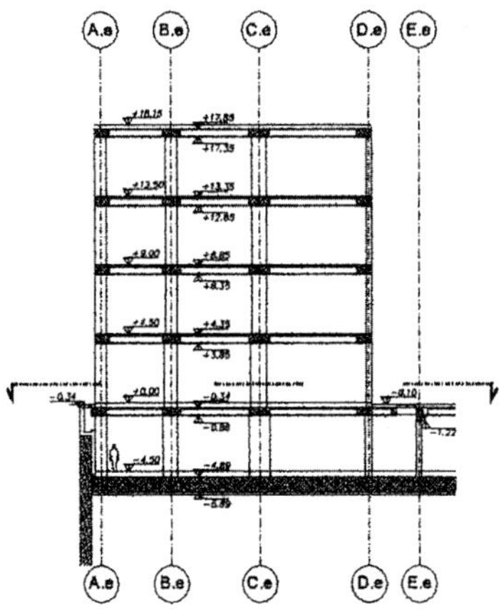

Key Section

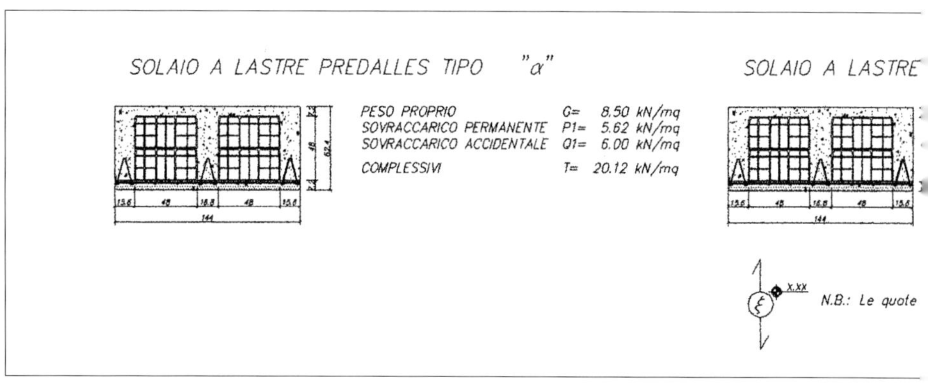

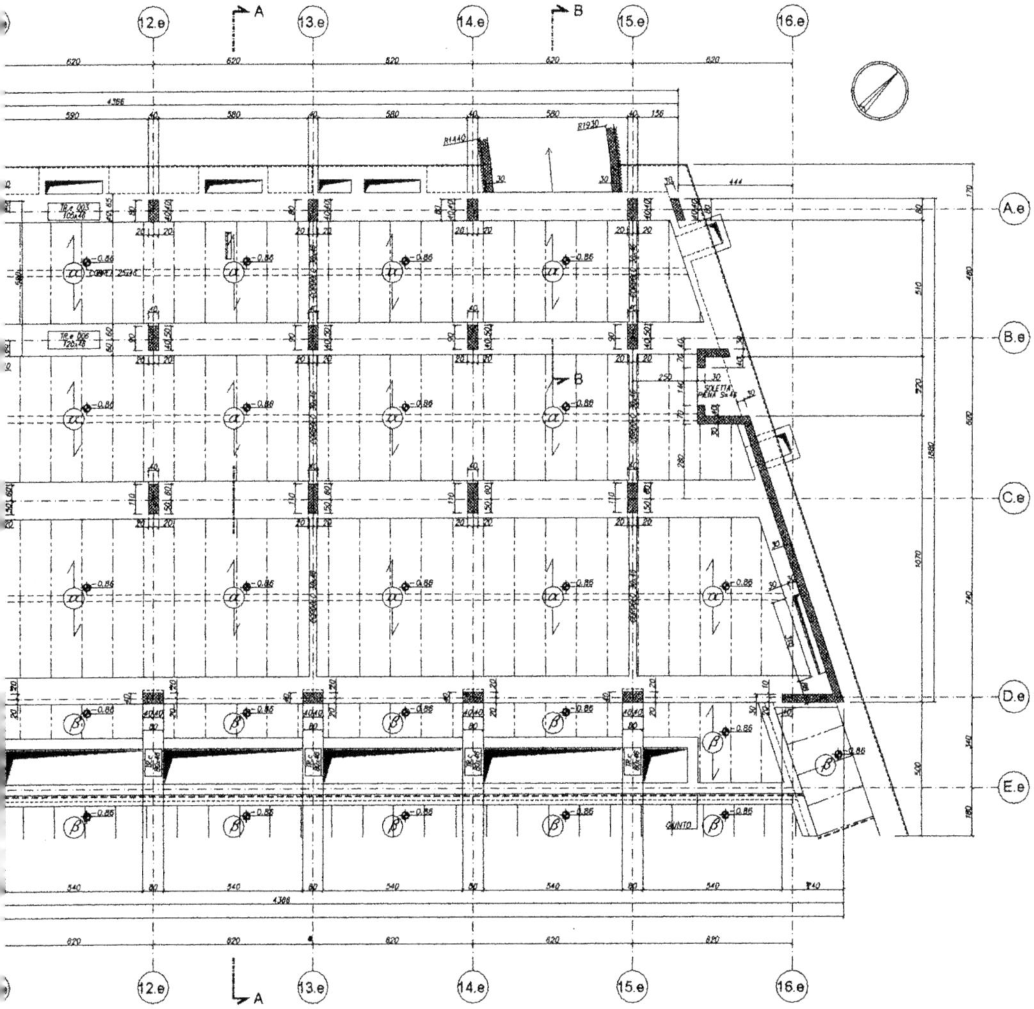

o "β"

ERMANENTE P1= 4.00 kN/mq
CCIDENTALE Q1= 10.00 kN/mq
G= 8.50 kN/mq
T= 22.50 kN/mq

SOLAIO A LASTRE PREDALLES TIPO "γ"

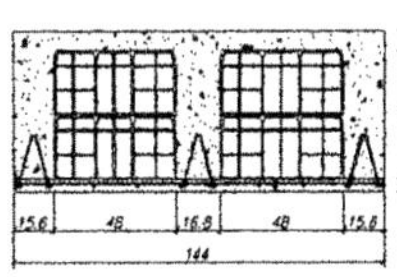

PESO PROPRIO G= 8.00 kN/mq
SOVRACCARICO PERMANENTE P1= 4.80 kN/mq
SOVRACCARICO ACCIDENTALE Q1= 6.00 kN/mq
COMPLESSIVI T= 18.80 kN/mq

no all'intradosso del solaio.

Tavola strutturale della carpenteria di pilastri, travi e solai del piano tipo dell'edificio F. Key section. Per i solai si è indicata la tipologia, lo spessore e l'analisi dei carichi.

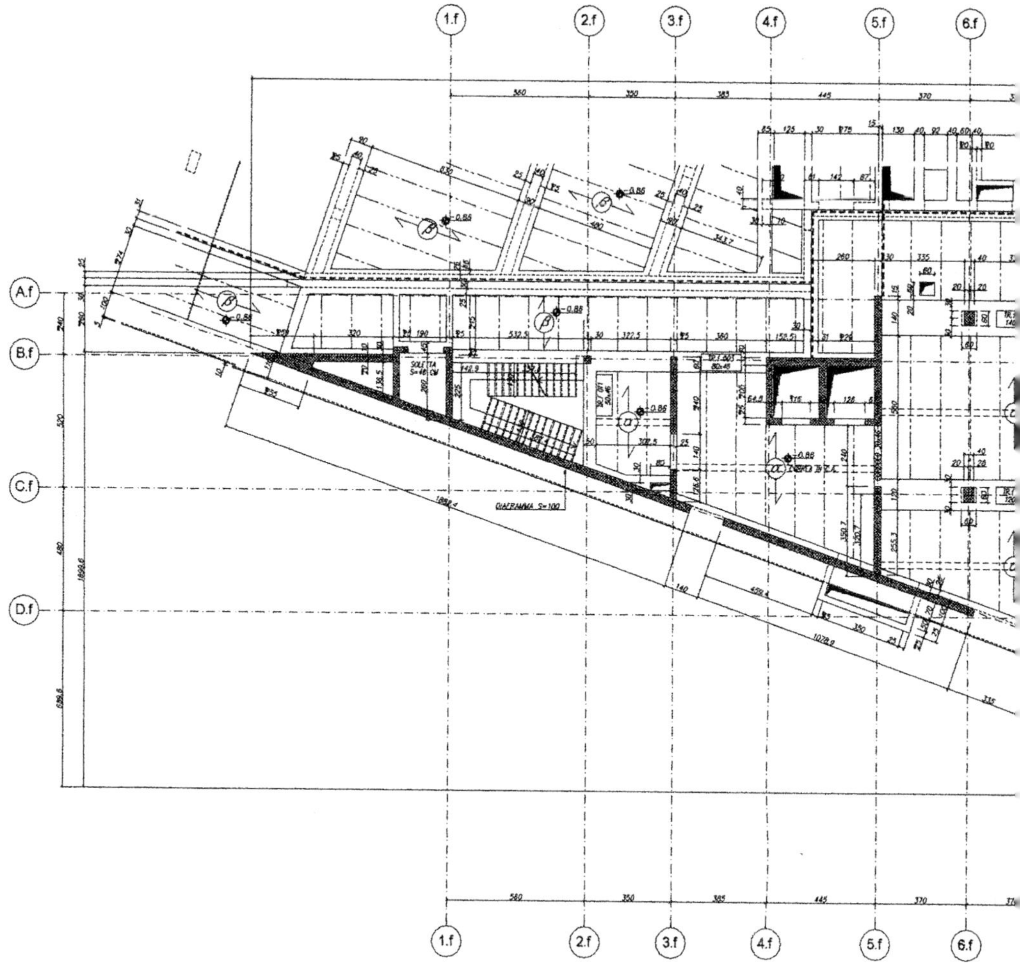

PIANTA SOLAIO QUOTA −0.86

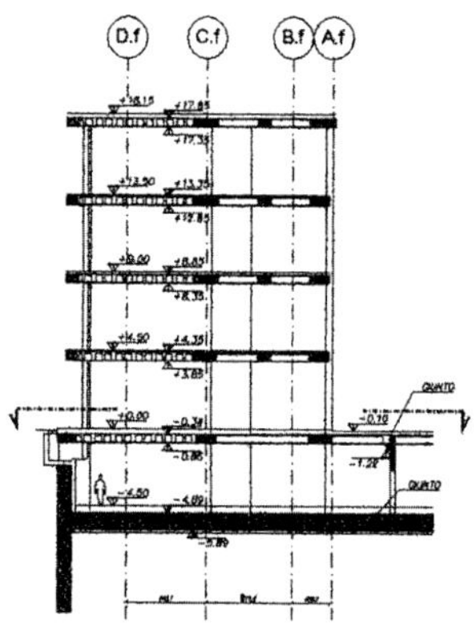

Key Section

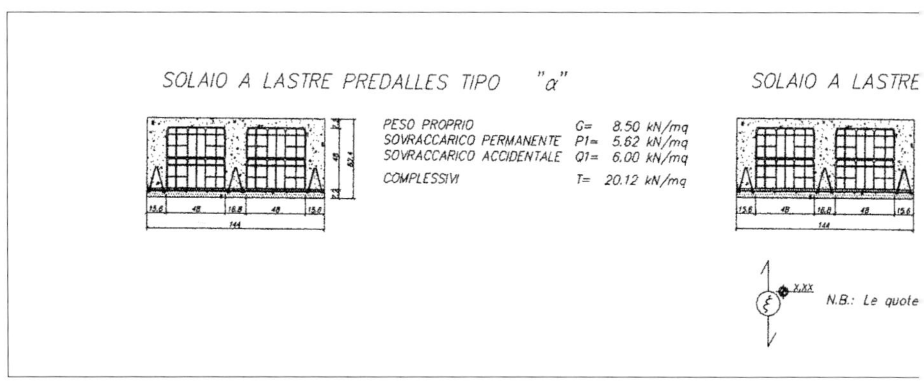

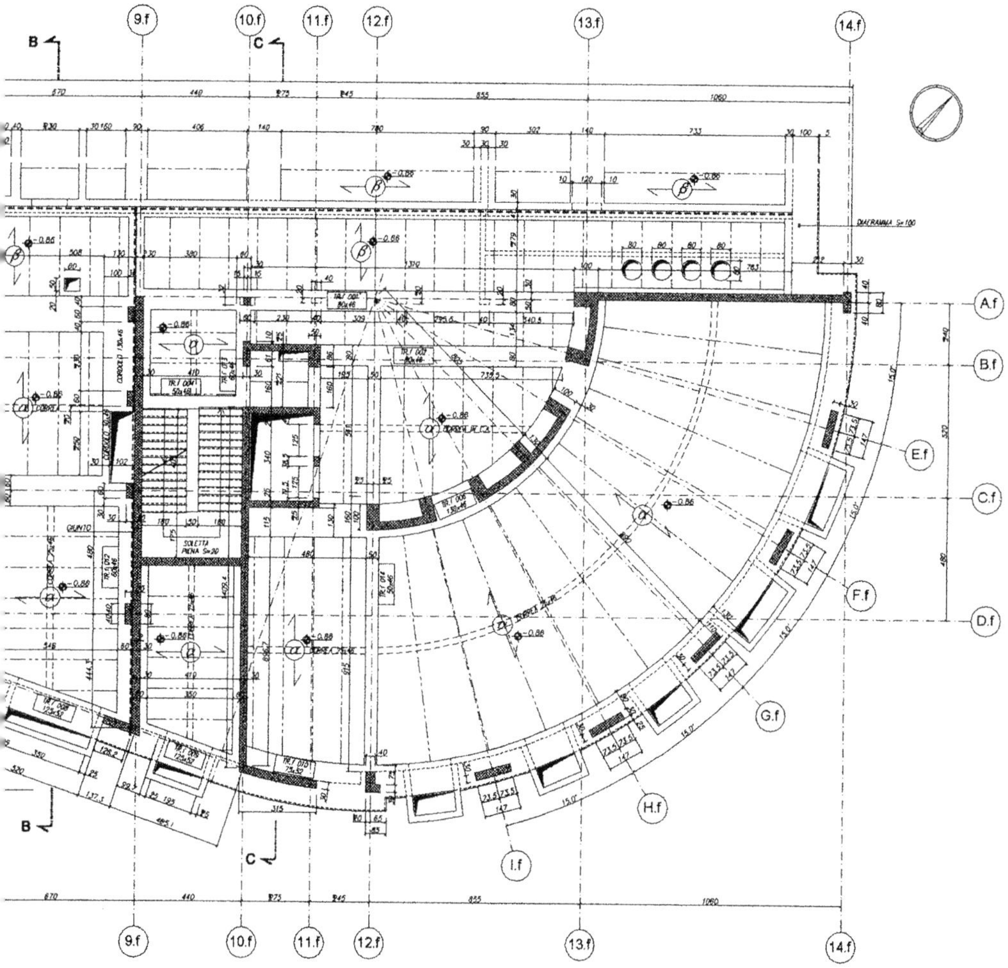

"β"

SOLAIO A LASTRE PREDALLES TIPO "γ"

	G=	8.50 kN/mq
RMANENTE	P1=	4.00 kN/mq
CIDENTALE	Q1=	10.00 kN/mq
	T=	22.50 kN/mq

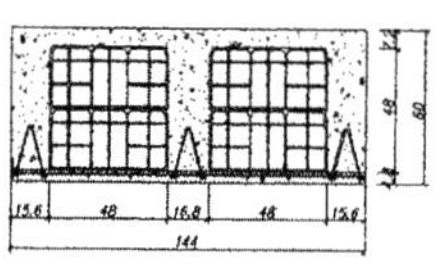

PESO PROPRIO	G=	8.00 kN/mq
SOVRACCARICO PERMANENTE	P1=	4.80 kN/mq
SOVRACCARICO ACCIDENTALE	Q1=	6.00 kN/mq
COMPLESSIVI	T=	18.80 kN/mq

all'intradosso del solaio.

Tavola strutturale con sezioni del diaframma perimetrale, della platea di fondazione e delle travi in spessore. Particolari di una trave in spessore centrale, di una laterale, e di un giunto di solaio effettuato con una trave a ginocchio.

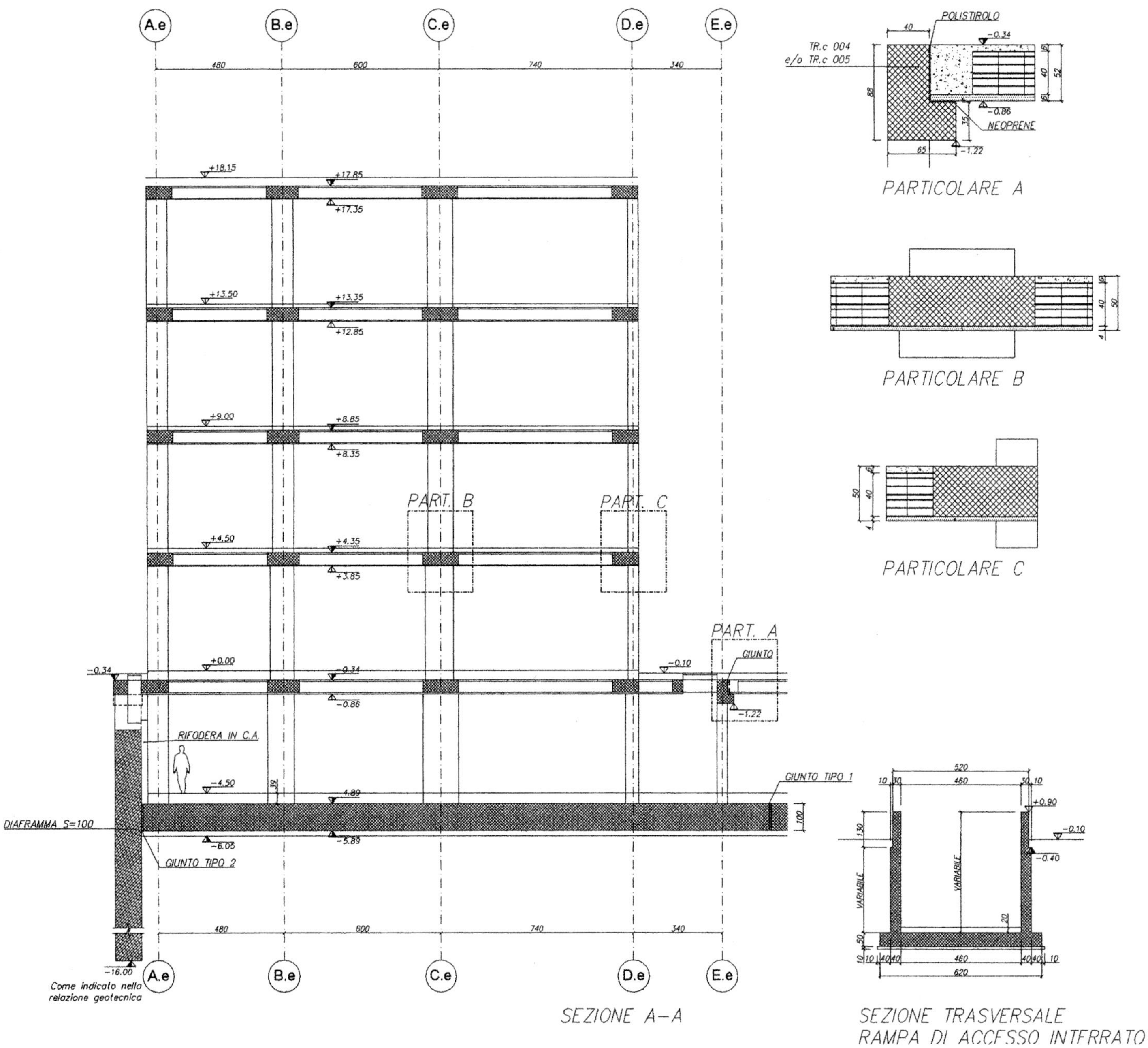

Sezioni strutturali in corrispondenza
della rampa di accesso al piano
interrato e del vano scala.

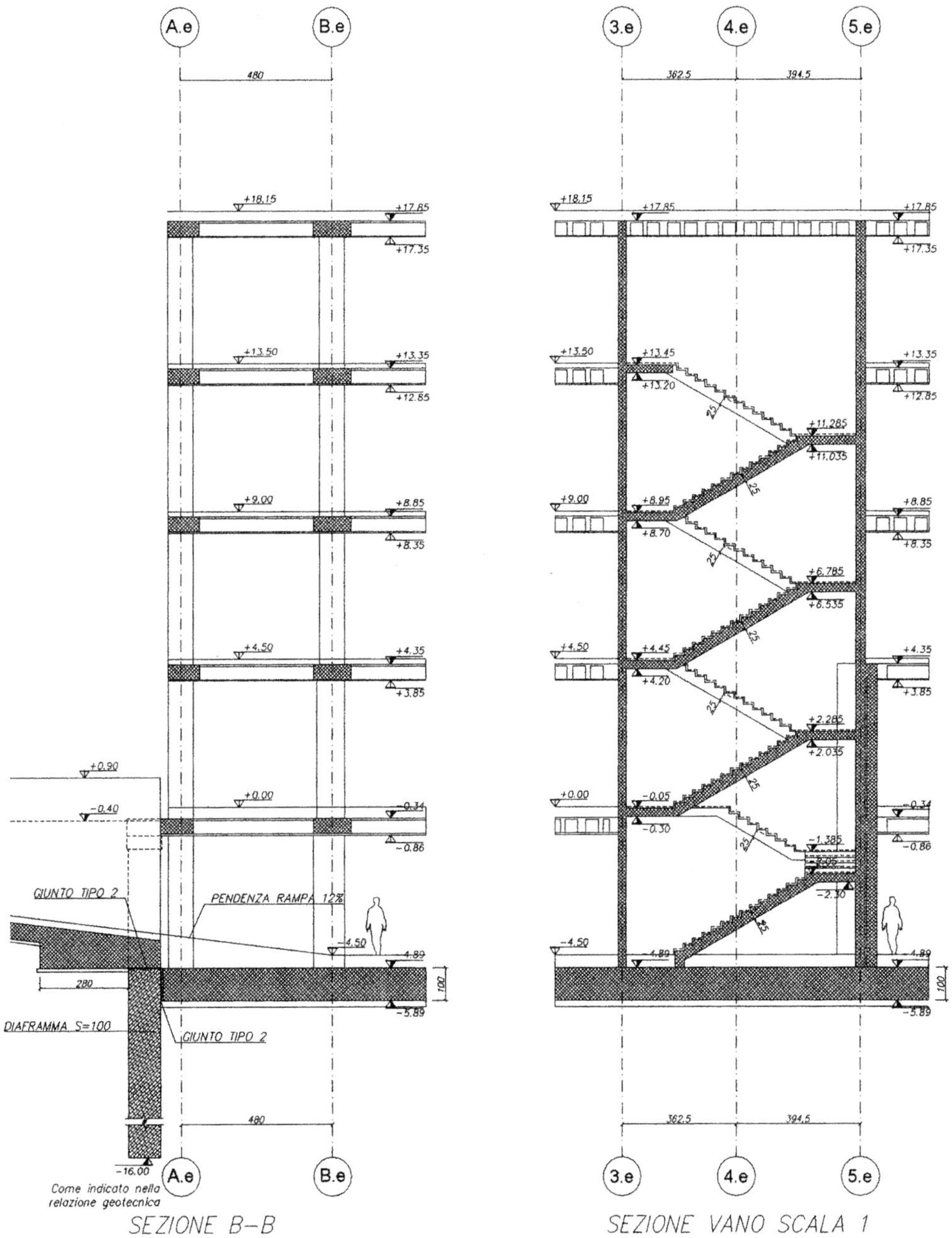

Tavola strutturale con sezioni del diaframma perimetrale, della platea di fondazione e delle travi in spessore. Particolari di una trave in spessore centrale, di una laterale, e di un giunto di solaio effettuato con una trave a ginocchio.

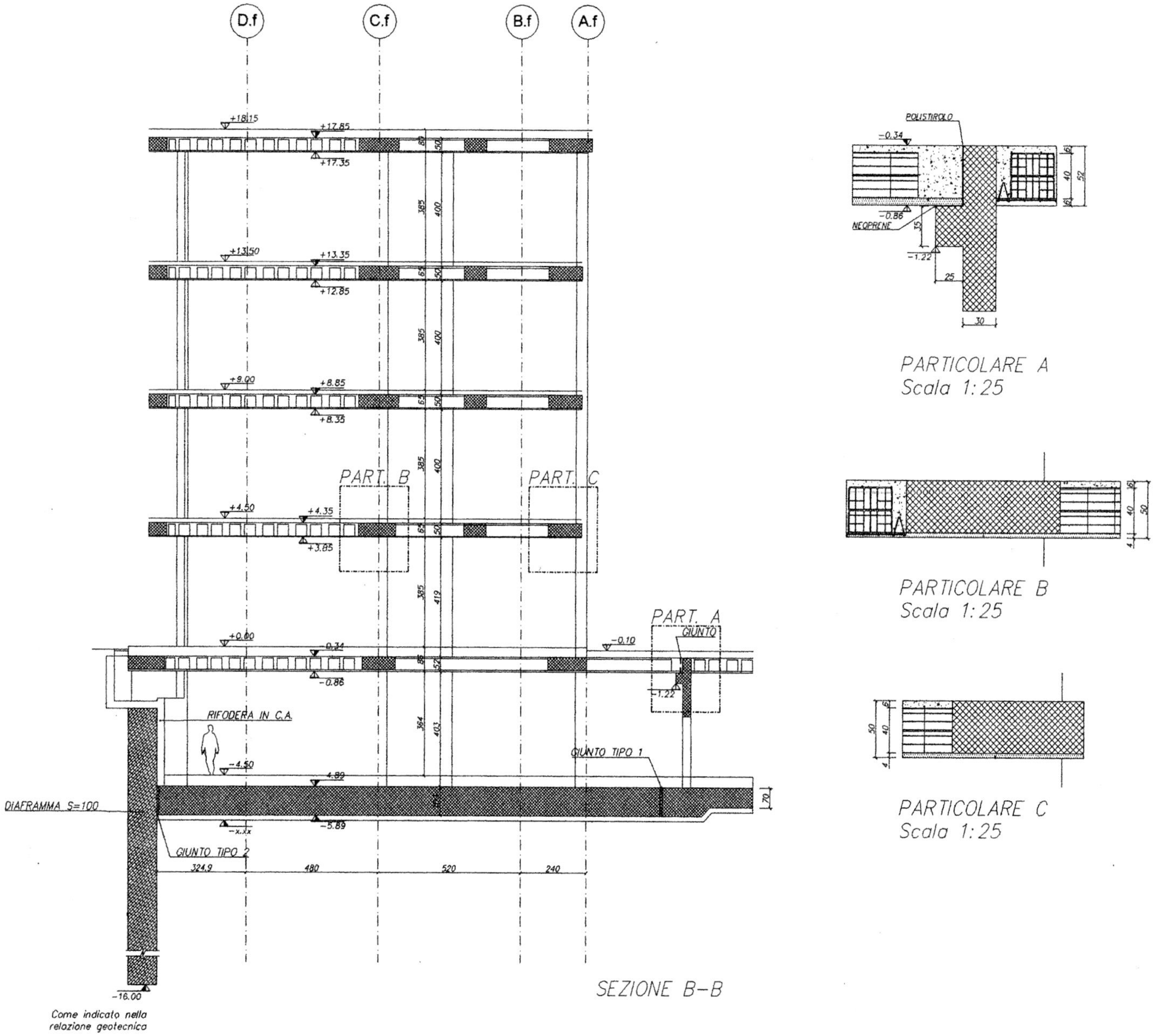

Sezioni strutturali con sezioni del diaframma perimetrale, della platea di fondazione e delle travi in spessore.

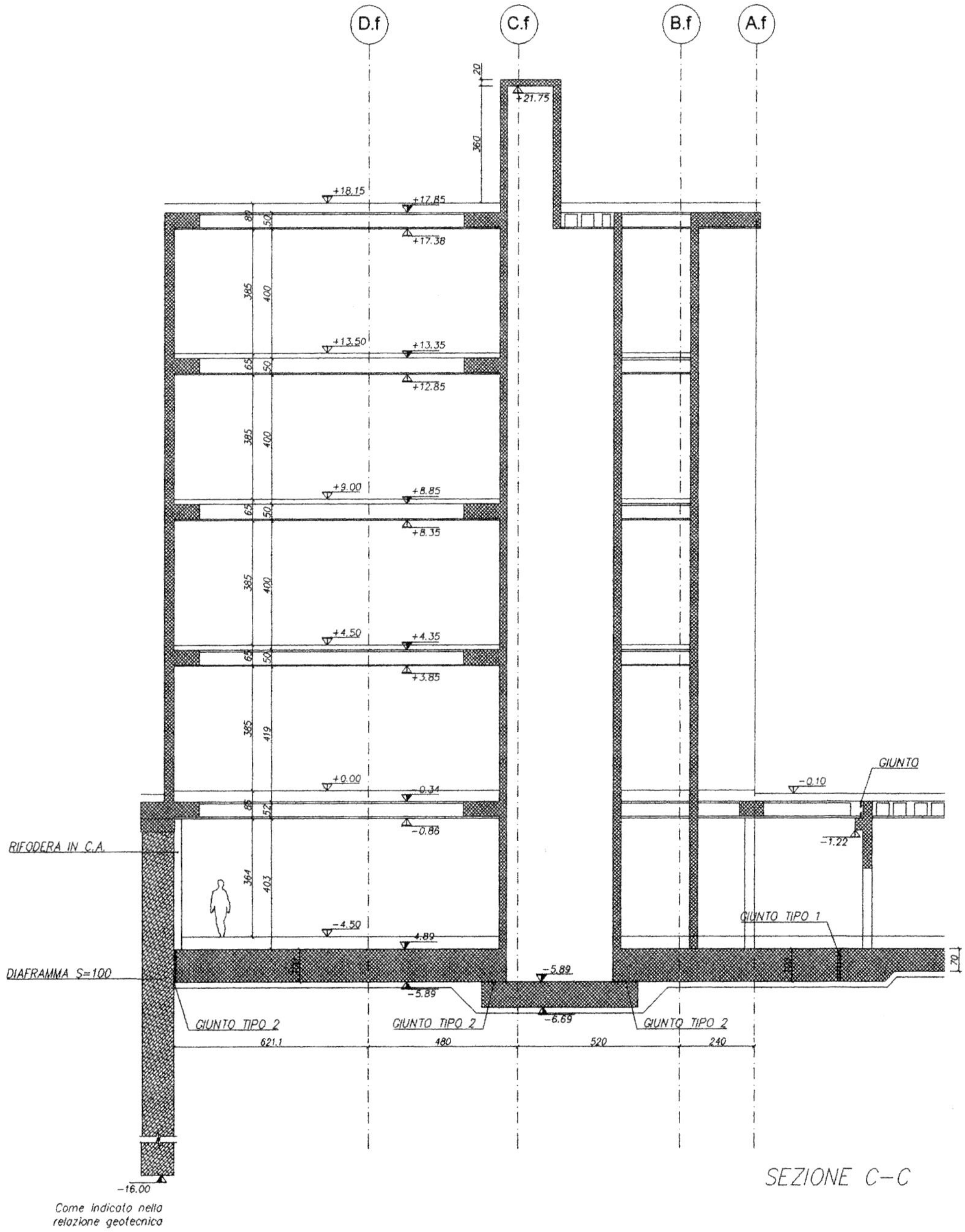

Capitolo 8

SOLUZIONI COMPOSTE
L'ACCIAIO-CALCESTRUZZO NELLE COSTRUZIONI

L'acciaio e calcestruzzo insieme nel cemento armato

Le strutture composte in acciaio e calcestruzzo comprendono tutte quelle soluzioni nelle quali si ha intima collaborazione fra l'acciaio e il calcestruzzo.

Le caratteristiche dell'acciaio e del calcestruzzo sono molto diverse fra loro, e la loro collaborazione risulta particolarmente vantaggiosa sia per motivi di resistenza strutturale sia di durabilità nel corso del tempo.

I profilati in acciaio hanno la caratteristica di una rigidezza flessionale molto forte a parità di peso complessivo. Un profilato in acciaio è costituito dall'unione di singoli nastri che vengono laminati a caldo o piegati a freddo a formare sezioni snelle con elevato modulo elastico. Peraltro una sezione in acciaio è particolarmente delicata da un punto di vista delle aggressioni chimiche e, qualora rimanga a lungo in ambienti umidi, o a contatto con soluzioni saline, si innescano fenomeni corrosivi che in breve tempo danneggiano la sezione.

Il calcestruzzo è un materiale costituito da una miscela di inerti uniti a sabbia e acqua, che con opportune percentuali di cemento forniscono un composto resistente a compressione. Tuttavia questo materiale mal sopporta sollecitazioni di trazione, da qui nasce l'idea di unire i materiali di acciaio e calcestruzzo per una loro collaborazione. Il cemento armato così formato raggiunge la sua massima espressione con le strutture di Maillart e Fressynet, nelle quali è utilizzato il calcestruzzo solidarizzato a barre o cavi in acciaio.

Profili acciaio e calcestruzzo

La prima comparsa dei due materiali, acciaio e calcestruzzo, affiancati, si è avuta nelle strutture da ponte agli inizi del secolo. In queste originarie applicazioni i due materiali assolvevano a ben distinte funzioni: l'acciaio veniva utilizzato per membrature principali, mentre il cemento armato era utilizzato per elementi secondari, come ad esempio nei ponti ferroviari dove la soletta d'impalcato in calcestruzzo serviva semplicemente per trasferire i carichi all'ossatura principale del ponte (fig. 1).

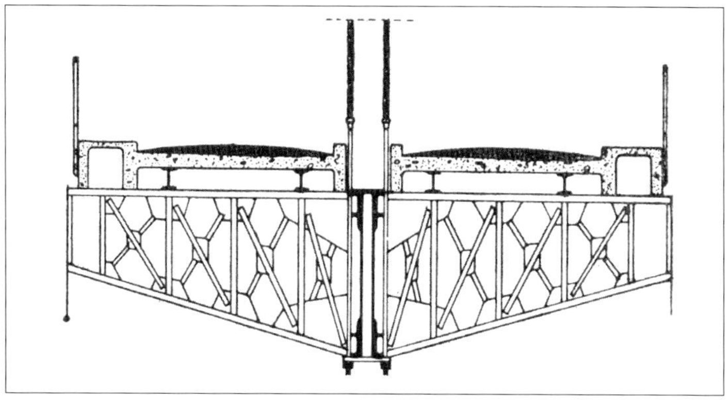

1

Le successive esperienze modificarono la concezione strutturale delle sezioni composite, assegnando al calcestruzzo un ruolo in un certo senso paritetico a quello dell'acciaio, attraverso il completo sfruttamento delle parti strutturali in calcestruzzo, che furono legate a quelle in acciaio al fine di ottenere una intima collaborazione tra i due materiali. L'operazione d'unione delle due parti strutturali è stata facilitata dall'aderenza che naturalmente tende a formarsi tra i due materiali sia per la coesione chimica sia per l'ingranamento tra le pareti non perfettamente lisce dei profilati e il calcestruzzo a contatto con l'acciaio.

Il passo successivo su cui si basò la ricerca degli anni seguenti fu quindi lo studio e la messa a punto di sistemi di collegamento, che incrementassero l'unione tra i due materiali cercando di raggiungere in maniera economica lo stato ideale di perfetta aderenza tra acciaio e calcestruzzo.

Profili d'acciaio dentro il calcestruzzo

Le prime strutture miste in cui si contava sull'effettiva collaborazione tra i due materiali furono realizzate annegando nel calcestruzzo profilati metallici (fig. 2), in questo modo anche in assenza di specifici elementi di connessione tra i materiali, l'unione era garantita dalle estese superfici di contatto, formando quindi in maniera molto semplice un elemento con elevata rigidità.

Questa tipologia è stata anche adottata dalle istruzioni tecniche delle ferrovie italiane per la progettazione degli impalcati a travi in ferro laminate a doppio T, allo scopo di standardizzare il processo costruttivo. Vengono pertanto fornite tabelle per la progettazione di impalcati con luce netta compresa fra 4.5 e 25 m, calcolati con i sovraccarichi equivalenti derivanti dal transito dei treni.

Normalmente, il getto del calcestruzzo deve avere uno spessore maggiore dell'altezza delle travi allo scopo di ottenere un sufficiente ricoprimento del lembo superiore. Al lembo inferiore inve-

1. Primo esempio di utilizzo delle strutture composte in acciaio calcestruzzo.

2. Esempio di struttura composta con profilati di acciaio annegati nel calcestruzzo.

3. Esempio di struttura composta con profilati di acciaio annegati nel calcestruzzo.

4. Dettaglio della struttura composta di un impalcato da ponte ferroviario.

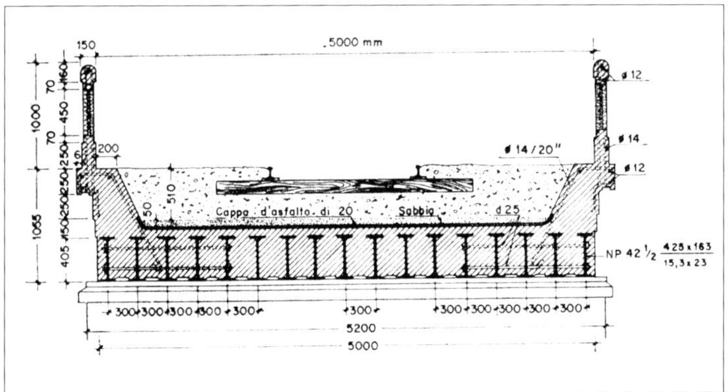

2

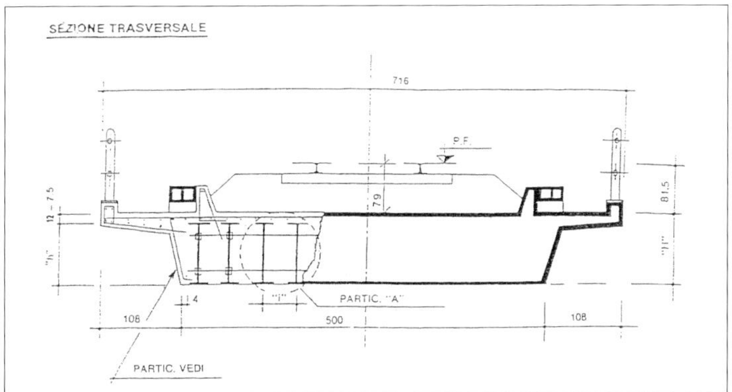

3

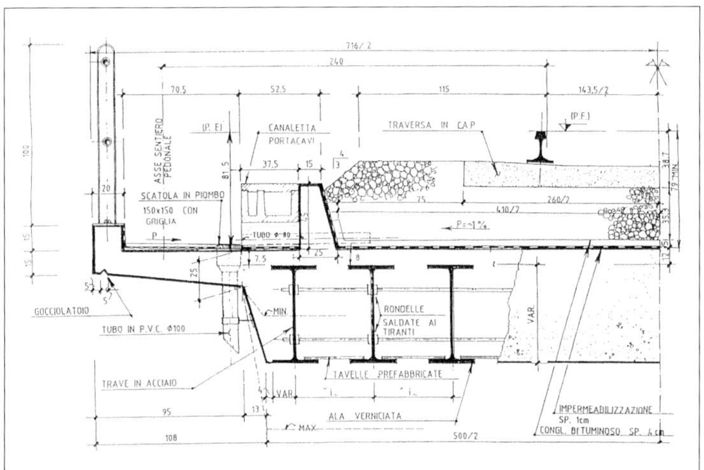

4

ce, le travi in acciaio vengono lasciate scoperte per l'intera ala inferiore e protette con verniciatura, mentre l'anima delle travi viene forata per consentire il passaggio dei tiranti trasversali.

L'utilizzo delle tabelle prevede la conoscenza del treno di carico ammesso a circolare sull'opera e della luce netta dell'impalcato. Nella determinazione delle tabelle sono state considerate travi a doppio T in acciaio Fe 510, calcestruzzo Rck35 N/mm^2 e acciaio ad aderenza migliorata FeB 38K controllato in stabilimento.

A titolo di esempio si riporta una tabella valida per luci comprese fra i 10 e 10.5 m; il dimensionamento degli impalcati viene condotto considerando il calcestruzzo non collaborante e pertanto si affida la resistenza alle sole travi in acciaio, incrementando i carichi mobili per tener conto degli effetti dinamici.

Profili di acciaio esterni al calcestruzzo

La precedente tipologia già dagli anni Trenta è stata modificata utilizzando una soletta opportunamente collegata superiormente alle travi metalliche (fig. 5) ed eliminando perciò il calcestruzzo in zona tesa. Questa evoluzione fu affiancata da uno sviluppo della ricerca da parte di molti studiosi, tra cui Ros, Stüssi, Kahn, Caughey [Matildi, Mele 1971], di efficaci dispositivi di collegamento.

Il perfezionamento del sistema si basava sul conseguire migliori risultati economici tendendo da una parte a ridurre i pesi unita-

Tipo di travi	N. travi	Interasse "I" [cm]	H max [cm]	Altezza "H" [cm]	Massa travi per ml [n]	Treno tipo **B**
HEA 500	9	57.7	61	49	13950	Luce Netta [m] 10.0<L ≤10.5
HEA 550	8	66	66	54	13280	
HEB 450	9	57.7	57	45	15390	
IPE 550	13	38.7	67	55	13780	
HEA 500	10	51.3	61	49	15500	Luce Netta [m] 10.0<L ≤10.5
HEA 550	9	57.7	66	54	14940	
HEB 450	11	46.2	57	45	18810	
IPE 550	14	35.5	67	55	14840	

I. Tabella per il calcolo degli impalcati da ponte ferroviari con luce L compresa tra 10 e 10. 5 m.

5. Esempio di struttura composta con soletta di calcestruzzo superiore.

6a. Strutture con sezione trasversale aperta.
6b. Strutture con sezione trasversale chiusa.

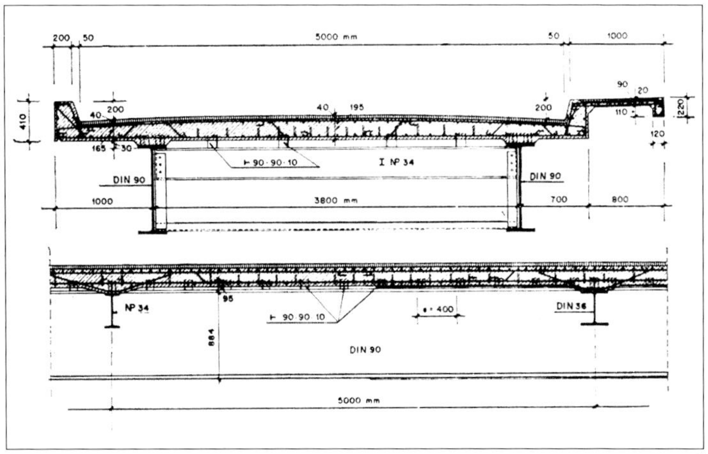

5

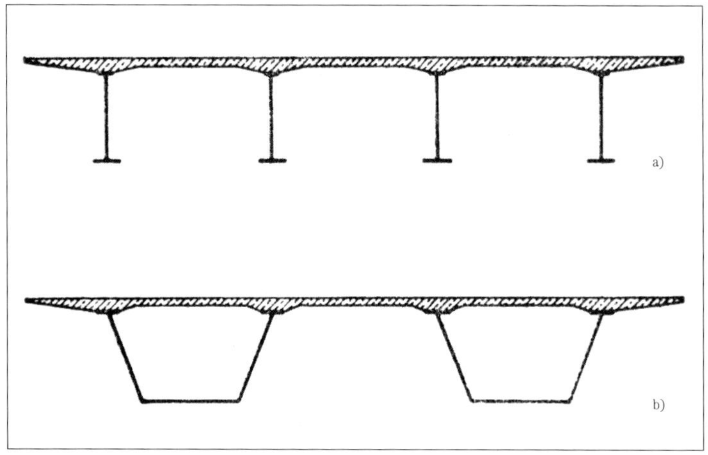

6

ri dei materiali impiegati, e dall'altra a semplificare al massimo i procedimenti costruttivi e di montaggio.

Per la riduzione dei pesi unitari si affinarono i metodi di calcolo e si studiarono a fondo l'ottimizzazione dei parametri di progetto che portarono alla definizione di sezioni più razionali che permisero di raggiungere il massimo sfruttamento delle risorse di resistenza dei due materiali. Inoltre l'evoluzione della produzione di acciaio, che fornì acciai con limite elastico sempre più elevato, permise di ottenere sezioni dei profili sempre più esili. Furono studiati anche sistemi di presollecitazione degli acciai strutturali mediante cavi in acciaio armonico o piattabande in acciaio a elevatissima resistenza oltrechè la realizzazione di strutture in acciaio a caratteristiche meccaniche differenziate. Allo stesso tempo con l'evoluzione della produzione di calcestruzzi sempre più resistenti e l'affinamento delle tecniche di calcolo fu possibile ridurre notevolmente anche lo spessore delle solette.

Le solette venivano semplicemente appoggiate sulle travi e unite con chiodi, provocando la fessurazione del calcestruzzo, e soltanto nel dopoguerra si introdusse l'utilizzo di pioli saldati alle travi in modo da costituire una sezione omogenea acciaio-calcestruzzo.

Aspetti costruttivi e tecnici

Le strutture composte acciaio calcestruzzo sono comunemente utilizzate nella tipologia a travate, isostatiche o iperstatiche, con sezione trasversale aperta (fig. 6a) oppure, allorché sono presenti forti sollecitazioni torsionali, chiusa (fig. 6b). Pertanto nella descrizione di alcuni aspetti legati alle modalità di esecuzione e alla determinazione della larghezza della soletta da ritenersi collaborante con la sezione in acciaio, si farà riferimento a queste tipologie di strutture.

Procedimenti costruttivi

Essendo la struttura in acciaio calcestruzzo eseguita per fasi successive (posa in opera delle travi metalliche fase 1ª, successivo getto della soletta fase 2ª), risulta normalmente importante anche la modalità con cui è eseguita la realizzazione della struttura, perchè influenza la distribuzione degli sforzi nei due materiali che compongono la sezione.

I principali procedimenti costruttivi per la realizzazione delle travate sono sostanzialmente due: con travi puntellate (Sistema A), oppure con travi non puntellate (Sistema B).

Con il sistema A, in una 1ª fase (durante il getto della soletta in calcestruzzo) la trave metallica è puntellata, in modo tale che il peso proprio e quello della soletta vengano portati dalla sola struttura metallica, funzionante come trave continua. In una 2ª fase, quando a j giorni dal getto il calcestruzzo ha raggiunto un certo valore di resistenza R_{ckj} (inferiore a R_{ck} raggiunto a 28 gg), si disarma; ciò equivale ad applicare alla struttura una serie di carichi concentrati uguali e opposti alle reazioni dei puntelli. Si osservi che all'infittirsi del puntellamento, le solleci-

7. Modalità di messa in opera
delle travi con puntelli provvisori;
si confrontano i risultati per il caso
con un solo puntello in mezzeria
(sistema I), con quelli relativi all'uso
di infiniti puntelli (sistema II).

tazioni agenti sulla struttura di acciaio tendono ad annullarsi (vedi fig. 7) in quanto aumentando il grado di puntellamento si intrecciano i diagrammi delle sollecitazioni in fase 1ª, e si possono ridurre queste ultime a valori trascurabili; gli stati tensionali prevalenti sono quelli della 2ª fase, per cui praticamente la struttura funziona come sistema composto per tutti i carichi applicati. In tal modo si realizzano notevoli economie di materiale e il sistema è evidentemente conveniente finché il suddetto risparmio è inferiore al costo delle centine.

Q [N/m]	Rck [N/mm²]	Profilato	$n_0 = E_s/E_{c0}$	$n_\infty = E_s/E_{c\infty}$
12500	30	HEB 550	6	18.

Sistema I				Sistema II	
Taglio (T_1^I) 46880 N	Mom. Max (M_1^I) 156250 N	Taglio (T_2^I) 83120 N	Mom. Max (M_2^I) 781250 Nm	Taglio (T_2^{II}) 125000 N	Mom. Max (M_2^{II}) 625,000 Nm

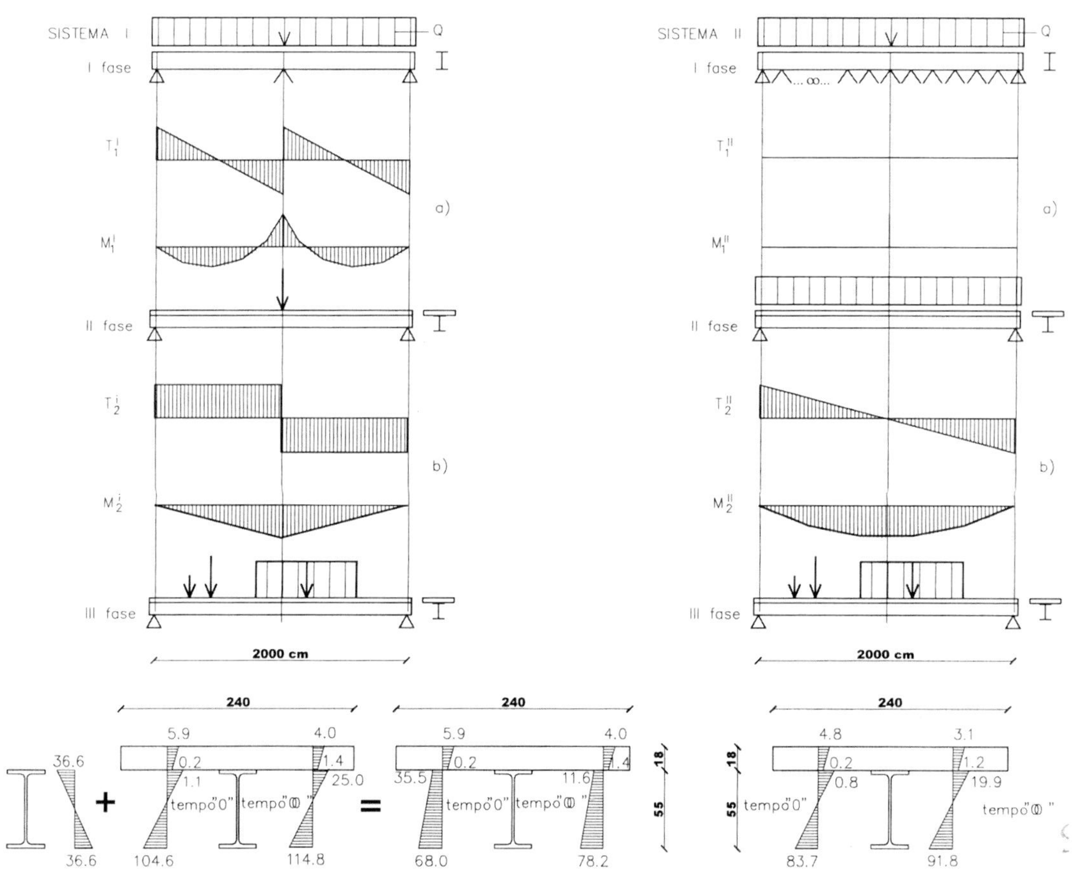

7

A titolo di esempio in figura 7 si confrontano gli sforzi nelle sezioni di mezzeria nei casi in cui una trave di luce 20 m sia puntellata in mezzeria, oppure sia sostenuta da una cortina di appoggi a distanza infinitesima.

Con il sistema B, durante il getto del conglomerato (1^a fase), il peso della soletta e quello della struttura metallica vengono portati entrambi soltanto dal profilato in acciaio. La struttura funziona pertanto come sistema misto unicamente nella 2^a fase, quando a maturazione avvenuta del calcestruzzo, si applicano alla struttura i sovraccarichi permanenti (pavimentazione e opere di finitura) e quelli accidentali. I due procedimenti costruttivi si impiegano sia nel caso di travi appoggiate sia in quello di travi continue isostatiche (Gerber) o iperstatiche.

Inoltre, qualunque sia il sistema prescelto possono applicarsi alla struttura opportuni sistemi di presollecitazioni o distorsioni, nell'intento di migliorare gli stati tensionali finali che si producono nella struttura mista dopo l'applicazione dei carichi accidentali.

Un importante problema statico-costruttivo è quello presente nelle travate continue, ove, in corrispondenza degli appoggi intermedi, vi sono zone dove la soletta, a causa del momento negativo, risulta sollecitata a trazione e quindi soggetta a fessurazione che crea evidenti problemi di durabilità della struttura.

Ciò può evitarsi adottando diversi accorgimenti come, ad esempio, eliminando localmente il collegamento fra calcestruzzo e trave metallica e affidando a quest'ultima tutta la funzione portante. Ciò comportando lo svantaggio di rinunciare a priori alla collaborazione dei due materiali. Si potrebbe, in alternativa disporre nella soletta un'armatura metallica idonea ad assorbire tutto lo sforzo di trazione in essa presente contenendo la fessurazione del calcestruzzo.

Ulteriori rimedi per eliminare gli sforzi di trazione nella soletta possono essere ottenuti attraverso l'applicazione di sollecitazioni antagoniste a quella indesiderata. Ciò può avvenire attraverso la precompressione della soletta, solitamente prima di renderla collaborante con la struttura metallica in modo che, in seguito, sotto l'azione dei momenti negativi essa possa lavorare in decompressione. In alternativa si possono applicare alla struttura mista opportune distorsioni con lo scopo di eliminare, o per lo meno ridurre, le punte di momento flettente negativo sugli appoggi; chiaramente quest'ultimo modo è applicabile solo nel caso di strutture iperstatiche, o almeno temporaneamente rese tali. Il metodo che prevede la precompressione della soletta è efficace sia sotto il profilo statico sia sotto quello costruttivo, ed ha il vantaggio di poter essere indifferentemente adottato su qualunque struttura, indipendentemente dal suo schema statico.

La larghezza di soletta collaborante

Il calcolo degli sforzi all'interno delle sezioni composte acciaio calcestruzzo non comporta nulla di diverso dalle più usuali costruzioni di cemento armato. Ma nel caso in cui la soletta risulti esterna al profilato nasce il problema di individuare una sua larghezza B, che definisce le dimensioni della porzione di calcestruzzo da considerarsi perfettamente solidale al profilato in acciaio.

Si consideri una trave metallica collaborante con una soletta di larghezza indefinita, soggetta a carico comunque variabile e a determinate condizioni di vincolo ai suoi estremi (fig. 8).

La distribuzione delle tensioni normali nella generica sezione trasversale della soletta (fig. 8) può determinarsi studiando quest'ultima come una lastra soggetta a una distribuzione di tensioni tangenziali agenti secondo l'asse della piattabanda superiore della trave metallica e pari al valore delle azioni trasmesse da questa alla soletta sovrastante.

In genere nel calcolo della sezione composta si fa riferimento a una larghezza B che si suppone collaborante con la sezione di acciaio. Il valore della larghezza B è determinato in modo che se in essa agisse una tensione costante pari a $\sigma_{c,\max}$, la porzione di soletta collaborante sarebbe soggetta a uno sforzo totale uguale a quello presente nell'intera soletta (vedi fig. 8).

Dovrà quindi essere, per la definizione suddetta:

$$B \cdot \sigma_{c,\max} = \int_{A_c} \sigma_c(x)\, dx$$

in cui A_c, rappresenta l'area complessiva della soletta.

La larghezza B dipende quindi dalle condizioni di vincolo della trave in esame e dall'andamento del carico.

Dispositivi di collegamento

Il collegamento fra acciaio e calcestruzzo è realizzato da dispositivi chiamati connettori, che assolvono il compito di legare rigidamente le solette e le travi e provvedono a limitare lo scorrimento relativo.

8. Trave composta caricata generalmente: larghezza B collaborante con la trave in acciaio e andamento qualitativo degli sforzi di compressione all'interno della soletta.

9. Sistemi di connessione tra la soletta in calcestruzzo e i profili in acciaio.

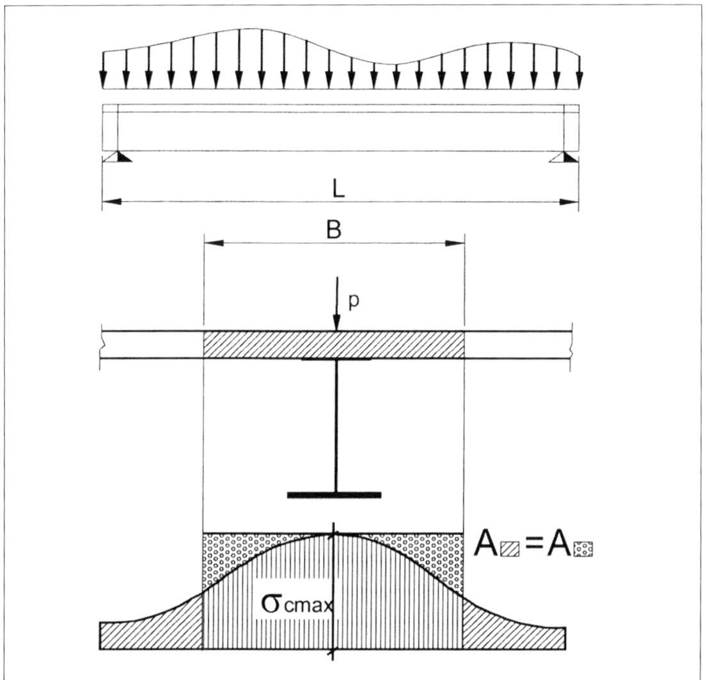

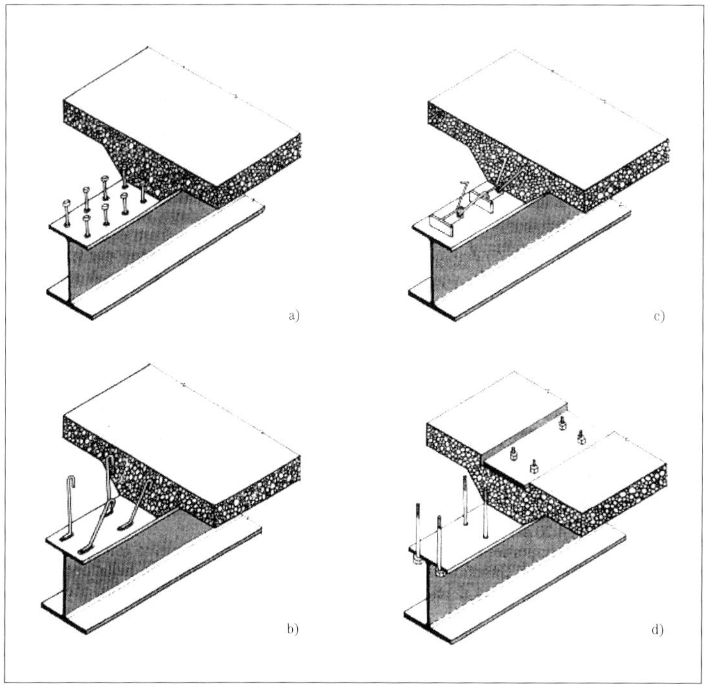

I sistemi di connessione possono essere classificati secondo la tecnologia esecutiva e il relativo schema di funzionamento come mostrato nella figura 9:

- a taglio;
- a staffa;
- misti;
- ad attrito.

Le azioni agenti sul dispositivo di collegamento

I dispositivi di collegamento vengono sollecitati dagli sforzi di scorrimento generati lungo la superficie di contatto fra acciaio e calcestruzzo:

- dal taglio;
- dal ritiro;
- dalle variazioni termiche differenziali;
- dalla precompressione della soletta solidarizzata.

Ammettendo valida la teoria approssimata del taglio, lo sforzo di scorrimento unitario indotto dal taglio in corrispondenza dell'attacco soletta-trave metallica vale:

$$q = \frac{T \cdot S_c}{J}$$

essendo S_c il momento statico dell'area omogeneizzata dell'intera soletta di calcestruzzo compressa rispetto all'asse neutro dell'intera sezione omogeneizzata.

Detto Δx l'interasse fra i connettori, lo sforzo assorbito da ciascuno di questi è (fig. 10):

$$\Delta Q = q \cdot \Delta x = \frac{T \cdot S_c}{J} \cdot \Delta x$$

Il valore del taglio T è quello indotto dai carichi accidentali e da quell'aliquota dei carichi permanenti che agiscono sulla strut-

10. Sforzi di scorrimenti dovuti al taglio e alle coazioni interne.

11. Piolatura con dispositivi a taglio delle travi metalliche del Centro Didattico Polifunzionale dell'Università degli Studi di Firenze, realizzata con pioli disposti su due file a passo variabile fra i 10 e i 20 cm, con infittimento in corrispondenza degli appoggi.

tura mista, in quanto applicati a maturazione avvenuta del conglomerato. Nel caso in cui il procedimento costruttivo preveda di puntellare le travi si ha un sovradimensionamento dei connettori, in quanto questi ultimi sono destinati ad assorbire gli scorrimenti generati anche dal peso proprio della soletta.

Per quanto riguarda gli effetti prodotti da ritiro, dalle variazioni termiche differenziali e da eventuali precompressioni della soletta già solidarizzata alla sezione metallica, si può considerare che esse producano uno scorrimento uniforme, pertanto è sufficiente calcolare le tensioni baricentriche indotte nella soletta. Indicate pertanto con $\sigma_{r,b}$, $\sigma_{t,b}$, $\sigma_{p,b}$ le tensioni prodotte rispettivamente dal ritiro, dalla variazione termica Δt e dalla precompressione in corrispondenza del baricentro G_c, della soletta, si ha:

$$q = A_c \cdot \left(\sigma_{r,b} + \sigma_{t,b} + \sigma_{p,b}\right)$$

Essendo gli sforzi di scorrimento indotti da tali stati di coazione concentrati nelle zone terminali della trave, in prossimità degli appoggi, il diagramma del valore unitario q può tracciarsi in via approssimata calcolando con l'espressione di ΔQ il valore massimo in corrispondenza di un appoggio, e ammettendo una legge di variazione lineare con ordinata nulla a una distanza dall'appoggio pari alla larghezza collaborante B.

Nei collegamenti a taglio, illustrati nella loro tipologia più diffusa cioè a forma di *piolo*, il connettore, sollecitato dallo scorrimento mutuo fra soletta ed estradosso della trave in acciaio, reagisce impegnandosi prevalentemente a taglio nella sezione di attacco con la trave, vista la notevole rigidezza flessionale degli elementi impiegati.

I connettori si distinguono in *rigidi* ed *elastici*, a seconda del valore della loro rigidezza flessionale; e nei due casi, per il diverso funzionamento statico, variano i principi di dimensionamento.

Sono stati realizzati anche connettori per pilastri a tipologia mista acciaio-calcestruzzo, con piolatura saldata nell'anima del profilato (vedi fig. 12).

Conoscendo i carichi e le sollecitazioni agenti sulla struttura si possono dimensionare i profilati e i connettori tramite valori tabulati delle proprietà geometriche e meccaniche.

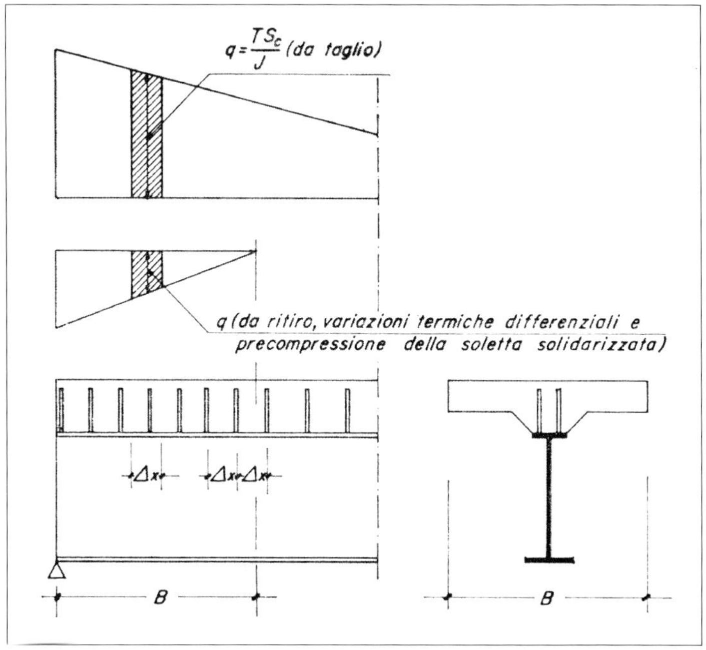

10

11

12. Pilastri in acciaio calcestruzzo con piolatura saldata sull'anima.

13. Definizione della larghezza collaborante B.

Normativa di riferimento

Indicazioni per il calcolo delle strutture miste acciaio-calcestruzzo con il metodo di verifica delle tensioni ammissibili si ritrovano nelle raccomandazioni CNR 10016-85: *Travi composte di acciaio e calcestruzzo. Istruzioni per l'impiego nelle costruzioni*. Per quanto riguarda, invece il calcolo con il metodo di verifica agli stati limite recentemente sono state pubblicate le nuove indicazioni CNR 10016-98: *Strutture composte di acciaio calcestruzzo istruzioni per l'impiego nelle costruzioni*, le quali sostituiscono le precedenti e ne estendono il campo di applicazione alla luce della più recente normativa internazionale sull'argomento delle strutture composite di acciaio e calcestruzzo.

Di seguito si riportano le indicazioni contenute nelle raccomandazioni CNR 10016-85 per la determinazione della larghezza della soletta collaborante. La larghezza collaborante è definita da tale documento mediante parametri numerici tabellati in funzione:
- dello schema statico della trave;
- della tipologia del carico applicato: distribuito o concentrato;
- della posizione della sezione di verifica;
- del rapporto b/L (dove L è denominata la luce della trave).

Per esempio, nel caso di travi semplicemente appoggiate con carico uniformemente distribuito, e per la verifica della sezione di mezzeria, si ottiene: $B = b_c + 2b_{ef}$ (fig. 13) dove:
- b_c è la larghezza della zona impegnata dai connettori;
- $b_{ef} = b \cdot \eta$ dove il parametro numerico η è ricavabile dalla seguente tabella in funzione dei rapporto b/L:

b/L	0.02	0.05	0.10	0.20	0.30
η	1.00	0.99	0.95	0.81	0.64

II. Valori del parametro η in funzione del rapporto b/L.

Per strutture con carichi prevalentemente statici è sufficiente determinare le larghezze efficaci utilizzando l'espressione:

$$b_{ef} = 0.1 \cdot L \leq b$$

Il coefficiente di omogeneizzazione $n = E_s/E_c$ essendo costante il valore di $E_s = 20600$ N/mm^2, è unicamente funzione del modulo del conglomerato cementizio E_c il quale a sua volta dipende dalla qualità e dall'età del getto. I valori di n sono riassunti nel quadro seguente:

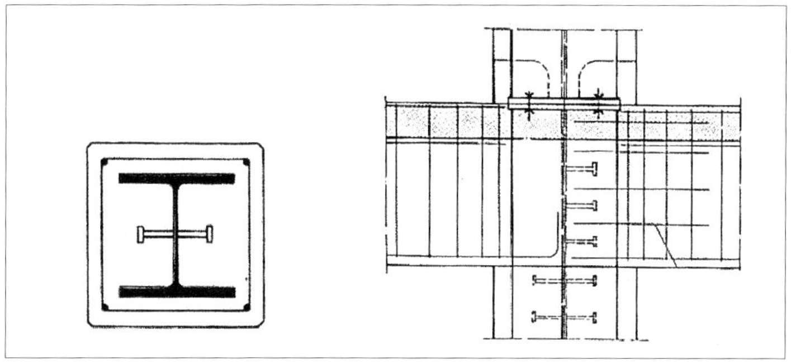

12

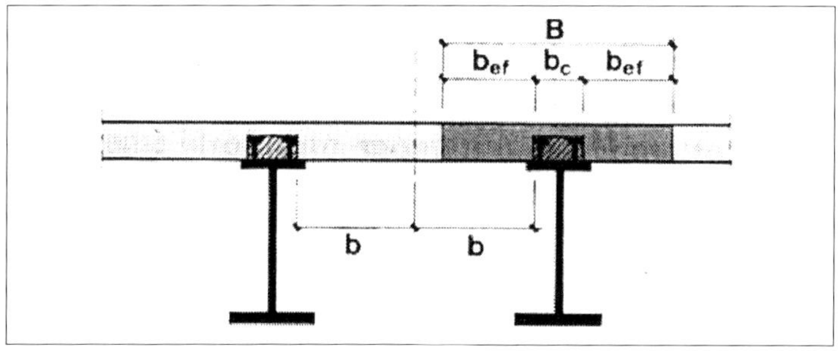

13

Classe	*N*
250	7
350	6
450	5
600	4.7

III. Valori del coefficiente di omogeneizzazione in funzione della classe di resistenza del calcestruzzo.

Le tensioni ammissibili per la trave in acciaio e per l'acciaio di armatura della soletta sono quelle previste dalle vigenti norme tecniche.

Occorre ancora considerare il fatto che, durante la maturazione, il calcestruzzo del getto superiore è soggetto al fenomeno del ritiro; ma la soletta, essendo solidamente collegata alla trave di acciaio, viene contrastata in questo movimento naturale ed è soggetta a uno stato tensionale di coazione.

L'effetto statico si risolve ad esempio (secondo Mörsch [Matildi, Mele 1971]) in uno sforzo di trazione sulla sola soletta di calcestruzzo e in uno sforzo di compressione eccentrico sulla sezione globale della trave, valutabile come $N_{RIT} = \varepsilon_{RIT} \cdot E_c \cdot A_c$ dove per ε_{RIT} si assumono i valori riportati nella tabella seguente:

Condizioni di maturazione	ε_{RIT} a 28 gg.	ε_{RIT} a $t = \infty$
atmosfera con umidità relativa di circa 75%	$23 \cdot 10^{-5}$	$16 \cdot 10^{-5}$
atmosfera con umidità relativa di circa 55%	$32 \cdot 10^{-5}$	$19 \cdot 10^{-5}$

IV. Valori di ε_{RIT} in funzione delle condizioni di maturazione del calcestruzzo.

Il metodo può essere migliorato, senza renderlo più laborioso, tenendo conto del fenomeno lento del *fluage*, ovvero del fenomeno fisico per cui il calcestruzzo, sotto carico permanente a lungo nel tempo manifesta una deformazione "lenta" che aumenta nel tempo. Si tiene conto in maniera forfetaria di tale fenomeno, sostituendo al valore del modulo di elasticità dal calcestruzzo E_c il valore ridotto: $E^*_c = E_c/\phi_\infty$ e usando, per il calcolo delle relative tensioni, il coefficiente di omogeneizzazione ideale:

$$n^* = n \cdot \phi_\infty = (E_c / E_s) \cdot \phi_\infty$$

Il valore del coefficiente ϕ_∞ è ricavabile dal seguente quadro:

Condizioni di maturazione	ϕ_∞
in aria umida	2
all'aperto in genere	3
in aria secca	4

V. Valori del coefficiente ϕ_∞ in funzione delle condizioni dell'ambiente di maturazione del calcestruzzo.

Esempio di calcolo di una trave acciaio-calcestruzzo

A titolo di esempio si riporta il calcolo di una trave acciaio-calcestruzzo del Centro Didattico Polifunzionale dell'Università degli Studi di Firenze.

Lo schema statico è di trave semplicemente appoggiata, caricata da un carico uniformemente distribuito. Il metodo di montaggio adottato è senza puntellatura come mostrato in figura 7 Sistema B. Il calcolo e le verifiche delle travi composte acciaio calcestruzzo sono state eseguite tenendo conto di tutte le diverse fasi di funzionamento della struttura di seguito riportate:

fase1 posa in opera della trave in acciaio e getto della soletta senza che la trave sia puntellata;

fase2 sistemazione della pavimentazione e degli altri carichi permanenti, una volta che la soletta sia divenuta collaborante;

fase3 a tempo "0" con tutti i carichi accidentali agenti e senza fenomeni viscosi;

fase4 a tempo "infinito" con tutti i carichi accidentali agenti tenendo conto dei fenomeni viscosi e delle azioni di ritiro del calcestruzzo;

Per il calcolo e la verifica di questi elementi strutturali si sono seguite le istruzioni contenute nella circolare CNR 10016-85.

Calcestruzzo	*Acciaio*	*Modulo istantaneo cls*	*Modulo dell'acciaio*
Rck 30	Fe360	$E_c = 31177$ N/mm^2	$E_s = 206000$ N/mm^2

VI. Caratteristiche dei materiali utilizzati.

Interasse	*Luce di calcolo*	*Spessore soletta in cls*	*Profilato acciaio: HEB550*	
2.40 m	14.40 m	180 mm	$W = 4.79 \cdot 10^6$ cm^3 $h = 550$ mm; $b = 300$ mm	$J = 136691 \cdot 10^8$ cm^4 $A_s = 25400$ mm^2

VII. Caratteristiche geometriche della sezione.

Calcolo della larghezza collaborante

Con riferimento alla fig. 13 si ha:

$b_c = 20$ cm,

$b = 110$ cm,

$b/L = 0.0763$ da cui si ottiene: $\eta = 0.97$,

$b_{ef1} = b_{ef2} = 0.925 \cdot 110 = 101.8$ cm,

$B = 20 + 102 + 102 \cong 225$ cm.

Verifiche in fase "1"

In questa fase ai fini del calcolo delle sollecitazioni si considerano i seguenti carichi:

- peso della soletta 4500 N/m²
- peso struttura 600 N/m²

5100 N/m²×2.40 m ≅ 12240 N/m

Quindi il momento flettente massimo in mezzeria è:

$$M_{\max} = \frac{12240 \cdot 14.4^2}{8} \cong 317260 \text{ Nm}$$

mentre il taglio massimo è:

$$T_{\max} = \frac{12240 \cdot 14.4}{2} \cong 88130 \text{ N}$$

- tensione di compressione estradosso acciaio:

$$\sigma_{\sup} = \frac{M_{\max}}{W} = -63.7 \text{ N/mm}^2$$

- tensione di trazione intradosso acciaio:

$$\sigma_{\inf} = \frac{M_{\max}}{W} = 63.7 \text{ N/mm}^2$$

Verifica di deformabilità

Il carico totale agente in questa fase è di 12240 N/m per cui l'abbassamento in mezzeria vale:

$$f_{\max} = \frac{5}{384} \cdot \frac{q \cdot L^4}{E_s \cdot J_s} = 2.38 \text{ cm}$$

Verifiche in fase "2" e "3"

Nella figura 14 è riportata la geometria della sezione considerata per le verifiche: d_s = 27.5 cm e d_{cl} = 64 cm.

Essendo le verifiche fatte al tempo "0" si considera un rapporto fittizio "n" fra il modulo elastico dell'acciaio (E_s) e del calcestruzzo (E_c) pari a $n = E_s/E_c$= 6.

L'area di calcestruzzo collaborante A_{cls} =18×225 = 4050 cm² viene omogeneizzata a un'area di acciaio equivalente pari a: A_{clseq} = 4050/6 = 675 cm² da cui si ricava la larghezza equivalente: l_{eq} = 675/18 = 37.5 cm.

Le caratteristiche della sezione omogenea sono:

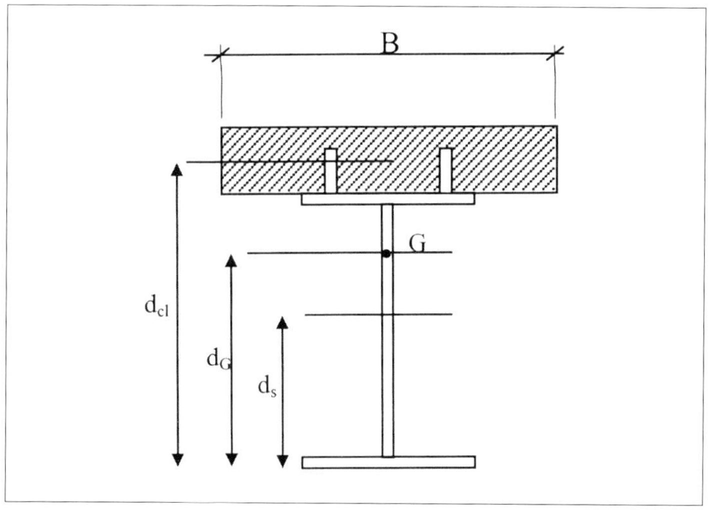

14

14. Geometria della sezione.

d_G [mm]	J_{tot} [mm⁴]	W_{supcls} [mm³]	W_{infcls} [mm³]	W_{supacc} [mm³]	W_{infacc} [mm³]
541	4163×10⁶	132×10⁶	2816×10⁶	469×10⁶	7694×10³

In questa fase ai fini del calcolo delle sollecitazioni si sono considerati i seguenti carichi:

- sovraccarichi permanenti (pavimento, caldana, controsoffitto, impiantistica) 1700 N/m²
- tamponamento 1300 N/m²
- carico accidentale 3000 N/m²

6000 N/m²×2.4 m ≅ 14400 N/m

$$M_{\max} = \frac{14400 \cdot 14.4^2}{8} \cong 373240 \text{ Nm}$$

$$T_{\max} = \frac{14400 \cdot 14.4}{2} \cong 103680 \text{ N}$$

Le tensioni corrispondenti valgono:

- tensione di compressione estradosso calcestruzzo:

$$\sigma_{\sup cls} = \frac{M_{\max}}{W_{\sup cls}} = -2.8 \text{ N/mm}^2$$

- tensione di compressione intradosso calcestruzzo:

$$\sigma_{\inf cls} = \frac{M_{\max}}{W_{\inf cls}} = -0.1 \text{ N/mm}^2$$

- tensione di compressione estradosso acciaio:

$$\sigma_{\sup acc} = \frac{M_{\max}}{W_{\sup acc}} = -0.8 \text{ N/mm}^2$$

- tensione di trazione intradosso acciaio:

$$\sigma_{\inf acc} = \frac{M_{\max}}{W_{\inf acc}} = 48.5 \text{ N/mm}^2$$

Calcolo delle piolature

Si utilizzano due file di pioli ϕ22 muniti di testa, saldati sull'ala superiore della trave e aventi altezza pari a 12 cm. Il passo di tali pioli è variabile a tratti lungo la trave.

Precisamente si ha:

- tratto "1": ϕ22/150 mm per la lunghezza di 1.50 m (a partire dall'appoggio);
- tratto "2": ϕ22/200 mm per la lunghezza di 5.70 m;

Tale disposizione si ripete simmetricamente rispetto all'asse della trave.

La resistenza di calcolo a taglio P_{amm} dei pioli muniti di testa (secondo le istruzioni 10016/85) può essere assunta pari:

$$P_{amm} = \frac{P_d}{1.5}$$

dove P_d è il minore dei valori ottenuti con le seguenti equazioni:

$$P_d = \frac{d_p \cdot h'_p \cdot (3.2 + 0.11 \cdot f_{ck})}{1.4} \text{ (kN)}$$

$$P_d = \frac{0.7 \cdot \pi \cdot d_p^2 \cdot f_{yk}}{40} \text{ (kN)}$$

dove:

f_{yk} è la tensione di snervamento caratteristica in N/mm^2 dell'acciaio costituente i pioli;

f_{ck} è la resistenza caratteristica del calcestruzzo espressa in N/mm^2;

d_p il diametro dei pioli in cm;

h'_p l'altezza efficace dei pioli da assumersi pari a: h_p (altezza reale del piolo) se $h_p < 4 \cdot d_p$, oppure $4 \cdot d_p$ se $h_p \geq 4 \cdot d_p$, dove: $h'_p = 8.8$ cm, $d_p = 2.2$ cm, $f_{ck} = 0.83\, R_{ck} = 24.9$ N/mm^2, $f_{yk} = 235$ N/mm^2.

Le due relazioni che forniscono il valore della resistenza P_d rappresentano rispettivamente la resistenza allo schiacciamento del calcestruzzo, e la resistenza a taglio del gambo del piolo. Esplicando le relazioni suddette per questo caso specifico si ricava: $P_{amm} = 41.66$ kN.

Il valore del taglio massimo nel tratto "1" è pari a:

$$T_{\max} = 103680 \text{ N}$$

a cui corrisponde uno scorrimento unitario:

$$\tau \cdot b = \frac{T_{\max}}{J} \cdot S_x \cong 158.1 \text{ N/mm}$$

usando due file di pioli a interasse 150 mm, ciascun piolo assorbe:

$$Q = 158.1 \cdot 150/2 = 11.860 \text{ kN} < 41.66 \text{ kN}$$

Il valore del taglio massimo nel tratto "2" è pari a:

$$T_{\max} \cong 82080 \text{ kg}$$

a cui corrisponde uno scorrimento unitario:

$$\tau \cdot b = \frac{T_{\max}}{J} \cdot S_x \cong 125 \text{ N/mm}$$

usando due file di pioli a interasse 200 mm, ciascun piolo assorbe:

$$Q = 125 \cdot 200 / 2 = 12.520 \text{ kN} < 41.66 \text{ kN.}$$

Verifiche in fase "4"

Essendo il carico di lunga durata si considera pertanto un rapporto "n" fra il modulo elastico dell'acciaio e del calcestruzzo pari a 18.

Ai fini delle verifiche si sono considerate le due fasi, considerando come agenti tutti i sovraccarichi permanenti (escluso il peso della soletta e quello delle travi in acciaio) e quelli accidentali.

L'area di calcestruzzo collaborante $A_{cls} = 18 \times 225 = 4050$ cm^2 viene omogeneizzata a un'area di acciaio equivalente pari a:

$$A_{clseq} = 4050/18 = 225 \text{ cm}^2$$

da cui si ricava la larghezza equivalente:

$$l_{eq} = 225/18 \cong 13 \text{ cm}$$

Le caratteristiche della sezione omogenea sono:

d_G [mm]	J_{tot} [mm⁴]	W_{supcls} [mm³]	W_{infcls} [mm³]	W_{supacc} [mm³]	W_{infacc} [mm³]
441	3120×10^6	198×10^6	548×10^6	30480×10^3	6972×10^3

I carichi agenti sono gli stessi della fase 3 quindi le sollecitazioni valgono:

$$M_{\max} = \frac{14400 \cdot 14.4^2}{8} \cong 373240 \text{ Nm}$$

$$T_{\max} = \frac{14400 \cdot 14.4}{2} \cong 10368 \text{ N}$$

Le tensioni corrispondenti valgono:
- tensione di compressione estradosso calcestruzzo:

$$\sigma_{\sup cls} = \frac{M_{\max}}{W_{\sup cls}} = -1.9 \text{ N/mm}^2$$

- tensione di compressione intradosso calcestruzzo:

$$\sigma_{\inf cls} = \frac{M_{\max}}{W_{\inf cls}} = -0.7 \text{ N/mm}^2$$

- tensione di compressione estradosso acciaio:

$$\sigma_{\sup acc} = \frac{M_{\max}}{W_{\sup acc}} = -14.5 \text{ N/mm}^2$$

- tensione di trazione intradosso acciaio:

$$\sigma_{\inf acc} = \frac{M_{\max}}{W_{\inf acc}} = 53.5 \text{ N/mm}^2$$

Riepilogando le tensioni massime nei due materiali valgono:
σ_{supcls} = - 2.8 N/mm² (fase "3"),
σ_{supinf} = - 0.7 N/mm² (fase "4"),
σ_{supacc} = - 75.9 N/mm² (fase "1+4"),
σ_{supacc} = 117.2 N/mm² (fase "1+4").

Verifica a taglio del profilo in acciaio

Si considera che la totalità delle azioni taglianti delle varie fasi sia interamente assorbita dall'anima della trave in acciaio. La tensione tangenziale sull'anima è:

$$\tau_{anima} = \frac{T_{totale}}{A_{anima}} = \frac{88130 + 103680}{(492 \cdot 15)} = 26.0 \text{ N/mm}^2$$

Verifica di deformabilità nella fase "4"

Il carico totale agente in questa fase è di 14400 N/m per cui l'abbassamento in mezzeria vale:

$$f_{\max} = \frac{5}{384} \cdot \frac{q \cdot L^4}{E \cdot J_{trave}} = 1.23 \text{ cm}$$

La freccia totale risulta pertanto uguale a:
f_{tot} = 2.38 + 1.23 = 3.61 cm

Il tamponamento viene però costruito quando la struttura si è già assestata, pertanto la freccia che deve essere controllata per evitare fessurazioni nel muro è:
1.23 cm < 1/500 = 2.88 cm

Effetti del ritiro

Per effetto del ritiro si produce alle estremità delle travi uno sforzo di scorrimento di segno contrario a quello prodotto dai carichi esterni e pari globalmente alla risultante delle tensioni normali nella sola sezione di acciaio. Il relativo sforzo di scorrimento unitario q può considerarsi distribuito con legge triangolare avente ordinata massima in corrispondenza dell'estremità della trave e nulla a distanza, dall'estremità suddetta, pari a l_s.

Per la determinazione di l_s può assumersi:
$l_s = 0.06\,(l + 10b) + 7k\,(l - 3b)$ =1724 mm,
dove:
l: luce della trave = 14000 mm;
b: il valore medio della larghezza della soletta da ciascun lato = 1100 mm;
k: cedevolezza del collegamento pari a 0.003 mm²/N per collegamenti a piolo.

Per il calcolo delle sollecitazioni e quindi delle tensioni determinate dagli effetti concomitanti del ritiro e della viscosità si può prendere in considerazione una variazione termica equivalente ΔT = 10 °C. Si procede considerando due fasi:
- Prima fase: si immaginano impedite le deformazioni nel calcestruzzo, introducendo agli estremi della soletta dei vincoli "fittizi" e sottoponendo la soletta stessa a un ΔT = 10 °C.

15. Andamento degli sforzi nel calcestruzzo e nell'acciaio nelle varie fasi e nel tempo.

In questa fase lo sforzo di trazione nel calcestruzzo vale:
σ_{cls} = N/A = +3.11 N/mm^2
dove:
$N = A\ \alpha\ \Delta T\ Ec$ = 1262668 kN
A = area di calcestruzzo interessata dal ritiro = 225×18 = 4050 cm^2
α = coefficiente di dilatazione termica = 1×10^{-5}
Ec = 31177 N/mm^2

Nell'acciaio in questa fase non si hanno sollecitazioni.

- Seconda fase: si rimuovono i vincoli fittizi e si applica N cambiato di segno alla sezione composta. Essendo N agente a livello del baricentro della soletta di calcestruzzo, la sezione composta è interessata da un momento: $M = N\,e$.

Essendo e = 9.9 cm la distanza del baricentro della soletta di calcestruzzo da quello globale.
M = 125·10^6 Nmm

In questa seconda fase N da luogo alle tensioni su:
calcestruzzo:

$$\sigma_{Ncls} = \frac{A^*}{A_a + A^*}\cdot\left(\frac{N}{A}\right) = -2.5\ \text{N/mm}^2$$

A^* = 235·18/6 = 705 cm^2 A_a = 154.56 cm^2 (area trave acciaio)

acciaio:

$$\sigma_{Nacc} = n\cdot\frac{A^*}{A_a + A^*}\cdot\left(\frac{N}{A}\right) = -15.3\ \text{N/mm}^2$$

mentre M dà luogo a:

$$\sigma_{M\,supcls} = \frac{125\cdot 10^6}{132\cdot 10^6} = -0.9\ \text{N/mm}^2$$

$$\sigma_{M\,infcls} = \frac{125\cdot 10^6}{2816\cdot 10^6} = -0.04\ \text{N/mm}^2$$

$$\sigma_{M\,acc} = \frac{125\cdot 10^6}{7.69\cdot 10^6} = 13.1\ \text{N/mm}^2\ \text{(trazione intradosso acciaio)}$$

Sommando i singoli contributi:
$\sigma_{supcls} = \sigma_{cls} + \sigma_{Ncls} + \sigma_{Msupcls}$ = 3.1 - 2.5 - 0.9 = -0.3 N/mm^2
$\sigma_{infcls} = \sigma_{cls} + \sigma_{Ncls} + \sigma_{Minfcls}$ = 3.1 - 2.5 - 0.04 = 0.056 N/mm^2
$\sigma_a = \sigma_{Na} + \sigma_{Ma}$ = -15.3 + 13.1 = -2.2 N/mm^2
Nel calcestruzzo si ha quindi una tensione media:
σ_M = 0.14 N/mm^2
Lo scorrimento totale vale:
$S = \sigma_M B\,s$ = 56700 N.

Secondo la CNR 10016-85 tale scorrimento si esaurisce in un lungo l_s (prima definita). In tale lunghezza sono presenti pioli ϕ22/200 mm. Essendo il valore massimo dello scorrimento unitario pari a:

$$q = \frac{57600}{1724}\cdot 2 = 66\ \text{N/mm}$$

ciascuno di essi assorbe:

$$Q = \frac{66}{2}\cdot 150 = 4.9\ \text{kN} < 41.66\ \text{kN}$$

quindi lo schema di piolatura prevista risulta in grado di assorbire le azioni derivanti dal fenomeno del ritiro, anche nell'ipotesi in cui siano assenti tutti gli altri carichi, i quali tenderebbero comunque a diminuire lo scorrimento prodotto dal solo ritiro.

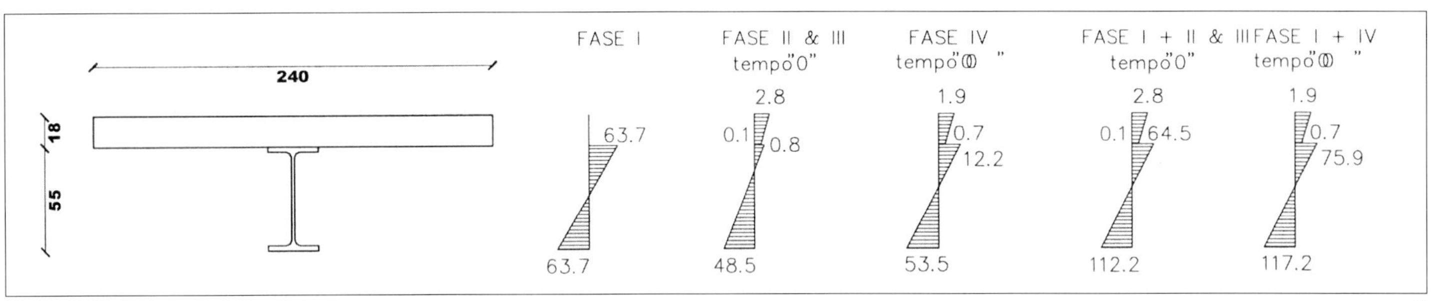

15

A Centro Didattico Polifunzionale, Firenze

Il complesso del Centro Didattico Polifunzionale è ubicato a Firenze in viale Morgagni 44 ed è costituito da un edificio a destinazione universitaria multipla.
L'edificio è stato scomposto in due strutture giuntate a metà e realizzate in tempi successivi; i due edifici sono collegati da una galleria centrale che si sviluppa sull'altezza dell'edificio. Le caratteristiche strutturali sono comunque analoghe per tutta la costruzione.
Il primo lotto è stato affiancato da una sala auditorium, per conferenze e riunioni, che risulta giuntata alla struttura principale in modo da avere un comportamento indipendente dalla stessa.
Il completamento è speculare al primo lotto rispetto alla galleria centrale, con la differenza che non presenta la sala auditorium.
Complessivamente l'edificio si compone da 6 piani di cui 4 fuori terra e due interrati con funzione di parcheggio; la massima quota interrata è -10.4 m mentre l'altezza massima sul piano stradale è +16 m (alla quota di calpestio del solaio di copertura), per quanto concerne il complesso aule.
La struttura dell'edificio è costituita da una maglia rettangolare di dimensioni 14.40×7.20 m, con dimensione delle sottomaglie di 2.40 m. Le travi secondarie sono ordite nella direzione lunga della maglia (14.40 m) mentre quelle principali sono ordite nella direzione corta della maglia (7.20 m).

Le membrature di travi e pilastri al confine del primo stralcio sono state dimensionate tenendo conto dell'incremento di sollecitazioni derivante dal completamento della parte adiacente.
Lo stesso problema si presenta nei livelli sotto al piano di campagna dove si è realizzato un parcheggio a due piani con disposizione delle rampe e degli accessi che verrà utilizzato in via provvisoria fino al momento della realizzazione del secondo lotto.
La zona sotterranea viene aerata (in accordo alle normative antincendio) per mezzo di uno scannafosso che circoscrive l'intero complesso, salvo dove esso risulta aperto per la presenza delle rampe di accesso degli autoveicoli ai piani inferiori. Il contenimento del terreno viene realizzato con diaframmi che, insieme al solettone di base, hanno il compito di dare agibilità al cantiere durante la costruzione dell'opera, oltre che di fare da schermo all'acqua di falda. Nella figura 17 è mostrata la pianta del secondo lotto.
Come tipologia strutturale per gli edifici si è deciso di adottare solai realizzati con travi composte acciaio e calcestruzzo, sostenuti da una struttura portante in acciaio controventata con setti in cemento armato, contenenti i vani scale principali e i blocchi ascensori.
Si è deciso di adottare questa soluzione poiché garantiva rapidità della messa in opera, e risultava senz'altro quella più adatta alle grandi luci che caratterizzano i moduli dimensionali della costruzione descritta. Di seguito sono mostrate

16. Primo lotto del Centro Didattico Polifunzionale di Firenze. Si notano le torri periferiche agli angoli del fabbricato che forniscono rigidezza strutturale all'intero edificio. Il completamento è previsto speculare dal lato opposto a questa vista.

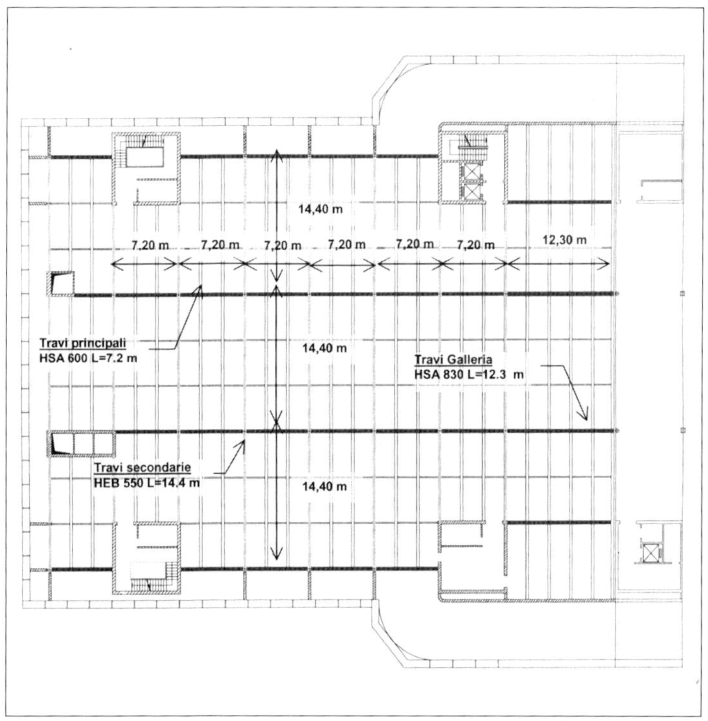

17. Pianta del piano interrato tipo del secondo lotto del Centro Didattico Polifunzionale di Firenze.

18. Confronto tra alcune possibili soluzioni per le travi del Centro Didattico Polifunzionale.

19. Viste della parte posteriore dell'edificio con la rampa di ingresso ai piani garage e dell'Auditorium.

alcune possibili soluzioni, tra le quali è stata scelta quella definitiva, per le travature del Centro Didattico Polifunzionale (fig. 19).

Alcuni dei vantaggi della scelta della struttura mista acciaio e calcestruzzo per la realizzazione degli elementi portanti orizzontali sono la loro flessibilità architettonica, il fatto che essi possono essere facilmente legati sia a strutture verticali portanti in acciaio sia in calcestruzzo, la loro rapidità di montaggio e il fatto che, su altezze non eccessive, garantiscono elevati valori di rigidezza.

La soluzione adottata per le travi principali è stata estesa anche alle travi secondarie. Il collegamento tra le travi di acciaio e la soletta soprastante si è ottenuta mediante pioli con testa disposti a passo variabile e raffittiti in adiacenza della zona di appoggio (vedi fig. 12).

Per quanto attiene allo schema statico utilizzato per i telai portanti della struttura, si sono realizzati vincoli cerniera-cerniera per tutte le travi secondarie e per tutte le travi principali; in tale maniera non si ha trasmissione di coppia alle colonne che risultano così essere meno sollecitate, soprattutto per ciò che attiene alla verifica a pressoflessione da effettuarsi nella sezione di incastro di base (ove agisce la sola coppia dovuta al taglio eccentrico).

Il controventamento del complesso aule è stato affidato prevalentemente ai blocchi scala principali a cui si affiancano i diaframmi sotto al piano di campagna. La quota di spiccato per il calcolo delle azioni sismiche viene pertanto posta a -9 m.

Dal punto di vista del comportamen-

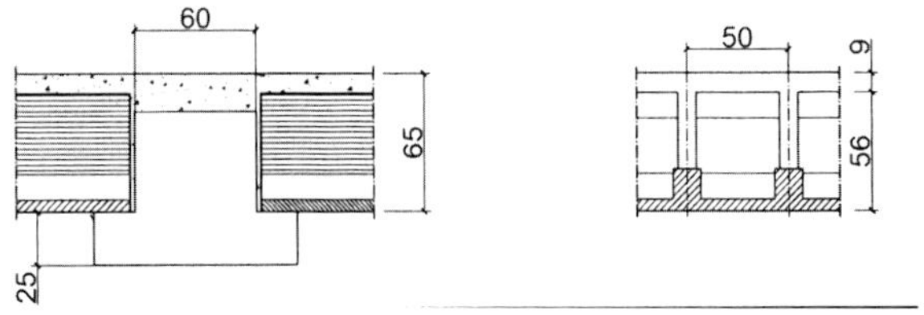

LASTRE PRECOMPRESSE
E LATERIZIO

- Peso elevato: peso portato 70 kN/m²
- Peso Proprio 90 kN/m²
- Soluzione Non Autoportante
- Colonne calcestruzzo 90×90 cm
- EJ = 5.42×10⁶ MN/cm²

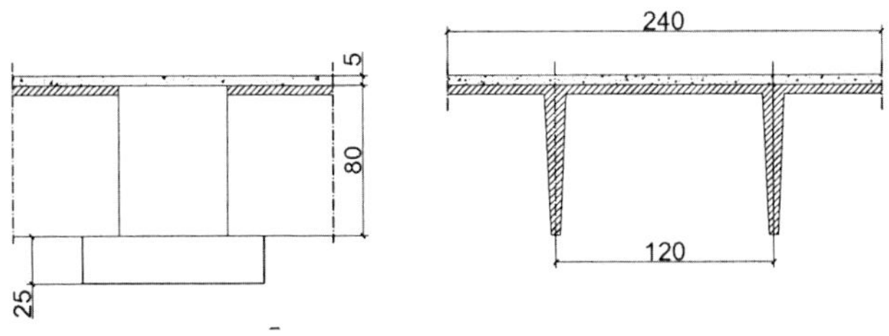

SOLAIO A TEGOLONI RECOMPRESSI

- Peso elevato: peso portato 70 kN/m²
- Peso Proprio 43.5 kN/m²
- Soluzione Autoportante
- EJ = 3.47×10⁶ MN/cm²

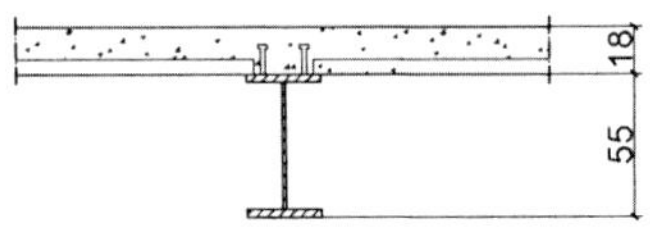

SOLAIO ACCIAO-CALCESTRUZZO

- Peso elevato: peso portato 70 kN/m²
- Peso Proprio 43.5 kN/m²
- Soluzione Autoportante
- EJ = 3.47×10⁶ MN/cm²

18

19

20. Pianta del piano tipo del secondo lotto del Centro Didattico Polifunzionale di Firenze.

to sismico globale il secondo lotto è fornito di giunti scorrevoli a mensola in corrispondenza della galleria, dalla parte del primo lotto già realizzato. Pertanto i due blocchi sono resi indipendenti dal punto di vista del comportamento sismico; la dimensione del giunto è pari al massimo a 25 cm (cioè H/100 come richiesto dalle norme sismiche, definendo con H l'altezza della struttura dal piano di spiccato).
Ulteriore elemento caratterizzante il complesso principale è la corte interna coperta (vedi figg. 20 e 21): le terrazze che si affacciano su tale corte e gli elementi di copertura della stessa, sono sorretti da un sistema di travi reticolari e di tiranti realizzato con elementi tubolari lasciati a vista.

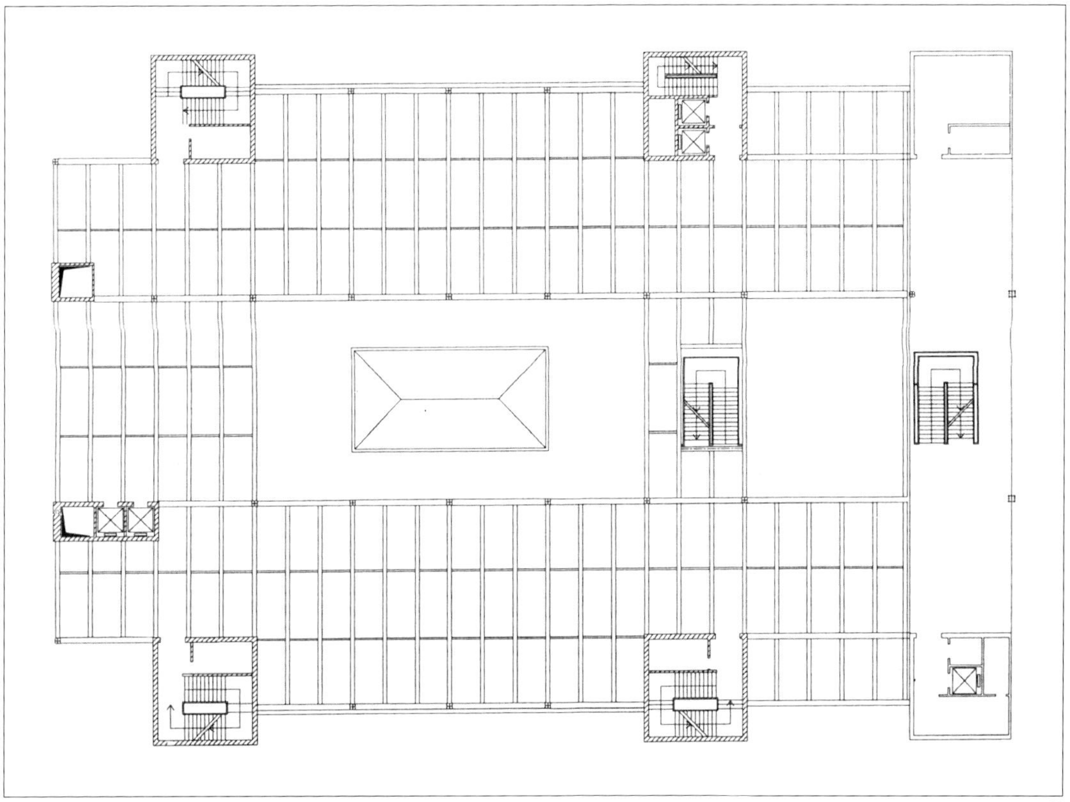

20

Strutture di fondazione
Per quanto riguarda le fondazioni queste sono state progettate tenendo conto che devono svolgere due compiti precisi all'interno del funzionamento strutturale dell'edificio in oggetto:
- devono permettere di scaricare le azioni normali delle colonne;
- devono impedire l'ingresso dell'acqua nei livelli seminterrati e, contemporaneamente resistere alla notevole spinta idrostatica data dalla falda presente.
Per ottenere ciò si è ricorso a un sistema di fondazione costituito da due elementi: platea e pali. La platea, svolge il compito di resistere all'azione di galleggiamento e impedisce l'accesso dell'acqua; inoltre contribuisce con il proprio peso all'equilibrio della suddetta sottospinta. Invece la funzione dei pali al di sotto delle colonne è, oltre quella di contribuire con il proprio peso alla funzione di "zavorra", anche quella di sostegno dei carichi in fondazione nel caso che la falda scenda al di sotto del piano di posa; in questo caso i pali raccolgono tutto il carico trasmesso dalle colonne, non più equilibrato dall'azione idrostatica della falda.
Da un punto di vista geometrico, le strutture di fondazione del Centro Didattico Polifunzionale sono costituite da una platea sostenuta da pali trivellati del diametro di 100 cm, aventi lunghezza 20 m, schematizzabili in due tipologie in base alla percentuale di armatura utilizzata. In particolare la platea di fondazione è in calcestruzzo armato di spessore variabile fra 70 cm, in corrispondenza delle zone meno sollecitate, e 140 cm, in corrispondenza delle zone nelle quali sono posizionati i pali di fondazione.
L'estradosso della platea è situato a quota -9.10 m rispetto alla quota 0.0 m situata lungo il viale adiacente (viale Morgagni). Le nervature presenti nella platea di fondazione, di spessore pari a 1.4 m, costituiscono delle zone ben distinte di rigidezza molto superiore agli altri settori della platea come detto, di spessore pari a 0.70 m. Tali nervature sono individuabili in corrispondenza dei pilastri in acciaio e dei nuclei in calcestruzzo armato che costituiscono la struttura in elevazione e delimitano le zone dove sono concentrati tutti i pali di fondazione.
Lo studio della platea di fondazione è stato effettuato per settori distinti di spessore costante pari a 1.4 m. Al piano terreno di ciascun settore, a secon-

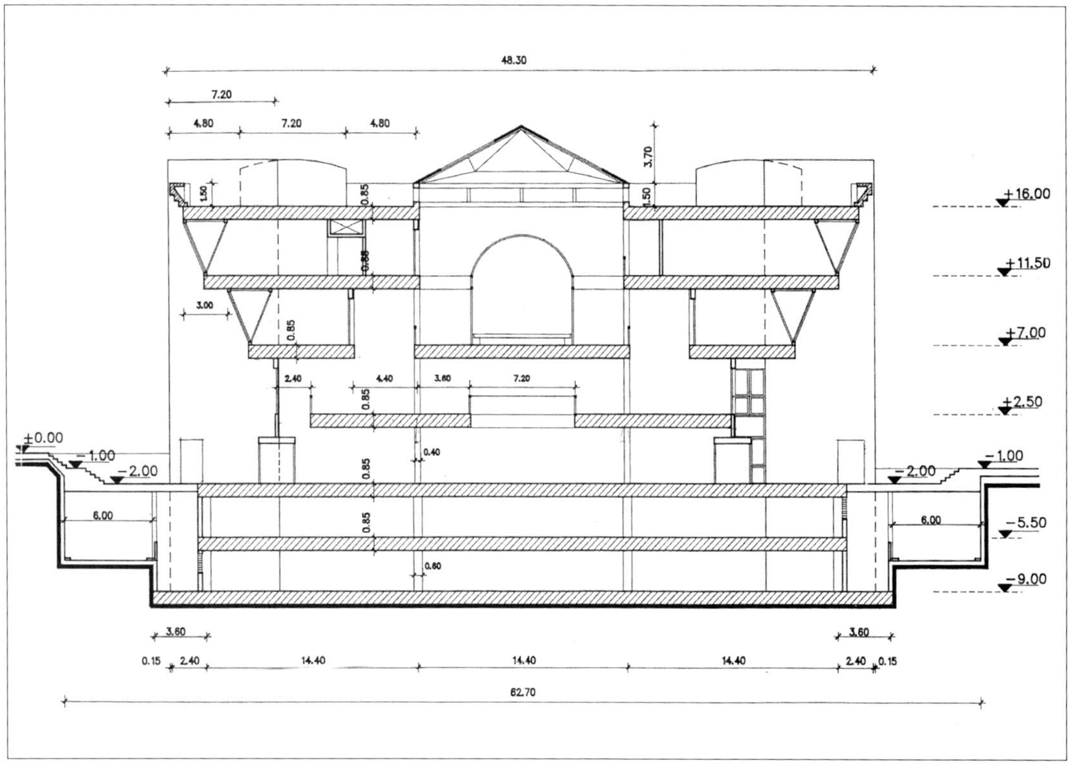

21. Sezione trasversale del secondo lotto del Centro Didattico Polifunzionale di Firenze.

22. Gabbia di armatura dei pali di fondazione con cerchiatura interna di contenimento e staffa spiroidale.

da delle caratteristiche geometriche, sono stati disposti i pali di grosso diametro (1 m) che costituiscono la fondazione profonda del settore stesso.
La ripartizione delle azioni che agiscono nelle varie zone modellate è stata quindi effettuata nell'ipotesi di fondazione infinitamente rigida che trasmette le azioni assiali sui pali in proporzione ai movimenti di corpo rigido della platea stessa e le forze massime sui singoli pali che compongono la palificata sono state calcolate tenendo conto della loro disposizione planimetrica; i valori dello sforzo normale presente su ciascun palo risultano differenti da palo a palo a causa dell'eccentricità della risultante dei carichi dovuta alla presenza di momenti flettenti nelle varie direzioni.
Oltre alle azioni trasmesse dalla struttura in elevazione alla platea di fondazione, sono stati considerati tutti i carichi presenti nelle singole zone studiate. In particolare sono state considerate le seguenti azioni:
- peso proprio della platea di fondazione;
- peso proprio dei pali;
- sottospinta idraulica nell'ipotesi di falda a -6.0 m e -3.0 m;
- sovraccarico accidentale sulla platea a quota -9.10m.
Tutte le azioni sono state quindi combinate assieme e riportate al baricentro della palificata.
Per quanto riguarda il completamento le strutture fondali riprendono in linea di massima quelle del primo lotto, salvo alcune modifiche, rese necessarie da:
- presenza del diaframma già realizzato a contenimento della rampa, nelle adiacenze del quale è già presente il solettone di fondazione avente un'altezza di 70 cm, per il quale si provvederà alla sua parziale demolizione fino alla quota di spiccato della palificata;
- modifica planimetrica dell'andamento della rampa di accesso alla quota -9.10 m del livello garage

Strutture in elevazione
La struttura portante dell'edificio è costituita da travi e pilastri in acciaio, e viene irrigidita da setti scale e ascensore in cemento armato. L'azione sismica è quindi quasi interamente assorbita dai nuclei rigidi producendo peraltro

23. Vista dell'interno della struttura.

24. Piastra di aggancio delle travi sui setti.

25. Dettagli della piastra di base tra colonna e fondazione e del collegamento tra le travi principali e secondarie.

degli spostamenti massimi alla sommità della struttura irrilevanti ai fini deformativi.
Un punto particolarmente delicato è la giunzione fra i due lotti, dove è previsto un giunto a seggiola scorrevole che permette sotto l'azione del sisma, deformazioni indipendenti fra i due edifici.
In corrispondenza della galleria centrale si ha una modifica della maglia delle travi principali che hanno una lunghezza maggiore, pari a 12.30 m. Nella facciata della galleria sono previste delle travi reticolari lasciate a vista a livello prospettico, che sostengono l'intera vetrata posizionata lungo tutta la galleria, e il solaio del livello sottostante. Il corrente superiore è collegato invece alla soletta del piano superiore, in modo da limitare lo sbandamento fuori dal piano.
All'interno dell'edificio sono previsti doppi volumi e in particolare nella parte centrale a livello del primo piano fuori terra, sono realizzate delle travi reticolari che sostengono l'intero ballatoio, permettendo un'ampia luminosità della zona centrale grazie alla copertura piramidale trasparente.
Le scale interne di collegamento fra i livelli sono realizzate con struttura metallica ed hanno finiture interne in acciaio anodizzato.
Agli angoli della struttura sono posizionati i nuclei scala e ascensore che provvedono a irrigidire l'organismo strutturale.
Le travi vengono giuntate ai nuclei attraverso piastre metalliche zancate al calcestruzzo (fig. 24). Al fine di ridistribuire le sollecitazioni sui setti sono stati realizzati dei rinforzi localizzati dell'armatura nelle adiacenze delle piastre. Sulla copertura dell'ultimo livello sono localizzati tutti gli impianti in modo da creare il minore ingombro possibile e garantire una agevole accessibilità.
Le colonne adoperate sono elementi continui bipiano collegati mediante flangiatura testa a testa. Il profilo tipo adottato per la colonna, consiste in un profilo a croce realizzato mediante saldatura di due HEB.
Le sollecitazioni derivanti dalla modellazione della struttura in elevazione sono poi state applicate alla platea di fondazione, per determinare la ripartizione del carico sulle strutture di fondazione.
Nel modello della struttura in elevazione, i pilastri sono stati considerati come perfettamente incastrati alla base dei pilastri e dei setti del piano interrato.
Nel modello inoltre si è tenuto conto dell'interazione tra la struttura e i diaframmi, infatti questi ultimi sono contrastati in testa (a quota -2.10 m) dalle strutture dell'edificio stesso.
Tale contrasto è stato realizzato mediante una serie di puntelli in c.a. a interasse 2.4 m e facendo uso di alcune solette piene.
I diaframmi insistono su tre lati dell'edificio e i puntelli sono stati considerati come bielle, mentre le solette sono state simulate come elementi prevalentemente reagenti a taglio.
Per l'analisi statica del modello sotto l'azione del sisma nelle due direzioni sono stati realizzati modelli diversi nei quali sono stati eliminati quei puntelli che sarebbero risultati tesi.

23

24

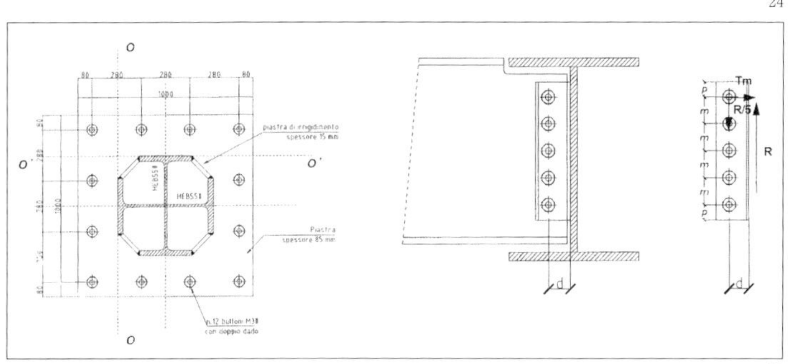

25

26. Modello agli elementi finiti riferito al completamento del Centro Didattico Polifunzionale.

 Come detto nella galleria centrale di luce 12.30 m, sono presenti due travi reticolari ai livelli 6.93 e 11.57 m aventi funzione di:
- sostenere parte del solaio e delle travi di bordo;
- sostenere la parete vetrata di prospetto alla galleria dell'edificio.

I solai sono collegati alla struttura reticolare con agganci metallici particolari che vincolano puntualmente il corrente inferiore e superiore agli orizzontamenti in corrispondenza dei nodi della trave.

Per la realizzazione della trave reticolare si utilizzano profili tubolari in acciaio che si connettono nei nodi con unioni saldate a completa penetrazione.

La trave reticolare è vincolata da un lato con una cerniera posizionata sul setto in c.a. del nucleo scale e dall'altro è previsto un giunto scorrevole che permette l'escursione sismica prevista da normativa pari ad H/100.

Per rispettare la simmetria della struttura è stato deciso di realizzare a livello prospettico i due vincoli nello stesso modo uniformando le dimensioni dei nodi di aggancio.

Crediti

Progetto architettonico e direzione lavori: arch. Giuseppe Fialà, prof. ing. Franco Nuti, prof. arch. Guido Spezza
Progetto e direzione lavori strutture: prof. ing. Paolo Spinelli
Committente: Università degli Studi di Firenze
Impresa appaltatrice: ITCO Italiana Costruzioni Spa Genova

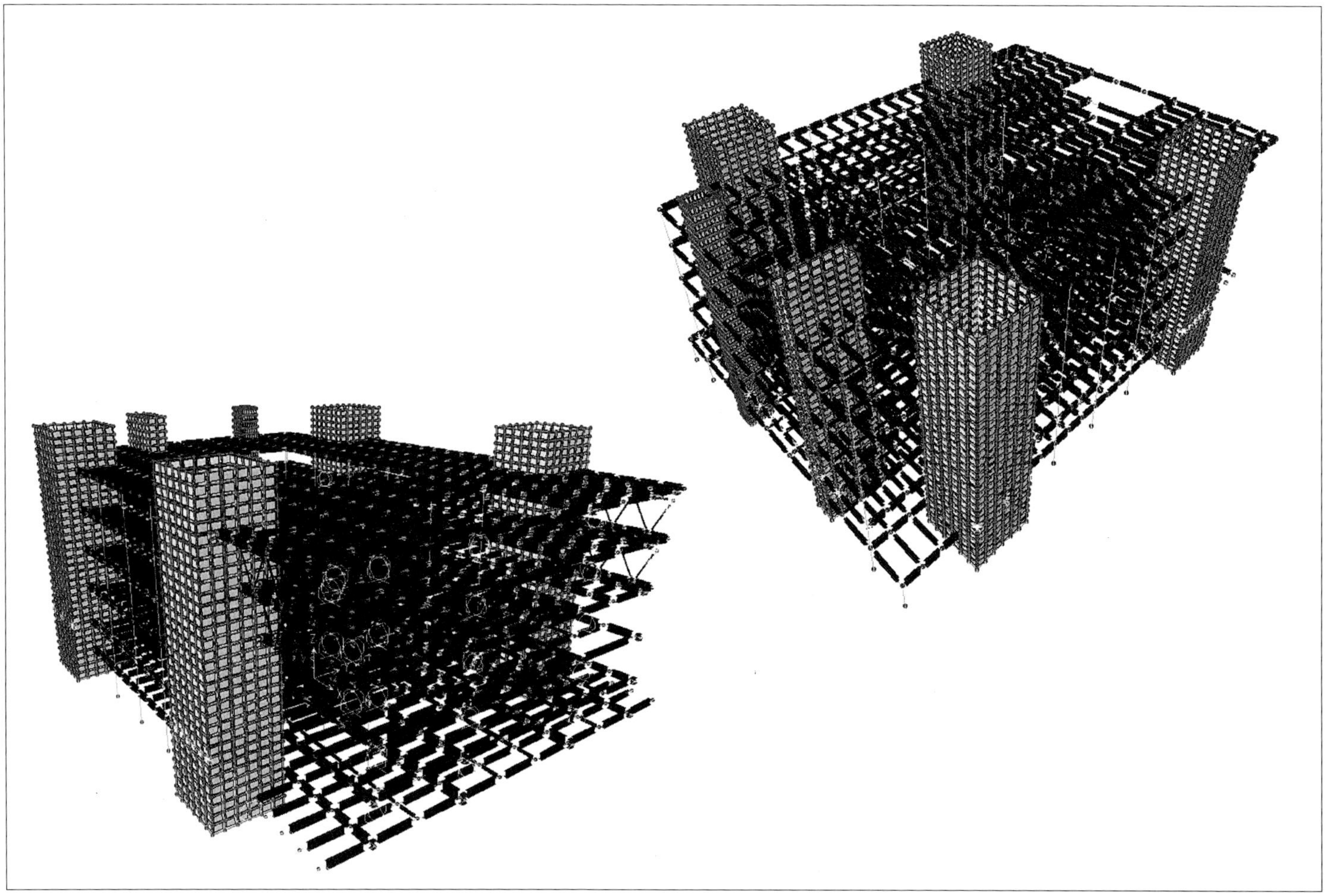

26

27. Struttura reticolare di collegamento tra i due blocchi.

28. Struttura reticolare di collegamento: dettaglio dell'appoggio e modello agli elementi finiti.

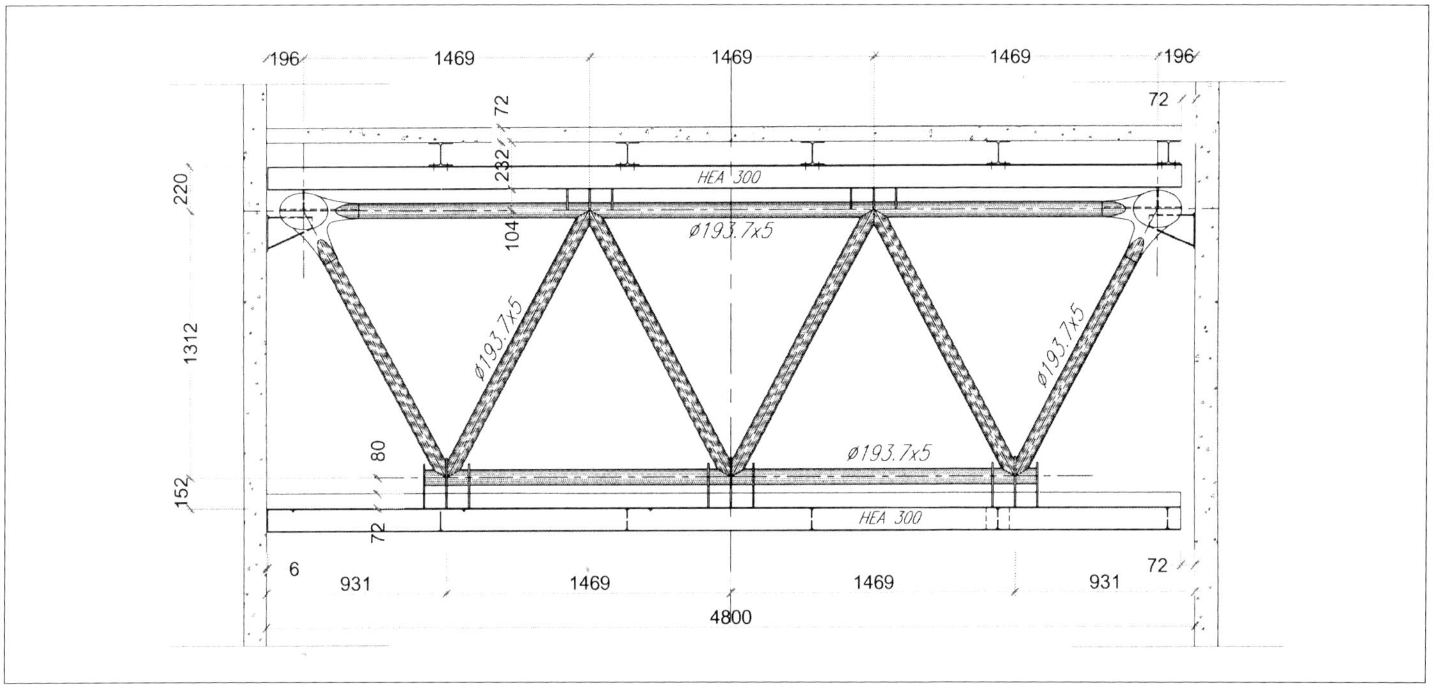

27

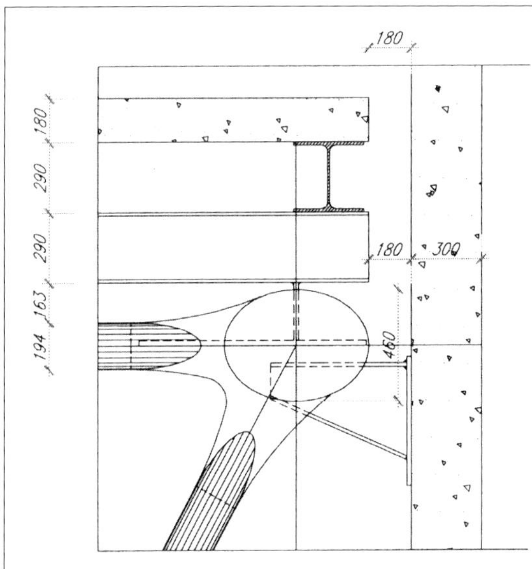

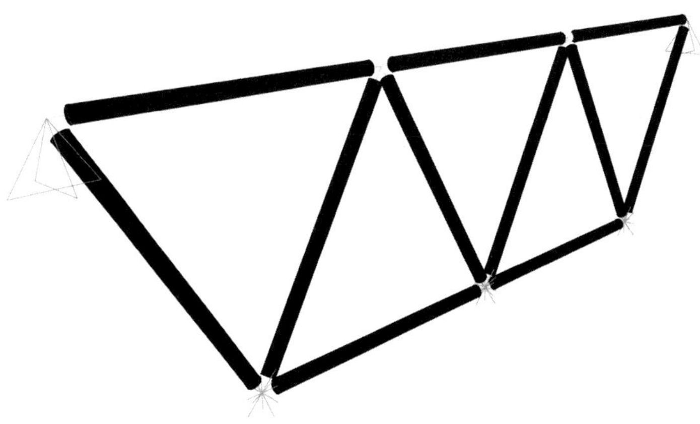

28

Capitolo 9

Strutture prefabbricate

Cenno storico

Le costruzioni con largo impiego del calcestruzzo strutturale prefabbricato si sono sviluppate in Italia nel secondo dopoguerra, anche se non mancano esempi precedenti.

In quel momento, la pratica per l'edilizia corrente si fondava essenzialmente sulle ossature portanti a telaio, con elementi unidimensionali (travi, pilastri) in cemento armato ed orizzontamenti a solaio in laterizio e cemento armato, il tutto eseguito in opera. Essa corrispondeva alla realtà dell'industria edilizia, a sua volta legata alle condizioni economiche e sociali del Paese di allora.

Nella plurisecolare tradizione storica italiana, la costruzione in muratura di pietra o di mattoni, con orizzontamenti in legno, se non voltati in muratura stessa, aveva rappresentato la tecnica di gran lunga più comune.

Nei cento anni precedenti, la costruzione in carpenteria metallica, che si era diffusa in altri Paesi europei, non si era molto sviluppata in Italia, a causa della scarsezza della materia prima. Altrettanto può dirsi per le strutture portanti in legno, con l'eccezione di alcune limitate zone geografiche.

In ragione dell'abbondanza di manodopera a basso costo e non specializzata, proveniente dall'agricoltura, la costruzione procedeva quindi con tecniche non industrializzate.

Negli anni Cinquanta, due fattori importanti intervennero a modificare tale situazione, uno economico e uno tecnico: la crescita del costo della manodopera e lo sviluppo della tecnica della presollecitazione del calcestruzzo strutturale.

Inoltre, nell'Italia che stava passando da una condizione di paese prevalentemente agricolo a quella di sviluppo industriale, nasceva una consistente domanda di capannoni per stabilimenti manifatturieri d'ogni genere. Tale domanda, più consapevole e sensibile ai tempi e ai costi della fornitura, rispetto a quella delle abitazioni, si orientò rapidamente verso le soluzioni prefabbricate, dando loro forte slancio e diffusione.

Si può affermare che il capannone in calcestruzzo prefabbricato è divenuto un elemento tipico del paesaggio edificato italiano, cui ha cercato anche di contribuire con valenze estetiche, attraverso sia le forme dell'involucro sia le finiture e i colori delle superfici.

Nel clima d'innovazione e di forte concorrenza, il mercato dei capannoni industriali fece nascere e crescere molte imprese, che si specializzarono nella prefabbricazione strutturale, capaci di tipizzare la produzione e nel contempo di esprimere uno spirito pronto a venire incontro alle necessità più disparate e particolari della clientela nonché di personalizzare i prodotti, in funzione delle specifiche esigenze funzionali e ambientali. Esse poi – grazie alla produzione in stabilimento, che poteva giovarsi dei sistemi di presollecitazione con armature aderenti, dell'esecuzione di più elementi insieme su lunghe piste e della maturazione accelerata del calcestruzzo – riuscivano a fornire e montare strutture in cemento armato precompresso, non necessitanti di protezione o manutenzione, con la nota rapidità di quelle in carpenteria metallica.

Un'altra innovazione che trovava sbocco nella prefabbricazione era quella dell'impiego di calcestruzzi con aggregati leggeri, che richiedono un'accuratezza di produzione e di getto, meglio garantita in stabilimento che in cantiere.

Le imprese di prefabbricazione, dopo aver maturato tali esperienze con i capannoni, estesero il loro interesse ad altri settori dell'edilizia, via via a edifici commerciali (per depositi, magazzini, mercati coperti), a stabilimenti industriali più complessi (multipiano) all'edilizia sociale (scuole, ospedali, impianti sportivi), a parcheggi, a edifici per uffici e, infine, all'edilizia residenziale.

L'evoluzione ha riguardato sia le tipologie in sé, da quelle più semplici e modulari, dunque più rigide funzionalmente, a quelle più complesse e articolate, sia la capacità di adattamento a esigenze particolari, aumentando la flessibilità della fornitura.

Si è molto sviluppata, in particolare, l'impostazione dell'ossatura a travi e pilastri, per la elaborazione di sistemi aperti a numerose varianti.

Parallelamente, si è sviluppata anche la costruzione a grandi pannelli portanti, per l'edilizia residenziale e sociale, sulla scia questa volta di sistemi di origine straniera, nonché quella cosiddetta a elementi tridimensionali, cioè a elementi bidimensionali verticali e orizzontali preassemblati in composizioni stabili. Tali sistemi, intrinsecamente più rigidi funzionalmente e distributivamente, hanno avuto una certa fortuna per grandi interventi pianificati ma non hanno oggi grande impiego.

Accanto alla prefabbricazione detta integrale, in cui la progettazione dell'opera è tutt'uno con quella della produzione degli elementi, è stata sempre presente nella consuetudine la prefabbricazione parziale, consistente nell'impiego di elementi prefabbricati nel contesto di strutture eseguite in opera, sia in cemento armato sia in altri materiali.

Il solaio ne rappresenta il componente più frequente, dato che gli elementi prefabbricati in calcestruzzo formano la gran parte dei solai del mercato nazionale. Questo perché gli orizzontamenti in genere sono le strutture che, nella costruzione in opera, richiedono i maggiori supporti provvisionali e, nel caso debbano essere presollecitati, richiedono anche perizia tecnologica e l'ausilio di pesanti attrezzature. Inconvenienti che vengono superati mediante la prefabbricazione in stabilimento degli elementi e il loro successivo assemblaggio in opera.

Attualità della prefabbricazione strutturale

Oggigiorno, vi sono altri vantaggi nella produzione in stabilimento, valutabili in termini economici globali e di sostenibilità dello sviluppo, connessi anche, naturalmente, ai vantaggi tipici del "calcestruzzo strutturale" – come è venuto in uso di chiamare nell'insieme ciò che si definiva cemento armato, cemento armato precompresso, o calcestruzzo non armato – rispetto ad altri materiali. Vantaggi legati al costo contenuto, alla poca manutenzione richiesta, alla resistenza al fuoco, alla durabilità in genere.

Rispetto alla costruzione in opera in zone abitate, si ottiene una riduzione dell'inquinamento dovuto sia al rumore, sia alle polveri, sia al prolungato ingombro dello spazio e della visuale da parte dei cantieri urbani. In ogni caso si ottiene una riduzione di materiale impiegato; inoltre, data la maggior facilità di smantellare le strutture prefabbricate, diviene più facile il loro recupero, sia per riutilizzo di parti intere sia per riciclaggio di aggregati in nuove produzioni. Tali esigenze ambientali attuali giocano quindi ancora maggiormente in favore dello sviluppo della prefabbricazione.

Il calcestruzzo, in quanto materiale, ha avuto a sua volta un'evoluzione tecnologica considerevole. Le resistenze alla compressione superano ormai agevolmente i 100 N/mm^2 e con esse si sono accresciute la compattezza e le varie resistenze, a trazione, all'abrasione alla penetrazione di agenti esterni, ecc., elevandone grandemente tutte le prestazioni, in particolare la durabilità. La prefabbricazione, di nuovo, permette di far fronte meglio alla maggiore accuratezza di produzione e ai controlli richiesti. Anche le proprietà di lavorazione sono migliorate, sino a ottenere impasti autocompattanti.

L'impiego e lo sviluppo del calcestruzzo strutturale ad alta resistenza è stato penalizzato in Italia, nel passato, dalla normativa. Con l'emanazione delle "Linee Guida per l'impiego del calcestruzzo strutturale" del Consiglio Superiore dei LL.PP. (1996), anche la normativa tecnica nazionale ha aperto la strada all'impiego a pieno titolo dei calcestruzzi ad alte prestazioni, in pratica con resistenza caratteristica a compressione f_{ck} superiore a 50 N/mm^2, fino a quel momento anacronisticamente inibito. Le nuove "Istruzioni" del CNR 10025/98 e le norme armonizzate europee sui prodotti in calcestruzzo prefabbricato in via di elaborazione da parte del CEN costituiscono un ulteriore stimolo all'evoluzione dei criteri di verifica e di controllo. Ciò favorirà la riduzione delle sezioni e dei pesi, di cui si gioverà la prefabbricazione strutturale.

La ricerca attuale nel campo della prefabbricazione strutturale è diretta a sperimentare l'uso di materiali con prestazioni speciali, come calcestruzzi ad alta resistenza o fibrorinforzati o con aggregati leggeri, e la realizzazione di collegamenti strutturali più pratici e propri alla filosofia della prefabbricazione, rispetto a quelli che tendono alla cosiddetta monoliticità dei getti in opera. Parallelamente, essa è diretta ad approfondire e modellare i corrispondenti comportamenti strutturali.

Flessibilità

L'industrializzazione dei processi non soltanto rende il prodotto più conveniente economicamente. Infatti, la prefabbricazione strutturale può offrire mezzi per ottenere una migliore qualità dell'opera in generale.

Le condizioni di produzione in ambiente meglio protetto e attrezzato – che si hanno in uno stabilimento in confronto a un cantiere temporaneo – la specializzazione del personale, il controllo che giunge fino alla facoltà di scartare un pezzo ultimato, permettono di ottenere prodotti con maggiore garanzia di resistenza, durabilità e qualità di finitura. Ciò, a sua volta, permette di ottenere elementi di maggiore efficienza statica, di ridurre i margini di tolleranza e, a parità di sicurezza, anche i relativi coefficienti di calcolo.

La maggiore efficienza statica è uno strumento a disposizione dell'architettura, per quanto riguarda l'organizzazione degli spazi, nonché dell'impiantistica, con un minor riempimento da parte delle strutture.

Nel quadro delle opere in calcestruzzo strutturale, con tutti i noti vantaggi che questo materiale comporta, la prefabbricazione è dunque un'ulteriore carta per ottimizzarne le prestazioni.

Vi è però un aspetto da tener presente: la prefabbricazione può e deve essere flessibile, affinché l'ottimizzazione sia effettiva.

Una certa prefabbricazione in molti casi è stata rigida, nel senso che ha privilegiato pigramente le proprie esigenze di produzione di serie, limitando al minimo le varietà di tipologia degli elementi, le loro dimensioni, modularità e caratteristiche in genere, fino a imporre scelte da catalogo. Secondo tale impostazione, è il progetto dell'opera che deve adeguarsi al prodotto disponibile.

All'opposto è la filosofia che prevede la flessibilità del prodotto. La progettazione preliminare architettonica e della struttura procedono parallelamente, integrandosi. I responsabili del progetto e della produzione si calano nel layout funzionale e architettonico dell'opera e contribuiscono insieme a ottimizzarvi l'inserimento della struttura, razionalizzandone gli schemi e modulandoli quanto può essere utile nell'insieme ma non oltre.

È compito del prefabbricatore far sì che l'unificazione si realizzi non nel prodotto ma nei mezzi del processo produttivo, che deve essere in grado di variare alcune dimensioni di elementi, armature e inserti, mantenendosi industrializzato.

In definitiva, i risultati migliori si ottengono quando all'opera non si applica uno stampino di struttura prefabbricata ma quando questa (come pure tutti gli altri aspetti della concezione e del progetto) può adattarvisi, in forma personalizzata.

Schemi strutturali

Criteri

La scelta dello schema strutturale per costruzioni prefabbricate in linea generale può seguire due criteri.

Uno è quello tendente a emulare il comportamento delle strutture monolitiche eseguite in opera. I collegamenti fra elementi tenderanno in questo caso a realizzare unioni di continuità, anche flessionale, che saranno normalmente a umido, cioè con getto in opera di calcestruzzo di connessione, che ingloberà armature sporgenti dai due elementi collegati, connesse a loro volta per sovrapposizione o saldatura o con manicotti. In tale caso, le verifiche di resistenza saranno compiute come per le strutture monolitiche.

Un altro criterio è più proprio alla fabbricazione in parti separate e tende a un comportamento diverso, con unioni articolate, schematizzabili a cerniera o a parziale continuità, eventualmente dotate di apparecchi d'appoggio e di ritegno. Gli elementi non presentano armature sporgenti, che comportano problemi per le casserature, e non necessitano di getti integrativi ma l'insieme può necessitare di controventamenti. Le verifiche statiche seguono metodi specifici, studiati espressamente.

Pannelli portanti

Tipico esempio di quest'ultima impostazione sono le strutture a pannelli portanti. Esse sono composte di pannelli piani, disposti secondo tre giaciture ortogonali, due verticali e una orizzontale, e vincolati tra loro con cerniere lineari, stabilizzandosi a vicenda. I pannelli orizzontali, inflessi, sono armati a solaio; quelli verticali sono soggetti a compressione e a una leggera flessione trasversale, dovuta a carichi locali, per la quale generalmente non sono armati. Le armature principali della struttura sono gli *incatenamenti*, verticali e orizzontali, disposti talvolta internamente talvolta esternamente ai pannelli e continui per tutta la lunghezza, da un estremo all'altro della struttura. Essi servono, come armature flessionali di mensole formate da più pannelli complanari, a resistere alle azioni orizzontali e a limitare collassi progressivi per azioni eccezionali.

Le strutture a grandi pannelli, nello stesso tempo molto rigide e resistenti, hanno anche un ottimo comportamento sotto l'azione sismica. La rigidità d'impianto architettonico ne ha però ridotto molto l'impiego, come già accennato.

Capannoni

Altro esempio di strutture articolate sono i capannoni industriali. Lo schema è rappresentato da pilastri incastrati a terra, con travi di copertura in semplice appoggio. Gli stessi plinti sono spesso prefabbricati, con la tipica forma *a pozzetto*. La stabilità e la resistenza alle azioni orizzontali sono assicurate dal funzionamento a mensola dei pilastri. Questi possono raggiungere notevoli altezze e essere eventualmente precompressi se la sollecitazione prevalente è la flessione, dovuta a vento, sisma, eccentricità di carriponte, oppure alle fasi di trasporto. Le travi di copertura trasversali tipiche sono quelle *a doppia pendenza*, fortunata ideazione che ne ottimizza tutte le funzioni: infatti, realizza una trave a sezione variabile, con la massima altezza in mezzeria, ottimale staticamente; la variazione ha luogo tutta all'estradosso, dove permette un tetto a doppia falda, ottimale per lo smaltimento delle acque piovane, mentre l'intradosso è orizzontale e può essere precompresso con cavi rettilinei su pista, ma con eccentricità variabile per la forma della trave stessa. Anche gli elementi secondari sono in genere prefabbricati: dalle lastre nervate di falda, alle travi di gronda a sezione cava, ai pannelli di tamponatura fra i pilastri.

Le coperture possono invece essere piane. Per queste esiste una grande varietà di elementi prefabbricati precompressi di grande luce (15 ÷ 20 m), tegoli con sezioni tipiche a T, a TT, a Y, oppure *alari*, intendendosi, con questi, elementi a sezione variabile, molto leggeri e con valenza estetica. Tali elementi possono essere disposti in adiacenza o alternati con lucernari o con voltine trasversali. Si ottengono così soffittature efficaci e caratterizzanti, su vasti ambienti di lavoro. I tegoli sono anche utilizzati per stabilimenti o locali commerciali multipiano con grandi luci e forti carichi.

Anche i pannelli di tamponatura presentano tipologie disparate, da quelli più spartani, infilati nelle gole dei pilastri, a quelli a tutt'altezza, precompressi, con infissi incorporati e con superfici sagomate e finite con materiale decorativo.

Ossature per edifici

Le intelaiature per edifici residenziali sono invece, frequentemente, strutture *emulative* di quelle monolitiche. Una volta completate, assomigliano in tutto alle strutture eseguite in opera. Ciò è dovuto anche al fatto che spesso, per tali strutture, il progetto è fatto in precedenza e la tecnica esecutiva si definisce solo in fase d'appalto, per cui la struttura prefabbricata deve adattarsi a ripetere lo schema previsto.

In tali edifici lo schema più indicato per strutture prefabbricate è quello cosiddetto *duale*, nel quale i carichi verticali vengono assegnati ai pilastri mentre le azioni orizzontali vengono trasmesse a pareti di taglio. Tali pareti possono agevolmente essere collocate ai blocchi scale e alle testate dell'edificio. Lo schema è particolarmente indicato per le zone sismiche, dove le azioni orizzontali sono intense e, in un telaio, richiederebbero nodi trave-pilastro molto robusti, con difficoltà di esecuzione e problemi d'ingombro. Il ricorso alle pareti di taglio ha anche il vantaggio prestazionale di ridurre gli spostamenti, per sismi di qualsiasi intensità, cioè anche di ridurre i danni alle opere non strutturali. Il vincolo trave-pilastro, in questo caso, può essere o articolato, dando luogo a uno schema pendolare, o di continuità, assorbendo solo la flessione dovuta ai carichi, per limitare le frecce verticali.

Lo schema duale permette di sfruttare al meglio lo spazio in pianta, limitando al massimo quello occupato dai pilastri e offrendo grande libertà per la loro disposizione. Vengono così a essere molto impegnati gli orizzontamenti, non solo per sorreggere i carichi ma anche per la funzione di *diaframma*, cioè per la trasmissione delle azioni orizzontali di piano agli elementi di controvento, quali le pareti di taglio.

I solai sono in grado di assolvere tale funzione sia se completati in opera con una caldana di estradosso armata con rete, sia se sono interamente prefabbricati. In tal caso, le unioni longitudinali fra un elemento e l'altro debbono essere capaci della trasmissione degli sforzi di scorrimento in ogni condizione e un'adeguata armatura di incatenamento perimetrale deve collegarsi sia al solaio sia agli elementi di controvento.

I solai prefabbricati più comuni sono rappresentati dalle *predalles* tralicciate, semplicemente armate oppure precompresse, che richiedono sempre il completamento in opera, dai citati tegoli a TT o dalle lastre alveolari, precompressi, che possono non richiederlo e raggiungono ormai agevolmente grandi luci, oltre i 20 m e sono indicati per strutture che richiedano ampi spazi liberi, come i parcheggi o i centri commerciali. Là dove lo spessore complessivo risulta determinante per le scelte progettuali, i solai alveolari hanno i migliori rapporti luce/spessore.

Come si è detto, i solai prefabbricati sono impiegati in tutta l'edilizia, anche quando il resto della struttura è eseguita in opera, in calcestruzzo strutturale, o in altri materiali.

Questa osservazione porta a menzionare le strutture cosiddette miste, nel senso che contengono solo alcune parti prefabbricate. Gli elementi più frequentemente usati, dopo i solai, sono le coperture, le travi (anch'esse orizzontali e necessitanti di puntelli quando eseguite in opera), i pannelli di tamponamento (per ragioni di finitura) strutturali e non, le scale, i pilastri.

Al di fuori degli edifici, la prefabbricazione *ad hoc* serve in grande quantità travi per ponti e viadotti, o interi impalcati, stadi, serbatoi, tubazioni, opere di contenimento di liquidi o di terreni.

Osservazioni conclusive

Con quanto illustrato, si è voluto mostrare che la prefabbricazione strutturale è potenzialmente un'ottima alleata per l'architettura di opere comuni, come ad esempio parcheggi, strutture ausiliarie di impianti industriali, coperture di spazi di produzione o commerciali, cui si riferiscono i casi appresso riportati.

Al di là dell'apprezzamento per grandi opere particolari, come ponti, stadi, chiese, dove è evidente che una prefabbricazione *ad hoc* può dare risultati di gran pregio, è diffuso nell'opinione corrente un luogo comune, che vuole le opere prefabbricate di edilizia ordinaria come qualcosa di naturalmente modesto: o per consistenza (i prefabbricati per i terremotati) o per rigidità funzionale (viadotti con brutte travi di serie, parcheggi con pilastri in posizioni infelici), tipica dei sistemi non modificabili. Molte opere invece testimoniano il contrario ma forse, proprio per questo, non sono percepite immediatamente come prefabbricate, dall'occhio superficiale.

La prefabbricazione in stabilimento ha la capacità di realizzare conglomerati superiori, per resistenza agli sforzi e alle altre azioni fisiche e chimiche, e per qualità di finitura delle superfici; di usare la precompressione a cavi aderenti, quindi di ottenere strutture più efficienti; di alleviare le lavorazioni in cantiere, con economie di tempi e di costi immediati e differiti; in definitiva, di migliorare la qualità della costruzione e delle condizioni di lavoro.

L'industrializzazione del processo si può attuare non, forzatamente, nella uniformità degli elementi prodotti ma, meglio, nella unificazione tipologica delle soluzioni elementari. In tal modo, la prefabbricazione del calcestruzzo strutturale "su misura" può rivelarsi versatile e flessibile, quanto e più dell'esecuzione in opera, e adeguarsi altrettanto facilmente alle condizioni di contorno. L'approfondimento progettuale, organizzativo ed esecutivo, necessario a tale operazione a partire dalle fasi preliminari, è ripagato ampiamente dai risultati.

Nel seguito vengono presentati tre esempi – scelti certamente non perché siano ritenuti i migliori ma solo perché chi scrive li ha presenti, avendone preso parte alla progettazione e seguito lo sviluppo costruttivo – ove si è cercato di ottenere l'integrazione tra progetto funzionale, strutturale e della produzione, con l'impiego di elementi prefabbricati prodotti in modo altamente industrializzato e, nel contempo, abbastanza flessibili da adeguarsi alle particolari e varie esigenze dell'opera cui erano destinati.

1. Planimetria e vista aerea del centro commerciale "Shopville Gran Reno", a Casalecchio, con davanti il parcheggio; sullo sfondo, il Palasport.

A Un grande parcheggio multipiano

Generalità

A servizio del centro commerciale "Shopville Gran Reno" di Casalecchio di Reno, presso Bologna, è stato realizzato un parcheggio per 2400 posti auto, che permette un accesso giornaliero al centro valutato in circa 20000 persone. Il Centro, inaugurato nel 1993, ha vinto il premio annuale di miglior centro commerciale di grande taglia con ipermercato, assegnato dall'International Council for Shopping Centers, tra i venticinque selezionati.

Il parcheggio è situato davanti all'edificio dell'ipermercato (fig. 1) e deve assolvere alla funzione di immagine e di accoglienza della clientela, di fatto con la sua sola evidenza strutturale, in quanto non vi sono applicati rivestimenti di sorta, se non sul piano carrabile. Per questo le strutture sono state studiate e eseguite con speciale attenzione sia nella forma d'insieme sia nei particolari costruttivi.

Il parcheggio si sviluppa su un piano terra e due piani elevati, per complessivi 60000 m^2. Il secondo piano è alla quota del primo piano dell'ipermercato, cui si collega con ingressi pedonali.

Esso è adiacente all'edificio commerciale, su un lato, ove descrive un'esedra semicircolare, lasciando libero un grande spazio aperto di fronte al suo ingresso principale. Sugli altri tre lati, la pianta si inscrive nei confini del lotto.

Due viali tagliano l'edificio in tre corpi, uniti da passerelle carraie e pedonali, a loro volta dotate di scale e tappeti mobili per i collegamenti verticali, sino agli ingressi al piano superiore dell'ipermercato.

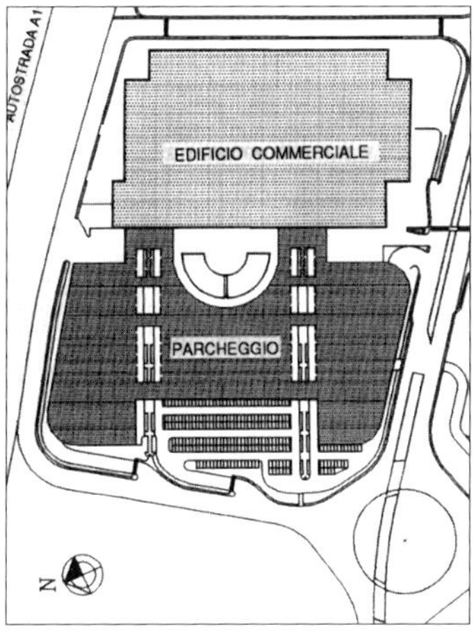

1a

1b

Funzionalità

Il parcheggio, per la sua funzione essenziale di invito, deve consentire in modo agevole e rapido sia l'accesso dalla viabilità circostante ai posti auto, sia i trasferimenti pedonali, da questi alla zona commerciale. Esso perciò abbraccia tutta la facciata del Centro, per una lunghezza di 250 m.

Le entrate e le uscite carraie da strada sono situate lungo i tre lati esterni, in posizioni non interferenti. È presente un ulteriore accesso, tramite sottopasso, direttamente dal vicino Palazzo dello Sport. Un sistema di rampe con pendenza leggera conduce ai piani in elevato e ne ridiscende, sempre senza interferenza di percorsi.

I tre corpi, in cui è diviso l'edificio, sono comunicanti a tutti i piani; quello centrale, non dotato di proprie rampe, è pertanto servito da due passerelle per piano verso ognuno dei corpi laterali.

Il sistema di accessi, rampe e collegamenti di piano, unitamente allo sviluppo prevalentemente orizzontale delle aree di sosta, favoriscono una circolazione fluida, una pronta individuazione dei posti liberi e un facile ritorno all'automobile con gli acquisti.

I percorsi pedonali, per i primi due piani, sono al coperto, sia tra un corpo e l'altro sia verso l'ipermercato, al quale si accede direttamente dal piano terra oppure dal secondo piano di parcheggio, tramite ascensori e tappeti mobili. Al secondo piano i percorsi nel parcheggio sono naturalmente all'aperto ma le zone presso gli accessi all'ipermercato sono dotate di porticati leggeri, con struttura a tralicci spaziali metallici.

Geometria delle strutture

L'edificio è costituito di fatto dalle strutture. Le parti non strutturali sono rappresentate solo da finiture, come la pavimentazione della copertura (in asfalto colato arricchito da ghiaietto superficiale), dagli impianti (idrico e di illuminazione), e dalle fioriere (peraltro in cemento armato prefabbricato). Non si è fatto uso di massetti per le pendenze, le quali sono formate dalla inclinazione delle strutture stesse.

La scelta di inserire travi-pannello, lungo tutti i bordi degli impalcati, ha eliminato anche la necessità di realizzare dei parapetti.

La pianta d'insieme è compresa approssimativamente in un parallelogramma di 270×150 m. In figura 2 si osservano le piante strutturali dei due piani in elevato.

Il corpo centrale, largo 90 m e lungo 105, sul lato verso l'edificio commerciale è sagomato seguendo l'esedra circolare di 75 m di diametro. I due corpi laterali hanno dimensioni simili, pianta trapezia, di altezza 136 m e basi di 60-66 e 43 m circa, con gli angoli esterni arrotondati. Essi comprendono tutte le rampe carraie di salita e discesa.

Sono presenti altresì due corpi minori, fasce di collegamento all'ipermercato, con impalcato solo al secondo piano, in corrispondenza dei suoi ingressi.

Si hanno infine sei passerelle per ogni piano, tra i vari corpi, delle quali due esclusivamente pedonali.

Le strutture dei corpi principali sono interamente prefabbricate in calcestruzzo strutturale e completate con getti integrativi minimi, che stabiliscono le unioni a umido negli orizzontamenti e non sono mai in vista. Uniche parti in cemento armato eseguite in opera sono due blocchi ascensori.

L'orditura segue una maglia tipo di 15.6 (luce delle travi)×9.6 m (luce dei solai). La maglia è ortogonale, secondo gli assi principali del complesso ma, in prossimità dei lati esterni obliqui, vi si orienta parallelamente.

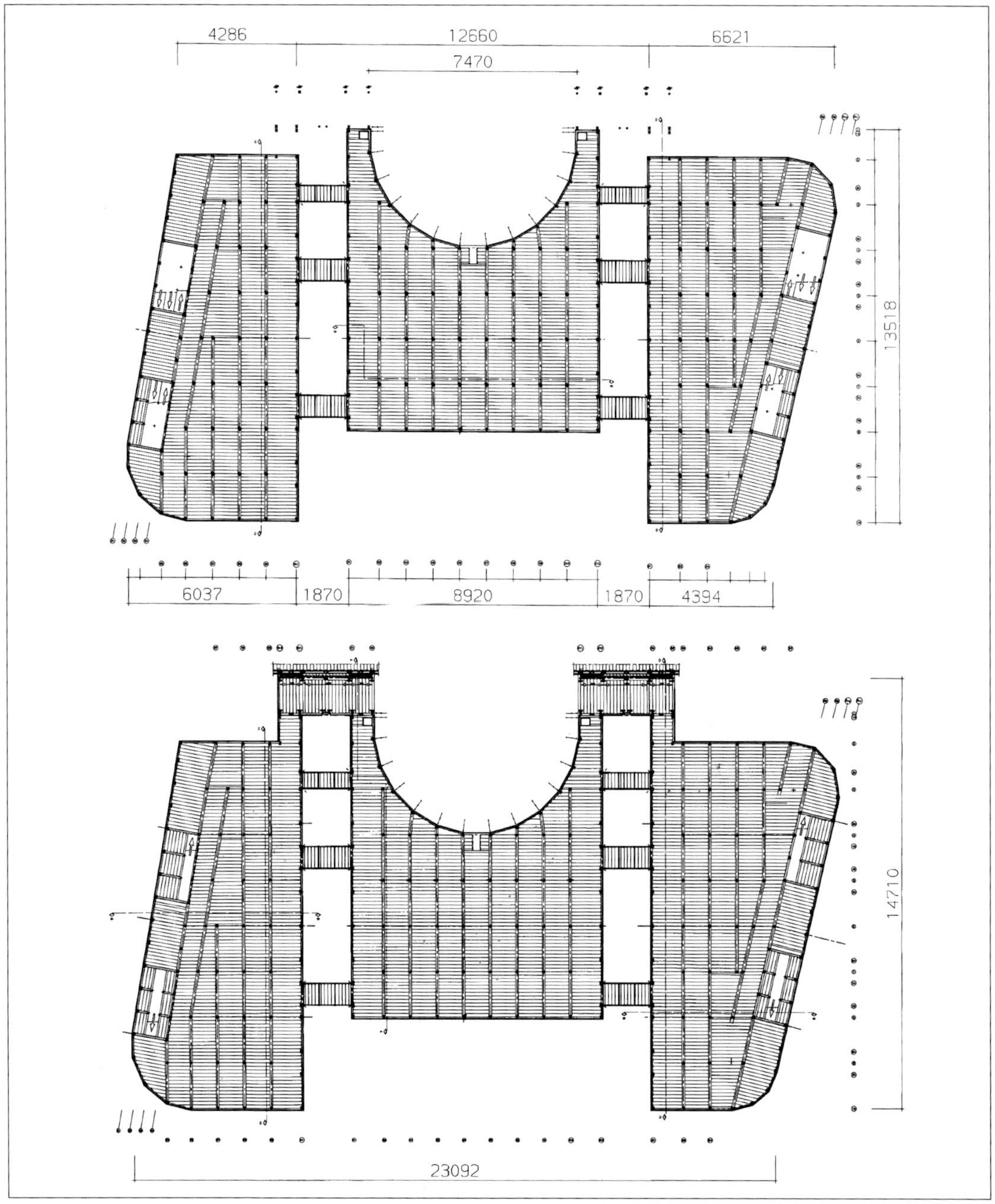

2

2. Carpenteria in pianta degli impalcati strutturali di 1° e 2° piano.

I solai si adattano alle variazioni della maglia, modificando luci e orientamento; in alcune intersezioni raggiungono luci di 12 m (fig. 2). Lungo i bordi, le travi-pannello sono a volte portanti e a volte no, a seconda che risultino perpendicolari o parallele all'orditura del solaio. Quelle portanti hanno campate di luce ridotta rispetto a quella delle travi della maglia interna, al fine di adeguarsi meglio all'inserimento delle rampe e delle passerelle, nonché allo sviluppo dei tratti in curva del perimetro (fig. 15), mentre quelle non portanti rispettano facilmente la maglia principale.
Le quote medie, dal suolo, dei tre piani si trovano a m 0.0, 3.55 e 7.10 ma le quote locali della struttura, sono variabili, per formare le pendenze di deflusso delle acque, pur rispettando ovunque i dislivelli interpiano, come si rileva anche dalle sezioni in figura 3.
A questo scopo, le travi interne hanno la linea d'asse inclinata in senso alternato (fig. 4); invece, le travi-pannello di bordo sono tutte ad asse orizzontale ma presentano, verso l'interno, piani d'appoggio inclinati per i solai (fig. 13).
In tal modo, le travi-pannello di bordo appaiono dall'esterno come fasce continue orizzontali, secondo il requisito architettonico (figg. 14 e15) mentre le travi interne, visibili dall'intradosso, e gli stessi solai, marcano un andamento a saliscendi dei soffitti, con un ritmo caratterizzante che ne spezza anche la monotonia.
Tale impostazione – che ha comportato, oltre a risultati estetici, risparmi di peso (per i massetti) e di spessore complessivo interpiano – ha richiesto per contro un accurato coordinamento di progettazione, produzione ed esecuzione, alquanto eccezionale per le costruzioni edilizie, data anche la complessità della pianta; ma un maggiore impegno nella ingegneria ha prodotto un minor costo dell'opera materiale.
Il pacchetto strutturale di piano è costituito da 0.8 m di trave più 0.3 m di solaio. L'altezza minima libera di fruizione interna è di 3.2 m sotto solaio e 2.4 m sotto trave.
Le rampe di salita e discesa, presso i lati obliqui esterni, sono inserite nella maglia parallelamente ai lati stessi e realizzate con solaio analogo agli altri, ma in pendenza. Esse hanno larghezze di 4 ovvero 8 m e lunghezze di 24 m, su più luci.
I tre corpi di fabbrica sono tagliati da giunti di espansione, realizzati su appoggi scorrevoli, senza raddoppio di elementi portanti, salvo che per le fasce di collegamento all'ipermercato, aventi strutture completamente staccate (figg. 2 e 3).
Le sei passerelle a due piani, di collegamento tra i corpi, hanno l'intelaiatura in carpenteria metallica, con appoggi intermedi su propri piedritti e appoggi estremi direttamente sulle travi dei corpi collegati. I loro solai sono fatti con i consueti elementi prefabbricati in calcestruzzo, contenuti nello spessore dei profilati portanti (figg. 7 e 8).
Le strutture minori distribuite lungo il perimetro, come le scale e le passerelle per vie di fuga, sono interamente in carpenteria metallica (fig. 9).

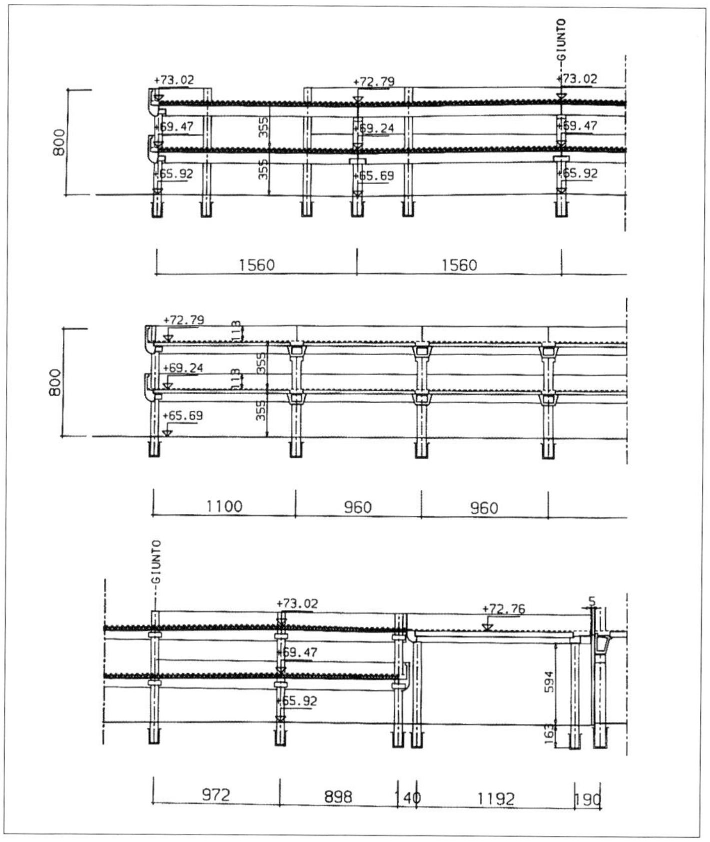

3

3. Sezioni tipiche di carpenteria degli impalcati strutturali.

4

4. Travi interne del 1° e del 2° piano, ad inclinazione alterna, in fase di montaggio.

5. Travi-pannello di facciata, particolare del raccordo col pilastro prefabbricato.

6. Rampa di accesso dei veicoli ai piani superiori.

7. Passerella in carpenteria metallica due piani con solai prefabbricati in c.a.p., di collegamento tra due corpi del parcheggio.

8. Particolare della passerella di collegamento, visto dal secondo piano.

9. Passerelle in carpenteria metallica per vie di fuga, nell'esedra centrale.

Progettazione ed esecuzione

Lo schema strutturale per le verifiche di sicurezza strutturali dell'edificio è quello di pilastri incastrati al suolo (a mensola isostatica), con travi in semplice appoggio e solai parzialmente continui a cavallo delle travi.

Le norme tecniche (D.M.03/12/1987) impongono, per la verifica delle costruzioni prefabbricate, l'applicazione convenzionale di forze orizzontali di piano, di intensità pari al 2% di tutti i carichi verticali presenti. Tale regola, concettualmente giusta e che dovrebbe riguardare tutti i tipi di strutture, è però piuttosto gravosa quantitativamente ed equivale a considerare sismiche tutte le strutture prefabbricate.

Lo schema di pilastri vincolati a mensola è particolarmente sensibile a tali forze, onde le verifiche statiche dell'edificio sono risultate piuttosto severe. Queste sono state eseguite seguendo il metodo degli stati limite.

I tempi per l'esecuzione sono stati estremamente contenuti, per ottemperare alle strettissime richieste della committenza, accompagnate da forti penali, e permettere l'apertura del complesso alle date previste.

Si sono impiegate: per scavi e fondazioni, 8 settimane; per produzione delle strutture di elevazione, 17 settimane; per montaggio, 17 settimane, delle quali 15 sovrapposte alla produzione dei prefabbricati e 4 all'impianto delle fondazioni.

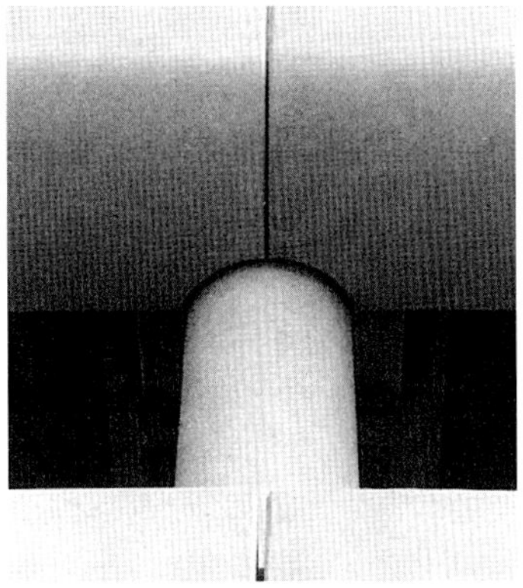
5

8

6

9

7

10. Vista di parte della struttura, in fase di montaggio.

11. Particolari di capitelli di travi interne.

12. Rampe di collegamento interpiano.

Il coordinamento della gestione di progetto, produzione, trasporto e montaggio è stato informatizzato, con aggiornamento continuo dei dati.

Tipologia degli elementi prefabbricati

Qui di seguito sono delineate le caratteristiche principali dei vari elementi prefabbricati.

Fondazioni

Le fondazioni sono tutte di tipo diretto, con quota del piano d'appoggio a piccola profondità, leggermente variabile da zona a zona.
I plinti sono prefabbricati a bicchiere aperto di 1.0×1.0×1.1 m, con sottobase gettata in opera. Si differenziano fra loro essenzialmente nelle dimensioni della sottobase, in funzione delle sollecitazioni di progetto, ovvero nei casi di accoppiamenti di pilastri in c.a. o in acciaio vicini tra loro.
Il conglomerato di inghisaggio dei pilastri si è dovuto armare, essendo di spessore considerevole per riempire il volume tra pilastro circolare e bicchiere quadrato.

Pilastri

I pilastri sono prefabbricati in unico pezzo, di lunghezza complessiva variabile, inferiore agli 11 m, comprensiva della lunghezza interrata da 1.4 a 2.2 m (fig. 10).
I pilastri tipici, che sostengono degli orizzontamenti, hanno sezione circolare con diametro di 0.7 m. Quelli interni terminano sotto le travi di copertura e contengono al centro i pluviali discendenti; quelli di bordo, invece, al piano copertura proseguono con sezione semicircolare fino alla quota parapetto, per ancorare le travi-pannello dell'ultimo ordine (fig. 8).
I pilastri interni hanno, in corrispondenza del primo piano, un capitello di sezione trapezia, a scomparsa totale nelle travi, e, al secondo piano, un capitello sottile sotto trave, largo quanto la base di quest'ultima e lungo quanto il diametro del pilastro stesso, come si può osservare in figura 11. Si nota pure che i capitelli hanno quote leggermente variabili, per generare le pendenze ai piani tramite l'inclinazione delle strutture, senza massetti. I capitelli hanno anche forme angolate in pianta, là dove il pilastro porta travi non allineate. Ancorché "tipici", questi pilastri non sono identici fra loro.
Una serie di pilastri non tipici, di varie sezioni rettangolari e con capitelli a quote intermedie, portano le rampe interpiano e i raccordi circostanti (fig. 12).
I pilastri perimetrali hanno capitelli di forma rastremata che si innestano, dal lato esterno, negli appositi alloggiamenti delle travi-pannello perimetrali e, dall'interno, restano in vista (fig. 10).

Travi

Le travi interne hanno sezione trapezia cava, con base inferiore di 1.0 m, superiore di 1.5 m, altezza di 0.8 m più 0.3 m di completamento in opera, nello spessore del solaio. Hanno luci da 8 a 16 m (tipica di 15.6 m) e sono precompresse integralmente (la sezione è sempre tut-

10

11a

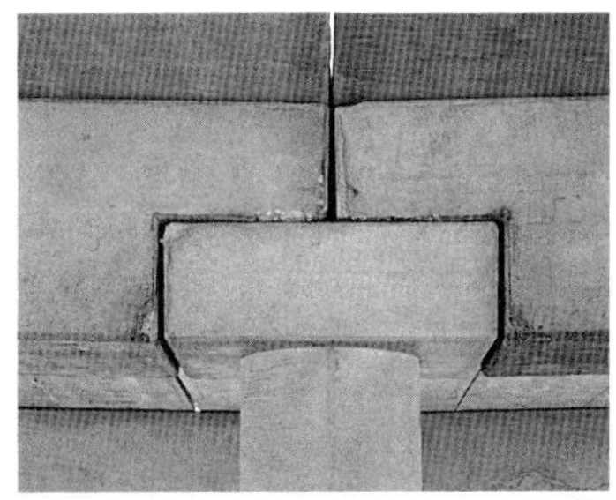
11b

12

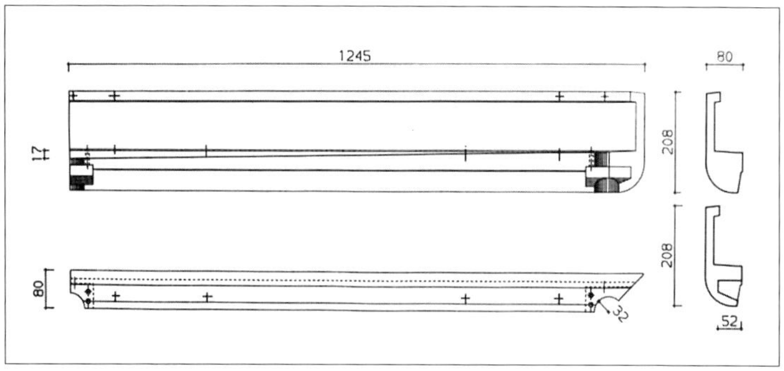

13

13. Carpenteria di una trave-pannello (elemento d'angolo).

ta compressa in esercizio). Al primo piano, si appoggiano con seggiole, che avvolgono il pilastro e si raccordano col capitello trapezio. Al secondo piano gli appoggi sono a sezione intera (fig. 4). Tale differenziazione si è resa necessaria per consentire il montaggio delle travi ai due piani, con il pilastro già in posizione. Come già accennato, l'asse di queste travi è in pendenza. Le travi-pannello di bordo hanno altezza di 2.08 m e asse sempre orizzontale. L'anima è eccentrica rispetto all'allineamento dei pilastri, ai quali passa esternamente, congiungendosi a quella della trave successiva e realizzando così dei fascioni continui in facciata (figg. 5, 14 e 15).

La trave-pannello, con un complesso disegno tridimensionale (fig. 13) ha un'anima rettangolare, un bulbo superiore a parallelogramma e forma in basso un ampio bulbo a profilo circolare, che cela il solaio e i capitelli su cui appoggia, contornando anche la sottostante sezione cilindrica del pilastro con un taglio a doppia curvatura (figg. 5 e 6).

Secondo la direzione parallela al solaio, tali travi sono semplicemente autoportanti mentre quando giacciono in altre direzioni, esse hanno anche funzione portante del solaio. In entrambi i casi, esse sono parzialmente precompresse (parte della sezione è tesa in esercizio) poiché, pur avendo sezioni sufficienti a resistere con sola armatura lenta, su luci variabili dai 3 ai 12 m, sono soggette a flessione deviata, con inclinazioni diverse nelle fasi transitorie e di esercizio, e, non essendo rivestite, sono permanentemente esposte all'aperto. La leggera precompressione ha lo scopo di evitare fessure pregiudizievoli all'aspetto finale, le quali altrimenti potrebbero formarsi, durante la movimentazione o in esercizio, e resterebbero evidenti, in zone ben visibili e significative per l'immagine.

Tali travi hanno comportato una casistica molto articolata, quanto a lunghezza, raccordi per giunzioni alle travi adiacenti (retti, concavi o convessi), intersezioni e varchi per passerelle, carico, inclinazione d'appoggio del solaio, e così via (figg. 2, 5, 13, 14 e 15).

Vi è infine, così come di pilastri, una quantità di travi particolari destinate alle rampe (fig. 12).

Solai

I solai sono realizzati con lastre alveolari precompresse, prefabbricate per estrusione, noti elementi con sola armatura pretesa longitudinale, vibrati sotto compressione.

In quest'opera, gli elementi di solaio hanno dovuto riempire, oltre ai

14a

14b

14c

14. Fascioni con formati da travi-pannello, con elementi d'angolo, di innesto passerelle e collegamento all'ipermercato.

campi della maglia tipica, anche i numerosi campi di forma irregolare (fig. 2) nonché rampe, passerelle e zone ritagliate. Le luci risultano così variabili, anche nell'ambito di un campo, da 3 a 12 m, con appoggi tagliati in retto o in obliquo, paralleli o non.
Per la massima parte, i solai sono di altezza 250 mm con caldana di completamento di 60 mm, collaborante anche con le travi. In questo getto è stata disposta un'armatura a momento negativo a cavallo delle travi, che è stata conteggiata nelle verifiche per gli stati limite di esercizio ma non per quelli ultimi.

Dati statistici
I diversi tipi degli elementi prefabbricati strutturali impiegati nella costruzione del parcheggio, le rispettive quantità e i materiali costituenti sono riassunti nella tabella seguente.

Elementi	Tipi (n)	Pezzi (n)
Plinti a bicchiere	19	238
Pilastri a due piani	103	299
Travi in c.a.p.	140	363
Travi-pannello in c.a.p.	90	308
Solaio estruso	425	
Materiali		
Conglomerato prefabbricato	f_{ck} 45 o 50	
Conglomerato in opera	f_{ck} 30	
Acciaio in barre	FeB44kc	
Acciaio in trefoli	f_{ptk} 1900	
Acciaio in profilati	*Fe* 360	

Considerazioni
I requisiti principali di progetto, con riferimento agli effetti della struttura sull'architettura, si possono riassumere in:
- ingombri in pianta piccoli e concentrati;
- cura dell'estetica, con riguardo particolare a pulizia di soluzioni e finiture;
- adeguata resistenza al fuoco e al degrado superficiale;
- tassativa rapidità di esecuzione.

Ancorché il progetto di massima iniziale non lo prevedesse esplicitamente, soltanto il ricorso totale alla prefabbricazione ha consentito di raggiungere in pieno tali obiettivi.
È un esempio di come la prefabbricazione strutturale non significhi necessariamente uniformità, con pochi elementi ripetitivi integrati in sistemi morfologicamente rigidi. Al contrario, essa ha permesso di produrre rapidamente una tipologia varia e articolata, mediante la razionalizzazione della produzione; in particolare, studiando gli elementi in modo che pochi casseri base fossero in grado, con adattamenti reversibili, di formarne diversi tipi.
In specie, ha rappresentato una notevole sintesi di tali possibilità la soluzione delle travi-pannello perimetrali – cui è stata assegnata la triplice funzione: portante, di chiusura e protezione degli spazi d'uso, formale di caratterizzazione delle facciate – adattata all'ampia casistica geometrica, imposta dall'andamento planimetrico dei contorni, dalle aperture e dall'andamento altimetrico dei solai.

15. Vista d'angolo di un corpo laterale del parcheggio, con fascioni in curva; fascioni rettilinei tipo.

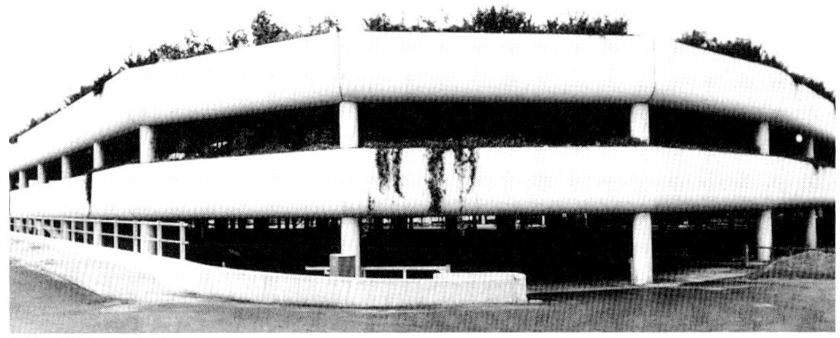
15a

15b

Crediti
Progetto architettonico: arch. E. Zacchiroli
Progetto strutturale: ing. Marco Menegotto
Committente: Euromercato Spa
Impresa: COGEI Costruzioni SpA
Prefabbricazione: Vibrocemento Perugia Srl

B Un *pipe-rack* per impianto chimico

Generalità

Nello stabilimento Enichem-Anic di Brindisi sorge, al posto di uno precedente analogo, un impianto chimico, che copre un'area di 72,000 m^2 e possiede una capacità produttiva di 400,000 t/anno di etilene e di 190,000 t/anno di propilene.

Fra le opere civili è di rilievo il sistema dei telai di sostegno delle tubazioni esterne (*pipe-rack*), il quale, nel vecchio impianto, era interamente in carpenteria metallica e, verso la fine degli anni Ottanta, fu completamente distrutto dal fuoco.

Aspetti peculiari

Le opere civili degli impianti chimici hanno una peculiarità: sono le prime da realizzarsi in cantiere, mentre le informazioni necessarie per la loro ingegneria di dettaglio costituiscono l'ultimo anello della catena progettuale complessiva, in quanto subordinate alla definizione delle tubature e degli altri componenti meccanici, che esse debbono sostenere. Occorre quindi progettarle con grande rapidità e individuare soluzioni costruttive realizzabili in tempi brevi.

Ciò è particolarmente importante per il *pipe-rack*, una vera e propria ossatura dell'impianto, costituita da strutture intelaiate: infatti i tubi, che interconnettono i vari componenti meccanici (serbatoi, scambiatori di calore, reattori, pompe, ecc.), vengono raccolti su queste strutture, che si diramano per tutti i blocchi dell'impianto e sono generalmente caratterizzate da una dorsale principale e da alcuni rami secondari.

Il montaggio delle tubazioni sul *pipe-rack* è sempre un'operazione situata sul cammino critico dei programmi di costruzione dell'impianto. L'impresa dei montaggi meccanici vorrebbe preliminarmente le strutture di sostegno pronte, pulite e disponibili.

Tradizionalmente, tali strutture sono eseguite in carpenteria metallica, soprattutto per la consuetudine che l'impiantistica ha con essa. Tuttavia, le strutture in acciaio hanno, successivamente al loro montaggio, la necessità di essere rivestite con materiali che le proteggano dal fuoco: solitamente con conglomerato cementizio, per la cui esecuzione necessitano casseforme in elevazione, fino alle quote ove occorre la protezione. Tale operazione, oltre agli oneri economici e alle difficoltà costruttive, costituisce impedimento alle attività di cantiere.

La moderna tecnologia del calcestruzzo con resistenza e durabilità elevate consente l'efficace realizzazione di tale tipo di opera, specialmente se prodotta con tecniche industrializzate.

Si erano avuti rari esempi di *pipe-rack* a elementi prefabbricati in calcestruzzo, in quanto la configurazione geometrica degli impianti è piuttosto articolata e limita la tipizzazione degli elementi. Le condizioni di carico sono severe e richiedono l'utilizzo di strutture iperstatiche, con nodi in continuità. Inoltre, spesso si costruiscono in zone dove non esistono stabilimenti di prefabbricazione o prefabbricatori interessati a realizzare opere così diverse da quelle abituali.

Nel caso in oggetto, la committente ha adottato la soluzione innovativa proposta, che impiega elementi in cemento armato prefabbricati in stabilimento e che, pur nella scarsa ripetitività dei pezzi, si è dimostrata conveniente in termini di costi e di tempi d'esecuzione.

Le difficoltà sono state superate. Per i nodi sono state individuate soluzioni che, pur assicurando le condizioni di vincolo d'incastro, hanno consentito un montaggio delle strutture agevole e rapido, ultimato in cantiere in sole dieci settimane.

Si è così realizzata una struttura integralmente prefabbricata, costituita da telai spaziali a maglie rettangolari, con tre livelli di travi in ognuna delle due direzioni principali, a quote sfalsate tra loro, per permettere l'incrocio di tubature ortogonali. La curiosità del loro aspetto è che appaiono simili ai telai usuali in cemento armato ma come mancanti dei solai di piano: infatti i tubi, tra una trave e l'altra, sono autoportanti.

Tali telai raggiungono la quota di 9 m sul piano di campagna. Nei tratti in cui debbono correre tubazioni anche a quote superiori, progettualmente fuori dalla portata del fuoco, essi sostengono ulteriori intelaiature, eseguite in carpenteria metallica, ottenendo una combinazione ottimale dei due tipi di strutture.

Requisiti di progetto

Geometria

Il *pipe-rack* si estende su una superficie di 337×182 m (fig. 16) e si compone di cinque grandi rami a più piani, lunghi ciascuno dai 100 ai 200 m, larghi da 6 a 9 m, su cui viaggiano le tubature dell'impianto: da una "dorsale", con direzione Est-Ovest, si diramano gli altri quattro, con direzione Nord-Sud, denominati "blocchi" A, B, C e D, che hanno le seguenti dimensioni (in metri).

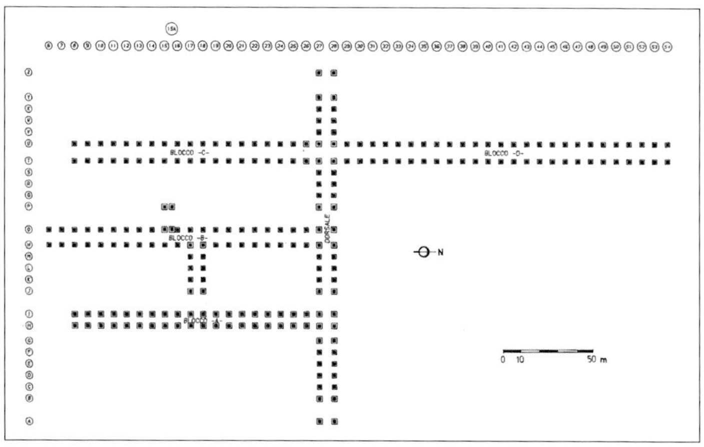

16

16. Pianta generale delle fondazioni del *pipe-rack*, che si estende su una superficie di 337×182 m.

17. Stralci assonometrici delle intersezioni: (a) tra i blocchi C, D e Dorsale; (b) tra i blocchi A e Dorsale. Si notano, nel secondo, due campate più lunghe per attraversamenti stradali, appartenenti alla Dorsale, e l'alta struttura metallica soprastante quella in c.a., nel blocco A.

Dorsale - lunghezza: 173; larghezza: 8; luci: n. 18×6 + 2×8 + 3×12 + 1×13; quote travi: trasversali 6, 8, longitudinali 5, 7, 9.
Blocco A - lunghezza: 133; larghezza: 6; luci: n. 19×7; q. travi: trasversali 5, 7, longitudinali 6, 8.
Blocco B - lunghezza: 195; larghezza: 8 (diramazioni: 7); luci: n. 4×6 + 21×7 + 2×12; quote travi: trasversali 5, 7, 9, longitudinali 4, 6, 8.
Blocco C - lunghezza: 133; larghezza: 9; luci: n. 19×7; q. travi: trasversali 5, 7, 9, longitudinali 4, 6, 8.
Blocco D - lunghezza: 182; larghezza: 9; luci: n. 26×7; q. travi: trasversali 5, 7, 9, longitudinali 4, 6, 8.
Le quote indicate delle travi si riferiscono alle parti prefabbricate in c.a.. Le sopraelevazioni in carpenteria metallica, che si appoggiano su queste ultime, sono discontinue e raggiungono quote variabili da 9 a 23 m, e fino a cinque ulteriori livelli di appoggio dei tubi (fig. 17).

Azioni
I telai sostengono gran parte delle tubazioni dell'impianto, che assommano a un peso totale di 3500 t, per uno sviluppo di oltre 30000 m.
I diametri dei tubi sono compresi fra i 6" (152 mm) e i 72" (1829 mm). I fluidi trasportati sono di varia natura: alcune tubazioni portano i prodotti di processo (etilene liquido, propilene liquido e gassoso, ecc.), altri i fluidi di servizio (acqua di raffreddamento, vapore, aria compressa, ecc.). La temperatura delle linee ha forti escursioni: in alcune raggiunge i – 100 °C, in altre i + 540 °C.
I tubi sono vincolati longitudinalmente in alcuni punti fissi, dove si concentra la reazione orizzontale dovuta all'interazione struttura-impianto. Sono considerate inoltre possibili reazioni orizzontali per attrito, su ogni supporto intermedio.
Oltre al peso di tubazioni e del loro contenuto e alle variazioni di temperatura, sono stati presi in conto neve e vento, su tubazioni e strutture.
La notevole intensità delle forze risultanti, in rapporto alle dimensioni delle travi, e la loro diversità non consentono di trattare i carichi forfettariamente ma richiedono un'analisi puntuale delle azioni, pur se nel progetto la casistica è stata ridotta al minimo possibile.
Per la protezione dall'incendio, è stata richiesta la condizione R 120', fino a quota 9 m sul piano di campagna.

Soluzione strutturale

Impostazione
Al fine di limitare gli effetti di coazione dovuti alle variazioni termiche, la struttura prefabbricata in c.a. è stata suddivisa in "cavalletti" disgiunti, raccogliendo i pilastri a quattro a quattro. Ogni cavalletto ha la proiezione in pianta di forma approssimativamente quadrata. Le travi longitudinali e trasversali del cavalletto hanno nodi rigidi con i pilastri, formando telai spaziali elementari; mentre le travi longitudinali comprese tra un cavalletto e l'altro hanno appoggi scorrevoli. Il diverso vincolo però non è percepibile a occhio e le strutture appaiono ininterrottamente continue.
Tale schema è vantaggioso non solo

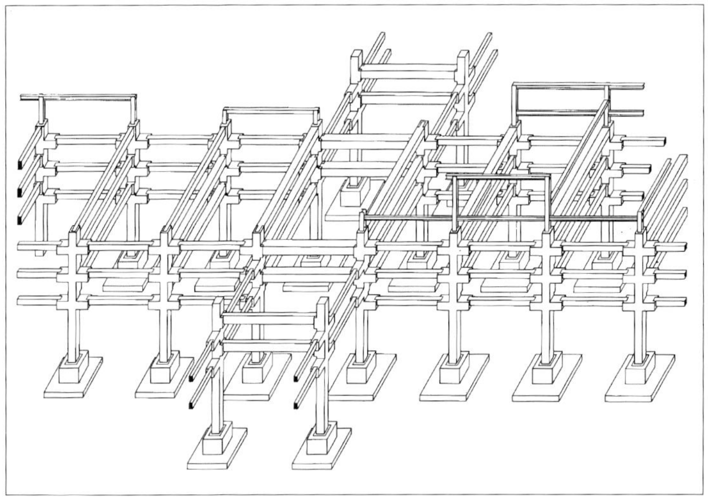
17a

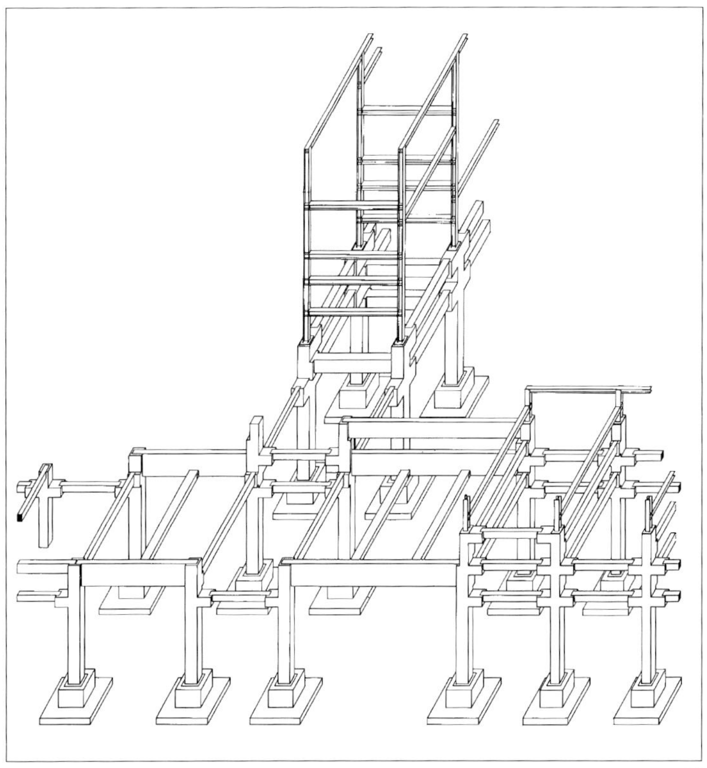
17b

per le variazioni termiche in esercizio ma anche, e soprattutto, per quelle derivanti da eventuali incendi, evitando il generarsi di reazioni interne non sopportabili da un lungo telaio continuo, neppure a costo di deterioramenti locali. Inoltre, permette una facile sostituzione per parti di zone danneggiate o comunque non utilizzabili, senza dover intervenire sulle continuità strutturali.
In alcune posizioni, dove l'azione orizzontale delle tubazioni è particolarmente intensa, il cavalletto a nodi rigidi è stato ampliato longitudinalmente a due o tre campate.
Nelle assonometrie di figura 17 appaiono due stralci del *pipe-rack*, rappresentativi dell'organizzazione strutturale.
I tubi corrono longitudinalmente lungo i blocchi e possono uscire lateralmente in ogni posizione, scavalcando quelli adiacenti e appoggiandosi sulle travi laterali, che sono perciò sempre sfalsate di quota rispetto a quelle trasversali. I cavalletti tipici hanno pilastri con sei nodi ciascuno, a quote diverse e, in ognuna delle due direzioni, tre ordini di travi intervallate di 2 m. Le travi sono tutte portanti, con i tubi poggianti sull'estradosso, perciò soggette ad azioni dirette orizzontali sghembe rispetto al loro asse, oltre a partecipare degli effetti di telaio; il che comporta, in ogni membratura, sollecitazioni comprendenti sempre tutte le sei componenti (assiale, doppia flessione, doppio taglio, torsione) in misura significativa, data anche l'assenza di diaframmi o irrigidimenti di piano.

Il progetto e la realizzazione dei nodi trave-pilastro hanno richiesto speciale cura, pur se la sfalsatura verticale ne ha semplificato i particolari costruttivi.
In relazione allo stato di sollecitazione complesso, il fusto del pilastro è sempre continuo e pieno, mentre il collegamento con le travi è spostato su apposite mensole con incassi. Quelle longitudinali sbalzano per 1.2 m dall'asse del pilastro. Ciò permette di ridurre la sezione della trave nel tratto centrale e di realizzare, per le travi di cavalletto, l'unione di continuità a una distanza favorevole e, per quelle di collegamento, un appoggio scorrevole nascosto.

Tipologia

Pur nella regolarità dei tracciati (fig. 16) e del passo dei telai, la casistica di elementi strutturali di diversa configurazione si rivela ampia.
Infatti: le larghezze dei cinque blocchi, quindi le luci delle rispettive travi trasversali, sono sensibilmente diverse fra loro; il numero delle travi in ogni cavalletto, quindi l'altezza dei pilastri, varia spesso lungo il percorso di un blocco; le campate longitudinali escono più volte dal modulo, per gli attraversamenti stradali (fig. 17); vi sono poi le intersezioni tra blocchi, dove i pilastri ricevono travi sulle quattro facce; infine, le azioni sono molto differenti, anche in relazione alle sopraelevazioni metalliche.
Non potendosi modulare i cavalletti nella loro totalità, si è cercato di modulare al massimo le sezioni e le connessioni degli elementi, lasciandone variare le lunghezze e l'armatura.

Anche considerando le sole differenze di carpenteria, risultano numerosi i tipi di elementi impiegati, come sotto riassunto sinteticamente.

Elementi	Pezzi (n.)	Tipi (n.)	Sezioni (n.)	Lunghezze (m)
Pilastri	233	43	3	7.5 – 10.5
Travi	855	42	9	1.6 – 12.4

Gli elementi prefabbricati sono stati realizzati con calcestruzzo di classe *fck* 45 N/mm². Le armature principali, in barre FeB44kc, hanno

18. Vista dei plinti a bicchiere gettati in opera.

19. Messa in verticale e inghisaggio dei pilastri.

18

19

20. Montaggio delle travi trasversali dei telai.

21. Dettaglio dei pilastri con le predisposizioni per la connessione delle travi.

22. Montaggio delle travi nelle sedi dei pilastri.

20

21

22

un ricoprimento netto di 45 mm, contenente a sua volta un'armatura a rete elettrosaldata per la loro protezione.

Pilastri

Il pilastro tipo è di sezione quadrata con lato 0.6 m, lunghezza 10.5 m, di cui 9 fuori terra; ha, nel piano laterale del blocco, mensole doppie su tre ordini, di sezione 0.6×0.6 m, lunghe 1.2 m per parte (da asse pilastro), per ragioni di trasporto, e, verso l'interno del blocco, mensole singole molto corte (0.2 m netto), per motivi di ingombro funzionale; in sommità, la mensolina interna è sostituita da un incasso sul fusto. Tutte le mensole terminano con un incasso, che di volta in volta serve per celare l'unione a umido di continuità ovvero l'appoggio scorrevole. Gli incassi sono sempre tali da ospitare le testate intere delle travi, senza tagli a seggiola, che sarebbero inadatti alla trasmissione di sollecitazioni a sei componenti.

Pilastri con sezione maggiore sono quelli adiacenti agli attraversamenti stradali (0.6×0.8) e tutti quelli appartenenti al blocco A (0.8×0.8), sui quali appoggiano anche intelaiature metalliche alte oltre 15 m (fig. 17).

Travi

Le travi trasversali sono tutte rese continue con i pilastri, hanno luci fra i 6 e i 9 m e sezione tipica 0.3×0.6 m. Alcune, soggette ad azioni particolarmente intense nei punti fissi di grosse tubazioni, hanno larghezza maggiorata a 0.6 m. Nelle unioni, l'armatura di continuità inferiore è costituita da spinotti inghisati; quella superiore da barre collegate alle corrispondenti del pilastro mediante manicotti filettati. I getti di collegamento sono stati eseguiti tutti all'estradosso delle travi, con betoncini ad alta resistenza, in apposite vaschette avvolte dalla staffatura.

Le travi longitudinali tipiche hanno lunghezze interasse da 6 a 7 m, ridotte di 2.4 m al netto delle mensole, e possono perciò avere una sezione contenuta in 0.3×0.4 m. I collegamenti di continuità sono del tutto simili a quelli delle travi trasversali. Quando formano giunti scorrevoli, esse invece appoggiano su cuscinetti di neoprene.

Nel blocco A, le travi rispondono agli stessi schemi ma sono di sezioni maggiori, date le maggiori sollecitazioni (fig. 17b).

Per gli attraversamenti stradali si sono adottate soluzioni atipiche, in quanto i tubi non possono essere autoportanti su luci fino a 13 m. Sono stati necessari appoggi intermedi su travi trasversali portate in falso da travi longitudinali (fig. 17b) di altezza maggiorata, fino a portare due livelli trasversali. Per tali casi, tutti i nodi, trave-trave e trave-pilastro, sono strutturalmente continui.

23. Pilastri prefabbricati inghisati nei plinti eseguiti in opera.

24. Dettaglio dei nodi a due, tre e quattro vie che permettono la composizione della struttura.

25. Telaio prefabbricato assemblato.

26. Schema delle connessioni in opera dei componenti prefabbricati.

23

24

25

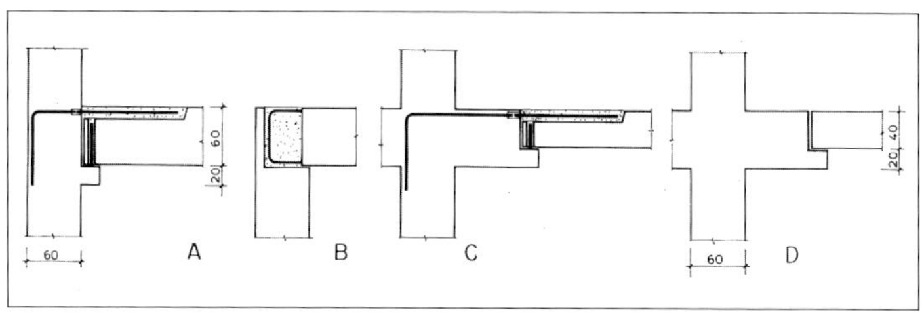

26

27. Il sistema di sostegno delle tubazioni *pipe-rack* per l'impianto petrolchimico si sviluppa su cinque rami lunghi da 100 a 200 m ciascuno e larghi da 6 a 9 m. La struttura prefabbricata è costituita da telai spaziali. Il pilastro tipo ha un'altezza di 10.5 m, con tre ordini di mensole longitudinali e trasversali, a quote sfalsate. Le travi vi sono collegate in parte in continuità ed in parte con giunti scorrevoli.

28. Telai prefabbricati assemblati.
29. Vista della struttura superiore in carpenteria metallica.
30. Vista di parte dei telai assemblati.

27

30

28

29

Fondazioni			
	Conglomerato magro	m^3	320
	Conglomerato f_{ck} 20	m^3	1600
	Acciaio FeB44kc	kg	124500
	Tempo di esecuzione	settimane	10
Elevazione			
	Conglomerato f_{ck} 45	m^3	2290
	Acciaio FeB44kc	kg	453000
	Rete e.s.	kg	19500
	Inserti metallici	kg	63500
	Tempo prefabbricazione	settimane	20
	Tempo montaggi	settimane	10
	Tempo getti sutura	settimane	3

Fondazioni

Le fondazioni sono di tipo diretto (fig. 23), impostate a quota -2 m dal piano campagna su terreno previamente stabilizzato, ed eseguite in opera con plinti a bicchiere, nei quali sono inghisati i pilastri prefabbricati.

Esecuzione

Le quantità complessive realizzate per il *pipe-rack*, escluse le strutture metalliche di sopraelevazione e i rispettivi tempi, sono sintetizzati nella tabella a fianco.

La facilità e la rapidità con cui si è eseguita la costruzione sono risultate anche dall'accurato studio condotto sulle casseforme dall'impresa di prefabbricazione. Infatti, tutti gli elementi della struttura in c.a., pur nella loro varietà tipologica, sono stati realizzati con solo cinque casseforme.

La cadenza produttiva osservata in stabilimento è stata di 5 pilastri e 16 travi al giorno.

Oltre alla molteplicità di carpenterie sopra richiamata, ulteriori diversità si sono presentate in relazione alle armature e agli inserti. Questi sono costituiti da fori passanti, nelle travi o nei pilastri, per l'inseri-

31. Vista interna del *pipe-rack*.

32. I telai prefabbricati costituiscono supporto alle tubazioni.

33. Vista dell'impianto completato.

31

33

32

mento di bulloni, e da angolari e piastre e tondi ancorati nel getto, per il fissaggio di apparecchiature, scale, mensole e vincoli per le tubazioni.
In totale, sono state trattate 200 schede di elementi diversi. Nello stabilimento di produzione, è stata eseguita preliminarmente una prova al vero di assemblaggio di un cavalletto completo.

Considerazioni

La struttura illustrata rappresenta un significativo intervento, nelle opere civili per l'impiantistica, della prefabbricazione strutturale, che offre al cemento armato la capacità di competere vantaggiosamente con la tradizionale carpenteria metallica, anche sul piano della rapidità di esecuzione, ed è certamente conveniente quando si richieda un'elevata resistenza al fuoco.
Essa costituisce un altro esempio della flessibilità cui tale tecnica è in grado di adeguarsi, se l'industrializzazione è intesa non come produzione di pezzi uniformi ma come adattamento alle specifiche esigenze, razionalizzando e unificando i parametri del manufatto.
A parere degli utenti e degli osservatori, la struttura montata possiede anche una valenza estetica – con il suo ritmo di elementi essenziali ripetuti, senza ingombranti controventi, e con l'ottima finitura delle superfici, tutte da cassero – rendendo così più gradevole l'ambiente lavorativo intorno all'impianto.

Crediti
Progetto funzionale: ing. P. Bellotti, TPL Spa, sezione opere civili
Progetto strutturale: ing. Marco Menegotto
Committente: Enichem Spa, Gruppo ENI
Impresa: Vibrosud Srl
Prefabbricazione: Vibrosud Srl

C Un elemento per coperture di grande luce

Generalità

Nella prefabbricazione italiana, come detto nel cenno storico, gli edifici industriali e commerciali hanno giocato, fin dagli inizi, un importante ruolo di traino.
Dopo le prime spartane coperture con travi a doppia pendenza, il desiderio di alleggerire e abbellire l'interno degli ampi locali di lavoro o aperti al pubblico ha spinto allo studio di soffitti strutturali in vista, più articolati e significativi architettonicamente.
Sono stati sviluppati così numerosi elementi di copertura, per luci superiori ai 20 m, di varie forme, più o meno alari, che integrano, accostati da soli o alternati con raccordi trasversali ancora più leggeri, le funzioni di copertura strutturale, coibentazione termica, smaltimento delle acque piovane, illuminazione naturale, caratterizzazione estetica; essi pongono l'industria italiana del settore all'avanguardia nel mondo, per varietà e brillantezza di soluzioni.
Tali elementi rappresentano l'evoluzione dei tegoli a T, a TT o a Y e sono prefabbricati in parete sottile di calcestruzzo presollecitato con armature aderenti; ognuno si colloca in diversi punti della scala di ottimizzazione fra leggerezza e capacità portante della sezione. Quest'ultima condiziona sia la luce raggiungibile sia la spaziatura trasversale tra un elemento e l'altro della copertura.
Gli elementi, in generale, hanno la larghezza vicina ai 2.5 m trasportabili. Il loro comportamento strutturale non è modellabile semplicemente con la teoria della trave ma richiede analisi più complesse, corredate anche da verifiche sperimentali, fino agli stati limite ultimi. Particolare importanza possono assumere le condizioni di carico come quelle di pesi in posizioni non simmetriche rispetto all'asse (torcenti) – dovuti ad accumuli di neve o altro su una metà dell'elemento principale o su quelli secondari di raccordo trasversale – o di azioni orizzontali, dovute al vento e al sisma.

Caratteristiche dell'elemento

Il Sinus è un elemento a pareti sottili prefabbricato in cemento armato precompresso, adatto a pensiline e a coperture di strutture di grande luce di edifici industriali e commerciali, pur essendo di altezza contenuta. È prodotto in versioni sia con calcestruzzo ordinario sia con calcestruzzo leggero.
Si differenzia da altri elementi con analoga funzione, per la sua sezione scatolare chiusa con ampia superficie interna, che gli conferisce anche una notevole rigidezza e resistenza torsionale d'insieme. Questa caratteristica gli consente di portare forti sovraccarichi, anche in posizioni eccentriche, come quelli derivanti da elementi secondari di collegamento trasversale, quali coppelle, lucernari, *sheds*, o da macchinari impiantistici, e di essere ordito a intervalli fino a 8 m.
La sezione trasversale dell'elemento (figg. 34 e 35) ha un profilo che descrive, all'intradosso, un'onda completa di sinusoide (da cui il nome commerciale di Sinus), e, all'estradosso, una linea orizzontale, che cambia quota da sezione a sezione per formare una pendenza longitudinale, oltre a due cordoli laterali emergenti superiormente. Questi hanno molteplici funzioni: irrobustire lo scatolare lungo uno spigolo molto acuto, dare resistenza e rigidezza alla flessione orizzontale, fornire un supporto a completamenti di copertura trasversali, fornire un vincolo orizzontale alle pareti di chiusura, contenere i rivestimenti protettivi di estradosso.
La larghezza complessiva è di 2.50 m, l'altezza complessiva di 0.80 m, quella della parte scatolare è variabile, con un massimo di 0.65 m; lo spessore delle pareti è variabile, con minimi di 50 mm, ridotti local-

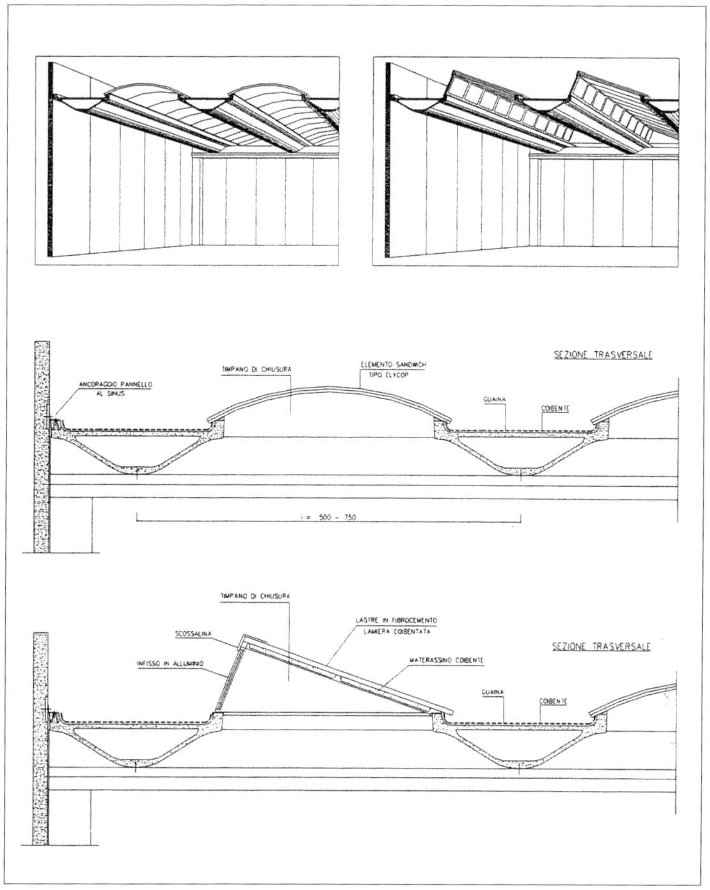

34

34. Sezione trasversale di elementi, con profilo inferiore a onda di sinusoide, assemblati.

35. Viste e sezioni longitudinale di un elemento Sinus. L'onda di sinusoide ha una lunghezza pari alla larghezza dell'elemento.

36. Schemi di carico per le prove a rottura sull'elemento.

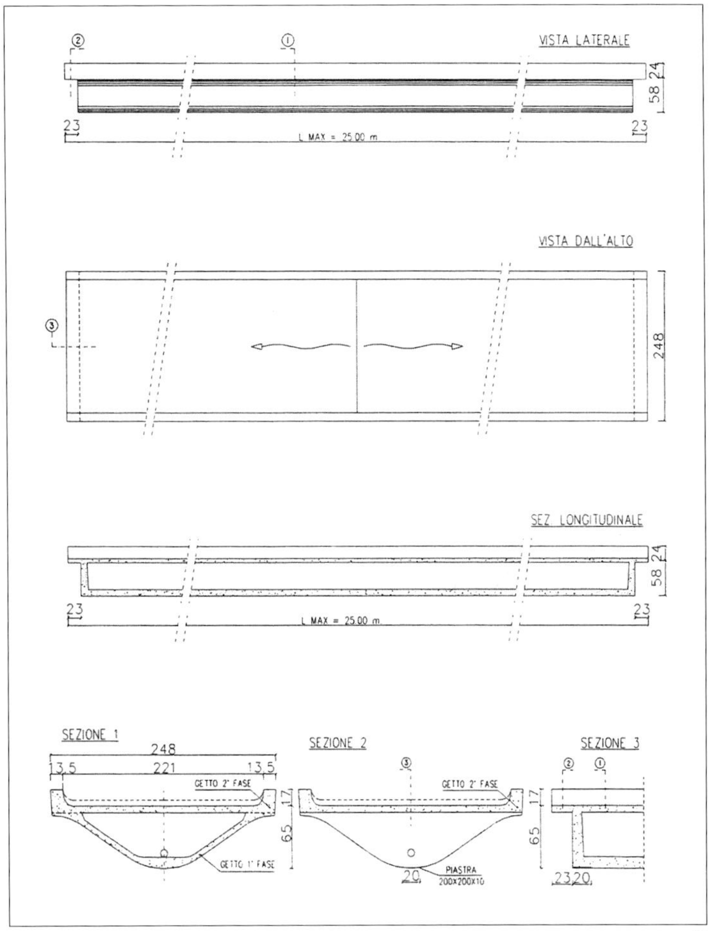

35

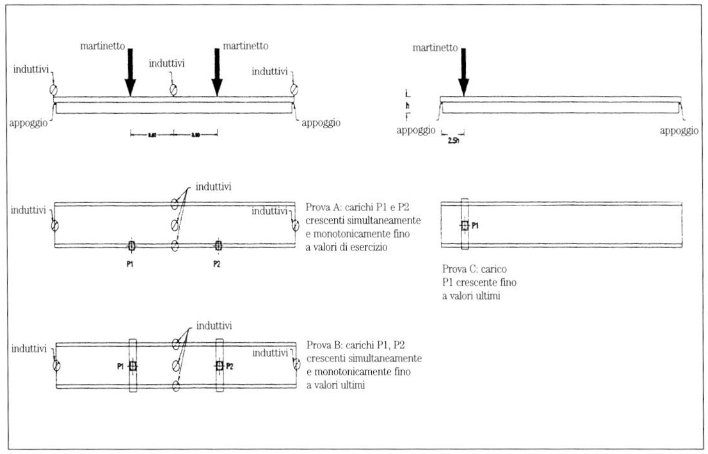

36a

36b

mente nella soletta di estradosso, la quale è nervata. Le testate dell'elemento sono dotate di traversi, che ne completano la capacità torsionale.

Gli appoggi normalmente sono tali da sospendere l'elemento, in quanto realizzati con una sporgenza a seggiola dall'estradosso in prosecuzione dei cordoli, collegata anche ai traversi di testata. In tal modo, l'elemento può essere appoggiato su travi qualsiasi, non legate a un sistema e senza speciali accorgimenti di tamponatura di testata. L'appoggio può anche essere disposto all'intradosso e consentire, in tal caso, una breve prosecuzione a sbalzo dell'elemento.

Le armature di precompressione sono situate in un bulbo d'intradosso, ricavato con un ispessimento piatto all'interno, e nei cordoli laterali. L'armatura ordinaria è costituita da staffe e barre longitudinali nelle parti relativamente spesse (bulbo, cordoli, traversi, seggiole), barre trasversali nella soletta, e rete elettrosaldata avvolgente l'intera sezione.

Nell'elemento prefabbricato sono previsti spinotti di ritegno, ancoraggi tipo Halfen, piastre in acciaio e inserti impiantistici.

Per quanto riguarda impermeabilizzazione e coibentazione, l'elemento si presta a essere trattato con facilità e può essere fornito completo del pacchetto di rivestimenti e finiture necessari.

La camera d'aria, racchiusa dalla sezione scatolare, contribuisce alla coibenza termica e l'originale forma

37. Particolare dell'elemento Sinus con copertura a volta vetrata.

38. Vista del sistema di coperture con lamiere grecate.

del profilo inferiore coniuga bene l'aspetto estetico alle prestazioni funzionali.

Progetto

La progettazione è partita col cercare una configurazione dell'elemento, atta a soddisfare tutti gli obiettivi prestazionali individuati dall'analisi del segmento di mercato inquadrato, cioè: carattere formale pronunciato, robustezza intrinseca, alta resistenza strutturale ad azioni verticali orizzontali e torcenti, resistenza al fuoco, deflusso delle acque per forma propria, durabilità, coibenza, possibilità di disposizione affiancata o intervallata da elementi secondari, appoggio su travi o muri qualsiasi, produzione su pista con cassero continuo, trasporto multiplo.
Su tale input si è definito il disegno dell'elemento, messo a punto con i dati delle successive verifiche.
Le verifiche statiche con analisi numerica sono state eseguite secondo i modelli di trave per l'insieme, di lastre intelaiate per gli effetti dei carichi locali, e di tiranti-puntoni per il dettaglio di tutte le armature nelle zone di discontinuità nella trasmissione degli sforzi.
Si sono costruiti diversi modelli concreti al vero, per verifiche di eseguibilità.
Su tronchi di elemento di piccola lunghezza (4 m), si sono provate le disposizioni dell'armatura corrente e di testata, quindi le fasi di getto. I relativi campioni finali sono stati utilizzati poi per prove di carico distruttive sulla soletta di estradosso.
Infine, si sono costruiti prototipi completi, per verificarne l'esecuzione complessiva e per sottoporli a prove di carico d'insieme. Sono state eseguite prove fino alla rottura, o comunque con carichi fino al doppio di quelli di esercizio, rilevando le deformazioni e le fessurazioni durante la crescita dei carichi. Le varie prove sono state calibrate per ottenere le sollecitazioni massime di flessione, taglio e torsione, con carichi simmetrici e non simmetrici. Gli schemi sono illustrati in figura 36.
Prove sono state eseguite anche su campioni dei calcestruzzi impiegati, ai tempi di maturazione rilevanti.
I risultati delle prove di carico hanno confermato le prestazioni statiche di progetto.

Produzione

Anche i modi di produzione hanno ricevuto un'attenzione specifica.
La produzione avviene su piste di precompressione a testate reagenti, lunghe 150 m. Il cassero inferiore dell'intero profilo esterno sinusoidale è fisso mentre il controcassero, che forma la superficie interna inferiore, è mobile. La soletta orizzontale e i cordoli vengono gettati in seconda fase, appena rimosso il controcassero, su lamiera grecata.
Gli aggregati hanno granulometria con diametro massimo di 12 mm. Il calcestruzzo è della classe di resistenza f_{ck} 50 N/mm^2, sia nel caso si impieghi aggregato ordinario sia nel caso di argilla espansa; nel secondo, la sua massa volumica è di

37

38

39. Vista dell'interno dell'edificio completato.

39a

39b

1850 kg/m³. Esso è miscelato con additivo superfluidificante.
L'acciaio in trefoli è di tipo stabilizzato, ha f_{ptk} 1850 N/mm², e viene preteso a una tensione iniziale di 1400 N/mm². L'acciaio in barre è del tipo FeB44k controllato e quello in rete di fili elettrosaldata è di classe f_{yk} 390 N/mm².
Le quantità di armatura sono variabili, in funzione della luce degli elementi, della loro spaziatura trasversale e dei sovraccarichi di progetto.
L'elemento Sinus è stato prodotto per numerose applicazioni a coperture di grande luce di ambienti industriali e commerciali, di cui alcune sono illustrate nelle figure 37, 38 e 39.

Considerazioni
A differenza dei due esempi precedenti, che rappresentano soluzioni strutturali complete per un'opera, il progetto illustrato mostra un elemento strutturale con caratteri individuali forti ma in grado di essere integrato in molteplici strutture, prefabbricate o meno, senza condizioni particolari.
Anche tale caratteristica costituisce un aspetto importante della versatilità necessaria ai prodotti prefabbricati, per corrispondere bene alle richieste del mercato, piuttosto che inseguire la falsa idea che esso possa accontentarsi di soluzioni precostituite.

Crediti
Progetto: ing. Marco Menegotto
Produzione: Generale Prefabbricati Srl

Capitolo 10

VETRO STRUTTURALE

PARTE I - PASSATO E PRESENTE

Introduzione

Lo sviluppo formale, statico e funzionale degli edifici ha spinto l'attuale progettazione architettonica a livelli di sofisticazione mai raggiunti nel passato, e ciò per maturate esigenze di gusto estetico, di necessità strutturali e per le conoscenze sempre più approfondite dei materiali e delle loro prestazioni tecnico-funzionali.

Un ruolo fondamentale in questo sviluppo architettonico è ricoperto dall'involucro con cui ancor oggi si tende a "rivestire" gli edifici, e che sempre di più assume il ruolo di una membrana permeabile, la quale consente uno scambio biunivoco tra l'ambiente esterno e lo spazio da essa racchiuso.

Questa "membrana", per l'appunto, è ciò che più ha focalizzato l'attenzione degli architetti e degli ingegneri di fine Novecento, e questo per il duplice motivo di costituire da un lato una sfida architettonica e tecnologica destinata a rimanere negli annali della progettazione, e dall'altro una primaria necessità per le costruzioni assecondandone esigenze espressive e necessità funzionali, fortemente influenzate dalle richieste termo-igrometriche e illuminotecniche degli ambienti racchiusi.

Si assiste pertanto negli ultimi anni a uno sviluppo vertiginoso di facciate strutturali di vetro e di coperture trasparenti.

La trasparenza e la leggerezza sono sicuramente gli ingredienti principali che contraddistinguono le realizzazioni in questo senso, e il vetro, abbinato all'acciaio, è il materiale che consente questo "miracolo" tecnologico.

Di fatto però non si tratta di una novità architettonica, ma di una naturale evoluzione di quanto già è avvenuto nella storia dell'architettura soprattutto a partire dalla seconda metà dell'Ottocento, quando lo sviluppo industriale già consentiva di mettere in pratica con la ghisa e le prime lastre di vetro *float* ciò che è stato da sempre un sogno per l'uomo: il raggiungimento dell'ideale della leggerezza e della trasparenza, per l'appunto.

Questo sentimento umano è sicuramente legato in un qualche modo alla contingenza terrena per cui la gravità è pur sempre una realtà ineluttabile che provoca affaticamento fisico e prigionia intellettuale. Il desiderio di "libertà" è ciò che da sempre spinge l'uomo alla ricerca di soluzioni improntate alla trasparenza e alla leggerezza.

Il vetro strutturale e il suo impiego in ambito architettonico è forse quanto di meglio oggi esprime questo desiderio, con le sue innumerevoli applicazioni architettoniche costituisce senza dubbio un tema il cui dibattito rappresenta un momento di profonda riflessione sui ruoli e le finalità dell'architettura. L'oggetto della stessa architettura diventa al contempo fonte di interesse scientifico (come conoscenza della natura) e mezzo espressivo di temi culturali e sociali.

L'interesse crescente che si sta dimostrando per questo prodotto tecnologico è sintomatico dell'importanza che esso assume a tutti i livelli sociali, trovando applicazioni in centri commerciali, banche, musei, edifici residenziali e persino centri archeologici.

La trasparenza e la "neutralità" del vetro, abbinate alla resistenza quando diventa strutturale, fanno di questo materiale un ottimo ingrediente che si aggiunge alla terra, al ferro e al legno coi quali l'architetto realizza le opere della sua mente.

Il vetro: produzione e impiego dalle origini ai giorni nostri

Le prime forme di produzione del vetro risalgono a 1500 anni a.C., e sono state ritrovate in Mesopotamia e in Egitto.

I primi impieghi consistevano nel produrre perline e stoviglie mediante stampi. Il vetro veniva formato dentro una sagoma di sabbia. Una volta raffreddato, veniva ripulito e tagliato.

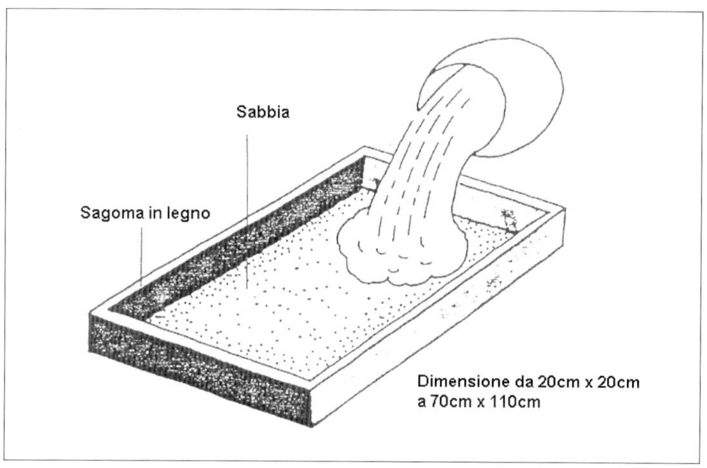

1

1. Prime tecniche di produzione del vetro per colaggio.

2. Prime tecniche di soffiaggio perfezionate dai Francesi.

3a, b. Interno di una vetreria del Settecento.

2

3a

3b

Durante il millennio successivo la produzione del vetro è notevolmente migliorata e veniva praticata su più ampia scala.

Successivamente si aggiunsero differenti materiali alla composizione iniziale per cambiarne la resistenza, renderlo più trasparente, e modificarne il colore.

Il vetro rimaneva comunque un materiale difficile da produrre e veniva impiegato solo da una ristretta cerchia di persone e spesso in servizi religiosi.

La prima rivoluzione nella produzione del vetro risale a 300 anni a.C. quando in Siria fu inventato il soffiaggio, che permette di creare infinite forme con vari spessori.

I Romani rivoluzionarono il sistema per lavorare il vetro durante il I secolo d.C. mediante soffiaggio e modellatura con stampi, conferendo così al manufatto varie sfumature decorative.

Incomincia in questo periodo anche la produzione di vetro piano per finestre. Il vetro liquido, in questo caso, veniva posi-

4. Processo Fourcault e processo Libbey-Owens.

zionato su un tavolo di ferro e tirato fino a raggiungere lo spessore voluto.

Questo sistema fu adottato per lungo tempo e rivoluzionò letteralmente l'architettura e la funzionalità degli ambienti.

Un'altra grande innovazione fu quella dello specchio, ottenuto con uno strato a base d'argento applicato su una delle superfici del vetro. Questa innovazione ben presto si diffuse in tutta Europa.

Con la caduta dell'Impero romano molte lavorazioni vennero perse. Il vetro ritornò a essere un materiale alla portata di pochi e impiegato quasi solo per le chiese (vetro legato al piombo). Ciò nonostante in questo periodo i Bizantini continuarono a perfezionare le lavorazioni del vetro.

Venezia, che poi diverrà la capitale del vetro artistico, ha dovuto per secoli importare oggetti in vetro da Bisanzio ma, sul finire del Duecento, si comincia a sviluppare una produzione locale che in breve si diffonde in tutte le città.

Successivamente per proteggere i propri sistemi di produzione, tutte le vetrerie furono spostate sull'isola di Murano.

In particolare i Veneziani perfezionavano un vetro tirato che garantiva una qualità ottica con poca distorsione. Oltretutto si utilizzava del mercurio per ottenere uno strato molto fine che consentiva di realizzare degli specchi di eccellente qualità. Anche se molte persone che lavoravano in questa produzione morirono giovani a causa dell'avvelenamento da mercurio, i nuovi specchi veneziani si vendevano con grande profitto, al punto che era stata introdotta la pena di morte per chi rivelava il segreto della lavorazione. Ciò nonostante le conoscenze si diffusero in tutta Europa.

In breve tempo i Francesi migliorarono il processo veneziano e ottennero lastre di maggiore dimensione. Il sistema che i Francesi utilizzavano consisteva nel soffiare un grande cilindro. Una volta tagliato nel senso della lunghezza, esso veniva spianato con un blocco di legno.

La produzione del vetro in questo periodo migliorò anche in Germania, Boemia e Gran Bretagna dove George Ravenscroft (1670) inventò il vetro con piombo di formulazione usata anche oggi.

Nel 1773 la Gran Bretagna divenne il centro mondiale per la produzione del vetro. Infatti fu creata la "British Plate Glass Company".

Verso la fine del Settecento secolo la produzione del vetro assunse un carattere industriale e permise così un utilizzo più diffuso con costi consentirono che consentirono il suo impiego anche nella chiusura delle finestre nelle civili abitazioni.

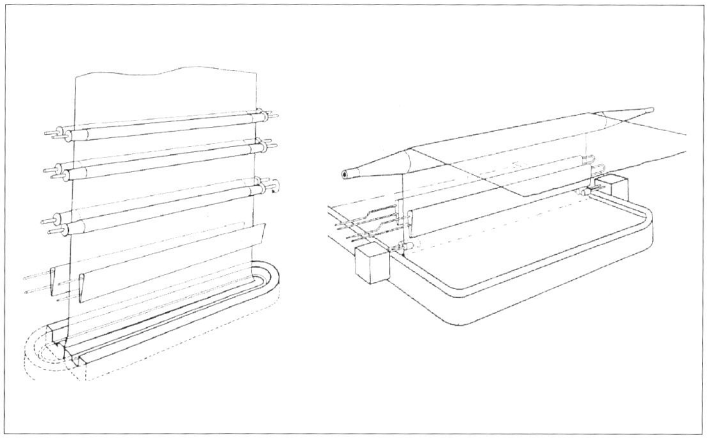

4

Con la rivoluzione americana arrivò anche il primo brevetto dagli Stati Uniti che consisteva nel produrre il vetro secondo il sistema cavo: il vetro liquido viene versato in una vasca o bacino e poi pressato nella forma desiderata.

Le invenzioni in questo periodo sono molte; una di queste è una pompa ad aria compressa sviluppata in Gran Bretagna che in pratica automatizzò il sistema di soffiaggio effettuato in precedenza solo in maniera naturale da artigiani esperti.

Prodotti chimici furono poi introdotti nella miscela delle materie prime, con la conseguenza di ottenere un prodotto finale più forte e resistente al calore.

Nel 1871 William Pilkington inventò una macchina per produrre industrialmente il vetro secondo il sistema a "cilindro" dei Francesi. In America nel 1903 J.H. Huber perfezionò questo sistema.

Verso la fine dell'Ottocento si scoprì il vetro temperato, ottenuto mediante riscaldamento della massa vetrosa e raffreddamento rapido.

La compressione del vetro che risulta da questo procedimento aumenta la sua resistenza in modo considerevole (oltre quattro volte più del vetro naturale). Il vetro temperato era molto importante in questo periodo per l'industria automobilstica che stava nascendo.

Nello stesso tempo l'americano Irving Colburn e il belga Emile Forcault svilupparono un processo automatico che portava il vetro liquido dal forno a un passaggio stretto ove nello stesso tempo veniva appiattito e raffreddato fra rulli.

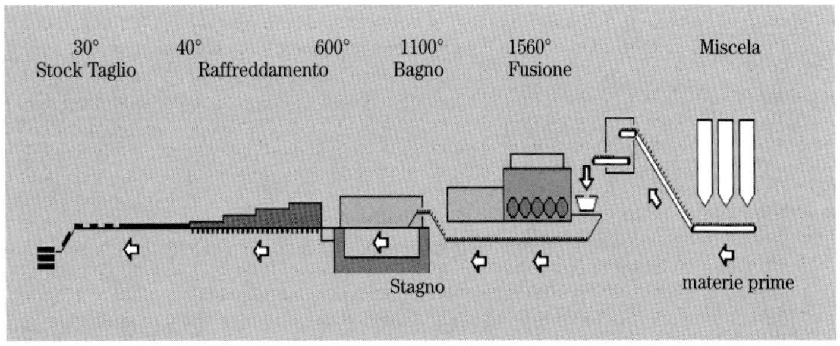

5

5. Linea *float*.

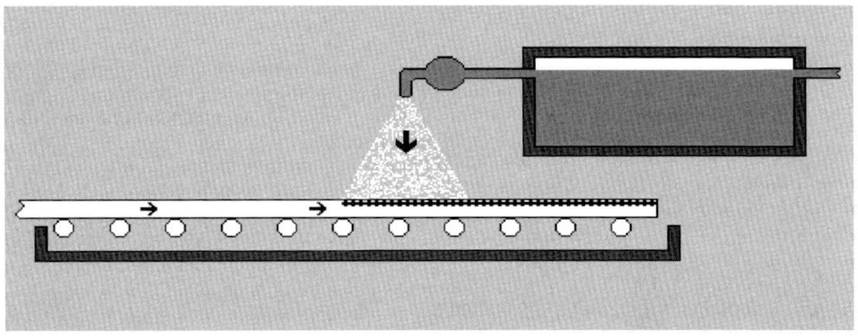

6

6. Processo pirolitico.

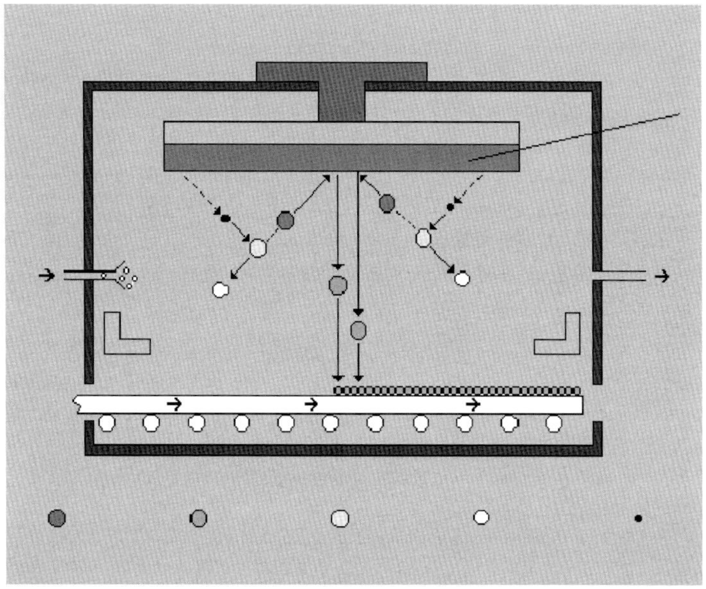

7

7. Processo magnetronico.

Purtroppo anche questo nuovo sistema non garantiva l'assenza di distorsioni.

Tra 1920 e 1930 il vetro "tirato" (sistema secondo Libbey-Owens) inizia a dominare il mercato. Il prezzo scese di oltre il 60%. Con questa lavorazione era possibile produrre vetri stampati, realizzati facendo passare il vetro liquido fra rulli con modello o disegno da stampare.

Dopo la prima guerra mondiale la produzione del vetro aumenta in modo considerevole a causa del boom nell'edilizia e soprattutto nell'industria automobilistica. Nel 1929 il 70% del vetro prodotto negli Stati Uniti era utilizzato nell'industria automobilistica. La gran parte dei vetri di "sicurezza" era prodotta accoppiando due vetri con inserito un intercalare in acetato di cellulosa.

Ancora una volta il vetro piano non era perfetto, ed era sempre necessario pulirlo e levigarlo per ottenere un vetro di buona qualità.

L'ultimo grande cambiamento (o rivoluzione) avviene negli anni attorno al 1950 quando Alistair Pilkington introduce il sistema *float*. Il processo prevede che il vetro liquido arrivi scivolando sopra un bagno di metallo liquido (stagno). Con questo sistema iniziava una nuova generazione di lavorazione del vetro piano. Infatti il vetro *float* ha una qualità molto più elevata che il vetro tirato e si può produrre in diversi spessori e in più grandi quantità.

Oggi il 90% del vetro piano prodotto nel mondo è realizzato con il sistema *float*. A partire dagli anni Sessanta la produzione del vetro *float* aumentò di nuovo, questo a causa dell'introduzione del vetro camera.

La finestra cambiava completamente volto, visto che diverse combinazioni di vetri potevano migliorarne la sicurezza, l'attenuazione acustica e il comfort igro-termico. Con la grande crisi dell'energia degli anni Settanta la richiesta del vetro piano diminuì.

Nel settore dell'automobile la Ford Company Motor iniziò addirittura a produrre il suo proprio Float.

L'industria del vetro arrivò poco dopo con nuove tecnologie per affrontare le richieste della clientela relative al controllo energetico. I primi vetri con rivestimenti metallici arrivarono di lì a poco sul mercato.

Questi rivestimenti (o *coating*) permettono di ottenere prestazioni diverse del vetro nell'ambito della trasmissione della luce solare.

Il primo sistema di rivestimento è detto pirolitico. Esso si realizza sulla linea *float* a una temperatura di 500 °C (uscita dal bagno di sta-

8. Processo magnetronico.

9. Linea di *coating* secondo il processo magnetronico.

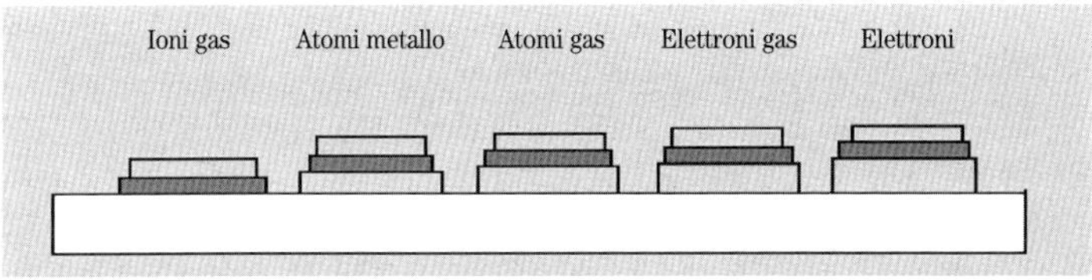

8

9

gno). Durante questo processo vengono depositati sulla superficie del vetro caldo degli ossidi metallici mediante vaporizzazione.

Si ottiene in tal senso un vetro con *coating* a prestazioni tecniche medie o limitate.

Per migliorare ancora di più le prestazioni del vetro (soprattutto del vetro camera), si è introdotto all'inizio degli anni Ottanta il sistema magnetronico.

Questo sistema sotto vuoto permette di depositare in maniera molto precisa la quantità voluta di diversi ossidi metallici o metalli come ossido di stagno, cromo, nichel, argento o titanio.

I *coating* così ottenuti permettono oggi di ottenere delle prestazioni molto elevate, come fattore solare basso e trasmissione luminosa alta e nello stesso tempo una riflessione luminosa bassa (effetto non specchiante).

I primi *coating* magnetronici erano detti riflettenti per controllo solare. Il *coating* è composto di 2 o 3 strati di metallo o ossidi metallici (ossido di stagno, cromo e nichel).

Cambiando lo spessore del primo *coating* (ossido di stagno) si cambia il colore del vetro.

Poco dopo (alla fine degli anni Ottanta) alla richiesta di paesi come Germania, Austria, Svizzera e Benelux arriva sul mercato il vetro cosiddetto "basso emissivo", con impieghi soprattutto nell'edilizia residenziale.

Questo *coating* basso emissivo (*low emissivity* o *Low-e*) ha la possibilità di ottenere vantaggi dall'irradazione solare (passaggio dell'energia solare attraverso la vetrata) nei mesi invernali e nello stesso tempo riflettendo all'interno il calore del riscaldamento.

Questa prestazione di basso emissivo è ottenuta aumentando gli strati metallici del *coating* riflettente con uno strato d'argento puro.

Lo sviluppo e la costante richiesta di migliorare o cambiare i *coating* bassi emissivi ha fatto sì che oggi i *coating* ad alte prestazioni caratterizzano i vetri che danno maggiori *performance* tecniche alla facciata vetrata.

Anche nel campo della sicurezza e dell'attenuazione acustica ci sono state innovazioni. Grazie a processi di stratificazione e tempra sempre più complessi, il vetro è diventato più resistente e ideale per qualsiasi tipo di aggressione o attacco.

Presupposti architettonici e aspetti ingegneristici riguardanti l'impiego del vetro strutturale

L'impiego del vetro in ambito civile ha origini antiche risalenti al Medioevo e forse ancor prima, ma solo nell'ultimo secolo si assiste all'uso intenso di questo materiale con una produzione di tipo industriale.

La necessità primaria che ha spinto l'uomo a produrre lastre di vetro (inizialmente formelle di piccole dimensioni) è conseguente a pratiche esigenze funzionali come la protezione contro le intemperie nelle aperture praticate nelle murature per il passaggio della luce e la conseguente illuminazione naturale degli ambienti interni. Purtroppo le prime tecniche di produzione consentivano di ottenere degli elementi di piccole dimensioni con un numero elevato di imperfezioni e di conseguenza dotati di scarsa trasparenza.

I progressi della tecnologia nella produzione delle lastre di vetro, con un conseguente miglioramento sia della planarità delle superfici sia delle caratteristiche fisiche e di omogeneità del materiale di base, hanno consentito di realizzare lastre sempre più grandi e trasparenti. Dimensioni e trasparenza hanno determinato lo sviluppo di questo materiale decretandone il successo per le innumerevoli realizzazioni in campo architettonico.

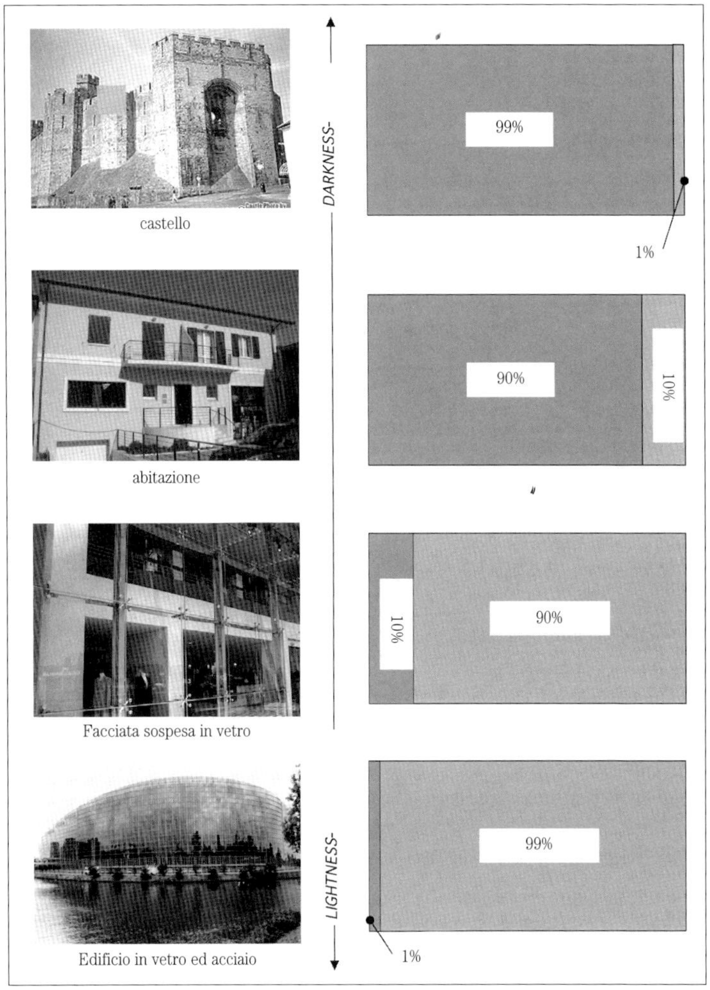

10

Successivamente, da semplice elemento di chiusura che consente il passaggio della luce dall'esterno verso l'interno degli ambienti abitati (trasparenza unilaterale), si è concepita l'importanza architettonica del suo impiego anche e soprattutto per la possibilità offerta di vedere verso l'esterno rimanendo all'interno dell'edificio.

Questa trasparenza bilaterale, come definita da alcuni autori, ha fortemente condizionato lo sviluppo architettonico che considera ora anche la stessa distribuzione degli spazi interni degli edifici proprio in funzione di questa particolarità del vetro.

Per molti anni l'architettura, la tecnologia e la sperimentazione hanno perseguito l'obiettivo di creare superfici vetrate degli edifici impermeabili alle intemperie ed evocatrici di un piano invisibile ove la penetrazione della luce e la vista verso l'esterno fossero garantite.

Ulteriori fattori, quali il comfort termo-acustico degli ambienti racchiusi, hanno contribuito allo sviluppo di sistemi costituiti sia da vetrate a elevate prestazioni sia da profili (prevalentemente in alluminio) con particolari caratteristiche di resistenza e di tenuta all'acqua.

In nessun caso si è mai parlato di vetro strutturale, al contrario le lastre di vetro sono sempre state concepite per essere inserite all'interno di cornici (generalmente metalliche) e quindi fissate sull'intero loro perimetro con la conseguenza che la loro presenza non costituisce un aspetto primario e indispensabile per la statica della costruzione.

Le dimensioni e gli spessori erano quindi dettati principalmente dalla capacità del materiale di resistere alle azioni del vento con direzione perpendicolare alla lastra stessa. Esperienza e test di laboratorio hanno definito i limiti di applicazione dei vari formati.

Solo recentemente il vetro, e quindi gli elementi architettonici con esso realizzati, hanno acquisito una nuova valenza espressiva, costituendo non più elementi da interporre all'interno di una preesistente struttura architettonica, come le facciate e le coperture, ma essendo essi stessi facciata e copertura.

La trasparenza, la resistenza e la funzionalità si fondono assieme alla rappresentatività dell'elemento architettonico e per questo sono chiamate in campo tutte le caratteristiche fisiche e meccaniche del vetro.

Sotto questo punto di vista nasce il vetro strutturale, che altro non è che il vetro comune arricchito di tutto ciò che gli conferisce prestazioni meccaniche eccezionali che gli consentono di assorbire stati di tensione al di là delle possibilità delle applicazioni tradizionali.

Processi produttivi come la tempera (termica o chimica) e la stratificazione con resine o pellicole plastiche consentono oggigiorno di raggiungere elevate prestazioni e anche grande sicurezza statica, quella sicurezza che da sempre ha allontanato i progettisti dall'impiego di questo materiale per scopi strutturali, vista l'estrema fragilità con cui esso manifesta la sua crisi.

L'aspetto principale caratterizzante l'impiego del vetro strutturale rimane comunque la sua massima espressività architettonica,

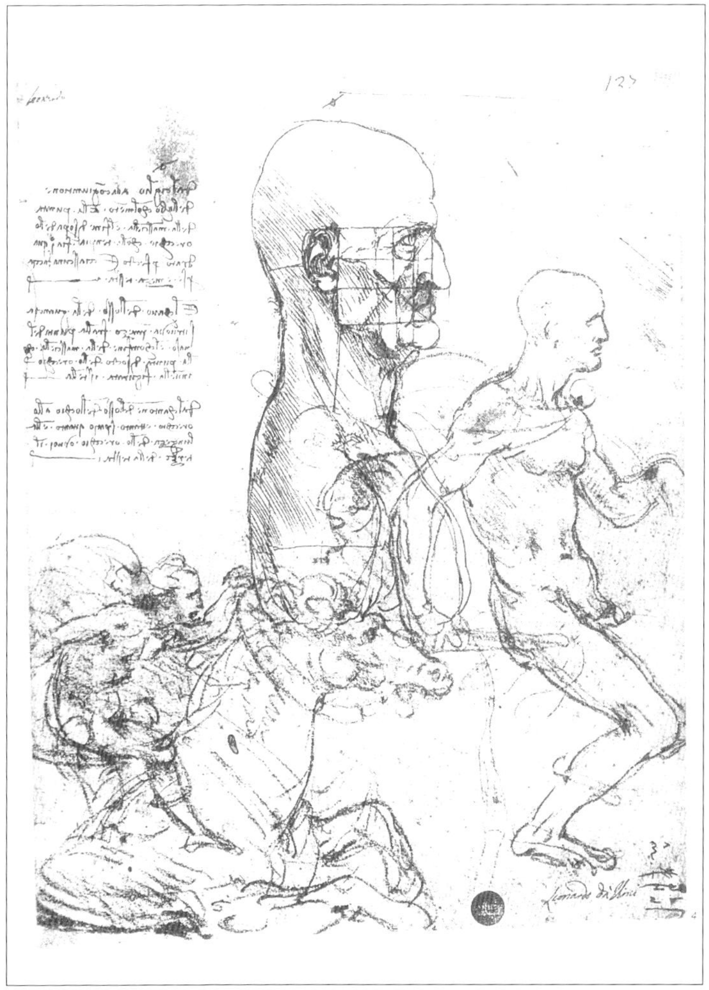

11

11. Studio di proporzioni eseguito da Leonardo nel 1490.

di cui il progettista si serve per realizzare la sua opera dotata di specifiche valenze.

Le strutture ora mostrano lo scheletro di cui sono costituite senza per nulla preoccuparsi di nasconderlo, anzi esibendolo con orgoglio.

Porsi di fronte a una facciata o a una copertura realizzata con del vetro strutturale significa porsi nelle condizioni di colui che vuole vedere all'interno della struttura e che tocca con mano, e con grande curiosità, ciò che sostiene la struttura. Con una frase si potrebbe dire che "ciò che si vede è ciò che sostiene".

In questo modo si comprende che non è possibile parlare di una doppia struttura, lo scheletro e la pelle, ma della struttura in quanto tale.

Ciò che sostiene la costruzione è in effetti ciò che costituisce la struttura e che quindi le conferisce anche una valenza espressiva. Non vi è alcuna necessità di separare la struttura portante dalla finitura superficiale, lo scheletro dalla pelle, l'equilibrio dall'espressività, la forza dalla forma. Ogni realizzazione ha il suo senso sia formale sia strutturale.

La curiosità d'indagare, propria del metodo scientifico con cui la moderna società raggiunge le proprie conoscenze, si ripercuote sulla stessa opera architettonica.

Guardando per esempio la Banque Populaire De l'Ouest et de l'Armorique in Montgermont (Francia) progettata dagli architetti francesi Odile Decq e Benoit Cornette, con la preziosissima consulenza dell'ingegnere irlandese Peter Rice, sembra che l'intento sia stato proprio quello di evidenziare l'aspetto strutturale al punto di sezionare l'originaria facciata verticale di vetro e di porre in evidenzia le due entità principali che la costituiscono; il piano verticale rappresentato dal vetro stesso che sostiene le azioni della gravità, e la struttura esterna in acciaio che consente di resistere alle azioni del vento.

Un muro in cemento armato non avrebbe mai consentito di "vedere" cosa e come si regge la struttura quando viene sollecitato sia dal vento sia dalla gravità. Le due azioni ortogonali tra loro ora sono fatte assorbire da strutture separate e fisicamente ben distinte ma non indipendenti.

La vetrata è costituita da un "lenzuolo" di lastre di vetro mutuamente collegate e appese alla sommità dell'edificio. Esse si sostengono perfettamente per quanto riguarda le azioni verticali ma presentano una fortissima labilità alle sollecitazioni orizzontali. È come se dalla parete fosse stata estratta l'anima preposta a resistere alle azioni agenti fuori dal piano della facciata.

Però quest'anima non è stata cancellata ma semplicemente spostata verso l'esterno della parete e materializzata dalla struttura metallica antistante.

L'azione offerta da questa struttura alla parete vetrata per resistere alle azioni orizzontali è trasmessa in maniera estremamente delicata tramite bielle orizzontali.

12. Museo Nazionale delle Scienze, delle Tecniche e dell'Industria alla Villette, Parigi.

13. Museo Nazionale delle Scienze, delle Tecniche e dell'Industria alla Villette, Parigi.

12

13

Lo stesso fissaggio delle parti metalliche alle lastre di vetro avviene in maniera precisa, chiara, localizzata e puntuale; quasi sempre in forma estremamente ridotta.

L'aver separato in due entità distinte l'anima resistente della vetrata ha comportato una chiara definizione dei ruoli di ciascuna entità, e di conseguenza del sistema che li unisce. Un errore, a volte anche piccolo e banale, in questa valutazione può compromettere l'intero sistema.

Questa "operazione architettonica" va vista anche come studio scientifico della materia, come sfida progettuale dell'architetto alla natura per comprenderne i misteri e per formalizzarli con simboli architettonici.

Si tratta della stessa curiosità che è presente negli studi scientifici di Leonardo da Vinci, in particolare quelli anatomici, dove spesso egli amava sezionare i corpi umani per mettere in mostra quello che solitamente non si vede dall'esterno. Una griglia di linee ortogonali posta sulle immagini di uomini e animali ritratti da Leonardo esprime proprio questo desiderio di voler carpire i segreti nascosti dietro quelle sembianze con un approccio rigoroso e sistematico, in una sola parola "scientifico".

14. Museo Nazionale delle Scienze, delle Tecniche e dell'Industria alla Villette, Parigi.

15. Museo Nazionale delle Scienze, delle Tecniche e dell'Industria alla Villette, Parigi.

14

15

L'obiettivo oggi è anche quello di catturare l'attenzione dello spettatore oltre che assecondarne le esigenze e le aspirazioni, per cui l'opera architettonica spesso assume anche un importantissimo ruolo commerciale, come nel caso di grandi facciate di banche e centri commerciali: «ecco un ruolo positivo per le capacità tipiche dell'ingegnere: usare la sua intelligenza dei materiali e della struttura per rendere reale la presenza dei materiali utilizzati nell'edificio, in modo che la gente vi si accosti volentieri, desideri toccarli e avverta il senso del materiale e di chi ha progettato e costruito l'edificio» [Rice1990].

La conoscenza scientifica del materiale vetro, il senso tattile della sua consistenza e l'esperienza fisica delle sue prestazioni hanno suscitato curiosità e fiducia tra i progettisti e continuano a suscitarne tra gli spettatori.

Quella curiosità e quella fiducia che costituiscono gli ingredienti principali di qualunque conquista scientifica e di qualunque attività mentale e materiale del genere umano.

L'uomo, il cittadino comune, non è immune da queste sensazioni, per cui il suo approccio all'architettura moderna è segnato da sentimenti a volte contrastanti ma pur sempre pervasi da un'in-

16. Banque Populaire de l'Ouest et de L'Armorique, Rennes.

16

conscia curiosità che comunque lo avvicina all'opera architettonica assecondando così le aspettative di chi l'ha concepita.

Secondo questa visione il vetro, con le sue caratteristiche fisiche e meccaniche, assurge a materiale principe per tutte le opere architettoniche caratterizzate da leggerezza e trasparenza.

Sulla base di quanto detto è pertanto indubbia la difficoltà concettuale con cui i progettisti, architetti e ingegneri, si accingono allo studio di strutture che presentano le caratteristiche menzionate; è altrettanto complicato il lavoro svolto per raggiungere quei risultati che ultimamente stanno caratterizzando l'attuale produzione architettonica.

Due sono i criteri di base che consentono il successo nell'ambito di realizzazioni di questo tipo:
- la chiarezza formale e concettuale dell'oggetto architettonico
- la sinergia delle competenze professionali attuata in contemporaneità allo sviluppo del progetto e non sequenzialmente come di solito avviene per le altre applicazioni progettuali.

L'approccio analitico con cui avviene la scansione della materia con l'intento di conoscerla prima, e di mettere in evidenza i suoi singoli componenti poi nell'opera architettonica, non può esimersi da una estrema chiarezza concettuale con cui forme e funzioni sono intimamente correlate. Ciò significa che, per esempio, la scissione delle funzioni statiche della facciata della Banque Populaire De l'Ouest et de l'Armorique in Montgermont implica la definizione chiara e precisa dei ruoli di ciascun componente e delle relazioni che li unisce. Nasce così il concetto di "gerarchia" del sistema architettonico la cui diretta conseguenza è la possibilità di "prevedere" con esattezza il comportamento dei vari elementi.

Peter Rice sosteneva che «il progetto tenta di rendere il più possibile evidente visivamente il ruolo in cui i carichi sono trasferiti alla struttura, di separare le funzioni relative a ogni elemento e di rendere comprensibile il funzionamento di ogni sua parte». Lo scopo del progettista, in questo caso, è quello di "prevedere" cosa accadrà alla struttura durante il suo esercizio (quali saranno gli agenti esterni) e come essa reagirà alle sollecitazioni esterne. Questa funzione predittiva è quanto di più difficile ma anche di più stimolante possa caratterizzare l'attività del progettista. Egli, tra le altre cose, deve per esempio essere anche in grado di prevedere cosa accadrà a una goccia d'acqua quando cadendo sbatte sulla superficie vetrata e piano piano si muove scivolando da un piano all'altro sino ad arrivare per terra. Egli deve cioè avere l'intuizione statica della struttura prima che venga realizzata, immaginare come essa si deforma sotto l'azione dei carichi esterni. Deve poter sognare di camminare a piedi scalzi sui vetri di una copertura e avvertire la sensazione delle sue oscillazioni, di come e quanto si deforma la struttura sotto i suoi piedi, deve immaginare di toccare la materia prima e deve poi toccarla veramente quando la struttura è realizzata.

È una sensazione difficile da spiegare ma bellissima per un pro-

17. Banque Populaire de l'Ouest et de L'Armorique, Rennes.

17

gettista, al quale non si può far cosa più gradita che consentirgli di sperimentare dal vivo ciò che egli si immaginava durante le fasi di progettazione.

La capacità di prevedere, oltre a quella di inventare forme e soluzioni nuove, è sicuramente il compito principale che spetta ai progettisti. La loro sensibilità e la loro cultura professionale consentono di fare ciò; anche se oggi esistono mezzi informatici che agevolano il loro lavoro, resta comunque basilare l'uso di una matita e di un foglio bianco di carta su cui annotare le intuizioni della mente.

La leggerezza e la delicatezza delle strutture costituite da vetro strutturale necessitano di una chiara ed esauriente individuazione delle cause che possono sollecitarle durante il loro esercizio, come le azioni dinamiche del vento ivi incluse le importanti componenti in depressione, o le azioni di probabili attentati vandalici (il vandalismo deve essere sempre considerato una condizione di carico!).

In questo modo l'opera architettonica, per certi aspetti, assomiglia sempre di più a una macchina e come tale ne riproduce i componenti e le funzioni.

Peter Rice evocava questo concetto col termine *prediction*, riferendosi alla capacità di previsione delle prestazioni del sistema in modo da eliminare qualsiasi incertezza sul suo funzionamento.

Come in una macchina, per l'appunto, dove ogni componente ha la sua chiara e precisa funzione per la quale esso viene dimensionato geometricamente e definito fisicamente, e la stessa scelta dei materiali è tale da sfruttarne al massimo le prestazioni meccaniche, così in un progetto architettonico con vetro strutturale si rende necessaria la *prediction* del comportamento dei singoli componenti e del loro modo di interagire reciprocamente.

Tra le varie forme di vetro a disposizione solo quello definito "strutturale" presenta le caratteristiche fisico-meccaniche tali da fugare ogni dubbio sulle sue prestazioni e quindi ridurre al minimo le incertezze che possono alterare la *prediction* del sistema.

Copertura con tensostruttura lenticolare a base ellittica di centro commerciale a Rimini

L'hotel Savoia di Rimini è stato abbattuto e poi ricostruito su progetto di Paolo Portoghesi di Roma.

La nuova struttura mostra palesemente un'architettura fortemente condizionata dal *genius loci* di cui l'architetto ha saputo cogliere in maniera mirabile lo spirito e la vitalità, assimilandone la sostanza in forme architettoniche che ben si adattano al luogo.

Il dinamismo del mare, il suo continuo ripetersi in movimenti ancestrali, i colori della sabbia e del cielo trovano pienamente riscontro nelle forme estetiche dell'opera.

All'interno dell'edificio, al piano terra, si trova una galleria che accoglie negozi e servizi per i visitatori che giornalmente frequentano la spiaggia e non solo. La copertura di quest'area presenta un grande lucernario che ha la funzione principale di illuminare la galleria e al contempo di costituire un elemento di riferimento e di attrazione per la zona centrale della galleria stessa.

Gli input provenienti dagli architetti e dalla committenza erano pochi ma chiari; si voleva realizzare una copertura estremamente leggera e trasparente, fortemente ribassata per evitare di togliere la visuale alle stanze poste al primo piano dell'albergo e caratterizzata da una evidente e chiara tecnologia.

La soluzione proposta si basa sulla tecnologia delle tensostrutture con cavi a doppia curvatura e vetro posto in appoggio in

18. Vista esterna dell'Hotel Savoia. 19. Vista esterna del lucernario.

18

19

maniera puntuale. In sostanza l'idea di base consiste nel disporre una maglia bidirezionale di funi con concavità posta verso l'alto; essa funge da supporto per i pesi verticali (pesi propri, permanenti e accidentali). La stabilità del sistema rispetto alle azioni oscillanti di pressione e depressione del vento avviene mediante l'introduzione di una seconda rete di funi con concavità rivolta verso il basso (e quindi contrapposta alla prima) la quale viene mantenuta nella sua posizione con l'introduzione di montanti in acciaio disposti nei nodi degli incroci delle funi di ciascuna rete.

In un sistema di questo tipo l'applicazione dei carichi verticali di tipo gravitazionale provoca sollecitazioni tali da comprimere le funi superiori, e dato che queste non sono certamente in grado di resistere a compressione si è reso necessario introdurre nel sistema uno stato di pretensione, tale da evitare che si raggiungano valori di compressione nelle funi in qualunque condizione di carico che possa sollecitare la struttura.

Quindi l'idea di base che caratterizza, sotto l'aspetto statico, il sistema adottato può riassumersi attraverso i seguenti punti:
- fune portante inferiore saldamente ancorata alle estremità a un anello in conglomerato cementizio armato che consente di sostenere i carichi verticali;
- fune stabilizzante superiore che viene presollecitata con sforzi di trazione alle sue estremità;
- insieme di elementi tubolari verticali (montanti) che consentono l'interazione tra le due funi e quindi il trasferimento degli sforzi;
- sistema vetrato posto in copertura e appoggiato alla sommità dei montanti.

20. Vista interna del lucernario.

21. Vista interna d'insieme del lucernario.

20

21

Questo sistema, ripetuto a passo costante nelle due direzioni ortogonali in pianta, consente di realizzare una struttura caratterizzata da una forte stabilità spaziale.

Lo stato di presollecitazione introdotto ben si adatta all'equilibrio della restante parte dell'edificio a cui il lucernario si collega. Essendo infatti il solaio di copertura della galleria realizzato con una soletta piena in conglomerato cementizio precompresso con cavi post-tesi, il "buco" entro il quale è stato inserito il lucernario viene "ricucito" con la presenza dello stesso lucernario, ripristinando così la continuità della soletta interrotta.

Inoltre il cordolo in conglomerato cementizio armato posto sul perimetro della copertura e saldamente ancorato al solaio esistente costituisce un chiaro e forte vincolo a cui la tensostruttura viene fissata.

Dopo aver definito forme e funzioni che hanno decretato la scelta della tipologia adottata, si è proceduto, sul piano progettuale, alla verifica e al dimensionamento della struttura. Un primo dimensionamento è stato condotto su uno schema semplificato della struttura, costituito da una singola travatura piana composta da una fune portante, una fune stabilizzante e dai montanti tra le due funi.

In questo modo sono stati esclusi tutti i contributi statici e dinamici dovuti alla presenza delle strutture ortogonali a quella ipotizzata.

Con l'ausilio di un procedimento numerico iterativo che si basa sull'equazione di equilibrio delle funi è possibile ottenere informazioni di massima sia sulle sollecitazioni sia sulla deformabilità del sistema.

22. Vista esterna ravvicinata del lucernario.

23. Fase di montaggio del lucernario.

22

23

Successivamente un modello tridimensionale che rappresenta l'intera struttura ha consentito, mediante un'analisi passo-passo di tipo non-lineare nell'ambito della teoria dei grandi spostamenti, di affinare i risultati e di indagare lo stato tensionale e quello deformativo sotto le condizioni di carico di progetto. Queste, in particolare, oltre al peso proprio, comprendono anche le azioni della neve e del vento, con anche la possibilità per quest'ultimo di agire in depressione.

Tra i principali risultati del calcolo condotto figura la stima della deformabilità della superficie di estradosso su cui sono fissati i pannelli di vetro. Questa fase dello studio affronta un tema di estrema rilevanza, il cui approfondimento caratterizza inevitabilmente l'esito stesso del progetto.

Infatti, per ovvi motivi economici, spesso le lastre di vetro sono piane, pur essendoci oggigiorno anche la possibilità di realizzare lastre curve di indubbio valore estetico, e pertanto il ricoprimento di una superficie curva nello spazio è vincolato alle rigide leggi della geometria.

Nel caso specifico la superficie da ricoprire presenta, secondo gli assi principali in pianta, in ogni suo punto una sezione piana verticale di tipo parabolico, mentre la sezione orizzontale a livello dell'imposta è ellittica (approssimata a una sequenza di archi per motivi di cantiere).

La proiezione in pianta della suddivisione in campi della superficie mostra una sequenza di rettangoli.

Non vi è in questo caso la perfetta planarità di ogni singolo campo su cui insiste il vetro, per cui è stata valutata la freccia massima della cupola affinché la differenza da una situazione perfettamente piana fosse accettabile e tollerata dal sistema di fissaggio delle lastre.

Queste ultime sono costituite da vetro camera con dimensioni massime in pianta pari a circa 1.4×1.3 m^2 e sono agganciate alla sottostante struttura solo in corrispondenza dei vertici. Lungo i lati in comune tra due vetri vi è solo del silicone strutturale che funge da sigillante.

La base d'appoggio è costituita da due dischi in acciaio inossidabile che, a guisa di una morsa, si fissano ai vertici dei pannelli di vetro e sono solidarizzati alla sottostante struttura d'acciaio.

Modellazioni numeriche agli elementi finiti, suffragate da prove di laboratorio su prototipi al vero condotte presso l'Università degli Studi di Bologna, hanno confermato la validità delle scelte strutturali adottate e soprattutto hanno convalidato il grado di sicurezza atteso per questo sistema.

A tale riguardo è stato impiegato un vetro camera composto da una lastra esterna temperata monolitica e da una lastra interna stratificata di sicurezza.

La tempera è garanzia di resistenza alle azioni esterne, in particolare agli urti, mentre la stratificazione è garanzia di sicurezza in caso di rottura del vetro perché impedisce la caduta dei vari frammenti.

24. Schema di calcolo semplificato di una trave di funi.

25. Risultati del calcolo col metodo "fem"(indagine condotta su 1/4 di struttura).

26a, b, c. Hotel Savoia: prove statiche di laboratorio sulle lastre di vetro della copertura.

Calcolo della freccia e delle reazioni di una trave piana di funi

FUNE STABILIZZANTE — **FUNE PORTANTE**

$EA_I = 3.04 \cdot 10^6 \cdot kg$ — **Rigidità** della fune — $EA_{II} = 4.54 \cdot 10^6 \cdot kg$

$L_I = 13.08 \cdot m$ — **Luce** della fune — $L_{II} = 13.08 \cdot m$

$f0_I = 70 \cdot cm$ — **Freccia** iniziale della fune — $f0_{II} = 110 \cdot cm$

$H0_I = 5000 \cdot kg$ — **Pretensione** iniziale della fune stabilizzante (componente orizzontale) supponendo la fune impedita di spostarsi verticalmente

$q0 = 8 \cdot \frac{f0_I}{L_I^2} \cdot H0_I$ $\quad q0 = 163.66 \cdot \frac{kg}{m}$ carico di incastro perfetto.........

$qw = 3 \cdot \frac{kg}{m}$ peso delle funi $\quad q0 + qw = 166.66 \cdot \frac{kg}{m}$

Calcolo statico

$q = 110 \cdot \frac{kg}{m}$ Carico applicato.....$df_0 = 4.82$ abbassamento al passo precedente.......

$df_R = df_0 - 1.109$ $\quad df_R = 3.711$ questo valore vienne letto dalla fine (df)....

Freccia totale delle funi

$f_I = f0_I - df_R \cdot cm$ $\quad f_I = 66.289 \cdot cm$

$f_{II} = f0_{II} + df_R \cdot cm$ $\quad f_{II} = 113.711 \cdot cm$

Coefficienti di **ripartizione** del carico esterno uniforme

$K_I = EA_I \cdot \frac{f_I^2}{L_I^4}$ $\quad K_{II} = EA_{II} \cdot \frac{f_{II}^2}{L_{II}^4}$

$C_I = \frac{K_I}{K_I + K_{II}}$ $\quad C_{II} = \frac{K_{II}}{K_I + K_{II}}$

$C_I = 0.185$ $\quad C_{II} = 0.815$

Reazioni orizzontali

$H_I = C_I \cdot q \cdot \frac{L_I^2}{8 \cdot f_I}$ $\quad H_I = 657.854 \cdot kg$

$H_{II} = C_{II} \cdot q \cdot \frac{L_{II}^2}{8 \cdot f_{II}}$ $\quad H_{II} = 1685.284 \cdot kg$

Reazioni verticali

$V_I = C_I \cdot q \cdot \frac{L_I}{2}$ $\quad V_I = 133.359 \cdot kg$

$V_{II} = C_{II} \cdot q \cdot \frac{L_{II}}{2}$ $\quad V_{II} = 586.041 \cdot kg$

Sforzi assiali

$S_I = \sqrt{H_I^2 + V_I^2}$ $\quad S_I = 671.235 \cdot kg$

$S_{II} = \sqrt{H_{II}^2 + V_{II}^2}$ $\quad S_{II} = 1784.271 \cdot kg$

$dL = S_{II} \cdot \frac{L_{II}}{EA_{II}}$ $\quad dL = 0.514 \cdot cm$ **Aumento** della lunghezza della fune PORTANTE

$df = 3 \cdot \frac{L_{II}}{16 \cdot f_{II}} \cdot dL$ $\quad df = 1.109 \cdot cm$ **Aumento** della freccia delle funi

$q = 8 \cdot \frac{f_{II}}{L_{II}^2} \cdot H_{II}$ $\quad q = 89.609 \cdot \frac{kg}{m}$ **Reazione** tra le funi .....

24

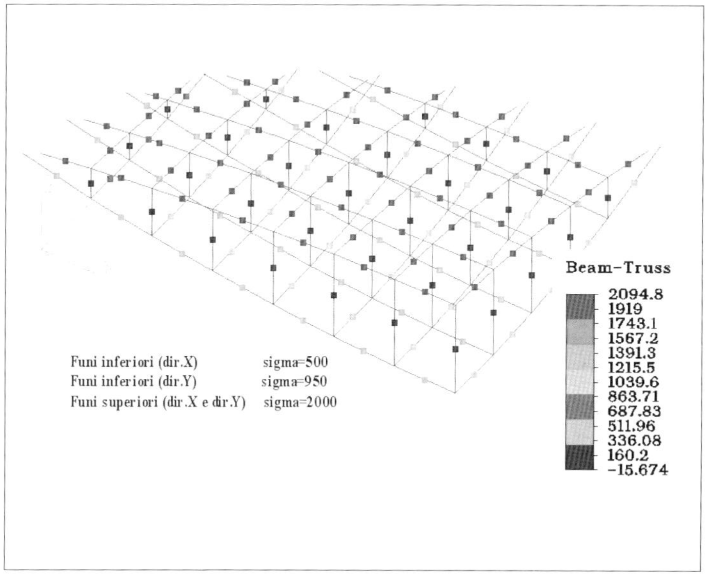

25

26a

26b

26c

L'intelligenza del materiale

Progettare correttamente con un materiale comporta essere coerenti con le sue specificità, le sue qualità. Se è vero infatti che vi sono criteri di progettazione generali, è tuttavia indispensabile individuare il "codice genetico" di ciascun materiale, esaltarlo e renderlo così espressivo, in modo da attivare quella capacità, fondamentale in architettura, di comunicare emozioni, idee e valori. Il punto di partenza è quindi la conoscenza dell'alfabeto del materiale: solo così diventa possibile elaborare infiniti linguaggi, validi proprio in quanto coerenti con tale alfabeto.

Il vetro strutturale presenta caratteristiche che lo rendono estremamente differente dai consueti materiali da costruzione. Proprio per questo, di fronte alle difficoltà di mutuare gli approcci consueti alla progettazione, si è spesso rinunziato a utilizzarne fino in fondo le potenzialità, limitandosi così a un uso superficiale e quindi spesso insoddisfacente.

La parola chiave dell'alfabeto vetro è la fragilità. Ciò significa fare a meno di quella cosiddetta "intelligenza" con cui i materiali riescono a ottimizzare il comportamento locale e globale di una struttura. Con tale inconsueto termine ci si riferisce soprattutto alla possibilità che alcuni materiali hanno, di attingere a una riserva di risorse plastiche. Risulta così possibile, da un lato, ridistribuire picchi di tensioni su zone più diffuse, riconducendoli a valori accettabili; dall'altro, osservando incrementi considerevoli delle deformazioni o la comparsa di fratture, si può comprendere che il materiale sta giungendo al limite della propria resistenza e intervenire prima che collassi. Perciò si parla di "intelligenza": il materiale è in grado autonomamente di sopperire a sollecitazioni accidentali (un urto o, addirittura, un piccolo evento sismico), a imperfezioni di produzione o assemblaggio, od ancora a picchi di tensioni locali dovuti, ad esempio, alla presenza di fori. Allo stesso tempo si è avvisati, se il materiale sta raggiungendo i propri limiti di resistenza, dalla comparsa di fessure, come nel calcestruzzo armato, o mediante considerevoli deformazioni plastiche, come nell'acciaio.

In fase di progetto, pertanto, con i materiali tradizionali si preferisce talvolta non entrare nel dettaglio del loro comportamento strutturale locale, confidando nella loro capacità di assorbire e incanalare azioni impreviste o locali; ciò consente di semplificare le metodologie di progettazione riducendone i tempi e quindi i costi. D'altronde, su questi principi e vantaggi, oltre che su un utilizzo ottimale, si basa tutta una nuova categoria di tecnologie e materiali, detti appunto intelligenti, oggi oggetto di ricerca in svariati settori del mondo delle costruzioni civili (progettazione sismica, ponti, facciate, ecc.), a partire dalle esperienze già sviluppate e dalle ricerche in corso nei settori spaziali, aeronautici e meccanici.

Il vetro manca purtroppo di tali risorse, ma offre numerosi altri vantaggi. Inoltre, il vetro ordinario possiede una limitata resistenza a trazione e, quindi, anche a flessione. La sfida dunque nel campo del vetro sta nell'intervenire sui processi e sulle tecniche di produzione del materiale, correggendone così alcune caratteristiche, ma soprattutto sopperendo ai limiti del materiale con una "progettazione intelligente". Ciò significa approntare una serie di criteri con cui dare globalmente duttilità a una struttura in vetro tenendo conto della mancanza di duttilità del materiale. Solo così è possibile parlare il linguaggio del vetro, esaltandone la trasparenza così come le infinite possibilità di variare tessiture e trattamenti superficiali, in un gioco cangiante di luce e colori. In questo modo è possibile un corretto dialogo con altri materiali, come l'acciaio, l'alluminio, il legno: se i ruoli sono chiari e distinti, ne deriva una sinfonia di grande qualità in un'opera di architettura.

Il vetro adoperato con funzione strutturale è normalmente un vetro parzialmente o totalmente temperato; tale processo di raffreddamento rapido della massa vetrosa fusa consente di migliorare la resistenza a trazione del vetro in superficie, laddove esso risulta più debole a causa di microfratture, e quindi di renderlo utilizzabile in svariate situazioni: non solo sforzi di compressione come, eventualmente, nei pilastri o in sistemi ad arco o a guscio, ma anche di trazione e soprattutto flessione, come quelli a cui è sottoposta una lastra soggetta all'azione del vento o una trave, per effetto di carichi ortogonali alla linea d'asse. Una volta lesionato, il vetro non temperato (*float*), possiede ancora una certa capacità portante, in quanto si divide in frammenti di una certa dimensione. Il vetro temperato si frantuma, invece, in tante piccole componenti, quasi in briciole, presentando così un'assenza totale di capacità portante residua (figg. 1a, 1c).

Per questo motivo si diffonde sempre più una tipologia di vetro con caratteristiche intermedie, il vetro parzialmente temperato, che presenta ancora una considerevole resistenza a flessione gra-

1. Meccanismi di frattura in vetro *float* (a), parzialmente temperato (b) e temperato (c). Archivio ILEK, Università di Stoccarda.

1a 1b 1c

zie al processo di tempera, ma, contemporaneamente, garantisce una residua capacità portante. Ad esempio, in base alla normativa tedesca il valore ammissibile delle tensioni per una lastra di vetro parzialmente temperato è di 29 MPa (N/mm^2), in confronto con i 50 MPa del vetro totalmente temperato e dei 15 MPa di un normale vetro *float*; per avere un termine di paragone si pensi che il valore di tensione ammissibile per un normale calcestruzzo è al di sotto dei 10 MPa. S'intravvede quindi la potenzialità strutturale di un simile materiale. Ma il vetro parzialmente temperato in aggiunta si lesiona in frammenti sufficientemente grandi da sopportare ancora dei carichi, consentendo di intervenire con la sostituzione prima che la lastra collassi (fig. 1b).

Per incrementare ulteriormente tale capacità portante residua, nonostante la presenza di lesioni, è stato introdotto ormai da tempo il vetro stratificato: due o più lastre di vetro aderiscono tra di loro per mezzo di resine o materiali plastici (il più diffuso è il PVB, Polibutirrale di vinile). La resistenza a flessione complessiva risulta così maggiore rispetto alla somma delle resistenze delle singole lastre grazie all'adesione tra gli strati e si impedisce inoltre che i frammenti di una lastra danneggiata cadano, con conseguenti rischi per le persone; una tale tecnologia funziona per lo più a patto che i frammenti non siano troppo piccoli come nel caso del vetro totalmente temperato. Ad esempio, se una superficie orizzontale è costituita da vetro stratificato formato da due lastre, è necessario che almeno la lastra inferiore sia costituita da vetro parzialmente temperato, così da evitare che, nel caso in cui entrambe le lastre collassino, i frammenti cadano giù: questi vengono infatti sostenuti dalla lastra inferiore in virtù della sua residua capacità portante. Il vetro stratificato consente inoltre di poter assemblare lastre di vario spessore (normalmente dai 6 ai 19 mm) e di varie tipologie combinandone così i vantaggi in uno svariato numero di soluzioni.

Una volta presentate le principali soluzioni tecnologiche che recentemente hanno migliorato il comportamento globale di elementi in vetro strutturale è opportuno riflettere su due concetti chiave di una progettazione intelligente col vetro: gerarchia e/o ridondanza. Gerarchia significa stabilire una funzione precisa per ciascun elemento strutturale dando a tale funzione un valore (elemento primario, secondario, ecc.). È questo un approccio tipico della progettazione aeronautica che oggi viene sempre più assorbito nel campo strutturale, in particolare nel settore delle strutture leggere. L'obiettivo consiste nel garantire la sicurezza richiesta (*fail safe*) con un margine stabilito, al di là di cedimenti locali: in alcuni casi, infatti, non è possibile evitare che alcune componenti si rompano, ma ciò non deve influire sulla sicurezza globale. In un aeroplano ad esempio è indispensabile che la scocca metallica esterna non si lesioni, ma in casi estremi è possibile che parte del pavimento che separa la zona passeggeri da quella bagagli ceda. Si deve pertanto stabilire una gerarchia. Nel costruire col vetro, proprio in virtù della sua fragilità, non è possibile evitare che alcuni elementi strutturali si rompano, ad esempio per effetto di atti vandalici. Ma è possibile progettare una gerarchia, per cui gli elementi secondari possano, in situazioni eccezionali, collassare mentre gli elementi primari devono essere comunque protetti o moltiplicati, così che nell'insieme vengano sempre garantite le prestazioni fondamentali.

Quest'ultimo metodo, moltiplicare, rientra nel criterio della ridondanza: cosa succede ad esempio in un aeroplano se un motore (elemento primario per la propulsione) si rompe? Nulla, in quanto vi è sempre un secondo motore che permetterà di arrivare a destinazione. Così, col vetro, gli elementi essenziali vengono spesso raddoppiati, in modo che se uno si rompe, l'altro continua a esercitare ugualmente la propria funzione. Naturalmente i margini di sicurezza vengono ridotti: ad esempio se ci fosse bisogno di realizzare una lastra di vetro da 19 mm per sopportare certe azioni con un assegnato coefficiente di sicurezza, e si volesse applicare il criterio della ridondanza, non si utilizzeranno più due lastre da 19 mm ma, ad esempio, due lastre da 15 mm, perché una lastra da 15 mm è gia sufficiente a garantire la resistenza del sistema seppure con un margine di sicurezza minore. In ogni caso si tratta di una situazione temporanea, in attesa che la lastra danneggiata venga sostituita.

Ad esempio nel Municipio di St. Germain-en-Laye (fig. 2) realizzato nel 1995 (architetti Brunet & Saunier, ingegneri O.T.H./Alto – M. Malinowski), 12 pilastrini di vetro sostengono un tetto di 500 m^2 con un modulo di 5.4×5.4 m. La sezione cruciforme conferisce duttilità all'insieme, in quanto nell'eventualità che una lastra si rompa, le altre lastre del pilastrino saranno comunque in grado di sopportare i carichi. Inoltre, ciascun elemento è costituito da un vetro stratificato formato da tre lastre, in modo che quella esterna, disposta fuori calcolo (10 mm vetro temperato), protegga l'interna

2. Municipio di St. Germain-en-Laye.

2

(15 mm vetro temperato). Sono stati così combinati con maestria più criteri contemporaneamente, in modo da garantire una gradualità della risposta alle differenti eventualità di danno. Il risultato architettonico è non solo un ambiente dove gli elementi strutturali non disturbano la visuale, ma un cangiante gioco di riflessi che arricchisce di significati ed esperienze lo spazio vitale.

Nella progettazione in vetro diventa pertanto fondamentale il contributo della statistica, che indica con quale probabilità si possano rompere un certo numero di lastre; la verifica strutturale verrà quindi effettuata escludendo tali elementi dalla zona maggiormente sollecitata.

La mancanza di duttilità del vetro comporta la necessità di individuare i percorsi e le entità delle forze con una precisione molto maggiore rispetto al consueto. Un errore di valutazione o l'ambiguità nella definizione dei ruoli degli elementi, può portare con facilità al crollo della struttura. Ma questa difficoltà strutturale, se superata, si traduce in un notevole contributo alla qualità architettonica dell'insieme: la costruzione in vetro, in virtù della sua leggibilità, acquista così un notevole valore estetico e architettonico.

Un'applicazione chiara di questi concetti si trova nelle facciate; in esse agiscono principalmente due fondamentali tipologie di carico: la gravità e il vento. La prima presenta una direzione verticale, lungo il piano della lastra, la seconda orizzontale ortogonale a essa. Ma lo spessore di una facciata in vetro consiste di qualche centimetro, mentre l'altezza può arrivare anche ad alcune decine di metri: ciò comporterebbe insormontabili problemi di instabilità se la facciata scaricasse a terra il proprio peso, attraverso una sollecitazione a compressione. Per questo motivo le facciate sono appese al tetto e sollecitate a trazione dal peso proprio. Un sistema di funi contribuisce invece a sopportare l'azione del vento. La prima facciata in cui sono teorizzati e applicati contemporaneamente questi principi fu realizzata nel 1986 per la Città della Scienza e della Tecnica (fig. 3) all'interno del parco della Villette a Parigi (architetto Fainsilber; ingegneri RFR). L'obiettivo architettonico era realizzare un elemento di transizione tra l'edificio e il parco, con funzione di regolazione termica, che doveva risultare il più trasparente possibile in modo da presentarsi come uno spazio di passaggio tra interno ed esterno. Tale elemento fu progettato secondo la geometria di un parallelepipedo (profondità di 8.1 m e facciata principale quadrata con lato di 32.4 m). Esso è completamente vetrato e costituito da un telaio di tubolari metallici come elemento strutturale primario e da un sistema di lastre di vetro come elemento secondario. La facciata principale è suddivisa dal telaio in 16 quadrati, mentre ogni quadrato è costituito da 16 lastre quadrate di vetro con lato di 2 metri.

Come interagisce il sistema di funi con la facciata per sopportare l'azione flettente del vento? In generale un comportamento ottimale dei materiali corrisponde a una distribuzione di tensioni costante nelle sezioni: ciò si verifica in corrispondenza di sforzi di trazione o al più di compressione. La flessione è, da questo punto di vista, una caratteristica di sollecitazione che non sfrutta a pieno le caratteristiche di un materiale, in quanto in una sezione le tensioni risultano maggiori alle estremità e quasi nulle in prossimità della parte centrale. Essa è tuttavia una sollecitazione che si verifica spesso, in corrispondenza di carichi ortogonali alla direzione o al piano principale dell'elemento portante. In realtà, all'interno di un materiale, le forze sono trasmesse principalmente attraverso canali preferenziali: se si concentra il materiale lungo tali canali eliminandolo dalle altre zone, si riconduce in essi uno sforzo globale di flessione a sforzi locali di trazione o compressione. Si avrà così un'ottimizzazione e, quindi, un alleggerimento di tutto il sistema. Questo non significa altro che scomporre un momento in una coppia di forze con verso opposto, lungo due direzioni parallele.

3. Città della Scienza e della Tecnica, Parco della Villette, Parigi. RFR, Parigi.

4. Particolare di un quadrato e meccanismo di rottura di una lastra. RFR, Parigi.

3

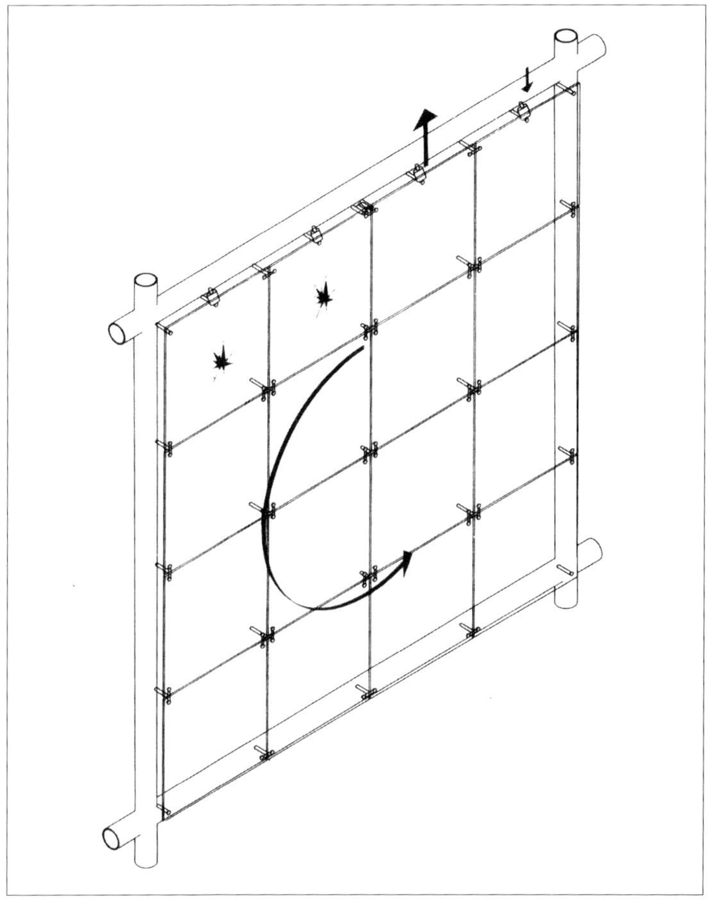

4

Tale principio, utilizzato ad esempio nelle travi reticolari o nei cosiddetti pannelli a sandwich, dove la presenza di materiale è concentrata alle estremità, è chiaramente ripreso nella facciata per le sollecitazioni da vento: le azioni orizzontali del vento in pressione o depressione sono trasmesse dalle singole lastre a un doppio sistema di funi con concavità contrapposta, poste tra loro a una certa distanza, in modo da tradurre l'azione flettente del vento in sforzo assiale nelle funi. Le funi sono inoltre collegate tra di loro da elementi metallici rigidi che trasferiscono gli sforzi di taglio. Mentre a causa delle azioni del vento una fune è soggetta a trazione, l'altra è soggetta a un'azione che ne riduce la trazione, in modo da formare la coppia resistente necessaria. Quando l'azione del vento cambia verso, i ruoli delle funi si invertono. Ma se le funi presentano una notevole resistenza a trazione (3-4 volte maggiore quella di un normale acciaio da carpenteria) non possiedono alcuna resistenza a compressione. È quindi necessario assoggettarle a una pretensione. In questo modo l'azione di compressione, presente in una delle due funi, ne diminuisce lo sforzo di trazione sino al limite in cui la fune non presenta tensioni; contemporaneamente l'azione di trazione si traduce nell'altra fune in un incremento delle tensioni sino al limite di rottura. Tenuto conto di

5. Corte Museo della Storia, Amburgo. Archivio Ilek, Università di Stoccarda.

5

tali limiti e delle azioni dovute al vento, vengono dimensionate le funi e definito il valore della pretensione. Il pretensionamento contribuisce, inoltre, a rendere il sistema globalmente meno deformabile: garantisce una notevole resistenza e un uso minimo ma ottimale di materiale; disturba poco la visuale e, quindi, non inficia la trasparenza del vetro, anzi la esalta secondo il principio della filigrana. Niente di nuovo, s'intende, se possiamo ammirare già da secoli la bellezza di tale effetto nelle ali di una libellula.

La facciata è appesa ai tubolari mediante un sistema di molle che presentano una duplice funzione: da un lato garantiscono che le azioni verticali trasmesse alle lastre non superino i valori ammissibili, dall'altro agiscono attivamente nel caso in cui una o due lastre si rompono. In tal caso, attraverso nuovi percorsi (vedi ipotesi in figura 4), le forze vengono comunque trasmesse alle lastre circostanti. Le molle servono a gestire questo passaggio in maniera graduale, evitando improvvisi contraccolpi che potrebbero causare ulteriori rotture.

Oltre alle facciate, un uso sempre più diffuso del vetro strutturale è presente nelle coperture. Corti di edifici vengono così protette dagli agenti atmosferici e rese fruibili, costituendo spesso elementi di riferimento del complesso architettonico. In particolare, nel caso di edifici antichi, l'uso del vetro diventa necessario se non si desidera una relazione aggressiva col preesistente. Trattandosi di strutture leggere, è possibile infatti integrarsi col preesistente, limitando al minimo gli interventi.

Un esempio estremamente interessante è la copertura della corte del Museo della Storia ad Amburgo (fig. 5), realizzata nel 1989 (architetti Gerkan & Marg; ingegnere Schlaich). La corte è costituita da due spazi rettangolari, di dimensioni diverse, coperti da volte a botte in vetro e acciaio: l'acciaio presenta in questo caso funzione strutturale primaria mentre al vetro è assegnato il compito di trasferire i carichi localmente (neve, vento, peso proprio). La geometria a botte è ideale per la modularità delle lastre e delle barre piene in acciaio (60×40 mm), quindi per l'economia dell'insieme, ma comporta problemi di deformabilità. Una geometria ad hoc è stata invece elaborata per lo spazio di transizione a causa dei due differenti archi di imposta in corrispondenza dell'intersezione con le due volte a botte: la soluzione, brillante, è una superficie a doppia curvatura in cui le due direttrici traslano una rispetto all'altra. Ciò comporta la presenza di lastre di vetro con geometrie quadrangolari diversificate, dal rettangolo al rombo, mentre le barre metalliche presentano lunghezza e sezione invariate, con chiari vantaggi economici.

Il tutto è irrigidito attraverso due sistemi di funi: il primo è costituito da raggiere verticali poste a conclusione delle volte a botte come irrigidimento delle volte con la stessa funzione che i setti rigidi avevano nel passato per le volte in muratura o in cemento armato. Il secondo sistema è costituito da funi diagonali che attraversano i campi in vetro. La maglia in acciaio, infatti, possiede in sé una scarsa resistenza al taglio: le funi disposte lungo la diagonale forniscono tale rigidezza alle maglie, impedendo che si deformino, e rendono la struttura, grazie a una leggera pretensione, globalmente meno deformabile. Anche in questo caso esse non disturbano la visuale, anzi, in contrasto con il vetro, ne esaltano l'espressività e, naturalmente, forniscono un notevole contributo di stabilizzazione.

Da materiale strutturale secondario a materiale strutturale primario

Negli esempi di facciata e di copertura fino a ora presentati il vetro strutturale è sempre accompagnato da una intelaiatura metallica: viene cioè utilizzato in funzione secondaria, con il compito di trasferire le azioni assorbite localmente. La funzione principale

6. Copertura del Maximilian Museum, Augusta. Ludwig & Weiler.

è quindi attribuita alla struttura primaria in acciaio e non alle lastre in vetro.

Tramite i principi di progettazione già esposti è possibile, tuttavia, capovolgere i ruoli, affidare cioè al vetro la funzione principale e all'acciaio o ad altri materiali quella di supporto. Un tale approccio progettuale non mira a un virtuosismo fine a se stesso, bensì consente di raggiungere valori di trasparenza altrimenti inimmaginabili e permette, ad esempio, di realizzare col vetro una pelle multifunzionale che si sviluppa senza soluzione di continuità, condensando in sé tutte le funzioni necessarie in un involucro: regolazione termica, protezione dall'acqua e dagli agenti esterni, capacità di autosostenersi.

In questa direzione ci si sta muovendo con grande determinazione negli ultimi anni da parte di tutte le componenti coinvolte: da un lato il mondo professionale, attraverso la coraggiosa progettazione di architetti e ingegneri, dall'altro la comunità scientifica, attraverso prove sperimentali e prototipi in stretta collaborazione con le ditte produttrici.

Nel settore delle coperture, ad esempio, sono estremamente interessanti le realizzazioni di un piccolo ma qualificato studio di ingegneria di Augusta in Germania (fig. 6), Ludwig & Weiler: tra queste spicca la copertura del Maximilian Museum, completato nel 1999.

Si tratta di una volta a botte, con luce di 14 m e lunghezza pari a 37 m, composta da moduli costanti di 117×97 cm. Le lastre, costituite da vetro parzialmente temperato stratificato, non sono supportate da alcuna intelaiatura metallica, ma portano se stesse e i carichi esterni, trasmettendo le azioni membranali in corrispondenza degli spigoli, grazie a un nodo metallico in cui converge un sistema di funi di irrigidimento. Lungo i bordi le lastre sono semplicemente collegate da silicone strutturale, in modo da garantire la tenuta all'acqua e agli agenti atmosferici e resistere localmente alle azioni del vento; un altro sistema verticale di funi a doppia raggiera compensa i problemi di deformabilità e instabilità connessi alla geometria a botte. L'effetto di leggerezza e trasparenza è semplicemente strabiliante.

6

Una tale innovazione non può non essere legata a una fase di sperimentazione, volta a verificare la validità delle soluzioni proposte e condotta in collaborazione con alcune università tedesche (Darmstadt, Monaco). Ancora una volta si dimostra fondamentale e feconda l'interazione tra ricerca e progettazione. Le prove (fig. 7) sono state realizzate sia su singole lastre di vetro che su singoli moduli della volta per verificare i problemi di instabilità locale e globale: si pensi che si tratta di una "pelle" in vetro spessa solo 2 centimetri e mezzo. Analiticamente è stata nello stesso tempo verificata la possibilità che alcune lastre di vetro si rompano contemporaneamente intorno a un nodo o, in alternativa, che alcune funi si rompano.

7. Prova su un modulo della volta in scala 1:1. Ludwig & Weiler.

8. Sony Center, vista del complesso. Archivio ILEK, Università di Stoccarda.

7

8

Anche nel settore delle facciate sono state sviluppate negli ultimi anni soluzioni particolarmente innovative che conferiscono al vetro un ruolo strutturale significativo, come ad esempio nel Sony Center (fig. 8) in Postdamer Platz, Berlino (architetti Murphy/Jahn; ingegnere Sobek). Il complesso ospita la direzione generale della Sony per l'Europa ed è costituito da 7 edifici, di cui un grattacielo alto 100 m, disposti intorno a uno spazio centrale a pianta ellittica. Tale spazio, centro simbolico di tutta la composizione, è caratterizzato da una tensostruttura in materiale tessile e vetro che funge da copertura. La scelta del sito, una delle piazze più animate e trafficate d'Europa all'inizio del secolo, vale come desiderio di riconquista per Berlino del ruolo di capitale multimediale, anche in considerazione della posizione strategica nell'ambito dell'apertura verso l'Europa orientale. Il complesso comprende uffici per una superficie di 81000 m^2, appartamenti (26500 m^2), un centro per il cinema con mediateca (19000 m^2) e, infine, un centro di intrattenimento (17000 m^2).

L'uso del vetro è qui uno dei fulcri della concezione architettonica: la facciata del grattacielo, ad esempio, prosegue oltre l'edificio, fluttuando leggermente nell'aria, a rivendicare al materiale un significato simbolico che vada oltre il normale rivestimento. Lame di vetro verticali e ortogonali alla superficie vetrata (fig. 9), in parte disposte esternamente, in parte internamente, vivacizzano notevolmente la facciata, in virtù della loro profondità e del gioco di

9. Particolare della facciata con le lame in vetro. Archivio ILEK, Università di Stoccarda.

ombre e riflessi che ne consegue. Tali lame, oltre a fornire un significativo contributo all'estetica dell'insieme, svolgono un ruolo strutturale primario, come elementi resistenti nei confronti dell'azione del vento: sviluppandosi in profondità, infatti, riescono ad aumentare notevolmente, pur con un impiego minimo di materiale, la resistenza della facciata alle azioni orizzontali. Si tratta di lastre uniche in vetro temperato, profonde 240 mm e spesse 15 mm. La facciata è invece costituita da vetro camera: all'esterno vetro temperato spesso 8 mm, intercapedine di 12 mm e internamente vetro stratificato costituito da due lastre di vetro temperato, ciascuna spessa 6 mm. I profili in alluminio, progettati appositamente per ottimizzare l'uso di materiale così da minimizzare l'impatto visivo, collegano le lastre tra di loro e con le lame, realizzano l'angolo dovuto alla curvatura della facciata e presentano una larghezza che varia dai 125 ai 200 mm circa.

Ancora più interessante e pregevole è la facciata che costituisce uno dei prospetti del cosiddetto edificio D (fig. 10), destinato a uffici e posto a uno dei vertici del triangolo in cui si articola in pianta il complesso. Grazie alla trasparenza consentita dall'uso esclusivo di vetro strutturale e profili circolari pieni in acciaio inox, tale facciata, alta 21 m, smaterializza lo spigolo dell'edificio, consentendo addirittura dall'esterno di poter vedere da una parte all'altra attraverso il volume interno delimitato da vetri.

In confronto con le funi, adottate in altre soluzioni per facciate, i profili pieni presentano una minore deformabilità, ma contemporaneamente una minore resistenza e un valore limitato della lunghezza, dovuto alle esigenze di maneggio. Essi sono disposti verticalmente, secondo due ordini: in corrispondenza delle fughe tra le lastre, per sostenerne il loro peso proprio, i primi (Ø 12); disposti secondo archi verticali lungo tutta l'altezza della facciata, i secondi (Ø 34). Seguendo infatti il diagramma dei momenti, a causa delle azioni orizzontali del vento (maggiore al centro, nullo agli estremi) viene così garantito con una sezione costante un utilizzo ottimale delle capacità resistenti dei profili in acciaio. L'effetto è analogo a quello che si avrebbe disponendo setti verticali di irrigidimento.

Poiché le dimensioni della facciata sono notevoli e gli archi verticali sono disposti ogni tre lastre, è stato necessario prevedere un altro sistema di irrigidimento lungo il piano orizzontale, consentendo così un comportamento strutturale globale equivalente a una piastra nervata in entrambe le direzioni. In questo caso l'irrigi-

9

10. Sony Center, Postdamer Platz, Berlino. Archivio ILEK, Università di Stoccarda.

 dimento secondo il piano orizzontale non è stato però ottenuto attraverso elementi metallici, ma attraverso lame orizzontali in vetro. Le lame sono collegate direttamente alle lastre attraverso elementi in acciaio e raccolgono le forze risultanti dalle azioni del vento per trasmetterle all'arco verticale; poiché tra un arco e l'altro tali lame sono sollecitate a flessione, anch'esse sono conformate secondo il locale diagramma dei momenti: più ampie al centro, più sottili agli estremi. Al di là delle difficoltà costruttive nel realizzare correttamente l'interazione tra i vari elementi e materiali, il funzionamento del sistema è globalmente semplice e appare chiara l'articolazione in sottosistemi, ciascuno dei quali svolge una funzione precisa. Risultano così applicati quei concetti di gerarchia e ridondanza che rendono un sistema in vetro affascinante e comprensibile, generando nel pubblico la sorpresa di vedere come questo materiale possa essere utilizzato contemporaneamente secondo le sue qualità architettoniche e strutturali.

Il vetro strutturale non costituisce comunque soltanto appannaggio di banche o multinazionali, ma può essere e viene già adottato anche nell'edilizia residenziale, consentendo interessanti sperimentazioni, senza portare a eccessive lievitazioni dei costi. Esemplare è l'ambiente realizzato ad Hampstead, Londra (architetto Mather; ingegnere Dewhurst Macfarlane): si tratta di un ampliamento a Nord degli spazi al piano terra realizzato attraverso un giardino invernale (fig. 11).

L'involucro, interamente in vetro, è costituito da una serie di elementi primari (pilastri e travi) e da lastre piane secondarie collegate tra loro da silicone strutturale (gerarchia). I primi sono formati da tre elementi stratificati di vetro temperato di 10 mm (ridondanza), incastrati e incollati agli angoli. Le lastre, disposte a vetro camera, sono composte esternamente da vetro temperato da 10 mm, trattato per non disperdere all'esterno il calore e, internamente, da vetro temperato stratificato (2×6 mm).

Ne risulta così uno spazio fortemente caratterizzato da un'unica presenza materiale, articolata in numerose varianti, ma sempre espressa da un unico alfabeto, quello del vetro. In questo caso si è voluto realizzare la purezza dell'assolo: nessuna intrusione percettiva (tessitura, vista, tatto, temperatura) dovuta alla presenza di elementi metallici, ma un gioco di variazioni, di sfumature, realizzato attraverso riflessi e quell'intima relazione con la luce, che rende il vetro un materiale unico.

10

11

11. Giardino invernale vetrato, Londra. Foto: Paul Gascoigne.

12

12. Stazione dell'autobus, JC Decaux. Archivio ILEK, Università di Stoccarda.

Dal punto di vista tecnico un tale risultato è consentito dall'introduzione delle colle nella progettazione in vetro strutturale come tecnologia di giunzione, in sostituzione dei collegamenti metallici: diffusissima nell'industria aeronautica (circa il 70% delle componenti strutturali è incollato), tale tecnica rappresenta oggi una delle sfide più promettenti dei prossimi anni per uno sviluppo diffuso del vetro strutturale in funzione primaria.

Il vetro strutturale, peraltro, sta sempre più attirando l'attenzione anche in settori come l'arredo urbano, a testimonianza di come questo materiale costituisca uno dei simboli dell'architettura contemporanea, in cerca di sistemi che esaltino trasparenza e leggerezza. Nel 1997, ad esempio, la JC Decaux, leader mondiale nel settore, ha commissionato ad Helmut Jahn e Werner Sobek alcuni elementi di arredo quali una pensilina per la fermata dell'autobus (fig. 12), un'edicola di giornali e una torre circolare per la pubblicità.

Cambia la scala, cambiano le funzioni ma non l'approccio progettuale, a conferma della coerenza progettuale con un materiale/alfabeto che rimane nelle varie applicazioni strutturali fondamentalmente uguale a se stesso. Nella pensilina, ad esempio, il sistema è suddiviso in elementi primari e secondari, collegati tra loro attraverso silicone strutturale ed elementi metallici. Le lastre di vetro, temperato e stratificato, presentano spessori che variano tra 16 e 30 mm e sono perfettamente trasparenti secondo una vista frontale, mentre modificano la colorazione al variare dell'angolazione. Attraverso soluzioni minimaliste di grande efficacia, risulta così possibile qualificare lo spazio urbano con piccoli interventi di qualità.

Prototipi di ricerca

In una tale fase di sperimentazione ed esplorazione del vetro strutturale, la ricerca, con il contributo delle aziende produttrici, sta esercitando un ruolo fondamentale per dimostrare le sue potenzialità strutturali. In particolare, oltre alle prove sul comportamento delle singole lastre, allo studio dei problemi legati alle forature o alle stratificazioni, è attraverso la realizzazione di prototipi che si mostrano concretamente a clienti e progettisti le potenzialità espressive legate all'uso del vetro strutturale, stimolando sempre più gli studi professionali a "rischiare" in questa direzione. È proprio per questo motivo che appare opportuno in questa sede illustrare due prototipi particolarmente significativi nel campo delle

13. Arco in vetro, Istituto di Strutture leggere. Archivio ILEK, Università di Stoccarda.

14. Arco in vetro. Prova di perforazione con tubo metallico. Archivio ILEK, Università di Stoccarda.

 coperture, entrambi presentati a Düsseldorf in occasione dell'esposizione internazionale sul vetro Glastec 98.

Il primo è un arco interamente in vetro (fig. 13), ideato e realizzato da Werner Sobek e Matthias Kutterer presso l'Istituto di Strutture Leggere di Stoccarda. L'arco è concepito come modulo per la copertura di superfici rettangolari secondo una geometria a botte e presenta una luce di 20 m, una larghezza di 4 m e un'altezza di 5 m. È costituito da lastre piane di vetro stratificato e parzialmente temperato (2×10 mm), di dimensioni 1.62×4.00 m, rinforzate su ciascun bordo da tre "strisce" di vetro parzialmente temperato spesse 12 mm; tali strisce servono a garantire la capacità portante nel caso in cui le lastre vengano danneggiate, fornendo così duttilità al sistema. Una serie di cavi metallici, disposti a raggiera secondo due piani verticali, fungono da irrigidimento mentre il collegamento strutturale tra le lastre è assicurato da elementi metallici. Uno strato di materiale plastico garantisce una trasmissione omogenea della tensione tra vetro e acciaio ed evita l'insorgere di fratture a causa della durezza e rugosità dei due materiali.

Al termine dell'esposizione, l'arco è stato sottoposto a progressivi danneggiamenti in modo da dimostrare la duttilità globale del sistema. Inizialmente si è fatto oscillare un elemento metallico di 1.5 kg, lasciandolo urtare ripetutamente contro la lastra di base, e tuttavia senza provocare danni significativi. Quindi è stato lanciato un tubolare di acciaio di circa 15 kg: al terzo colpo il tubolare ha penetrato la lastra, rimanendovi conficcato (fig. 14). Ciononostante la stabilità globale della struttura non è stata inficiata. Dopo aver ulteriormente colpito la lastra, sono state danneggiate le strisce di rinforzo sul lato destro e, infine, solo in seguito alla rottura delle strisce di rinforzo sul lato sinistro, l'arco è crollato. Si è così dimostrato l'alto livello di sicurezza di potenziali sistemi di copertura in vetro, laddove siano utilizzati criteri di progettazione quali gerarchia e ridondanza.

Chiaramente col vetro è anche possibile realizzare superfici a doppia curvatura: rispetto a sistemi a singola curvatura il vantaggio è una maggiore resistenza per forma. A tale soluzione corrisponde però una difficoltà di concezione geometrica, soprattutto nel caso in cui la superficie sia generata da elementi piani (estremamente più economici): ciò si traduce, comunque, nella necessità di utilizzare lastre di dimensioni variabili, aumentando i costi rispetto a equivalenti geometrie a botte. D'altra parte, al di là dei vantaggi strutturali, le superfici a doppia curvatura consentono di esplorare geometrie sempre nuove, liberandosi così da certi archetipi legati alla tradizione. Inoltre, tali geometrie di coperture, più flessibili, si adattano meglio a sistemi planimetricamente articolati, espressione di un'architettura alla ricerca di una sempre maggiore complessità e libertà formale.

13

14

15

15. Cupola in vetro, Istituto di Costruzione dell'Architettura. Archivio ILEK, Università di Stoccarda.

Per questi motivi risulta estremamente significativo il prototipo realizzato da Stefan Behling presso l'Istituto di Costruzione dell'Architettura di Stoccarda con la collaborazione dello studio Ludwig & Weiler (fig. 15). Si tratta di una volta sferica con luce di 12.3 m e un'altezza di 2.5 m, costituita da 282 lastre triangolari di vetro parzialmente temperato e stratificato (2×10 mm): la simmetria e un processo di ottimizzazione della geometria consentono di utilizzare "soltanto" 27 differenti formati con un lato massimo di 1.1 m.

Le lastre trasmettono le forze in corrispondenza dei vertici del triangolo attraverso dei piatti circolari metallici in cui convergono i cavi in acciaio con funzione stabilizzante (Ø 8); in acciaio è anche la struttura che confina ai bordi la cupola e trasferisce le azioni a terra. Per garantire la sicurezza nei confronti di possibili danni, è stato considerato analiticamente il caso in cui contemporaneamente le sei lastre intorno a un nodo vengano danneggiate o, in alternativa, che due cavi d'acciaio si rompano. Si è inoltre verificata, sperimentalmente, l'eventuale presenza di instabilità locale della singola lastra, così come, analiticamente, l'instabilità globale. In ogni caso la cupola ha mantenuto la sua capacità portante.

La geometria a doppia curvatura consente in questo caso di sfruttare la duttilità già presente nel sistema senza ricorrere a moltiplicazioni o a gerarchizzazioni di elementi: infatti i percorsi interni delle forze possono variare nell'ambito della superficie secondo infinite alternative, senza incidere sulla capacità resistente.

In conclusione, sono state dimostrate, sia con i prototipi sia con alcune coraggiose realizzazioni, le enormi potenzialità del vetro strutturale, particolarmente in funzione primaria. Adesso si tratta di percorrere questa strada con coraggio e fantasia e, specialmente, con la ferma volontà di parlare correttamente il suo linguaggio.

APPARATI

Bibliografia

Progetto e documento

BALDACCI R., 1981, "Presentazione", *La Scienza delle Costruzioni e il suo sviluppo storico*, Sansoni, Firenze.
BENVENUTO E., 1981, *La Scienza delle Costruzioni e il suo sviluppo storico*, Sansoni, Firenze.
FOUCAULT M., 1971, *L'archeologia del sapere*, Rizzoli, Milano.
HABERMAS J., 1997, *Il discorso filosofico della modernità*, Laterza, Bari.
KUHN T.S., 1969, *La struttura delle rivoluzioni scientifiche*, Einaudi, Torino.
JOSSA P., 1997, *Conoscenza e rappresentazione del costruito*, Edizioni Scientifiche Italiane, Napoli.
JOSSA P., 2000, "Reliability, a background of common rationality in Architecture", *The human being and the city*, World Congress, 6-8 settembre, Napoli.
POPPER K.R., 1996, *Tutta la vita è risolvere problemi*, Rusconi, Milano.

Capitolo 1
Vulnerabilità sismica e caratteristiche architettonico-strutturali delle costruzioni

AIKEN I.D., NIMS D.K., WHITTAKER A.S. *et al.*, 1993, "Testing of passive energy dissipation systems", *Earthquake Spectra*, vol. IX, 3.
AKIYAMA H., 1985, *Earthquake-resistant limit-state design for buildings*, University of Tokyo Press.
ARISTODEMO M., SARÀ G., VULCANO A., 1985, "Esperienze relative al comportamento sotto sisma delle costruzioni: sisma di Campania e Basilicata del 23 novembre 1980", in SARÀ 1985, cap. 13, pp. 415-485.
ASSOCIAZIONE GLIS, 1994, "Il terremoto di Northridge, Los Angeles, 17 gennaio 1994", Rapporto GLIS, 01/94.
ASSOCIAZIONE GLIS, 1996, "Il terremoto di Great Hanshin-Avaji, Giappone, 17 gennaio 1995", Rapporto GLIS, 04/96.
BARBETTI G., NUDO R., SARÀ G., 1998, "Analysis of damages on masonry buildings of Umbria and Marches due to the earthquake of September 26th 1997: determination of vulnerability sources", *Evoluzione nella sperimentazione per le costruzioni*, Seminario CIAS, Corinto, pp. 93-98.
BARBETTI G., BONI A., MARILLI F. *et al.*, 1999, "Individuation of vulnerability sources for masonry buildings on the occasion of the September 26, 1997 Umbria-Marches earthquake", Proc. 3rd International Conference on Seismology and Earthquake Engineering, Teheran, pp. 779-786.
BOLT B.A., 1982, *I terremoti*, Zanichelli, Bologna.
CASTELLANI A. (a cura di), 1981, *Costruzioni in zona sismica*, Masson Italia, Milano.
COMO M., LANNI G., 1979, *Elementi di costruzioni antisismiche*, Cremonese, Roma.
D.M.LL.PP. 16/01/1996, Norme tecniche per le costruzioni in zone sismiche, Suppl. ord. della Gazzetta Ufficiale 29 del 05/02/1996.
EEFIT Report, 1986, *The Mexican earthquake of 19th September 1985*, SECED, London.
EERI, 1995-1996, "Northridge Earthquake Reconnaissance Report", voll. I e II, *Earthquake Spectra*, suppl. vol. XI, aprile 1995 e gennaio 1996.
FLORES G., 1981, *Il terremoto*, Longanesi, Milano.
GAVARINI C. (a cura di), 1978, *Ingegneria antisismica*, ESA, Roma.
GIUFFRÈ A., 1976, "La duttilità strutturale", in MELE 1976, pp. 237-265.
GUERRA I., 1985, "Elementi fondamentali di sismologia", in SARÀ 1985, vol. I, cap. I, pp. 1-72.
MELE M. (a cura di), 1976, *Ingegneria sismica*, Springer-Verlag, New York/CISM, Udine.
MITCHELL D., 1987, "Structural damage due to the 1985 Mexican earthquake", Proc. 5th Canadian Conference on Earthquake Engineering, Ottawa, pp. 87-109.
MÜNICH REINSURANCE COMPANY REPORT, 1986, *Earthquake Mexico '85*, München.
PARDUCCI A., 1981, "Considerazioni sul comportamento delle costruzioni in c.a. durante il terremoto del 23/11/1980", *L'Industria Italiana del Cemento*, 1, pp. 45-56.
SARÀ G. (a cura di), 1985, *Ingegneria antisismica*, Liguori, Napoli.
SARÀ G., NUDO R., 1992, "Meaning and evolution of building codes: Eurocode 8 and reinforced concrete constructions in seismic zones", Proc. 10th WCEE, Madrid, pp. 5661-5666.
SARÀ G., NUDO R., 1993, "Codes and reliability of reinforced concrete buildings in seismic zones", Proc. 6th ICOSSAR, Innsbruck, pp. 2281-2284.
SARÀ G., NUDO R., 1994, "Analysis of damage mechanisms: codes and seismic vulnerability of buildings", Proc. 10th ECEE, Vienna, pp. 1035-1040.
SARÀ G., 1994, "Fonti di vulnerabilità e criteri di progettazione per le costruzioni in c.a. in zona sismica", *Argomenti di ingegneria sismica*, Atti del Corso di Aggiornamento in Ingegneria Sismica, Augusta, 1991, a cura di G. Oliveto, pp. 397-407, Esagrafica, Roma.
SARÀ G., NUDO R., 1997, "Proposal of a methodology to correlate seismic damage analyses, vulnerability sources, construction praxes", Proc. 7th ICOSSAR, Kyoto, pp. 1653-1658.
SARÀ G., BARBETTI G., BONI A. *et al.*, 1999a, "Vulnerabilità sismica delle costruzioni in muratura situate nelle località d'Umbria e Marche colpite dal terremoto del 26 settembre 1997", *Il comportamento sismico del patrimonio edilizio nei piccoli centri storici*, Atti del Seminario Internazionale ASSISI '99, Assisi, pp. 139-148.
SARÀ G., BARBETTI G., BONI A. *et al.*, 1999b, "Analisi del danneggiamento degli edifici umbro-marchigiani in muratura a seguito del sisma del 26/09/97: individuazione delle fonti di vulnerabilità", Atti 9° Convegno Nazionale, L'Ingegneria Sismica in Italia, Torino.
SARÀ G., BARBETTI G., BONI A. *et al.*, 2000, "Umbria-Marches earthquake of 26 September 1997: damage scenarios and vulnerability sources in the not-aseismic masonry buildings", Proc. 12th WCEE, Aukland.
SOONG T.T., MASRI S.F., HOUSNER G.W., 1991, "An overwiew of active structural control under seismic loads", *Earthquake Spectra*, vol. VII, 3.
UNI ENV 1998-1-1, 1997, Eurocodice 8. Indicazioni progettuali per la resistenza sismica delle strutture, UNI, Roma.
VULCANO A., 1991a, "Duttilità strutturale", Reports del Dipartimento di Strutture dell'Università della Calabria, Rep. 140.
VULCANO A., 1991b, "Comportamento sismico di strutture intelaiate in cemento armato irrigidite da controventamenti metallici con dispositivo dissipativo", Convegno AICAP, Spoleto.
WAKABAYASHI M., 1989, *Progettazione di strutture antisismiche*, Mc Graw-Hill Libri Italia, Milano.
WHITTAKER A.S., BERTERO V.V., ALONSO L.J. *et al.*, 1989, "Passive energy dissipation using steel plate added damping and stiffness elements", *International Meeting on Base Isolation and Passive Energy Dissipation*, Assisi.

Capitolo 2
Modularità, strutturale ripetitività e costruzione geometrica di una forma strutturale

APRILE A., BENEDETTI A., 1998, "Sulla progettazione ottimale di strutture reticolari spaziali in alluminio", *Costruzioni Metalliche*, 50, 1.
BARBONI M., 1994, "Impieghi strutturali dell'alluminio e tecnologie applicative", Atti XXVI Convegno dell'ANIAI, Bologna, *INARCOS*, 551.
BATHE K.J., 1996, *Finite Element Procedures in Engineering Analysis*, Prentice Hall, New York.
BENEDETTI A., 1991, "On the Reliability Analysis of Elastic Plastic Struts with Initial Imperfections", IASS Symposium 1991, III, pp. 123-130, Copenhagen.
BENEDETTI A., 1993, "On the Probabilistic Stability Analysis of Tubular Struts with Initial Imperfections", ICOSSAR Proceedings, Innsbruck.
BENEDETTI A., 1994, "Strutture Reticolari Spaziali in Alluminio", Atti XXVI Convegno ANIAI, Bologna, *INARCOS*, 551.
BLANDFORD G., 1997, "Review of Progressive Failure Analyses for Truss Structures", *ASCE J. of Struct. Engnrg*, 123, 2, pp. 122-129.
CHAN S.L., KITIPORNCHAI S., 1988, "Inelastic Post-Buckling Behaviour of Tubular Struts", *ASCE J. of Struct. Engnrg*, 114, 5, pp. 1091-1105.
CONSERVA M., DONZELLI G., TRIPPODO R., 1990, *Alluminio - Manuale degli impieghi*, Edimet, Brescia.
DAVISTER M.D., BRITVEC S.J., 1984, "Evaluation of the Most Unstable Dynamic Buckling Mode of Pin Jointed Space Lattices", Proc. of the III Int. Conf. on Space Structures, Guildford U.K., 468-473.
Di Pasquale 1999
FARAVELLI L., ZANON P., 1980, "Influenza dello schema sul comportamento a collasso di strutture reticolari in acciaio", *Costruzioni Metalliche*, 3, pp. 131-139.
FÓPPL A., 1892, *Das Fachwerk im Raume*, Teubner, Leipzig.
HEBERLEIN H., 1975, "Le strutture a traliccio spaziale. Panoramica", *Acciaio*, 21.
HEKI K., SAKA T., 1979, "The effective Strength of double layer grids in continuum treatment", IASS World Congress, Madrid, 2, pp. 4123-4137.
LKEDA K., MUROTA K., 1990, "Critical Imperfection of Structures", *Int. J. of Sol. and Struct.*, 26, 8, pp. 865-886.
LINDSAY J., 1957, "Space frames and physics", *Arts and Architecture*, luglio.
MAKOWSKI Z.S., 1961, "Double layer grid structures", *Architectural Association Journal*, marzo.
MAKOWSKI Z.S., 1963, "Aluminium in structural engineering: Aluminium space structures", Proceedings Institution of Structural Engrs., London (1964).
MAKOWSKI Z.S., 1967, *Strutture spaziali in acciaio*, U.I.S.A.A., Milano.
MAKOWSKI Z.S., 1981, *Analysis, Design and Construction of Double-layer Grids*, Applied Science Pub., London.
MATILDI P., FOTI C., SOLLAZZO A., 1971, *Tensostrutture e sistemi reticolari spaziali*, vol. V.B., Collana Tecnico-Scientifica, Italsider, Tamburini, Milano.
MAZZOLANI F.M., 1986, *La progettazione delle strutture in leghe di alluminio*, Liguori Ed., Napoli.
MAZZOLANI F.M., PILUSO V., 1988, "Le possibilità di impiego delle leghe d'alluminio nel campo delle strutture reticolari spaziali", *L'Edilizia e l'Industrializzazione*, 6, pp. 263-281.
NOOR A.K., 1981, "Survey of computer programs for solution of non linear structural and solid mechanics problems", *Computer & Structures*, 13.
NOOR A.K., PETERS J., 1983, "Instability Analysis of Space Trusses", *Comp. Meth. in Appl. Mech. and Engnrg*, 40, pp. 199-218.
NOOSHIN H., 1981, "Formex Formulation of Double-layer Grids", *Analysis, Design and Construction of Double-layer Grids*, a cura di Z.S. Makowski, pp. 119-183, Applied Science Pub., London.
PAPADRAKAKIS M., 1983, "Inelastic Post-Buckling Analysis of Trusses", *ASCE J. of Struct. Engnrg*, 109, 9, pp. 2129-2147.
PRETE G., 1976, "Caratteristiche e tipologie delle strutture reticolari spaziali", *Quaderni di ricerca Italsider*, documento 11, Genova.
ROZVANY G., 1992, "Shape and Layout Optimisation of Structural Systems and Optimality Criteria Methods", *Pubblicazioni CISM*, 325, Udine.
SARAN M., KIEIBER M., 1986, "Experiences with Nonlinear Analyses of Trusses under Static and Dynamic Loadings", *Space Structures*, 2, pp. 205-214.
SIEGEL C., 1968, *Struttura e forma nell'architettura moderna*, C.E.L.I., Bologna.
SPINELLI P., AGOSTINI A., 1982, "On the Behaviour at Collapse of a Single Layer Reticulated Shell. Influence of Stochastic Joint Eccentricities", Proc. of the IASS World Congress, Mar del Plata, Argentina.
STRICKLIN J., HAISLER W., VON RIESMANN W., 1973, "Evaluation of solution procedures for material and/or geometrically non linear structural analysis", *AIAA Journal*, 11, 3.
TSUBOI Y. (a cura di), 1984, "Analysis, design and realization of Space Frames", *IASS Bulletin special issue*, 84-85, pp. 1-114.
ZIENKIEWICZ O., TAYLOR R., 1991, *The Finite Element Method*, 4ª ed., McGraw-Hill, London.

Capitolo 3
Costruire in muratura portante

ABRUZZESE D., COMO M., LANNI G., 1992, *On the lateral strenght of multistory masonry walls with openings and horizontal reinforcing connections*, Earthquake engineering, Tenth World Conference, Balkema, Rotterdam.
ALBERTI L.B., 1485, *De Re Aedificatoria*, Firenze.
CASTIGLIONI A., 1976, "Elementi di Dinamica delle Costruzioni", *Ingegneria Sismica*, a cura di M. Mele, pp. 87-14, Springer Verlag, Wien-New York.
D. M. 20/11/1987, "Norme tecniche per la progettazione, esecuzione e collaudo degli edifici in muratura e per il loro consolidamento", Supplemento Ordinario alla Gazzetta Ufficiale 285 del 5/12/1987, Poligrafico dello Stato, Roma.
D. M 16/01/1996, "Norme tecniche per le costruzioni in zone sismiche", Supplemento Ordinario alla Gazzetta Ufficiale 29 del 5/02/1996, Poligrafico dello Stato, Roma.
DOLCE M., 1989, *Comportamento degli edifici e modellazione delle pareti per azioni fuori del piano*, corso sul "Consolidamento degli edifici in muratura in zona sismica", coordinatore Franco Braga, Ordine degli Ingegneri della Provincia di Potenza, febbraio.
LATINA C., 1994, *Muratura portante in laterizio: Tecnologia, Progetto, Architettura*, Edizioni Laterconsult, Roma.
MEZZINA M., UVA G., 1997, "Edifici in muratura ordinaria", Commentario al D.M. 16/01/96 del M. LL. PP., a cura del SSN-ANIDIS, coordinatore Franco Braga, Ed. Lamisco, Potenza.
Min. LL.PP., 1989, Presidenza del Consiglio Superiore - Servizio Tecnico Centrale, Circolare n. 30787/AA.GG. "Istruzioni in merito alle Norme Tecniche per

la progettazione, esecuzione e collaudo degli edifici in muratura e per il loro consolidamento di cui al D.M. 20/11/87", Poligrafico dello Stato, Roma.
MIN. LL.PP., 1997, Presidenza del Consiglio Superiore – Servizio Tecnico Centrale, Circolare n.65/AA.GG. "Istruzioni per l'applicazione delle Norme Tecniche per le costruzioni in zone sismiche di cui al D.M. 16 gennaio 1996", Poligrafico dello Stato, Roma.
MODENA C.,1989, "Il calcolo delle murature: esempi ed indicazioni pratiche", *Costruire in Laterizio*, gennaio-febbraio, 7, pp. 47-54.
RIGHETTI G., BARI L., 1993, *L'edificio in muratura*, Edizioni Lambda, Padova.
RONDELET J.B., 1802, *Traité théorique et pratique de l'art de bâtir*, Parigi.
TOMAZEVIC M., 1989, *Fundamentals of earthquake resistant design of masonry buildings*, XV Regional Seminar on Earthquake Engineering, Ravello, 18-23 settembre, pp. 22-59, Edizioni Kappa, Roma.
TOULIATOS P.G., 1996, "Seismic behaviour of traditionally-built constructions", *Protection of the Architectural Heritage against Earthquakes*, a cura di V. Petrini e M. Save, pp. 57-69, Springer Wien New York Ed.

Capitolo 4
Costruzioni in legno

I testi elencati costituiscono un'indicazione parziale delle fonti, utile per successivi approfondimenti.

AA.VV., 1990, *Beispiele moderner Holzarchitektur*, Holzwirtschaftlicher Verlag, Düsseldorf.
AA.VV., 1994, *Timber construction manual*, A.I.T.C. American Institute of Timber Construction, Wiley & Sons, New York.
AA.VV., 1998, *Fachtagungen Holzbau 1998-99. Neue Tendenzen in Holzbau*, Arbeitsgemeinschaft Holz e. V., Düsseldorf.
AA.VV., 1999, *Tecnologie avanzate nell'impiego strutturale del legno*, Atti del Convegno Lignomec '99, Fiera Bolzano.
AA.VV., 2001, *Progettare la durabilità*, Atti del Convegno Lignomec '01, Fiera Bolzano.
BARBISAN U., LANER F., 1995, *I solai in legno*, Angeli, Milano.
BLASS H.J. *et al*, 1995, *Timber Engineering STEP 1*, Centrum Hout.
BLASS H.J. *et al*, 1995, *Timber Engineering STEP 2*, Centrum Hout.
BODIG J., JAYNE B.A., 1982, *Mechanics of Wood and Wood Composites*, Van Nostrand, New York.
CAIRONI M., BONERA L., 1989/1993, *Il legno lamellare: il calcolo*, Habitat Legno, Edolo.
CENCI G., 1987, *Strutture in legno. Calcolo e costruzione con riferimento alla DIN 1052*, Palutan, Varese.
DIN 1052-1, 1988, Holzbauwerke; 1: Berechnung und Ausführung; 2: Mechanische Verbindungen; 3: Holzhäuser in Tafelbauart, Berechnung und Ausführung, Berlin, April.
DIN 1052-1/A1, 1996, Holzbauwerke - Teil 1: Berechnung und Ausführung; Änderung 1, Berlin, October.
DIN 1052-2/A1, 1996, Holzbauwerke - Teil 2: Mechanische Verbindungen; Änderung 1, Berlin, October.
DIN 1052-3/A1, 1996, Holzbauwerke - Teil 3: Holzhäuser in Tafelbauart; Berechnung und Ausführung; Änderung 1, Berlin, October.
DIN 4074-1, 1989, Teil: Sortierung von Nadelholz nach der Tragfähigkeit; Nadelschnittholz, Berlin, January.
FAHERTY K.F., WILLIAMSON T.G., 1995, *Wood Engineering and Construction Handbook*, New York.
GIORDANO G., 1981-1988, *Tecnologia del legno*, III voll., Unione Tipografico-editrice torinese, Torino.
GIORDANO G., 1993-1999, *Tecnica delle costruzioni in legno*, Milano, Hoepli.
GÖTZ K.H., HOOR D., MÖHLER K., NATTERER J., 1980, *Holzbau Atlas*, Institut für Internationale Architektur - Dokumentation GmbH, Münich.
HALPERIN D.A., BIBLE G.T., 1994, *Principles of timber design for architects and builders*, Wiley & Sons, New York.
ISO, 1975, *Fire Resistance Tests of Elements of Building Construction,* ISO Recommendation R834, (1968).
KERMANI A., 1999, *Structural timber design*, Blackwell Science Ltd., Oxford.
KOLLMANN F.P., CÔTÉ W.A., 1984, *Principles of wood science and technology*, Springer Verlag, Berlin (1968).
KUTTINGER G., 1984, *Esempi di costruzioni in legno*, Institut für internationale Architektur. Documentation GmbH, München, trad. it. a cura di G.A. Pallaver, Palutan, Milano 1986.
MADSEN B., 1992, *Structural Behaviour of Timber*, Timber engineering, Vancouver.
MADSEN B., 2000, *Behaviour of Timber Connections*, World Conference on Timber engineering, Vancouver.
METTEM C. J., 1986, *Structural timber design and technology*, Longman, Harlow.
MÖNCK W., 1998, *Holzbau: Bemessung und Konstruktion unter Beachtung von Eurocode 5*, Verlag für Bauwesen, Berlin.
NATTERER J., HERZOG T., VOLZ M., 1991, *Holzbau Atlas Zwei*, Institut für Internationale Architektur Dokumentation GmbH, Münich.
NATTERER J., HERZOG T., VOLZ M., 1998, *Atlante del legno*, UTET, Torino.
REECE, P.O., 1949, *An introduction to the design of timber structures*, E.& F.N. Spon Ltd, London.
UNI 8198, 1981, Segati di conifere. Classificazione in base alla resistenza meccanica. Codice ICS: 79.040), UNI, Milano (La revisione di tale norma è in fase conclusiva).
UNI EN 338, 1997, Legno strutturale. Classi di resistenza. (Codice ICS: 79.040 91.080.20), UNI, Milano.
UNI ENV 1995-1-1, 1995, Eurocodice 5. Progettazione delle strutture di legno. Parte 1-1: Regole generali e regole per gli edifici, UNI, Roma.
UNI ENV 1995-1-2, 1996, Eurocodice 5. Progettazione di strutture di legno. Parte 1-2: Regole generali - Progettazione strutturale contro l'incendio, UNI, Roma.
UNI ENV 1995-2, 1999, Eurocodice 5. Progettazione delle strutture di legno. Parte 2: Ponti, UNI, Roma.
U.S. GOVERNMENT PRINTING OFFICE, 1989, *The Encyclopedia of wood*, Sterling Publishing Company Inc., New York.

Capitolo 5
Coperture in legno lamellare

AA.VV., 1993, *L'impiego del legno nell'edilizia aspetti tradizionali e nuove tecnologie*, Atti del convegno INARCOS, Bologna.

ALAIMO M., 2000/2001, *Grandi coperture in legno lamellare. Tecnologia, tipologie costruttive e cantieri*, Tesi di laurea, Facoltà di Ingegneria, Università di Palermo.
ARENA S., ROCCA L., 1998, "Cupola asimmetrica. Progettazione dell'elemento di connessione", *Adrastea*, 11, pp. 4-9.
ASTM D2559-00, August 2000, Standard specification for adhesives for structural laminated wood products for use under exterior (wet use) exposure conditions. American Society for Testing and Materials, West Conshohocken, PA.
BANFI S., 2000, "Il legno evoluto", *Il nuovo Cantiere*, 5, XXXIV, pp. 46-51.
BIGNOTTI G., 1993, "Trasporto e montaggio delle struttura in legno lamellare", *L'Edilizia*, 12, pp. 48-54.
BRUSATI G., LANER F., 1989, "Il modulo elastico del legno e del legno lamellare e la sperimentazione in atto per aumentarlo", *L'Edilizia e l'Industrializzazione*, 7-8, pp. 358-361.
BRUSATI G., LANER F., 1999, "Dal legno lamellare fibrorinforzato al Quadralam", *Adrastea*, 13, pp. 31-39.
CAIRONI M., BONERA L., 1989, *Il legno lamellare. Il calcolo*, Ed. Habitat Legno, Edolo.
CAPITANEO E., LANER P., 1998, "Legno lamellare per la copertura del rinato Petruzzelli", *Adrastea*, 12, pp. 48-50.
CECCOTTI A., 1993, "Verifiche di resistenza per il legno lamellare incollato secondo l'Eurocodice 5", *L'Edilizia*, 12, pp. 99-105.
CECCOTTI A., LARSEN H.J., 1992, "L'Eurocodice 5 'strutture di legno'", *L'Edilizia*, 12, pp. 789-797.
CECCOTTI A., ZANON P., 1993, "Prove sulle strutture", *L'Edilizia*, 12, pp. 91-97.
CSA 0122, 1959, Specification for Glued-Laminated Softwood Structural Timber. Canadian Standards Association, Rexdale, Ottawa, December.
DE ANGELIS A., 1993, *Progettazione e calcolo delle strutture in legno lamellare*, Ed. DEI-Tipografia del Genio Civile, Roma.
DIN 1052-1, 1988, Holzbauwerke; 1: Berechnung und Ausführung; 2: Mechanische Verbindungen; 3: Holzhäuser in Tafelbauart, Berechnung und Ausführung, Berlin, April.
DIN 1052-1/A1, 1996, Holzbauwerke - Teil 1: Berechnung und Ausführung; Änderung 1, Berlin, October.
DIN 1052-2/A1, 1996, Holzbauwerke - Teil 2: Mechanische Verbindungen; Änderung 1, Berlin, October.
DIN 4074-1, 1989, Teil: Sortierung von Nadelholz nach der Tragfähigkeit; Nadelschnittholz, Berlin, January.
DIN 68800-1, 1974, Holzschutz im Hochbau – Allgemeines, Berechnung und Ausführung, Berlin, Mai.
GÖTZ K.H., HOOR D., MÖHLER K. *et al.*, 1983, *Construire en Bois. Choisir Concevoir Réaliser*, Ed. Moniteur, Parigi.
IAQUINTA S., 1998, "Gli stadi coperti della Tekenaka Corporation", *L'industria delle Costruzioni*, 325/6, pp. 20-49.
LANER F., 1989, *Il legno lamellare. Il progetto*, Ed. Habitat legno, Edolo.
LANER F., 1999, "Due chiese a confronto", *Adrastea*, 13, pp. 40-45.
Mancano: EN 301,302; ASTM D2559; CSA 0122; DIN 68800
MENEGOTTO A., 1997, "Hamar Olympiahall. Il più grande palazzo dello sport in legno lamellare", *Adrastea*, 8, pp. 24-29.
PALA A., 1997, "Lamellare senza finzione. Il centro commerciale 'La Bruciata' a Modena", in *Adrastea*, 9, pp. 4-11.
PALA A., 1998, "Nel parco, con garbo. Il bocciodromo di Giancarlo Lori al Piraghetto di Mestre", *Adrastea*, 12, pp. 44-47.
PALA A., 1998, "Progettato, verificato, affermato. Il palazzetto del tennis a S. Paolo d'Argon", *Adrastea*, 12, pp. 34-43.
RUFFINO M., 1992, "Comportamento al fuoco delle strutture in legno", *L'Edilizia*, 12, pp. 715-728.
SPATTI G., 1991, "Un moderno impiego del legno: il lamellare negli impianti sportivi", *L'Edilizia*, 1-2, pp. 65-74.
SPATTI G., 1993, "Una struttura di copertura a grande luce in C.A.P. e legno lamellare", *L'Edilizia*, 3, pp. 71-76.
SPATTI G., 1993, "Una struttura di copertura a grande luce in legno lamellare: il palasport di Cuneo", *L'Edilizia*, 10, pp. 83-87.
UNI 9504, 1989, Procedimento analitico per valutare la resistenza al fuoco degli elementi costruttivi di legno. (Codice ICS: 13.220.50), UNI, Milano.
UNI EN 204, 2002. Classificazione degli adesivi termoplastici per legno per applicazioni non strutturali. (Codice ICS: 83.180 79.020), UNI, Milano.
UNI EN 205, 1992, Metodi di prova degli adesivi per legno per impieghi non strutturali. Determinazione della resistenza al taglio per trazione su incollaggi a sovrapposizione. (Codice ICS: 83.180 79.020), UNI, Milano.
UNI EN 301, 1993, Adesivi fenolici e amminoplastici per strutture portanti in legno. Classificazione e requisiti prestazionali. (Codice ICS: 83.180 79.020), UNI, Milano.
UNI EN 302-3, 1993, Adesivi per strutture portanti in legno. Metodi di prova. Determinazione dell'effetto dell'attacco acido alle fibre del legno, dovuto ai trattamenti ciclici di temperature e umidità, sulla resistenza alla trazione trasversale. (Codice ICS: 83.180 79.020), UNI, Milano.
UNI ENV 1995-1-1, 1995, Eurocodice 5. Progettazione delle strutture in legno. Parte 1-1: Regole generali e regole per gli edifici, UNI, Roma.
ZANUTTINI R., 1993, "Il legno lamellare: aspetti tecnologici relativi alla produzione e al controllo", *L'Edilizia*, 12, pp. 27-47.

Capitolo 6
Progettare in acciaio

AA.VV., 1982, *Progettazione e particolari costruttivi in zona sismica*, ANCE – AIDIS, Edilstampa, Roma.
AA.VV., 1994, *La progettazione in acciaio*, Ed. Crea, Massa.
BALESTRINO A., CELENTANO G., 1982, *Teoria dei sistemi*, Liguori, Napoli.
BALLIO G., MAZZOLANI F.M., 1987, *Strutture in acciaio*, Hoepli, Milano.
BLANC A., MCEVOY M., PLANK R. (a cura di), 1993, *Architecture and Construction in Steel*, E & FN Spon, London.
CASTIGLIONI C.A., DREI A., BERTINOTTI M., 1994, "Comportamento sismico delle strutture in acciaio", *L'Edilizia*, dicembre, pp. 41-53.
CNR 10011, 1985, *Costruzioni in acciaio: Istruzioni per il calcolo, l'esecuzione, il collaudo e la manutenzione*, Poligrafico dello Stato, Roma.
CNR 10022, 1984, *Profili formati a freddo: Istruzioni per l'impiego nelle costruzioni*, Poligrafico dello Stato, Roma.
DE MIRANDA F., 1980, *I Ponti strallati di grande luce*, ESAC, Roma.
ENV 1993-1-1, 1994, Eurocode 3. Design of Steel Structures. Part 1-1: General Rules and Rules for Building, CEN, Bruxelles.

ENV 1993-1-3, 1996, Eurocode 3. Design of Steel Structures. Part 1-3: General Rules - Supplementary Rules for Cold Formed Thin Gauge Members and Sheeting, CEN, Bruxelles.
ENV 1999-1-1, 1998, Eurocode 9. Design of Aluminium Structures. Part 1-1: General Rules -General Rules and Rules for Building, CEN, Bruxelles.
FINZI L., 1995, "L'Aerostazione passeggeri di Malpensa 2000", *Costruire in Metallo*, aprile, 473, pp. 382-386.
FINZI L., 1995, "Le strutture metalliche dell'Aerostazione passeggeri Malpensa 2000", *Costruzioni Metalliche*, settembre-ottobre, 5, pp. 37-45.
GHERSI A., LANDOLFO R., MAZZOLANI F.M., 2002, *Design of metallic cold-formed thin-walled members*, Spon Press, London.
HART F., HENN W., SONTAG H., 1982, *Architettura Acciaio. Edifici Civili*, Edizione Finsider.
ITALSIDER, 1983, *L'acciaio nelle costruzioni*, CISIA, Milano.
LANDOLFO R., 2002, "L'acciaio nell'edilizia industrializzata", *L'acciaio nell'edilizia sociale, sportiva e del tempo libero*, ACS ACAI Servizi srl, Milano.
LANDOLFO R., DI LORENZO G., FIORINO L., 2002, "Attualità e prospettive dei sistemi costruttivi cold-formed", *Costruzioni Metalliche*, gennaio-febbraio, 1, pp. 33-50.
LANDOLFO R., MAZZOLANI F.M., 1991, "Indagini sperimentali sul sistema Vestrut", XIII Congresso C.T.A., Italia, pp. 225-236.
LANDOLFO R., MAZZOLANI F.M., 1993, "Metodologia di qualificazione per sistemi reticolari spaziali", XIV Congresso C.T.A., Italia, pp. 331-343.
LANDOLFO R., MAZZOLANI F.M., VENTRELLA E., 1993, "Qualification analysis of a new structural system", *Space Structures*, 4, Thomas Telford, London, pp. 693-702.
MASI F., 1996, *Costruire in Acciaio*, 6ª ed., Hoepli, Milano.
MATILDI P., FOTI C., SOLLAZZO A., 1971, *Tensostrutture e sistemi reticolari spaziali*, Collana Tecnico-scientifica, vol. V. B., Italsider, Milano.
MAZZOLANI F.M., 1986, "Applicazione del base isolation system a strutture sismo-resistenti in acciaio", *Ingegneria Sismica*, aprile, pp. 179-184.
MAZZOLANI F.M., 1986, "Le strutture sismo-resistenti della nuova caserma VV. FF. di Napoli", *Costruzioni Metalliche*, 6, pp. 343-362.
MAZZOLANI F.M., 1986, *La progettazione delle strutture in lega di Alluminio*, Liguori, Napoli.
MAZZOLANI, F.M., 1989, "Le costruzioni in acciaio in Europa e nel mondo", *Costruzioni metalliche*, 1, pp. 59-76.
MAZZOLANI F.M., 1999, "Progettare e costruire con l'acciaio in zona sismica", XVII Congresso C.T.A., *Relazioni Congressuali*, ACAI Servizi srl, Milano, pp. 157-176.
MAZZOLANI F.M., LANDOLFO R., 2002, "Le Strutture Metalliche", *Ingegneria delle Strutture*, Vol.III, a cura di E. Giangreco, UTET, Torino, pp. 151-233.
MAZZOLANI F.M., MAZZOLANI S., 1995, "The new space structure of Malpensa 2000: Test and design". IASSS International Symposium, vol. I, Milano, pp. 707-714.
MAZZOLANI F.M., PILUSO V., 1989, "Un esempio di struttura in acciaio con dispositivi a vincolo provvisorio", *L'Ingegneria Sismica in Italia*, IV Convegno Nazionale, Milano, ottobre, pp. 490-499.
PIZZETTI G., ZORGNO A.M., 1980, *Principi statici e forme strutturali*, UTET, Torino.
POZZATI P., 1977, *Teoria e Tecnica delle Strutture*, vol. II, tomo 2, UTET, Torino.
POZZATI P., 1987, *Teoria e Tecnica delle strutture*, vol. II, tomo 2 e vol. III, UTET, Torino.
SMITH W.F., 1993, *Fondation of Materials Science and Engineering*, Mc-Graw Hill.
TORROJA E., 1960, *La concezione strutturale*, UTET, Torino.
VENTRELLA E., VOLPE A., 1995, "The Vestrut system and its application for the new passengers terminal in the 'Malpensa 2000' airport of Milan". IASSS International Symposium, vol. I, Milano, pp. 691-700.

Capitolo 7
La progettazione strutturale in calcestruzzo armato

CINUZZI A., GAUDIANO S., 1999, *Tecniche di progettazione per strutture di edifici in cemento armato*, Casa editrice Ambrosiana, Milano.
COLLEPARDI, M., 2001, *Il nuovo calcestruzzo*, Editore Tintoretto.
KIND - BARKAUSKAS F., POLONYI S., KAUHSEN B., BRANDT J. (a cura di), 2000, *Atlante del Cemento*, UTET, Torino.
LEONHARDT F., MONNING E., 1989, *C.a. e c.a.p. Calcolo di progetto e tecniche costruttive*, vol. I, Edizioni di Scienza e Tecnica, Milano.
PIZZETTI G., TRISCIUOGLIO A. M., 1980, *Principi statici e forme strutturali*, UTET, Torino.
POZZATI P., 2000, *Teoria e Tecnica delle Costruzioni*, UTET, Torino.
RADOGNA E.F., 1994, *Tecnica delle Costruzioni. Costruzioni composte acciaio-calcestruzzo. Cemento armato. Cemento armato precompresso*, Masson Editore, Milano.
SANTARELLA L., 1998, *Il cemento armato. La tecnica e la statica*, 22ª edizione ampliata e aggiornata, Hoepli, Milano.
SIVIERO E., CANTONI R., FORIN M., 1995, *Durabilità delle opere in calcestruzzo*, Franco Angeli, Milano.
SIVIERO E., RUSSO S., MAZZOLATO S., 2001, *Le armature di rinforzo per calcestruzzo*, Franco Angeli, Milano.
SIVIERO E., ZORDAN T., 2000, "Structural Architecture in Bridge design – Experience at the IUAV", Atti del convegno *Bridge Engineering Conference 2000 – Past Achievements, Current Practices, Future Technologies*, Sharm El Sheick, Sinai, Egitto, vol. II, pp. 437-444.
TONIOLO G., 1998, *Cemento armato. Calcolo agli stati limite*, Tecnica delle Costruzioni, vol. II. Masson Editore, Milano.
TORROJA E., 1966, *La concezione strutturale*, UTET, Torino.

Capitolo 8
Soluzioni composte. L'acciaio calcestruzzo nelle costruzioni

AA. VV., 1991, *Manuale di ingegneria civile*, vol. II, Scienza delle costruzioni, Tecnica delle costruzioni, Ponti, Zanichelli, Bologna.
BALLIO, G., 1994, *La progettazione in acciaio*, Consorzio CREA, Massa.
BALLIO G., MAZZOLANI F.M., 1987, *Strutture in acciaio*, Hoepli, Milano.
MASI F., 1996, *Costruire in acciaio*, Hoepli, Milano.

MATILDI P., MELE M., 1971, *Impalcati a piastra ortotropa ed in sistema misto acciaio calcestruzzo*, Collana Tecnico Scientifica per la Progettazione di Strutture in Acciaio, Italsider, Genova.
DE MIRANDA F., 1971, *Ponti a struttura in acciaio*, Collana Tecnico Scientifica per la Progettazione di Strutture in Acciaio, Italsider, Genova.
RADOGNA E. F., 1991, *Costruzioni composte acciaio calcestruzzo*, ESEA, Milano.
SANTARELLA L., 1994, *Il cemento armato la tecnica e la statica*, Hoepli, Milano.
SAP2000, 1997, *Integrated finite element analysis and design of structures, analysis reference*, Computer and Structures, Inc. Berkeley, California.

Capitolo 9
Strutture prefrabbricate

BELLOTTI P., MENEGOTTO M., 1993, "Sistema di Sostegno ad Elementi Prefabbricati in c.c. per le Tubazioni Esterne di un Impianto Petrolchimico a Brindisi", *L'Industria Italiana del Cemento*, 5, Roma.
C. S. LL.PP., 1996, Servizio Tecnico Centrale, *Linee Guida sul calcestruzzo strutturale*, Poligrafico dello Stato, Roma.
CNR 10025/98, 1999, Istruzioni per il progetto, l'esecuzione ed il controllo delle strutture prefabbricate in calcestruzzo, Poligrafico dello Stato, Roma.
D.M. LL.PP. 03/12/1987, Norme tecniche per la progettazione l'esecuzione ed il collaudo delle costruzioni prefabbricate, .
FARINA V., MENEGOTTO M., 1998, "SINUS. Un Elemento di Copertura di Grande Luce", Atti 12° Congresso CTE, Padova, novembre.
FIP COMMISSION 6, 1994, *Planning and Design Handbook on Precast Building Structures*, Fédération Internationale de la Précontrainte, London.
MENEGOTTO M., 1994, "Parcheggio Prefabbricato a Casalecchio di Reno", Atti 10° Congresso CTE sulla Nuova Tecnologia per l'Europa, Milano, novembre.
MENEGOTTO M., 1994, "Seismic diaphragm behavior of untoppedd hollow-core floors", Proceedings FIP XII Congress, Washington D.C., USA, maggio.

Capitolo 10
Il vetro strutturale

Parte I. Passato e Presente

CAGNONI M., 1996, *Peter Rice e l'innovazione Tecnica*, Edizioni Librerie Dedalo, Roma.
MAJOWIECKI M., 1985, *Tensostrutture: progetto e verifica*, Cisia, Milano.
MANFRONI O., 1997, *FEM: introduzione al metodo*, CEDAM, Padova.
NERVI P.L., 1965, *Costruire correttamente*, Hoepli, Milano.
PIANO R., 1997, *Giornale di bordo*, Passigli Editori, Firenze.
PESCIO C., 2000, *Leonardo, arte e scienza*, Giunti Gruppo Editoriale, Firenze.
RICE P., HUGH D., 1990, *Le verre structurel*, Editions de Moniteur, Paris.
SCHITTICH C. *et al.*, 1999, *Atlante del vetro*, UTET, Torino.
SCHULITZ H., SOBEK W., HABERMANN K., 1999, *Atlante dell'acciaio*, UTET, Torino.

Parte II. Presente e futuro

BEHLING S. e Sophia, 1999, *Glass, Structure and technology*, ed. Prestel, München.
BLASER W., 1999, *Art of engineering. W. Sobek*, Birkhäuser, Basel/Boston/ Berlin.
DEUTSCHES INSTITUT FÜR BAUTECHNIK, 1998, "Technische Regeln für die Verwendung von linien förming gelagerten Verglasungen", *Mitteilungen Dibt*, 6.
HOLGATE A., 1997, *The Art of Structural Engineer. The work of Jörg Schlaich and his team*, Axel Menges, Stuttgart/London.
THE INSTITUTION OF STRUCTURAL ENGINEERS, 1999, *Structural use of glass in buildings*.
KNAACK U., 1998, *Konstruktiver Glasbau*, Müller, Köln.
LUDWIG J., WEILER U., 2000, "Tragstrukturen aus Glas am Beispiel einer Ganzglastonne", *Bautechnik*, 77, pp. 246-249.
RICE P., DUTTON H., 1990, *Le verre structurel*, Editions de Moniteur, Paris.
SCHITTICH C. *et al.*, 1999, *Atlante del vetro*, UTET, Torino.
SCHLAICH J., SCHOBER H., 1999, "Recent glass roofs", *Journal of the international association for shells and spatial structures*, 131, pp. 193-205.
SOBEK W., KUTTERER M., 1999, "Arches et voutes – New Glass techniques", *L'Arca International*, 29, pp. 76-79.

Indice analitico

La storia dell'architettura di **RASSEGNA**

I numeri ancora disponibili

1 Recinti *(esaurito)*
2 Ferrovie dello Stato, 1900-1940
3 I clienti di Le Corbusier *(esaurito)*
4 Il disegno del mobile razionale in Italia, 1928-1948
5 Riviste, manuali di architettura, strumenti del sapere tecnico in Europa, 1910-1930
6 Il campo della grafica italiana *(esaurito)*
7 Carlo Scarpa, Frammenti, 1926-1978
8 La natura dei giardini
9 Rappresentazioni
10 Allestimenti
11 Giuseppe Terragni, 1904-1943 *(esaurito)*
12 Architettura nelle riviste d'avanguardia
13 Attraverso lo specchio
14 Il disegno dei materiali industriali
15 Walter Gropius, 1907-1934
16 Turris Babel
17 Tony Garnier, da Roma a Lione
18 Veicoli, 1909-1947
19 Il contributo della scuola di Ulm
20 Fotografie di architettura
21 Louis I.Kahn, 1901-1974 *(esaurito)*
22 Venezia città del moderno *(esaurito)*
23 Colore: divieti, decreti, dispute
24 Microstorie di architettura
25 Sigfried Giedion: un progetto storico
26 Il progetto del mobile in Francia, 1919-1939
27 Ludwig Hilberseimer, 1885-1967
28 Perret: 25bis rue Franklin
29 Parigi e le vie d'acqua
30 Piet Zwart: L'opera tipografica, 1923-1933
31 Interni a Milano e a Como, 1927-1936
32 Maquette
33 Aldo Andreani, 1909-1945
34 L'architettura in Belgio, 1920-1940
35 Modificazioni dell'abitare
36 Minimal
37 Barcelona
38 Neues Bauen in der Welt
39 Trasporti non convenzionali
40 Breslavia
41 I sensi del decoro
42 I territori abbandonati
43 Reklame & Architektur
44 Transatlantici
45 Goethe, Van de Velde e Gropius a Weimar
46 Brevetto e disegno
47 Mart Stam, 1899-1986
48 Ponti abitati
49 Cemento armato: ideologie e forme da Hennebique a Hilberseimer
50 Indici 1-50
51 Architettura nelle colonie italiane in Africa
52 Gli ultimi CIAM
53 Karel Teige, architettura e poesia
54 La ricostruzione in Europa nel secondo dopoguerra
55 L'archeologia degli architetti
56 I Kröller-Müller. Architetture per una collezione
57 Acquedotti
58 Dichiarazione di interni
59 Lisbona
60 Norman Bel Geddes, 1893-1958
61 Concorsi di architettura dopo il 1945. Storie metodi procedure
62 La forma dell'utile. Il disegno razionale svizzero
63 Elettricità. Stati Uniti e Urss, Francia e Italia
64 Edimburgo
65 Architettura e avanguardia in Polonia, 1918-1939
66 Londra sotterranea
67 Dirigibili
68 Anatole de Baudot, 1834-1915
69 Grandi macchine
70 Company Town
71 Piccoli oggetti
72 Istambul, Costantinopoli, Bisanzio
73 Ri-vestimenti
74 Prairie School
75 Architettura e governo delle città
76 Arcipelago Europa
77 Scandinavia anni Trenta
78 Budapest: 1848-1945

Numeri arretrati € 11,00

Finito di stampare
nel mese di ottobre 2002
da Tipografia Negri, Bologna